문화관광부 선정 우수학술도서(2007)

제4판 수정판

한국출판의 이해

강 희 일

다산출판사

제4판 머리말

모든 국민이 4·16 세월호 참사의 충격에서 벗어나지 못하고 있다. 사고의 근본 원인으로는 법 · 원칙 · 도덕 · 시스템 · 제도 등을 무시하고 관행적 배금주의와 안전불감증에 의한 인재로 조사되었다. 그리고 그동안 쌓이고 쌓인 관료주의 '관(官)피아'의 역할이 악의 축으로 드러났다. 통계청에 의하면 이번 참사로 한국의 '경제우울증'이 현실화된 것으로 밝혀졌다.

우리 문화계 역시 법과 원칙을 무시한 이기주의적 관행이 만연하는 경우가 많다. 즉 잘못된 '도서관법 개정법률(안)', 잘못된 '북스캔 법률(안)', 잘못된 '저작권법 개정법률(안)', '불법 복사 · 복제 · 전송' 등이다. 이처럼 작은 범위의 법과 원칙을 무시하거나 지키지 않음으로써 모든 문화산업(출판 · 영화 · 음악 · 게임 등)은 불법이나 무료 사용 등으로 인해 새로운 콘텐츠 개발을 포기하게 되어 산업 자체가 황폐화되는 지경에 이르고 있다. 하루 빨리 국제화 수준에 맞는 법과 원칙을 만들어 지켜 나갈 수 있는 출판환경이 되기를 다함께 연구하며 노력해야 할 것이다.

이번 제4판에서 개정된 내용은 다음과 같다.

① 새로운 융합학문, ② 선진화 선도대학 사업, ③ 산학협력 선도대학 사업, ④ 대학의 위기, ⑤ 독서의 이해, ⑥ 2012~14년 전자출판시장 환경, ⑦ 프랑스 출판전문인력 양성을 위한 대학교육, ⑧ 2014년 '도서정가제도' 시행, ⑨ '한국출판문화산업진흥원'의 탄생과 사업, ⑩ 잘못된 '도서관법 개정법률(안)', ⑪ 잘못된 '북스캔 법률(안)', ⑫ 불법다운 부추기는 '저작권법 개정법률(안)', ⑬ '대학의 수업목적 저작물의 이용보상금' 제도의 시행, ⑭ 출판문화산업진흥법 일부개정(2014.5.20.)의 내용 등을 수정하거나 새로 다루었다.

그동안 졸저를 이용하여 주신 강의교수님들과 독자들에게 무한한 감사를 드린다. 앞으로도 계속 더 좋은 내용이 되도록 노력하여 보답하고자 한다.

2014. 6. 30.

저 자 강희일

제3판 머리말

제2판 「한국출판의 이해」가 발행된 지도 벌써 5년이 지났다. 그동안 출판의 환경에도 많은 변화가 있었다. 세계 여러 나라와의 FTA 협정에 따른 '저작권법의 일부개정', 출판문화산업진흥법의 일부개정에 의한 '출판문화산업진흥원'의 설립(2011.12.30. 국회 통과), 전자책을 편리하게 볼 수 있는 보급형 단말기의 개발과 최신 스마트폰 및 태블릿 PC의 개발로 전자출판의 발전도 계속되고 있다.

그러나 우리나라 출판산업의 발전을 둘러싼 환경에는 여전히 많은 문제점이 산재해 있다. 도서관에서는 디지털화된 시대 흐름에 따라 종이책의 구입을 꺼리고, 한 권의 전자책 콘텐츠를 여러 도서관에서 공유하여 독자들에게 서비스함으로써 개별 도서관에서는 전자책의 별도 구입을 피하고 있으며(정부가 소량 구입하여 전국 3,719개 작은 도서관에서 전자책 무료이용 등), 개인 독자들 또한 불법 복사와 불법 다운로드에 익숙해진 현실 속에서 출판산업의 어려움은 계속되고 있다.

본서 제3판에서 개정된 주요 내용은 다음과 같다.

첫째, 저작권법의 일부개정(2011.12.2.)과 출판문화산업진흥법의 일부개정(2011.12.30.)에 대한 내용을 추가하였다

둘째, '영문 출판용어 해설'에서 새로운 내용을 추가하였다.

셋째, 각 장 말미에 '학습 자료', '관련 용어 해설', '중요용어' 등을 새로 추가하여 참고자료로 이용하게 했다. 특히 각 장 말미의 '관련 용어 해설'에서는 용어명과 그 해설에 있어 한국출판연구소의 「출판사전」(범우사, 2002)을 인용 및 참조하였다.

넷째, '한국출판산업의 현황'과 전자책에 대한 내용을 새로 추가하였다.

다섯째, 특강편으로 ① 학문적 성공, ② 시간관리, ③ 논어, ④ 출판전문인력의 양성, ⑤ 취업의 이해 등을 수정 및 추가하였다.

여섯째, 전판 부록에 있던 '출판관련 법규'와 '출판관련 서식'은 제외하였고, 제19장 "학술출판의 활성화"도 제외시켰다.

그동안 부족한 본서를 이용하여 주신 독자들에게 진심으로 감사를 드리며, 앞으로도 많은 관심과 질정(叱正)을 바란다.

2012년 7월 30일

강희일

제2판 머리말

현대는 국제화 시대에 발맞춰 디지털 환경의 변화가 계속되고 있고, 그동안 출판관련 환경에도 많은 변화가 이어지고 있었다. 즉 저작권법 시행령의 공포, 도서관법(안)의 탄생 및 수정, 인쇄문화산업진흥법의 탄생, 출판 및 인쇄진흥법의 개정법률인 출판문화산업진흥법 등의 탄생이다. 따라서 이에 대한 본서의 개정이 불가피했던 것이다. 그리고 한 · 미 자유무역협정(FTA)이 양국 의회에서 승인되면 또 다시 이에 맞는 저작권법의 개정이 불가피하다.

본서 제2판에서 개정된 주요 내용은 다음과 같다.

첫째, 출판문화산업진흥법을 추가하였다.

둘째, 개정된 도서관법으로 수정하였고, 시행령을 추가하였다.

셋째, 저작권법 · 독서문화진흥법의 시행령을 새로 추가하였다.

넷째, 한 · 미 자유무역협정에 대한 주요 내용을 소개하였다.

다섯째, 세계지적재산권기구(WIPO) 저작권조약을 추가하였다.

여섯째, 한국출판산업의 현황 자료와 출판 관련 자료들을 추가하였다.

일곱째, 부분적으로 내용을 새롭게 추가하거나 수정하였다.

무엇보다도 기쁘고 보람 있는 것은 졸저가 '2007 문화관광부 우수학술도서'에 선정된 것이며, 또한 졸저를 펴낸 지 6개월 만에 초판이 매진되어 제2판 개정판을 준비하게 된 것이다.

그동안 부족한 본서를 이용하여 주신 독자들에게 진심으로 감사를 드린다. 이는 출판학개론(원론)서가 20여년 만에 새로 출간되었기 때문에 많은 관심과 기대를 보여주신 것으로 생각하며 앞으로 더욱 알차고 충실한 내용으로 보답하고자 한다.

끝으로 영업과 유통상 학술도서 및 대학교재 전문출판사에서 출판하는 것이 좋겠다는 '생각의 나무' 출판사의 권유에 의해 본서의 제2판은 다산출판사에서 나오게 되었다. 독자들의 양해를 바란다.

2007년 7월 27일

강희일

머리말

21세기 정보화 시대를 맞이하여 세계가 개방화 · 국제화되고 국가 간 무한경쟁 시대에 진입한 현대 사회에서, 국력의 핵심이 되는 지식의 보고로서 출판의 역할과 중요성은 더욱 커지고 있다.

그리고 WTO 체제 출범에 따른 저작권법 개정으로 외국출판물의 저작권료 부담 가중, 유통구조의 전 근대화, 도서대여점의 확산, 불법 복사 · 복제 · 전송의 확산, 인터넷 서점들의 대폭적인 유사할인 행위로 오프라인 중·소형 서점들의 폐업, 부익부 빈익빈 현상으로 중·소 출판사들의 매출 감소, 도서정가제 정착의 불투명, FTA 협상으로 인한 불리한 저작권법 개정 등 출판업계의 어려움이 계속 가중되고 있다.

저자는 2003년부터 모교인 서경대학교에서 5년째 실무 전문과목으로 '출판편집의 실제'를 강의하고 있다. 그동안 강의자료를 모으다 보니 책 한 권의 분량이 된 것이다. 지금까지 '출판'에 관련된 다양한 책이 출간되었으나, 그 전반적인 내용에 있어 출판실무 전체를 다룬 책이 많지 않아 출판계 직원들이나 출판관련 학과 지원자들에 대한 안내서가 마땅치 않았고, 강의 때도 불편한 점이 많았다. 본서는 저자 나름대로 '출판실무의 이해'를 강의하면서 모은 자료에 불과하기 때문에 학술적 측면에서는 많은 부족함을 느끼고 있다. 그러나 주변의 지인들이 이러한 강의자료를 보고 출판할 것을 권하기에 어렵게 결심을 하게 되었다. 학문이 부족한 저자가 부족한 내용으로 출판을 하게 되어 무엇보다도 학계와 출판관련 분야에서 연구하시는 교수님들께 죄송한 마음과 함께 두려움이 앞선다.

그러나 출판계 실무자로서 40여 년 동안의 경험을 토대로 출판실무의 이해를 돕고자 하는 뜻에서 용기를 내게 되었다. 이를 계기로 출판에 대한 학문적 연구를 더욱 열심히 하여 부족한 부분을 계속 보완하고 고쳐서 좋은 책이 되도록 노력해 가고자 한다.

그리고 저자가 김성재 님의 「출판의 이론과 실제」를 수년간 강의교재로 사용하였기 때문에 본서의 집필에도 많이 참조하였음을 밝혀둔다.

이 자리를 빌려 학문의 지도교수인 중앙대학교 이정춘 교수님과 대진대학교 이용준 교수님께 감사를 드리고, 평소에 존경하였던 故 김성재 일지사 사장님의 명복을 빈다.

이 책이 나오기까지 복잡한 원고 정리를 해 준 양선용 · 황미옥에게 고마운 마음을 전한다. 그리고 내자의 적극적인 도움이 없었다면 이 책이 빛을 보기 어려웠기에 감사함을 전하고자 한다.

2007년 1월 15일

강희일

차례

제1장 학문의 이해

제2장 책

제3장 출 판

제7장 교 정

제8장 제 판

제9장 인 쇄

제10장 종 이

제11장 제 책

제12장 원가계산과 정가

제13장 출판유통과 출판광고

제14장 출판경영

제15장 출판산업의 전환기적 환경

제16장 출판산업의 중요 정책

제17장 출판계와 도서관계의 구조적 특성

제18장 저작권법과 관계 법규

Chapter 01

학문의 이해

제1절 학문의 정의

학문(學問, learning)이란 어떤 분야의 지식(知識)을 체계적으로 배워서 익히는 일이다. 또는 사물(事物)을 탐구한 이론을 토대로 하여 체계화한 지식의 영역을 말한다.

따라서 대학에서의 학문은 개인의 적성에 맞는 학문분야를 선택하여 배우고 연구하며, 전문적 지식과 기술을 체세적으로 익힘으로써 잠재능력의 학습과 자기계발(self help)을 하여 사회생활에서 유용하게 활용하고자 하는 것이다.

공자(孔子)는 사서오경에서 세 가지의 이상(理想)은 배움(學)과 교제(交際)와 자기수양(自己修養)이며 그중에서 제일 중요한 것은 배움이라고 말했다.

독일의 뇌학자 에코노모(Constantin Economo, 1876~1931년)의 조사에 의하면 사람의 뇌세포는 약 136억 5천300만여 개나 된다고 한다. 그런데 괴테는 일생 동안 겨우 0.4%, 아인슈타인도 0.6%밖에 사용하지 못했다고 한다. 그러므로 만약 어느 누구라도 1%의 뇌사용 방법을 개발한다면 역사상 최대의 인물이 될 것이다. 이렇듯 우리는 조물주가 준 잠재적 능력을 지닌 수많은 분량의 세포를 소유하고 있으면서도 제대로 사용하지 못하여 사장(死藏)시키고 있는 것이다.

인류의 역사가 시작된 이래 인간들의 지혜는 끊임없이 발달을 거듭하여 현재에 이르고 있다. 이러한 지혜의 발달과정에서 공부를 어떻게 할 것인가에 대한 고민은 그 옛날이나 지금이나 원칙적으로 다를 것이 없다. 공부(工夫)는 학문이나 기술에 관한 이론 · 지식 · 기능 등을 배우고 익히는 것이다.

중국의 고전인 주히 · 유청지의 「소학(小學)」에서는 '어떻게 공부할 것인가'에 대하여 다음과 같이 말하고 있다.

"대체로 후학들이 학문을 할 때는 우선 반드시 학문을 하는 까닭이 무엇인지를 알아야만 한다. 그래서 가고 머무르는 때나 말하고 침묵하는 일상생활이 모두 도리에 부합되도록 해야 한다.

공부는 반드시 엄밀하게 과정을 세워 하루도 그대로 넘기거나 게을리해서는 안 된다. 반드시 매일 필요한 독서와 글쓰기를 하고, 학문에 대한 경서(經書)와 자서(字書)를 읽되, 다독(多讀)만이 아니라 정독(精讀)하고 숙독(熟讀)하도록 해야 한다. 중요한 과목(역사서)은 매일 반드시 한 권 내지 반 권 이상을 읽어야 비로소 그 과목에 대한 안목을 키울 수 있다. 학문은 반드시 스승을 좇아 배우고, 의심나는 부분은 곧바로 질문해서 옛 성인들이 어떤 마음을 가졌는지를 밝히고 힘을 다해 이를 따라야 한다.

지도하고 바른 길로 인도하는 것은 스승이 해야 할 일이며, 바르지 못한 행실이 있으면 조용히 바로잡아 경계하는 것은 친구의 임무이다. 뜻을 정하고 앞으로 나가는 것은 반드시 자신이 해야 할 일이므로 다른 사람에게 의지하기 어렵다."

참된 배움과 인생의 행복

우리는 치열한 경쟁사회의 일원으로 살아가면서 누구나 성공(成功)하여 행복(幸福)해지기를 바라고 있다. 그리고 보다 나은 삶을 살기 위해 늘 무엇인가를 열심히 배워 익히고 학습하며 각자 최선의 노력을 다하고 있다. 그것은 무엇을 어떻게 학습하느냐에 따라 우리의 인생의 모양이 만들어지고, 마침내 우리의 운명이 결정되기 때문이다. 만약 게으르고 그릇된 학습을 반복한다면 그 결과는 그릇된 삶을 만들게 될 것이고, 진실되고 참된 학습을 한다면 진실되고 참다운 삶을 누릴 수 있게 될 것이다.

그러나 우리는 늘 시간에 쫓기며 좀 더 유리한 고지를 달성하고자 하는 생존경쟁 속에서 제대로 된 학습기회를 갖지 못하고 있다. 공부에서 즐거움과 행복을 느낄 수 없고, 삶의 여유와 충만함을 가질 수 없는 것은 바로 참된 배움이 없는 그릇된 학습만을 반복하는 삶을 살아가고 있기 때문일 것이다.

'참된 배움' 은 자신의 내면 깊숙이 감춰진 인생의 목적과 비전 및 행복을 발견할 수 있는 능력을 기르는 것이다. 그리고 스스로 정한 목표와 비전을 향하여 자발적으로 최선의 노력을 다하는 삶이다. 주변의 시선을 의식해서가 아니라 오로지 자신의 내적 기준에 따라 노력하고 행동하며 삶의 교훈과 지혜를 스스로 발견하고자 하는 것이다. 또한 자신의 낡은 습관 모델을 파괴하고, 보다 나은 삶을 새로운 좌표로 삼는 것이다. 새로운 목표를 향한 야심찬 도전과 학습을 위해서는 모범된 멘토의 설정과 독서를 통한 자기계발로 자신의 가치를 재발견하는 계기를 가져야 한다. 삶의 변혁은 새로운 것을 찾는 것이 아니라 스스로 새로운 시선을 갖는 것이다. 자신에게 잠재되어 있는 성장에 대한 욕구와 삶의 기쁨을 추구하고자 하는 본능이 참된 배움을 찾아내는 계기가 될 것이다. 행복은 아무 곳에서나 취할 수 있는 흔한 것이 아니라 나의 모든 에너지를 모아 전력으로 노력함으로써 얻게 되는 보물이다. 이 보물을 쟁취하기 위해서는 삶에서 느끼는 불안감과 우울함에서 벗어나고자 하는 스스로의 노력이 필요하다. 또한 주위의 달콤한 유혹과 세상의 함정 및 장애물을 피하고 통제함으로써 스스로 즐거움과 삶의 목적을 위한 내적 에너지를 강화하는 계기를 만드는 데 최선의 노력을 해야 인생의 행복을 찾을 수 있을 것이다.

제2절 교육과 학문

학문(學問)은 대부분 교육(敎育)에 의해 이루어진다. 교육이란 사회생활에 필요한 학문과 전문적 지식 및 기술을 가르치거나 배워서 인간의 잠재능력을 일깨워 훌륭한 자질과 원만한 인격으로의 변화를 가져오는 것이다. 교육이란 가르치기만 한다고 끝나는 것이 아니다. 가르침 뒤에 학습자들이 그것을 배우고 익혀서 실천해야 한다. 이것은 학습자의 자발적인 참여에 의해 이루어지며 학습결과가 어느 정도 지속적으로 유지될 때 교육이 완성되는 것이다. 결국 교육은 그 사회의 가치관을 배우고 익혀서 실천하기 위한 행동의 변화로 나타난다.

이는 시대와 사회에 따라서 달라진다. 그러나 나쁜 생활방법을 가르쳐서는 안 되기 때문에 가르치는 방법 역시 올바른 것이어야 한다. 따라서 가르치는 내용이 가치가 있는지는 그 사회에 살고 있는 사람들이 공통적으로 믿고 있는 가치관에 의해 결정된다. 한 가지 분명한 것은 교육에서 적당히 배우는 일은 있을 수 없으므로 가르치는 자나 배우는 자 모두 최선을 다해야 한다는 것이다.

일례로, 2012년 1월 스위스의 다보스에서 열린 '세계경제포럼'과 3월의 'Asian Leadership Conference'에서는, 새로운 자본주의에 대한 토론에서 "따뜻한 자본주의로 가는 길"은 기업의 사회적 책임과 나름대로의 환경에 맞는 교육을 강화하여 국부를 인재양성과 연구개발에 투자하는 것이며, 국민을 위한 진짜 복지(福祉)는 교육이라고 강조했다.

또한 미셸 리(Michelle Rhee) 전 워싱턴 DC 교육감은 "자본주의가 안정되고 지속되려면 교육시스템이 뒷받침되어야 하고, 모든 사람은 신분상승의 기회를 똑같이 가져야 하며, 교육이 그것을 가능하도록 해야 한다."고 주장했다. 그리고 "누구나 평등하고 균등한 교육을 받아야 최대의 성과를 거두고 그 사회가 필요로 하는 인재로 클 수 있으며, 새로운 부가가치를 창출하려면 교육에 의한 창의력을 갖춘 인적자본의 형성이 중요하다."고 말했다(조선일보 2011.12.6. 참조).

중국의 안지추(顔之推 : 531~602?년, 중국 6조 말기의 학자)가 집필한 「안씨가훈(顔氏家訓)」에서는 학문에 대하여 다음과 같이 말하고 있다.

"예로부터 위대한 명군이나 성군은 열심히 학문에 모든 힘을 바쳤다. 그러니 평범한 일반인은 더욱 학문을 소홀히 해서는 안 된다.

교양과 학문을 충실히 배우고, 하늘이 베풀어 준 소중한 시기에 더욱더 교양과 학문을 갈고 닦아야 하며, 노력하여 사대부다운 맑고 곧은 경지를 이루게 해야 한다. 그렇게 하지 않은 사람은 태만한 데로 떨어져 보통 사람으로 머무르게 된다.

학문은 기초부터 차근차근 쌓아가는 태도를 길러라. 그리고 배움의 때를 놓치면 난세에 몸을 지키는 것과 생활할 방법이 없다. 그러니 산처럼 쌓이는 재산보다는 자신의 머리에 쌓는 독서와 학문을 배우는 것이 좋으며 자신을 갈고 닦는 학문을 하는 것이 더욱 좋다.

학문이란 사람의 부족한 점을 채워 주는 것이다. 현재는 소중하니 부지런히 배워야 한다."

안지추는 학문을 하는 이유에 대해서는 다음과 같이 말하고 있다.

"책을 읽고 학문을 하는 까닭은 본래 닫힌 마음을 열고 사물에 대한 안목을 밝게 해 행동하는 데 이로움을 주고 보다 나은 삶을 영유하고 인간의 도리를 다하기 위해서이다.

평소에 부모의 뜻을 먼저 파악하고 안색을 살피며, 목소리를 부드럽게 하고 기운을 낮추며 힘들고 수고로움을 싫어하지 않는 효도의 기본을 배우고 깨달아 바르게 실행하려고, 교만하고 사치한 사람은 교만과 사치한 마음을 억제하려고, 사납고 포학한 사람은 사납고 포학한 마음을 정화하고 남을 포용하려고, 비겁하고 나약한 사람은 비겁하지 않고 굳세게 떨치고 일어나기 위해 독서하고 학문을 하는 것이다.

이외에도 모든 행실이 비록 완벽한 선(善)에 도달하지 못한다고 해도, 지나치거나 심한 것을 제거하고 배워서 아는 것을 행하면 이루지 못할 것이 없을 것이다. 세상 사람들은 글을 읽어도 단지 말로만 하고 실천은 못한다. 무인(武人)이나 속된 사람들이 다 함께 비웃고 비방하는 경우는 사실 이것 때문이다. 또 많은 책을 읽고 지식이 많아진 뒤에 곧 스스로 높고 잘난 체하여 연장자를 무시하고 소홀히 하며, 사람들을 경멸하고 업신여기는 자가 있다. 이러한 사람을 보통 사람들은 그를 원수나 적처럼 미워하며, 동물처럼 싫어한다. 이와 같다면 배움은 유익함을 구하려고 하는 것인데도, 도리어 자신을 해치게 되어 배우지 않는 것보다 못하게 된다."

배움은 내 삶을 가치 있게 향상시키기 위해서 하는 것이다. 배움 그 자체가 목적은 아니다. 다만 내가 원하는 삶의 목표(目標)에 좀 더 가까이 갈 수 있게 하기 위한 수단일 뿐이며, 그 과정에서의 결과인 것이다. 학문에 대해 중요하게 생각하는 것은 예나 지금이나 크게 다르지 않은 것 같다. 학문은 기초부터 차근차근 쌓아야 하고 자신의 부족한 부분을 채우기 위해 주어진 시간을 소중히 하고 부지런히 노력해야 한다고 하였다. 그리고 무엇보다도 각 개인이 가지는 사고와 행동, 즉 인간됨을 중요시하는 바른 인성(人性)[01]과 지식을 얻기 위한 방

01 인성론(人性論) : 인성은 각 개인이 가지는 사고(思考)와 태도 및 행동의 특성이며, 사람이 가진 성품의 특성이다. 인성론은 사람이 타고난 품성을 어떻게 보는가에 관해 의논(議論)하는 것이다. 공자(孔子)는 인간성에 신뢰를 두고 있으며, 상지(上知) · 중인(中人) · 하우(下愚)로 사람의 소질을 나누었다. 맹자(孟子)는 성선설

법으로서 학문을 강조하고 있다.

이렇듯 학문을 연구함으로써 사람으로 태어나 세상을 살아가면서 인간과 세상에 대한 지혜와 원리를 탐구하는 철학적 요소를 배우고 익히며, 충동적인 감정에 이끌리지 않고 사리를 올바르게 구별하여 그에 따라 바르게 행동하며 살아갈 수 있는 마음의 능력과 이성적 판단을 위한 지식을 습득하는 것이다. 이는 또한 인생의 성공(成功)과 함께 보다 나은 삶의 행복(幸福)을 영유하기 위한 것이다.

제3절 새로운 융합학문

현대교육(現代敎育)의 목적(目的)은 종전의 일방적인 학문연구뿐만 아니라 쌍방향적으로 서로 다른 학문이나 연구분야까지 함께 연구하여 또다른 새로운 창의적인 융합형 학문을 개발하고 연구하며 변화하고 있다.

따라서 대학도 융합학문(融合學問, fusion learning) 체제로 바뀌고 있다. 상아탑의 울타리 안에 안주하여 왔던 대학들이 스스로 변화를 모색하며 학과통폐합과 융복합학문으로 변화하고 있는 것이다. 이러한 대학개혁은 여러 대학에서 실적으로 검증되면서 일단 긍정적으로 받아들여지고 있다. 주요 대학들은 지식융합학부를 두어 융복합학문 시대에 따른 전인교육 체계 구축을 위해 다양한 노력을 기울이고 있다. 특히 학문 간 융합과 학생의 자유로운 선택을 중시하여 '융합'과 '창의' 교육을 통한 재학생의 실천역량 강화에 중점을 두고 있다. 최근 각 대학들이 전공과목에서 글쓰기 능력을 함양할 수 있도록 하고 있는 것도 융복합시대에 문제해결을 위한 논리적 및 창의적 사고 능력을 갖추기 위해서이다.

융합학문이란 서로 다른 학문이나 연구분야의 전문가들이 만나 함께 연구하여 창의적 연구결과를 내놓는 학문을 말한다. 즉 인문과학 · 사회과학 · 인지과학 · 디자인 · 예술 · IT · 나노 · 바이오 등 전혀 어울리지 않을 것 같은 분야들이 만나 우리 생활을 획기적으로 변화시키는 것이다. 처음에는 과학기술끼리만 시도했던 융합학문연구가 이제는 과학기술과 인문학적 상상력을 접목시키는 단계에 이르고 있다. 여러 개의 학문이 합쳐져 새로운 하나의 학문이 태어나고, 하나의 학문이 나누어져 전혀 다른 방향으로 진화되기도 하며, 학문과 학

(性善說), 순자(荀子)는 성악설(性惡說)을 주장하였고, 고자(告子)는 수양(修養)의 방법에 따라 선(善)도 될 수 있고 악(惡)도 될 수 있다고 했다. 동중서(董重舒)는 선악(善惡)은 하늘의 음양이 있듯이 교화(敎化)로 완전히 선을 이룰 수 있다고 했으며, 유향(劉向)은 선악의 구별은 외계의 자극에 의한 것이라고 하였다. 주희(朱熹)는 사람에게는 우주의 본체에서 생긴 기질의 성(性)과 기(氣)에서 생긴 기질의 성이라는 두 요소가 있는데 선악의 구별은 후자인 기(氣)에서 생긴 것이 좋으냐 나쁘냐에 따라 좌우된다고 하였다.

문 간에 경계와 울타리가 점점 허물어져 창의적인 융합형 글로벌 인재를 요구하고 있는 것이다.

세계 유수대학들은 이 같은 융합학문연구의 경쟁에 앞장서고 있다. 스티브 잡스의 강한 열정과 호기심, 그리고 도전정신을 지닌 혁신적 융합형 인간이 탄생하려면 서로 다른 학문의 경계를 뛰어넘는 연구가 필요한 것을 세계의 대학들이 공감하여 융합학문연구의 실행(實行)에 투자하고 있는 것이다.

즉, 선진국의 대학들과 연구기관들은 이미 융합학문연구를 국가적 전략사업으로 추진하고 있다. 미국은 2002년부터 나노 · 바이오 · 정보(情報) · 인지(認知)의 4가지 기술(Nano · Bio · Info · Cogno : NBIC) 융복합연구를 국가전략사업으로 정하고, 1,300억 달러 이상을 투입하고 있다. 유럽연합은 2004년 NBIC에 철학과 인류학 등 인문학을 접목시켜 유럽연합 국가들의 융복합연구의 경쟁력을 강화하는 프로젝트를 운영하고 있다. 일본은 2000년부터 인문과학과 기술과학의 구분을 해체하는 문리융합형 연구와 교육을 국가적으로 장려하고 이를 대학개혁의 시작으로 삼고 있다.

(1) 우리나라 대학의 융합학문연구

우리나라 대학들도 융합학문연구에 속도를 내고 있다. KAIST는 2005년 '문화기술대학원'을 탄생시켜 융합학문연구를 시작하였다. 서울대학교는 2009년 뇌인지학과를 설립하고 인문학 · 과학 등을 결합하여 융합학문연구를 하고 있다. 서강대학교는 '지식융합학부 아트&테크놀로지 전공'을 신설하여 직관과 통찰에 의한 창의적 발상(發想)과 기술(技術)을 통해 예술과 기술의 융합프로젝트를 수행하고 있고, 문과 · 이과를 오고 가는 다전공제도로 융합교육을 하고 있다. 성균관대학교의 'IT융합학과'에서는 산학연계인력육성 프로그램을 운영하고 있고, 수도권 대학 중 유일하게 산업통상자원부로부터 리더급 산업융합 인재양성을 위한 '2013년도 산업융합 특성화 인재양성사업 지원대학'으로 선정되어 ICT, 휴먼감성 디자인 융합형 제품과 서비스분야 리더를 양성하기 위해 5년간 약 30억 원의 지원금을 받는다. 건국대학교는 2004년 '신기술융합학과'를 신설하고 환경과 제어, IT기술이 한곳에 융합되는 융합학문을 연구하고 있다. 한국산업기술대학교는 '산학협력 전공융합'을 신설했고, 숭실대학교의 '숭실융합기술원'은 에너지 · 유통 · 방송 · 지식 · 환경 · IT · 생명 · 감성 · 모바일 · 인력 등의 사업단으로 구성되어 융합인재를 키우고 연구역량을 강화해 교육과 산업계의 패러다임 변화에 적응하고 있다. 영남대학교는 2009년부터 '그린 에너지 선도사업 인재양성센터'를 설립하여 에너지 전문가 육성프로그램을 운영하고 있다. 한양대학교는 기초융합대학원을 설립하여 인문학과 기초과학을 접목시켰다. 고전 읽기와 연구를 토론위주로 함으로써 교양과목의 창의성 교육에 중점을 두고 있다. 2012년에는 고전, 인문, 철학의 강의를 위해 출판평론가인 표정훈 · 이권우를 교수로 임용하였다.

그리고 정부는 태양광 · 연료전지 · 풍력 · 그린카 · 스마트 그리드 등 15개 분야에 26조원을 투자할 계획이다(조선일보 2012.3.9. 참조). 즉, 정부는 2009년 '융합학문연구'를 국가과학 기술발전 6대 전략사업으로 정했다. 따라서 국내 선도대학들의 인문 · 사회과학과 기술과학 간의 융합학문연구가 향후 우리나라의 비전과 발전을 선도할 것으로 기대된다.

(2) 학부교육 선진화 선도대학 사업

교육부는 다양한 학부교육(學部敎育) 모델을 창출하기 위해 '학부교육 선진화 선도대학(Advancement of College Education : ACE)' 사업을 2010년부터 시행하고 있다. ACE는 학생을 '잘 뽑는' 경쟁에서 '잘 가르치는' 경쟁으로 대학의 분위기를 전환하기 위한 정부의 교육사업이다.

가톨릭대학교는 교양교육을 총괄하는 'ELP학부대학'을 설립했다. 이는 전공과의 연계성을 높인 융복합트랙을 운영하고, 교수 · 학생 간 멘토링제도를 강화하고 있다.

경희대학교는 2011년 ACE 대상 대학으로 선정된 이후 '몰입형 기숙교육 프로그램'을 운영하고, 맞춤형 취업진로사업과 ACE 전담 교육사업추진단을 운영하고 있다.

동국대학교 경주캠퍼스는 글로벌 인재 육성을 위한 '3G'(기존 대학 국제교류 프로그램이 재학생의 외국어실력 부족으로 활성화되지 못하는 문제를 막기 위해 도입된 제도) 프로그램을 시행하고, 글로벌 리더 장학프로그램을 운영하며, 글쓰기 교육 강좌를 하고 있다.

서강대학교는 글쓰기 센터를 운영하고 비교과과정 인증 시스템을 개발했으며, 전임 교원 강의를 확대하고 있다.

성균관대학교는 학업 성취 우수 학부생의 연구참여지원 프로그램 'ERP'를 운영하고, 재학생 역량 측정용 '성균핵심역량 진단도구'를 개발하였다.

서울여자대학교는 2010년 국내 여자대학 중 유일하게 ACE 사업에 선정되어 학부교육 품질관리 인증 시스템 'SWU CQI+'를 개발하고, 전공 교육과정 공동 프레임워크를 구축(캠퍼스 마일리지제 도입)하였다.

아주대학교는 학부생 연구와 논문 작성을 돕는 '학부생 연구 프로그램'을 시행하고, 동료 교수의 강의 멘토링제를 도입하였다.

울산대학교는 2010년부터 '산학융합을 통한 학부교육 선진화 사업'으로 산학협력 분야를 인문 · 사회과학 · 경영학 · 예술계열 등으로 확대하고, 산업체의 장·단기 인턴십제도를 도입하였으며, 학생사회공헌팀 '유토피아'를 운영하고 현장 연계형 프로젝트와 산업체 전문가 교수의 영입을 하고 있다.

한림대학교는 '교수 · 학생 밀착형 학부교육제'를 도입하면서 '마스터 교수제'를 통한 개별 맞춤상담 시행, 수업 내 상담 활성화, 교육개발센터 · 학생생활상담센터를 신설하여 재학생 개개인의 특성과 자질을 체계적으로 파악하고 있다. 그리고 신입생 전원이 기숙하는 '정주대학제'를 정착하고, 재학생 1대1 지원 프로그램 'NICE CARE'를 운영하며, 맞춤형 직업 트랙제를 개발하였다.

대구경북과학기술원(DGIST)은 첫 학부 신입생을 받는 2014년도에 '무학과 단일 학부' 형태를 도입한다. 학생은 4년간 전공학과를 택하지 않은 채 기초과학 · 공학 · 인문소양 · 기업가정신 등의 공통 교과과정을 이수하게 하는 실험교육을 할 예정이다(조선일보 2013.7.16. 참조).

또한 정부는 2015~16년에 세종시와 인천시에 '과학예술영재학교'(고교과정)를 설립하기로 했다. 이는 과학적 창의성(創意性)과 예술적 감성(感性)을 포함한 STEAM(과학 · 기술 · 공학 · 예술 · 수학)과 인문학의 심화교과(深化教科)를 운영하는 국내 최초의 융합 인재 양성학교이다. 교육과정은 과학문명사, 공학개론, 커뮤니케이션 등 STEAM(Science, Technology, Engineering, Art, Mathematics) 기반의 전문교과를 20% 이상 편성하고, 교과목으로는 컴퓨터과학, 미술, 문학을 융합한 게임, 애니메이션, 물리학(음향학), 건축, 공연예술을 더한 과학미디어 등이 있다. 그리고 학생들이 스스로 융합 주제를 정해 개인별 · 팀별로 탐구활동을 하는 '융합 · 창의 활동'도 교과과정에 포함하고 있으며, 문과와 이과 구분 없이 학생이 수업을 선택하는 학점제로 운영된다(한국경제 2012.11.26. 참조).

(3) 산학협력 선도대학(LINC) 육성사업 평가 결과 발표

교육부는 2014년부터 본격 추진되는 "2단계(2014~16년) 산학협력 선도대학(Leaders in INdustry-university(college) Cooperation : LINC) 육성사업" 참여 대학을 발표하였다.

이번 발표는 지난 1단계(2012~13년) 사업에 참여한 51개 4년제 대학과 29개 전문대학에 대한 단계평가, 신규 참여를 신청한 43개 대학과 33개 전문대학에 대한 선정평가, 그리고 비교평가 결과에 따른 것이다.

2단계(2014~16년)의 LINC 사업단에는 총 86개교(4년제 56개교, 전문대 30개교)가 선정되었는데, 신규대학은 총 21개교(4년제 15개교, 전문대 6개교)가 새로 진입하였다.

산학협력 선도대학 육성사업은 사업단 간 서로의 경쟁을 촉진하고, 역량 있는 우수대학에 인센티브를 제공하여 사업성과를 극대화하기 위해, 평가결과와 사업단규모에 따라 대학별 사업비를 차등 지원하게 된다.

4년제 대학의 '기술혁신형'은 대학별로 58~32억 원(15개교 평균 47억 원)을 지원받게 되며, '현장밀착형'은 대학별로 52~30억 원(41개교 평균 39억 원)을 지원받게 된다. 전문대학의 '산학협력 선도형'은 대학별로 약 8.5~6.5억 원(10개교 평균 7.5억원)을 지원받게 되며,

'현장실습 집중형' 은 대학별로 약 6.7~4.7억 원(20개교 평균 5.7억 원)을 지원받게 된다.

1단계 사업에 대한 평가결과가 "매우 우수"인 대학으로는, 4년제 대학의 '기술혁신형' 의 경우 경북대, 성균관대, 한양대(ERICA)가, '현장밀착형' 의 경우 수도권의 한국산업기술대, 충청권의 건양대, 단국대(천안), 대경 · 강원권의 금오공대, 계명대, 호남 · 제주권의 군산대, 제주대, 동남권의 울산대, 한국해양대가 높은 평가를 받았다.

전문대학은 '산학협력 선도형' 에서는 아주자동차대, 영진전문대가, '현장실습 집중형' 공학계는 전주비전대, 창원문성대가, 비공학계는 청강문화산업대가 높은 평가를 받았다.

교육부는 산학협력 선도대학(LINC) 육성사업을 통해 대학의 우수인재 양성과 기술개발 성과가 지역산업의 고용 및 기술혁신으로 이어져 대학과 지역이 성장하는 선순환 구조가 정착될 것으로 기대하고 있다.

제4절 작은 차이가 학문적 성공을 이룬다

"작은 차이가 학문적 성공을 이룬다."는 이 짧은 말에는 학문을 성공으로 이끄는 진리가 들어 있다. 이것은 작은 1%의 차이에 의해 학문의 성패가 가름된다는 뜻이기도 하다.

다시 말하면 우리의 일상적인 생활 속에서 평범한 학문의 이치를 발견하고 그것을 실천으로 옮기는 일이야말로 진정으로 가치 있는 삶이 될 것이다.

학문을 할 때에 습관처럼 스쳐 지나가기 쉬운 사소한 일들이 많은데, 이러한 것들을 무관심으로 놓치는 사람과 놓치지 않는 사람이 있다. 이러한 작고 사소한 차이의 결과는 학문적인 성공과 실패로 나타날 수 있는 것이다. 그로 인하여 인생을 기분 좋고 즐겁게 사는 사람들이 있고, 반면에 힘들게 허덕이며 불평만 하면서 살아가는 사람들이 있다.

학문이나 일상생활에 있어서 남보다 한 발 앞서 목표를 설정하고 실천하는 사람은 결국 학문이나 일을 더욱 보람 있게 하고 더 행복하게 살아가게 될 것이다. 크게 하는 결심이나 각오보다는 작은 1%의 변화나 계획과 간단한 실천만으로도 학문적으로 성공하는 인생의 지름길이 될 수 있다는 것이다.

학문적 성공을 이루기 위해서는 먼저 목표의 설정이 있어야 한다. 그리고 더욱 중요한 것은 이를 적극적으로 실행에 옮겨 계속하는 것이다. 사람은 누구나 자의든 타의든 간에 어떤 목표를 향하여 살아가고 있다. 그 목표를 원하고 있는 것은 그 사람이 목표에 대한 가치를 알고 성취하고자 하는 꿈이 있기 때문이다. 누군가 학문적 목표를 세우고 실행하고자 결심했다면 그것은 그 사람의 인생에 있어 최대의 보람 있고 가치 있는 일일 것이다. 이처럼 학문적 꿈과 소망이 삶의 목표가 되어야 성공할 수 있다. 그리고 목표를 세웠다면 지금 당장 행동으로의 실천을 계속해야 하는데, 큰 목표보다는 작은 목표를 정하고 사소한 것부터 실천하는 것이 필요하다. 그리고 의구심을 버리고 학문적 성공에의 확신을 가지며, 자신의 목표와 변화를 위한 실천을 반복하는 습관으로 만드는 것이 중요하다. 그러면 학문적 성공에 가까워질 것이다.

학문적 꿈은 누구에게나 반드시 필요하다. 만일 이러한 꿈이 없다면 미래에의 희망이 없고 이루고 싶은 것도 없다는 의미이다. 즉, 학문을 하고자 하는 의욕도 없이 적당히 현재대로의 현상유지만 하게 될 것이다. 결국 학문적 꿈과 소망이 없는 사람은 자신의 무한한 가치를 버리고 보람 있는 인생을 외면하는 결과를 가져올 것이다.

자신의 학문적 꿈과 소망을 찾아 목표를 설정하라. 그리고 그 목표를 향한 열정을 가지고 실행하라. 하루 10분씩이라도 자신의 미래에 대하여 생각하고 실행하는 시간을 가져라. 미래의 성공은 꿈을 가지고 행동하는 사람들만의 것이다.

제5절 자기혁명으로 학문적 성공을 이룬다

'청춘(青春)〔젊음〕'은 인생(人生)의 가장 소중하고 중요한 시기이다. 그러나 너무 힘들고 방황하는 시기이기도 하다. 청춘들은 자신이 짊어진 현실의 고민을 생각보다 훨씬 무겁고 힘겨워 한다. 이는 사춘기의 성장과정의 문제가 한꺼번에 터져 나오는 폭발의 시기이며, 또한 열정의 존재와 기대감의 존재를 규정하는 모순의 시기이기 때문이다. 그러므로 이때야말로 인생에서 가장 화려하면서도 방황하는 시기이다. 무언가를 해야 한다는 강박 때문에 피곤에 의한 휴식시간을 갖는 것조차 불안해 한다.

청춘들은 닥쳐올 사회환경에의 적응에 대한 고민과 두려움, 그리고 강박감 때문에 마음 아파한다. 인생의 황금기인 화려한 시기에 마음껏 즐기고 부딪쳐야 하는 현실을, 이해와 극복으로 해결해야 하는 중요한 시기이기도 한 것이다. 이는 한치 앞을 내다볼 수 없는 미래에 대한 불안을 극복하면서 열망하는 목적지를 향한 미래설계를 실천해야 하는 현실이다.

현실의 환경에서 청춘들이 희망의 목적지로 향하는 길에는 어두운 터널과 장애물들이 산재해 있다. 북한 핵대응 문제, 일본의 위안부 · 독도 문제, 중국과의 불화 문제, 미국과의 마찰 문제, 정부의 반기업 정서 문제, 성장엔진 꺼져가는 한국 대표기업들 문제, 국내의 정치적 · 사회적 양극화 문제, 노동조합들의 진보적 강경투쟁 문제, 자본주의와 신자유주의의 논쟁, 청년취업난 문제 등으로 정치권의 격한 행동이 계속되어 청춘들이 냉정을 찾는 데 어려움이 많다.

이러한 문제는 세계 모든 청춘들이 함께 당면한 문제들이다. 그러나 일부 매스컴들은 '분노와 투쟁'이라는 부정적인 키워드로 청춘들의 불평을 조장하고 선동하는 감이 없지 않다. 그러므로 청춘들은 현실을 조롱하고 냉소하는 부정적인 태도에서 벗어나 스스로의 문제를 냉정과 열정으로 극복하여 미래 설계를 실천해야 한다.

정치적 · 사회적 · 경제적으로 혼란하고 청년취업난이 심화되며 수출경제성장으로 인한 부익부 빈익빈 사회현상과 세대 간 소통의 단절에 따른 청춘들의 상대적 박탈감이 커지면서 '자본주의 (capitalism)' [02]의 시장경제에 대한 실체를 근본적으로 부정하고 비판하는 목소리 또한 커지고 있다. 그러나 사회에는 경쟁에 의한 승자와 패자가 있는 것이 당연한 일이므로, 패자를 구제하기 위하여 모두가 평등한 사회로 만든다는 생각은 시장경제뿐만 아니라 모든 공동체의 미래를 위험에 빠뜨릴 수 있다는 것이다. 따라서 현재의 사회제도나 남을 탓하기에 앞서, 사회 · 경제 · 정치의 세계적인 흐름과 역사에 대한 보다 많은 탐구와 학습을 충실히 하여 나름대로의 미래 설계를 해야 한다.

모두가 평등하고 공평하게 산다는 것은 공산주의와 북한뿐이다. 하지만 실상은 전혀 평등하거나 공평하지 못하고 더 지옥 같은 삶을 살고 있는 것이다. 자본주의 시장경제의 임무는 가장 나은 방식으로 국민의 경제활동을 영위하게 하는 방향이지 약자만을 구원하는 것은 아니다. 세금혜택, 서민혜택, 무상급식, 반값 등록금, 많은 의료혜택 등등 강력히 요구만 하면 정치권에서는 옳고 그름을 가릴 틈도 없이 포퓰리즘으로 받아들이게 되어 우리 경제는 유럽의 복지정책과 같이 더욱 나빠지게 될 것이다. 국가가 계획적으로 모든 국민을 위한 생산적인 곳에 에너지를 쓰지 못하고 단지 목소리가 높은 곳에 우선적으로 사용하기 때문에 전 국민이 나눠가질 몫이 작아지는 것이다. 우리 경제의 소득수준이 좋아졌으니 무조건 나도 스스로의 노력 없이 그 정도의 혜택을 받아야겠다는 군중심리는 잘못된 것이다.

그러므로 청춘들은 현실에의 비판은 하되 불평과 비관만 하지는 말고, 인생에서 노력한 만큼 얻을 수 있는 자본주의 4.0 시대에 걸맞은 행복을 위하여 공부하고 연구하면서 스스로 미래를 만들어 나가야 한다. 세상은 넓고 열려 있으며, 청춘들에게는 많은 기회와 무한한 가

---

02 자본주의(資本主義) : 생산수단을 자본으로서 소유하는 자본가가 이윤획득을 목적으로 하여 노동자의 노동력을 상품으로 사들여 상품생산을 하는 경제체제.

자본주의 1.0 : 자본주의의 처음 단계인 자유방임의 고전자본주의. 자본주의 2.0 : 1930년대 대공황 이후 케인즈가 내세운 정부 역할을 강조한 수정자본주의. 자본주의 3.0 : 1970년대 시장의 자율을 강조한 신자유주의. 자본주의 4.0 : 시장의 기능을 존중하고, 성공한 사람이 더 큰 성공을 하게 하되 낙오된 사람들을 복돋우고 이끌어 갈 수 있는 책임을 강조함으로써 기업 등 시장참여자의 사회적 책임(noblesse oblige : 높은 신분의 도덕상의 의무)과 '다함께 행복한 성장'을 중시하는 기부문화의 '따뜻한 자본주의'다.

- 수정자본주의 : 실업 · 공황 등 자본주의의 제반 모순을 국가가 권력의 개입으로 완화하고 경제의 민주화와 사회화를 도모하려는 사상 또는 경제원리=신자본주의
- 신자유주의 : 자유방임적인 자유주의의 결함에 대하여 국가에 의한 사회정책의 필요를 인정하면서 자본주의의 자유기업의 전통을 지키려는 사상.

능성이 있음을 알고 나름대로의 준비를 해야 한다.

〈학문적 · 사회적 성공을 위한 조언〉

(1) 자기 삶의 주인이 되어 자기혁명을 일으키는 목표설정을 한다(자기혁명)

자기 삶의 주인이 되어 스스로 인식하는 것과 현실을 판단하는 시각에 대해 새로움을 경험해 보고, 자신의 꿈을 말하는 청춘들의 얼굴은 더없이 밝고 행복해 보인다. 현실은 이상을 지향하고 오늘은 내일의 미래를 꿈꾸기에 미래의 꿈을 이야기하는 순간은 행복한 것이다. 그러므로 현실은 우리가 어떤 태도(attitude)를 가지고 실천하느냐에 따라 우리의 삶이 달라진다. 말이 아닌 실천을 통한 증명이 중요하다.

(2) 자신을 사랑하고 귀히 여기며 자기가치를 찾는다(자기가치)

① 나의 가치를 스스로 알고 귀히 여겨라. 내가 나를 사랑하면 세상도 나를 사랑한다. 스스로 어떤 삶을 살고 있는지를 평가하라.

② 나의 행복을 다른 사람과 비교하지 말고 스스로 행복지수를 찾아서 높여라.

③ 나의 삶의 주인이 되어 나의 길을 스스로 찾아라.

④ 남의 생각을 답습하지 말고, 나의 생각과 길을 찾아라.

⑤ 진정한 행복을 위해 스스로 의미 있고 좋아하는 일을 찾아서 하라.

⑥ 삶은 다른 사람들과의 경쟁이 아닌 나 자신과의 싸움이다.

'나'라는 존재가 없으면 이 세상의 그 무엇도 존재가치가 있을 수 없다. 그러므로 나 자신의 청춘에 대한 존재가치는 더욱 중요하다. 그러나 사람은 누구나 장단점을 가지고 있기 때문에 이처럼 중요한 나 자신의 장점을 찾아 계발하기 위해 노력해야 성공할 수 있다. 특히 젊은 청춘들은 어떠한 목표설정도 없이 스펙쌓기에만 집중하지 말고, 자신만이 잘할 수 있는 것을 찾아서 발견하여 집중적으로 개발하고 노력하는 것이 성공의 지름길이 될 것이다. 이것은 곧 자신을 정확히 알고 사랑하며 귀하게 여기는 계기가 될 것이다. 이는 또한 그동안 자신을 사랑해 주었던 사람들을 위한 최대의 선물이 될 것이다. 언제나 나를 사랑하고 만족하며 현실에 충실함으로써 나의 존재가치가 더욱 높아지는 것이다. 인생을 바꾸는 일은 어렵다. 그러나 생각을 바꾸는 것은 어렵지 않다. 그동안 미처 생각하지 못했다면 지금 당장 자신의 생각을 바꿔 자신의 잠재력과 장점을 발견하고 계발하면서 미래 설계를 차근차근 쌓아간다면 성공하는 청춘이 될 것이라 믿는다.

(3) 공부는 학(學, 배우는 것)**과 습**(習, 익히는 것)**을 병행 실천함으로써 완성된다**(배움과 익힘)

일반적으로 배우는 것만이 공부라고 생각한다. 배우는 것으로 끝나는 것이 아니라 생각하며 실천하고 그것을 현실대로 담아내고 깨달음이 있어야 비로소 공부가 완성되는 것이다.

(4) 대학은 청춘들이 '큰 배움'을 얻는 곳이다(큰 배움)

첫째, 대학(大學)은 새로운 학문적 진리를 탐구하는 연구를 수행하고 창조적인 지식을 생산한다. 둘째, 대학은 제도적 보호를 받기 때문에 사회적 책임과 국가의 발전에 책임이 있다. 셋째, 대학은 미래지향적인 조직으로 새롭고 창조적인 미래의 지식을 생산할 임무와 책임이 있다.

(5) 독서 · 신문읽기 · 글쓰기를 통하여 자기계발을 실행한다(자기계발)

청춘은 누구나 자신만이 갖는 잠재력과 장점이란 특성이 있다. 따라서 자신의 재능과 장점을 기본으로 목표설정을 하고 독서 · 신문읽기 · 글쓰기 등의 간접체험을 실행하여 나만의 특성이 있는 학문적 창의성을 개발해야 한다. 그리고 자신만의 재능을 찾는 것이 노력보다 우선한다. 재능의 잠재력은 평소의 체험을 통해 발견되므로 직접체험이 어려우면 독서를 통해 다양한 분야를 간접적으로 체험해 볼 수 있다. 독서는 도전 · 경험 · 가능성 · 미래의 희망이다. 우리는 스스로도 실속 없이 바쁘게 살아간다는 사실을 알고 있지만 이를 외면하고 사는 경우가 많다. 인생은 끝없는 창의력을 추구하고 있으며, 청춘의 삶은 순간마다 어떤 일들을 스스로 결정을 하면서 새로운 자신의 모습과 학문적 발전을 만들어 가는 것이다.

다양한 소재와 생생한 시사정보 및 사진을 담은 신문은 학생과 일반인들의 학습교재로 활용되는데, 읽기와 쓰기, 창의력과 종합적인 사고력을 기르는 중요한 교육법으로서 신문읽기가 널리 활용되고 있다. 글쓰기는 책을 많이 읽는 데서 시작된다. 책이나 신문을 읽다가 우연히 얻게 된 많은 지식들이 글을 쓰는 데 있어 결정적인 단서가 되기도 한다. 글쓰기를 통해 좋은 글을 분석해 내는 지식의 힘, 현상과 지식을 조직해 내는 구성력, 생각과 사고를 문자로 표현할 수 있는 문장력 등이 길러진다. 이처럼 자기계발은 자신의 잠재력과 장점을 찾아서 목표를 세우고 실행을 하면서 확인하고 평가하는 방법을 구체적으로 세워야 한다.

(6) 청춘은 끊임없이 사랑과 관심의 열정으로 반해야 한다(열정)

세상 · 문학 · 철학 · 친구 · 이성 · 자연 · 꿈에 반하여 그 청춘의 뜨거움을 충분히 발산하고 만끽함으로써 자신을 억압하는 규제나 내면의 불길과 곤혹스러움을 해소할 수 있다. 그러나 청춘이 스스로의 꿈을 펼치기 위해서는 뜨거운 열정과 그 열정을 길들일 수 있는 이성적 태도를 키워나가야만 꿈을 이루고 세상의 주인이 될 수 있다.

(7) 전공(專攻)에 대한 소양을 갖추고, 자기관리 능력을 배양한다(자기관리)

청춘에 대한 문제해결을 위해서는 먼저 자신을 알아야 하고, 그에 따라 청춘의 삶을 해결할 수 있는 다양한 전략이 필요하다. 누구나 자기 자신에게는 관대하여 삶의 함정에 빠지는 경우가 많다. 그러므로 가끔은 자신을 되돌아보고 확인하여 자신이 내린 결정으로 자기관리

능력을 평가하는 전략을 세워야 한다. 자신의 능력으로 최선을 다하여 학문을 할 수 있는 자신만의 환경을 만들어 나가야 한다. 언제나 그렇듯 하루가 많은 일들로 바쁘게 지나간다. 이렇게 바쁘게 사는 생활을 보람 있는 삶으로 착각해서는 안 된다. 자신을 너무 과소평가하거나 과대평가하지도 말고 다람쥐 쳇바퀴 돌듯 바쁜 일상 속에서 잠시 멈춰서서 자신을 되돌아보고 자신의 인생에서 동경하고 바라던 목표를 재확인함으로써 바른 청춘의 삶과 올바른 학문의 길을 나아갈 수 있다.

(8) 시간관리로 목표를 세우고, 우선순위를 두며, 자투리 시간도 활용한다(시간관리)

청춘의 시기에 행복하든 불행하든 시간관리를 잘하지 못하면 자신의 학문이나 인생도 실패할 확률이 대단히 높다. 시간은 삶이고 돈이라고 했다. 목표를 세우고 우선순위를 두며 자투리 시간도 효과적으로 활용하는 시간관리는 반드시 필요하다. 즉, 자신의 목표를 달성하기 위해서는 취미나 평소의 버릇과 습관을 포기하는 용기도 중요하다. 게임 · 인터넷 · 미팅 등은 꼭 필요한 것이 아니다. 일상생활에서 의미 없는 습관이나 버릇이 있다면 즉시 버리고 제자리를 찾아야 한다. 이는 청춘의 중요한 시기에 그냥 버려지는 시간으로서, 훗날 돌이켜 볼 때 황금 같은 시간을 허비한 것에 대해 후회하지 않도록 해야 한다. 그러나 기본적으로 해야 할 것으로는 독서 · 신문읽기 · 글쓰기 · 문화적 감상 · 대화 · 사색 · 운동 등이 있으며, 이는 계획적으로 실행해야 한다. 성공한 사람들도 대부분 처음에는 시간관리에 한두 번 실패한 다음에 제자리를 찾은 경우가 많다. 또한 학문에 대한 본인의 재능을 모르다가 시간이 지나면서 그 학문에 대한 능력과 보람이 있음을 알게 되어 성공을 한 경우가 많다.

(9) 유혹을 거절하고 설정된 목표의 실천으로 인생의 미래를 실행한다(미래실행)

현재의 삶에 만족하지 못하는 대부분의 청춘들은 현재와는 다른, 좀 더 좋은 환경을 원하고 있다. 그러나 이들 역시 스스로 생활을 변화시키려는 시도는 하지 않고 불평만 하는 경우가 많다. 누구나 삶의 시간은 한 번밖에 없는 귀중한 순간임을 알고 주변의 유혹을 거절하고 가까운 지인과의 대화로써 스스로 올바른 판단을 할 수 있는 사고의 능력을 길러야 한다. 부당한 요구나 유혹에 방어적인 판단을 해야 하고 목표에 의한 의사결정을 확실히 하여 성공할 수 있는 학문적 계획을 세워서 실행해야 한다. 이렇듯 청춘의 삶을 자신이 동경하는 환경으로 바꾸기 위해 노력해야 한다. 실속 없이 바쁘게 뛰면서 분주하게 살다보면 언제 어디서나 서로 다른 생각이나 결정에 의하여 갈등하고 고민하는 경우가 종종 발생하게 된다.

(10) 가족과 이웃에게 사랑 · 배려 · 봉사한다(사랑 · 배려 · 봉사)

가슴에 사랑이 있으면 세상은 아름답게 보이고 마음이 열리며, 잔잔한 기쁨이 솟아나고, 배려를 하게 된다. 순간순간 사랑하고, 순간순간 행복하라. 그 순간들이 모여 당신의 인생이 된다. 가족과 이웃을 사랑하고 그들을 위해 배려하고 봉사하는 청춘의 삶이라면 그 보답으로 자신의 학문 역시 사랑과 보람으로 가득 찰 것이다. 때로는 자신보다는 주변 사람들이 나를 더 객관적으로 잘 볼 수 있기 때문에 주변 사람들과 대화로써 상의할 수 있는 기회가 필요하다. 주변 사람들은 나의 인생과 학문을 또 다른 관점에서 평가하여 나의 잠재력과 재능을 계발하는 데 도움을 줄 수 있기 때문이다.

(11) 운동과 자연을 즐기고 사색의 시간을 갖는다(건강 · 사색)

모든 학문의 성공은 몸과 마음의 건강에서 시작된다. 평소에 자신의 심신을 단련하고 마음의 평안을 찾아 사색하는 것은 무엇보다도 중요하다. 자신의 잠재력과 장점으로 발견한 학문이 즐겁고 보람을 갖기 위해서는 몸과 마음의 건강이 필수적이다. 청춘의 삶에서 건강한 생각으로 사색하면 내가 변하고 이 세상이 달리 보여 새롭고 보람찬 청춘의 삶을 찾을 수 있을 것이다.

(12) 건전한 친구를 사귀고 남의 말을 경청한다(친구)

건전한 친구는 자신의 인생과 학문의 성공에 밑거름이 된다. 청춘의 시기에 진실한 친구가 없으면 사회적 적응이 어렵고, 인생을 잘못 사는 것이며 불행한 일이다.

친구를 보면 그 사람을 알 수 있다고 한다. 즉, 누군가에 대해 알고 싶다면 그가 어떤 친구를 사귀는지 잘 관찰해 볼 필요가 있다는 것이다. 그러면 그의 가치관과 취향을 볼 수 있기 때문이다. 옛말에 "모든 사물은 닮은 것끼리 모이고, 사람은 그 무리에 따라 구분된다.", "집에서는 부모에게 의지하고 밖에서는 친구에게 의지하라."라는 말이 있다. 친구란 사회생활에서 대단히 중요한 존재이다. 친구는 마치 한 권의 책과 같아서, 그를 통해 온 세상을 열어 볼 수 있다는 것이다.

공자(孔子)는 사람의 성장과정에서 친구의 역할을 대단히 중요시했다. 그는 제자들에게 유익한 친구는 사귀고, 해로운 친구는 사귀지 말라고 했다.

유익한 친구의 3가지 유형〔익자삼우(益者三友)〕: 정직한 친구, 성실한 친구, 견문 넓은 박식한 친구

해로운 친구의 3가지 유형〔손자삼우(損者三友)〕: 아부 떠는 친구, 겉과 속이 다른 친구, 말로만 잘하는 친구

좋은 친구를 사귀기 위해서는, 첫째로 좋은 친구를 사귀고자 하는 진실된 마음으로 노력해야 한다. 둘째로 올바른 친구를 가려낼 수 있는 능력이 있어야 한다.

(13) 좋은 습관을 기르고 나쁜 습관은 버리며, 실패를 재활용한다(습관)

인생을 살다 보면 누구나 어느 때부터인가 생활습관에 젖어 있는 것을 볼 수 있다. 이 습

관에는 좋은 습관과 나쁜 습관이 있는데, 일반적으로는 좋은 습관보다는 나쁜 습관이 더욱 두드러지는 경우가 많다. 대부분의 청춘들은 현재의 삶에 만족하지 못하고 지금과는 다른 삶을 바란다. 그러나 대부분은 지금까지와는 다른 삶의 방법으로 바꾸려 하지 않는다. 성공하는 청춘을 위해서는 하루라도 빨리 자신의 나쁜 습관을 버리고, 좋은 습관을 길러야 한다. 그리고 실패한 일은 재활용하여 자신의 새로운 능력을 개발하는 계기로 만들어야 한다.

(14) 인생을 덕, 충, 효, 인, 의, 예, 지, 신, 극기, 정직으로 무장한다(인생무장)

인생에서 덕(德)은 도덕적 · 윤리적 이상(理想)을 실현해 나가는 인격적 능력 또는 인격으로, 남에게 영향과 감화를 미치는 것이다. 충(忠)은 마음의 정성을 다하는 성실한 것이다. 효(孝)는 전통적인 유교적 도덕규범의 하나로, 자식이 부모와 웃어른을 잘 섬기고 받드는 것이다. 인(仁)은 애정을 남에게 미치게 하는 도덕적 심정이다. 공자(孔子)는 인은 사람들을 사랑하는 것이며, 자신이 원하지 않는 일을 남에게 억지로 행하지 않게 하고, 자신이 서고 싶은 곳에 남을 세우고, 자신이 도달하고 싶은 곳에 남을 도달하게 하는 것이라 했다. 의(義)는 사람이 마땅히 지켜야 할 바른 도리이다. 예(禮)는 사회생활에서의 도덕적 원칙으로, 다양한 문화적 규범으로 사회적 행위를 제약하는 기본적 준칙이다. 지(智)는 사물을 인식하고 슬기롭게 깨닫는 것이다. 신(信)은 믿음이 있고 공경하는 것이다. 극기(克己)는 자기의 욕심 · 충동 · 감정 등을 이성적인 의지의 힘으로 눌러 이기는 것이다. 정직(正直)은 남을 속이거나 숨김이 없이 참되고 바른 상태를 말한다.

(15) 기록하고 메모하는 습관으로 학문적 삶을 단순화한다(기록 · 메모)

학문적 삶의 단순화를 위한 가장 중요한 도구는 기록하고 메모하는 것이다. 기록과 메모는 ① 생각하는 능력을 길러준다, ② 우선순위 결정능력을 향상시켜 준다, ③ 아이디어의 발상능력을 길러준다, ④ 시간활용능력을 길러준다, ⑤ 다른 사람의 마음을 움직이는 능력을 익힐 수 있게 한다(나카지마, 「놀라운 메모의 기술」, 2005). 이를 습관화하면 삶을 단순화할 수 있고 학문적 성공을 이루는 데 큰 도움이 될 것이다.

(16) 사회인으로서의 첫 출발이 어렵더라도 긍정적인 마음으로 겸손해야 한다(사회적응)

청춘들이 대학을 졸업한 뒤 사회인으로서 첫 출발을 함은 매우 마음이 설레고 기대되는 일이다. 그러나 누구나 자신이 바라고 뜻하는 바대로 되기란 그리 쉽지 않을 것이다. 대학에서의 경험이 그대로 성공적인 사회생활을 보장하지는 못한다. 앞으로도 수많은 일들과 많은 시행착오를 겪으며 새로운 사회에 적응하며 배워 나가야 한다. 현실에서 사회인으로서의 첫 출발은 비록 만족스럽지 않더라도 겸손하고 긍정적인 마음으로 출발함으로써 자신과 주위환경으로부터 안정과 보람을 찾고, 새로운 변화를 모색할 수 있는 환경도 가질 수 있을 것이다.

제6절 매일의 시간관리로 학문적 성공을 이룬다

1. 시간관리

표 1-1 | **하루 시간관리 생활기록**(월요일~일요일)

생활 내용	월	화	수	목	금	토	일	평균
학교교육(강의, 특강 등)								
과외교육(학원, 개인 등)								
여유, 휴식 등								
운동, 오락(컴퓨터 등)								
식사, 차								
청소, 정리 등								
타인과의 미팅 등								
대화(핸드폰 · 전화 등)								
대중매체 (TV, 신문, 잡지, 영화 등)								
공부, 숙제, 독서 등								
통학, 거리이동								
수면								
아르바이트 등								
봉사활동								
기타								
총시간	24	24	24	24	24	24	24	

주 : 1) 졸업시간표(취업)짜기 : 전공찾기, 진로결정, 연간계획, 정보수집과 동아리활동, 계절학기 이용, 학점 관리와 보충공부, 실무 경험쌓기와 인턴십 등

2) 현재의 대학생활(敎育)에서 무엇을 배웠고 제대로 학습하고 있는가? 이에 명확한 대답을 할 수 있는가? 미래의 목표설정을 하고, 이를 실행하고 있는지 매일의 시간관리를 기록하며 실행을 점검해 보자.

2. 시간관리 분석

① 자신이 사용한 시간 중 과대평가된 부분(줄이고 싶은 항목)을 찾는다.

② 자신이 사용한 시간 중 과소평가된 부분(늘리고 싶은 항목)을 찾는다.

③ 자신의 시간활용에 대한 총괄적 평가를 자체적으로 해본다.

④ 기존 시간기록 중 달리 원하는 시산이 있다면 시간수정을 해본다.

⑤ 자신이 헛되게 보낸다고 생각하는 시간의 환경과 조건을 찾는다.

⑥ 유용한 시간과 헛된 시간을 비교 · 분석한다.

3. 시간관리와 실천

① 중요한 일은 목표설정 후 우선적으로 즉시 실행한다.
② 꼭 할 일은 기록하고 기한을 정해 실행한다.
③ 첫 시작의 계획을 확실히 세운다.
④ 중요한 계획은 계속 반복적으로 추진한다.
⑤ 지나간 시간을 기록으로 평가 · 분석한다.
⑥ 자투리 시간을 생산적으로 활용한다.
⑦ 핵심적 일은 미래관점으로 치중한다.
⑧ yes와 no를 분명히 하고 삶을 단순화한다.
⑨ 불필요한 일은 지혜롭게 거절한다.
⑩ 자신에게 맞는 재능발굴과 자기계발을 한다.
⑪ 자신만의 안식처인 휴식시간을 갖는다.
⑫ 성공을 위해 창의적인 시간관리를 한다.
⑬ 지식충전을 위한 독서와 글쓰기를 한다.
⑭ 유용한 시간을 늘리고, 헛된 시간을 줄인다.

제7절 명저들의 교훈

1. 「논어」에서 배우는 인생교육

「논어(論語)」는 공자(孔子, BC 551~479년)와 그 제자들 및 그 시대의 정치가들이 세상을 살아가는 이치나 교육 · 문화 · 정치 · 사상 등에 관하여 논의하고 이야기로 주고받은 문답을 모아서 만든 책이다. 그 내용을 살펴보면, 공자의 혼자 생각이나 말을 기록한 것도 있고, 제자들의 물음에 공자가 대답한 것, 그리고 제자들끼리 주고받던 이야기도 있으며, 제자 이외에 그 당시의 정치가들이나 주위의 사람들과 나눈 이야기도 기록되어 있다. 이는 공자의 삶과 사상 및 교훈을 알 수 있으며 유교적 사고와 동양적 사상 및 시대적 배경을 엿볼 수 있는 귀중한 자료이다.

「논어」라는 제목은 공자와 그 제자들을 중심으로 "토론한 이야기"라는 의미와, 공자에 관해 남은 기록들을 제자들이 "논의하여 정리한 이야기"라는 의미로 보기도 한다는 것이다.

이는 한 사람의 저서도 아니고 공자의 많은 제자들이 오랫동안 모아서 정리한 책이다. 문헌에 '논어' 라는 이름이 처음으로 쓰인 것은 한나라 때의 「예기」이기 때문에 아마도 그 이전시대에 「논어」가 완성된 것 같다.

그동안 「논어」라는 책으로 알려진 것으로는 한(漢)나라 때에 「노론(魯論)」, 「제론(齊論)」, 「고론(古論)」이라는 판본이 있다. 「노론(20편)」, 「제론(22편)」은 각각 노나라와 제나라에서 전해진 것이라고 하고, 「고론(21편)」은 공자의 옛날 집에서 발견된 고문으로 된 「논어」이다.

지금 우리가 주로 보는 「논어」는 후한의 정현(鄭玄, 127~200년)에 의해 「노론」을 바탕으로 「제론」, 「고론」과 함께 당시에 전해지던 많은 자료들을 참고하여 만들어졌다.

「논어」를 편찬한 사람들은 공자의 사상을 체계화하기보다는 공자의 언행을 있는 그대로 전달하고자 한 것이 특징이다. 이는 공자의 교육관은 인격적으로 완성된 삶의 경지였고, 그것은 공자의 실제적 인생을 통해서만 진실하게 전달될 수 있기 때문이었다. 그러므로 지금의 「논어」에는 그 당시 공자의 모습과 성격 및 행동이 제대로 살아 있으며, 그 당시에 제자들과 이야기하던 분위기와 말투까지도 그대로 잘 나타나 있다.

지금까지 「논어」와 관련된 책의 발간은 3,000여 권이다. 우리나라에서 많이 참고가 되었던 책은 주희(朱熹,1130~1200년)의 「논어집주」, 위나라 하안(何晏, 193?~249년)의 「논어집해」, 양나라 황간(皇侃, 488~545년)의 「논어의소」, 송나라 형병(邢昺, 932~988년)의 「논어주소」였고, 근대에는 정수덕(程樹德, 1877~1944년)의 「논어집석」이 있다.

우리나라에서는 「논어」가 고려시대 이후부터 교육의 기본서로 사용되었다. 해설서는 권근(權近, 1352~1409년), 이황(李滉, 1501~70년), 이이(李珥, 1536~84년), 이익(李瀷, 1681~1763년) 등을 통해 이루어졌고, 정약용(丁若鏞, 1762~1836년)의 「논어고금주」는 역작이었다.

공자는 일반적으로 천재나 성인(聖人)이라기보다는 평범한 삶을 살아온 서민적 선비의 모습이기 때문에 일반인들에게 더욱 공감을 받을 수 있었던 것 같다. 그 시대에는 예(禮)를 지식기반으로 하여 제후나 세도가들을 교육 · 문화 · 정치 · 사상 등에 관해 도와주고, 그 자녀들의 교육을 가르치기도 하였는데 공자도 그중 한 사람이었다.

공자가 유명해진 것은 예(禮)의 정신인 인(仁) 때문이라고 할 수 있다. '인'이란 사람을 사랑하는 것이라고 공자는 말하고 있다. 그 내용은 "자기가 서고자 할 때 남을 먼저 세워주고, 자기 뜻을 이루고자 할 때 남이 먼저 뜻을 이루도록 한다."는 것이다. 이러한 인(仁)의 덕은 항상 겸손하게 말을 조심하고, 이기적 욕구를 버리고 예(禮)로 돌아가야 한다는 것이다.

공자의 '정명론(正名論)'이란 진실하고 성실한 마음과, 나보다 남을 배려해 주는 적극적 태도인 자세로 자신의 역할을 충실히 다하는 것을 말한다[군군신신부부자자(君君臣臣父父子子)]. 각자 맡은 바 자신의 역할을 충실히 할 때 훌륭한 교향악이 만들어지듯이 조화로운 사회가 이루어진다는 것이다(공자 저, 김형찬 역, 「논어」, 2005 참조).

(1) 공자의 시대적 환경

주나라(周, BC 1050~256년)가 쇠퇴하여 사회질서가 혼란하고 사회구조가 해체되어 춘추(春秋, BC 770~403년) · 전국(戰國, BC 403~221년)시대가 돌입했다. 이 시기는 혼란기이면서도 경제변화를 일으켰다. 주산업인 농업도 동물만을 이용하던 것에서 벗어나 철제 농기구와 관개시설 및 비료와 물관리가 시작되었다.

그러자 백성들은 농업에서 공업 · 상업의 활성화로 경제발전이 되어 토지소유와 인력이 필요하여 전쟁을 하게 되었다. 각국은 부국강병정책을 실시하게 되었는데 이때에 제자백가(諸子百家)시대가 되어 공자의 사상이 등장하였고 노자 · 장자의 사상, 묵자의 사상, 법가의 사상 등이 일어났다.

이는 중국문화 발전의 원천이고 중국문화적 전성기였으며, 각종 유파는 역사적 발전과정에서 서로 대립하고 본받고 융합하면서 수천년에 걸친 중국문화를 형성하는 근원이 되었다.

이 선진시대의 제자백가들이 남긴 경전들은 선진문화의 집합체이며 당대 철인들의 지혜의 결정체였다. 유교의 경전으로 사서(四書)는 「논어(論語)」 · 「맹자(孟子)」 · 「중용(中庸)」[03] · 「대학(大學)」이고, 육경(六經)은 「시경(詩經)」 · 「서경(書經)」 · 「주역(周易)」 · 「예기(禮記)」 · 「춘추(春秋)」 · 「악경(樂經)」이다.

(2) 공자의 인간상과 사상

공자는 중국 춘추시대 말기의 위대한 사상가이자 교육자로 유가(儒家) 학파를 창시한 인물이며, 공자의 사상은 한(漢)나라 이래로 중국에 있어서 주도적 지위를 지닌 사상이었다.

공자는 이름은 구(丘)이고 자는 중니(仲尼)이며, 노(魯)나라의 추읍(지금의 산동성 곡부지역)에서 태어났다. 60세가 넘은 아버지 숙량흘과 16세인 어머니 안징재 사이에서 야합으로 태어났다고 「사기(史記)」에 기록되어 있다. 공자는 아버지가 일찍 돌아가시자 가문의 도움 없이 홀어머니와의 어려운 생활 속에서도 배우고 익히기를 즐겼다. 15세에 학문에 뜻을 두었고, 30세에 자립했고, 40세에 많은 문제에 의문을 품지 않게 되었고(불혹 : 不惑), 50세에 하늘과 사람의 위치와 고금의 변화원리를 알았고(지천명 : 知天命), 60세에는 어떤 일이든 한번 들으면 올바른 판단을 했고(이순 : 耳順), 70세에는 생각대로 움직여도 규범을 벗어나는 행위가 없었다고 한다(불유구 : 不踰矩). 공자 자신은 저절로 안 것이 아니라 배우며 학습해서 알게 된 것이며 학습의 진보는 오랜 과정이 필요한 것이라고 하였다.

03 「중용(中庸)」은 유교 경전인 사서(四書) 중 하나이다. 성품[性], 길[道], 가르침[敎]을 도출한 윤리사상이며, 매사의 일처리에 치우치지 않고, 기울지 않으며, 지나침이 없고 부족함도 없는 방법이나 태도이다. 언제나 자기감정의 절제와 섣부른 행위의 성찰을 요구한다. 극단으로 가지 않고 말로만 하지 않으며, 충돌의 결정에서 중간의 방법이나 태도를 취하는 신중한 실행과 실천을 말한다. 중(中)은 공간적으로 양쪽 어느 쪽에도 기울지 않는 것이고, 용(庸)은 시간적으로 언제나 불변함을 뜻한다. 한편 적극성이 요구되는 현대 사회에서는 평범 · 타협 · 보수 · 비진취적 · 비적극적 태도라는 비판을 받기도 한다.

그가 뜻을 둔 학문이란 찬란했던 주(周)나라 문화와 제도의 회복을 이루어 천하의 안정을 되찾는 것이었다. 그것이 바로 하늘이 자신에게 내려준 사명이라고 믿고 많은 제후국들을 상대로 뜻을 펼치다가 멸시와 괄시로 위험에 처하면서도 세상에 도(道)를 전파한 것이다.

공자는 제자들을 가르치며 노나라에서 벼슬도 하였고, 그의 많은 제자들도 관직에서 인정을 받았다. 그러나 현실의 권력자들 속에서 공자의 뜻을 펼칠 수가 없어 55세에 노나라를 떠나 여러 나라를 떠돌면서 많은 제후들을 만나 인(仁)과 예(禮)에 의한 사상을 현실의 정치에서 실현하고자 했으나 쉬운 일이 아니었다.

그는 13년간의 떠돌이 생활을 정리하고 노나라로 돌아왔다. 이때가 68세로 노나라에서 교육과 저술에 매진하여 후대에 이상의 실현을 기대하며 육경(六經)인 시경 · 서경 · 역경 · 예기 · 악경 · 춘추를 편찬했으며, BC 479년 73세로 죽음을 맞이했다. 공자가 희망했던 대로 사후 2000년이 넘도록 수많은 세상 사람들이 그의 교육과 사상을 되새기며 인간다운 삶을 살기 위해 계속 노력하고 있다.

공자는 당시 지배계급들이 권력을 멋대로 휘둘러 발생하는 백성들의 피해를 막기 위해 덕치(德治) · 예치(禮治) · 정명(正名) · 민생주의(民生主義)를 강조하였고, 귀족들의 전유물이던 교육을 전 국민들에게 확대시킴으로써 그 후 동양문화가 찬란하게 꽃피우는 토대를 이루어 놓았다. 인(仁)의 사랑과 배움(學)을 강조함으로써 인간 개인과 사회문화의 발전에의 기초를 닦았다.

대인격자로서 공자는 도(道)를 중시하였다. 지(知) · 정(情) · 의(義, 뜻)의 조화로운 발전과 시(詩)와 음악에도 조예가 깊었다.

대교육가로서 공자는 ① 감화교육, 즉 공자는 스스로 시범을 보여 감화를 받아 스스로 깨닫게 하고, ② 피교육자의 개성을 존중하고 개인의 재능 · 성격 · 취미 · 지식에 맞춘 교육을 하고, ③ 문답식 교육으로 질문하고 직접 대화교육을 하고, ④ 전인교육으로 모든 기능을 골고루 조화 있게 발전하는 교육을 하고, ⑤ 실용교육으로 현실에 필요하고 적응할 수 있는 기능의 교육을 하였다.

대정치가로서 공자는 ① 덕치주의(德治主義) : 정치는 덕(德)을 근본으로 함, ② 예치주의(禮治主義) : 예(禮)와 음악으로 백성을 다스려 마음의 선도와 질서유지, ③ 정명주의(正名主義) : 명분이 바로서는 정치(君君臣臣父父子子)를 하고, 맡은바 임무는 맑은 악기로 교향악을 만들듯이 조화로운 사회 만들기에 필요, ④ 민생주의(民生主義) : 정치는 민생고의 해결이 최우선이라고 강조하였다.

대사상가로서 공자는 인(仁)의 사상, 즉 인본주의(人本主義)의 핵심으로 인(仁)을 인간 최상의 미덕으로 삼았다. 인(仁)은 ① 애인(愛人)을 뜻하고(자신 및 타인을 사랑함), ② 예(禮)를 뜻하고, ③ 의(義)와 통하고, ④ 충서(忠恕 : 충직하고 원하는 바를 먼저 해 줌), ⑤ 용기(勇氣), ⑥ 즐거움(樂)을 뜻하며, ⑦ 인(仁)은 두 사람, 즉 사람과 사람 사이의 관계를 강조한다고 하였다.

공자는 인(仁)이란 사람을 사랑하고 자기가 서고자 할 때 남을 먼저 세워주고, 자기가 뜻을 이루고자 할 때 남이 먼저 이루도록 하고, 항상 겸손하게 말을 조심하며〔어눌(語訥)〕, 이기적인 욕구를 극복하고 예(禮)로 돌아가야 한다〔극기복례(克己復禮)〕고 했다. 예(禮)에 따라 산다는 것은 경직된 규범에 자신을 묶는 것이 아니라 인간의 내면(內面)에서 나오는 양심과 도덕적 욕구를 충실히 따르는 것으로 보고, 예를 통해 인의 실현을 이루고자 했고, 그러한 인의 사회를 이룰 수 있는 근거는 효제(孝悌)라는 본성에서 찾았고, 충서(忠恕)를 강조하여 충실된 마음으로 자신을 다스리는 것과 같은 마음으로 타인을 다스리고 자신을 사랑하는 마음으로 타인을 사랑하며, 타인이 바라는 대로 먼저 해 주라는 것이다.

이러한 인(仁)의 정신을 바르게 실천하기 위해서는 모두가 바른 학문과 지식을 배우고 수신(修身)을 배워 올바른 인간관계를 배우는 데 평생 동안 부지런해야 한다고 했다. 배우고 실천하는 과정에서는 항상 자신의 잘못을 반성하고 잘못이 있으면 바로 고치라고 말했다〔과측물탄개(過側勿憚改)〕.

공자는 자신이 살아온 인생을 표현하기를 "도(道)에 뜻을 두고 덕(德)을 바탕으로 하고 인(仁)에 의지하고 예술의 세계에 노닐었다." 그리고 "시(詩)에서 감흥을 일으키고, 예(禮)를 통해 자립하고 음악(音樂)에서 완성을 이루었다."고 했다.

(3) 논어

앞서 설명했듯이 「논어(論語)」란 유교의 경전으로 총 1만 2,700자로 이루어졌고, 공자와 그 제자들이 세상의 이치나 교육 · 문화 · 정치 등에 관해 논의한 말들을 모은 책이나, 그 내용은 공자가 혼자 한 말을 기록한 것, 제자나 다른 사람들의 물음에 대답한 것, 제자들끼리 말했던 것, 당대의 정치가 · 은자 · 마을사람들과 나눈 이야기 등을 기록한 책으로 현재까지 남아 있는 자료 중에서 공자의 삶과 사상을 이해하는 데 가장 정확하고 중요한 자료이다.

그동안 여러 사람들의 토론과 손을 거쳐 만들어졌지만 전체 20편 중 전편의 10편이 먼저 만들어지고 후편의 10편이 나중에 이루어진 것으로 보여지나 나중 것은 시대의 흐름에 따라 좀 더 미화되고 과장된 듯하다는 것이다.

그동안 가장 많이 알려진 「노론」, 「제론」, 「고론」이라는 세 가지 논어 중 「노론」은 노나라에서, 「제론」은 제나라에서 전해진 것이다. 「고론」은 공자가 살던 옛집에서 발견된 것이나 현재에까지 전해지는 것은 없고, 지금 우리들이 보는 「논어」 모습의 시대별 대표적인 것들은 다음과 같다.

① 후한 정현(127~200년), 「논어」 : 노론을 바탕으로 제론 · 고론을 섭렵함.

② 위나라 하안(190~249년), 「논어집해」 : 몇 사람의 설을 모아서 편집함.

③ 양나라 황간(488~545년), 「논어의소」 : 본국에서 일찍 없어짐.
④ 송나라 형병(932~988년), 「논어주소」 : 논어집해를 기본으로 풀이[소(疏)]를 달았음.
⑤ 남송 주희(1130~1200년), 「논어집주」 : 철학이론적 해석으로 가장 많이 읽히고 있음.
⑥ 조선 정약용(1762~1836년), 「논어고금주」 : 기존 주석의 비판과 해석학적 방법론으로 공자 당대의 사상에 맞춰 독자적 해석을 함.
⑦ 중국 정수덕(1877~1944년), 「논어집석」 : 당시까지의 많은 자료를 망라함.

그 외에 조선 학자인 권근, 이황, 이이, 이익 등이 해설한 것도 있다.

(4) 공자의 제자

사마천(司馬遷)의 「사기(史記)」에 의하면 공자의 제자는 3천여 명이며 그중 6예(藝)[예(禮) · 악(樂) · 사(射) · 어(御) · 서(書) · 수(數)]에 정통한 사람은 72명이었다. 덕행에는 안회(연), 민자건, 염백우, 중궁이고, 언변에는 재여(자아), 자공이고, 정치에는 염구(자유), 자로이고, 문화에는 자유(언), 자하가 뛰어났다. 이 10명의 제자를 공문(孔門)의 십철(十哲)이라고 부른다.

(5) 현대와 공자

오늘날 우리 사회가 안고 있는 수많은 문제점, 즉 윤리와 도덕의 실종으로 인한 인간성 상실과 사회 기반의 와해 등을 치유하는 데 공자의 사상교육이 큰 도움이 될 수 있을 것이다.

현재 중국에서는 유교 · 불교 · 도교의 전통학문이 열풍을 일으키고 있다. 베이징대는 2009년부터 기업인을 위한 1년짜리 국학 최고위과정을 개설하여 유교 · 불교 · 도교의 세 가지 전통학문 삼지도(三智道)를 학습 · 실천함으로써 인생과 우주에 대한 성현들의 통찰력을 가르치는 것을 목표로 삼았다.

강좌에는 논어 · 맹자 · 도덕경 · 주역 · 금강경과 독해는 물론 공자 사당과 불교 · 도교의 성지를 방문하고 참선과 양생법을 배우는 현장학습도 있다.

2011년 베이징 천안문 광장 옆 국가박물관 앞에 새로 세워진 9.5m짜리 청동 공자상도 명소로 자리 잡았다. 2001년 인민대학에 세워진 3.3m 청동 공자상은 중국의 공자 르네상스를 예고하고 있었다. 인민대학은 2005년 국학원을 세워 철학 · 역사 등 전통학문의 전문가 배출을 시작하였다. 강의로는 유가 · 불가 · 도가 · 묵가 등을 연구하는 6년짜리 학·석사 통합과정을 개설했으며, 칭화대 · 베이징대도 잇따라 국학원을 만들어 21세기 국학열풍을 일으키고 있다.

2. 「도덕경」에서 배우는 인생경영

「도덕경(道德經)」은 도가(道家)의 핵심적인 저술이다. 그런데 지금까지 전해지는 「도덕경」에 대해서는 이견이 많다.

일반적으로 「도덕경」의 저자로 알려진 노자(老子)는 춘추 · 전국시대의 사상가 가운데 한 사람으로, 도가학파를 대표하는 인물이다. 그런데 이 노자에 대해서도 견해가 많다. 노자에 대한 구체적인 전기자료를 실은 사마천(司馬遷)의 「사기(史記) · 노장신한열전(老莊申韓列傳)」을 보더라도 세 사람의 '노자'가 기록되어 있다. 즉, 주(周)나라 장서실의 관리를 지낸 이이(李耳)와 노래자(老萊子)라는 인물, 주나라의 태사(太史)를 지낸 노담(老聃)이 그들이다. 이에 대해 초문화(楚文化) 연구의 권위자인 장정명(張正明)은 「초문화사(楚文化史)」에서 이들 세 사람은 실제로는 춘추 후기의 인물인 노래자와 전국 초기의 인물인 이이(노담) 두 사람일 것으로 추정했다.

또 청나라의 왕중(汪中)은 「노자고이(老子考異)」에서 "도와 덕의 뜻을 5천여 자로 말한 사람은 노담이다."라고 하여, 이이(노담)가 「도덕경」의 저자로 알려진 노자라고 하였다. 반면 장정명은 노래자가 도가의 효용을 언급한 글을 이이가 상편과 하편으로 개작하고 도와 덕의 뜻을 진술한 것이라고 주장하였다. 그렇다면 지금 전하는 「도덕경」의 저자는 역사기록에 등장하는 세 명의 '노자' 가운데 이이라는 인물로 볼 수 있다. 사마천의 「사기 · 노장신한열전」에는 이이에 대해 이렇게 기록했다.

"노자는 초(楚)나라의 고현(苦縣) 여향(厲鄕) 곡인리(曲仁里) 사람이다. 성은 이씨(李氏)이며 이름은 이(耳), 자(字)는 담(聃)이라고 하는데, 그는 주나라의 왕실에서 장서실을 관리하는 기록관이었다."

한편, 「도덕경」의 최초 기록에 대해서도 이론이 분분하다. 앞서 말한 장정명은 「도덕경」을 노래자가 언급한 내용을 이이가 상편과 하편으로 개작한 것으로 보았으나, 「사기」에서의 기록은 다르다.

"노자는 주나라에서 오래 거주하다 주나라가 쇠약해지는 것을 보고는 그곳을 떠났다. 관소(關所)에 이르자 관령(關令) 윤희(尹喜)가 '선생께서 앞으로 은거하시려 하니 수고롭지만 저를 위해 저서를 남겨주십시오' 라고 하자, 노자는 상·하편의 저서를 지어 '도덕(道德)' 의 의미를 5,000여 자로 서술하고 떠나버리니, 그 후로 아무도 그의 최후를 알지 못하였다."

이 기록에 의하면 「도덕경」은 본래 관윤자(關尹子), 즉 윤희가 노자(이이)의 말을 받아 기록한 것에서 유래된 것이다. 하지만 「도덕경」이 독자적 저술로서의 면모를 갖추게 된 것은 노자 사후의 일로 보는 것이 통설이다. 지금 일반적으로 통행되는 「도덕경」은 '도경(道經)' 과 '덕경(德經)' 의 양대 부분으로 나누어져 있으며, '도경' 37장과 '덕경' 44장 등 총 81장에 모두 5,748자로 구성되어 있다. 「도덕경」이 지금과 같은 구성을 지니게 된 것은 대개 한나라 초기부터 남북조시대를 거치는 동안에 이루어진 것으로 보고 있다.

한편, 「도덕경」은 노자의 언설(言說)을 담은 글이기에 당초에는 「노자(老子)」로 불렸다. 그런데 「노자」는 '도경'과 '덕경'의 두 부분으로 구성되었기에, 한나라 경제(景帝) 때에 이르러 「도덕경」으로 불리게 되었고, 당나라 현종(玄宗) 때에는 「도덕진경(道德眞經)」으로 높여서 불리기도 했다.

「도덕경」은 대구(對句 : 같은 종류로 이루어진 짝이나 상대를 맞춘 시의 글귀)의 형식을 중심으로 짤막하게 기술되어 있지만 거기에는 매우 깊은 의미가 함축되어 있어서 중국의 고전 가운데서도 특히 난해한 글로 꼽혀 왔다. 때문에 한나라 초기부터 2000여 년 동안 수많은 해설서가 쏟아져 나왔다.

「도덕경」의 주요 논지는 '도경'과 '덕경'으로 나누어서 살펴볼 수 있다. 먼저 '도경'에서는 '도(道)'를 형이상학의 실체이며 만물의 근원이자 우주 운행의 원리로 파악한다. '도'는 천지보다도 먼저 생겨나 만물을 낳고 기르는 근원적 존재이자, 천지 사이의 모든 현상을 배후에서 성립시키는 자연의 섭리라고 하였다. '덕경'에서는 형이하학의 세계에서 '덕(德)'을 기초로 인생과 정치에 대한 철학을 이야기한다. 대자연의 자연스러운 운행을 시행하는 것이 '도'라면, 그 도를 작용하게 하는 것이 '덕'이라는 것이다.

'도'는 소리와 형상이 없어서 경험할 수도 언어로 표현할 수도 없기 때문에 '무(無)'이지만, 천지만물이 이것에 힘입어 생성되고 소멸되기에 '유(有)'인 것이다. 또한 '도'는 천지만물과는 달리 어떤 의존도 없이 독자적으로 존재할 수 있기에 '자연(自然)'이라고 할 수 있으며, 어떤 것도 간섭하거나 지배하지 않기에 '무위(無爲)'라고 할 수 있다. 노자는 통치자가 이런 '무위자연'을 본받아 백성들을 지배하지 않고 자연스럽게 맡겨둔다면 세상은 저절로 좋아질 것이라고 주장한다(동방로또우 저, 남종진 역, 「도덕경에서 배우는 인생경영」, 다산미디어, 2006 참조).

제8절 출판학연구

우리나라가 출판을 학문으로 인정하고 연구해 온 지는 50년 가까이 되었나. 또한 출판연구를 위하여 '출판학'이라는 용어를 사용한 것은 1963년 11월 안춘근이 "출판학원론"이라는 논문을 발표한 것이 최초로 알려져 있다(이종국, 2006, p.181 참조).

대학에서 최초의 출판교육은 1980년에 2년제인 신구대학의 인쇄학과에서 개설한 '출판전공'이다. 그 후 1981년 중앙대학교 신문방송대학원에 '출판잡지 전공'이 개설되었고, 1982년에는 2년제인 혜전대학에 '출판학과'가 탄생되었다. 출판이 학문으로 성립되기 위해서는, 학문으로서의 목적 · 대상 · 영역 · 기능 · 이론 · 정책에 의한 방법론과 인식론이 사회적인 측면에서 객관적이고 보편적인 방법에 의하여 인정되어야 한다.

우리나라의 경우 그동안 대중매체인 신문, 방송, TV 등의 매체에 비해 출판에 대한 연구는 양적으로나 질적으로 매우 부족했다. 앞으로 출판이 하나의 학문으로서 자리 잡기 위해서는 출판학에 대한 적극적인 연구가 이루어져야 하는데, 이는 출판계와 학계가 협력하는 산학협력 사업의 일환으로 연계하는 것이 효과적일 수 있다.

정부는 영화, 게임 등과 일반 문화콘텐츠에 대해서는 '진흥위원회'를 설립하여 각각의 특성에 맞는 진흥사업을 연구하기 위해 많은 예산을 투자하고 있다. 그런데 출판은 그 규모나 지식적, 학문적, 과학적, 교육적, 경제적, 문화적 측면에서 더 많은 영향을 미치고 있는 중요한 분야임에도 그에 걸맞은 인식이 이루어지지 않고 있었다. 이에 정부는 늦게나마 2011년 12월에 '한국출판문화산업진흥원'의 설립법안을 국회에서 통과시켜 2012년 7월 25일에 출범식을 갖게 되었는데, 그 조직과 운영에 대하여 조심스럽게 지켜보고 있다.

출판은 그 나라의 지식적 수준을 측정할 수 있는 척도이다. 그리고 학문과 과학의 발전과 경제적 성장 및 교육의 질을 높이고 보다 나은 문화적 생활로 이어지게 하는 데 지대한 기여를 하고 있다. 따라서 정부는 출판의 중요성을 인식해야 한다.

즉 '출판학'에 대한 활성화와 정책적 연구 및 개발로 글로벌시대의 출판환경에 대처해야 한다. '출판학'에 대한 자세한 내용은 본서 제3장에서 다루기로 한다.

우리나라는 세계 출판량(出版量)의 6~7% 정도를 차지하는 세계 10대 출판국이다. 그러나 양적으로는 크게 발전하였지만 질적으로는 출판 선진국에 미치지 못하고 있는 것도 사실이다. 이는 양질의 콘텐츠를 만드는 저작자의 빈곤과 기획 부재의 출판사, 행정당국의 제도 및 법규 관리의 미숙, 공공도서관과 도서구입비의 부족 등으로 국제화에 대한 올바른 출판정책(出版政策) 목표가 정립되지 못하고 있기 때문이다. 그동안 양질의 책을 다양하게 기획하고 개발할 수 있는 여건 조성을 위해 출판계의 전문적인 기획력, 우수인력 양성에 대한 아낌없는 투자, 정부당국의 올바른 정책적 뒷받침이 있었다면 오늘날 한국 출판산업의 현주소에는 많은 발전적 변화가 있지 않았을까 하는 아쉬움이 남는다.

세계는 지금 컴퓨터 및 정보통신기술의 발전으로 인한 다매체 다채널의 매체경쟁과 매체통합을 통하여 지구촌화되어 가고 있다.

이같이 변화된 국내외의 환경에 맞춰 수준 높은 출판물을 창출 · 생산하는 것이 출판산업의 진흥을 위한 당면과제라고 한다면, 바람직한 출판환경의 조성을 위한 국가적 차원의 정책 마련과 함께 출판산업의 자생력을 최대한 조장하고 금융 · 정보인프라, 법제의 정비 등을 이룩하여 출판선진국으로 도약할 수 있는 기초를 마련해야 한다(이정춘, 2000, p.70).

개방화 · 국제화에 따른 다국적 경제정책과 급속한 정보화 물결 속에서 거대한 외국자본이 밀려오고 있다. 우리나라 출판산업계도 우리의 출판 환경과 시장을 과학적으로 분석 · 연구하는 적극적인 대응을 요구받고 있다. 따라서 우리는 적절한 투자와 우수한 인력양성으로 그 준비와 대책을 철저히 해야 하며, 정부당국의 효과적인 정책적 뒷받침도 필요하다.

위와 같은 필요성을 인식하여 본서에서는 먼저 책과 출판(出版)의 정의 · 역사 · 기능 및 중요성 · 출판권 · 출판학 · 출판물 · 편집자 · 책의 구성에 대한 것을 알아보고, 출판의 기획 · 편집 · 광고 · 유통 · 경영에 대하여 살펴본다. 이어서 한국 출판산업의 전환기적 상황을 살펴보며, 출판산업의 주요 정책을 알아봄으로써 출판산업과 제도시장의 문제점과 발전방안을 제시하고, 출판계와 도서관계의 관계정립과 개선방안, 저작권법과 관계 법규 등에 대하여 다음과 같이 살펴보고자 한다.

첫째, 책과 출판이란 무엇인가?

둘째, 출판기획 · 편집 · 조판 · 교정 · 제판 · 인쇄 · 종이 · 원가계산 · 정가와 출판유통 · 광고 및 출판경영은 무엇인가?

셋째, 한국 출판산업의 전환기적 환경과 문제점 및 개선방안은 무엇인가?

넷째, 한국 출판산업의 주요 정책의 문제점과 개선방안은 무엇인가?

다섯째, 출판계와 도서관계의 문제점과 개선방안은 무엇인가?

여섯째, 저작권법과 국제조약은 무엇이며, 문제점과 개선방안은 무엇인가?

제9절 대학교육의 문제점

1. 기본에 충실하지 않은 한국의 대학교육

"한국의 대학들은 교육을 거의 방치한 것 같습니다." 이는 2004년 연세대 정창영 총장이 한국 대학교육의 문제점에 대해 자성하는 글을 인터넷 홈페이지에 올린 것이다. 그는 "한국의 대학들은 가르치는 학생에 대한 관심이나 애정이 별로 크지 않은 것 같다."며, "제품은 공장에서 세계 일류를 만드는데, 제일 중요한 인재는 만들어 내지 못하고 있는 것이 한국의 실정"이라고 말하였다. 또한 "이 때문에 대학생들이 1년 동안 놀고 지내거나 거의 공부를 하지 않는다는 평을 흔히 듣게 된다."고 지적하였다.

실제로 선진국 대학생들이 대학교에서 일주일에 공부하는 시간은 하루 평균 6시간 이상인 것으로 나타났으나 한국 대학생들은 하루 평균 2~3시간 정도이다. 이에 대해서 어느 누구도 문제의식을 갖고 있지 않으며, 단지 학생은 놀고 대학은 그것을 방치하고 있는 것이다.

정총장은 이에 대한 대안으로 "대학교육의 기본에 충실해야 합니다. 무엇보다 중요한 것은 공부하고 연구하는 대학입니다. 학부와 대학원은 교육의 질을 획기적으로 향상시키는 것이 가장 중요합니다."라고 했으며, 구체적으로 ① 엄격한 학사관리, ② 학습량 제고, ③ 성적우수자 특별관리, ④ 명예 · 겸임 · 석좌 교수 활용을 통한 시간강사 수의 감소방안을 제시하였다.

그리고 정총장은 "교육에서도 실사구시(實事求是 : 사실을 토대로 진실을 탐구하는 일)의 정신이 지켜져야만 하고, 특히 상경 · 이공계의 경우 산학협동을 중시하고 현장교육을 강화해야 한다. 또한 교육의 질 향상과 더불어 연구의 수월성은 물론, 대학의 존립기반으로서의 연구역량을 강화해야 하며, 세계 수준에서 경쟁할 수 있는 1등 교수의 지속적인 충원이 필수적이고, 연구실적이 뛰어난 상위 10% 교수들에게 인센티브를 주는 특별관리가 필요하다."고 말하였다(동아일보, 2004.8.17. 참조).

최근에 나타나는 대학교육의 또 다른 문제점은 분야마다 특성을 가지고 있는 전문과목의 실력과 일반 학업실력의 비율이 점차 낮아지고 있다는 점이다. 또한 청년실업이 100만 명을 넘는 취업난 속에서 기업들의 신입사원 채용기준이 바뀌고 있는 것이다. 즉, 과거에 환영받던 일류대학 출신이나 유학파, 토익 상위권자들의 학벌과 학력 위주의 취업특전이 줄어들고 직무성적의 능력과 열정을 지닌 인재를 원하고 있다. 이는 머리 좋은 천재보다는 인성 및 실무적성의 능력이 있는 발로 뛰는 창의적 융합형 글로벌 인재를 선호하기 때문이다. 따라서 현실에 맞는 졸업성적, 외국어 회화능력, 면접(직무면접과 인성면접의 2단계로 보강), 한자능력, 실무능력, 인성 · 적성검사, 봉사활동 경험 등을 평가하고, 융합시대의 리더로서 실무능력 중심의 창의적 융합형 글로벌 인재를 선택하고 있다. 이로써 각 분야의 전공과목 교육이 무관심으로 이어져 학문의 부실을 초래하고, 인문대학의 문·사·철(문학 · 역사 · 철학)과 비인기 학과가 실무형 학과의 이름으로 탈바꿈하는 등의 혼란을 겪기도 한다. 이렇듯 현재의 한국 교육은 사회가 요구하는 인성교육과 함께 실무능력을 중시하고 열정을 지닌 현장형 인재를 만드는 산학협력의 교육으로 점차 나아가는 경향이 있다.

교육(敎育)의 주체(主體)는 학생이다. 지식을 단순히 획일적으로 전달하고 복사하듯 외워서 공부하는 X(Xerox)형 인재의 배출은 잘못된 것이다. 이제는 스스로 지식과 가치를 창출하는 Y(Yield)형 인재의 배출이 요구되고 있는 시대이다. 창의성과 협력, 합리적 리더십 등의 핵심역량에 대한 소통을 중심으로 한 학습공동체 교육의 환경으로 새로운 성장을 위한 연구개발과 창의적 교육효과의 변화를 가져올 수 있는 창의적인 융합형 글로벌 인재를 요구하고 있다.

우리나라의 교육은 그동안 획일적 교육방법에 의한 교육통제가 창의력을 죽이고 있었다. 학교교육에서 자신의 생각을 토론하거나 글로 써보는 일은 경험하기 어려웠던 것이다. 대학교육 역시 모든 통제의 대상이고 자율성이 없는 획일적이고 주입식 교육방법의 적응으로 인하여 수동적(受動的) 인재양성으로 이어져 왔다. 그러나 이제는 자율적 교육방법에 의한, 스스로 지식과 가치를 창출할 수 있는 창의적인 융합형 글로벌 인재의 양성에 주력해야 한다.

2011년 말 우리나라 대학 수는 4년제 203개, 2년제 147개이며, 대학생 수는 325만 명으로 전국민(4,800만 명) 14.7명당 1명이 대학생이다. OECD 조사에 의하면 2010년도 한국의 대학진학률은 75.4%로 독일(36%), 일본(48%), 영국(57%), 미국(64%) 등 OECD 회원국보다 대부분 앞선다. 그러나 힘들게 대학에 들어가도 졸업 후에는 취직할 곳이 별로 없다. 그 이유는 그동안 대학 수는 급증했으나 교육수준은 10년 전 산업현장에서 요구하던 수준이라는 것이 기업들의 평가이다. 급변하는 기술과 경영트렌드를 우리 대학교육이 따라가지 못하고 있다는 것이다. 높은 토익점수와 다양한 자격증, 그리고 튀는 개성을 지닌 학생들은 많지만 막상 전공분야에 관한 전문적인 기본개념도 이해하지 못하여 재교육이 힘들다는 것이다.

표 1-2 | 2010년도 세계 주요국 대학 진학률

국가	독일	스위스	스페인	일본	이탈리아	OECD 평균	영국	네덜란드	미국	한국
%	36	36	41	48	51	56	57	62	64	75.4

그러나 최근 우리 사회의 '선(先)취업 후(後)진학' 분위기가 확산되면서 뚜렷한 목적의식 없이 대학에 진학하기보다는 고등학교 졸업 후 취업을 선택하는 청춘들이 늘어나고 있는 추세이다.

'2013년 교육부의 교육기본통계'에 따르면 2013년 2월에 고등학교를 졸업한 63만 1,197명 중 대학(전문대 포함) 진학자는 44만 6,474명, 졸업생 대비 대학진학률은 70.7%로 나타났는데, 2009년을 기점으로 점차 낮아지고 있다. 고등학교 졸업생의 취업률은 2011년에 23.3%이고, 2012년에는 30.2%로 매년 상승 추세이다. 그동안 고등학교 졸업 후 무조건 대학에 가는 것이 일종의 공식이었는데, 새로운 국가정책과 사회적 요구에 의해 기업과 금융권에서 고졸 채용을 늘리니 이러한 진학 패턴이 선진국과 같이 서서히 바뀌고 있다. 이제는 취업 후에도 대학에 진학할 수 있는 기회가 늘어나고 있는 것이다.

그러나 현재 우리나라의 대학 진학률은 여전히 OECD 회원국 가운데 가장 높은 수준이다. OECD 2013년 교육통계를 보면 25~34세 인구 중 대학졸업자 비율은 한국이 65%로 회원국 중 가장 높다(조선일보 2013.9.5. 참조).

표 1-3 | 우리나라 연도별 대학진학률

연도	1990	2000	2005	2009	2010	2011	2012	2013
%	27.1	62	73.4	77.8	75.4	72.5	71.3	70.7

자료 : 교육부, 2013.

표 1-4 | 2013년 25~34세 인구 중 대학졸업자 비율

국가	OECD 평균	미국	호주	이스라엘	뉴질랜드	룩셈부르크	노르웨이	영국	아일랜드	러시아	캐나다	일본	한국
%	40	43	44	45	46	46	47	48	48	56	57	60	65

자료 : OECD 교육통계, 2013.

2. 대학교수는 대학교육 경쟁력의 주체

전문가들은 우리나라 대학교육(大學敎育)이 기업수요를 충족시키지 못하는 이유를 '후진적인 대학교육' 탓이라고 말하고 있다. 즉, 시대환경과 기술트렌드에 맞춰 교육과정이 유기적으로 변하는 선진국의 대학들과 달리 교수에 맞춰 커리큘럼이 짜여지는 우리 대학들의 폐쇄적인 방식이 그 원인이라고 비판하고 있다.

오늘날 우리 대학들은 대학의 이념과 가치를 상실한 채 경쟁논리에 치우쳐 효율성과 생산성, 그리고 이윤창출의 방편으로 변하고 있다. 다시 말해 대학은 더 이상 학문을 통해 진리를 탐구하는 곳이거나 교육을 통해 사회의 건강한 인재를 양성하는 교육기관이 아니고 하나의 일반적인 기업으로 전락하고 있다.

대학교육의 경쟁력은 교수의 교육과 연구경쟁력에 달려 있다. 그러나 교수의 정년보장은 이들의 책임성을 간과하고, 교육과 연구에 불성실한 교수까지도 무조건 평생고용을 하는 우를 범하고 있는 것이다.

우리 대학생들은 대학에서 한창 전공과목을 공부해야 할 3, 4학년 때 취직시험을 위한 토플, 토익 공부 등 스펙쌓기에 열중하고 있다. 이로 인하여 우리나라 공대생들의 평균 전공이수 학점은 전체 140학점 중 56%인 80학점에 불과하다. 그러나 인도 공대생들은 전체 전공이수 학점인 210학점 중 95%인 200학점을 획득한다고 한다. 우리 공대생들은 인도공대생들에 비해 전공공부를 절반도 못하고 졸업하고 있다.

따라서 우리 대학들도 전공과목에서 반드시 이수해야 할 학점의 비중을 늘림으로써 토익점수뿐만 아니라 글로벌시대에 필수라고 할 수 있는 외국어 회화 실력도 갖추고 인문학적 교양과 사회적 지식을 가진 인재양성을 위한 노력이 필요하다. 전문가들은 우리 대학이 부실함에도 불구하고 우리나라가 오늘날과 같이 발전할 수 있었던 것은 대학들이 잘했거나 교수들이 교육을 잘해서라기보다는 학생들이 스스로 잘 알아서 미래를 위한 꿈과 희망을 세우고 실행하여 자신들의 삶을 개척해 주었기 때문이라고 말하고 있다.

우리가 바라는 이상적 대학교육(理想的 大學敎育)을 위해서는, 정부 또한 시대적 환경과 기술트렌드에 맞춰 교육과정을 선진국과 같이 유기적으로 변화시킬 수 있는 교육정책을 연구하는 것이 필요하다는 것이다. 그리고 교수들은 대학교육 경쟁력의 주체로서 책임감 있는 교육과 학문연구에 성의와 열의를 가지고 사회를 위한 실력 있고 건강한 인재양성에 앞장서야 우리 교육에 미래와 희망이 있다. 또한 학생들도 미래와 희망이 교육에 있음을 알고 교육을 통한 올바른 진리를 탐구할 것이며, 예비사회인으로서 학문 및 실무기술을 익히는 데 최선을 다하여 '선진적인 대학교육'이 이루어질 수 있도록 노력하여야 할 것이다.

학습 자료

1 교 육

교육(教育)은 삶의 큰 기쁨이자 위안이다. 우리를 둘러싸고 있는 세상을 이해하고, 시간과 공간을 초월하여 다른 사람의 생각과 감정을 만날 수 있는 틀을 갖춰주는 것이 교육이다.

교육은 정규학교의 수업을 넘어선 개념이다. 그것은 정신의 틀이며, 끝없는 호기심과 경이로움으로 세상을 보려는 의지이다.

진정으로 교육받고 싶은 사람이라면, 이런 정신의 틀을 갖춰야 한다. 매일 같이 일어나고 있는 다양한 경험에 마음을 활짝 열어야 한다. 자기 감정에, 하늘의 움직임에, 새의 노랫소리에, 다른 나라 다른 시대에 살았던 사람들의 실패와 성공에, 기술자와 피아니스트와 어린이의 예술적인 손놀림에 마음을 열어야 한다. 우리 앞에 나타나는 배움에는 한계가 없다. 매일 천 번도 넘게 우리의 마음을 가득 채워줄 수 있는 것, 그것이 바로 배움이다.

정규학교 교육은 교육의 한 방법이긴 하지만, 절대 과소평가되어서는 안 된다. 좋은 학교에서는 지식의 전달과 함께 우리에게 세상을 이해할 수 있는 맥을 짚어준다. 정규학교는 우리가 혼자서는 발견할 수 없는 아이디어에 눈을 뜨게 해 주고, 우리의 일상생활에서 만나지 못하는 사람들과 만나게 해 주며, 세계의 문화와 철학을 터득하게 해 준다. 우리를 지식인 공동체의 일원이 되게 해 주고, 끝없이 밀려오는 경험의 물결을 탈 수 있도록 안내해 준다.

열정 넘치는 삶을 사는 사람들과 함께 있으면 누구나 열정적으로 살아가는 법을 배우게 될 것이다. 어떤 길을 따라가든 배우는 일을 좋아하고 습관화해야 한다. 삶의 어느 한 모퉁이에서, 우리는 어떤 분야에 대해서는 어느 누구보다도 특별히 잘 아는 것이 있게 마련이다. 그러나 교육의 진정한 가치는 무엇을 아느냐가 아니라, 자기가 아는 것을 다른 이들과 어떻게 나누느냐로 가늠된다. —Kent Nerburn

2 인생의 세 가지 이상

공자(孔子)는 인생의 이상(理想)으로 배움, 교제, 자기수양을 말했다. 배워서 지식을 쌓아 세상의 이치를 터득하고, 남들과 사귐에 있어서 믿음과 의리를 쌓고, 심신을 수양하여 자신의 덕성을 기르는 것을 세상을 살면서 행해야 할 세 가지 이상이라고 했다.

공자는 세 가지 이상 중에서도 배움이 가장 우선이라고 했다. 그는 "배우고 수시로 배운 것을 익히면 또한 기쁘지 않겠는가?"라고 했다. 글을 읽고 학문을 닦는 것은 언제 어디서나 배운 것을 돌이켜 본다면 학문을 쌓는 동시에 자신의 수양도 높일 수 있다.

공자는 사람들에게 사람됨의 도리를 배우는 것을 일깨워주었다. 자신을 위하고, 타인을 완성시키고, 나아가 세상을 다스리는 이치는 한 가지다.

때문에 역사적으로도 "반 권의 「논어」로 천하를 다스리다."*라는 이야기가 전한다.

*서기 960년 북송의 태조 때 조보가 재상이 되어 논어의 반 권만을 읽고 세상을 평정했다는 유래에서 생긴 말이다.

3 자본주의 4.0 시대

자본주의 4.0 시대에 대한 논의는 영국 타임스(Times)의 칼럼니스트인 아나톨 칼레츠키가 2010년 자신의 저서 「자본주의 4.0」에서 서구 자본주의 발전과정을 네 단계로 나누어 분석한 데서 나온 것이다. 자본주의도 진화한다고 본 그는 시장과 정부가 관여하지 않는 자유방임의 첫 단계인 고전적 자본주의를 1.0, 복지국가를 바탕으로 정부의 역할을 강조한 수정자본주의를 2.0, 세계화와 자유무역을 통해 다시 정부의 역할이 축소되고 시장기능이 강화된 신자유주의를 3.0으로 했다. 그 후 우리나라에서도 김덕환의 「자본주의 4.0 로드맵」과 아나톨 칼레츠키(위선주 역)의 「자본주의 4.0」, 조이스 애플비(주경철 · 안민석 역)의 「가차없는 자본주의」 등이 출간되었다. 그리고 2012년 1월 25일 스위스에서 열린 '다보스포럼' 에서 자본주의에 대한 "대전환 : 새로운 모델의 형성"이라는 주제 아래 소주제로 ① 성장과 고용모델, ② 리더십과 혁신모델, ③ 지속가능성과 자원모델, ④ 사회 · 기술적 모델 등이 이슈화되었다. 또한 3월 6~7일에는 서울 '아시안 리더십 콘퍼런스' 에서 '위기의 자본주의' 에 대한 해법을 놓고 토론장이 이루어지기도 했다.

1980년대 이후 세계경제를 지배하여 왔던 시장중심의 자본주의 3.0에서 2008년 글로벌 금융위기 이후로 시장은 혼란에 빠져 있다. 성장측면에서는 시장중심 자본주의에 가장 모범적이었던 미국경제가 금융위기 이후 성장에서 무기력한 상태에 있다. 분배측면에서는 지난 300여 년간 대부분의 선진국에서 지니계수로 측정한 소득분배가 악화되었다. 결국 세계경제를 이끌어 왔던 시장중심의 경제 패러다임이 성장과 분배의 두 측면에서 모두 도전을 받고 있는 것이다.

따라서 지나친 시장의존이 얼마나 위험한지를 여실히 보여준 2008년 금융위기를 전환점으로 신자유주의가 붕괴하고 '자본주의 4.0' 이란 새로운 체제가 탄생할 것으로 예측했다. 그러나 그것은 정부와 시장이 모두 틀릴 수 있으며 불변의 제도로 관리하기엔 세계가 너무 예측하기 어렵고 국가 간 문제 또한 복잡하다는 사실을 인정하는 데서 출발했다. 이는 정부와 시장을 상호 의존적 동반자 관계로 생각하고 환경에 맞춰 원칙과 제도와 규제를 유연하게 변화시킬 수 있는 적응성 시스템을 지향하는 것이다. 그러면서 민주주의가 결합된 유연한 자본주의, 기업의 사회적 책임(Corporate Social Responsibility : CSR)과 공헌(noblesse oblige : 높은 신분의 도덕상의 의무), 빈곤층 배려, 대기업과 중소기업의 상생 등에 초점이 맞춰진 '따뜻한 자본주의' 를 내세워 '모두가 행복한' 성장을 추구하자는 것이다.

시장과 정부의 조화와 균형 및 스마트한 상호작용을 강조하는 '자본주의 4.0' 이 그 화려한 수식어에 걸맞게 실현 가능하다면 자본주의 사회의 모순이나 폐해를 줄이는 유력한 대안이 될 수도 있을 것이다. 그러나 2008년 금융위기를 자본주의의 실패로 보는 것 자체가 섣부른 판단이라는 점, 정부가 시장의 룰 관리를 제대로 못하면서 정부가 할 일을 기업에 강요하는 자체가 근본적인 오류라는 점, '자본주의 4.0' 은 허구성이 많고 너무 이상적이며 현실적이지 못하다는 점, 그동안 가장 '따뜻한 자본주의' 에 가까웠던 유럽의 복지국가들이 국가부채로 위기상황인 점 등을 열거하면서, 이 제도 역시 이상적인 자본주의 패러다임은 아니라는 반론 또한 만만치 않다. 아무튼 칼레츠키가 정부나 시장 주도의 한계극복을 위한 대안으로 제시한 것은 정부와 시장의 동반자적 · 협력적 관계와 상호 의존성에 대한 '인식' 의 공유이다.

그러나 '자본주의 4.0' 에 관한 논쟁이 성장의 그늘에 가려지거나 방치되어 왔던 빈부의 양극화 문제, 고용 없는 성장 문제, 비정규직 문제, 기업의 사회적 책임과 공헌 문제, 중소기업과 대기업 간의 동반성장 문제 등에 좀 더 많은 관심과 연구로 이어져 상호 배려하고 이해하는 '따뜻한 자본주의' 시대가 이루어지기를 기대해 본다.

— 조선일보 '자본주의 4.0' 참조.

4 박근혜 경제학(근혜 노믹스)의 핵심은 '자본주의 4.0'

박근혜 대통령이 공약(公約)한 경제정책의 핵심은 자본주의의 단점을 보완하는, 원칙이 바로선 따뜻한 자본주의(資本主義)인 '자본주의 4.0'으로 구성되어 있다.

첫째, 공정한 시장경제, 맞춤형 복지를 통한 사회 약자층 배려, 과학기술과 정보기술(IT)을 앞세운 창조형 경제와 일자리를 창출하는 국민 개개인의 행복증진(幸福增進)에 중점을 두었다.

둘째, 박근혜 새정부 정책목표의 기준에서 성장 관련 지표는 제외시키고, 고용률, 교육지수, 사회안전지수, 건강·의료지수, 소득 5분위 배율(상위 20%의 가처분소득이 하위 20%의 몇 배가 되는지의 비율), 저축률, 지니계수(소득불평등 정도를 0~1 사이의 수치로 지수화한 것), 절대적 빈곤율, 물가상승률 등 민생경제의 지표로 '국민행복지수'를 제시하였다.

셋째, 성장(成長)의 결실에서 '낙수효과' 대신 낮은 곳에 직접 '물대기방식'이다.

넷째, 10대 공약(公約)은 가계부담 덜기, 국가 책임교육, 교육비 걱정 덜기, 생애 주기별 맞춤형 복지정책, 창조경제를 통한 일자리 늘리기, 근로자 일자리 지키기, 근로자 삶의 질 올리기, 상생주의, 경제민주화, 양극화 해소, 분배 등과 복지나 교육정책과의 공조가 필수적이다. 즉 경제·교육·복지·노동이 결합하는 융합적 정책 조합들을 제시하였다.

다섯째, 5년 안에 15~64세의 고용률을 EU의 목표치와 같은 70%까지 올리고, 중산층 비율을 현재 64%에서 70%로 임기 내에 높이고, 고등학교 무상교육과 0~5세 무상보육, 반값 등록금은 소득에 따라 차등 지급을 제시하였다.

여섯째, 정치개혁(政治改革) 과제로는 제왕적 대통령의 권력분산과 국회 및 정당의 기득권 청산과 함께 대탕평책과 국민대통합을 제시하였다. —조선일보·매일경제 2012.12.21. 참조.

5 대학의 위기

대학(大學)이 위기이다. 대학마다 정도의 차이는 있겠지만, 제공받는 교육의 질에 비해 높은 등록금에 대한 불만이 표출된 '반값 등록금' 이슈, 취학 인구의 대폭적 감소, 시대의 변화에 뒤처진 20세기 중진국형 대학 교육시스템, 정량적인 지표 맞춤에 익숙해진 연구풍토, 교육기관으로서 있어서는 안 될 대학 내 도덕과 윤리기준의 타락 등 여러 문제들의 심각성은 점점 커지고 있다. 이를 극복하지 못한 대학에 대한 실망은 커지고 많은 국민으로부터 신뢰와 존경을 잃어가고 있다.

더욱이 정보통신기술 발전에 힘입어 쉽고 높은 수준의 많은 온라인 강좌들을 저렴한 가격에 손쉽게 수강할 수 있고, 스마트폰만 있으면 거의 모든 정보를 즉시 알 수 있다. 이런 상황에서 교수가 강의실에서 지식을 전달하는 전통적인 '원웨이(one-way)식' 수업은 앞으로 얼마나 필요할지, 또 10~20년 후 교수의 역할은 어떠해야 할지에 대해 준비가 되어 있지 않다.

이런 어려운 때일수록 대학은 대학의 본질인 교육과 연구를 통해 시대가 필요로 하는 우수한 인재 배출에 초점을 맞춰야 한다. 그래야만 큰 꿈을 가진 학생들이 교수로부터 동기부여를 받고 배움에 대한 열정에 불이 붙어서 졸업했을 때 이들은 실패를 두려워하지 않고 역경을 극복해 가면서 혁신을 선도하는 미래를 창조해 낼 것이다.

특히 연구중심 대학의 역할이 중요하다. 연구중심 대학은 21세기 지식기반사회를 짊어질 창의적인 융합형 인재를 양성하고, 선구자적인 뛰어난 기초과학 연구로 세계 초일류 기업들을 선도해 나갈 수 있어야 한다. 또 새로운 기업과 산업을 일으킬 수 있는 독창적이고 혁신적인 기술을 개발해야 한다.

이를 위해 대학의 교육이 바뀌어야 하며, 교수들이 먼저 변해야 한다. 교수는 학생들이 강의실과 연구실 안과 밖 어디에서든 창의성과 독립성을 키워나갈 수 있도록 멘토와 코치가 되어야 한다. 교수들이 학생들에게 학문적 영역은 물론 개인의 삶에서도 윤리적이고 진실된 모습을 보여주는 진정한 롤모델이 될 때 학생들이 영감을 받고 꿈과 열정이 더욱 고취되어 글로벌 리더가 될 수 있는 것이다.

이런 변화는 결코 쉽지 않다. 단순히 몇몇 제도를 바꾼다고 실현되지 않는다. 필자는 대한민국 산업화의 선구자이신 청암 박태준 선생으로부터 가르침을 구하고 싶다. 출간된 「박태준 사상, 미래를 열다」라는 책에서 국민대 백기복 교수는 청암 박태준의 경영사상을 '혼으로 녹여 내어 이룬다'는 뜻의 용혼(熔魂) 사상이라고 설명한다. 구체적으로, "운명을 녹여 최고의 미래를, 한계를 녹여 새로운 경지를, 부정을 녹여 순결한 세상을, 단견을 녹여 전략적 예지를, 구습을 녹여 혁신의 시대를 만든다"는 것으로 요약된다는 것이다. 이는 세계적 기업뿐 아니라 한국 대학들에도 21세기를 선도하기 위한 역량을 갖출 수 있게 거듭나기 위해 꼭 필요하고 반드시 갖춰야 할 정신이며 가치라 할 수 있겠다.

어떤 인재(人材)를 양성하느냐가 우리 미래를 좌우한다고 해도 과언이 아니다. 대학이 곧 우리 사회의 미래 모습을 결정짓는다. 대학은 근본적인 문제들을 인내와 끈기를 가지고 일관성 있게 풀어야 한다. 또 사회에 존재하는 어려운 문제들에 대한 해결 가능성을 보여주어야 한다. 병의 증상을 응급처치하기보다는 근본원인을 찾아 확실히 치료해야 한다. 이렇게 대학이 거듭나고 정부의 새로운 정책과 지원이 맞물렸을 때 탁월한 교육과 연구의 수월성이 이루어질 것이다. 이런 대학들은 기업가정신이 교내외에 충만할 것이고, 독자적인 학문 · 지식 · 기술로 새로운 가치를 만들어 가며 창조경제의 중요한 축이 되어 국가와 인류 번영에 큰 공헌을 할 수 있을 것이다. 대한민국이 선진국대열에 합류하기 위해서는 대학이 용광로 속에서 녹여지고 새롭게 만들어져 가는 철저한 개혁을 해야 한다. —김용민 : 포스텍 총장.

| 중요용어 |

학문	교육	융합학문	선도대학
학문적 성공	자기혁명	자본주의	자기계발
자기가치	자기관리	시간관리	사회적응
논어	도덕경	출판학연구	대학교육

책

Chapter 02

제1절 책의 정의

1. 책이란?

책(冊, book)이란 인간의 사상 · 감정 · 지식 · 사항 등을 일정한 목적 · 내용 · 체제에 맞추어 문자 · 글 · 그림 · 사진 등으로 표현한 뒤, 그것들을 인쇄 또는 전자적으로 일정한 순서에 따라 묶어 만들어 낸 물건의 총칭이다. 책을 세는 단위로는 권(卷), 부(部), 집(集), 책(冊), 편(篇), 질(帙) 등이 있다.

또한 책의 특징으로는 ① 저작자에 의해 표현되는 저작물, ② 인간정신의 표현과 사고의 매체, ③ 학문과 교육의 매체, ④ 그 나라 문화발달의 바탕, ⑤ 문자나 어떤 사실 · 사상의 기록 정리, ⑥ 다량의 인쇄 가능성, ⑦ 한곳에 고정하여 읽기의 편리성, ⑧ 내용의 장기적 보관성 등이 있다.

그리고 예로부터 책은 전(典), 서(書), 본(本), 도서(圖書), 문헌(文獻) 등으로 불리어 왔다.

2. 책의 자격

① 1964년 유네스코 총회에서 발표한 '서적 및 정기간행물 통계의 국제적 표준화에 관한 권고안'에 따르면 책은 표지를 제외한 내용이 49페이지가 되는 정기간행물이 아닌 인쇄물로 정의된다. 그리고 팸플릿은 표지를 제외한 내용이 48페이지 이하 5페이지 이상인 인쇄물을 말한다.

② 이탈리아는 책의 자격으로 100페이지 분량 이상을 인정한다.

③ 영국은 책의 자격을 분량과 관계없이 최저가격에 의해 정의한다.

유네스코 총회의 권고안에 의하면 책의 통계수치에서 제외시키는 경우는 다음과 같다.

① 광고 목적으로 발행된 책(사업 · 판매 · 홍보 목적)

② 일시적인 목적에 의해 발행된 출판물(시각표, 전화부, 규약, 보고서, 달력)

③ 글이 주목적이 아닌 책(설계도, 모형도, 악보, 지도류)

3. 책의 현대적 개념(김기태, 「출판저널」, 2011.2.)

① 책은 특정 다수 혹은 불특정 다수인 공중을 대상으로 공표된 것으로서 독자로서의 공중이 구매나 대여의 방식으로 이용할 수 있어야 한다(읽기, 보기, 듣기, 쓰기로의 활용 포함).

② 책은 인간의 사상이나 감정이 표현된 저작물을 담고 있어야 한다(노트, 수첩류, 비망록식 기록장, 전화번호부, 음식점 차림표, 대중교통 시간표 등은 책에서 제외).

③ 책은 인쇄된 것과 필사본이 포함된 종이책, 전자책, 오디오북과 국립중앙도서관 문헌번호센터로부터 ISBN(International Standard Book Number)을 부여받은 것을 말한다.

④ 편집과정을 거쳐 인쇄 · 제본된 책과 같이 전자책이나 오디오북을 구현하는 단말기 혹은 컴퓨터 화면에 구현된 내용물을 책이라 한다.

⑤ 책은 비정기간행물이어야 한다(정기간행물인 잡지, 연감 등은 책에서 제외).

4. 책에 대한 명언

① 사람은 책에서 가장 큰 지식을 얻는다. (유럽 속담)

② 지혜의 샘은 책 사이로 흐른다. (독일 격언)

③ 지상의 낙원은 여자의 가슴, 말의 등, 책 속에 있다. (아라비아 속담)

④ 열지 않는 책은 종이 뭉치에 불과하다. (영국 격언)

⑤ 책은 정신의 음식이다. (소크라테스)

⑥ 가장 좋은 책은 영구불멸하다. (밀턴)

⑦ 책은 한권 한권 하나의 세계이다. (워즈워스)

⑧ 좋은 독자는 좋은 책을 만든다. (에머슨)

⑨ 책을 읽는 데에 어찌 장소를 가릴소냐? (이퇴계)

⑩ 목적이 없는 독서는 산책일 뿐 독서가 아니다. (리턴)

⑪ 독서는 하나의 창조과정이다. (에렌부르그)

⑫ 독서같이 값싸게 주어지는 영속적 쾌락은 또 없다. (몽테뉴)

⑬ 책과 저자는 친구를 고르듯 하라. (로스코몬)

⑭ 책을 받들기만 한다면 책은 없는 것만 못하다. (맹자)

⑮ 독서는 지식의 재료일 뿐, 그 자신의 것을 만드는 것은 사색이다. (로크)

제2절 책의 역사

최초로 책이 등장한 것은 기원전 10세기 초로 추정된다. 당시에는 부드러운 나무껍질이나 옷감을 소재로 정리된 것이 책의 형태였다. 책의 어원은 나무와 관계가 깊으며, 현대에도 종이의 원료인 펄프는 나무에서 생산되고 있다(안도섭, 1993, pp.21~23 참조).

1. 책의 어원

'byblos' (비블로스, 그리스어)는 종이의 초기형태인 나일강변에서 자라는 갈대와 비슷한 식물인 파피루스(papyrus, 이 식물의 속껍질을 잘게 찢어서 말린 뒤 종이처럼 사용함)의 그리스식 이름이다. 옛날의 비블로스는 파피루스를 수출했던 고대 도시이름이다. 그리고 'liber' (리브, 라틴어)는 나무껍질 속에 있는 섬유질을 의미한다. 또한 'book' (북, 영어), 'Buch' (부흐, 독일어), 'bois' (부아, 프랑스어) 등은 모두 나무(bois)라는 의미의 어휘이다.

2. 시대별 책

역사적으로 책이 가장 먼저 발달한 곳은 세계 고대문명의 4대 발상지인 메소포타미아 · 이집트 · 황하 · 인더스강이며, 고대문명의 발달과 책의 사용은 깊은 관계가 있다.

메소포타미아(Mesopotamia)(BC 5000~2000년)는 서아시아(이라크 · 시리아 · 이란)의 티그리스 · 유프라테스강 유역에서 번영한 문명으로 BC 3500~3000년경 수메르인에 의하여 많은 도시국가가 건설되고 점토판에 설형문자도 사용되었다. 찰흙인 점토로 벽돌을 만들어 양면이 굳기 전에 갈대나 나무조각으로 쐐기문자[설형문자(楔形文字)]를 적고 햇볕에 말렸다가 가마에 구워서 '벽돌 책'을 만들었다. 그러나 이 '벽돌 책'은 무겁고 불편하여 이집트의 파피루스 책의 등장으로 차차 소멸되었다. 바빌로니아(BC 2350여 년)는 고대 메소포타미아 남부의 수메르 · 아카드지방에 대한 명칭이다. 이때 바빌론의 통일과 함무라비의 「함무라비 법전」이 세계 최초로 편찬되었다. 이 법전은 2m 높이의 흑색 현무암에 3,000행이 설형문자로 각인되었다. BC 2000년 바빌론의 마르둑신의 유래설화인 「에누마 엘리슈」(전7장, 현존 약 1,000행)가 있고, 세계 최초의 문학작품인 「길가메시 이야기」인 메소포타미아의 서사시가 발견되었다.

이집트(Egypt)(BC 5000~2000년)는 나일강(아프리카 북동단의 적도인 브룬디 · 탄자니아의 빅토리아호에서 시작되어 지중해로 흐름) 유역의 문명으로 BC 2494~2345년경의 5대 왕조로부터 약 3500여 년 동안 파피루스 문서가 사용되었다. 파피루스라는 이 '갈대 속껍질의 두루마리 책'은 고대 그리스와 로마 시대에 널리 보급되었다. 이집트문명은 BC 3500년경 초보적 상형문자를 발명하여 약 700여 개의 문자가 3000여 년 이상 사용되었다. 한편 고왕국 시대에는 간략서체인 신관문자를 만들었고, BC 7세기에는 속필문자인 민중문자가 고안되어 상업 등에 이용되었다. 신관문자는 행정상의 문서 · 문학작품 · 편지에 주로 사용되었고 이때 파피루스와 함께 널리 사용되었다. 상형문자의 해독은 프랑스의 샹폴리옹에 의해 해독되었는데 해독 열쇠는 BC 2세기의 상형문자 · 민중문자 · 그리스문자로 기록된 '로제타돌'의 비문이다. 종교적 문서인 「사자(死者)의 서(書)」는 영혼이 사후세계로 가는 과정이나 사자의 신 오시리스 앞에서 받을 선악판정에 대해서 기록되어 있다.

소아시아 · 로마제국의 남유럽문명(BC 3000~2000년)은 흑해 · 에게해(그리스 · 크레타섬 : 미노스문명) · 지중해 지역의 아시아 서쪽 끝 반도인 소아시아와 로마 유적에서 출토된 가죽종이 문서를 통하여 BC 200년경에 '양피지 책'이 사용된 것으로 추정되고, 그 활성화는 고대 로마학자 플리니우스의 「박물지(博物誌)」에 따르면 헬레니즘 문화의 중심지였던 페르가몬 때였다. 그러나 로마시대에까지 파피루스의 권자본(卷子本 : 두루마리 책)이 주류를 이루었고, 가죽종이는 주로 비망록으로 사용되었다. 그 다음으로 '널빤지 책'(목간(木簡))이 발명되었는데, 이는 강한 나무의 널빤지가 책 모양으로 몇 장씩 포개진 것으로서 18세기 말까지 유럽 각지로 전파되어 사용되었다.

중국(China)의 황허문명(BC 5000~2500년)은 BC 5000년 전후에 앙소(양사오, 仰韶)가 일어났는데 산시성의 반포유적과 허난성의 조저강 유적이 대표적이다. BC 2500~1700여 년 앙소문화에 이어 보다 넓은 지역에서 룽산(龍山)문화가 번성하였다. 토기는 녹로(돌림판)를 사용하여 잘 연마된 흑도가 만들어졌는데, 그 종류로는 3족기가 있으며 그 뒤 계속되는 도기나 청동기의 기본적 모양이 모두 이 시대에 만들어졌다. 마제석기(간석기)는 더욱 정교해지고 돌이나 조개껍질로 만든 낫, 뼈나 나무로 만든 농기구가 등장하였고 또한 청동이 사용되었다. BC 3세기 진(晉)나라 때 죽간(竹簡)과 목간(木簡)을 책으로 사용하였다. 목간은 목독(木牘) 또는 목첩(木牒)이라고도 하였다. 나무를 약 폭 3cm, 길이 20~50cm, 두께 3mm 정도의 긴 판자로 잘라 거기에 묵서(墨書 : 먹물로 글씨를 씀)하였다. 초기에는 대나무를 갈라서 한 장씩 끈으로 꿰어 사용하였으나, 나중에 종이가 나올 때까지 목편을 사용하게 되었다. 고서(古書)에 기록으로만 보이던 이 목간은 1899년 스웨덴의 탐험가 스벤 헤딘(1865~1952년)에 의해 러우란(樓蘭) 유적에서 처음 발견되었는데, 쥐옌(居延)에서 발견된 쥐옌한간(居延漢簡)도 유명하다. 그 후 서기 105년 채륜(50?~118?년)이 나무 속껍질과 삼의 속껍질, 헌 천(베), 헌 그물을 찧어서 종이를 만들었다. 채륜은 당시 궁중용품의 제작소장으로서 많은 기구를 제작하다가 종이를 발명하게 되었다. 이때까지 중국에서는 댓가지나 비단에다 글을 써 왔는데, 비단값은 비싸고 댓가지는 사용하기가 불편하였다.

진시황제의 '분서갱유'(책을 태우고 학자들을 파묻다) 때 태운 책도 대나무와 나무에 글씨를 쓴 죽간과 목간이었다. 채륜의 종이 발명으로 기록용 자료들은 종이에 옮겨지고, 종이는 당나라인에 의해 텐산(天山)산맥을 넘어 서역과 유럽 등지로 제지법·화약·나침반 등과 함께 전파되었다. 서기 751년 당나라 고선지 장군의 10만 대군은 한 부족의 배반으로 서역 각국과 사라센이 분기하여 연합군을 편성한 이슬람왕조와의 탈라스선투(키르키스스탄 지역으로 텐산산맥의 북서부 서쪽)에서 대패하였다. 이때 포로가 된 당나라인이 제지법·화약·나침반 등을 전파하게 되었다. 따라서 고선지 장군에 의하여 유럽문명이 발전하였기 때문에 그를 유럽문명의 아버지라고 부른다. 그리고 1455년경 구텐베르크의 금속활자 발명으로 다량의 지식전달의 매개체로 인류의 학문과 문화·예술을 꽃피우는 데 결정적 역할을 하게 되었다. 따라서 종이의 발명은 인류문명의 발전에 많은 기여를 하게 된 것이다.

인도의 인더스(Indus)문명(BC 3000~1500년)의 물질적 기반을 이루는 유물의 집합을 '하라파문화'라고 한다. 출토유물의 크고 작은 유적지는 대략 300여 곳이다. 도시가 있었던 지역에서 동석(凍石)으로 만든 인장(印章)이 출토되었고, 크기는 2~5cm의 직사각형으로 얇고 작은 모양이다. 앞면에는 소·코끼리·영양·코뿔소·호랑이 등의 동물 이외에도 일각수(一角獸)나 반신반수(半神半獸), 그리고 몇 마리의 동물들을 짜맞추어 하나로 만들어졌다. 위쪽에는 인더스문자가 새겨져 있는데, 아직까지 해독되지 않아서 그 용도는 알 수가 없다.

인더스문명은 인더스강 중류지역인 펀자브지방의 '하라파(Harappa)'와 신드 주(州)의 모헨조다로가 그 당시 정치·경제상의 중추를 이루고 있었다. 모헨조다로(Mohenjodaro)유적은 파키스탄 신두 주(州) 라르카나 남쪽 36km 지점에 있는 인더스문명의 최대 도시유적이고, 하라파유적은 파키스탄에 있는 펀자브지방 사히왈 남서쪽의 라비강 왼쪽 연안의 도시유적이다. 인더스문명에 사용된 문자는 400여 종이다. 이는 표음문자에 가깝고 그 언어는 원(原) 드라비다 계통으로 추정된다. 문자는 대체로 동석(凍石)으로 만든 사각형 인장(印章)과 구리로 만든 작은 조각, 또는 토기에 음각으로 새겨졌는데 그 문자수는 많지 않으며 가장 긴 각문(刻文)이 17자이다. 우측에서 좌측으로 쓰여 있으며 2행째는 반대로 되어 있으며, 유적지의 범위가 넓고 체계적인 연구가 부족하다.

우리나라의 경우 낙랑 채협총(樂浪彩篋塚)과 2007년 신안 앞바다에서 목간이 출토되었는데, 이들 목간에는 「논어(論語)」의 난편도 있고, 군대의 조직·우편제도·교통 및 여러 가지 물품의 이름을 기입한 것도 있어서 역사의 중요한 사료가 되고 있다. 중국에서 한문책과 제지법이 도입된 것은 삼국시대 초인 2~3세기 무렵으로 추정된다. 서기 601년경에 종이가 보급되기 시작했고, 610년 고구려의 중 담징에 의해 일본에 제지법이 전해졌다. 이때 고구려의 역사책인 「유기(留記)」(100권), 백제의 「천자문」, 신라의 「국사」가 발행되었다. 우리나라는 종이의 본고장인 전주에 종이를 관장하는 관청과 담당벼슬도 있었다(동서문화, 「세계대백과사전」, 1994, p.15210 참조).

우리나라의 목판인쇄술은 7~8세기에 중국으로부터 도입된 것으로 추정되며, 현재 세계 최초의 목판인쇄본 책은 1966년 10월 경주 불국사 석가탑 탑신부의 사리함 속에서 발견된 「무구정광대다라니경(無垢淨光大陀羅尼經)」이다. 이는 두루마리 형태로 된 목판인쇄물로서 당시 석가탑 건립연도인 751년 이전에 제작되어 세계에서 가장 오래된 책으로 공인받았다.

금속활자(구리활자)로 만들어진 공식적 최초의 책은 고려 고종 12년 1234년 「상정고금예문」[01] 50부가 발행기록으로만 남아 있지만 현존하는 책은 없으며, 이는 구텐베르크보다 221년이나 앞서 있고, 2010년 9월에 발견된 서울 경운동의 다보성고미술 전시관이 소장한 금속활자 12점이 13세기 초 증도가자(證道歌字)인 것으로 밝혀져 1232년 고려 수도 개경에서 「남명천화상송증도가(南明泉和尙頌贈道歌)」(보물 제758호)를 인쇄한 활자라는 것을 검증 중에 있다.

그러나 공식적으로는 1377년(고려 우왕 3년)에 발행한 「직지심경(直指心經)」이 금속활자로는 세계에서 가장 오래된 책으로 인정받았다. 이 책의 원명은 「백운화상초록불조직지심체요절(白雲和尙抄錄佛祖直指心體要節)」[02]로서 「불조직지심체요절」이라고도 한다. 지금까지 세계에서 가장 오래된 것으로 알려진 독일 구텐베르크(Johannes Gutenberg, 1397~1468년)의 '금속활자' (1455년경 발행)보다 78년이나 앞선다는 것이 세계적으로 확인되었다. 우리 민족의 자랑스러운 문화유산인 세계 최초의 금속활자본 「직지심경」과 방대한 목판본 「고려대장경」으로 인해 당시 고려의 문화수준과 과학기술의 우수성이 실증되었고, 우리 민족의 창조성과 도전정신을 세계에 알리는 계기가 되었다. 그러나 중국의 채륜이 종이를 발명한 이후,

---

01 상정고금예문(詳定古今禮文)은 고려 의종 때 학자 최윤의가 왕명을 받아 고금의 예문을 모아 50권으로 편찬한 것으로서 남아 있는 책은 없다. 이규보의 「동국이상국집」에 의하면 고종 21년(1234년)에 금속활자를 사용하여 인쇄했으며, 이는 사실상 우리나라 최초의 금속활자본이나 세계적으로 인정받지는 못했다.

02 「불조직지심체요절」은 1377년 청주 흥덕사에서 금속활자로 간행된 불교의 선(禪)과 관련된 내용이며, 고려 말 화상(和尙 : 수행을 많이 한 승려)이었던 백운 경한 스님이 선문(禪門)의 요체를 깨우치기 위해 만든 불교의 수행지침서이다. 그러나 19세기 또는 20세기 초 꼴랭 드 플랑시 주한 프랑스 대리공사가 하권만 수집해 귀국하여 현재는 귀중본으로 분류되어 프랑스 국립도서관에 보관되어 있다. 이 금속활자본 하권은 2001년 유네스코 '세계기록유산' 으로 등재되어 공인을 받았다. 그리고 목판본으로는 국립중앙도서관, 한국학중앙연구원, 영광 불갑사에 상·하 완본 3권씩 보관되어 있다.

현재 세계기록유산에 등재된 우리나라의 기록유산은 ① 「훈민정음」 1책(1997년), ② 「조선왕조실록」 4,768만 자, 2,077책(1997년), ③ 「불조직지심체요절」 하권 1책(2001년 9월 4일), ④ 「승정원 일기」(왕의 일상의 말과 행동을 '주서' 가 쓴 일기로 288년간(1623~1910) 기록) 2억 4,250만 자(단일기록으로 세계 최대 기록물), 3,243책(2001년), ⑤ 「고려대장경판」 및 제경판 87,000여 장(2007년 6월 14일), ⑥ 「조선왕조 의궤」 서울대 규장각 546종 2,940책, 한국학중앙연구원 장서각 287종 490책(2007년 6월 14일), ⑦ 「동의보감」(2009년 7월 31일), ⑧ 「日省錄(일성록)」(국보 153호, 2011년), ⑨ 5·18 광주민주화운동 관련 기록물(2011년) ⑩ 난중일기(2013년), ⑪ 새마을운동 기록물(2013년), ⑫ 한국의 유교책판 : 조선시대 목판(2015년)으로 305개 문중에서 기탁한 책판 718종 6만 4,226장, ⑬ KBS 특별생방송 이산가족을 찾습니다(2015년) : KBS가 1983년 6월 30일부터 11월 14일까지 생방송한 2만 522건의 자료 등 13가지이다.

책의 제작은 오랜 세월 동안 수공업으로 이어져 오다가 독일의 구텐베르크가 금속활자로 활판인쇄를 하는 인쇄기를 발명한 후부터는 전 유럽에 활판인쇄술이 활발하게 보급되었다(청주고인쇄박물관, 2006, pp.1~18 참조).

현대는 인터넷시대의 도래와 전자출판(electronic publishing : EP)의 출현으로 출판의 영역이 크게 확대되어 가고 있다. 음성이나 동영상 정보까지도 데이터베이스화하여 여러 가지 매체로 가공하거나 그 데이터를 온라인으로 독자들에게 제공할 수 있게 된 것이다. 전자출판은 하나의 정보제공 매체로서 종이를 사용하지 않고 전자매체를 이용하여 출판하는 것이다. 따라서 집필 · 조판 과정을 컴퓨터에 의해 전자화하며, 문자정보를 비롯하여 음성 · 정지화상 · 동영상 등의 디지털정보를 각종 전자매체를 이용하여 독자들에게 배포하는 것이다. 대표적인 예로 CD-ROM을 들 수 있다. 그리고 온라인 서비스를 목적으로 서버(server)에 정보를 올리는 전자출판은 전자통신 출판, 온라인 출판, 인터넷 출판, 네트워크 출판이라고도 한다. 특히 문자, 정지화상, 동영상, 음성 등의 여러 미디어가 동시에 가공되는 출판을 멀티미디어 출판(multimedia publishing)이라 하기도 한다.

3. 책의 수난사

분서갱유(焚書坑儒)는 중국의 진시황제(BC 246~210년)가 승상 이사(李斯)의 건의에 따라 BC 213년에 시행한 언론 · 출판 탄압정책으로 의서 · 약서 · 농업서 · 복서 등을 제외한 사상서적(목간 · 죽간)들을 불태우고 460여 명의 유학자들을 생매장한 사건이다. 학자들의 정치비판을 금하기 위하여 유학과 학자들을 탄압 · 갱살한 것이다.

중국은 수양제(569~618년)의 금서, 당나라의 금서, 송나라의 정치 · 천문 · 형법 · 병서 등의 금서, 원나라 · 명나라의 금서, 청나라 건륭제의 한민족 반만사상(反滿思想)의 '금서총록'(「금병매」, 「수호지」, 「과거응시 모범답안」 등)을 진행하여 통제했다.

로마 가톨릭교회는 1501년 교황 알렉산드로 6세 때 정치 · 종교 등의 출판물들에 대한 사전검열제도를 도입하였다. 이는 교회가 교리적 · 도덕적 근거를 통해 신도들에 대해 교회의 권위를 지키기 위해 읽거나 소유하는 것을 금지하는 책 목록을 만들게 한 것이다.

절대왕정기에는 언론출판의 허가 및 사전검열제도를 실시했다. 저작자에게는 변호할 기회를 주었고, 수정이나 생략을 통한 개정판의 기회를 주었다. 그리고 책을 읽거나 판매 · 검열과 관련된 교회의 규정이 있었고, 검열통과 책은 표지에 '출판인가'라는 표시를 함께 인쇄하여 배포했다.

로마황제 칼리굴라는 AD 35년에 호메로스의 「오디세이」를 자유사상 고취 책이라고 금서로 정했다.

플라톤은 BC 387년에 「오디세이」를 미성숙 독자를 혼란시킨다는 이유로 금서로 정했다.

프랑스의 루이 14세(1601~43년)는 광범위하게 금서를 정했으나, 1789년 프랑스인권선언으로 언론출판의 자유가 인정되었다.

영국은 1586년 '성실청 인쇄조례'와 1662년 '특허검열법'을 제정하여 통제했다. 1774년에는 제퍼슨의 「영국식민지 아메리카의 권리」 등이 금서로 정해졌고, 「채털리부인의 사랑」도 금지되었다가 1960년에 허용되었다.

독일의 히틀러는 1933년 바이마르헌법을 정지시켰고, 세계 제2차대전 중에는 마르크스주의적 · 자유주의적 · 유대적 · 반나치적 서적을 불태우고 금서로 정했다.

청교도가 세운 미국의 금서는 조금 색다르다. 미켈란젤로의 작품 사진이 담긴 책은 외설스럽다는 이유로 1930년대까지 세관을 통과하지 못했다고 한다.

우리나라는 1411년(태종 11년)에 서운관과 민간이 소장한 참위서(讖緯書)와 음양서를 수색 · 압수해 소각한 것이 최초의 금서기록이다. 1504년(연산군 10년)에는 폭정비난에 모든 한글책을 없애게 하고, 양명학 · 노장(老莊) · 불교책 · 정감록 등을 금서로 정했다. 1785년(정조 9년)에 가톨릭교를 사교로 단정하여 홍문관 소장의 서양서적을 소각했다. 1898년(고종 때)에는 언론출판을 제한하는 '신문조례'를 제정했다. 1908년에는 교과서 검인정제도를 실시하여 민족의식 고취의 교과서와 서적을 탄압했다. 또한 일제는 헤이그 특사 파견을 구실로 1907년 7월 20일 고종을 강제로 퇴위시킨 뒤 7월 24일 '신문지법'을 공포하여 언론을 통제하였으며, 1909년 2월에는 '출판법'을 공포하여 출판물 사전검열제를 실시했다. 1909년 8월 일본 경시청은 한성 오부 각 서점에서 「월남망국사」(양계초 저, 현채 역; 월남 멸망의 교훈), 「이십세기 조선론」(김대희 저; 일본의 침략을 비판하고 한국민 주체의 국민경제의 수립을 제창), 「동국역사」(정부 편찬; 국사교과서로 민족의식 고취), 「우순소리」(윤치호 저; 이솝우화의 번역본으로 민족자강을 강조) 등의 책들을 모두 압수하였다. 1924년 6월 21일 서울 천도교회당에 23개 사회단체가 항거 모임을 가졌으나, 1930년 후반 이후 일제는 말기적 언론출판 탄압을 지속했다. 1945년 광복 이후에는 미군정 당국이 포고령 88호를 공포하여 언론출판을 통제했다. 1948년 정부수립 후에는 반공주의적 국가보안법으로 언론출판을 통제했다. 1961년 5·16 군사혁명으로 반공정책에 의한 언론출판의 검열제도가 시행되었고, 유신헌법에 대한 언론출판 파동이 있었다. 1970년에는 정치적 민주화에도 불구하고 반국가활동을 규제하기 위한 국가보안법으로 40여 권이 금서로 지정되었다. 1980년 이후에도 이념서적 등이 통제대상이 되었다.

이처럼 금서는 외형상 핍박받고 수난당하는 모습이지만, 보카치오의 「데카메론」, 단테의 「신곡」, 몽테스키외의 「법의 정신」 등 한때 교황청의 금서목록이었던 이 책들도 궁극적으로는 세상을 바꾸는 역사의 승리자가 되었다.

제3절 책의 종류

출판물(出版物, publication)이란 출판의 목적을 달성하기 위해 저작자의 원고를 편집 · 제작하여 독자들에게 반포 · 판매할 목적으로 인쇄된 서적과 그림의 총칭이며, 일반적으로 책과 잡지 및 전자출판물도 포함한다.

전자출판물은 저작물[03] 등의 내용을 각종 전자매체에 전자적으로 기록하여 이용자가 컴퓨터 등 정보처리장치를 이용하여 읽거나 들을 수 있도록 발행한 전자책(e-book) 등의 간행물을 말한다. 또한 전자출판물은 음악과 음성 및 동영상의 데이터 정보까지 포함하여 발행할 수 있다. 그리고 전자화(디지털화)된 저작물 내용을 플로피디스크(floppy disk)나 CD-ROM, DVD(digital video disk)-ROM, 전자수첩 등 전자매체에 넣어 배포하는 패키지(package)형이 오프라인 전자출판물이고, 출판내용의 데이터가 디지털화된 파일 형태로 제작되어 인터넷 등으로 이용자(독자)에게 제공되는 것은 온라인 전자출판물이다.

1. 서 적

일반적으로 책(冊)은 서적(書籍, book)과 잡지로 나눈다. 서적에 대한 정의를 공식적으로 언급한 것은 1964년 유네스코(UNESCO)가 발표한 '서적 및 정기간행물 통계의 국제적 표준화에 관한 권고안'이다. 이에 의하면 "서적이란 표지를 빼고 적어도 49페이지가 되는 부정기 간행물로 그 나라에서 출판되어 일반적으로 입수되는 것"이라 했고, 48페이지 이하 5페이지 이상의 작은 책자는 팸플릿으로 인정하였다.

서적은 많은 양의 생산물은 아니지만 다량의 품종으로 이루어져 다양성을 지니고 있으며, 인간의 지식과 정보의 종합매체로서 전달의 정확성이 어느 매체보다도 좋고 양보다는 내용이 존중되는 개별적 상품이며, 다른 대체성이 없는 독자적 가치를 지닌 창작물이다.

서적은 인간에게 미치는 영향력이 광범위하게 크고, 생활의식에 지대하게 작용하여 인지와 사고의 변화에 결정적인 역할을 하게 된다. 또한 개인적 · 사회적 성장을 가져오는 특성을 지닌 문화적 형성과 발전의 주체가 된다.

서적은 제각각 서로 다른 새로운 가치를 지니고 있는 개별 상품으로서 문화상품이기 때문에 질적으로도 천차만별이다. 때로는 문화를 역행하는 반문화적인 것도 있어 각각의 가치평가는 다양할 수밖에 없다.

서적은 많은 저작자들에 의해 방대한 양의 정보를 독자들에게 제공하는 것이며, 이러한

03 인간의 사상 또는 감정을 표현한 창작물을 말한다(저작권법 제2조 1).

지식과 정보를 장기간 보존하며 언제 어디서나 쉽게 볼 수 있는 유용한 미디어이다. 제20회 IPA(International Publishers Association) 총회에서의 권고안에 "서적은 물질적인 외관을 가지는 동시에 마음에 호소하는 무형의 비물질적인 것을 내포하고 있다는 특수한 성격을 가지고 있는 이상, 다른 상품과는 늘 별도로 다루어져야 한다."고 하여 또 한 번 서적의 가치와 중요성을 알려주었다(김성재, 2004 참조).

2. 잡 지

잡지(雜誌)란 일정 이상의 시간적 간격으로 다양한 정보의 글을 모아서 편집하여 계속적인 일련번호로 발간하는 정기간행물이다. 다양한 내용으로 구성된 잡지는 일정한 이용자를 위하여 나름대로의 목적을 가지고 발행된다. 잡지의 기원은 17세기 영국과 프랑스의 서점에서 발행된 도서목록(카탈로그)에서 비롯되었다. 독립된 정기간행물로는 1665년 파리에서 창간된 「르 주르날 데 사방(Le Journal des Savants)」으로서 책 내용의 요약과 저작자의 저서목록을 철학 · 문학 · 과학 등의 분야별로 다루고 있었다. 같은 해 런던에서 영국 학사원의 회보인 「철학회보(Philosophical Transactions)」가 발행되었고, 그 밖에 독일 등에서 잡지들이 탄생하여 정기간행물로 발전하게 되었다.

정기간행물을 잡지라고 부른 것은 네덜란드어인 '매거진(magazine)' 에서 비롯되었고, 이 '매거진' 이란 용어를 잡지에 전용한 최초의 정기간행물은 1731년 영국의 케이브가 발행한 「젠틀맨즈 매거진(Gentleman's Magazine)」으로 지식인에게 정보와 오락거리를 책으로 묶어 제공한 것이다(동아출판사, 1988, pp.195~197 참조).

우리나라는 구한말 1896년 2월, 당시 동경에 있던 대조선일본유학생친목회에서 창간한 「친목회 회보」가 잡지의 시초이고, 뒤를 이어 「대조선독립협회 회보」, 「조선 그리스도인 회보」 등이 잇따라 창간되어 근대적인 잡지로 발전하였다.

잡지의 종류는 ① 정기별로는 주간 · 월간 · 격월간 · 계간 · 연간(학술자료) 등으로 분류되고, ② 판형별로는 보통 국판, 4·6판, 4·6배판, 국배판(B5, A5, B6, A3, B4) 등으로 분류된다. ③ 내용별로는 종합지 · 여성지 · 문예지 · 대중오락지 · 종교지 · 생활지 · 스포츠지 등으로 분류된다. 그 외에 사보 · PR지 · 카탈로그지 · 동인지 · 스쿨지 · 지역사회정보지 등이 있고, 잡지와 서적의 합성어인 무크(mook)가 있다. 그러나 연감과 연보는 정기간행물로 보지 않는다(오경호, 2001 참조).

3. 전자책

전자책(e-book)이란 컴퓨터 파일 형태의 출판물을 인터넷의 프로그램을 통해 컴퓨터나 단말기로 읽을 수 있는 출판물이며, 원고의 내용을 각종 전자적 처리기술인 전자기억장치를 사용하여 출판공정을 거친 전자적 형태의 디지털 출판물을 말한다. 넓은 의미로는 CD-ROM과 같은 패키지 전자출판물과 온라인 전자책을 말하지만, 대개는 좁은 의미로 온라인 전자책만을 말하기도 한다(한국출판연구소, 「출판사전」, 범우사, 2002, p.354 참조). 그동안 우리는 전통적 독서법으로 종이책의 책장을 넘기며 읽는 즐거움을 가지고 있었다. 그러나 정보통신기술의 발달로 여러 매체가 융합되어 새롭게 발전된 전자책이 등장함으로써 인터넷을 통하여 혁신적인 독서를 할 수 있게 되었다. 이러한 전자책은 기존의 종이책에 비하여 많은 장점을 가지고 정보화시대에 발맞춰 음성, 이미지, 동영상, 멀티미디어형 정보전달로 새로운 독서환경을 만들어 내고 있다. 이는 컴퓨터 조판으로 전자화된 출판형식이며 저작물 내용의 저장매체가 종이가 아닌 전자적 형태이고, 종이에 인쇄한 출판물이 아니므로 비인쇄 출판물인 것이다. 전자출판물은 출판내용을 컴퓨터가 읽을 수 있도록 출판공정을 전자화하여 제작하게 되는데, 이때 저작자의 콘텐츠(contents)는 기존의 출판물을 토대로 전자화시킨 경우와 새로운 창작원고를 사용하는 경우가 있다.

그리고 디지털화된 출판 데이터를 플로피디스크나 CD-ROM, DVD-ROM 등의 전자매체에 넣어 사용자에게 제공하는 것은 오프라인 전자출판물이고, 출판 데이터가 파일 형태로 디지털화되어 인터넷 등으로 사용자에게 제공되는 것은 온라인 전자출판물이다.

온라인 전자출판물은 인터넷과 통신위성을 통하여 나가는 디지털 콘텐츠를 인터넷 사이트에서 내려받아(download), PC나 독서전용 단말기(판독기, reader device) 및 액정휴대전화에서 작동하는 전용 소프트웨어로 그 정보를 읽을 수 있는 것을 말한다.

또 다른 전자출판물인 CD-I(compact disk interactive)는 대화형 및 쌍방향형으로 관심 항목에 대한 내용조사는 물론이고 관련된 것을 연속으로 검색할 수 있으므로 응용분야가 넓고 가정에서 사용하기에 편리하다. CD로 문자 · 음성 · 동영상 등을 보고, CD-I Player라는 재생전용기로 TV 화면상에 재생할 수 있으며 조작이 간단하다. 그러나 더 편리한 Phot CD와 Video CD에 밀려 시장에서 사라졌다.

우리나라는 1982년에 컴퓨터조판시스템(전산조판, computerized typesetting system : CTS)이 도입되어 출판환경에 많은 변화가 일어났다. 1987년 전산편집출판(DTP)과 스캐너의 등장으로 출판편집업무에 혁신이 일어났고, 1991년에는 처음으로 CD-ROM이 탄생되어 전자책을 만들게 되었다. 1993년에는 PC통신으로 책의 내용을 제공하는 서비스가 시작되었으며, 1995년부터는 인터넷을 통한 서비스로 발전되었다.

e-pub과 PDF[04]는 e-book의 문서파일 포맷형식을 말한다. e-pub(electronic

04 PDF(Portable Document Format)는 미국 어도비시스템즈(Adobe Systems)사에서 만든 문서파일 유형(포맷)이다. 마이크로소프트 윈도우, 애플 맥, 유닉스, 구글 안드로이드 등 거의 모든 운영체제에서 읽거

publication)은 국제디지털출판포럼(IDPF)에서 제정한 전자책의 기술표준이다. 2007년 9월에 전 세계 공식표준이 된 이후 많은 전자책업체가 e-pub 포맷으로 e-book 콘텐츠를 생산하고 있으며, 아마존과 킨들을 제외한 대부분의 전자책 단말기가 e-pub을 지원하며 국내 전자책업체도 대부분 e-pub을 지원한다.

전자책 포맷에는 e-pub, PDF, AZW(킨들 전용파일) 등 여러 가지가 있으나 현재 전자책 시장은 e-pub과 PDF가 각각 독자적인 영역을 구축하고 있으며, 차츰 e-pub이 전자책의 표준으로 자리 잡아 가고 있다.

PDF 전자책은 기기와 운영체제에 상관없이 동일한 모양의 출력을 보장한다. 종이책을 변환하는 경우 책과 똑같이 편집된 모습으로 볼 수 있다. 때문에 화면이 작은 스마트폰에서는 보기 불편하고 태블릿 PC에서 최적의 가독성을 보인다.

PDF 파일의 가장 큰 장점은 운영체제를 가리지 않고 대부분의 PC에서 읽거나 인쇄할 수 있다는 점이며, 다른 파일에 비해 상대적으로 작아 이미지 · 텍스트 등을 모두 하나의 파일에 담을 수 있다. 또 PDF는 자체적으로 강력한 보안성을 갖추고 있으며, 출판 보안 체계인 DRM(Digital Rights Management)도 걸 수 있다. 하지만 글자의 크기에 따라서 문서의 레이아웃이 동적으로 변하는 리플로(reflow : 글자크기 조정기능) 기능은 지원되지 않는다.

e-pub 전자책은 국제디지털출판포럼에 의해 표준으로 채택된 전자책 문서 형식으로서, 운영체제와 기기에 상관없이 읽을 수 있다. e-pub 전자책의 가장 큰 특징은 리플로에 있다. 리플로 기능은 글자의 크기를 키우거나 줄일 경우 디스플레이의 크기에 따라 최적화된 문서 레이아웃을 자동으로 만들어 준다. 쉽게 말해 PC 모니터처럼 큰 화면에서 1페이지 분량에 달하는 콘텐츠가 스마트폰과 같은 작은 단말기에서는 3~4페이지로 자동으로 분할된다고 생각하면 된다. 그러나 이 자동공간조정 기능은 이미지가 많은 전자책에서는 독이 될 수 있다. 잡지나 여행, 요리 등의 전문서적은 문자와 이미지의 배열에 편집자의 집필의도가 담겨 있는 경우가 많다. 그런데 이를 e-pub으로 보게 되면 이미지의 배치가 망가지면서 종이책 원본이 전달하고자 하는 의도를 망쳐버릴 수 있기 때문이다(http://blog.naver.com/PostPrint.nhn?blogId=ohjs3&logNo=100159194).

전자책으로 인하여 출판산업에는 디지털 환경의 변화와 정보 콘텐츠의 변화가 일어나게 되었다. 정보기술의 발달과 인터넷으로 인하여 언제 어디서나 온라인 상태로 원하는 책의 내용을 볼 수 있으며, 과거 종이책 중심의 정보전달에서 이제는 음성, 이미지, 동영상 등의 멀티미디어형 정보전달이 가능하게 된 것이다.

나 인쇄할 수 있으며 원본 문서의 글꼴, 이미지, 그래픽, 문서 형태 등이 그대로 유지되기 때문에 인쇄업계에서 인기가 높다. 또 온라인 및 오프라인 환경에서도 쉽게 문서를 공유할 수 있으면서도 보안성이 높아 공공기관, 연구소 등에서 자료를 배포할 때 많이 사용한다. PDF 작성 프로그램인 '아크로뱃(Acrobat)'은 유료지만 뷰어 프로그램인 '아크로뱃 리더(Acrobat Reader)'는 무료다.

사람들 중 일부는 10년 전부터 전자출판물이 단기간 내에 모든 출판시장을 장악할 것이라고 주장해 왔다. 그러나 과도기를 거치면서 전자출판물이 차츰 늘어나고 발전하고는 있지만, 종이책과 전자책이 상호 공존하는 관계가 계속되고 있으며, 이러한 현상은 앞으로도 지속될 것으로 보인다(전자출판에 대한 자세한 내용은 제3장 제3절 전자출판, 제4절 전자출판시대, 제4장 제12절 전자출판기획, 제16장 제5절 전자출판산업의 활성화 등을 참조).

4. 디지털 교과서

우리나라에서 '디지털 교과서'에 대한 논의는 2000년대 초부터 시작되었다. 디지털 교과서는 초·중·고등학교에서 쓰이는 모든 디지털화된 교과서를 말하며, 교사와 학생들이 보다 좋은 교과서를 사용하는 교육환경을 만들어 보려는 취지에서 비롯되었다. 정보화시대로의 변화에 따라 새로운 사회적 요구와 개개인의 능력과 특성을 고려해야 하는 교육적 요구에 의해 종이책에서 전자책으로의 변화에 적응하고, 디지털 교과서로 새로운 미래형 교육환경의 패러다임(paradigm)을 변화시키려는 것이다.

디지털 교과서는 단순히 종이책 교과서를 디지털 교과서로 변환하는 데 의미가 있는 것이 아니라 우리의 미래 교육을 위한 핵심 대안으로서 변화를 위한 주도적 역할이 요구되고 있다. 우리나라 디지털 교과서 정책이 본격적으로 시작된 것은 2007년 '디지털 교과서 상용화 추진계획'에 따른 것이다. 그리고 2011년 발표한 '스마트교육 추진 전략'에서 디지털 교과서의 실제 적용이 다시 구체적으로 다루어졌다. 이에 따르면, 2014년부터는 법적 지위를 갖춘 디지털 교과서가 종이책 교과서와 병행하여 초·중·고등학교에서 쓰이게 될 예정이다.

이처럼 교육과학기술부의 '스마트교육 사업'의 계획과 추진이 이루어짐으로써 국내외 콘텐츠 제작기업과 관련된 공공기관들의 협력이 적극적으로 이루어지고 있다.

애플은 2012년 1월 19일 아이패드에서 구현되는 디지털 교과서 플랫폼인 '아이북스2'를 공개하고, 최적화된 교육콘텐츠를 미국 교과서시장의 90%를 점유하는 출판사(피어슨, 맥그로힐 등)들과 제휴한다고 발표하였는데, 2020년까지 미국 고등학교의 50% 정도가 디지털 교과서를 사용할 것으로 예상되고 있다.

이제 세계의 여러 교육계에서는 디지털 교과서가 미래 교육의 대안으로 떠오르고 있다. 현재의 종이책 교과서는 수동적 지식전달 구조로서 정보화시대의 새로운 학습 특성과 효과를 반영하지 못하는 교과서이기 때문에 오래 전부터 새로운 디지털 교과서에 관한 연구를 하여 왔다. 디지털 교과서는 풍부한 자료와 정보를 하나의 디지털로 통합하고 있으며, 언제라도 새로운 자료들도 손쉽게 바꾸어 사용할 수 있다. 또한 동영상이나 e-learning과 같은 다양하고 효과적인 교육방법의 구현으로 종이책보다 디지털 매체에 더욱 익숙하게 되어 학습자 개개인의 능력과 특성의 변화가 교육하는 교과서에 대한 변화를 요구하고 있다. 즉, 학습자 개개인에 대한 수준별 교육 방법이 강조되고 있는 현실에서 각자의 수준이 고려된 내용구성이 가능하고, 학습자에게 다양한 학습활동을 안내하는 디지털 학습도구가 제공되어 참고서나 또 다른 문제집의 필요성이 없게 된다는 것이다.

교육과학기술부는 디지털 교과서가 학생들의 무거운 책가방을 해결하고, 참고서와 문제집의 내용과 함께 사전 · 노트 · 멀티미디어 자료 등의 기능을 더한 미래형 교과서로서의 역할을 한다고 강조한다.

그리고 PC, 스마트폰, 태블릿 PC, 스마트 TV 등 모든 단말기에서 시간과 장소에 구애받지 않고 개인별로 효과적인 학습방법이 가능해진다는 것이다.

정부는 2007년 4월 4일에 '출판지식산업 육성방안'의 10대 과제 및 44개 세부과제를 발효한 이후 지금까지 효과적인 사업추진이 되지 않고 있다. 2011년 2월 16일에는 '전자출판산업 육성방안'을 발표하여 추진은 하고 있으나 큰 성과를 거둘 만한 사업추진 예산이 제대로 이루어지지 않고 있다. '스마트교육 사업'도 정부의 전시 행정용 정책사업의 구호로만 그치지 말고 구체적인 기획에 의한 예산을 세워서, 이론과 실무 전문가들로 태스크포스를 구성함으로써 '전자정부 사업'과 같이 세계적으로 앞서가는 정책사업이 되기를 기대해 본다.

제4절 책과 인생

1. 책읽기

정부는 2012년을 '독서의 해'로 선포했다. 행사로는 '세계 책의 날'에 책 다모아 행사, 책 선물하기, '도서관 주간'과 '가정의 달'의 책잔치, '서울국제도서전', 휴가철 독서하기, '독서의 달' 행사, '문화의 달' 행사, 수험생 및 방학독서를 위한 책 할인행사와 인문학 특강 등이 있었다.

독서(讀書)란 특정 또는 불특정 다수인 공중을 대상으로 공표된 저작물을 독자로서의 공중이 구매나 대여의 방식으로 이용함에 있어 각각 읽기, 보기, 듣기, 쓰기를 하거나 동시에 함께 진행하는 행위를 말한다.

독서의 방법에는 음독(音讀), 묵독(默讀), 간독(看讀), 속독(速讀), 정독(精讀), 발췌독(拔萃讀), 숙독(熟讀), 난독(亂讀), 다독(多讀), 검색형 독서(인터넷 독서) 등이 있다.

독서의 적용대상은 책, 논문, 잡지, 팸플릿, 소책자, 신문 등이다. 독서의 목적은 정보와 지식의 습득과 교육 및 학문을 위한 것이다. 그 효과는 독서에의 노력과 기술의 정도에 따라 결정된다. 그리고 교육의 필수항목은 독서와 글쓰기이다. 교육이란 한 사람이 타인을 말이나 글로써 가르치는 것이다. 그러나 지식은 익히고 배워야 습득이 가능하다. 교육은 학문의 이론과 실용은 물론 사회적 지식과 기술 및 태도를 가르치고, 인간의 잠재능력을 일깨워 훌륭한 자질과 원만한 인격을 갖도록 이끌어 주는 것이다.

그리고 디지털시대의 인터넷을 이용한 새로운 독서는 유동적으로 블로그, 이메일, 화이퍼텍스트, 디지털 종이, 모바일 미디어 등을 통한 검색행위의 디지털 독서가 일상적으로 이루어지고 있다.

교육적인 입장에서 책읽기의 가장 초보적인 의미는 어린이들에게 읽기를 가르치는 것이다. 그러나 초보적 수준을 넘는 2차적 책읽기에서는 새로운 통찰력과, 포괄적이며 체계화된 책읽기의 방법과 기술이 요구되고 있다. 이러한 2차적 책읽기에는 자신의 지적 노력에 의해 한 번만에 이해할 수 있는 일반적 정보의 습득이 있고, 교육에 의한 구체적 지식의 습득이 있다. 그러나 책읽기에서는 무엇보다도 독자의 목적이 가장 중요하다. 그 다음이 책에 나타난 주제, 주장, 사상, 요지, 의의 등이다.

미국, 영국, 캐나다, 프랑스, 일본, 러시아, 독일, 스페인, 싱가포르 등지에서는 독서캠페인을 시작으로 책읽기 운동의 바람이 불고 있다. 이들 선진국은 독서를 개인의 문제가 아니라 국가와 사회의 경쟁력을 키우는 문화적 인프라로 인식하고 있다. 즉, 지식강국을 위한 선진국가형 독서운동에 국가가 앞장서고 있다.

1) 각 나라의 독서캠페인

미국, 영국, 프랑스, 독일, 러시아, 일본, 스페인 등 선진국들은 21세기에의 진입과 함께 문명퇴치 차원에서 진행되어 온 국민독서캠페인을 재정비해 문화력 증진운동의 차원으로 전환했다. 책이 영화, 연극, 음악, 방송, 게임, 캐릭터, 애니메이션 등 콘텐츠산업의 원동력으로 인식되면서 출판산업 육성을 위한 정책을 넓게 진행하고 있는 것이다. 즉, 각 나라마다 정부, 도서관, 학교, 독서운동단체 간에 네트워크를 결성해 국가적 차원에서 적극적인 국민운동을 벌이고 있다.

1995년 제28차 유네스코 총회에서 매년 4월 23일(세르반테스와 셰익스피어의 서거일)을 '세계 책과 저작권의 날' 로 제정하자, 각국은 다양한 독서행사와 이벤트로 책잔치와 저작권에의 인식 고취와 함께 축제를 벌인다.

영국의 브라운 총리는 2008년을 '독서의 해' 로 정하고 대대적인 독서캠페인에 나섰다. 그는 "책 읽는 즐거움을 느끼는 이상으로 독서는 폭력과 소외, 빈곤, 범죄를 억제하는 효과적인 사회정책의 일환"이라고 했다. 특히 어린이들과 청소년들이 책을 통해 시야를 넓히고, 미래에 대한 통찰력을 높이며, '독서가 삶을 바꾼다' 는 교육적 차원에서 추진되고 있다. 영국의 'book start project' 는 북트러스트협회와 버밍햄도서관, 보건국, 버밍햄대학이 하나가 되어 읽고 쓰기, 상상력, 부모 자식 관계, 사회적 문제의 해결책으로서 수십 년 동안 실시하여 성공하고 있다.

러시아 정부는 1996~2000년까지 5년간 출판산업진흥과 독서캠페인에 모두 885만 4천만 루블(한화 2조 6천억 원)의 정부예산을 집행했다. 또한 2002년부터 2005년까지 매년 1억 5000루블씩 투자하였고, 지금도 매년 국가적 예산으로 전국 독서캠페인 행사를 계속하고 있다. 러시아 책연맹의 전 회장이며 전 총리인 세르게이 스테파신은 "책과의 대화는 창의력과 문화수준을 높이고 사회적응력을 키우는 수단이다. 현 단계에서 독서시간을 늘리지 않으면 교육뿐 아니라 국가경쟁력 자체가 뒤진다."라고 말한다.

미국은 2001년부터 'one book, one Chicago' 캠페인을 시카고 시와 시카고 공공도서관과 시카고의 드폴대학교가 공동주관으로 벌이고 있다. 이 행사는 1개월 동안 책 1권을 정하여 읽고, 시카고 독서주간에 시민은 누구나 참여하여 토론할 수 있는 기회를 주었다. 선정된 책은 2,000부를 구입하여 산하 79개 공공도서관에 배포한다. 이 독서캠페인은 매년 2회씩 실시하여 시민들의 절대적 호응을 받고 있다. 또한 드폴대학교는 'one book, one Chicago' 강좌를 교양필수과목으로 설치 · 운영하고 있다. 이 운동은 미국 40여 개 주 90여 개 도시로 확산되어 성공을 거두고 있다.

일본의 문부과학성은 중학교를 대상으로 한 전국학력시험의 결과 독서를 많이 한 학생이 일본어와 수학 시험점수가 높은 것으로 조사되어 독서교육을 법제화하여 더욱 힘쓸 것이라고 말했다. 또한 일본은 '아침 10분 독서운동' 을 국민운동으로 전개하고 있는데, 디지털 및 인터넷시대에 의한 활자문화 이탈의 현상을 염려하여 정부가 전 국민적 독서캠페인을 국가적 차원에서 지원하고 있는 것이다.

독일의 '책과 미디어의 공존전략' 운동은, TV · 인터넷 등으로 국민들의 독서량이 줄어서 고민하던 정부에 의해 학교에서 여러 매체를 독서수업에 적극 활용하게 하여 책의 다목적콘텐츠 이용과 적응의 중요성을 이해시키고 국민적 독서운동의 필요성을 일깨워 주는 것이다.

프랑스의 '책과 방송의 아름다운 공존' 운동은, 프랑스 제2TV에서 매주 2시간씩 프라임타임 때에 'Bouillon de Cultur(부이용 퀼튀르)' 라는 독서프로그램을 방영하는 것이다. 비슷한 주제로 글을 쓴 작가들 5~6명을 초청하여 그들의 생각에 대해 토론하는 프랑스 최고 권위의 독서프로그램으로 20년 이상 진행되고 있다.

스페인은 셰익스피어(William Shakespeare, 1564~1616)와 세르반테스(Miguel de Cervantes, 1547~1616)가 같은 날인 4월 23일에 사망함으로써 에스파냐의 카탈루나 지방에서 전통적으로 행해지던 '책과 장미의 축제' 가, 유네스코에 의해 1995년에 '세계 책과 저작권의 날' 로 정해짐에 따라 행사 분위기가 더욱 고조되었다. 사랑하는 사람에게 책과 붉은 장미를 선물하는 것이 전통으로 되었는데, 이때 책은 고결한 '지성'의 상징이고, 장미는 숭고한 '아름다움'의 상징이다. '책'과 함께하는 이날의 흥겹고 다양한 이벤트와 특별판매 행사로 도시 전체가 축제의 장이 된다.

유네스코(UNESCO)가 4월 23일을 책의 날로 정한 것은 셰익스피어와 세르반테스가 같은 날 사망했기 때문이다. 그러나 그 당시는 그레고리력(현재 양력)과 율리우스력(율리우스 카이사르가 로마공화력을 개정한 역법)의 공존시대이자 그레고리력으로의 교체시기였다. 당시 세르반테스는 그레고리력으로 4월 23일에 사망하였고, 셰익스피어는 율리우스력으로 4월 23일에 사망하였는데 이는 그레고리력으로는 5월 3일이었다. 유네스코가 책의 날을 두 사람의 사망일이 같다는 이유로 정한 것은 잘못되었다는 것이다(박정은, 「스페인 소도시 여행」, 시공사, 2012).

싱가포르는 국가에서 정책적으로 국민독서운동을 다양하게 적극 추진한 결과, 매년 도서관 이용자와 책의 대출건수가 몇 배씩 증가하고 있다.

우리나라의 경우 2006년 제정된 '독서문화진흥법'이 있지만 독서에 대한 국가적 · 국민적 의식 수준이 너무 낮고, 선진국에 비하여 국가적 차원에서 이뤄지는 독서캠페인도 매우 빈약한 실정이다. 2007년에는 조선일보사와 대한출판문화협회 공동주관으로 '책을 읽자, 거실을 서재로!'라는 슬로건을 내세우고 전 국민적 독서캠페인을 하였는데, 1년간 매월 740세대를 선정하여 책장과 책 10권을 무료로 제공하여 많은 호응을 얻었다. 또한 2012년을 '독서의 해'로 정하고 여러 행사를 실시했으나 소극적이고 예산이 적어 큰 실효를 거두지 못했다.

또한 여러 대학에서는 대학생들의 기초적 독서와 글쓰기를 숙달시키기 위해 교양기초과목으로 '독서와 글쓰기'를 설치하여 운영하기 시작하였다. 그리고 1989년에 설립된 한우리독서문화운동에서도 독서에 관한 연구발표회, 세미나, 논문 · 독후감 공모, 백일장 개최 등의 독서운동을 계속 전개하고 있다. 정부 또한 2007년에 '출판지식산업 육성방안'을 발표하였는데, 그 10개 항목 중 '국민의 독서권 보장과 독서환경 조성'이란 항목이 있어 정부의 적극적 실행을 기대하고 있다.

2) 적극적인 책읽기(보티머 J. 애들러[05] · 찰스 반 도렌, 오연희 역, 1997 참조)

(1) 적극적인 책읽기에서 독자가 제기해야 하는 4가지 기초적인 질문

① 그 책은 전체적으로 무엇에 대한 것인가? (주제는 무엇인가?)

② 무엇이, 어떻게 언급되어 있는가? (주장, 사상, 요지 등)

③ 전반적 또는 부분적으로 진실한가? (확인된, 알려진, 확실한 사항들인가?)

05 미국의 철학자, 시카고대학교 교수 역임, 1950년대 미국의 주입식 교육을 최초로 비판하고 교육제도의 혁신을 주장하였다.

④ 그 책의 의의는 무엇인가? (저자의 메시지와 정보제공의 이유는?)

(2) 올바른 독서방법

① 자신에게 맞는 필요조건의 책을 선택한다.
② 중요한 곳이나 저자의 강조 부분에 밑줄을 긋는다.
③ 강조된 진술이 많을 때에는 여백에 세로줄을 길게 긋는다.
④ 중요한 곳의 여백에 ☆, * 등의 표시를 한다.
⑤ 중요한 논의의 전개, 저자의 논점이 있는 곳의 여백에 차례대로 숫자를 적는다.
⑥ 관련이 있는 다른 곳의 페이지 수를 여백에 교차로 적어 둔다.
⑦ 핵심어나 핵심구에 동그라미를 한다.
⑧ 생각, 의문, 진술, 중요한 논점을 여백에 써넣는다.

(3) 메모하는 습관

① 어떤 종류의 책인가?
② 전반적으로 무엇에 관한 책인가?
③ 책의 주제 · 개념 · 구조 · 사상 · 지식은 무엇이며, 어떤 순서로 구성되었는가?

(4) 책읽는 습관 익히기

어떤 기술이나 숙련됨은 그것의 규칙에 따라 공부하는 습관이 몸에 밴 사람들에 의해 소유된다. 직접 해보지 않고서는 어떤 습관도 익힐 수 없다. 행동이 바로 지름길이다. 책읽기는 자전거를 타거나 운전을 하는 것과 같을 수 있다.

(5) 책의 대충 읽기

① 표제와 서문 읽기
② 목차 읽기(전체적 구조 파악)
③ 색인 읽기(논제와 책의 범위 · 종류)
④ 커버의 선전문구 읽기
⑤ 관심 있는 몇 개 장 읽기
⑥ 페이지를 빨리 넘기며 읽기

(6) 분석적 책읽기

① 책 읽는 목적을 정확히 알기
② 책에 대한 정확한 정보 알기
③ 저자의 의도와 메시지 알기
④ 저자에 대한 올바른 비판하기
⑤ 독서멘토를 두고 공정한 비평하기
⑥ 추가정보를 파악하고 메모하기
⑦ 독서습관을 기르고 응용내용 실천
⑧ 자투리 시간과 도서관을 이용

(7) 독서천재가 된 홍대리(책읽기 프로젝트)(이지성 외, 「독서천재가 된 홍대리」, 다산라이프 참조)

• 독서를 일상생활에서 습관적으로 이행하는 것이 효과적이다.

- 아무리 높은 빌딩도 한 층씩 차례대로 짓는 법이므로 독서도 설계계획과 함께 독서습관의 기초과정과 기술 및 요령을 습득해야 한다.
- 책은 자신이 좋아하고 흥미 있는 것으로 골라야 한다.
- 독서시간은 자투리시간을 최대한 찾아서 활용하고 독서일기를 써야 한다.
- 가능한 독서동아리에 가입하여 멘토와 함께 1주일에 1권씩 읽고 비평 · 평가한다.
- 독서는 꿈을 현실로 만들어 주는 강력한 수단이고 자신의 새로운 인생을 찾을 수 있다.
- 독서의 목적을 정하라. 목적 독서는 사고력을 키우고 자신의 삶을 변화시킨다.
- 독서의 목표설정을 하면, 즉시 실천하는 것이 효과적이다.
- 독서 전에 책에 대한 정보파악과 저자의 의도파악을 알아서 메모한다.
- 독서를 안 한다는 것은 이 사회에서 일어나는 생존게임의 살벌한 규칙을 이해 못하는 것과 같다.
- 세상의 수많은 성공비결 중에서 첫째가 독서이다.
- 진짜 독서는 눈과 머리가 아닌 심장과 가슴으로 하고, 생각하는 독서로 바꾸어 실천하고 변화하는 것이다.
- 내용의 이해가 안 되는 경우 추가정보를 찾아서 습득한다.

2. 독서와 생활

우리 모두는 지적인 인간이 되고자 하는 욕망을 가지고 있다. 자신은 누구이며 어느 위치에 있는가? 지적이고 충실한 인생을 살기 위해서 무엇을 알고 배워야 하는가?라고 한 번쯤은 생각해 본 적이 있을 것이다.

우리는 한 권의 책을 통하여 새로운 정보와 아이디어를 얻게 되고 모르던 것을 깨닫게 되기도 한다. 이처럼 지적이고 충실한 인생을 살기 위해서는 새로운 정보와 교양을 얻어야 하고 많은 독서를 통하여 지적인 인생에 한 발씩 가까이 다가가려고 노력해야 한다.

책(冊)은 인간에게 희노애락을 주고, 삶을 재충전하게 하고 역사와 지식 및 마음의 양식을 가진 보물이다. 그리고 기록의 자료이며, 우리들 삶의 길잡이로서 이 세상 만민의 것이다.

- 교육의 매개체이며, 지식과 창조의 원동력으로 지적 성장을 하게 하여 국가의 지식경쟁력을 키운다.
- 다양한 정보기능과 오락기능을 학습케 하여 지식을 축적시키며, 인간형성의 자기계발과 창의적 예술의 근원이며, 구비언어의 샘으로서 시간과 공간을 정복하는 전달자이다.
- 진실되고 사실적인 책은 우리 인간의 생애를 바꾸기도 하는 영향력이 지대한 지식상품이다.

- 책의 콘텐츠는 다목적사용의 콘텐츠로서 교육 · 학문 · 사상, 그리고 영화 · 연극 · 방송 · 게임 · 음악 · 인터넷 등의 원천이며, 창의력을 배양하고 재가공하는 원천이 되어 국민들의 지적 수준을 높인다.
- 책은 창의적 문화지식 콘텐츠로서 각각 의도하는 내용이 있는 개별적 지식상품이다.
- 책의 선택은 자신의 필요조건(동기부여)에 의해 이루어져야 최상의 선택이 된다.
- 책은 인간감정의 안내자이며 머릿속의 지식이 현실로 나타나기 때문에 때로는 무서운 정신적 무기로서 사용에 따라 결과가 달라진다.
- 책은 감정의 바이러스이며 치유는 각각의 독자가 해야 하기 때문에 때로는 부작용이 뒤따른다.
- 책은 지식과 정보를 보급하기 때문에 역사적으로 위정자들로부터 통제와 수난을 당하기도 한다.

독서(讀書)란 만남에서부터 시작된다. 우연히든 의도적이든 한 권의 책을 만나 그것을 읽고 인생의 목표가 결정될 수도 있고 뒤바뀔 수도 있는 것이다. 독서는 지적인 인생을 위한 창조성 개발에 새로운 계기를 마련해 주고, 어떤 목표를 달성하기 위한 시간을 크게 단축시켜 주기도 하며, 새로운 정보와 아이디어를 얻어 우리의 지적 생활과 자기계발에 많은 도움을 주기도 한다(안도섭, 1997, pp.63~65 참조).

(1) 앙드레 모로아의 5가지 독서규칙

① 여러 작가보다는 몇 사람의 작가와 주제에 대해 완전한 지식을 갖는다.
② 명작을 많이 읽어라.
③ 자신에게 맞는 것을 찾아 읽어라.
④ 조용한 분위기에서 독서하라.
⑤ 명작의 독자로서 어울리는 마음가짐을 갖춰라.

(2) 인생을 바뀌게 하는 독서

인생을 살아가면서 힘들고 어려울수록 책을 가까이 하고 읽어야 한다. 책 속에는 필요한 정보가 무궁무진하다. 책읽기는 세상 읽기라고도 한다. 그러므로 인생에서 힘든 일이나 어려움에 처할 때 그 해결책을 책 속에서 찾을 수 있다고들 말하는 것이다. 책을 읽지 않으면 세상의 어려운 문제를 해결할 수 있는 방법을 찾는 데 있어 책읽는 사람보다 뒤떨어질 수밖에 없다.

좋은 책은 정보를 직접적으로 알려주기보다는 그 정보를 알 수 있는 방법을 알려준다. 우리는 종종 한 권의 책이나 한 줄의 문장으로 한 사람의 인생이 바뀌는 예를 보기도 한다.

미국 리얼리즘 문학의 대표적인 작가 마크 트웨인(Mark Twain, 1835~1910년)은 어려운 가정에서 태어났다. 그는 12세 때 아버지를 여의어 학업을 중단하고 인쇄소에서 일을 하였다. 어느 날 그가 길을 가는데 한 장의 종이가 바람에 날아와 길바닥에 떨어졌다. 주워 보니 찢어진 책장이었다. 그 종이조각에 인쇄된 글은 유명한 「잔다르크전」으로, 잔다르크가 붙잡혀 루앙섬 감옥에 유폐되는 장면이었다. 14세였던 마크 트웨인은 화가 나서 잔다르크에 대한 책을 모두 읽으며 잔다르크에 대하여 연구를 시작하였다. 그로부터 46년 후에 그는 「잔다르크의 회상」을 발표하였다. 그는 「잔다르크전」의 짧은 글을 읽은 것을 계기로 역사에 대한 흥미와 작가로서의 정열을 갖게 되었다. 그리하여 미국 리얼리즘 문학의 대표적인 작가로서 대중적인 인기를 얻고 결국 존경받는 국민적 작가가 된 것이다.

우리는 자의(自意)든 타의(他意)든, 직접이든 간접이든 자신이 필요로 하는 책을 선택하여 읽을 수 있는 환경이 주어진 것만으로도 큰 행복임을 깨달아야 한다. 물론 읽고 안 읽고는 자신에게 주어진 자유로운 선택사항이며, 그 결과 역시 자신이 택한 결과임은 말할 것도 없다.

독서는 우리에게 읽는 만큼 많은 것을 원하는 대로 준다. 책을 많이 읽으면 지식과 학식이 풍부해지며, 주변 사람들에게 실망보다는 믿음을 주는 인격자가 될 수 있다. 또한 독서는 우리의 인생을 계속해서 변화시키고 미래에 대한 설계와 실행을 할 수 있게 하고 어려운 일을 쉽게 풀어나갈 수 있게 한다.

그러므로 우리가 책을 선택할 때에는 더더욱 신중을 기해야 한다. 중요한 것은 그 선택에 있어 자신에게 필요한 책 순으로 그 우선순위를 두어야 한다는 것이다. 그러나 이처럼 신중하게 선택한 책으로 독서를 할 때도 성공한 독서와 실패한 독서가 있다. 성공한 독서는 독서를 한 직후 책의 내용이 머리에 뚜렷이 남아 있고 깨달음을 가져다주는 독서이다. 그러나 책을 읽을 당시에는 아는 것 같지만 책을 읽은 직후부터는 아득하게 생각이 나지 않는다면 실패한 독서이다. 그것은 책의 내용이 아직까지 완전하게 나의 것이 되지 못했기 때문이다. 성공적인 독서를 위해서는 반복하여 읽음으로써 온전히 나의 것으로 만들어야 한다.

특히 학습을 위한 독서일 때는 책의 내용이 내 것이 될 때까지 반복하여 읽어서 확실하게 머릿속에 기억하여야 한다. 이처럼 독서는 내가 필요로 하거나 부족한 부분을 채우기 위한 방법이다. 그리고 나 자신을 알고 다양한 세상을 이해하여 올바른 인생을 살아가기 위한 방법을 찾는 것이다.

3. 글쓰기의 전략

1) 글쓰기 교육

대학가에 국어공부 바람이 불고 있다. 이는 산업현장(産業現場)의 기업들이 대학교육에서 독서와 글쓰기 교육이 부족하여 실무에 어려움이 많다는 지적과, 각종 국가고시나 입사시험에 우리말 구사능력을 평가하는 과목이 추가되면서 나타난 현상이다. 읽기 위주의 교육에 치중하던 대학의 교양국어도 요즘엔 자신의 생각을 효율적으로 표현할 수 있는 능력을 키워주는 글쓰기 교육 위주로 바뀌고 있다.

서울대는 2004년부터 '인문학 글쓰기', '사회과학 글쓰기' 등 각 단과대 특성에 맞는 국어 교양강좌를 개설했다. 이 강좌는 논문구성 방법, 우리글 바로쓰기 등을 가르친다. 특히 약대는 '과학과 기술 글쓰기'를 2005년부터 필수과목으로 지정했으며, 공대도 2007년부터 이 강의를 필수과목으로 지정하기로 하였다. 서울대 기초교육원 담당자는 "고등학교 시절에 글쓰기 교육을 제대로 못 받고 인터넷의 발달로 학생들의 문장구사 능력이 떨어졌다."며 "글쓰기 훈련이 의사소통 능력을 배양하는 데 도움이 될 것"이라고 말했다.

성균관대도 2005년부터 '글쓰기와 커뮤니케이션', '글쓰기의 기초와 실제'라는 강의를 '중점교양' 과목으로 정해 모든 신입생이 수강토록 했다.

포항공대도 2005년 전임교원 5명으로 '글쓰기' 교육을 강화했으며, 수업당 인원을 22명으로 제한해 활발한 토론이 이뤄질 수 있도록 했다.

고려대, 연세대 등도 '사고와 표현', '명저읽기', '말하기와 토론' 등의 과목을 신설해 실용국어 교육을 강화했다.

학생들의 '국어시험' 공부 열기도 뜨겁다. 입사 전형에서 '국어능력 인증시험' 등 국어시험을 치르는 언론사, 정부투자기관, 민간기업들이 늘고 있기 때문에 국어능력 인증시험을 준비하는 학생들이 날이 갈수록 늘어나고 있는 것이다. 특히 2005년부터 외무행정 기술고시에 우리말 구사능력과 추리력 등을 평가하는 공직적성평가(PSAT)가 도입되면서 고시 준비생들도 국어공부를 열심히 하고 있다.

한국언어문화연구원의 담당자는 "토익시험의 변별력이 떨어지면서 기업들이 종합적인 사고력과 의사소통능력을 평가하는 국어시험을 도입하고 있다."며 "앞으로 국어기본법의 시행에 맞춰 국가 공인시험이 나오면 국어공부를 하는 수험생이 더욱 많아질 것"이라고 예상했다.

따라서 대학생들의 적극적인 '글쓰기 전략' 교육도 전국 대학으로 유행처럼 번져 나갈 것으로 보인다. 대학들은 신입생들에게 글쓰기 교양기초부터 리포트·과제물에 대한 올바른 글쓰기 전략까지 지도하고 있는데, 이는 기업체들의 적극적인 요구에 의해 이루어지고 있다. 신입사원들의 국어실력이 빈약하여 업무 시 기획서나 보고서 작성을 제대로 못하는 경우가 많다는 것이다. 이는 영어나 기타 외국어 실력이 모자라는 것보다 더 문제가 심각하다. 업무에서 명확하고 간결하게 자기의 생각을 표현하는 말하기와 글쓰기가 제대로 되지 않기 때문에 업무의 초기적응 단계에서 실패하는 경우가 많은 것이다.

또한 최근에는 전문적인 변호사, 의사, 회계사, 공직자들도 글쓰기의 중요성을 강조하고 있다. 따라서 글쓰기 전략에 관한 책이 전국 주요서점의 인문서적 분야에서 베스트셀러 1위에 올라가 있을 정도로 '글쓰기' 붐이 일고 있다.

2) 글쓰기의 실제

글쓰기는 책을 많이 읽는 데서부터 시작한다. 책을 읽다가 얻게 된 많은 지식들이 그때그때 글을 작성하는 결정적인 단서가 된다. 미처 생각하지 못했던 것을 깨닫게 되었을 때 그것을 글로 쓰고픈 마음이 드는 것이다. 즉, 그런 새로운 깨달음이 바로 글의 소재가 되고 주제가 되기도 한다. 글을 쓰는 것은 자신의 사상과 감정을 가장 구체적으로 표현하는 방법이다. 이런 글쓰기의 실체적 요건(要件)은 다음과 같다.

첫째, 글을 쓰는 주체로서의 발신자인 사람이 있어야 한다.

둘째, 글을 읽어줄 대상인 수신자가 있어야 한다.

셋째, 표현의 수단으로서의 매체인 글이 있어야 한다.

넷째, 글을 통하여 표현하고자 하는 내용인 메시지가 있어야 한다.

일반적으로 글쓰기에서 가장 중요하게 요구되고 있는 것은 논리적(論理的) 글쓰기이다. 논리적 글쓰기란 논리를 통하여 자신의 생각과 주장을 객관적으로 표현하여 다른 사람들에게 전달하고 설득하는 것이다. 이를 위해서는 ① 자신의 핵심주장을 명백하게 구체적으로 말해야 한다, ② 독자의 대상을 설정해야 한다, ③ 장점을 명백하게 말해야 한다, ④ 결론의 과정을 말해야 한다, ⑤ 차별화된 주장을 말해야 한다.

한 편의 글을 쓰기 위해서는 주제(主題) 설정에서부터 결론에 이르기까지의 중요한 과정을 거쳐야 한다. 먼저 주제설정은 무엇에 대한 글을 쓸 것인지를 정하기 위한 가장 중요한 일이다. 주제설정 때 주의해야 할 것으로는 ① 독자의 대상이 정해져야 한다, ② 창의적 내용이어야 한다, ③ 자신이 잘 알고 자신 있는 소재를 선택해야 한다, ④ 적정한 내용의 분량으로 소성해야 한다, ⑤ 모든 글은 주제로 집중시켜야 한다.

주제설정이 끝나면 그 주제를 뒷받침할 내용이 될 자료를 구상하고 수집해야 한다. 그리고 수집한 자료들을 필자가 어떠한 기술로 표현하여 독자들에게 효과적으로 전달할 수 있을지 그 방법을 모색해야 한다. 이처럼 수집한 자료들을 주제에 연관되게 하는 효율적 요소(要素)와 기본적 구성(構成)은 글쓰기에서 대단히 중요하다.

(1) 글쓰기의 기술적 3대 요소

첫째, 한 편의 글을 작성하는 데 가장 필요한 것은 지식(知識)이다. 지식은 무엇을 어떻게 써야 할까를 결정하는 발상과정에 관여할 뿐만 아니라 글의 내용과 수준, 그 깊이까지도 결정한다. "좋은 내용이 좋은 글을 만든다."는 말이 있다. 다양하고 풍부한 지식은 좋은 내용을 위한 필수항목이다.

둘째, 구성력(構成力)이 있어야 한다. 예문을 하나의 의미로부터 다른 의미로 만들어 가는 논리적 구성과정이다. 한 가지 주제에서의 논리적 전개는 사상으로 전개되며, 그 의미는 점차 확장되고 발전된다. 이러한 구성이 독자의 흥미를 유발시켜 글을 끝까지 읽게 한다. 이렇듯 효과적인 구성이 좋은 글을 만드는 것이다.

셋째, 풍부한 지식을 전달하기 위해서는 문장력(文章力)이 필요하다. 아무리 좋은 지식을 가지고 있다 하더라도 그것을 표현할 적절한 수단을 가지지 못한다면 아무 소용이 없다. 즉, 책을 통하여 얻은 지식을 효과적으로 전달할 수단을 가져야 한다. 이를 위해서는 꾸준히 문장연습을 해야 한다. 문장을 제대로 배우지 않으면 글쓰기에서 좋은 평가를 받을 수 없기 때문이다.

결국 한 편의 좋은 글은 세계를 분석해 내는 지식의 힘, 현상과 지식을 조직해 내는 구성력, 생각과 사고를 문자로 표현할 수 있는 문장력으로 이루어지는 것이다(정희모 · 이재성, 2005, pp.26~28 참조).

(2) 글쓰기의 절차

① 주제 선정　② 자료 선택
③ 문장구성 구상　④ 내용개요 정리
⑤ 글쓰기 시작

(3) 글쓰기의 기본적 구성

글쓰기의 기본인 단계적 3단 구성(構成)은 서론(도입부, 머리말), 본론(본문), 결론(마무리, 맺음말)이 있으며, 그 내용은 다음과 같다.

서론(序論)은 머리말로서 본론에 들어가기 전에 글의 개략적인 전개방향과 본론의 실마리가 되는 논설(論說)이다. 여기에서 문제를 제기하고 글을 쓰는 동기 · 목적 · 방향 · 화제 · 시사적인 것을 말하고, 효과적인 글쓰기의 시작을 위해서 개념정리에 관련된 말의 인용이나 관련된 체험 등을 소개할 수 있다. 그러나 본론을 연관지어 생각하면서 짧으면서도 인상적으로 쓰는 것이 중요하다.

본론(本論)은 본격적인 글의 전개로 핵심적인 글이 주된 내용이다. 글의 구성(構成)은 구체적이며, 논리적 흐름이 있어야 한다. 합리적 · 독창적인 내용, 개성적인 사고, 표현의 리듬감과 생동감, 다양한 화제, 문제의 해결책, 다양한 응용법을 제시하고 문제의 핵심을 찾아서 그에 대한 영향과 미래 예측을 하며, 다른 사람들의 생각과 주장에 대해 토론하거나 자신의 의견과 주장을 하면서 중점적으로 쓴다.

결론(結論)은 전개한 생각이나 의견과 판단을 끝에서 마무리하는 것이다. 본론을 요약하여 중요한 것을 강조하거나 당부하고, 결론된 생각이나 의견을 말하며, 미래에 대한 전망을 주제와 연관되게 말하며 간결 · 명확하게 쓴다.

(4) 좋은 글쓰기의 일반요건

① 명확한 주제
② 적합한 대상(자료)
③ 충실한 내용
④ 내용과 형식의 통일성 · 완결성
⑤ 정확한 표현
⑥ 명료한 문장
⑦ 올바른 어휘
⑧ 규범의 준수

(5) 글쓰기의 기본전략

① 두려움 없애기
② 평소에 관련된 책과 글 읽기
③ 평소에 글쓰는 습관 기르기
④ 생각의 힘을 최대한 활용하기
⑤ 자료의 힘으로 글을 구성하기
⑥ 절대 모범답안을 찾지 않기
⑦ 분량을 채우는 데 연연하지 않기
⑧ 다른 사람의 좋은 글에서 배우기
⑨ 가장 쉬운 부분부터 쓰기
⑩ 내용을 정한 후 시간 안배하기
⑪ 첫 문장부터 주장의 논지를 나타내기
⑫ 개념 · 관점을 통해 논제 분석하기
⑬ 남에게 읽게 한 후 평가 받기
⑭ 내용 수정을 통하여 점검하기

(6) 전문가들의 전문직 글쓰기 전략

① 전문용어의 남발을 피할 것
② 문장은 짧고 간결하게 쓸 것
③ 한 문장에 주어와 서술어를 하나씩 쓸 것
④ 외국어를 많이 쓰지 말 것
⑤ 피동형으로 쓰지 말 것
⑥ 주어를 생략하지 말 것
⑦ 문장을 부드럽고 재미있게 쓸 것
⑧ 항상 읽는 사람을 염두에 두고 글을 쓸 것

(7) 보도 · 기사문의 요건

보도 · 기사문의 요건에는 육하원칙(六何原則, 5W1H)으로 누가(who), 무엇을(what), 언제(when), 어디서(where), 왜(why), 어떻게(how)라는 원칙이 있다.

3) 리포트 작성법(HRS 종합연구소 편저, 「리포트 · 보고서 작성법」 참조)

(1) 리포트의 정의

리포트(report)란 하나의 주제로 조사나 연구 · 실험 등을 행한 결과에 대한 분석 보고서를 말하며, 또한 학생이 교수에게 제출하는 소논문(小論文)을 말한다.

리포트는 보고의 의미도 내포하면서 자기 나름대로의 의견을 표현하는 것이 목적이다. 상황설명을 간결하게 정리하여 주장하고 싶은 것이나 제안하고 싶은 것 등을 중심으로 하는 내용의 학문이다. 이에는 개인적인 의견이나 감상도 함께 포함할 수 있다.

(2) 리포트의 작성계획

① 내용파악과 작성하기 위한 절차를 연구 ② 자료의 정보수집과 조사 · 연구
③ 전체의 구성검토(내용 분류, 분량, 순서) ④ 원고 작성
⑤ 원고의 교정 · 교열

(3) 리포트의 문장구성

① **결**(結) : 결론을 먼저 말하는 경우도 있다.
② **기**(起) : 결론에 대한 경위나 이유, 근거, 내용의 설명을 한다.
③ **승**(承) : 결론의 내용을 검정하거나 논지를 보강한다.
④ **전**(轉) : 다양하게 검정하여 논지를 더욱 보강한다.

(4) 리포트 작성의 핵심

① 내용의 객관성 확보 ② 읽기 편한 짧고 간결한 문장
③ 그래프나 표로 시각적인 효과 ④ 충분히 검토한 후 완성
⑤ 성의 있는 자료수집과 작성 ⑥ 개성 있는 작성법
⑦ 회사 경영진의 사업전략 활용 ⑧ 작성자의 능력 인정 기회
⑨ 평소에 통찰력, 관찰력, 분석력 고취 ⑩ 적극적인 작성자의 의견과 판단

4) 프레젠테이션 작성법

① 슬라이드를 선별하여 사용할 것

효과적인 프레젠테이션을 위해 필요 없는 슬라이드는 과감하게 버리고, 핵심 내용을 다듬는 데 시간을 투자해야 한다. 단 몇 개의 그래픽만으로도 아이디어가 골고루 담길 수 있게끔 내용을 구성한다.

② 연설 내용을 정한 후 슬라이드를 작성할 것

슬라이드를 만들기 전, 청중에게 전달하고자 하는 바의 내용을 먼저 세우고 그 다음에 필요한 주요 내용을 뒷받침한다.

③ 슬라이드는 짧은 시간 내에 이해가 가능하게 할 것

사람들이 3초 내에 이해할 수 있는 슬라이드로만 프레젠테이션을 구성한다. 사람들은 한 번에 하나의 정보 흐름만을 쉽게 받아들일 수 있다. 따라서 지나치게 복잡한 슬라이드는 청중이 발표자의 이야기에 집중하지 않고 슬라이드를 보느라 산만하게 만들 것이다.

④ 한 슬라이드에는 하나의 내용으로 할 것

반드시 한 슬라이드에 하나 이상의 개념을 담아야만 한다면 내용의 체계를 명확히 해야 한다. 슬라이드를 작성하기 전에 포스트잇에 내용을 스케치해 보는 것도 좋다.

⑤ 슬라이드는 시각적인 보조자료임을 명심할 것

도형, 흥미로운 차트나 사진은 말하고자 하는 바를 시각적 정보로 전달함으로써 주제를 보다 명확하게 이해할 수 있도록 돕는다(Nancy Duarte, 「설득력 있는 프레젠테이션을 위한 가이드」 참조).

⑥ 가장 중요한 것은 상대를 아는 것

상대방이 프레젠테이션을 들으면서 무엇을 기대하는지, 무엇을 알고싶은지를 파악하는 게 최우선이다.

5) 신문 읽기와 글쓰기 전략

우리가 일상생활에서 '세상이 돌아가는 정보'를 얻기 위한 매체로는 신문, TV, 인터넷, 라디오, 잡지 등이 있다.

최근에는 신문활용교육(Newspaper In Education : NIE)이 많이 활용되고 있다. 이는 "다양한 소재와 생생한 시사정보 및 사진을 담은 신문을 초·중·고·대학의 학생들과 성인들의 학습교재로 활용해 읽기와 쓰기, 창의력과 종합적인 사고력을 기르는 교육법"으로 효과가 있어 미국에서 시작되어 전 세계 국가에서 넓게 활용하고 있는 것이다.

한국신문협회가 신문의 날을 맞아 한국리서치에 의뢰하여 전국의 독자 3,036명을 대상으로 '독자 프로파일 조사'를 하였는데, 그 결과를 보면 응답자 중에서 '세상이 돌아가는 정보'를 신문에서 얻는다는 답변이 73.1%로 1위를 하였다. 그 다음은 TV가 68.4%로 2위이고, 인터넷이 64.2%로 3위이며, 라디오가 9.8%, 잡지는 3.2%로 나타났다.

그리고 '일상생활에서 필요한 정보'를 얻기 위해 가장 많이 이용하는 정보매체도 신문이 70.7%로 가장 많은 의존도를 나타냈다. 그 뒤를 이어 인터넷이 70.4%, TV가 62.7%, 라디오 8.4%, 잡지 6.3%의 순이었다.

또한 대중매체 중 '최고의 광고홍보 효과'도 신문으로 나타났다. 이는 광고주들의 활자매체에 대한 신뢰도가 높음을 말해 주고 있다. 신문광고가 광고주의 경영실적과 경영자의 생각이나 철학을 가장 잘 전달하는 매체라는 응답이 나왔다는 것이다.

이번 조사에서 관심을 끄는 것은 상품의 구매력이 높은 계층일수록 신문광고를 많이 보는 것으로 나타났다는 점이다. 특히 주부나 상류층인 고소득층(월 500만 원 이상 수입)에서 광고를 보는 경우가 상대적으로 높았다. 독자들은 평균 2.4개의 신문을 읽고 하루 평균 7.8개의 기사와 이외에 40건의 기사도 50% 이상을 읽고 있다. 그리고 신문 읽기의 하루 평균 시간은 34.2분으로 나타났다. 분야별 신문으로는 경제지가 36.3분, 중앙지 34.9분, 지방지 32.1분의 순이다.

신문 읽기는 글쓰기 전략에 많은 도움이 된다. 신문기사는 문장이 간결하고 압축적이며,

다양한 정보와 장르가 펼쳐져 있기 때문에 글쓰기에 있어 많은 간접 경험을 얻게 된다. 특히 사설, 칼럼, 포럼, 시론, 시평, 논단 등에서는 글쓰기의 기본인 체계적 형태와 표현의 논리를 체험할 수 있다. 그리고 정보과잉 시대에 가치 있는 정보를 선별하는 데 좋은 길잡이가 될 것이다.

6) 미국 원로교수들이 대학생들에게 주는 조언

New York Times는 새 학기 시작을 앞두고 미국 내 원로교수 9명으로부터 대학생들에게 들려주고 싶은 조언(助言)을 받아 그 내용을 여론면에 게재했다.

미국의 대표적인 인문학부 중심 대학인 '윌리엄스 칼리지'에서 대통령학과 정부론의 권위자로 오랫동안 재직해 온 맥그리거 번스(Burns) 교수는 "좋은 신문을 매일 읽으려고 노력하라. 위대한 신문을 통한 글쓰기를 배울 수 있다. 좋은 기사는 어려운 전문용어 없이 분명하고 알맹이 있는 모델을 제시한다."고 말했다. 그는 필자의 어휘와 얼마나 많은 능동태 동사를 사용하는지를 눈여겨보고 새 단어가 등장하면 나중에 써먹기 위해 챙겨두라고 조언했다. 물론 기사의 구조도 연구해야 한다. 처음 문단이 얼마나 간단하면서도 분명하게 주제에 대해 말하고 있는지, 마지막 문단은 대학에서 글을 쓸 때에 어떤 함축적인 문구와 인용구로 결론을 지어야 하는지를 알려준다는 것이다. 번스 교수는 또 "좋은 기사의 신문은 교실에서 도움을 줄 뿐 아니라, 학교와 현실을 연결하는 다리"라며, "신문에 중독돼라."고 강권했다.

플로리다 대학교 스탠리 피시(Fish) 교수(법학 전공)는 "고교 때는 명료한 문장을 쓸 줄 몰라도 대충 지낼 수 있었지만, 앞으로는 글쓰기(작문)를 못하면 아무것도 할 수 없다."고 말했다. 그러나 미국 대학에서도 너무 많은 작문수업이 일반 글쓰기보다는 강사들의 정치 · 사회적 집착을 설파하는 장(場)으로 바뀌었다. 그래서 피시 교수는 "교수가 올바른 글쓰기를 가르치지 않으면 가차 없이 다른 작문교수를 찾아가라."고 했다.

노스웨스턴 대학교 개리 윌스(Wills) 교수(역사 전공)도 "글을 잘 쓰지 못하면 수업은 물론 나중에 인생을 사는 데도 방해가 된다. 친구와 서로 쓴 글을 읽어주기를 하면 무엇이 글에서 부족한지 알 수 있다."고 말했다.

시카고 대학교 마사 누스바움(Nussbaum) 교수(철학 · 법 · 신학 전공)는 "대학시절은 인생 전체를 생각해 볼 수 있는 유일한 시간이기 때문에, 구직(求職) 외에도 인문학 과목들을 많이 듣고 독서하여 비판능력을 보다 예리하게 하고 상상력을 키우라."고 조언했다.

이 밖에도 미국의 원로교수들은 혼란의 시대에 시대적 유행에서 살아남을 고전(古典)을 많이 읽으라고 말하였고, 논쟁에 써먹을 수 없으면 많이 아는 게 도움이 안 되므로, 다른 사람들이 말하고 쓴 것을 요약한 뒤 이를 바탕으로 할 얘기가 있으면 자신의 의견을 말하는 데 주저하지 말라는 조언을 하였다. 특히 대학시절에 독서를 많이 하여 인문학적 소양을 충분히 길러 전문학적 지식과 융합(融合)된 창의적 학문의 발전을 이루라고 강조하고 있다.

미국 각 대학의 원로교수들이 대학생들에게 주는 조언의 내용을 요약하면 다음과 같다.

① 신문에 중독돼라. ② 책에 푹 빠져라.
③ 글쓰기를 배우고 숙달하라. ④ 좋은 교수를 찾아 다녀라.
⑤ 수업에 적극적으로 참여하라. ⑥ 지적인 대화와 논쟁을 하라.
⑦ 직업 이외에, 폭넓게 생각하라. ⑧ 학문과 사랑에 빠져라.
⑨ 처음 기대와 달라도 건질 게 있다. ⑩ 비판능력과 상상력을 키워라.

– 출처 : 뉴욕타임스 2009.9.6. 참조.

현재 선진국에서는 다양한 소재와 생생한 시사 정보 및 사진을 담은 신문내용을 초·중·고·대학생과 성인들의 학습교재로 활용하여 읽기와 쓰기, 창의력과 종합적인 사고력을 기르는 교육법(教育法)으로 이용하고 있다. 이 '신문활용교육'(Newspaper In Education : NIE)을 체계적으로 시작한 것은 미국이며, 그 이후 전 세계 국가에서 광범위하게 활용되고 있으나, 우리나라에서는 아직 초·중·고 교육 정도에서만 이용되고 있는 추세이다.

제5절 책의 구성

1. 내용 부분

책의 구성(構成)이란 책이 되기 위해 갖추어야 하는 내용의 구성물을 말한다. 책은 그 책의 알맹이를 이루는 내용 부분과 그 알맹이를 보호해 주는 바깥 부분으로 크게 둘로 나누어진다. 이를 다시 나누면 본문 부분과, 본문을 기준으로 앞의 부분을 앞부분(front matter, 속표지 · 머리말 · 차례 등)이라 하고, 뒤의 부분을 뒷부분(back matter, 후기 · 색인 · 판권 등)이라 한다. 이처럼 본문(text)을 주축으로 한 앞부분과 뒷부분은 본문의 앞뒤에서 본문과 직·간접적으로 이어짐으로써 완전한 책을 이룬다. 일반적으로 이들은 책의 성질에 따라서 생략되는 경우도 있고(예컨대 목차 · 색인 · 참고문헌 · 부록 등), 순서가 뒤바뀌는 경우도 있다. 책의 내용 부분의 구성은 다음과 같다(이종운, 1991, pp.336~349 ; 김성재, 2004, pp.45~65 참조).

(1) 앞부분

앞부분(머리지면, 앞붙이, front matter, front material)은 면지를 제외한 본문 앞까지의 부분을 말한다. 이 부분은 머리그림 · 표제면 · 머리말 · 차례 · 드리는 말 · 일러두기 · 약어표 등으로 구성된다. 이 앞부분은 본문과는 달리 별도 면으로 사용할 수도 있다. 이 경우 쪽번호(페이지)를 매길 때 일반적으로 본문은 아라비아 숫자체를 사용하고 앞부분은 본문 숫자체와 다른 로마 숫자체 소문자 등을 사용하며 그 구성은 다음과 같다.

표제면(標題面, 속표지, 총도비라, 비(扉), full title page) : 이는 표제지 · 제호면 · 속표지 · 안표지 등으로 말하기도 하는데, 면지 다음에 나오는 부분이다. 이에는 책의 서명(부제 포함) · 저자(편자 · 역자 · 감수자) · 발행처 등을 표기하며, 경우에 따라서는 사진 · 그림 등을 넣어서 구성하기도 한다. 표제면은 일반적으로 홀수면(기수면)을 이용하고, 그 뒷면(짝수면 · 우수면)은 백면으로 두지만 때로 사용할 수도 있다. 표제면은 보통 본문용지와 같은 것을 사용하나 때로는 고급종이(아트지 등)로 별쇄(따로 인쇄함)하는 경우도 많다.

앞그림(frontispiece) : 이는 머리그림 · 앞면그림 · 표제화 · 권두화 등으로 말하기도 하는데, 책의 장식 목적으로 표제면이나 그 앞뒤에 들어가는 사진 · 그림 등이다. 따라서 내용과 관련되며 조화를 이루어야 한다.

드리는 말(헌사(獻辭, 獻詞), dedication) : 이는 저자나 발행자가 특별한 관계에 있는 사람에게 존경의 뜻으로 그 책을 바친다는 뜻을 밝힌 글이다. 모든 책에 다 들어가지는 않지만, 사용할 경우에는 표제면 다음의 홀수 별면에 넣고 뒷면은 백면으로 두는 것이 좋다. 되도록이면 이 '드리는 말' 을 생략하고 그 문구를 머리말에서 처리하는 것이 제일 좋다. 그러나 그 책 내용의 특성상이나 저자의 개인적 사정과 관련되는 개인화집, 개인논문집, 개인문집 등에서는 사용하는 경우가 많다.

머리말(서문(序文), preface) : 이는 그 책의 내용구성 개요나 집필을 하게 된 동기나 목적 등을 독자들에게 전달하고, 저자의 견해를 밝히고, 협력자에 대한 고마움 등도 말하는 글이다. 이는 서문, 서(序), 책머리에, 들어가는 말 등으로도 표현된다. 보통 표제면과 차례 사이에 들어가며, 번역서의 경우 역자의 머리말을 우선하고 원저자의 머리말은 본문으로 다루거나 역자의 머리말 뒤에 둔다. 그리고 저자 이외의 사람이 그 책 또는 저자와의 관계로 그 책에 대한 인사말이나 추천의 말을 할 경우, 예우 차원에서 저자 머리말의 앞에 둔다. 판이 거듭되는 경우에도 각 판마다 머리말을 둘 때 가장 최근판 순서대로 앞에 배열하고, 집필일자와 저자명이 머리말 끝에 들어간다.

차례(목차(目次), contents) : 이는 목차라고도 하며 보통 머리말 다음에 들어간다. 본문의 주요 구성을 순서대로 나열하여 찾아보기 쉽고 본문내용의 검색에 편리하도록 책의 내용을 구분한 부(部), 편(篇), 장(章), 절(節) 등의 구성순서에 따라 나열하면서 해당 본문의 쪽번호를 표시한다. 차례는 너무 자세하게 만들면 오히려 복잡하여 필요한 부분을 찾기가 어려우므로, 책의 내용에 대한 개요만 알 수 있게 적당한 양으로 조절하는 것이 효과적이다.

차례는 본문내용을 예측하게 하는 안내자 역할을 하므로 가독성과 가시성이 매우 중요하다. 즉, 차례의 판면구성에 따라 책에 대한 이미지가 달라질 수 있으므로 세심한 주의가 필요하다. 활자의 선택과 크기, 행간, 행두 배열에 신경을 쓰고 해당 면의 쪽번호와 제목이 틀리지 않게 본문과 정확하게 대조를 해야 한다. 사진 · 그림 · 표가 많은 책에서는 본문 차례 뒤에 별도로 이에 관한 차례를 만드는 경우도 있다.

일러두기(범례(凡例), explanatory) : 이는 책의 구성에 관한 안내나 표기상의 해설 등을 덧붙인 것으로 전문서 · 사전 · 편찬서 등에서 머리말 다음에 사용하며, 본문에 쓰인 용어 · 기호 · 약서 등에 대한 설명이나 꼭 알아두어야 할 것들을 표기한다.

약어표(略語表, list of abbreviation) : 이는 일러두기 사항과 같이 표기상의 복잡함을 피하기 위해 저자나 편집자가 사용자(독자)들의 이해를 돕기 위해 책에 사용한 약어의 본래어를 정리한 것이다. 이 약어표에는 보통 알려져 있거나 관행으로 사용되는 것들은 따로 표시할 필요가 없다.

(2) 본 문

본문(本文, text)이란 책의 주체가 되는 본체를 이루고 있는 것으로서, 책의 앞부분과 뒷부분을 제외한 저작물의 내용을 말한다. 한편, 표제 · 주 · 사진 · 그림 · 표 등도 제외한 부분만을 본문이라고 하는 경우도 있다. 본문은 보통 명조체(바탕체)로 조판하며, 활자의 크기나 행간 등은 원고의 특성에 따라 다르게 한다. 본문의 구성요소들은 다음과 같다.

중간표제(中間標題, 중간도비라, 내제지(內題紙), middle headings, part title page) : 이는 본문을 여러 부분으로 구분하여 알아보기 쉽게 제목을 붙인 것으로 중간도비라라고 한다. 그리고 사진, 삽화, 일러스트 등은 캡션(caption)이라고도 한다. 캡션이란 보통 사진, 그림, 일러스트를 쉽게 이해시키기 위한 간단한 설명문이나 제목을 일컫는 경우가 많다. 중간표제는 부(part), 편(part), 장(chapter), 절(section) 등으로 구분하여 그 성질에 맞게 서체와 활자를 선택하고 크기 또한 알맞게 결정하여 가독성과 시각성을 높여야 한다. 그러나 없는 경우도 많다.

면주(面註, running title, headlines, 기둥제목, 하시라, 난외표제(欄外標題)) : 이는 독자가 찾고자 하는 부분을 쉽게 찾도록 하기 위해 가로짜기 책의 경우, 판면의 맨 위나 맨 밑에 표시하는 제목글이다. 보통 본문보다 2~3단계의 작은 글씨를 사용하나 사전에서는 본문과 같은 크기로 하기도 하고, 문예서의 경우 일러스트레이션이 판면의 꼭대기나 맨 아래 여백에까지 걸쳐지면 생략하는 경우도 있다. 좌철로 제본된 책자의 경우 난외표제는 부 · 편과 같이 큰 표제는 왼쪽인 짝수면(even page)에 넣고, 오른쪽의 홀수면(odd page)에는 작은 표제인 장을 넣는다. 또는 왼쪽 면에 큰 표제인 장의 표제를 넣게 되면 오른쪽 면에는 작은 표제인 절의 표제를 넣는다. 이때 별면으로 시작하는 표제가 있는 판면에는 난외표제를 넣지 않는다. 또, 책에 따라서는 짝수면에 책명을 넣고, 홀수면에 표제를 넣는 경우도 있다.

쪽번호(page number) : 이는 각 판면의 순서를 표시한 숫자를 말한다. 내용 부분의 처음을

1면으로 시작하는 경우도 있고, 앞부분을 별도로 하고 본문부터 1면으로 시작하는 방법도 있다. 앞부분을 본문과는 별도로 매길 경우에는 숫자체를 보통 다른 종류의 숫자체를 쓴다.

캡션(caption) : 본문 속에 사진 · 그림 등이 들어갈 때 그것들의 간단한 설명이나 제목을 표기하는 것이다. 네임(name)이라고도 하며, 보통 본문체보다 작은 문자를 사용한다.

주(註, 注, notes) : 본문의 어떤 용어나 부분에 대한 이해를 돕기 위해 보충설명이나 자세한 해설을 할 필요가 있을 때 본문보다 작은 글씨로 표기한다. 주기(註記)는 보통 학술서 · 전문서 등에서 많이 사용되는데, 통일성과 정확성이 중요하며, 너무 많거나 길면 오히려 역효과를 가져온다. 가장 많이 이용되는 것이 편 · 장 · 절 등의 끝이나 책의 끝에 넣는 후주(endnote)이다. 할주(割註, cutting note)는 본문의 내용에 대한 소개나 해당 연도, 해당 날짜, 법률조문의 번호, 인용서의 면 등을 '( )'나 '[ ]' 등의 기호 속에 작은 활자로 2행으로 넣는 것이다. 두주(頭註, 관주(冠註), headnote)는 판면 위 여백, 방주(傍註, 측주(側註), sidenote)는 본문 옆의 여백에 넣는 난외주이며(표 2-1 참조), 각주(脚註)는 본문 하단에 넣는 주이다.

인용(引用, quotation) : 본인의 저작물 속에, 공표된 다른 저자의 저작 내용을 일부 사용하는 경우나 자신의 저작물을 인용하는 경우가 있다. 인용은 다른 저자의 저작물을 비평 · 비판 · 해설 · 소개 · 비교 · 참조하기 등의 여러 목적으로 쓰인다. 이때 공정한 인용은 저작권법 제28조 '공표된 저작물의 인용'에 "공표된 저작물은 보도 · 비평 · 교육 · 연구 등을 위하여 정당한 범위 안에서 공정한 관행에 합치되게 이를 인용할 수 있다."라고 정의되어 있다. 그러나 합법적으로 인용하더라도 그 저서 · 저자 · 출판사 · 연도 · 면수 등의 출처를 정확하게 명시해야 한다. 명시하지 않으면 저작권법 제37조 '출처의 명시'를 위반하게 된다.

단(段, column) : 인쇄물의 지면을 가로 또는 세로로 나눈 구획[단선(column rule)과 단간(column space)이 있다.]

표 2-1 | **각종 '주'의 예**

편집자는 저작자와 독자의 입장에서 양자가 모두 이해할 수 있게 편집을 해야 한다. 판면구성에서는 더욱 그렇다 그러나 편집자는 나름대로의

서체바꿈, 크기바꿈, 항목처리, 별행처리등

방주(傍註)

편집자는 저작자와 독자의 입장에서 양자가 모두 이해할 수 있게 편집을 해야 한다. 판면구성 (서체바꿈, 크기바꿈, 항목처리, 별행처리등) 에서는 더욱 그렇다. 그러나 편집자는 나름대로의 주관을 가지고 창의적으로 편집해야 한다.

할주(割註)

서체바꿈, 크기바꿈, 항목처리, 별행처리등

편집자는 저작자와 독자의 입장에서 양자가 모두 이해할 수 있게 편집을 해야 한다. 판면구성에서는 더욱 그렇다. 그러나 편집자는 나름대로의 주관을 가지고 창의적으로 편집해야 한다.

두주(頭註)

(3) 뒷부분

뒷부분(뒷지면, back matter, end matter)은 본문이 끝난 뒤에 본문을 도우는 요소들이다. 이들은 본문과 일련면으로 쪽번호를 매긴다. 부록, 후주, 참고문헌, 찾아보기, 후기, 간기면(판권면) 등이 있다.

부록(附錄, appendixes) : 이는 본문과 관련된 사항이면서도 본문에 넣기는 적당하지 않은 것들을 독자들의 편리함을 위하여 본문 뒤에 따로 모아 놓은 것이다. 용어해설, 연표, 연보, 통계, 지도, 법규, 저작물 등이 있다.

후주(後註, endnotes) : 이는 주(註)의 한 형태로 인용이나 다른 사실에 대한 출처나 근거를 밝히고, 본문내용의 이해를 돕기 위해 내용의 뒷부분에 모아 놓은 것들이다. 일반적으로 후주는 장별 후주나 별면 항의 단위별로 각각 그 끝에 두는 것이 편리하다. 판면구성도 각주와는 다르며, 부록 뒤 참고문헌 앞에 두는 것이 좋다.

참고문헌(參考文獻, bibliography) : 이는 학술연구자들의 참고를 위하여 전문서 · 학술서 등에 그 내용과 관계가 있는 논문이나 저서 등을 소개하는 것을 말한다. 표기방법은 조금씩 다를 수 있으나 결과는 '가나다순'과 '연대순' 및 '주제별' 등으로 나누어진다.

찾아보기(색인(索引), index) : 이는 출판물의 내용을 독자가 본문에서 쉽게 찾아보고 검색할 수 있도록 본문에 있는 용어(사항, 외국어 등)들을 뽑아 모아서 일정한 순서로 배열을 하고 해당 본문의 쪽번호를 표시한 것이다. 일반적으로 '가나다순'과 '알파벳순'으로 하며, 책의 성질과 유용성에 따라 사항 · 인명 · 작품 · 지명 · 판례 · 조문 · 구문 · 용어 · 연대 등으로 나누기도 한다. 그리고 먼저 발행된 여러 권의 색인을 합하여 한 권으로 발행되는 것을 누적판(cumulative volume)이라고 한다.

후기(後記, afterword) : 이는 본문 끝에 두는 것으로 저자의 탈고 후 소감을 적은 것이다. 저자의 집필의도, 집필 후의 감상, 출판경위, 협력자에 대한 감사의 말 등이 포함된다. 발(跋) · 발문 · 후서 · 뒷말 등이 있다. 역서의 경우 원저자에 관한 소개, 원저서의 해설 등을 넣기도 한다.

간기면(刊記面, 판권면(版權面), copyright page, imprint-page) : 이는 여러 가지 출판사항을 표기하여 책의 마지막 면에 자리 잡는다. 표기사항은 저(역 · 편)자, 책명, 발행일, 판 · 쇄, 발행자, 저자약력, 정가, 조판소, 인쇄소, 검인(인지), 발행처 이름 · 주소 · 전화, ISBN 등의 서지학적 정보를 표기하며, 구미에서나 문학 단행본의 경우 저자약력은 커버 날개에 넣고 간기면은 표제면 뒷면에 넣고 있다. 그리고 검인(인지)은 우리나라의 저작권법에만 있는 제도이다.

국제표준도서번호(ISBN) : ISBN 제도는 전 세계에서 간행되는 각종 도서에 고유번호를 주어 개별화시킴으로써 문헌정보와 서지유통의 효율화를 기하고자 하는 제도이다. 즉, 세계적으로 책의 발행량이 급속히 늘어나서, 책의 원활한 유통과 조직적 관리 및 재고파악 등을 전산화에 의한 처리로 쉽고 빠르게 하여 국제적인 통일과 문헌정보 유통의 효과를 높이기 위해서 책마다 고유의 국제표준도서번호를 부여하는 작업이 필요하게 되었다. 그 대표적인 것이 ISBN(International Standard Book Number, 국제표준도서번호)이다. 이는 1966년부터 유럽에서 연구되다가 그 후 영국에서 발전시켜 1969년 ISO(International Standards Organization, 국제표준화기구) 건의안 2108호로 채택되었다. 이의 목적은 특정 출판사에서 간행된 특정 출판물, 또는 출판물의 특정 판을 고유하게 식별하기 위하여 ISBN의 국제적 사용을 조정하고 표준화하기 위한 것이다. 도서 및 도서와 유사한 자료가 새로운 형태의 매체로 간행됨에 따라 ISBN 표준은 계속 개정되어 왔으며, 현재 ISBN은 160개 국 이상에서 사용되고 있다. ISBN의 이점(利點)은 다음과 같다.

① ISBN은 출판물에 부여하는 유일한 국제적 식별기호로서, 서지적이며 기술적인 복잡하고 긴 기록들을 대신한다. 따라서 시간과 인력을 절감하고 오류를 방지할 수 있다.

② ISBN으로 발행자 명감(明鑑)(출판사 명감)과 출판 중인 도서목록(book in print)과 같은 서지 데이터베이스를 편집하고 갱신할 수 있다. 이를 통해 입수 가능한 출판물 정보를 쉽게 찾을 수 있다.

③ ISBN으로 출판물을 주문 · 판매하여 유통시키는데, 이는 가장 신속하고 효율적인 방법이다.

④ ISBN은 13자리 EAN.UCC 바코드 형식으로 처리되어 기계(판독기)로 읽을 수 있으므로 기계적 처리가 가능하며 업무를 신속히 처리하고 오류를 방지할 수 있다.

⑤ ISBN은 서점의 POS 시스템(point-of-sale-system, 서점의 판매시점 정보관리시스템) 운영에 필요하다.

⑥ ISBN을 기초로 저작권을 관리할 수 있다.

⑦ ISBN을 통해서 판매 데이터를 추적할 수 있다. 이를 통해 다른 영역 간의 비교는 물론 출판사 간의 판매현황도 비교하고, 수많은 도서상품들의 도서별 판매현황과 같은 다양한 정보를 확인할 수 있다.

⑧ 일부 국가에서는 도서관 상호 대차제도의 시행 시 ISBN을 기초로 도서 대여권을 부여하여 도서의 저자와 삽화가들의 도서가 공공도서관에서 대출되는 횟수에 따라 보상금을 지급하기도 한다.

ISBN의 구조는 [그림 2-1]과 같으며, 표기 · 구분 · 구성은 다음과 같이 한다.

① 인쇄할 때 항상 'ISBN' 이라는 문자를 앞세워 ISBN을 표기한다.

② ISBN은 5개의 군으로 나누어져 있으며, 그중 3개 군은 가변 길이이며, 제1군과 제5군은 고정길이이다. 각 군은 반드시 하이픈(-)이나 공란으로 표시하여 이를 구분한다.

③ 한국도서번호는 국제표준도서번호(ISBN)에 부가기호를 덧붙여 구성한다.

그림 2-1 | ISBN의 구조

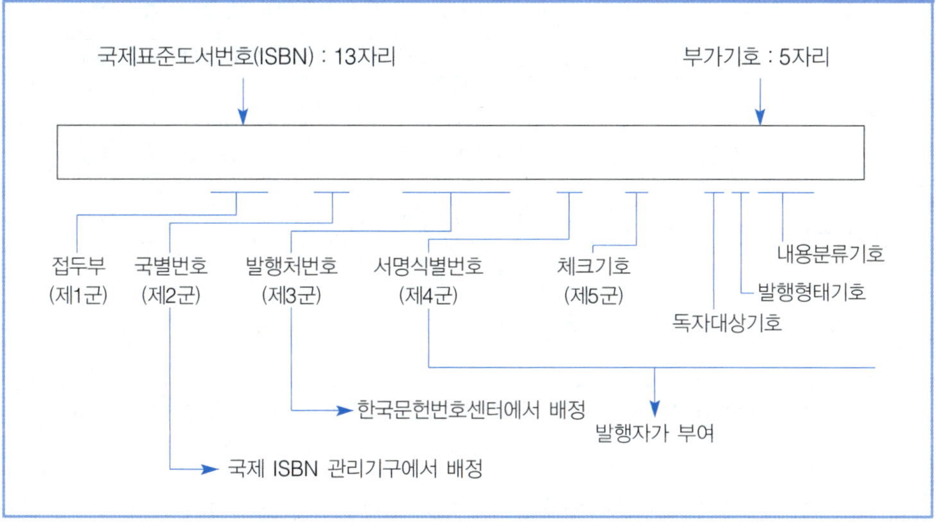

현재 대부분의 국가에서 ISBN, ISSN 제도를 시행하고 있으며, 특히 1981년에는 일본, 1987년에는 중국이 이 제도를 실시함에 따라 우리나라에서도 1987년 10월 개정된 도서관법 제18조에서 국제표준자료번호제도를 국립중앙도서관에서 시행토록 하였고, 번호의 부여에 관하여 필요한 사항은 대통령령으로 정함으로써 ISBN과 ISSN이 우리나라에서도 뿌리내리게 되었다.

한국문헌번호란 ISBN 13자리에 5자리의 부가기호를 덧붙여 구성한 한국문헌번호-도서번호(이하 "한국도서번호"라 한다)와 국제표준연속간행물번호(ISSN) 8자리에 2자리의 부가기호를 덧붙여 구성한 한국문헌번호-연속간행물번호(이하 "한국연속간행물번호"라 한다)를 통칭하는 것이다(그림 2-2 참조).

국제표준연속간행물번호(ISSN) : ISSN 제도는 전 세계에서 간행되고 있는 신문 · 잡지 · 연감 등 연속간행물에 대하여 하나의 고유한 번호를 부여하고, 관련된 정보를 저장 · 활용할 수 있도록 마련된 제도이다. 연속간행물에는 ISSN(International Standard Serial Number)을 붙이고 ISBN도 함께 붙여야 한다. ISSN에는 보통 번호순서나 발행일자가 기록되어 있다. 우리나라 도서관법에서는 ISBN과 ISSN을 함께 국제표준자료번호라고 하고 있다.

2. 바깥 부분

책의 바깥 부분(겉꾸밈 부분)을 꾸미고 치장하여 만드는 데는 책의 내용 부분을 감싸서 보호할 뿐만 아니라 장식하기 위한 목적이 있다. 이렇듯 책의 바깥 부분을 만드는 것을 장정(裝幀, book binding design)이라고 하는데, 책의 표지 · 면지 · 책가위(재킷) · 케이스 · 종이띠

그림 2-2 | 한국문헌번호의 구조

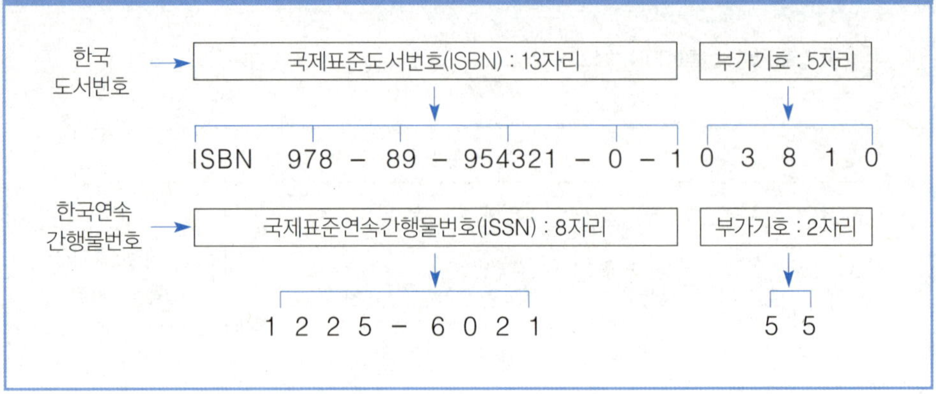

자료 : 「국제표준도서번호(ISBN) KS 개정(안) 공청회 자료집」, 국립중앙도서관 한국문헌번호센터, 2006.

등을 디자인하고 포장재료를 선택하여 장식하며 책의 바깥 부분을 만들어 책을 완성시키는 것을 말한다. 이는 단순한 미적 요구뿐만 아니라 제본양식 및 재료 등을 잘 선택함으로써 책의 내용과 성질에 알맞은 가시성과 실용성도 충족시켜야 한다. 흔히 현대는 정보화시대를 맞이한 화려하고 실용적인 디자인의 시대라고 말하는데, 이에 걸맞게 전체 장정의 디자인화 효과도 생각해야 한다. 바깥 부분의 구성은 다음과 같다(이종운, 1991, pp.350~364 ; 김성재, 2004, pp.65~68 참조).

표지(表紙, 겉장, cover) : 이는 앞표지와 뒷표지로 구분된다. 잡지에서는 앞표지의 면을 표 1, 표 2로, 뒷표지의 면을 표 3, 표 4로 부르고, 표 2, 3, 4면에는 대개 광고를 싣는다. 표지는 책의 내용 부분을 보호하고 어떤 내용인지를 알려준다. 표지 디자인은 장식적인 의미를 갖고 그 책의 내용을 알려주며 마케팅 효과도 가져온다. 즉, 책의 내용을 표현하는 미적 효과를 함축해야 한다.

표지에는 두꺼운 표지(hard cover)와 얇은 표지(soft cover)가 있다. 두꺼운 표지는 판지를 심(芯)으로 하여 종이 클로스(cloth)나 천 클로스를 씌워 글씨를 넣고, 내용 부분은 따로 제본 작업을 하여 결합시켜 제책한다. 얇은 표지는 판지보다 얇은 종이(아트지나 스노우화이트지 등)를 심으로 하여 인쇄를 한 다음 제책한다.

면지(面紙, end paper, end leaf) : 이는 내용 부분과 표지 사이에 책의 앞과 뒤에 끼여 들어가는 종이를 말한다. 면지는 내용 부분이 표지에 잘 접착되어야 하며, 컬러종이나 인쇄를 고급화(사진 · 그림 · 통계표 · 지도 등의 인쇄)함으로써 장식적 · 미적 효과를 내기도 한다. 종이는 본문용지보다 두꺼운 고급품을 써야 한다.

책가위(재킷, book jacket) : 이는 책의 표지를 싸서 덧씌운 것으로 재킷 또는 커버라고도 한다. 책을 보호하는 역할도 하지만 적은 비용으로 상당한 디자인 효과도 가져온다. 겉면에는 책제목, 저자명, 출판사명과 ISBN, 정가 등을 넣어 디자인화(사진 · 그림 등을 첨부)한다. 이는 책의 이미지 효과를 높여 서점에 진열 시 품위가 있으면서도 독자들의 관심을 끌고 호감을 얻도록 해야 한다. 그리고 뒷부분(표 4)이나 날개에는 저자의 약력과 사진, 자사의 다른 책 광고, 그 책의 해설이나 자찬광고 등을 싣기도 한다. 그러나 학술서나 전문서에서는 화려한 디자인이나 광고 등은 피하는 것이 일반적이다.

책띠(대지(帶紙), jacket band) : 이는 책의 표지 · 책가위 · 슬립케이스 아래쪽에 띠처럼 감는 종이이다. 내용 소개나 독자의 관심 및 구매의욕을 자극하기 위해 주로 눈에 잘 띄는 원색지를 쓰며, 화려한 광고문이나 추천문 등을 넣는다.

슬립케이스(slipcase) : 이는 책을 넣는 상자나 갑(匣)으로, 케이스의 한 면이 뚫려 있어 책을 끼워넣게 되어 있다. 슬립케이스는 원래 책을 보호하고 품위를 높이기 위한 목적으로 사용되었으나, 공정이 어렵고(파손이 많고 창고 보관이 어려움) 제작비용이 많이 들기 때문에 호화도서나 정가가 높은 고급도서에서만 주로 책과 함께 제작되고 있다.

그림 2-3 | 책의 명칭 및 편집 일반용어(KS X 0003에 관한 고시 2009-0922호)

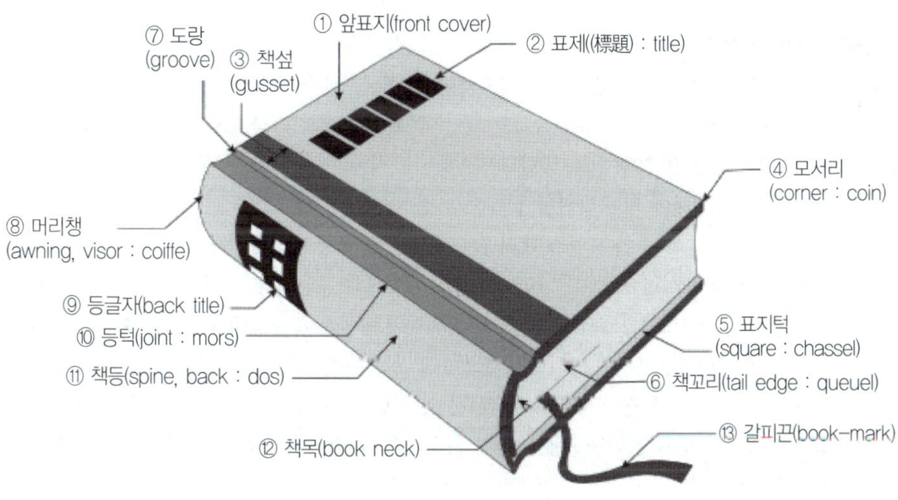

주 : 지식경제부 기술표준원은 2009년 12월 28일 '책의 명칭 및 편집 일반용어(Book design and layout terms)' 의 KS(KS X 0003)에 관한 고시(제2009-0922호)를 발표했다. '책의 명칭 및 편집 일반용어' 와 관련된 KS 고시는 처음으로 제정됐다. 기술표준원은 "이 표준은 컴퓨터 활용 시 가장 많이 쓰이는 용어들을 먼저 대상으로 삼았으며, 출판 인쇄 분야에서 활용 빈도가 높은 용어를 대상으로 삼았다"고 밝혔다. 관련 고시는 기술표준원(www.standard.go.kr)에서 볼 수 있다.

학습 자료

1 직지의 이해

1. 직지란?

① 불교의 직지인심견성성불(直指人心見性成佛)에서 온 말이며, "참선하여 사람의 마음을 바르게 볼 때 그 마음의 본성이 곧 부처님의 마음임을 깨닫게 된다."는 뜻임.

② 원 제목은 「백운화상초록불조직지심체요절(白雲和尙抄錄佛祖直指心體要節)」임.

③ 백운화상이 선의 요체를 깨닫는 데 필요한 역대 불조사들의 어록 중 중요한 대목을 초록(편집)한 책으로서 수행지침서로 활용하였음.

④ 1377년(고려 우왕 3년) 청주 흥덕사에서 금속활자로 간행함.

⑤ 현재 실물로 전해지는 세계에서 가장 오래된 금속활자 인쇄본이며, 독일 구텐베르크의 「42행 성서」보다 78년이나 앞서 간행됨.

⑥ 직지는 하권만 프랑스 국립도서관에 보관되어 있음.

⑦ 유네스코 세계기록유산으로 등재(2001.9.4.), 유네스코 직지상 제정(2004.4.28.)

⑧ 직지(直指)의 편저자인 백운화상(1298~1374년)의 법명은 경환, 호는 백운, 출생지는 고부(정읍)이며, 고려말 3대 고승(보우 · 나옹 · 백운) 중 1인이다. 원나라 석옥청공의 제자이며, 54세에 그로부터 받은 1권의 직지를 편집하여 두 권으로 만듦.

2. 직지의 발견 및 보관

① 직지는 1900년 파리에서 열린 세계만국박람회 때 한국관에 전시되었고, 1901년 모리스 꾸랑에 의해 발행된 「조선서지」 보유판에 금속활자로 인쇄된 세계에서 가장 오래된 인쇄본으로 소개되었으며, 1972년 5월~10월 프랑스 국립도서관에서 개최한 "세계도서의 해" 기념 '책 전시회'에서 재불학자 박병선 박사에 의해 발견됨.

② 19세기 말~20세기 초 주한 프랑스 대리공사인 꼴랭 드 플랑시가 수집해 귀국했었고, 1911년 앙리 베베르에게 경매로 넘어갔으며, 1950년 앙리 베베르의 유언에 의해 프랑스 국립도서관에 기증되었다. 프랑스 국립도서관에서 귀중본으로 분류하여 단독으로 금고에 보관하는 바람에 일반인들은 열람이 불가했으며, 한지로 속지를 넣었으며 흐린 글씨는 붓으로 덧칠한 흔적이 있음.

③ 2000년 밀레니엄을 맞으면서 세계의 석학들은 '금속활자'의 발명을 역사상 최고의 발명으로 꼽았는데, 금속활자는 인쇄술의 혁명에 머물지 않고, 종교개혁 · 산업혁명 · 시민혁명을 통한 오늘날 우리가 향유하고 있는 민주주의로 연계되는 거대한 파급효과의 진원지였음.

3. 직지의 중요성

① 직지는 현존 세계 최고의 금속활자본으로 구텐베르크의 「42행 성서」(1455년)보다 78년이나 앞서며, 중국의 「춘추번로」(1522년)보다 145년 앞섬.

② 직지가 고려시대에 인쇄되었다는 사실은 당시 고려가 세계 최고의 문화수준 및 과학기술을 보유하고 있었다는 점을 실증함.

③ 금속활자로 인쇄된 현존하는 책 중 가장 오래된 책인 직지로 인해 우리 민족의 지식에 대한 욕구와 과학적 우수성이 입증되었고, 이러한 창조성과 도전정신은 IT강국의 밑바탕이 되었음.

④ 직지는 현존 세계 최고라는 역사적 가치뿐만 아니라 정보의 대량생산과 공유, 커뮤니케이션의 가

치 등 우수한 문화적 가치를 지닌 우리 민족의 자랑스런 문화유산임.

⑤ 직지를 간행한 문화민족의 후손이라는 자긍심을 갖고 대한민국이 세계 지식정보 문화의 활동 중심지로 재도약할 수 있도록 조상의 문화적 우수성을 계승 발전시켜야 함.

⑥ 2001년 9월 유네스코 세계기록유산 등재와 2004년 4월 유네스코 기록유산 분야 최초의 시상제도인 '직지상'이 제정됨으로써 직지가 세계적인 공인을 받게 되었고 금속활자 발상지로서의 한국의 위상을 드높였음.

—청주시

4. 병인양요와 직지

병인양요(丙寅洋擾)는 대원군의 천주교 탄압에 대한 보복으로 고종 3년(1866년, 조선 26대)에 프랑스 함대가 강화도를 침범한 사건을 말한다. 1866년 대원군은 프랑스 선교사 12명 중 9명과 조선인 천주교인 수천 명을 학살하였다. 프랑스군은 병력 1,000명, 군함 7척, 대포 10문으로 강화도를 내침하여 문수산성 전투에서 조선군을 제압하고 정족산성을 점거하였다(1개월간 강화도 점거). 프랑스군은 뛰어난 병기와 화력이 있었으나 정신적 · 육체적으로 피로하여 병력을 철수하였으며, 프랑스 정부는 공식적으로 성공적 원정이라고 간주하였다. 조선은 병기와 화력의 열세에도 불구하고 최초로 서구 제국주의 침략세력을 격퇴했다는 역사적 의의가 있다. 그러나 대원군의 천주교 박해와 쇄국정책을 강화시키는 결과를 초래하였다.

프랑스군은 철수 때 고도서 345권(직지 포함)과 은괴 19상자 등 문화재를 약탈해 갔다.

직지대모이자 외규장각 도서반환의 주역인 박병선(1928~2011) 박사는 프랑스 국립도서관에서 근무하면서 1967년에 병인양요 때 약탈당한 「직지」를 찾아내 세계에서 가장 오래된 금속활자 인쇄본임을 고증 · 발표하여 세계에 알렸다.

2 고려대장경

고려대장경(高麗大藏經)은 고려 때 2차에 걸쳐 목판으로 간행한 불경이다. 고려는 문신을 존중하고 무신을 천시하여 오던 차 여러 차례 외국의 침입을 받게 되자 부처님의 힘으로 나라의 안전을 꾀하려 하였다. 이것이 방대한 대장경의 제1, 2차 간행으로, 다음과 같이 크게 둘로 나눌 수 있다.

제1차 대장경 간행은 초조대장경(初雕大藏經)과 속대장경(續大藏經)으로 나눈다. ① 1011년 글안의 침입을 받아 곤경에 처했을 때 불력으로 물리치기 위하여 간행에 착수하였는데, 현종으로부터 문종에 걸쳐 완성된 것(1011~87년)으로 대구의 부인사에 도감을 두고 대반야경, 화엄경, 금광명경, 묘법연화경 등 6,000여 권을 초조하였다. 이 초조대장경은 1232년(고종 19년) 몽고의 침입을 받아 병화로 없어졌고 일부 남은 것은 일본의 교토〔京都〕 등에 있다. ② 속대장경은 초조대장경에 이어 간행된 것으로, 의천이 송나라에 갔다 오면서 수집하여 온 불경과 요나라와 일본에서 수집한 것을 합하여 4,700여 권을 수집하였으며, 1073년(문종 27년)부터 1090년(선종 7년)까지 수집된 불경의 총목록을 작성하여 「신편제종교장총록(新編諸宗教藏總錄)」이라 했는데, 이 목록에 의하여 차례를 만들었다. 이는 모두 1,010부, 4,740여 권으로 몽고의 병화로 초조본 대장경과 함께 없어졌으나, 일부 남은 것으로 순천 송광사 「대반열반경소」 중 제9권과 제10권이 있고, 고려대학교 도서관에 「천태사교의」, 일본의 동대사(東大寺)에 「화엄경소연의 초」 40권, 일본 나고야 진복사(眞福寺)에 약간의 불경이 있다.

제2차 대장경 간행은 몽고의 침입을 받아 강화도에 피난 중 그 화를 불력으로 막아 내고자 한 것이었으며, 제1차 간행 조판이 없어졌기 때문에 대장경의 판 만들기가 시급하였다. 1236년(고종 23년) 강화도에 장경도감을 설치하고 판 만들기에 착수, 1251년(고종 38년)에 완성(1236~51년)을 보았는데 총 81,352매로 지금 경남 합천 해인사에 경판이 보관되어 있다. 팔만대장경은 일본의 대정 신수대장경(大正 新修大藏經)의 저본이었으며, 동국대학교에서 영인본이 나왔다. 팔만대장경의 간행은 고려 사회의 재정 질서를 위기에 몰아넣을 정도로 국가적인 대사업이었으나 인쇄술의 발달과 제판 기술의 발전에 큰 공헌을 하였다.

—한국출판연구소, 「출판사전」, 범우사, 2002, 중략.

3 전자책시장은 '폭풍전야'

— 출판사 · 작가 · 온라인서점…기존 유통구조 탈피 시장선점 경쟁 뜨거워

책은 인류사에서 뿌리 깊은 미디어다. 역사로 볼 때 영화 · 음반과 비교할 바가 아니다. 그럼에도 책의 디지털화는 영화 · 음악 등에 비하면 거북이 걸음이었다. 미국 온라인서점 아마존이 전자책 단말기 '킨들'을 출시한 게 4년 전인 2007년이다.

이렇다 보니 전자책 소비에는 장벽이 많다. 전자책 소비 방식은 크게 두 가지다. 하나는 전자책 전용 단말기를 통해서다. 킨들 외에 소니가 출시한 '리더' 등 몇 가지 단말기가 나와 있다. 전용 단말기는 기기별로 세상이 분리돼 있다. 소비자가 아마존에서 구입한 전자책을 킨들 외에 다른 전자책 단말기나 스마트폰으로 읽는 것은 불가능하다. 또 전용 단말기는 아직까진 동영상이나 컬러를 구현하지 못한다.

다른 하나는 스마트폰이나 태블릿 PC 같은 다기능 단말기를 통해서다. 다기능 단말기인 만큼 동영상과 음향 등이 포함된 전자책도 구현하고 있다는 게 특징적이다. 블레시 교수는 이런 유의 전자책을 '진전된(enhanced) 전자책'이라 부른다. 그러나 그는 "텍스트가 서술구조의 기본인 경우에만 전자책으로 볼 수 있다."고 설명한다. 텍스트 · 영상이 뒤섞이다 보면 전자책의 경계가 모호해질 수밖에 없다.

현재까지는 텍스트 위주의 전자책이 압도적이다. "디지털 작업을 훨씬 쉽고 저렴하게 할 수 있으며, 동영상 · 음악 · 이미지 등의 저작권 협의 문제를 피할 수 있기 때문"이라고 한다.

그러나 최근 들어 전자책 출판의 기상도는 '폭풍전야'다. 스마트폰 · 소셜네트워크서비스 등의 보편화와 맞물리면서다. 단말기 하드웨어 회사는 물론이고 통신사, 출판사, 대형서점, 온라인 쇼핑몰, 작가 등 다양한 주체들 간에 합종연횡과 각축이 벌어지고 있다. 기존의 종이책 생산 · 유통 구조가 흔들리고 있는 것이다.

기존의 종이책시장은 '작가→출판사→인쇄업자→도매 유통상→소매서점'의 생산 · 유통 구조가 나라별로 정립되어 있었다. 일견 복잡하고 비효율적으로 보이지만, 영역 간 경계와 역할분담이 뚜렷했다. 출판산업 관계자들은 서로 협력적이었고 갈등이 적었다. 출판은 산업이기보다는 문화라는 인식이 지배적이었다.

반면에 전자책시장에선 독자 · 작가 · 출판사 · 판매대리인 간의 경계가 사라진다. 작가 스스로 출판사가 되고, 하드웨어회사나 통신사가 대형서점의 자리를 넘본다.

「해리포터」의 작가 조앤 롤링이 대표적인 예다. 그녀는 최근 '포터모어'라는 홈페이지를 열었다. 해리포터 전자책을 이 사이트를 통해서만 판매할 계획이다. 저자 스스로 전자책 출판 · 판매를 겸하겠다는 의중을 드러낸 것이다.

아마존은 아이폰 · 아이패드상의 '킨들' 애플리케이션에서 판매된 전자책 수입 중 30%를 애플에 제공하기로 최근 애플과 합의했다. 전자책시장에서 애플의 영향력을 인정하고 무릎을 꿇은 격이다.

페이스북도 이달 초 전자책시장에 뛰어들었다. 전자책 출판사인 푸시팝(Push Pop) 인수를 발표하면서다. 6억 명을 넘어선 페이스북 이용자의 네트워크를 활용한 전자책 출판 · 판매에 나설 것으로 업계는 추측하고 있다. 이래저래 전자책시장은 현재로선 오리무중(五里霧中)이다. —중앙일보, 2011.8.20.

4 세계적 석학 움베르토 에코 인터뷰 : 인터넷의 역설

— 종이책이 사라진다고? 인터넷도 사라진다

움베르토 에코(Eco, 80세)는 1932년 이탈리아에서 태어난 언어학자이자 기호학자이며, 철학자 · 미학자 · 역사학자이며 동시에 베스트셀러 소설가다. 1980년 쓴 첫 번째 「장미의 이름」으로 전 세계 지성과 독자의 주목을 받았고, 이후 「푸코의 진자」, 「전날의 섬」, 「바우돌리노」 등을 썼다. 2012년 가을에는 여섯 번째 장편소설 「프라하 공동묘지」가 출간된다.

루브르에서 킨들과 종이책을 집어던진 건 좀 작위적으로 보였습니다.

"주최측에서 준비한 겁니다. 물론 겉보기에는 우스꽝스럽지만 실제로 진실을 담고 있기도 하다오. 킨들 안에 소설이 100권이 들어 있든 1,000권이 들어 있든 종이책의 소멸을 예언하는 사람들에게 e북(전사책)이 이렇게 취약할 수도 있나는 걸 말하고 싶었던 거지."

시대착오적이라는 오해를 받을 수도 있지 않을까요.

"(자신의 아이패드를 꺼내더니) 나도 아이패드 애용자라오. 여행할 때마다 여기에 소설 몇 권을 다운받아 읽기도 해요. 난 컴퓨터와 인터넷, 전자책이 주는 효용을 즐겨요. 더 이상 브리태니커 백과사전을 들고 다니지 않아도 되지 않나, 스펠링 체크하거나 정보를 검색할 때마다 녀석들이 얼마나 고마운데."

그러고 보니 선생은 1983년 퍼스널 컴퓨터가 처음 나왔을 때부터 열렬한 애용자였네요.

"사람들은 '이제 책이 사라진다'고 하지만 반대로 인터넷이라는 놀라운 발명품이 사라진다는 생각 역시 가능해요. 컴퓨터 저장장치는 끊임없이 변했어요. 예전 플로피디스크, CD롬을 요새 누가 쓰나요. USB는 또 언제 어떻게 될지. 하지만 더 중요한 게 있어요. 전자책은 개인의 자유가 아니라 정부 통제 아래에서 결정될 수 있다는 점이에요. 정부가 보여주고 싶은 책과 그렇지 않은 책을 구분해서 통제할 수도 있어요. 그러나 종이책은 내가 숨기고 싶으면 아무도 못 찾게 숨겼다가 읽고 싶을 때 꺼내도 되잖아요."

하지만 인터넷 덕분에 정보는 평등하게 분배되고, 접근이 쉬워졌다는 반박도 많습니다.

"내가 보기에 TV는 지적 빈자를 돕고, 반대로 인터넷은 지적 부자를 도왔어. TV는 오지에 사는 이들에겐 문화적 혜택을 주지만 지적인 부자들에게는 바보상자에 불과해. 음악회에 갈 수도 있고, 도서관을 갈 수도 있는데 직접적 · 문화적 경험 대신 TV만 보면서 바보가 되어가잖소. 반면 인터넷은 지적인 부자들을 도와요. 나만 해도 정보의 검색이나 여러 차원에서 도움을 많이 받았지. 하지만 정보의 진위나 가치를 분별할 자산을 갖지 못한 지적인 빈자들에게는 오히려 해로운 영향을 미쳐요. 이럴 때 인터넷은 위험이야. 특히 블로그에 글 쓰는 거나 e북으로 개인이 책을 내는 자가출판(自家出版, Self Publishing)은 더욱 문제요. 종이책과 달리 여과장치가 없어요. 우리가 문화라고 부르는 것은 선별과 여과의 긴 과정이오. 특히 쓰레기 정보를 판단할 능력이 부족한 지적 빈자들에게는 이 폐해가 더 크지. 인터넷의 역설이오."

인터넷, 포털, SNS는 우리의 직접경험을 제한하고 통제합니다. 인터넷이 백과사전이자 학교인 손자 · 손녀들에게 인터넷시대에 대처하는 방법을 가르친다면 뭐라 하렵니까.

"학교에서 정보를 여과하고 필터링하는 법, 분별력을 가르쳐야 해요. 인터넷 정보를 이용하는 건 어쩔 수 없겠지만 반드시 '비교'를 해봐야 하오. 하나의 정보 소스만으로는 절대 믿지 말 것. 같은 사안에 대해, 가령 열 개의 정보를 찾아본 뒤 꼭, 꼭, 꼭 비교할 것. 이것이야말로 교사들이 먼저 실천하고 가르쳐야 해요."

비단 인터넷 교육에만 해당되는 얘기는 아닌 것 같습니다.

"항상 회의하라(Always be skep tical.). 그걸 배워야 합니다. 위대한 기술이자 학습방법이오. 사람에 대한 판단은 여럿의 이야기를 종합해 보고 나서 결정하라는 것도 같은 이야기야. 사실상 교육의 유일한 방법론이오. 회의를 바탕으로 다른 정보를 취하고, 비교해서 판단하라. 교사들은 이렇게 얘기해야 하오. 인터넷도 물론 사용하되 관련 책도 찾아 읽어보라고. 그리고 따져보라고." —조선일보, 2012.7.6.

5 e-book, e-pub, app-book의 비교

e-book(electronic book, 이북) : 책의 내용이 종이가 아닌 전자적인 매체에 저장되어 있는 형태이다. 초기에는 책의 내용이 CD-ROM이나 디스켓 형태로 저장되었으나, 최근에는 인터넷을 통해 전용 뷰어(viewer) 프로그램을 다운받은 뒤 책 내용을 다운로드해 읽는 형태로 바뀌었다. 즉, 책의 내용을 디지털 형태로 가공하여 e-book 전용 뷰어나 전자단말기를 통해 볼 수 있는 통칭의 전자책이라 할 수 있다. 그러나 하나의 e-book 파일을 모든 종류의 뷰어나 단말기에서 볼 수가 없었다. 특정의 뷰어나 단말기가 아니면 레이아웃(틀)이 깨지거나 아예 볼 수가 없었기 때문이다. 이것을 극복하기 위해 국제디지털출판포럼에서 e-book 파일 포맷의 표준형으로 채택한 것이 바로 'e-pub'이다.

e-pub(electric publication, 이펍) : 전자책 콘텐츠를 사용할 때 쓰는 공통 표준전자책 산업의 사실상 표준기구인 국제전자출판포럼(IDPF : International Digital Publishing Forum)이 지난 2007년 9월 제안해 글로벌 산업표준으로 제정된 규약이다. 전 세계 전자책의 콘텐츠와 단말기끼리의 호환성 문제와 이에 따른 사용자들의 불편을 해소하기 위해 만들어졌다. e-pub은 다양한 디지털 환경에서도 글자 크기나 줄간격 등이 자동 조절되어 편안한 독서를 할 수 있는 것이 가장 큰 장점이다. 킨들 같은 전자책 전용 단말기에서 최적화된 상태라 볼 수 있겠다. 그러나 e-pub의 표준을 따랐다고 모든 단말기에서 똑같은 레이아웃으로 책을 볼 수는 없는데, 특히 사진이나 그림이 많이 들어가는 잡지나 아동도서의 경우가 이에 해당된다. 즉, 북디자이너나 편집자 등 출판 관계자들이 표준규약을 따라 레이아웃을 잘 잡아도, 실제 e-pub을 제작하는 리더기 개발사의 판단에 따라 보여지는 형태가 달라진다. 기술이 표현을 제약한달까, 질이 떨어지는 리더기에서는 그나마 애써 구현했던 레이아웃이 깨져서, 한마디로 '아름답지 않다'는 것이다. 이것이 e-pub의 가장 큰 단점이었다. e-pub은 윈도우가 막 도입되던 시절의 흔글 프로그램을 생각해 보면 될 듯하다. 텍스트가 기반인 파일에 표 삽입하고 그림 얹어가는 것이 아주 비슷하다. e-pub 또한 어디까지나 텍스트가 기반인 파일이기 때문이다. 이 단점을 극복한 것이 'app-book'이라 할 수 있다.

app-book(application book, 앱북) : 아직 용어의 정의도 확립되지 않아(위키백과에 항목이 없음) 대부분 멀티 '인터랙티브 효과'(interactive는 입력이라는 뜻인데, 대개는 사용자와의 상호작용을 가리키는 용어로 사용되고 있다. 즉, 사용자가 손으로 터치하거나 명령을 입력하면 그에 반응하여 입력대상이 응답하는 형식이다)를 구현한 전자책 정도로 이 말을 사용하고 있는데, 본래는 독립된 프로그램(애플리케이션)으로 제작한 전자책이라 해야 한다. 리더기로 읽어내는 하위 파일이 아니라 전자책 자체가 하나의 프로그램인 셈이다. 대개는 BGM(background music)도 끝내주고 애니메이션 효과도 짱짱한 전자책을 app-book이라 표현한다. 기술에 표현을 맞추는 것이 아니라, 표현이 주가 되고 기술은 그것을 뒷받침하는 형태랄까, 더 이상 리더기의 호환에 골머리 썩일 필요가 없고, 애써 표준규약에 맞출 필요도 없다. 원하는 그대로의 모습을 전자책으로 만들 수가 있기 때문이다. 결과적으로, 책의 외양에 구현하고자 했던 '아름다움'을 제대로 표현할 수가 있게 되었는데, 이것이 app-book의 가장 큰 장점이다. 그러나 아직은 비싼 제작비에 비해 시장가격이 상당히 낮다는 단점도 있다.

—http://dn1.kr/inc/ paper_prt.html?num=97&tbname=graphic_bbs

6 OECD의 독서법 개선안

OECD(Organization Economic Cooperation and Development, 경제협력개발기구)는 세계 34개 회원국의 만 15세 학생들을 대상으로 '2009년 학업성취도 국제비교'를 실시하였다. 여기에서 한국 학생들은 독서방식에 있어서 암기능력과 현실 응용력이 뛰어나다고 평가했다. 그러나 독서의 목적대로 독서과정을 이끌어가고 저자의 의도를 파악하는 '독서통제력'은 매우 취약하다고 평가했다. 이 때문에 한국 학생들은 독서에 많은 시간을 투입한다 해도 많은 능률을 올리지 못하고 있다. 이는 읽기 능력에 있어서 다른 국가에 비해 뒤떨어진다는 분석이다. OECD가 한국의 '독서통제력' 강화를 위해 한국의 학생이나 학부모에게 권고한 사항은 다음과 같다.

1. 독서를 시작하기 전에, 독서를 통해 배워야 할 것이 무엇인지 정확하게 파악한다.
2. 독서 중 혹은 독서를 마친 뒤에 읽은 내용을 이해하고 있는지 확인한다.
3. 이해하지 못한 개념이 있는지, 있다면 어떤 것인지 파악하려고 시도한다.
4. 텍스트의 요점을 제대로 알고 기억하는지 확인한다.
5. 이해하지 못하는 것이 있으면 확실히 알기 위해 추가정보를 찾도록 한다.

관련 용어 해설

가각본(家刻本) : 개인 · 학자가 개인적으로 출판한 책.

가독성(可讀性, legibility, readability) : 인쇄물의 내용이 얼마나 쉽게 읽혀지는가의 능률의 정도.

간략판(簡略版, abridged lodocument) : 원저작물의 본질 · 특징 · 내용을 간지하면서 그 저작물을 줄이고 고쳐서 간행한 책.

간지(簡紙) : 책이 앞뒤나 중간에 필요에 의해 삽입하는 것으로 면지 · 백지와 장명(章名) · 편명(篇名) · 부명(部名)의 속표제지 등이 있음.

간책(簡册) : 고대 중국에서 종이 대신 대나무 또는 그 것으로 엮어 만든 책인 죽간(竹簡).

개간(改刊) : 이미 출간된 책의 원본판을 고쳐 다시 새판으로 간행하는 것→개판(改版).

개정판(改訂版, revised edition, expurgated edition) : 출간되었던 책의 내용을 고쳐 다시 출판한 책이며, 내용을 고치거나 페이지 수가 증가할 때는 증정판(增訂版)이라 하고, 새로운 내용이 추가되었을 때는 증보판(增補版)이라 함. 현재는 미국식으로 개정판을 제2판, 제3판, … 등으로 쓰고 있음.

경국대전(經國大典) : 조선왕조 법체계의 근본을 이루는 법전이며, 세조 때 최항 · 노사신 · 강희맹 등이 만들기 시작하여 성종 때 완성함(6권 3책).

경국육전(經國六典) : 조선의 정도전이 중국의 육전체제에 따라 기록한 조선의 건국이념과 치국의 방향을 담은 책이며, 이는 정도전이 지은 「조선경국전(朝鮮經國典)」 중에서 육전 부분만을 떼어내 별도로 태조 3년(1394년)에 간행한 것임.

경민편언해(警民編諺解) : 조선 효종 7년(1656년)에 이후원이 김정국이 쓴 「경민편」(중종 14년, 1519년 간행)을 한글로 쉽게 풀어쓴 책이며, 17세기 국어연구의 중요한 자료로 쓰이고 있음(1권 1책).

경서(經書) : 옛날 성현(聖賢)들이 유교의 사상과 교리를 정리해 놓은 책이며, 사서오경(四書五經) 등이 있음→경적(經籍).

경서정음(經書正音) : 중국의 사서(四書)와 사경(四經)

의 정문(正文)에 글자마다 한글로 중국음의 정음(正音)과 속음(俗音)을 달아 만든 책들이며, 조선시대 당시 통역관들에게 북경 발음으로 경서를 읽고 활용할 수 있는 능력을 갖추게 하고자 간행된 것임. 조선 영조 10년(1734년)에 간행됨(목활자 30권 16책).

경전(經典) : ① 성인 · 현인(賢人)들이 쓴 글이나 책. ② 종교의 교리를 담은 책→전경(典經).

계경(契經, sutra) : ① 불법(佛法)을 간추려 모은 책. ② 경문의 뜻이 사람의 마음에 맞아 법리에 맞다는 뜻.

계원필경집(桂苑筆耕集) : 신라 때 최치원의 시문집이며, 한시의 명문으로 한시문(漢詩文)에 많은 영향을 끼침(20권 4책).

고려사(高麗史) : 조선 세종의 명으로 정인지 · 김종서 등이 쓴 것으로 고려왕조 인물의 개인전기인(기전체) 역사책이며, 문종(文宗) 원년 1451년에 완성됨(139권).

고려사절요(高麗史節要) : 조선 김종서 등이 왕명을 받아 쓴 고려시대의 연대순으로 기록한(편년체) 역사책이며, 문종 2년(1452년)에 간행됨(35권 35책).

고본(稿本, manuscript) : 사본(寫本) 원고나 필사본 등을 손으로 쓴 문서책이나 책 형태로 제책한 책.

고선책보(古鮮册報) : 우리나라 옛날 책을 설명한 책이며, 일본 동양문고에서 마에마 편저로 제1책은 1934년 3월, 제2책은 1956년, 제3책은 1957년에 간행됨.

권선책(勸善册) : 승려나 절에 시주(施主)를 한 사람의 이름과 시주한 금액을 기록한 책.

권자본(卷子本) : 신라에서 고려까지 사용하던 책 장정, 또는 권자본으로 장정한 두루마리 책. 양피지 또는 종이를 옆으로 연달아 이어서 그 일단에 축을 두고, 타단에 가벼운 대나무와 그 가운데에 끈을 넣고, 보관 시에는 축에 말아서 끈으로 묶게 하였으며 중국에서 유행함→권축장(卷軸裝).

난독(亂讀) : 아무 책이나 마구 읽는 것→남독(濫讀).

난장(亂張, incorrect collating) : 한 권의 책에서 페이지의 순서가 앞뒤로 뒤바뀌어 제책된 것.

납본(納本, deposit copy) : 신간을 발행하였을 때 법에 의하여 지정된 관청이나 국립중앙도서관에 의무적으로 제출하는 책.

내각본(內閣本) : 조선 때 규장각에서 간행한 책.

놀이면지(fly leaf) : 면지를 붙일 때 표지에 붙이지 않는 쪽의 종이.

누적판(累積版, cumulative volume) : 먼저 발행된 여러 권의 색인이나 서지가 합하여 한 권으로 발행된 것.

단면(斷面, edges) : 책 바깥쪽의 재단된 세 변이며, 윗단면 · 앞단면 · 아랫단면을 말함.

당서(唐書) : 중국 이십오사(二十五史)의 하나이며, 당나라의 역사책으로 「구당서」 · 「신당서」의 두 가지가 있음.

대장경(大藏經) : 불경의 총칭이며, 경장(經藏) · 율장(律藏) · 논장(論藏)을 모아 엮었음. 개보(開寶) 5년(972년), 북송의 태조(제위 968~975년)가 5,048권의 대장경을 판각한 것이 최초임. 우리나라 해인사에 남아 있는 고려 고종 때에 판각한 팔만대장경판(1236~51년)은 세계적인 문화재로 전함→일체경(一切經), 일체장경.

독서삼도(讀書三到) : 책을 읽고 그 참뜻을 이해하기 위한 눈으로 잘 보는 안도(眼到), 입으로 낭독하는 구도(口到), 마음속에 깊이 새기는 심도(心到)의 세 가지를 말함.

독서삼여(讀書三餘) : 책을 읽기에 좋은 세 여가이며, 이는 겨울, 밤, 비가 올 때임.

두루마리 : ① 종이를 가로로 길게 이어서 둥글게 만든 책→권자본(卷子本), 주지본(周紙本). ② 웹 롤(web roll) : 초지된 종이를 소정의 폭으로 자르고 축(軸)에 감아서 정리한 것.

라이선스(license) : 외국에서 개발된 상품이나 그 제조기술의 특허권 또는 노하우의 사용허가.

레전드(legend) : ① 그림 · 주화 · 메달 · 조각품에 새긴 간략한 이름. ② 지도나 도표에 그려진 내용에 대한 설명. ③ 전설에 근거한 이야기.

레지스터(register) : ① 책표시로서 책에 붙인 리본. ② 초기 인쇄본의 권말에 붙인 접지번호.

리드(lead) : 책의 첫머리에 그 내용을 요약 또는 해설하여 독자의 관심을 끌기 위하여 쓰인 간단한 문장.

리딩 카피(reading copy) : 본문 내용은 완전하여 이상이 없기 때문에 다른 사항이 불량하더라도 그대로 판매하려는 책.

리라이트(rewrite) : 문장을 수정하여 독자가 읽기 쉽고 이해하기 쉽도록 다시 쓰는 것.

리무브(removes) : 본문 활자보다 작은 활자로 페이지 하단에 기록한 인용문, 절, 주기.

리뷰(review) : ① 신간 책의 서평 · 비평 기사를 수록한 연속간행물. ② 서평. ③ 연구논문 전체의 설명.

리프린트(reprint) : 원본과 같이 복사 · 복간하는 것. 원래 어떤 판을 원본과 같이 다시 인쇄하는 것→중쇄.

만력본(萬曆本) : 중국 만력연간에 간행된 책이며, 남경판과 북경판이 있음. 우리나라에서는 선조와 광해군 시대에 간행된 책을 말함.

만세보(萬歲報) : 1906년 손병희가 창간한 국한문 혼용의 일간신문이며, 1907년에 이인직이 인수하여 「대한신문」으로 제호를 바꿈.

명찬서(命撰書) : 임금의 명령을 받아 관리나 국가기관이 편찬하여 만든 책→명찬본(命撰本) · 어정서(御定書) · 어정본(御定本).

목간(木簡) : 글을 적은 나뭇조각이며, 종이 대신 나무에 쓴 편지임.

목기(木記) : 중국의 서지학 용어로 간행시기, 간행자명, 참고문헌 등 출판에 관한 사항을 표시한 것→간기, 판권.

목판본(木版本) : 문자나 그림 등을 판목에 거꾸로 새긴 다음 그 책판에 먹을 칠하고 종이에 찍어서 만든 책→간판본(刊版本), 간각본(刊刻本), 각판본(刻版本), 각본(刻本), 조판본(雕版本), 누각본(鏤刻本).

무구정광대다라니경(無垢淨光大陀羅尼經) : 불국사 석가탑 사리함에서 나온 세계에서 가장 오래된 목판본 불경(국보 126호). 751년 이전의 목판 인쇄물로 6.5cm×7m 크기의 두루마리로 되어 있음.

무번호 페이지 : 전체 페이지 계산에는 넣으면서도 페이지 숫자는 표기하지 않는 것. 본문 중에서도 표제지(도비라), 머리그림이나 편 · 장 · 절의 내제지에 페이지 숫자를 넣지 않음→숨김 페이지.

무크(mook) : 잡지와 단행본의 특성을 동시에 갖춘 출판물이며, 잡지와 단행본의 합성어임. 편집과 제책은 잡지와 비슷하나 부정기 간행물은 단행본과 같음.

민트(mint) : 출판사에서 바로 입수한 것과 똑같은 상태의 깨끗한 책→새 책.

밑(tail, bottom) : 책면의 아래쪽 여백→지(地).

바깥쪽(edge) : 책을 재단했을 때, 재단된 면인 머리(위) · 밑(아래) · 배(앞)의 3면.

반속표제지 : 앞면이 표제이고 뒷면부터 본문이 시작되는 내제지.

발문(跋文, afterword) : 책의 본문 뒷부분에 저자나 친구 · 선배 등이 쓰는 글→후서, 발제(跋題).

방각본(坊刻本) : ① 중국의 남송 이후 영리 목적의 서점에서 출판한 판각본. ② 민간이 발간한 판본.

배꼽 : 책 판면에서 4면의 여백 중 배쪽의 여백.

번각본(飜刻本) : 기존에 출간된 책을 기본으로 하여 새로 출판한 복제본이나, 외국에서 간행된 서적을 국내에서 간행한 복제본→해적판.

벽경(壁經) : 진(秦)나라 때 벽속에 소장하여 시황제의 분서(焚書)의 위험을 면한 경서.

별장(別張) : 책의 본지와 다른 용지를 써서 사용된 페이지이며, 표제지 · 표제화 · 지도 등이 있음.

별치본(別置本) : 귀중본 · 대형본 · 소형본 등과 같이 책의 별다른 가치나 크기 등으로 인하여 별도 관리가 필요한 책→별치서.

보급판(普及版, popular copyright, popular edition) : 일반에게 보급하기 위하여 고가인 원본의 원료 · 모양 · 장정 등을 보다 저렴하게 축소하여 값싸게 보급하는 판.

보유(補遺) : 저작물 내용의 부족을 보충하거나 그 후의 필요한 정보를 추가하기 위해 계속 발행하는 별책.

보판본(補版本) : 책판을 보관하다가 분실이나 판이 훼손됨에 따라 판을 보충하여 다시 인쇄한 책→보각판(補刻版), 보수판(補修版), 보각본(補刻本), 수보본(修補本).

복각판(複刻板) : 과거에 출판된 책의 활자 · 제책 등 원본을 모방하여 새로 간행한 판.

복사(複寫, copy) : 저작물의 원본 판면과 똑같이 복제하여, 동일 복제물을 만드는 것.

복제(複製, reproduction) : 책 · 인쇄 · 사진 · 복사 · 녹음 · 녹화 그 밖의 방법에 의하여 본래의 것과 같이 유형적으로 다시 제작하는 것.

복장본(腹藏本) : 고대 불상의 내부에서 나온 옛날 책→불복장본(佛腹藏本), 복장서(腹藏書).

북 리뷰(book review) : 신간 책에 대한 소개나 서평.

분책(分冊, fascicle, issue) : 한 책을 둘 또는 여러 권으로 나누어 제책하는 것.

브라운문고(John Carter Brown Library) : 미국의 도서 수집가인 브라운(J.C. Brown, 1797~1874년)이 1800년까지 미국의 발견과 정착에 관한 30,000여 권의 장서를 모아서 구성한 문고.

블록책(block book, image book) : 목판으로 인쇄한 책이며, 활판술이 발명되기 이전인 1425년경부터 주로 남독일과 네덜란드에서 인쇄된 목판본을 말함.

비블리오(biblio) : 표제지 뒷면의 출판사항이나 서지적인 내용

사각본(私刻本) : 판매를 목적으로 발간한 책이 아니고 민간이 개인적으로 만든 책이며, 개인이 한정부수로 자비 출판하여 사람들과 나누어 가진→사가판(私家版), 사간본(私刊本), 사판(私版).

사경(四經) : 「시경(詩經)」 · 「서경(書經)」 · 「역경(易經)」 · 「춘추(春秋)」의 네 경서이며, 「좌씨춘추(左氏春秋)」 · 「곡량춘추(穀梁春秋)」 · 「고문상서(古文尙書)」 · 「모시(毛詩)」의 네 경서를 말하기도 함.

사대기서(四大奇書) : 「삼국지(三國志)」 · 「서유기(西

遊記)」·「서상기(西廂記)」·「수호전(水滸傳)」.

사서(四書) : 유교의 경전으로서 중요시된 네 종의 경서(經書)이며, 「대학(大學)」·「중용(中庸)」·「논어(論語)」·「맹자(孟子)」.

사십이행성서(四十二行聖書, Fortytwo line Bible) : 구텐베르크(Gutenberg, 1397~1468년)의 저작이라고 했으나, 19세기 이후 서지학자의 연구 결과 1452년경에 구텐베르크가 시작하고 쇠페르가 이를 계속 발전시켜 1455년에 출판한 것으로 확인되었음.

사십팔행성서(四十八行聖書, Fortyeight line Bible) : 1462년 8월 14일(15세기 후반 초기) 푸스트 쇠페르(Fust Schöffer) 인쇄소에서 인쇄·간행되었음.

사전(事典) : 여러 가지 사물과 사항을 모아 일정한 순서로 배열하여 해설을 한 것이며, 단순한 뜻풀이가 아니라 항목의 주제성을 갖고 체계적으로 서술한 책.

사전(辭典, dictionary) : 어휘를 모아 일정한 차례로 배열하여 그 말의 형태·발음·의미·용법·어원 등을 해설한 책.

삼강행실도(三綱行實圖) : 세종 16년(1434년) 직제학 설순 등이 왕명에 의해서 한국과 중국의 서적에서 군신·부자·부부의 삼강에 모범이 될 만한 충신·효자·열녀의 행실을 모아 만든 책.

삼국사기(三國史記) : 고려 인종 때 김부식이 기전체(역사적 인물의 개인 전기)로 엮은 신라·고구려·백제의 정사(正史)이며, 왕실 중심으로 기록된 우리나라 최고의 역사책으로 1145년에 편찬됨(50권 10책).

삼국유사(三國遺事) : 고려 충렬왕 11년 승려 일연이 지은 역사책으로 신라·고구려·백제의 역사 외에 단군의 사적(史蹟)·신화·전설·향가 등이 많이 수록된 자료임(5권 3책).

삼사(三史) : 중국의 대표적 역사책이며, 「사기(史記)」·「전한서(前漢書)」·「후한서(後漢書)」.

삼십육행성서(三十六行聖書, Thirtysix line Bible) : 구텐베르크가 인쇄한 간행본의 하나이며, 각 페이지가 2단 36행씩 인쇄된 성서로 인쇄 연대는 모름.

삼통(三通) : 중국 역대의 사회제도·경제제도·문물 등에 관한 세 가지 책을 말하며, 「통전(通典)」·「통지(通志)」·「문헌통고(文獻通考)」.

삽도(揷圖, illustration) : 책·잡지·신문 등에 넣어 본문의 이해에 도움이 되게 한 그림→삽화.

상서(相書) : 관상술에 관한 책.

서주(書註, book note) : 비평적으로 간단하게 그리고 간결하게 그 책의 특성을 기록한 것.

서지(書誌, bibliography) : ① 책을 해제하여 내용요약·저자·서명·체제·출판연도·판본·물리적 형태 등을 대상으로 연구하여 기록하는 것. ② 특정한 문제·저자·출판자·출판지·출판연도·판종 등에 관계 있는 책의 리스트.

서지학(書誌學, bibliography) : 책을 연구의 대상으로 하는 학문.

석보상절(釋譜詳節) : 세종이 사망한 소헌왕후의 명복을 빌기 위하여 수양대군에게 명하여 석가의 일대기를 쓰고 이를 한글로 번역케 한 책(보물 523호).

설문해자(說文解字) : 중국의 가장 오래된 옥편으로 중국 문자학의 기본적인 고전. 문자학상의 원리인 6서(六書)에 의해 문자의 구성과 의의를 해설하였고, 수록한 문자수는 9,353자임→설문.

성서(聖書, Bible, Holy, Scripture) : ① 성인(聖人)이 쓰거나, 또는 그의 행적이나 교리를 기록한 책. ② 기독교의 성전(聖典)으로 「신약」과 「구약」으로 이루어져 있음. 「구약」은 예수 탄생 이전을 수록하였으며, 「신약」은 예수 탄생 이후를 수록하였음→성경, 바이블.

소경(小經) : 「무량수경(無量壽經)」을 대경(大經)이라 하는 데 반해, 「아미타경(阿彌陀經)」을 일컫는 말. 경서 가운데 그 권수가 적은 것을 이르는 말로, 「주역(周易)」·「서경(書經)」·「상서(尙書)」·「춘추공양전(春秋公羊傳)」·「춘추곡량전(春秋穀梁傳)」 등.

소주(疏註, 疏注) : 경서 등을 해석하고 주석을 붙이는 것, 또는 이전 주석에 대한 주석→주소(註疏).

소주쌍행(小註雙行) : 책에서 주를 표시할 때 본문 사이에 작은 글자로 두 행으로 기록한 것→주쌍행, 할주, 쌍주.

소학(小學) : ① 고대의 학교로서 8세 전후의 아동 교육기관. ② 학생을 가르치는 책이름. ③ 문자학으로 글자들의 음운·자의·음성 등을 연구. ④ 중국 송대의 수양서로 주희와 유청지가 지음. 청나라 때 소학류를 훈고(訓詁)·자전(字典)·운서(韻書)의 셋으로 분류함.

쇄(刷, impression) : 같은 판으로 한번에 인쇄·발행하는 것이며, 동일 판면을 사용하는 한 중쇄(重刷)라고 하고, 제1쇄·제2쇄와 같이 표시하는 횟수를 쇄차(刷次)라고 함.

쇠페르(Peter Schöffer, 1425~1503) : 활판술 발명 후 그 완성에 공헌한 사람. 구텐베르크가 마인츠에 설립한 인쇄소에서 인쇄지에 넣을 장식문자를 연구하였고, 후에 푸스트와 함께 차린 푸스트-쇠페르 인쇄소에서 활자서체의 설계·조각·주조를 연구하여 색인쇄 기술의 발전에 큰 공헌을 하였음.

수사본(手寫本) : 직접 베껴 쓰거나 손수 글을 쓴 책.

수상집(隨想集) : 그때그때 일어나는 느낌과 생각이나 그것을 적은 글을 모은 책.

수필집(隨筆集) : 형식에 얽매이지 않고 인생과 자연에 대하여 보고 느낀 것을 자유롭게 산문으로 표현하여 쓴 글을 모은 책→일기, 편지, 기행문, 독후감.

수택본(手擇本, association copy) : ① 언제나 소중하게 읽어 오던 책. 자주 이용하여 그 사람의 손때가 남아 있는 책이라는 뜻임. ② 저자 자신의 필적이나 저자의 서명이 있는 것.

승정원일기(承政院日記) : 승정원에서 날마다 취급한 문서와 사건을 기록한 일기이며, 조선 초기부터 있었으나 임진왜란과 병자호란 때 소실되어 현재 전해지는 것은 인조 1년(1623년)부터 고종 30년(1893)년까지 270년간의 것임(3,047책).

아도니스(ADONIS : automatic documentation national information system) : CD-ROM에 화학 · 생화학 · 의학 등 480여 종 이상의 유명한 관련분야 학술잡지 기사를 수록하여 정보검색과 출력을 할 수 있는 문헌복사 서비스.

역자(譯者, translator) : 어떤 저작에 사용된 언어를 다른 언어로 번역한 사람.

영인판(影印版, facsimile reprint) : 책의 원본을 사진제판 등으로 복제하여 만든 것.

오경(五經) : 다섯 종의 중요한 유교 경전을 말하는데, 한학파(漢學派)에서는 「주역(周易)」 · 「상서(尙書)」 · 「모시(毛詩)」 · 「예기(禮記)」 · 「춘추(春秋)」를 말하고, 송학파(宋學派)에서는 「주역」 · 「서경」 · 「시경」 · 「예기」 · 「춘추」를 말함.

왕오천축국전(往五天竺國傳) : 신라 선덕왕 26년(727년)에 혜초가 지은 책이며, 고대 인도의 5국과 주변의 여러 나라를 순례하고 당나라에 돌아와서 그 여행기를 적은 것임. 당시 인도 및 서역 각국의 종교 · 풍속 · 문화 등에 관한 기록임. 프랑스의 펠리오(P. Pelliot)가 1908년 간쑤성 둔황에서 발견함.

워터마킹(Watermarking) : 전자책을 비롯한 디지털 콘텐츠의 불법유통을 막기 위해 콘텐츠에 저작권 정보 등 사후 추적 및 확인 정보 내용을 삽입하여 저작권자를 확인할 수 있게 하는 디지털 보안 기술.

월인석보(月印釋譜) : 세조 5년(1459년)에 세조가 세종의 「월인천강지곡」을 본문으로 하고 자신이 편찬한 「석보상절」 번역본을 설명 부분으로 합본하여 목판으로 출간한 책(보물 745호).

월인천강지곡(月印千江之曲) : 세종이 「석보상절」을 보고 훈민정음으로 지은 최초의 장편 서사시로 1448년에 최초의 한글 활자로 출판함. '월인천강'의 뜻은 부처님의 진리는 하나이고 여러 중생을 많이 교화시킨 것이 마치 달은 하나이나 달빛이 수만 개의 강에 골고루 비치는 것과 같다는 의미임(보물 398호).

이차적 저작물(二次的 著作物, derivative works) : 다른 저작물에 기초를 둔 저작물이며, 창작물인 기존 1차적 저작물을 번역 · 편곡 · 변형 · 각색 등으로 변화시킨 개작물을 2차적 저작물이라 함.

1차문헌(一次文獻, primary document) : 새로운 연구의 결과나 발견 등 저자에 의하여 발표되는 여러 글 · 논문 · 보고서 · 회의자료 · 단행본 등을 말함→1차자료, 원자료.

저작물의 각색(adaptation of a work) : 기존 저작물의 특정 장르에서 다른 장르로 바꾸는 것. 저작물을 각색할 때에는 저작권자의 허락을 받아야 함.

전자사서함(電子私書函, electronic mail box) : 이용자가 자신의 컴퓨터 내의 우편함에 서신 · 메모 · 보고서 등의 각종 메시지를 담아놓고, 상대방이 언제든지 찾아볼 수 있게 해 주는 통신서비스.

전자책단말기(電子冊端末機) : 디지털화된 온라인 전자책(e-book)을 읽거나 보고 들을 수 있게 만든 기계.

절판(絕版, out of print) : 출판물의 재고가 품절되어 정상적인 판로로 구입할 수 없는 것.

정부간행물(政府刊行物, official publications, government publication, public documents) : 정부나 정부기관이 발행한 출판물로서 총서나 단행본. 국가 간 정부간행물 교환에 관한 유네스코 회의에서는 의회문서, 의회보고서나 잡지, 중앙이나 지방자치 단체의 행정자료 및 보고서, 국가서지, 법전, 법원의 판례 등을 정부간행물로 규정함.

조선왕조실록(朝鮮王朝實錄) : 조선 태조 때부터 철종에 이르기까지 25대 473년간의 역사적 사실을 날짜순에 의하여 편년체로 기록한 역사책.

종합색인(綜合索引, general index) : 여러 책으로 나누어져 있는 저작물의 전집이나 특정 연속간행물의 일정기간 내의 전체 내용을 종합하고 누구나 검색할 수 있도록 작성된 색인→총색인.

주자본(鑄字本, cast type print) : 동(銅) · 납 등의 금속으로 만든 활자로 박아 낸 책.

죽간(竹簡, bamboo strip) : 종이 발명(105년) 이전 고대 중국에서 글자를 기록하던 대나무 조각이나 대나무 조각을 합쳐 만든 책. 길이 약 24~73cm 전후로서 폭은 1행의 글자를 쓸 정도인데, 이 죽간을 가죽 또는 실끈으로 꿰어맨 것을 책(策)이라 하고, BC

770~BC 420년에는 서적을 책(策)이라고 했으며, 策과 册은 같은 글자로 책(册)은 죽간을 꿰어맨 형태를 나타내는 상형문자임.

죽간목독(竹簡木牘) : 종이가 발명되기 전에 중국 등에서 보통 사용되었던 책 재료로, 대나무 조각을 사용한 것을 죽간, 나무판을 사용한 것을 목독이라 함.

중간본(重刊本) : 어떤 저작물이 초간된 이후에 거듭 간행된 책의 총칭→후간본(後刊本).

증정본(贈呈本, presentation copy) : 저자 또는 출판사가 기증하는 책.

지장본(紙裝本) : 종이표지로 속장을 싸서 만든 책이며, 보통 반양장으로 제책되는 문고본이나 신서판이 해당됨.

청춘(青春) : 1914년 10월에 창간된 우리나라 최초의 월간 종합지. 최남선이 청년을 대상으로 발간한 계몽지이며, 「소년」지가 폐간된 후 발간한 것임. 1918년 8월까지 통권 15호를 냈음.

추록(追錄, appendix) : 본문과 밀접한 관련을 가지고 있으며, 본문의 내용을 보충할 수 있는 자료로서 책의 뒷부분에 붙이는 것.

축어역(逐語譯) : 외국어를 번역할 때 문장마다 본래의 뜻에 맞게 번역하는 것→직역, 축자역.

출처(出處, source) : 남의 저작물을 인용할 때 그 인용물의 자료를 밝히는 것.

칠서(七書) : 사서(四書)와 삼경(三經)을 합하여 일컫는 말임. 「논어」·「맹자」·「중용」·「대학」·「시경」·「서경」·「주역」 등으로 무경칠서(武經七書)의 준말임.

콘텐츠(contents) : 주로 '저작물의 내용'을 가리키며, 출판에서는 출판물의 내용을 말함. 인터넷 등으로 유통되는 디지털화된 저작물을 '온라인 디지털 콘텐츠'라고 부름.

태서문예신보(泰西文藝新報) : 1918년에 발간된 우리나라 최초의 주간 문예지이며, 그 당시 해외 문예사조와 작품을 번역·소개하여 문학 발전에 획기적인 공헌을 했음.

통표지 : 책의 등과 바닥을 한 장의 제책재료로 한번에 작업한 표지.

판(版) : ① 블록(block), 플레이트(plate) : 인쇄에서 복제를 하기 위하여 원고를 재현하여 만든 것. ② 에디션(edition) : 책의 판명. ③ 조판에서 판면.

판본(板本, block copy, finish work) : 글자·그림·도안 등의 모든 제판용 원고에 맞게 주로 흑백으로 그린 것→제판 원고.

판화(版畵, engraving, print) : 나무·금속·돌 등의 판에 그림을 그려 색을 칠하고 종이·천·비닐 등에 찍어낸 그림.

편저(編著) : 편집에 의해 만들어진 저작물이나 그 저작자이며, 편저자(編著者)라고 할 때는 편자(編者)와 뜻이 같거나 편자 자신이 일부 저자로서의 역할을 했음을 뜻하거나 편집의 소재가 된 자료를 편자가 독자적으로 정리했음을 강조하기 위함.

편찬자(編纂者, compiler) : 많은 자료를 모으고 정리하고 일정한 방침에 따라 배열하여 책으로 만든 사람. '찬'이란 말은 모으는 것으로서 '편자'와 같지만, 내용의 기초가 되는 저작의 변경은 일절 하지 않는 경우나, 사전이나 연감 등에서 많이 사용함.

표절(剽竊, plagiaism) : 보통 남의 저작물의 전부나 일부를 그대로 또는 그 형태나 내용에 약간의 변경을 가하여 자신의 것으로 만들어 공표하는 행위.

플로피 디스크(floppy disk) : 데이터를 입력하거나 파일의 매개체로 사용하기 위해 플라스틱 원판에 자성체를 코팅한 기록매체.

해적판(海賊版, pirated edition) : 국제저작권조약에 의해 보호받는 저작물을 저작권자의 허락 없이 불법으로 다른 나라에서 리프린트하여 복제한 판.

※ 한국출판연구소, 「출판사전」(범우사, 2002)을 인용 및 참조함.

| 중요용어 |

책	책의 자격	책의 역사	책의 어원
시대별 책	상정고금예문	직지심경	책의 종류
전자책	책읽기	독서와 생활	글쓰기
리포트 작성법	프레젠테이션	신문 읽기	책의 구성
미국 교수들의 조언	고려대장경	OECD의 독서법	

Chapter 03

출 판

제1절 출판의 정의

1. 출판이란?

출판(出版, publishing)이란 저작자의 사상과 감정 및 정신적 활동으로 만들어진 작품 · 문서 · 회화 · 사진 등의 저작물을 창의적으로 기획 · 편집해서 인쇄술 및 전자적인 방법에 의해 복제하여 각종 출판물의 형태로 만들어 이를 다수의 독자에게 발매 또는 배포하는 문화적 · 사회적 활동 행위이다. 넓은 뜻으로 신문 · 각종 문서 · 회화 · 사진 등이 포함되나, 일반적으로는 서적 · 잡지 · 전자책의 발행을 말한다.

출판은 단순히 종이와 문자 또한 전자적 표현으로 만들어진 상품만은 아니다. 그것은 인간의 정신과 영혼의 표현이며, 사고(思考)의 매체로서 모든 진보와 교육 · 문화 · 예술에 있어 창의적 발전의 근원(根源)이다. 또한 출판콘텐츠는 인간의 지식 · 감정 · 상상력 · 창의력을 발전시키는 지식산업과 모든 문화산업의 근원적 문화콘텐츠이며, 재가공되어 다목적사용(one source multi use)으로 이용되는 융합문화콘텐츠이다.

따라서 선진국들은 앞다투어 지적 소유권을 중요시하고 출판산업을 국가기간경쟁산업으로 선진화하여 출판산업(出版産業) 및 전자출판산업의 육성방안을 강력하게 추진하고 있다. 그러나 우리나라는 선진국에 비해 아직까지 국가적 · 국민적 계획이 부족하여, 앞으로 국가의 미래 지향적 출판산업의 육성방안과 국민들의 지적 소유권에 대한 인식의 전환이 요구된다.

출판산업은 문화산업이라고 말하기도 한다. 이는 인간의 내적인 정신적 문화활동을 상소하고 요구하면서도 또 한편으로는 기업적 이윤추구를 목적으로 하는 경제적 행위를 요구하기 때문이다. 따라서 출판산업은 저작자의 사상과 감성 및 정신적 활동으로 문화적 상품인 저작물을 만들어 판매하여 확대재생산을 하는 기업으로서 문화의 가치창조와 기업의 영리추구를 동시에 실행하는 것이다. 어느 한 시대의 출판경향과 판매되는 다수의 책들을 살펴보면 그 당시 독자들인 공중이 무엇을 원하며 추구하고 있는지 알 수 있다. 독자들이 선호한 당시의 베스트셀러나 스테디셀러를 분석하면 한 사회의 흐름과 개인들이 바라고 추구하는 욕구의 방향을 알 수 있다.

이처럼 한 시대의 출판 경향은 그 시대의 문화적 흐름과 방향을 추정할 수 있는 중요한 역할을 한다. 그리고 출판은 한 사회의 문명을 가늠할 수 있는 척도이고 문화의 근간이다. 따라서 한 사회(국가)의 지적 풍요로움이 출판의 결과에 있듯이 분야별 양서출판의 역할은 대단히 중요하며, 현시대를 살고 있는 우리 또한 독자 · 저자 · 출판자들로서 이 시대의 출판 결과와 창의적 콘텐츠의 모색 등에 사회적 의무와 책임이 있는 중요한 위치에 있다 하겠다.

2. 출판산업의 특성

① 출판은 문화창조성을 지니며 국가적 문화유산을 전승하는 산업이다.
② 교양적 · 교육적 · 정신적 · 오락적 · 정보적 · 지식창조적 산업이다.
③ 개성과 창의성의 산업으로 사회적 발전과 변형을 일으키는 산업이다.
④ 문화적 다목적사용의 고부가가치 콘텐츠산업이다.
⑤ 기록의 자료이며 미래 지식문화산업의 근원적 산업이다.
⑥ 재고, 필름, 디지털자료는 자산이 아니고 무용지물이 될 수 있는 산업이다.
⑦ 수요가 불확실하고 투기성이 강한 다품종소량생산의 이윤추구적 문화산업이다.
⑧ 인간의 희노애락과 국가경쟁력을 높이는 창의적 문화산업이다.
⑨ 정보사회의 지식집약형 문화산업이다.
⑩ 지식정보화의 기반산업이다.

스탠리 언윈 경(Sir Stanley Unwin)[01]은 영국의 유명한 출판업자로, 그는 자신의 저서 「출판의 진실」에서 "출판업에 있어 돈벌이가 제1의 목표라면 출판업을 해서는 안 된다. 그러나 금전보다는 훨씬 더 큰 보답을 안겨주는 법이다. 출판에 기술과 자질이 있다면 버젓한 생활을 할 수는 있다. 그러나 어려운 일은 끝이 없을 것이며, 금전의 보수는 적을 것이다. 그리고 심한 경쟁 속에서 간행되는 서적 중에도 실패작이 있는 것은 피할 수 없다."라고 말하였다.

출판업이란 단순히 책을 만들어 판매하는 것이 아니다. 즉, 출판한 도서목록을 통하여 출판경영자 자신의 철학과 인격의 성향이 나타나기도 한다.

종전의 종이책 출판은 문자나 회화 정보를 편집하여 종이에 인쇄한 뒤 이를 필요로 하는 다수의 독자들에게 배포하였다. 그러나 현대 출판에서는 전자출판(電子出版, electronic publishing : EP)이 등장하여, 종이출판물을 제작하는 공정의 전산화를 비롯하여 전자매체를 이용한 전자출판물의 생산을 중심으로 하고, 정보통신과 방송의 새 매체를 통하여 독자들에게 정보를 전달하고 있다. 종이에 인쇄된 책 대신에 음성이나 동영상 정보까지 데이터

01 Sir Stanley Unwin, The Truth about Publishing, 8th ed., George Allen & Unwin(published) Ltd., 1976, p.220.

베이스(database : DB)화하여 여러 가지 매체에 가공하거나, 그 데이터를 온라인으로 독자들에게 제공하게 되었다. 즉, 종이 대신 전자적 매체를 사용하여 출판하는 것으로서, 원고의 집필과 조판 과정에서 컴퓨터 등의 전자매체에 의하여 전자화되는 디지털 정보까지도 각종 전자매체를 통하여 독자들에게 전달하는 것이다.

표 3-1 | 출판에 대한 정의들

- 국어사전(금성출판사) : 출판은 글 · 사진 · 그림 등의 내용을 편집을 거쳐 인쇄술로 복제하여 각종 책으로 만들어 세상에 펴내는 것이다.
- 출판사전(한국출판연구소 편저) : 출판은 문서 · 도화 · 악보 따위 저작물을 인쇄물 그 밖의 기계적 · 전자적 방법에 의해 복제하여 각종 출판물의 형태로 꾸민 다음 이것을 다수독자에게 반포하는 일련의 행위이다.
- 민병덕 : 출판은 출판기획에 의해 저작물을 선정해서 창의적인 편집활동을 통하여 배열 · 정리하여 가독성이 높은 형태로 전환하여 인쇄술 또는 기계적 · 화학적 · 전자적, 기타 여러 가지 기술적 방법으로 각종 출판물로 다수 복제하여 제작하고 널리 독자에게 분배하여 문화를 전달 향유케 하며, 때로는 그 대가를 받아 이윤추가를 하기도 하는 문화적 · 사회적 활동이며 또 거기에서 발생하는 문화현상, 사회현상이다.
- 차배근 : 출판을 커뮤니케이션 과정에 따라 설명하였다. ① 서적 발행인 또는 출판사가 ② 저작자의 원고를 입수 · 정리 · 제작한 서적(메시지)을 ③ 판매기구 또는 기타의 방법(채널)으로 ④ 독자(수용자)에 제공하여 ⑤ 그들의 정신적 욕구와 흥미를 만족시켜 주고 그 대가로 이윤을 추구하는 경제적 · 문화적 커뮤니케이션 행위이다.
- 박유봉 · 채백 : 출판은 특정 개인이나 집단이 문화적 및 상업적 목적으로 특정의 문화적 내용을 인쇄기술로 제작하고 이를 특정 집단 혹은 불특정 다수의 대중에게 배포하여 독자들의 문화적 및 실제적 욕구와 필요를 충족시켜 주는 행위이다.
- 이종국 : 출판행위란 저자의 사상과 감정을 문자 또는 그 밖의 표현수단매개로 삼아 그 내용을 보고 인지할 수 있도록 드러내 보이는 것을 말한다. 그러므로 공개성이 강조되며 불특정 다수(공중)에게 공표하는 전달 또는 전파 행위이며, 문화내용을 주로 문서 또는 책으로 마무리하여 내보이는 표현행위이다.
- 김성재 : 출판은 인간의 정신적 활동의 소산인 저작물을 인쇄술이나 전자적으로 복제하여 출판물이란 형태로 구현시켜, 필요로 하는 다수의 독자에게 배포하는 행위이다.

대표적인 전자출판물로는 CD-ROM(compact disk read only memory)이 있다. 또한 온라인 서비스를 목적으로 한 전자출판을 온라인출판, 인터넷출판이라고도 한다. 전자출판이란 말은 1976~77년경에 처음으로 나왔으나 1985년 미국에서 DTP(desk top publishing) 시스템과 CD-ROM이 나온 후 일반적으로 사용하게 되었다. 즉, 종이출판물이 아닌 전자적 매체나 수단을 이용한 전자출판물(電子出版物, electronic publication)[02]이 전자출판인 것이다.

출판의 정의는 저작권법 제63조 1항에서 "저작물을 인쇄 그 밖에 이와 유사한 방법으로 문서 또는 도화로 발행하고자 하는" 것이라 하였고, '출판문화산업진흥법' 제2조 제1항에서

02 현재 새로운 매체의 오프라인(off-line) 전자출판물로는 ① 플로피디스크 : 출판물, 프로그램, 교재, ② CD-ROM : 출판물, 교재, 만화, 사진, 프로그램, 신문, 잡지, ③ Phot CD : 사진, 그림, ④ CD-I, Video CD, CD-G : 동화, 만화, 교재, ⑤ CD : 육성녹음, ⑥ 전자카드 : 문고, 목록, ⑦ 전자수첩 · 사전 : 사전, 목록, ⑧ 오디오북 등이 있고, 온라인(on-line) 전자출판물로는 출판내용의 데이터가 디지털화된 파일로 제작되어 인터넷 등으로 독자에게 제공되는 것 등이 있다.

는 "'출판' 이라 함은 저작물 등을 종이 또는 전자적 매체에 편집, 복제하여 간행물(전자적 매체에 의하여 발행하는 경우에는 전자출판물에 한한다)을 발행하는 행위를 말한다."라고 하였다.

3. 출판의 종류

출판의 종류에는 ① 일반 단행본, ② 실용서, ③ 아동서, ④ 학습참고서, ⑤ 전집, ⑥ 문고, ⑦ 학술 · 전문서(각각의 분야별), ⑧ 종교서, ⑨ 만화, ⑩ 잡지, ⑪ 사보, ⑫ 번역서, ⑬ 교과서, ⑭ 수험서, ⑮ 사전, ⑯ 전자책(e-book), ⑰ 대행출판 등이 있다.

제2절 출판콘텐츠의 다목적사용

1. 출판콘텐츠의 중요성

현대는 인터넷 등 정보통신기술의 발달로 디지털혁명이란 대변혁이 일어나고 있다. 이러한 현상은 국가 간의 국경을 초월한 정보유통의 차원을 넘어 세계를 하나의 단일시장으로 만드는 급격한 변화를 가져오고 있다.

또한 인터넷의 급진적인 대중화는 정보통신의 네트워크를 기반으로 한 미디어의 융합현상도 일으키고 있다. 즉, 각 매체가 가지고 있는 고유한 특성과 경계선이 무너지고, 개별 매체의 독자성과 독립성이 약해지며, 서로 다른 매체 간에 콘텐츠와 서비스가 통합되는 융합현상이 일어나고 있는 것이다.

출판콘텐츠 역시 정보화에 따른 시대적 환경에 의해 다양한 장르로 그 영역을 넓히고 있다. 출판산업이 문화산업의 중심에서 그 중요성이 강조되고, 디지털기술의 혁명 속에서 살아남아 더욱 발전하기 위해서는 이처럼 다양한 장르로 그 영역을 넓히고 산업화 · 정보화에 적응하여야 한다.

출판산업은 인간의 지식 · 감정 · 상상력 · 창의력을 발전시키는 산업으로서, 현대 사회의 경제성장으로 인한 새로운 사회현상에 적응하며 큰 세력으로 자리 잡아 그 가치를 더욱 높여가고 있다. 즉, 기존에 사용하여 오던 다양한 출판콘텐츠의 소재에 해당하는 것들을 창의적으로 새롭게 기획하여 또 다른 경제적 가치를 창출하는 고품질의 문화상품을 탄생시키는, 한 소재의 다목적사용으로 발전되고 있는 것이다.

2. 출판콘텐츠의 다목적사용

출판콘텐츠는 일반적으로 종이책, 전자책, CD-ROM, POD 등으로 사용되고 있으며, 또한 민속 · 설화 · 역사 등 다양한 분야에서 시대를 초월한 융합현상을 일으키며, 이론적으로는 교육 · 학문 · 사상 등으로 사용되고, 실무적으로는 영화 · 드라마 · 연극 · 방송 · 음악 · 게임 · 뮤지컬 · 만화 · 캐릭터상품 · 광고 · 인터넷 등과 같이 문화산업으로 재가공되는 원천이 되고 있다. 이는 출판비즈니스 글로벌화 전략으로서, 창의력을 배양하는 문화콘텐츠를 글로벌화하는 매체산업으로 발전시키는 다목적사용(one source multi use : OSMU)으로 이용되고 있는 것이다. 그리고 중요한 문화콘텐츠로서 지식산업의 핵심적 위치에 자리 잡고 다양한 장르로 융합되는 특징이 있다. 그러므로 출판콘텐츠는 문화콘텐츠산업의 원천콘텐츠이며, 정보콘텐츠산업에서 파생상품들의 원형으로 이루어진 지식집약형으로서, 다양한 장르의 문화콘텐츠로 개발하여 재가공 상품으로 탄생시킬 수 있는 고부가가치의 보고(寶庫)이다. 출판이 소유하고 있는 많은 콘텐츠들은 이미 독자들에게 일차적으로 검증되어 걸러진 내용이므로 또 다른 장르로 재가공시키기 쉽다는 이점도 있다.

따라서 출판산업이 문화산업의 중심에서 그 중요성이 강조되고 디지털기술의 무한한 발전 속에서 모든 매체가 퓨전화되고 있는 이 시대에, 어떠한 방식과 형태로 살아남아 발전할 것인가가 중요한 과제이다. 다양한 디지털기술은 하나의 소재를 여러 가지 형태의 장르와 매체로 변화시켜 새로운 장르의 표현으로 재가공하며, 또 다른 형태로 디지털화하여 독자들이 바라는 세계로 변화되고 있는 것이다.

이러한 매체 간의 퓨전화는, 다양한 방법으로 새로운 장르의 개척을 통하여 문화산업 전반에 걸쳐 발전의 규모가 커지는 근본이 되어 지식산업이 발전하는 무한대의 환경을 만들고 있다(홍현정, 2006 참조).

제3절 출판의 중요성과 기능

1. 출판의 중요성

인간은 옛날부터 출판을 의사전달 및 의사표시의 방법으로 이용해 왔다. 또한 출판은 저작자의 생각이나 사상, 문학, 예술, 기술, 생활, 학술 등을 일반대중에게 전달하는 방법으로 사용되고 있다. 활판인쇄(活版印刷)가 시작되어 대량의 책이 발행되자 대중매체화됨으로써 뉴스 · 보도 · 평론 · 교육 · 오락 · 예술 · 기술 등의 사회적 기능까지도 수행하게 되었다. 정보의 전달에서는 신문 · 라디오 · 텔레비전 · 위성방송 등에 비교하면 속보 · 동시다발 · 광역에서의 효과가 뒤떨어진다는 단점이 있는 대신에, 축적에서는 정확하고 논리적이며 여러 가지 다양한 정보를 체계 있게 정리하여 제공할 수 있고 오랫동안 누구나 쉽게 볼 수 있다는 장점이 있다. 또한 사상과 교육의 다양성이나 예술과 학술에 대한 고도의 지식을 전달하는 기능도 있다. 그리고 출판은 살아 움직이는 느낌을 종합적으로 표현하는 데는 한계가 있으나 이것은 인간으로서 새롭게 느끼며 생각할 수 있는 계기를 만드는 기능도 하는 것이다.

한 국가가 지적 · 문화적 발전을 이룩하기 위해서는 출판에 의한 뒷받침이 없이는 불가능하다. 각 전공분야마다 독창적인 학술연구의 결과를 정리하여 논문이나 간행물로써 일반대중에게 널리 보급하는 것이 출판의 기능인 것이다.

세계는 지금 미국의 주도로 WTO 체제하에 국가 간 경계가 없는 글로벌시대 체제로 나아가고 있다. 이에 선진국들은 국가경쟁력을 높이기 위해 치열한 경쟁을 벌이고 있다. 이 경쟁은 과학기술경쟁과 문화경쟁이다. 문화경쟁은 국가경쟁력을 높이는 문화의 발전을 제고시키는 전쟁인 것이다. 현대 문화의 핵심은 학문과 과학 · 기술 및 예술이며, 또한 교육 · 언론 · 출판이다. 선진국들은 그동안 미래에 대비하여 국가경쟁력을 높이기 위해 출판진흥에 많은 투자와 정책들을 시행해 왔다(부록 2 참조). 한 나라 출판의 양과 질은 그 나라의 지적 · 문화적 발전은 물론이고 학문과 과학의 발전과 더불어 경제적인 성장도 가져온다. 또한, 정치적 · 사회적 안정감과 교육의 질을 높이며 국민의 참된 삶의 질도 높여주는 중요한 역할을 하고 있다. 이렇듯 출판은 지식 및 교육의 보급과 더불어 사회 및 국가 복지와 학문의 균형적인 성장 · 발전과 인류문화의 발전을 위한 밑거름이 되는 것이다.

2. 출판의 기능

출판의 기능(機能)을 정리하면 다음과 같이 나눌 수 있다.

사회 및 환경의 감시 기능 : 출판은 사회의 각종 정보에 관하여 수집 · 전달 · 의견표명 · 비평을 하거나 다른 방법으로 협력 · 감시하는 기능이 있고, 환경에 대한 사회적 감시를 하는 역할을 한다.

상호조정 기능 : 뉴스나 정보를 정리 및 해설하여 전달하고, 기존의 제도나 규범을 따르게 하며, 사회화의 역할과 개인들의 활동을 조정한다. 그리고 여론의 합의나 각종 정보 등의 우선순위를 정한다.

사회적 · 문화적 유산의 전승 기능 : 출판은 문화유산을 창조하여 보존하고 전승(傳承)하는 기능과 사회 제도나 규범을 유지하여 사회통합과 사회적 여론을 조성하는 역할을 한다.

사회적 결속 기능 : 사회적 교육 · 교화 · 계도를 통하여 사회적 여론을 형성하여 사회적 결

속을 유도하는 역할을 한다.

사회적 발전과 변혁 기능 : 인간의 지적 활동을 책의 출판을 통해 축적함으로써 창의력을 발전시킨다. 이는 사회적으로 다양한 분야마다 발전과 변혁을 이룩하는 데 중요한 역할을 하고 있다.

오락적 기능 : 독서를 통하여 기분전환과 삶의 활력을 얻고 사회적 긴장감을 풀어주고 정서순화의 역할을 한다.

광고 · 홍보 기능 : 다양한 상품정보를 제공하여 경제적 · 문화적 혜택을 받게 하고 기업활동을 활성화시키는 역할을 한다.

동원적 기능 : 정치적 · 경제적 · 종교적 · 사회적 상황과 전쟁 및 노동에 의한 동원적 역할을 하고 있다.

교육적 기능 : 다양한 교육을 위한 모든 분야의 자료가 담긴 책에 의해 정보전달이 이루어짐으로써 많은 교육적 효과를 얻을 수 있는 역할을 한다.

정보화시대가 되어 1971년 이후 미국에서 전자책시대가 열리자 전자책의 기능과 역할에 대한 기대가 높아지고 있다. 우리 정부도 그동안 전자출판사업을 '지식정보화 기반구축사업' 의 핵심분야로 보고 산업활성화를 위해 꾸준한 투자와 많은 지원 및 관심을 기울이고 있다. 관련업계 또한 기술적인 발전과 시장확대를 위해 꾸준한 투자와 노력을 하고 있다.

이에 대한 노력의 결과로 ① 전자책 문서표준화로 시장확대의 기반 조성, ② 교육관련 콘텐츠의 급속한 개발, ③ 전자도서관 구축과 기업들의 노하우 발전, ④ 공공 디지털 도서관의 이용 증대, ⑤ 무선이용 전자책 단말기 개발, ⑥ 전자출판에 대한 출판사들의 투자 확대, ⑦ 저작권 보호에 관한 의식 고조, ⑧ 전자책에 대한 인증 · 납본제 도입의 계기로 전자책의 기본요건이 강화되었다.

전자기술도 하루가 다르게 변화 및 발전하고 있다. 컴퓨터 · 인터넷 · 팩시밀리 · 비디오디스크 · 워드프로세서 · 휴대폰 · DAD · DVD · PDA · DMB · 스마트폰 · 태블릿 PC 등이 발달되었고, 출판분야에서는 디지털기술에 의한 전자출판의 발전으로 CAP(computer aided publishing system, 전자입력 편집인쇄 시스템) · CD-ROM · CTS(computerized typesetting system, 컴퓨터조판 시스템) · DTP · IPS(immediately printing system, 온라인 즉시출력 시스템) · POD(print on demand, 주문형 출판) 등의 발달로 출판의 기능도 혁신적으로 발전되었다. 이는 대중매체화로 인한 대량의 복제출판문화로서, 과학적 전자출판이라는 새로운 출판문화 교육을 위한 '전자출판론' 이라는 학문도 탄생시켰다. 이처럼 출판은 출판과정에 관련된 전근대적 산업 분야에서 전자기술에 의한 산업으로의 발전을 가져오게 되었다. 그리고 이러한 기술의 발전은 다양한 문화적 유산을 효과적으로 보존하고 계승케 하여 새로운 문화를 창조하는 데 중요한 역할을 하고 있다.

3. 도서 본문검색서비스

정보화시대를 맞이하여 외국에서는 2005년부터 인터넷서점과 인터넷 포털사이트에서 도서 본문검색서비스가 시작되었다. 이로써 인터넷 기업들은 새로운 디지털환경하에서 도서 본문검색서비스에 관한 치열한 경쟁시대를 맞이하게 된 것이다.

2003년의 아마존 닷컴을 시작으로 2004년에 그 뒤를 이은 구글은 2005년에 디지털 도서관 서비스를 위한 '구글프린트' 를 발표하였고, 야후와 MS도 도서 본문검색서비스를 시작하였다.

우리나라에서는 네이버가 2004년에 북토피아와 제휴하여 도서콘텐츠 데이터베이스에 대한 도서 본문검색서비스를 시작하여 2006년에는 500만 종의 도서정보를 서비스하였다. 또한 국회도서관 소장도서의 서지정보와 학위논문, 정부간행물, 분야별 세미나 자료의 검색서비스도 하고 있다. 그 뒤를 이은 다음커뮤니케이션은 교보문고와 제휴하여 도서 관련 데이터베이스를 확보하고, 2006년부터 도서 본문검색서비스 시스템을 구축하여 도서검색 등 관련 서비스를 강화하고 있다. 다음커뮤니케이션은 교보문고의 지분을 일부 보유하면서 전자책, 도서 동영상, 오디오 북 등과 디지털 콘텐츠 분야도 강화하여 TV, 무선단말기 등과 유기적으로 연동하고 있다.

이에 대한출판문화협회는 2006년 5월 24일 출판 관련 여러 단체와 회동하여 도서 본문검색에 대한 문제점을 조사·분석하였다. 그 결과 각종 포털사이트 중심의 도서 본문검색서비스에 대한 기준이 없어 많은 문제점이 있음을 공감하고 대책을 세우기로 합의하였다.

따라서 출협은 출판계를 중심으로 2006년 6월 20일에 출판디지털콘텐츠 태스크포스(task force)팀을 구성하여 도서 본문검색서비스를 비롯한 출판디지털콘텐츠 전반의 표준과 활용에 대해 분석·연구하고 관련업계와 의견수렴을 하였다.

출판디지털콘텐츠 TF팀이 구성된 후 서비스업체(네이버, 교보문고, 북토피아, 다음커뮤니케이션 등)와 모두 12차례의 회의를 통해 합의가 이루어지게 되었다. 그리하여 출협을 중심으로 한 출판계와 서비스제공업체가 2006년 11월 17일에 협약을 체결함으로써 도서 본문검색서비스의 범위와 방식에 대한 기준이 이루어졌다.

첫째, 본문검색서비스의 범위를 로그인 기준으로 한 유저(user)당 5%(1개월 내 누적량)를 넘지 않도록 제한한다.

둘째, 서비스업체는 출판사 관리 페이지를 해당 출판사에 제공해야 하며, 이 관리 페이지를 통해 출판사는 본문검색의 범위를 개별 도서별로 5% 내에서 자율적으로 지정할 수 있다.

다만 100쪽 미만의 도서는 최대한 5쪽까지 서비스할 수 있다.

이 협약으로 출판계와 디지털서비스업체는 지식산업의 근본인 출판의 발전과, 출판문화와 디지털문화의 융합을 위해 공동으로 노력하기로 하였다. 즉, 저작권 및 출판권의 보호가 더욱 중요해지는 국제화시대의 급변하는 환경에 적응하며 출판콘텐츠의 합리적인 이용과 질서를 정립함으로써 출판계와 디지털업체 간에 상호 발전의 길을 모색키로 하였다.

제4절 출판의 역사

출판의 역사(publishing history)는 책의 역사이다. 책이라 정의할 수 있는 것으로서 지금까지 남아 있는 가장 오래된 책은, 쐐기문자로 기록된 메소포타미아 슈메르의 점토판으로 BC 1300년경의 것으로 추측되고 있다. 세계 출판의 역사는 다음과 같이 시대별로 나눌 수 있다(동서문화, 1994, pp.15552~15554 참조).

(1) 책의 등장시대

초창기에는 나무 · 대나무 · 점토 · 금속 · 납 등의 재료로 조각된 문자나 그림이었으나 점차 가볍고 유연한 물질의 재료를 사용하는 것으로 변화되었다.

파피루스(BC 3000년경) · 명주(BC 1200년경) · 피혁(BC 30년경) 등에 새긴 문자는 차츰 두루마리 · 책자 등 생활에 편리한 형태로 바뀌어, 현대 책자의 형태를 갖추어 갔다. 책의 필사 담당은 성직자나 노예였지만 품삯노동으로 만들어지기 때문에 책값은 차츰 높아졌다. 파피루스 1장은 30cm² 밖에 안 되어 많은 글은 20~30매의 파피루스를 풀로 붙여 이어서 두루마리로 사용하였다.

중국은 BC 3세기 진나라 때 목간과 죽간을 이용한 책이 등장하였는데, 경전을 돌에 새겨 탁본으로 삼는 석경(石經)의 사용이 최초의 인쇄로 볼 수 있다. 105년경 중국의 후한시대에 채륜(蔡倫)이 처음으로 종이를 발명하였으나, 당나라 초에 발명된 목판기술과 합쳐져 목판인쇄시대가 시작되었다. 932년에 낙양에서는 관리등용시험을 위한 인쇄사업이 시행되었다.

(2) 사본시대

양피지는 내구성이 강하여 교인들이 많이 사용함으로써 중세 서적의 주류를 이루었다. 양피지는 1매마다 잘라서 꿰맴으로써 현대 서적의 제책형식이 되었고 성서나 법률문서에 쓰기 알맞았는데, 이를 코덱스(codex, 성서의 고사본)로부터 코드(code, 법전)라고 불렀다. 그 후 사본(寫本)된 책은 차츰 아름답게 꾸며졌으며, 중세 후기의 사본은 극채색의 아름다운 미술품이기도 하였다. 이 시대에 여러 로망스어(프랑스어 · 에스파냐어 · 이탈리아어 등)로 기사(騎士)의 이야기가 출판되어 소설의 기원이 되었다.

(3) 출판인쇄시대

11세기 중엽 중국의 송나라 때 필승(畢昇)이 점토에 유약을 바르지 않고 구운 도자기활자를 발명하였다. 그리고 1455년 중엽 독일의 구텐베르크가 금속활자(金屬活字)[03]를 발명하여 「42행 성서」와 「36행 성서」를 발행하는 등 대량생산이 가능한 활판인쇄가 전문적으로 시작되었다. 이는 그 후 1세기도 되기 전에 전 유럽에 보급되었으며, 종교개혁과 과학혁명에도 큰 영향을 끼쳤다. 활판인쇄의 활성화에 두려움을 느낀 로마 교황청은 출판면허제도(1470~80년)와 금서목록(1559년)을 만들어 독서규제를 실시하게 되었다.

우리나라는 1234년(고려 고종 12년)에 「상정고금예문」이 금속활자로 50부가 간행되었다는 기록만 있고 현존하는 책은 없다. 또한 1403년(조선 태종 3년) 남산에 설치된 주자소에서 수십만 개의 구리활자를 주조하여 경서(經書)를 간행하였는데, 이를 계미자(癸未字)라 불렀다. 이는 고주(古註), 서(書), 좌전(左傳)을 표본으로 만든 것이다. 위의 내용으로 볼 때 우리나라는 1455년 구텐베르크의 금속활자의 발명보다도 221년이나 앞섰음을 알 수 있다. 그 후 1377년(고려 우왕 3년) '불조직지심체요절(佛祖直指心體要節)'의 발행이 구텐베르크보다 78년이나 앞선 것이 확인되어 세계적으로 인정받게 되었다.

16~18세기의 출판은 종교서적 중심에서 차츰 문학이나 실용서적 · 잡지 쪽으로 확대되어 갔다. 최초의 잡지는 17세기 프랑스의 업자가 신간소개를 위해 발행한 카탈로그이며, 독립된 정기간행물로는 1665년 파리에서 창간된 「르 주르날 데 사방(Le Journal des Savants)」과 런던에서 간행된 영국 회사원의 회보가 최초인 것으로 알려져 있다. 최초의 주간신문은 독일의 「아비소(Aviso)」로 1609년에 발행되었다.

(4) 근대 출판시대

18세기 후반 프랑스혁명과 미국독립은 권리장전 및 인권선언으로 '언론 · 출판의 자유'를 주장하였으며, 이는 출판활동이 발전하는 데 많은 영향을 주었다. 이때부터 출판업은 단순 인쇄업에서 벗어나 근대적 출판시대를 맞이하였다.

1776년 펜실베니아 발행의 T. 페인의 「커먼센스」가 수십만 부 팔렸고, 1814년 발행된 G.G.B. 바이런의 「해적」은 발행 당일 1만 부가 팔렸다. 최초의 일간신문인 영국의 「데일리

03 구텐베르크 금속활자의 특징은 ① 평압식 양면인쇄기를 발명하여 인쇄함, ② 납을 주제로 한 활자합금(납+주석+안티몬+소량의 비스무트)에 의해 활자주조를 쉽게 함, ③ 황동의 활자거푸집과 자모를 연구하여 다량의 활자주조를 가능케 함, ④ 금속활자에 적합한 유성바니스를 섞어 인쇄잉크를 사용함 등이다. 구텐베르크가 인쇄한 책으로는 도나투스의 「초등라틴어문법서」, 「1448년용 책력」, 「42행 성서」, 「36행 성서」 등이 있다.

커런트」가 1702년에 발행되었으며, 19세기 중엽에는 유럽에서 이미 대중신문이 발행되었다. 19세기 말엽에는 각국에서 출판의 대중화가 이루어져 판매를 전제로 한 저가본 출판이 성행하였고, 20세기에 들어서자 라디오가 출현하여 매스커뮤니케이션시대가 시작되면서 서적 · 잡지의 보급이 급속도로 활성화되었다.

(5) 현대 출판시대

제2차 세계대전 이후의 정치적 · 문화적 특징은 '대중사회화' 였으며, 출판에서도 페이퍼백(포켓판 · 염가본) 혁명으로 대중화에 의한 대량출판 현상이 나타났다. 현대 출판이 대중화 및 대형화 속에서 나타내는 현상은 다음과 같다.

① 거대한 출판자본과 기타 자본에 의한 출판시장의 장악이 문제이다. 미국에서는 블록버스터(block-buster)시대라는 베스트셀러 증후군이 나타나 건전한 출판시장을 어지럽혔다. 다른 선진국에서도 이와 비슷한 현상이 나타나고 있다.

② 정보화의 발달에 따라 비디오출판 · 전자출판 · 멀티미디어출판 등 새로운 출판이 밀려오고 있다. 구텐베르크 이래 제2의 복제시대를 맞이한 출판문화와 출판산업은 큰 변화를 겪고 있다.

③ 선진국과 개발도상국의 출판격차가 날이 갈수록 확대되어 가고 있다. 개발도상국의 출판이 이전의 식민지시대에 비하면 많이 발전하였으나 경제력과 기술력의 차이가 커서 출판격차 또한 더욱 확대되고 있는 것이다. 유네스코는 1972년을 '국제도서의 해' 로 정하고 "모두에게 책을!"이라는 슬로건을 내세워 개발도상국에 도서보급운동을 하였으나 그 성과는 그리 크지 않았다.

(6) 정보화 출판 시대

정보혁명(情報革命)의 시대와 더불어 커뮤니케이션 테크놀로지 기술이 발달하자 세계는 커뮤니케이션 혁명의 시대가 되었다. 정보통신기술의 발달은 국경을 초월한 정보유통의 차원을 넘어, 세계를 하나의 단일시장으로 묶는 세계적 차원의 변화를 급격히 가져왔다. 그 첫째 변화는 WTO(World Trade Organization, 세계무역기구) 체제의 등장 이후 본격화되기 시작한 '글로벌화(globalization)' 라는 새로운 시장환경의 등장이고, 둘째는 발전한 뉴커뮤니케이션 테크놀로지가 출판계 전반에 도입된 출판환경의 변화이다.

지금까지 각국은 출판물을 문화적 상품으로 여기면서 자국시장을 보호하는 정책을 고수해 왔지만, 앞으로는 자국 내 시장에 대한 특별한 보호조치 자체가 어렵게 되었다. 즉 WTO 체제의 등장으로 각국은 오히려 기존의 보호주의적인 정책과 법률, 세금 및 관세 제도를 조정하도록 되었다. 이로써 세계 출판계는 이제 급속히 단일시장화되고 있다.

한편, 출판과 뉴미디어 테크놀로지의 결합은 출판의 생산과 유통, 소비 등 출판양식 전반에 엄청난 변화를 가져오고 있다. 활자를 대신하여 DTP 같은 전자편집용 소프트웨어가 책을 편집해 주고 있으며, CD-ROM이나 인터넷이 새로운 출판영역으로 등장하고 있다. 또한 각종 데이터베이스시스템과 온라인 네트워크망의 구축으로 출판물의 유통에도 정보화가 도입되고 있다. 그러나 이러한 기술적 변화에도 불구하고 출판계에 위기를 몰고 오는 것은 오늘날의 세대가 '문자세대'에서 '영상세대'로 바뀌고 있다는 사실이다. 디지털화에 따라 모든 신호가 영상으로 처리되면서 등장하게 된 '영상세대'의 출현은, '읽기'를 기본으로 하는 출판 자체를 거부함으로써 출판계 전반에 걸친 새로운 방향전환을 요구하고 있다.

그러나 위기가 기회다. 현재의 이와 같은 경향이 반드시 출판계에 닥쳐온 위기인 것만은 아니다. 국제출판환경의 자유무역주의화로의 변화는 출판물의 자유로운 유통을 전제로 하므로, 이를 어떻게 이용하느냐에 따라서 한계에 처한 출판계의 새로운 성장과 발전을 이루어낼 수 있는 기회가 되기도 한다. 또한 뉴미디어 테크놀로지의 도입은 과거 종이에 '인쇄된(printed)' 형태리는 출판물의 한계영역을 무너뜨려 더 넓은 영역으로 진출하게 함으로써, 출판물의 새로운 영역화를 낳을 수 있는 기술적 수단으로 활용되고 있다.

이처럼 정보화시대의 출판은 차츰 전자출판으로 그 영역이 넓어지고 있다. 디지털기술을 이용한 전자출판은 그동안의 출판형태에서 과감히 벗어났다. 즉 도서 · 신문 · 잡지 · 음반 · 비디오 등의 아날로그 형태를 넘어, e-book(전자책) · 전자신문 · 전자잡지와 같은 디지털출판으로 그 영역이 넓어지고 있는 것이다.

(7) 전자출판시대

전자출판은 1960년대에 컴퓨터를 이용한 출판방식을 광범위하게 활용하기 위한 연구가 그 시작이었다. 1970년대 초기에 미국의 제록스사에서 출판물의 레이아웃을 완성할 수 있는 알토(Alto)컴퓨터를 개발하였고, 1977년에는 애플사가 최초로 퍼스널 컴퓨터(Personal Computer: PC)를 개발하여 개인용 컴퓨터 혁명이 일어났다.

1981년에는 제록스사의 알토컴퓨터를 발전 · 개선시킨 스타시스템(star system)이 개발되어 컴퓨터기술을 더욱 발전시키는 데 공헌하였다. 그 후 IBM사는 PC의 표준모델인 IBM PC를 개발하였고, 애플사는 1984년 매킨토시컴퓨터(Macintosh Computer)를 개발함으로써 본격적인 전자출판시대를 앞당기게 되었다. 매킨토시컴퓨터는 DTP 시스템을 위한 그래픽 인터페이스(graphic use interface)를 갖추어 전자적 형태로의 제작(전자출판)에 가장 적합하게 만들어졌다.

매킨토시컴퓨터가 개발되면서 DTP의 레이저 프린터가 개발되었고, 1985년에는 편집용 소프트웨어인 페이지메이커(PageMaker)가 개발되어 DTP 시스템을 이용한 전자출판에 획기적인 발전을 가져왔다. 전자출판이란 말은 1985년 미국에서 DTP 시스템과 CD-ROM이 활용화된 후에 사용하게 되었는데, electronic(전자)의 첫 글자인 'e'와 'book(책)'을 조합한 'e-book'을 '전자책'이란 뜻으로 쓰게 되었다. 또한 e-book은 1998년 미국의 누보미디어(Nuvo Media)가 발명한 독서단말기 'Rocket e-book'의 이름이었으나 지금은 일반적인 전자책을 지칭하는 보통명사로 쓰이고 있다.

전자출판에는 두 가지 형태가 있다. 첫째는 종이에 인쇄할 출판물을 제작하는 공정에서 컴퓨터기술을 이용한 DTP 방식으로 출판하는 것이다. 둘째는 종이책의 제작과정에서 축적된 디지털정보를 이용하여 새로운 부가가치를 창출하는 전자적 출판물을 만들어 내는 전자출판방식이다. 이는 디지털기술을 이용하여 출판하는 전자출판으로서 책의 내용을 PC의 모니터로 볼 수 있다. 이 방식에는 오프라인(off-line)형과 온라인(on-line)형이 있다.

오프라인 전자출판은 통신망과는 연결이 되어 있지 않고 플로피디스크, 오디오북, 비디오북, 전자카드, 디스크북, CD-ROM, 전자수첩 · 사전 등과 같이 오프라인으로 사용되는 것을 말한다. 그리고 온라인 전자출판은 통신망을 통하여 데이터베이스에 저장되어 있는 책의 내용을 볼 수 있는, 온라인으로 이용되는 전자출판방식이다. 온라인 전자출판에는 기술의 발전에 따라 PC통신을 이용하는 텍스트 중심형 전자출판의 형태와 인터넷을 이용하는 멀티미디어형 전자출판의 형태가 있다(이용준, 1997, pp.332~333 참조).

제5절 전자출판

1. 전자출판이란?

전자출판(電子出版, electronic publishing)이란 컴퓨터 등을 이용하여 책의 편집 · 조판 · 교정 · 교열 등 출판공정을 처리하고, 전자적 처리기술인 전자기억장치를 이용한 공정과정을 거쳐서 종이책 전자출판(paper book computer aided publishing)을 하며, 이때 만들어진 디지털 콘텐츠인 전자적 형태를 최종적으로 종이 대신 뉴미디어 소재를 이용한 전자적 생산물(전자책 또는 e-book)로 출판하는 것을 말한다.

전자책(electronic book)이란 출판된 도서내용이나 간행예정인 저작물의 내용이 디지털 데이터를 이용해 전자적 매체로 기록 · 저장되어, 유 · 무선 정보통신망을 통해 컴퓨터나 단말기 또는 스마트폰이나 태블릿 PC를 이용하여 보고 읽을 수 있는 디지털 도서를 말한다.

전자책은 단순한 텍스트 기반 정보의 디지털화된 콘텐츠만을 의미하는 것도 아니며, 전자책 구현을 위한 소프트웨어 및 하드웨어 시스템으로만 인식되어서도 안 된다. 전자책 안에는 텍스트 기반의 콘텐츠에 멀티미디어 요소를 구현하는 기술 및 소프트웨어 플랫폼, 그리고 이 모두를 패키징하는 하드웨어 시스템이 융합되어, 종이책의 물리적 한계를 뛰어넘어 새로이 창작된 콘텐츠를 전달하는 매체의 역할을 담당하게 되었기 때문이다. 이에 더해 라디오 · 텔레비전 · 신문 등 기존 매체의 디지털화, 매체 간의 융복합(convergence), 유·무선 브로드밴드 보급의 확산 등에 힘입어 디지털 미디어는 콘텐츠를 전달할 수 있는 새로운 방법론으로 부상하고 있다. 이처럼 다양한 멀티미디어 콘텐츠 구현기술과 쌍방향성이 확대된 콘텐츠가 전자책에 포함되면서, 전자책은 새로운 미디어로 거듭나고 있다(한국소프트웨어진흥원, 「2006년 해외 디지털 콘텐츠 시장조사 : 전자책」).

전자책의 범위는, 중국의 경우 디지털출판산업의 범위를 전자책뿐만 아니라 음반 · 게임 · DVD까지 확대하여 본다. 따라서 국내 디지털출판산업의 범위도 전자책(e-book), 전자사전, CD-ROM, CD-I, DVD북, 모바일북, 오디오북, 전자교과서, 전자수첩, 전자카드, 전자잡지, 전자학술논문 · 전문자료, e-카탈로그, POD까지 확대하여 보는 것이 타당하다. 왜냐하면 각 분야별 시장이 '디지털출판' 이라는 범주 내에서 꾸준히 확대해 나가고 있기 때문이다.

2. DTP 시스템 디지털 프리프레스

DTP(Desk-Top Publishing)란 책상 위에 있는 컴퓨터를 이용해 디자이너(편집인)가 원하는 문자원고의 작성에서부터 조판, 교정, 레이아웃 디자인, 사진과 일러스트레이션 처리와 배치 · 축소 · 확대 및 원색분해, 제판, 인쇄용 필름의 출력까지 출판물의 제작에 필요한 일체의 작업을 일괄적으로 처리하는 방식이다. 따라서 책의 본문과 시각원고(그림 · 표 · 사진 등)를 컴퓨터 화면을 통해 레이아웃하고 화려한 컬러편집까지 마음대로 할 수 있다. 종래의 편집과정인 손작업에 비교하면 시간과 경비가 많이 절감되며, 편집자가 직접 작업을 하기 때문에 편집의도가 정확히 반영되어 번거로운 수정절차를 줄일 수 있다. 저자의 원고는 워드프로세서로 작성되어 디스켓이나 PC통신(e-mail)으로 전달된다. 또한 DTP 프로그램은 자동으로 한글 맞춤법 교정이 안내되며, 편집자가 컴퓨터 화면을 통해 레이아웃과 시각원고의 배합 등 인쇄될 최종 편집상태를 확인할 수 있다.

미국의 애플사는 1984년 매킨토시 컴퓨터(Macintosh Computer)를 개발하여 본격적인 DTP 시스템에 의한 전자출판시대를 앞당겼다. 매킨토시 컴퓨터는 그래픽 인터페이스를 갖춘 DTP 시스템으로서 전자출판에 알맞게 개발되었다. 전자출판에서 DTP 시스템으로 디자인하여 분색필름까지 출력하는 것은 DTP prepress라고 하고, 컴퓨터의 데이터를 PDF 파일로 바꿔 직접 인쇄판에 출력하는 방법을 디지털마스터(direct to plate)라 하며, 이들은 모두 DTP라는 약자로 사용되기도 한다.

DTP는 1985년 미국의 앨더스(Aldus Co.)사가 페이지메이커(PageMaker)라는 레이아웃 프로그램을 출시하면서 인위적으로 만들어낸 용어이다. DTP는 앨더스사의 사장 폴 브레이너드(Paul Brainerd)가 인쇄·출판에 필요한 조판과정을 (페이지 메이커가 설치된 컴퓨터가 올려져 있는) 책상 위에서 끝마칠 수 있다는 의미로 만들었다. DTP와 비슷한 시기에 등장한 개념 중에 WYSIWYG(위지윅)이 있다. 이 단어는 What You See Is What You Get의 약자로, (모니터에) 보이는 대로 결과물을 얻을 수 있다는 의미인데, 반드시 DTP 작업 환경에만 적용되는 것은 아니다. 하지만 최종적인 결과물이 중요한 출판·인쇄 환경에서 인쇄물을 직접 만들어 보지 않아도 모니터를 통하여 결과를 예측할 수 있게 됨에 따라서 작업의 효율성을 높일 수 있게 되었다.

컴퓨터의 고기능화에 의해 개인용 컴퓨터나 워크스테이션을 이용한 출판물의 입력·편집·인쇄 등의 전 과정을 컴퓨터화한 전자편집 인쇄시스템으로서, CTS와 맥을 같이하는 용어이다. 이를 CAP(computer aided publishing)라고도 하는데, EP(electronic publishing)와 동일한 의미로 생각하기 쉽지만 EP는 DTP의 상위 개념이다. 이는 출판물을 컴퓨터와 주변기기만을 이용하여 문자·도형·그래픽·사진 등의 자료들을 편집하여 저렴하고 신속하게 제작할 수 있는 시스템이다. 이것은 1980년대 중후반 GUI(graphical user interface) 방식의 애플의 매킨토시 컴퓨터와 레이저 프린터가 보급되면서 널리 퍼졌다. 현재는 IBM-PC에서도 이러한 전자출판 시스템의 운영이 가능하다. DTP의 보급으로 전문 인쇄기술과 장비가 없어도 누구라도 필요한 장비만 갖추면, 책자를 제작할 때 필요한 도형이나 그림·사진·그래픽 등을 동시에 편집 처리하여 레이저 프린터 등으로 인쇄할 수 있게 되었다. 전자출판을 위해서는 컴퓨터가 화면상의 내용을 그대로 볼 수 있으면서 출력하는 위지윅(WYSIWYG) 기능과 그림이나 사진의 입력 및 편집 기술, 일러스트 기능 등을 지원해야 한다. 대표적인 전자출판 프로그램으로는 Quark Xpress, InDesign, 훈글, 훈민정음, MS-워드 등이 있으며 맥킨토시 또는 IBM-PC에서도 가능하다.

현재 국내에서는 교괴시·침고시 등 대부분의 학습시 소판은 맥킨토시를 이용한 쿽을 많이 쓰고 있는데, 일러스트레이터와 포토샵을 이용한 원색컬러 작업과 다양한 디자인이 용이하기 때문이다. 하지만 IBM-PC에서도 어도비사의 인디자인 같은 프로그램으로의 편집조판이 빠르게 자리를 잡아가고 있는 실정이다. 일러스트레이터, 포토샵, PDF 같은 프로그램이 모두 어도비사 제품이라 호환성이나 서체 모든 면에서 맥보다 편리해졌기 때문이다.

(1) DTP 작업 환경의 영향력

컴퓨터를 이용한 조판작업이 얼마나 편리해졌는지는 그 이전 조판작업(인쇄판을 만들기 전까지의 작업)이 어떠한 과정을 거쳤는지를 비교해 보면 알 수 있다. 조금 복잡한 컬러 인쇄물의 예를 들어보겠다.

① 편집 디자이너가 레이아웃을 디자인한다. 이 결과물에는 사용한 폰트의 종류, 크기, 색상, 위치 등을 모두 기록한다. 일종의 설계도라 할 수 있다.

② 편집 디자이너가 디자인한 것(일종의 도면)을 가지고 실제로 모형을 만든다. 이 작업은 편집 디자이너가 하는 것이 아니라 별도의 인력들이 담당한다.

③ 만약 인쇄내용 중에서 컬러가 들어 있다면 원색분해 작업을 거쳐야 한다. 같은 그림을 4종류의 카메라로 찍어서 C, M, Y, K 색상에 해당하는 농도가 포함된 필름을 만든다. 제판용 카메라에 녹색, 청색, 적색, 황색 필터를 끼우고 촬영한 후 가공하면 적색, 황색, 청색, 검정에 해당하는 농돗값을 얻을 수 있다.

④ 이렇게 만들어진 그림과 글자가 포함된 필름을 레이아웃에 맞게 배치하여 한 페이지 분량을 만든다.

⑤ 각각의 페이지 분량에 맞게 만들어진 필름을 인쇄기에서 사용하는 인쇄판의 크기에 맞게 다시 붙인다. 이때 인쇄 후 재단 및 접지를 고려하여 페이지를 배치하거나 회전시켜야 한다.

위와 같은 작업을 진행하려면 최소한 5명 이상의 해당 분야 전문가들이 필요하였다. 하지만 DTP 개념이 적용된 컴퓨터(정확히는 레이아웃 프로그램)를 이용하면 한두 사람으로 가능하게 되었다. 또 그만큼의 단계가 줄어들기 때문에 시간도 상당히 절약 가능하게 되었다. 무엇보다도 컴퓨터는 저장기능이 있기 때문에 동일한 인쇄물이나 그와 유사한 인쇄물을 만들 때 기존의 작업물을 조금만 변형해 주면 사용할 수 있으므로 수정이나 재편집이 훨씬 수월해졌다.

(2) 페이지 레이아웃 프로그램

레이아웃(layout)이란 편집에 필요한 요소들을 배치하는 작업을 말한다. 포스트스크립트 형식을 사용하여 입력된 텍스트와 포스트스크립트 형식으로 만들어진 이미지를 배치하여 하나의 완성된 포스트스크립트 파일을 만드는 프로그램이라고 이해하면 된다. 페이지 레이아웃 프로그램으로는 여러 종류가 있는데, 우리나라에서는 Quark Xpress와 InDesign, M-Layout(소프트매직)을 가장 많이 사용한다.

우리는 1980년대 초 컴퓨터조판시스템(전산조판, computerized typesetting system : CTS)을 도입하여 기존의 활판인쇄 공정에서 조판(組版)을 전산화하였으며, 1987년에는 조판 · 레이아웃(layout) · 제판 · 교정 · 교열과정 등을 컴퓨터에서 통합처리하는 DTP출판이 시도되어, 편집 및 인쇄공정을 전산화함으로써 컬러사진 제판의 통합처리와 데이터베이스 자료를 이용한 출판 등 출판인쇄공정 전반에 걸쳐 전산화 작업이 이루어졌다.

그리고 같은 해에 '서울시스템'과 '한글컴퓨터'에서 국내 기술진이 만든 전산편집시스템이 나왔으나, 전자사식기의 기능처럼 자체에서 페이지업(page up)이 되지 않아 별도작업이 필요했기 때문에 불편하여 서서히 사라지고 말았다(이용준, 1997, pp.334~336 참조).

1989년부터는 쿼(Quark)사가 연구 · 개발한 편집용 소프트웨어인 '쿼익스프레스(Quark Xpress)' 를 장착한 새로운 시스템이 도입되면서 국내의 출판편집 환경이 DTP를 기반으로 한 디지털 프리프레스(digital prepress) 방식으로 급격히 바뀌어 획기적인 기술적 발전을 가져오게 되었다.

그림 3-1 | DTP 시스템 기반의 디지털 프리프레스 구성도

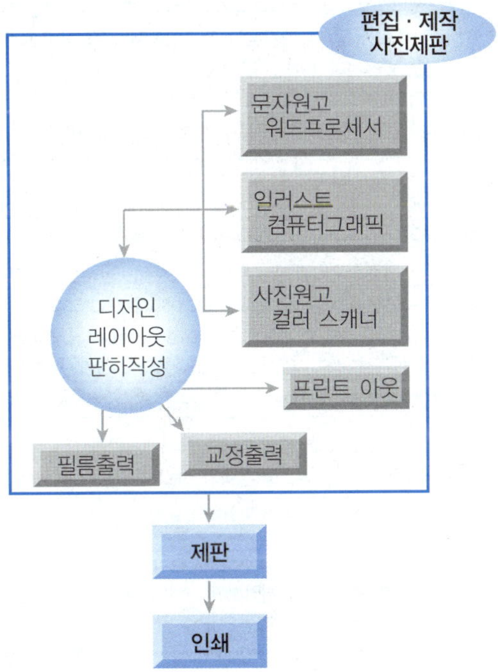

자료 : http://memolog.blog.naver.com/memo/memoPrint.jsp

표 3-2 | DTP 시스템 기반의 디지털 프리프레스 구성

구분	내용
입력 (Input)	• 무자 : 워드프로세서 • 화상 : 드럼 스캐너, 평판형 스캐너, 슬라이드 스캐너, 디지털 카메라 편집
편집 (Process)	• 본체 : 컴퓨터, 디스플레이, 마우스, 키보드 • 보드 : 이더넷 보드, 액셀러레이터 보드, GP-IB 보드, 풀 컬러 비디오 카드 보드 • 드라이브 : 외장형 또는 내장형 하드 디스크, 5인치형 광자기(MO) 디스크 드라이브 • 3인치형 MO디스크 드라이브, CD-ROM 드라이브 출력
출력 (Output)	• 흑백 프린터, 컬러 프린터, 비디오 프린터, 필름 레코더, 이미지 세터, 색교정기

자료 : http://memolog.blog.naver.com/memo/memoPrint.jsp

표 3-3 | DTP 프로그램 비교

프로그램	설명
MS워드 〈Microsoft〉	일반적으로 'MS워드'는 '훈글'과 더불어 기업이나 외국계 회사 등에서 문서작성용으로 많이 활용되고 있다. 하지만 MS워드에서 제공되는 다양한 기능들을 효과적으로 활용한다면 좋은 인쇄용 편집프로그램으로도 사용할 수 있다. 제안서가 다국어로 제작되어야 하는 경우에도 MS워드를 활용하여 다양한 언어의 제안서를 제작할 수 있다.
훈글 〈한글과 컴퓨터〉	훈글은 국내의 토종 워드프로세서 프로그램으로 관공서 · 학교 등에서 문서작성용으로 가장 많이 활용되고 있다. 쉽게 익힐 수 있다는 장점이 있으나 다국어 편집이나 색도 인쇄 시에 제약이 있다. 하지만 보고서 같은 단도 책자의 편집이나 문서작업만 할 경우라면 여러 면에서 편리한 프로그램이다.
Quark Xpress 〈Macintosh〉	1987년 Quark(사)에서 초기 매킨토시 컴퓨터에서 사용하는 프로그램으로 QuarkXpress 1.0이 발표된 후 발전하여 현재는 Version 8까지 출시되어 100여 개 나라에서 사용되고 있으며 출판계의 혁신을 이룬 프로그램으로 그래픽물을 작업하는 데 탁월하며, 현재까지는 가장 많은 디자이너가 매킨토시용으로 사용하는 프로그램이다.
Indesign 〈Adobe〉	아도비사가 QuarkXpress의 대항마로 자사의 PageMaker를 대신한 인디자인은 최초 매킨토시 OS의 출판프로그램으로 출시되었고, 2002년 CS Package를 발표하고 2005년 CS2를 출시함에 따라 본격적으로 사용되었다. 2011년 Version 5.5가 Mac용과 Window용으로 동시에 출시되어 활성화되었다. 인디자인 Package 구성은 구성에 따라 다양한 프로그램 옵션이 있어 가격이 저렴하다. 즉 Illust, Photoshop, Acrobat, Flash, Dreamweaver 등이 모두 Adobe사의 제품으로 선택적으로 구성할 수 있고 프로그램이 연계되어 편리할 뿐만 아니라 다국어 편집 시 프로그램 구성이 Quark보다 적어 저렴하고 편리하며 인쇄 시 서체 문제가 Quark보다 까다롭지 않으며 또한 Quark과 Data호환이 가능하다.
파워포인트 〈Microsoft〉	회사소개서, 제안서 또는 상품설명회 같은 프레젠테이션 용도의 문서작성에 가장 효율적인 프로그램이다. 각종 효과와 고품질 그래픽 작업을 병행해야 화려한 연출이 가능하고, 제작 비용이 가장 비싸다는 단점이 있다.
M-Layout (Mac 지원용) 〈Softmagic〉	M-Layout은 기존 출판 솔루션보다 기능은 편리하고 저렴하다. '디자인 모델'은 독창적 기능으로 단순 반복작업은 한번에 처리하고, 서체효과 · 변형단간 등 '변형디자인 작업'에 효과적이다. 차세대 문서표준인 XML과 PDF를 근간으로 해서 자료의 재활용 및 자동조판이 쉽다. 학습지 편집 프로그램, 졸업앨범 제작 솔루션, 통신판매 카탈로그 제작 프로그램 등이 있다. 이는 미국 MIT 출신의 김민수 대표이사가 설립한 서체 및 신문자동제작시스템(CTS) 전문업체인 Softmagic의 프로그램이다.

출처 : http://blog.naver.com/ohjs3/100135078954

현재 국내의 DTP 시장은 '쿽익스프레스'와 앨더스(Aldus)사가 개발한 'pagemaker'를 인수한 어도비(Adobe)사의 '페이지메이커(PageMaker)', 그리고 그래픽이나 그래프 등의 디자인 처리를 하는 소프트웨어인 어도비의 '일러스트레이터(Illustrator)', 사진 · 화보 · 영상 등의 화상을 처리하는 어도비의 '포토샵(Photoshop)' 등이 대부분을 점유하고 있다. 따라서 국내에서도 이들에게 도전하기 위해 소프트웨어를 개발하였는데, 휴먼컴퓨터의 '문방사우', 코어기술의 '컬러페이지', 듀얼시스템의 '디자인 퍼펙트' 등이 출시되어 사용되었고, 그 이후 소프트매직의 'M레이아웃2.0'이 출시되어 네덜란드의 '메트로'에 공급되어 해외에서 높은 평가를 받음으로써 우리의 전자출판시장을 밝게 하기도 했다.

3. 전자출판의 유형

전자출판의 유형에는 먼저 종이책과 전자책을 만들기 위한 공정과정인 DTP 과정이 있고, 그리고 디지털출판으로 개별 전자매체에 정보를 수록하는 오프라인(패키지형) 형태와 통신을 이용한 온라인 형태가 있다. 오프라인 형태로는 CD-ROM책, CD-I책, 오디오북, 모바일북 등이 있고, 온라인 형태로는 텍스트형에는 e-book이 있으며, 멀티미디어형에는 동영상 전자책, web 출판, e-출판 등이 있다. 전자책이나 DB(database) 자료를 통신을 통해 컴퓨터나 TV로 받는 온라인 형태로는 네트워크 형태인 방송을 이용한 무선계와, 전화 · 광섬유통신망을 이용한 유선계가 있다. 이에는 종합유선방송(CATV), 문자방송(Teletex), 비디오텍스, 전자신문 서비스 등이 있다.

표 3-4 | 전자출판의 유형

- 전자출판
  - **종이책** –DTP
  - **디지털출판**
    - **오프라인형(패키지형)** : 플로피디스크, CD-ROM, CD-I, 오디오북, 모바일북, DVD북, 디스크북, 전자저널, 전자수첩, 전자교과서, e-카탈로그, POD, 전자카드 등
    - **온라인형**
      - **(텍스트형)** : 일반형 전자책(e-book) 등
      - **(멀티미디어형)** : 동영상 전자책 등(네트워크형, 유·무선방송 : 종합유선방송, 문자방송, 비디오텍스, 전자신문 서비스)

4. 오프라인 전자출판

오프라인 전자출판은 전자매체를 이용한 전자출판물을 생산하여 독자들에게 배포함으로써 오프라인형으로 사용되는 것을 말한다. 대표적으로 CD-ROM, 플로피디스크, 전자카드, 전자수첩, 오디오북 등이 있다.

CD-ROM은 콤팩트디스크를 사용하는 읽기 전용의 광학저장기법으로 다양한 정보를 수록하여 필요한 부분만을 언제든지 컴퓨터로 보는 매체이다. 이것은 음악용 CD가 발전되어 온 광기술의 기반에 의해 대용량의 정보를 저장할 수 있을 뿐만 아니라, 멀티미디어기술까지도 완전하게 구현할 수 있다.

콤팩트디스크(CD)는 디지털신호의 '1'과 '0'을 기록하여 그 기록 형태에 레이저광선을 닿게 하여 반사광선의 변화에서 데이터신호를 읽어 내는 것이다. 빛의 반사는 1, 무반사는 0으로 음성데이터는 비트(bit)의 길이와 간격으로 각각 정해질 수 있다. CD는 지름이 12cm

인 작고 얇은 원판이며 한쪽 면만 녹음되는 방식으로 약 74분 정도의 녹음이 가능하다. 디스크에 미세한 홈을 형성하고 레이저 빔을 이용하여 이 홈에 저장된 신호를 읽어 내어 재생하는 장치이다. 이는 레이저광선에 의해 비접촉으로 재생이 이루어짐으로써 잡음이 적고 음질이 우수하다. 1979년에 필립스사와 소니사에 의하여 제작되어 1982년에 첫 제품이 출시되었다. 기록용량은 약 550MB(megabyte)로 단행본 책 300~400권을 수록할 수 있다.

세계 최초의 CD-ROM 출판물은 1985년 미국 그롤리어사가 개발한 「CD-ROM 백과사전」이다. 그러나 표준화가 되지 않아 호환성이 없었다. 1988년 HSP(high sierra proposal) 포맷을 표준규격으로 채택하고, 국제표준화기구(ISO)가 인정하여 'ISO 9660' 이란 이름을 부여받자 세계적인 표준화가 이루어져 타 제품과 호환성을 갖게 되면서 급속한 발전이 이루어졌다.

CD-ROM은 종이책보다 검색을 자유자재로 할 수 있고, 다양한 방식의 정보전달이 가능하다. 또한 사진과 소리 · 동영상과 같은 멀티미디어형 정보를 이용할 수도 있고, 그것을 프린트 아웃(print out)하기도 한다. 그리고 가격이 저렴하고, 보관에도 적은 공간만이 필요하다는 장점이 있다.

우리나라에서는 1991년에 큐닉스 컴퓨터가 만든 「CD-ROM 성경라이브러리」가 최초로 나온 이후 1996년에는 총 545종의 CD-ROM이 제작되었고, 1995년부터는 잡지도 CD-ROM으로 제작되기 시작하였다. 이처럼 CD-ROM이 기존의 종이책보다 많은 장점을 가지고 있으나 시장에서 성공하기 위해서는 우선적으로 해결해야 할 문제점들이 많았다. 그 이유는 아직도 독자들이 정품구입을 기피하고 불법 복사본을 우선 구입하는 환경에 처해 있기 때문이다. 따라서 CD-ROM 출판물이 경제성을 갖고 더욱 발전하기 위해서는, 법제도의 개선과 사회적 책임감 및 정보화의 미래 발전을 위해 정품을 구입하고자 하는 소비자 의식이 먼저 성숙되어야 한다(위의 책, pp.337~341 참조).

5. 온라인 전자출판

온라인 전자출판이란 컴퓨터통신망(인터넷이나 통신위성)을 통해 출판물을 온라인으로 이용하는 방식이다. 이것은 정보를 디지털화하고, 그 콘텐츠를 인터넷상의 판매사이트에서 다운로드(download)받은 뒤, 이를 PC 및 독서단말기나 액정휴대전화에서 작용하는 전용 소프트웨어를 이용하여 그 정보를 읽는 것을 말한다. 출판사가 여러 분야의 정보를 데이터베이스에 저장하면 독자는 전화선을 통해 이에 접속함으로써 출판물을 이용한다. 이에는 텍스트 중심인 주문형 출판과 데이터베이스를 저장하여 독자에게 제공하는 것이 있다. 온라인 전자출판은 1993년 멀티미디어가 가능한 웹(world wide web : www)의 등장으로 더욱 발전하였다. 그리고 인터넷서점의 등장으로 온라인 서점에서 책판매가 이루어지고 다양한 정보 서비스가 가능하여, 새로운 마케팅방법으로의 변화와 발전을 가져왔다.

(1) 온라인 전자출판의 장점

① 제작비용, 재고 및 창고 관리비용, 유통비용, 종이비용 등이 절감된다.

② 반영구적인 보존과 휴대의 편의성이 있다.

③ 종이 사용의 불필요와 인쇄과정의 생략으로 환경이 보호된다.

④ 다양한 포맷과 형식의 변형으로 PC, 전자책 단말기, PDA 등 다양한 디지털기기의 서비스가 가능하다.

⑤ 음성, 동영상, 소리, 그림, 그래픽 등 멀티미디어적 방식으로 정보를 전달할 수 있다.

⑥ 종이책과 달리 본문 지면의 내용을 훼손하지 않고 사용자의 의도대로 밑줄을 긋거나 지우며 메모하고, 내용을 쉽게 검색할 수 있다.

⑦ 신속한 업그레이드로 제작시간이 단축되며, 온라인 즉시출력시스템의 기능이 있다.

⑧ 정보의 공유력과 쌍방향기능 및 인터넷의 연결로 거리장애가 없다.

⑨ 부분적 정보검색과 저자와 독자의 상호 정보교류가 쉽다.

⑩ 여러 정보를 쉽게 검색하고, 타 매체와의 적응력이 증가된다.

⑪ 편집과정의 신속성과 내용의 수정 · 교체가 쉽고, 부분선택이 가능하다.

(2) 온라인 전자출판의 개선점

① 콘텐츠의 확보와 기술적 저작권보호(DRM)[04] 솔루션의 보안장치가 필요하다.

② 다양한 콘텐츠의 구현과 뛰어난 리더 및 저작 프로그램이 함께 제공되는 소프트웨어를 설치해야 한다.

③ 전자책의 활성화를 위해서는 표준화가 돼야 하고, 콘텐츠자료가 풍부해야 한다.

④ PC와 단말기 · PDA 등 하드웨어장치의 보급과, 전자상거래 솔루션의 구축 및 신용과 능력 있는 IT업체와의 협업의 필요성으로 고정비용이 증가한다.

⑤ 불법 복제품 사용금지를 위해 저학년 때부터의 교육과 대국민적 계몽이 필요하다.

⑥ 도서관과 사용자들의 의식변화로 정품 소프트웨어의 구입이 당연시돼야 한다.

⑦ 디지털자료로 정보독점화 현상이 우려되고, 음란 및 불량 출판물의 범람이 우려된다.

⑧ 디지털자료에 대한 선진화된 도서관법과 관련 저작권법의 제도와 정책 수정이 필요하다.

⑨ 종이책에 비하여 눈의 피로가 심하고 가독성이 떨어진다는 문제가 있다.

⑩ 종이책의 수준을 넘어 멀티미디어화된 전자책일 경우, 사용료가 비싸다는 문제가 있다.

---

04 DRM(digital rights management)은 디지털 저작물의 불법 유포를 원천적으로 막는 기술로서 제한된 사용자 외에는 저작물에 접근할 수 없는 기술이다.

6. 세계 전자출판시장의 환경

기원전 3세기 알렉산드리아에 세계 최초의 도서관이 생겨 지식의 한곳 집중이 제1의 지식혁명이었고, 15세기에 구텐베르크가 활판인쇄를 발명하면서 지식의 대량생산이 가능해진 것이 제2의 지식혁명이었다. 이제 e-book이 대중화되면서 지식이 디지털 매체로 대중들에게 전달되는 제3의 지식혁명시대가 도래하였다.

1975년 미국 제록스 팰러앨토연구소의 셔리던 박사는 플라스틱 필름 사이에 기름과 수백만 개의 미세한 흑·백색 공을 넣은 최초의 전자종이를 개발했다. 전기를 넣으면 반대 전기 성질을 띤 흑색과 백색 공들이 위치가 바뀌며 종이 위에 잉크가 인쇄된 것처럼 보이게 된다. 1996년 MIT 연구소의 자회사인 E-ink는 여러 색의 잉크입자를 넣은 마이크로캡슐을 이용해 더 진보한 전자종이를 개발했다. 이 기술은 책 한 권 크기의 장치에 1,500권의 책 내용을 담아 언제 어디서나 원하는 전자책을 무선인터넷으로 다운로드받아 사용할 수 있다. 2010~11년의 출판계 최대 화두는 '전자책(e-book)' 이고, IT부문은 '스마트폰' 과 '태블릿 PC' 였다. 따라서 출판사 · 저작권자 · 유통업체 · IT업체들의 대변화가 예고된다.

1980년대는 PC혁명, 1990년대는 인터넷혁명, 2000년대는 앱(APP)혁명으로 IT업계에도 제3의 지각변혁으로 앱혁명이 일어나고 있다. 2007년에는 아마존에 의해 전자책 단말기인 '킨들(Kindle) 1' 과 2009년 '킨들 2' , 2010년에 '킨들 DX' , '킨들 3' 가 출시되어, 2010년까지 710만 대 이상이 판매되었다. 이들은 무선인터넷이 가능한 배터리로 작동하여 언제 어디서나 e-book을 "60초 이내에 다운로드"하여 읽을 수 있게 하였다. 애플과 삼성전자 등도 스마트폰과 태블릿 PC를 출시하여 전자책을 볼 수 있게 되자 전자출판시장이 더욱 활성화되었으며, 아마존닷컴 또한 2011년에 태블릿 PC인 '킨들파이어' 를 저가로 출시하여 인기를 얻었다.

2008년 7월 애플은 스마트폰(smartphone)[05]인 '아이폰(iPhone) 1, 2' 를 출시하여 앱스토어(Appstore)를 오픈한 지 1년 만에 앱혁명으로 이어져 세계 IT 판도를 뒤흔드는 태풍의 눈이 되었다. 2009년 구글(Google)은 모바일용 운영체제(Operating System : OS)를 탑재한 '안드로이드폰' 을 출시하여 애플 아이폰의 대항마가 되었다. 2010년은 앱혁명으로 인한 앱스토어의 개발경쟁으로 대변혁기가 이어졌다. 2010년 애플은 '아이폰 3, 4' 와 태블릿 PC인 '아이패드(iPad)' 를 출시하였고, 2011년 10월에 '아이폰 4S' 를 출시하여 IT환경의 대변혁기를 가져 왔다.

삼성전자는 2010년 안드로이드를 탑재한 스마트폰인 '갤럭시(Galaxy) A' , '갤럭시 S' 를

05 smartphone : 일반 휴대폰과 다르게 컴퓨터처럼 휴대폰에 모바일 운영체제(OS)가 설치되어 자신에게 알맞은 인터페이스를 구현하고, 스마트폰 간에 애플리케이션을 공유할 수 있는 똑똑한 휴대폰을 말한다.

표 3-5 | 이동통신 기술의 발달

구분	1G(Generation)	2G	3G	4G(LTE)
시기	1980~1990년대	1990~2000년대	2000~2010년대	2010년 이후
데이터 종류	아날로그	디지털	디지털(스마트폰)	디지털(스마트폰, 태블릿 PC)
데이터 전송 속도	–	14.4~64kbps	144kbps~14.4Mbps	100Mbps 이상
활용 콘텐츠	음성	음성, 문자, 이메일	음성, 문자, 영상, 인터넷	음성, 문자, HD영상 통화, 초고속 인터넷

주 : 전송 속도 bps는 'bits per second'의 약자로, 1초에 얼마만큼의 bit를 전송하는지를 나타낸다. 1Mbps는 100만bps로 500MB 동영상을 약 한 시간 안에 내려받을 수 있는 속도이다.
자료 : 조선일보 2012.10.2.

출시하고, 2011년에는 '갤럭시 S2'와 초고속 LTE를 탑재한 '갤럭시2 HD'를 출시했다. 그리고 같은 해에 태블릿(Tablet) PC인 '갤럭시탭'과, 2011년에는 '갤럭시탭 10.1'을 출시했고, 그해 11월에는 초고속 4세대(4G) LTE인 '갤럭시 노트'를 출시해 인기를 얻었다. 2012년 6월에 '갤럭시 S3'를 출시하여 50일 만에 전 세계 판매량이 1,000만 대를 넘어섰다. 'CES(Consumer Electronics Show) 2011'이 열린 라스베이거스(Las Vegas)에서는 마이크로소프트(MS)사와 합작으로 태블릿 PC와 노트북의 결합체인 '슬라이딩 PC시리즈', '글로리아'와 테이블형 멀티터치스크린 컴퓨터 'SUR 40'을 출시했다.

LG전자는 2009년 '옵티머스 원'을 출시하여 2011년 말까지 누적판매 1,000만 대를 달성했다. 2010년에 태블릿인 'UX10'과 안드로이드를 탑재한 스마트폰인 '옵티머스 2X', '옵티머스 시크'와 'LU2300', 'LU9700' 등을 출시하고, 'CES 2011'에서는 스마트폰인 '옵티머스 블랙'을 출시하였으며, 스페인 바르셀로나의 'MWC(Mobile World Congress) 2011'이 개최된 2월에는 LG전자의 첫 LTE 스마트폰인 '레볼루션'과 '옵티머스 2X'를 선보였다. 그리고 초고속 4세대(4G) LTE인 '옵티머스 LTE'를 출시하였고, 2012년에는 LG의 첫 태블릿 PC인 '옵티머스 패드 LTE'를 국내에 출시하여 인기를 얻었다.

2010년 말부터는 4세대 이동통신(4G LTE) 경쟁이 치열해졌다. 4G(generation) LTE(long term evolution)는 기존 3세대(3G) 통신보다 무선인터넷 속도가 5배 이상 빠른 신기술로 2011년 6월부터 서비스가 시작되어 전체 가입자가 100만 명이 되고 있다.

2011년 11월 '교보문고'는 미국 퀄컴사의 미라솔 디스플레이(QMT) 기술을 적용한 전자책 단말기 5.7인치의 '교보 e-리더'를 출시했는데, 태양광 아래서도 글자를 선명하게 읽을 수 있는 정전식 터치 디스플레이를 채택했다. 또한 2012년 1월 17일 교보문고는 아이리스와 공동으로 보급형 전자책단말기 '스토리K'를 출시했다. 이는 6인치 SD급 흑백 e-잉크 디스플레이를 장착, 절전형으로 최대 1만 4,000페이지를 읽을 수 있고, 대기시간은 6주, 두께

9.3mm, 무게는 208g으로 가볍고, 가격은 99,000원으로 저렴하여, 한달 동안 9,500대가 팔리는 인기를 얻었다.

현대는 '이동통신 inside' 시대가 열리고 있다. PC시대에 이어 모바일시대가 도래하여 전자책(e-book), 내비게이션(navigation), 휴대폰, 디지털 카메라(digital camera), 넷북(netbook) 등의 웬만한 디지털기기에는 이동통신시스템이 속속 탑재되고 기존 장치에 이동통신 모뎀을 내장함으로써 기존 IT영역의 장벽은 한순간에 무너지고, 휴대폰으로 통화하듯 누구나 원하는 시간에 바로 인터넷 서비스를 이용하는 'always on' 기능을 자유자재로 하는 시대가 되고 있는 것이다.

라스베이거스의 'CES 2010'(1.7.~1.10.)에는 140개 국에서 약 2,500개 기업이 참가하고 10만 명이 넘는 바이어들과 관람객이 몰렸다. 박람회의 특징은 ① 스마트폰과 노트북의 결합과 진화, ② e-book과 휴대폰의 결합과 진화, ③ 태블릿 PC의 등장, ④ 구글의 Nexus One(검색통합기능)의 등장, ⑤ 스마트북의 등장, ⑥ 콘텐츠로 무장한 3D TV의 진화, ⑦ 하드웨어와 소프트웨어의 융합, ⑧ IT산업의 새로운 패러다임 모색, ⑨ 콘텐츠, 소프트웨어의 경쟁력 과시, ⑩ 스마트화가 과거의 산업질서와 경쟁의 규칙 파괴, ⑪ Social Networking Service(SNS)의 폭발적 성장, ⑫ 모바일과 무선인터넷의 혁명, ⑬ 디지털 네이티브 시대의 도래, ⑭ 중국의 적극적 참여(TCL : The Creative Life, 하이얼, 하이센스, 레노버 등), ⑮ 신개념 정보기술(IT)기기들의 등장으로 '보안이슈'가 더욱 대두될 것임을 예고하였다.

이런 와중에 2010년 1월 7일 사르코지 프랑스 대통령은 "구글 등 인터넷 포털사이트들이 프랑스 광고시장에서 많은 수익을 올리면서 세금은 본사가 소재한 국가에서만 내고 있다. 앞으로 지사가 있는 국가에서도 세금부과 방안을 검토하라."고 경제장관에게 지시했다. 프랑스는 거둬들인 세금으로 피해를 보고 있는 자국의 작가 · 음악가 · 출판사 등을 경제적으로 지원할 방침이다. 또한 중국정부는 사이트 내용의 검색 · 검열을 요구하여 구글은 중국지사를 홍콩으로 철수하기도 했다. 이는 미국과 중국의 패권분쟁의 양상이다. 독일의 연방 법무부장관은 "구글이 독일 시민들의 정보를 너무 많이 갖고 있다. 이는 거대한 독점이며, 이런 정보로 무슨 일을 하는지 투명서비스를 밝혀야 한다. 그렇지 않으면 법적 조치를 취할 것"이라고 말했다.

2011년 11월 4일에는 세계 최대 온라인 서점인 '아마존'이 전자책을 빌려주는 '전자책 도서관'을 개관한다고 밝혔다. 아마존은 자사 '프라임 서비스' 가입자를 대상으로 100여 권의 신간과 5,000여 권의 전자책을 서비스할 예정인데, 연회비는 79달러이며, 인터넷 구입상품은 무료배송 등의 혜택이 있다. 그러나 미국 출판업계는 도서의 판매량 감소와 소매서점 생존 및 저작권 문제 등을 이유로 대형출판사 6곳이 이 '전자책 도서관'에 불참하기로 했다.

2011년 4분기에는 미국 아마존닷컴이 내놓은 저가 태블릿 PC '킨들 파이어(Kindle

Fire)' 가 시장에서 389만 대나 팔려 태블릿 PC 판매 세계 2위에 올랐다. 1위는 애플의 아이패드로 1,543만 대가 판매됐고, 3위는 삼성전자의 갤럭시탭 시리즈로 214만 대가 판매됐다. 2011년 11월 중순에 출시된 '킨들 파이어' 는 싼값인 199달러에 9GB 메모리 용량과 WiFi(무선랜) 접속기능으로 애플 아이패드 2(가격은 499~799달러)의 성능보다는 떨어지지만 가격이 싸며, 아마존 제공의 전자책 100만 권과 TV프로그램 · 영화 10만 편, 음악 1,700만 곡의 다양한 콘텐츠를 구매할 수 있다. 앞으로 애플이나 삼성전자도 킨들 파이어의 영향으로 태블릿 PC의 저가경쟁이 펼쳐질 것으로 예상된다.

'CES 2012' 가 개최된 라스베이거스에서는 4세대 이동통신(4G LTE) 휴대폰(삼성전자는 '갤럭시 넥서스' 공개, LG는 'LG 니트로 HD' 공개)과 구글이 만든 핵심 소프트웨어 OS를 이용하는 '구글 TV 2.0' 을 선보였다. 이는 일반방송은 물론이고 인터넷에 접속해 유튜브 · 넷플릭스 등 동영상 서비스를 큰 화면으로 볼 수 있고, 다양한 응용프로그램을 사용하는 것이 특징이다. 그리고 '태블릿 PC' [06]와 '울트라 북' [07]의 경쟁이 과열되고 있다.

'MWC 2012(2.27.~3.1.)' 에서 삼성전자는 '갤럭시 노트 10.1' (기존 갤럭시 노트 5.3의 확장판)과 '갤럭시 빔' (GT 18530, 스마트폰에 담긴 동영상 · 사진 등을 가족 · 친구들과 함께 볼 수 있는 프로젝트 스마트폰)을 출시했으며, 'MWC 2012' 에서 글로벌통신사업자협회(GSMA)는 삼성전자를 '최고의 휴대폰 기업상' 에 선정하였고, '갤럭시 S2' 는 '올해의 최고 스마트폰상' 에 선정되어 수상하였다. LG전자는 L-스타일인 '옵티머스 L3' (3.2인치), '옵티머스 L5' (4인치), '옵티머스 L7' (4.3인치)과 함께 '옵티머스 4X HD' (세계 첫 쿼드코어 스마트폰이다. Quad-Core는 PC나 스마트폰의 두뇌프로세스가 4개 탑재되어 2개인 Dual-Core보다 작동속도가 2배 빠르다)와 '옵티머스 뷰' 를 비밀병기로 출시했다.

2014년 6월 5일 삼성전자는 미국 최대 오프라인 서점 체인인 반스&노블과 손잡고 '갤럭시탭4 누크' 란 공동 브랜드의 태블릿 PC를 생산하여 전자책(e-book)시장에 진출한다고 성명을 발표했다. '갤럭시탭 누크' 는 삼성전자의 7인치 태블릿 PC인 '갤럭시탭4' 에 반스&노블의 전자책 서비스용 앱 '누크' 가 탑재된다. 이로써 삼성전자가 가진 하드웨어 개발 기술과 반스&노블이 보유한 디지털 서적, 잡지 등 300만 권 이상의 도서 콘텐츠가 결합하게 되는

06 Tablet PC는 노트북과 PDA의 혼합형 기기로 2002년에 빌 게이츠가 개발하고 MS가 공개한 차세대 PC의 형태이다. 노트북에 비해 휴대가 간편하고 스마트폰보다 큰 화면을 가진 휴대용 개인 컴퓨터 디지털기기이다. 대개 7~10인치 화면으로 마우스나 키보드 없이 손가락을 이용한 터치방식으로 간편하게 조작한다. MS가 2002년 처음 출시했으나 시장에서 실패하고 2010년 애플이 iPad, 삼성이 GalaxyTAP을 출시하면서 새롭게 주목받고 있다.

07 Ultra Book은 인텔이 만든 태블릿 PC 기능을 가진 노트북 컴퓨터이다. 이는 얇은 두께와 초경량 무게 등으로 휴대성이 높고, 저전력 칩의 향상으로 상시적 연결과 신속한 가동력이 있다. 지금까지 삼성전자, LG전자, 아수스, 에이서, 레노버 등이 울트라 북을 출시하고 있다.

셈이다. 이 제품은 2014년 8월 초부터 미국 전역 700여 개 반스&노블 매장과 온라인 사이트(www.barnesandnoble.com) 등에서 판매될 예정이다. 현재 이 전자책시장에서는 전자책

표 3-6 | 세계 전자출판시장 현황

분류	내용	특이사항
아마존	• 아마존 –전자책 전용단말기 '킨들', '킨들 DX' 출시 (누적 1천만 대 이상 판매) –전자책 80만여 종 서비스 중 –도서관 통해 대여서비스 시작 (약 30만 권의 전자책, 오디오북) –애플의 강제적인 '1인 앱 구매(1 APP)' 정책에 대응하여 HTML5 기반의 클라우드 서비스 도입 • 반스앤노블 –단말기 '누크(nook)' 등 전자출판사업으로 상승세 • 미국의 대형서점 체인 보더스 파산 신청	–애플 '아이패드' 출시로 e잉크 저가경쟁 본격화 –애플 인앱 구매정책으로 HTML5 기반의 클라우드 서비스 도입, 전 세계 확산 가능성 보여줌
구글	• 디지털 도서관 프로젝트 '구글 북서치' 진행 중 • 세계 도서 1천만 권 서비스 계획 (2010년부터 전자책 서비스) • 구글e북스 오픈 / 연내 중국판 구글e북스 오픈 예정	2010년 구글에디션 출시 / 2011년 구글e북스 오픈
애플	• 콘텐츠 거래장터 오픈(2008.7. 서비스) • 100억 건 다운로드, 30만 건 애플리케이션 (전 세계 '앱스토어' 열풍) • 아이패드 1, 아이패드 2 출시로 전자출판시장의 새로운 강자로 부각(미국 신문협 등 콘텐츠 제공 확대)	새로운 전자출판 강자로 부각 중(현재 아이패드 1,500만 대 판매, 올해 3천만 대 이상 예상)
중국	• 방정아팝아이를 중심으로 전자출판산업 급팽창 (시장 점유율 90%가 넘고 있음)	2010년 연 200억 달러
일본	• 소니 : e잉크단말기 'PRS' 시리즈 출시 • NTT 도코모 : 콘텐츠 CP기업 10만 개 육성(모바일 소설 강점) • 신쵸샤 등 주요 출판사 '모바일 휴대 전화문고' 개설 • 베스트셀러에 모바일 소설 • 도시바 : 안드로이드 3.0 태블릿인 레그자(REGZA) 태블릿 AT300 출시/전자책 스토어인 북플레이스(toshibabookplace.booklive.jp) 동시 오픈	–모바일 소설 1위 작가 가코스타츠 연 500억 원 수익 –NTT 도코모 전자출판사업 진출 선언 –2010년 전자책시장 650억 엔 달성
유럽	• 스프링거 등 디지털출판(데이터베이스 중심) 40년 역사 • 아마존, 구글, 애플 등의 움직임에 예의주시하면서 전자책 사업 진출에 고심 • 보다폰 등 모바일 중심 전자책 서비스 가속화 • 펭귄그룹 등 메이저출판사 전자책사업 가속화 중 • POD와 디지털출판의 성장으로 인해 약 3,151개의 새로운 출판사 탄생, 발행종수도 2009년 133,000titles에서 2010년 151,969titles로 14% 증가(영국의 The Bookseller.com 발표)	구글 프로젝트에 맞서 유럽연합 '유로피아나' 프로젝트 진행

자료 : 대한출판문화협회, 「한국출판연감」, 2012.

전용 단말기인 '킨들'과 태블릿 PC인 '킨들파이어'를 판매하는 아마존이 가장 앞서 있으며, 애플도 '아이패드'와 전자책 서비스 '아이북스'로 입지를 넓혀 가고 있다. 이번 제휴로 반스&노블은 전자책 전용 단말기 대신 삼성의 태블릿 PC를 활용해 전자책시장을 공략하기로 전략을 바꾼 것인데, 미국 전자책시장에서는 아마존을 견제할 대안이 될 수 있다는 분석이다(조선일보 · 매일경제 2014.6.7. 참조).

7. 한국 전자출판시장의 환경

(1) 한국 전자출판시장의 발전과정

IT 강국이라고 말하는 우리나라는 1990년 중반 PC통신이 전자책으로 발전되었다. 1994년 예인정보가 텍스트 위주의 온라인 서적을 서비스한 이후 스크린북, 초록배 등이 PC통신 전자출판시장에 합류했다.

1999년에는 인터넷 기반의 전자상거래를 바탕으로 바로북이 최초로 전자책 서비스를 시작하자 북토피아, 예스24, 드림북, 한국전자북 등이 전자책 서비스와 단말기를 개발하여 활기를 띠게 되었다.

정부도 전자출판사업의 중요성을 인식하고 이를 육성하기 위해 2004년에 전자출판물에 대한 부가세 면세를 하였다. 현재 삼성전자, LG전자, KT, SK, 교보문고, 아이리버, 예스24, 인터파크, 네이버, 북센, 한국 이퍼브(epub) 등이 전자책시장에 진출 또는 진출하기 위해 준비 중인 것으로 알려져 있다.

KT, SKT, LGT 등 이동통신 3사는 2010년 3월 5일 국내 휴대폰 가입자면 누구나 콘텐츠를 사고팔 수 있는 공동 앱스토어(콘텐츠 장터)를 하나로 통일하기로 합의했다. 그리고 우리나라는 2012년부터 모든 초·중·고교생들에게 국어 · 영어 · 수학 교과서는 종이책과 함께 CD 형태의 전자교과서(e-교과서)를 함께 지급할 예정이다. 2013년부터는 다른 모든 과목에도 도입될 예정이다. 의무교육인 초·중학생에겐 무상지급되며, 고교생은 기존의 종이책 형태와 CD 형태의 전자교과서를 '패키지'로 구입하도록 할 예정이다.

우리나라의 경우 전자출판 IT업체들에 의한 저작권 관리의 불투명성과 부실 문제와 함께, 정부정책(정책의 도입 및 개선 방안, 저작권 관리, 자산관리센터 구축, 콘텐츠 부족 해결방안, 각종 도서관들의 전자책 의무구입 규정, 저작권법의 개정, 전자출판사업 기반 구축, 유관부처 간 협력체계 구축 등)과 제도(법제도의 도입 및 개선 방안, 저작권 · 출판권의 권리, 불법 복제 · 복사 · 다운로드 · 유통 방지 및 단속과 처벌, DRM 등 기술적 수단 및 환경 조성, 통합 솔루션 및 표준화 작업 등)에 대한 불신으로 인하여, 저작자와 출판자들이 얼마만큼 현 시장에 참여하고자 할지 그 동기부여가 중요한 것 같다.

그러나 우리나라는 현재 전자책에 대한 정책이나 제도(저작권법 · 도서관법 등)가 산업적 측면보다는 이용자 측면으로 기울어져 있는데, 이를 살펴보면 우리나라 전자책 환경의 문제점을 알 수 있다.

(2) 한국 전자출판환경의 문제점

① 우리나라 '저작권법' 에서 출판권의 정의에 전자출판(디지털 자료)을 포함한 것은 2011년 12월 2일 한·미 FTA에 대비한 '배타적 발행권' 을 신설하고 저작권법 일부개정으로 공표되었으나, 판면권은 인정하지 않고 있다. 이로 인하여 IT업자들은 기존에 출판된 종이책의 내용도 출판사를 제외하고 직접 저자와 전자책출판 계약을 시도하기 때문에, 기존 종이책 출판사들과 저자들은 전자책 활성화에 부정적일 수밖에 없다. 따라서 종이책과 전자책이 함께 발전하게끔 하는 제도와 정책이 요구되고 있다.

② 2009년 4월 2일 국회의 의원입법(최문순 의원 대표발의)으로 발의된 '저작권법 일부개정법률(안)' 의 문제점은 다음과 같다. "ⓐ 사적 이용의 복제를 공중사용으로 설치된 복사기기에 의한 복제를 허용한다. ⓑ 도서관 등은 판매용 도서 등이 발행일로부터 5년이 경과하면 컴퓨터 등으로 도서관 등의 안과 밖에서 복제와 전송으로 이용토록 한다. ⓒ 공정한 관행에 부합하고 부당한 손해가 없는 경우 저작권자의 허락 없이도 저작물을 이용토록 한다. ⓓ 저작재산권 등에 대한 권리침해의 범죄구성요건을 영리를 업으로 할 경우로만 목적으로 한다."

③ 국립중앙도서관은 모든 디지털 도서관과 작은 도서관에서의 잘못된 전자책 이용을 계획하고 있다. 즉, 국립중앙도서관이 2010년 교보문고 등에서 구입한 전자책 25,000종을 6월 23일부터 디지털 도서관 이용자들을 대상으로 무료 서비스를 한다고 발표했다. 그리고 전국의 작은 도서관(3,719개)에도 순차적으로 전자책을 선별하여 무료로 이용케 하고, 2010년 말까지 47,000여 종과 100만 건의 온라인 자료를 서비스할 계획이다. 이처럼 앞으로 국가가 전자책을 소량으로 구입하여 모든 디지털 도서관과 작은 도서관에 무료로 서비스한다는 것은 디지털 특성상 도서관과의 연계로 전 국민이 무료로 볼 수 있게 된다는 것이다. 따라서 어떤 독자나 도서관도 기존 서비스된 전자책을 추가로 구입할 이유가 없다. 이로 인하여 모든 도서관들은 전자책을 무료로 공유 및 활용할 계획만 세우고 있다. 국회는 도서관을 도와서 전 국민이 무상혜택을 받게끔 의원입법을 시도하고 있고, 이용자(독자)들은 불법 복사 · 복제에 물들어가고 있다. 이에 출판 · 저작권계는 불법 유통에 항의하였고, 국립중앙도서관은 앞으로 시행에 앞서 출판 · 저작권계와 협의할 것을 약속했으나 2014년 6월 현재까지 1차 시행 자료는 그대로 시행하는 무성의한 태도를 보이고 있다.

이러한 디지털출판 환경과 도서관 정책으로는 어떤 저자나 출판사도 출판콘텐츠 개발을 기피하게 되어 출판지식산업의 황폐화로 결국에는 국가경쟁력마저 잃게 될 것이다.

이상과 같은 우리나라의 전자책 환경으로 인하여 기존 전자책 서비스사들은 거의 망하고 일부만 어렵게 견디고 있다. 2009년까지 전자책시장의 70~80%를 서비스하던 북토피아마저도 부도가 나서 채권단 비상대책위원회가 결성되어 2009년 12월 15일 법정관리신청(기업회생신청)을 하였으나, 현재 전자책시장 환경의 불확실성으로 인한 기업회생 불가 판정을 받아 2010년 9월 2일에 법원의 파산선고로 결국 파산하였다. 선진국에서의 전자책 활성화에도 불구하고 우리나라에서는 여러 가지 잘못된 전자출판 관련 제도와 정책이 발목을 잡고 있다. 그러나 정부가 2011년 2월 16일에 발표한 '출판문화산업진흥정책'을 통해 전자책의 안정적인 출판을 위해 전자책에도 출판권을 설정하게 하고, 정가제를 적용하며, 전자책 콘텐츠 확충을 위해 출판사가 종이책과 전자책을 동시에 기획·제작할 수 있게 다양한 지원을 위한 저작권법이 개정되었다(자세한 내용은 본장 제6절 '출판권' 참조).

(3) 출판사 설립의 전자책 제작 및 유통 대행사

2009년 7월에 50여 개 출판사들이 모여서 설립한 e-KPC(electronic-Korea Publishing Contents)는 전자책 제작과 유통 대행사이다. 개별 회원사(출판사)들의 이익을 대변하고 콘텐츠를 수집하여 전자책으로 가공·편집·제작한 뒤 유통사들에게 적절한 방법으로 제공하는 콘텐츠 집합자(Contents Aggregator : CA)로서 콘텐츠를 통합 제공하는 중개회사이며, 전자출판의 활성화에 앞장서고 있다. 출판사들을 대신하여 전자책 제작 대행, 유통사와의 정가 협의와 납품 대행, 투명한 정산관리 업무를 대행하고, 출판사 주도로 전자출판시장을 형성하며, 콘텐츠 생산자의 권리와 이익을 대변하여 건전한 전자출판시장의 환경을 조성하고 활성화시키고 있어 앞으로 우리나라 전자책시장에서의 역할이 기대된다.

(4) 2012년 한국 전자출판시장의 환경

2012년에는 그동안 콘텐츠 부족 등으로 부진을 면치 못하던 국내 전자책시장이 다시 주목받았다.

해외에서는 도서시장의 무게중심이 종이책에서 전자책(電子冊)으로 넘어갔지만, 국내에선 아직까지 큰 이목을 끌지 못했다. 하지만 '갤럭시 노트' 등 5인치대 스마트폰이 인기를 끌고 7인치대의 가벼운 태블릿 PC도 잇따라 나오자 전자기기로 책을 읽으려는 소비자들도 늘고 있다. 한국전자출판협회에 따르면 2012년 전자책시장 규모는 3,250억 원으로 예상되고 있다. 2011년(2,891억 원)보다 약 12.5% 늘어난 수치다. 2013년에는 5,000억 원을 돌파할 것으로 보고 있다.

전자책 수요가 늘어나고 있는 이유는 콘텐츠를 소비할 수 있는 기기가 다양해졌기 때문이라는 것이 업계의 분석이다. 그간 3~4인치대의 화면이 작은 스마트폰이나 600~700g이 넘는 무거운 태블릿 PC로는 전자책을 소비하기에 무리가 있었다는 것이 업계의 지적이다. 하지만 최근 5인치대 대화면 스마트폰이 인기를 끌기 시작하고 무게가 가벼운 7인치대 태블릿 PC도 나오면서 단행본과 실용서들은 전자책으로 독서를 하려는 수요자들이 늘어나고 있다.

2012년 9월 10일에는 예스24와 알라딘, 반디앤루니스 등 6개 서점이 협력해 만든 전자책 전용 단말기 '크레마 터치'가 출시되기도 했다. '한국판 킨들'로 불리는 이 제품은 국내에서는 유일하게 e잉크 디스플레이에 터치스크린 기능을 탑재했고 클라우드 기능을 구현한 것이 특징이다. 단말기를 출시한 해당 업체 콘텐츠만 볼 수 있었던 기존 단말기와 달리 알라딘 등 온·오프라인 대형 서점이 보유한 전자책을 모두 볼 수 있다. 지금까지 예약 판매로만 4,000대 이상이 팔렸다.

콘텐츠 수급자가 많아진 것도 전자책시장 성장의 한 요인으로 꼽히고 있다. 구글코리아는 2012년 9월 5일 아시아 국가 중 처음으로 한국에서 전자책 서비스를 시작했다. 구글플레이 스토어에 신설한 '도서' 카테고리에서 전자책을 내려받을 수 있도록 한 것이다. 신간, 고전, 베스트셀러뿐 아니라 웅진출판, 시공사, 21세기북스와 도서 애플리케이션(앱) 리디북스에 소속돼 있는 수백 개 출판사에서 제공하는 도서를 내려받을 수 있다. 구글플레이에서 구매한 전자책은 안드로이드 기반 스마트폰 · 태블릿 PC와 개인용 컴퓨터에서 볼 수 있으며, 조만간 iOS용 구글플레이 북 앱을 이용해 아이폰 · 아이패드에서도 구글의 서비스를 이용할 수 있게 될 것으로 보인다.

NHN도 2012년 4월 교보문고와 한국출판콘텐츠, 예스24, 민음사, 바로북 등과 계약을 맺고 전자책 서비스에 본격적으로 뛰어들었다. 이 밖에 정보기술(IT) 서비스기업 신세계 I&C도 지난 7월 전자책 유통 브랜드 '오도독' 서비스를 공개하면서 전자책 콘텐츠 유통사업을 시작했다. 다른 독자와 실시간으로 독서 이력을 공유하고 정보와 의견을 나눌 수 있는 것이 특징이다(한국경제 2012.9.13.).

(5) 2013년 한국 전자출판시장의 환경

2013년에는 우리나라 전자책시장의 콘텐츠 장르가 다양해졌다. 누적 판매부수가 10만 부 이상이 넘는 유료 전자책 시대가 열린 것이다. 「그레이의 50가지 그림자」, 「식객」, 「열혈강호」 등의 앱북이 10만 부 이상이 판매되었다. 그동안 출판사들이 전자책 분야에서 노력한 것이 결과로 나타난 것이다.

그동안 로맨스소설이나 자기계발서, 만화 등의 일부 분야에만 전자책이 편중되어 있었으나 이제는 독자들의 취향에 맞춰 선택하여 볼 수 있게 된 것이다. 전자책 국제표준 포맷인 e-pub으로 제작된 전자책의 70~80%가 문학 장르였던 반면, 2013년에는 인문 · 사회 분야에서도 2,000부~1만 부 이상 판매되는 콘텐츠들이 나타나기 시작했다. 전자책 콘텐츠는 전체적으로 20만 종 이상 증가했다.

전자책 단말기도 많이 늘어나고 있다. 예스24는 미국 라스베이거스의 가전전시회인 'CES 2014'에서 컬러 전자책 단말기 '크레마 원'을 공개하였다. 그리고 시장에서는 인터파크가 '비스킷 탭'을 선보였고, 교보문고는 아이리버와 함께 터치스크린을 장착한 e잉크 전자책 단말기 '샘'을 출시하였다.

2013년에는 「대전전자출판협회」, 「한국전자출판협동조합」, 「한국학술전자출판협동조합」이 탄생되어 전자책산업 활성화의 분위기가 고조되고 장르가 다변화 · 다양화되어 전자책시장이 양적 · 질적으로 성장하였다.

(6) 2014년 한국 전자출판시장의 환경

2014년에는 양방향 소통이 가능한 'e-pub 3.0'의 저작도구나 뷰어가 많이 나올 전망이어서 기존 전자책에서 다루지 못했던 동영상이나 오디오 등을 다양하게 제공할 수 있는 전자책이 나와 시장의 활성화에 도움이 될 것으로 보인다.

2014년 5월 7일에 인터넷서점 예스24는 '크레마 터치'와 '크레마 샤인'에 이어 세 번째 전자책 전용 7인치 컬러 단말기 '크레마 원(Crema 1)'을 시장에 출시했다. 이는 7인치 HD 터치 디스플레이를 탑재했고, 1.2GHz 쿼드코어 프로세스에 2GB램을 장착했다. 풍부한 색감과 선명한 화면, 빠른 속도와 안정적인 그래픽 성능으로 전자책과 앱북, 동영상 등 다양한 디지털 콘텐츠를 구현했다.

(7) 2015년 한국 전자출판시장의 환경

2015년 한국의 출판산업 전체 매출은 줄었지만 전자책 시장은 크게 성장한 것으로 나타났다. 한국출판문화산업진흥원(원장 이기성, 이하 진흥원)이 지난 4월 20일 발표한 「2016 출판산업 실태조사」 결과에서 2015년 기준 출판산업 총매출액은 7조 5,897억 원으로 전년 대비 3.8% 감소했다. 출판사와 출판유통사 매출은 각각 4조 278억 원, 3조 4,360억 원으로 전년 대비 4.8%, 3.3% 감소했다.

출판산업 종사자는 2015년 기준 4만 1,128명으로 전년 대비 2.3% 감소했다. 분야별 종사자는 출판사 2만 8,483명, 출판유통사 1만 2,209명, 전자책 유통사 436명이고 한 업체당 종사자는 평균 7명으로 전년도 수준을 유지했다. 2015년 매출 실적이 있는 출판사는 3,675개로, 전년 대비 1.7% 증가했으며 이 중 전자책 매출 실적이 있는 출판사는 584개로 전년 대비 10.0% 증가했다. 2015년 기준 국내 출판사의 매출 규모는 전년 대비 약 4.8% 감소한 4조 278억 원으로 조사되었다. 분야별로는 학습지 출판이 36%(1조 4천 4백억 원)로 가장 높은 비중을 차지했고, 교과서 및 학습참고서 23%, 일반단행본 19%, 전집 13%, 학술 · 전문서 5%, 아동도서 4% 순으로 나타났다. 출판사업체 종사자 규모는 3만여 명으로 학습지와 일반단행본 출판사의 고용 비중이 각각 28%로 가장 많았으며 이어서 교과서 및 학습참고서 종사자의 비중이 23%로 나타났다.

전자책유통사 매출은 1,258억 원으로 전년(1,004억 원)보다 25.4% 증가했다. 분야별로는 장르문학(로맨스 · 판타지 · 무협 등)이 72%, 일반 분야(장르문학 이외)가 28%를 차지했다.

이 중 웹소설 형태의 전자책 매출은 333억 원으로, 전년 대비 73%가 증가하며 폭발적인 성장세를 보였다. 전체 출판산업에서 전자책유통사 매출이 차지하는 비중은 2014년 1.2%에서 2015년 1.6%로 0.4%포인트 높아졌다. 진흥원은 주요 통신사와 포털사이트 업체에서 유통되는 전자책까지 포함하면 전자책 시장 규모가 1,500~1,600억 원 수준에 달할 것으로 예측했다.

8. 전자출판산업 육성방안

앞서 말했듯이 정부는 2011년 2월 16일 세계적으로 화두가 되고 있는 전자출판산업 육성방안을 발표하였다. 그 내용은 2014년까지 국고 600억 원을 투입해 ① 국내 전자출판산업 기반 구축(관련 법령 정비 등), ② 콘텐츠 창작 및 공급 기반 확충, ③ 전자출판 유통시스템 선진화(관리와 체계 확립 및 환경 조성 등), ④ 전자출판 기술 혁신 및 표준화, ⑤ 디지털 독서문화 확산(공공도서관 · 학교도서관 등의 전자책 구입 확대 등)의 5대 추진 전략사업을 중심으로 한 15개 핵심과제의 추진이다. 그러나 국립중앙도서관은 최근 국내 주요 전자책 유통업체인 교보문고, 한국학술정보, 우리전자책 등에서 이용 및 보전 가치가 높은 2만 5,000종의 전자책을 1부씩 구입하여 6월 23일부터 디지털 도서관 이용자를 대상으로 서비스를 한다고 발표하였다. 그리고 지식정보 취약계층 지원사업의 일환으로 디지털 도서관과 연계되어 있는 전국의 농산어촌 '작은 도서관' 884개 관에서 국립중앙도서관 구축 원문자료뿐만 아니라 이용자 특성에 맞는 3,000여 권의 전자책을 선별하여 무료로 이용하게 하고, 2010년 말까지 4만 7,000여 종의 전자책 등 100만 건의 온라인 자료를 국가문헌으로 수집 · 보존과 아울러 누구나 손쉽고 보다 편리하게 이용할 수 있게 한다고 하였다.

이상의 내용들을 살펴보면 정부가 국내 전자출판산업 육성에 관한 5대 추진전략을 발표하고 이를 추진하기도 전에 국립중앙도서관에서 현재 유통되고 있는 전자책 2만 5,000여 종을 국고로 구입(1부씩, 일부는 4부 구입)하여 자체 도서관과 전국의 '작은 도서관'에서 무료로 볼 수 있게 한 것이다. 이것은 한 손에 창(矛)을 다른 한 손에 방패(盾)를 들고 팔던 초나라 상인의 자가당착적(自家撞着的)인 행위이다.

기존 종이책 콘텐츠는 전자출판권과 판면권(版面權)의 부재(不在)로 시장의 혼란을 가져오는 환경에 처해 있고, 전자책은 그 속성상 종이책과는 달리 1부만으로도 전 국민이 볼 수 있어 유통상 기술적이고 제도적인 관리가 필요하다. 그리고 전자출판은 제작 시 많은 투자를 해야 한다. 그런데 이를 국립중앙도서관이 출간되는 대로 1부씩 구입하여 계속 서비스할 경우 전자책은 물론 종이책마저도 판매부진으로 출판산업의 위기를 초래할 것이다(안방도서관 논리도 개발된 것으로 알려져 있음). 이러한 환경이라면 그 어떤 개인이나 도서관도 개별(個別)로 전자책을 구입하지 않고 무료로 이용할 수 있는 수단과 방법(불법 다운로드 활성화)을 찾을 것이다(지금까지 여러 차례 국회에서 의원입법으로 시도되고 있음). 그리고 저작자나 출판콘텐츠 개발자의 투자와 콘텐츠 개발 참여의도를 저해하고 마침내 전자출판산업의 육성방안이 아니라 산업의 쇠퇴는 물론 파멸시키는 결과를 가져올 것이다.

이제라도 정부는 근시안적이고 단순한, 전자책 이용자만을 위한 정책에서 벗어나 FTA에 합당하고 실제적으로 선진화된 전자출판산업의 측면에서 상호 윈윈할 수 있는 육성방안을 모색해야 한다. 그 결과 정부 · 저작자 · 출판계 · 관련업계 등 민관합동의 적극적인 참여로, 위기를 기회로 바꾸어 국가경쟁력을 갖춘 전자출판의 발전 계기가 되기를 바란다(「출판저널」, 2010.7.Vol.414, 「출판문화」 2010.7.). (자세한 내용은 제4절 전자출판시대, 제4장 제2절 전자출판기획, 제16장 제5절 전자출판 활성화 등을 참조).

제6절 출판권

출판권(出版權, publishing rights)은 저작자가 자신의 저작물을 스스로 출판할 권리와, 저작자가 저작물을 출판할 타인에게 '원작 그대로' 인쇄 또는 그와 유사한 방법으로 문서 또는 그림으로 복제하여 판매할 수 있는 권리이다. 저작권법의 출판권에는 저작자 스스로 출판할 수 있는 권리의 출판권이 있고, 또 하나는 타인이 저작권자로부터 출판하는 권리를 허락받아 계약에 따라 갖는 출판권이 있는데 후자를 설정출판권(제63조)이라고 한다. 그동안 출판권은 종이책(복제권)만을 출판할 수 있는 권리가 있었다. 그러나 이제는 출판권의 배타적 발행권에서 "저작물을 발행하거나 복제 · 전송할 권리"(제57조)로 정의함으로써 복제권(종이책)과 전송권(전자책)의 권리를 함께 포함하는 저작권법의 개정내용이 있었는데, 그 내용은 다음과 같다(개정 2011.12.2.).

(1) 배타적 발행권의 설정

저작권법 제57조의 '배타적 발행권(排他的 發行權)의 설정'은 ① 저작물을 발행하거나 복제 · 전송(이하 "발행 등"이라 한다)할 권리를 가진 자는 그 저작물을 발행 등에 이용하고자 하는 자에 대하여 배타적 권리(이하 "배타적 발행권"이라 하며, 제63조에 따른 출판권은 제외한다. 이와 같다)를 주었고, 배타적 발행권을 설정할 수 있다(개정 2011.12.2.). ② 저작재산권자는 그 저작물에 대하여 발행 등의 방법 및 조건이 중첩되지 않는 범위 내에서 새로운 배타적 발행권을 설정할 수 있다(신설 2011.12.2.). ③ 제1항에 따라 배타적 발행권을 설정받은 자(이하 "배타적 발행권자"라 한다)는 그 설정행위에서 정하는 바에 따라 그 배타적 발행권의 목적인 저작물을 발행 등의 방법으로 이용할 권리를 가진다(개정 2011.12.2.). ④ 저작재산권자는 그 저작물의 복제권 · 배포권 · 전송권을 목적으로 하는 질권이 설정되어 있는 경우에는 그 질권자의 허락이 있어야 배타적 발행권을 설정할 수 있다(개정 2011.12.2.).

우리나라 저작권법(著作權法)에서 저작자는 그의 저작물을 복제할 권리(제16조 '복제권')와 저작물의 원본이나 그 복제물을 배포할 권리(제20조 '배포권')를 가지고 있다. 일반적으로 저작자 스스로가 출판하는 경우는 적으며, 보통 타인(출판사)에게 배타적 발행권을 설정하게 되므로 그에 따른 저작권법 문제도 많이 발생하게 되어, 저작권법은 주로 설정 배타적 발행권에 관하여 규정하고 있다. 배타적 발행권을 설정받은 배타적 발행권자는 그 설정행위에서 정해진 대로 배타적 발행권의 목적인 저작물을 '원작 그대로' 출판할 권리가 있다. 그리고 복제권자는 그 저작물의 복제권을 목적으로 하는 질권(質權)이 설정되어 있을 경우에는 그 질권자의 허락이 있어야 배타적 발행권을 설정할 수 있다.

여기에서 '원작 그대로'라는 뜻은 저작자의 인격권인 공표권 · 성명유지권 · 동일성유지권을 유지해야 한다. 출판자가 편집과정에서 오자나 탈자, 한글맞춤법과 외래어표기법 등에서 잘못된 곳을 고치는 것은 가능하지만 저작물의 형태나 내용을 바꾸거나 번역이나 개작으로의 출판은 별도의 설정행위나 허락을 받아야 된다. 번역과 개작은 제2차 저작물로서 번역자와 개작자에게 저작권의 권리가 주어진다.

(2) 배타적 발행권자의 의무

저작권법 제58조 '배타적 발행권자의 의무'는 ① 배타적 발행권자는 그 설정행위에 특약이 없는 때에는 배타적 발행권의 목적인 저작물을 복제하기 위하여 필요한 원고 또는 이에 상당하는 물건을 받은 날부터 9월 이내에 이를 발행 등의 방법으로 이용하여야 한다(개정 2011.12.2.). ② 배타적 발행권자는 특약이 없는 때에는 관행에 따라 그 저작물을 계속하여 발행 등의 방법으로 이용하여야 한다(개정 2011.12.2.). ③ 배타적 발행권자는 특약이 없는 때에는 각 복제물에 대통령령이 정하는 바에 따라 저작재산권자의 표지를 하여야 한다(개정 2011.12.2.).

저작권법 제58조의 2 '저작물의 수정 증감'은 ① 배타적 발행권자가 배타적 발행권의 목적인 저작물을 발행 등의 방법으로 다시 이용하는 경우에 저작자는 정당한 범위 안에서 그 저작물의 내용을 수정하거나 증감할 수 있다(개정 2011.12.2.). ② 배타적 발행권자는 배타적 발행권의 목적인 저작물을 발행 등의 방법으로 다시 이용하고자 하는 경우에 특약이 없는 때에는 그때마다 미리 저작자에게 그 사실을 알려야 한다(개정 2011.12.2.).

(3) 배타적 발행권의 존속기간 등

저작권법 제59조 '배타적 발행권의 존속기간 등' 은 ① 배타적 발행권은 그 설정행위에 특약이 없는 때에는 맨 처음 발행 등을 한 날부터 3년간 존속한다. 다만, 저작물의 영상화를 위하여 배타적 발행권을 설정하는 경우에는 5년으로 한다(개정 2011.12.2.). ② 저작재산권자는 배타적 발행권 존속기간 중 그 배타적 발행권의 목적인 저작물의 저작자가 사망한 때에는 제1항에도 불구하고 저작자를 위하여 저작물을 전집 그 밖의 편집물에 수록하거나 전집 그 밖의 편집물의 일부인 저작물을 분리하여 이를 따로 발행 등의 방법으로 이용할 수 있다(개정 2011.12.2.).

(4) 배타적 발행권의 소멸통고

저작권법 제60조 '배타적 발행권의 소멸통고' 는 ① 저작재산권자는 배타적 발행권자가 제58조 제1항 또는 제2항을 위반한 경우에는 6월 이상의 기간을 정하여 그 이행을 최고하고, 그 기간 내에 이행하지 아니하는 때에는 배타적 발행권의 소멸을 통고할 수 있다(개정 2011.12.2.). ② 저작재산권자는 배타적 발행권자가 그 저작물을 발행 등의 방법으로 이용하는 것이 불가능하거나 이용할 의사가 없음이 명백한 경우에는 제1항에도 불구하고, 즉시 배타적 발행권의 소멸을 통고할 수 있다(개정 2011.12.2.). ③ 제1항 또는 제2항에 따라 배타적 발행권의 소멸을 통고할 경우에는 배타적 발행권자가 통고를 받은 때에 배타적 발행권이 소멸한 것으로 본다(개정 2011.12.2.). ④ 제3항의 경우에 저작재산권자는 배타적 발행권자에 대하여 언제든지 원상회복을 청구하거나 발행 등을 중지함으로 인한 손해의 배상을 청구할 수 있다(개정 2011.12.2.).

(5) 배타적 발행권 소멸 후의 복제물의 배포

저작권법 제61조 '배타적 발행권 소멸 후의 복제물의 배포' 는 배타적 발행권이 그 존속기간의 만료, 그 밖의 사유로 소멸된 경우에는 그 배타적 발행권을 가지고 있던 자는 다음 각 호의 어느 하나에 해당하는 경우를 제외하고는 그 배타적 발행권의 존속기간 중 만들어진 복제물을 배포할 수 없다(개정 2011.12.2.).

1. 배타적 발행권 설정행위에 특약이 있는 경우
2. 배타적 발행권의 존속기간 중 저작재산권자에게 그 저작물의 발행에 따른 대가를 지급하고, 그 대가에 상응하는 부수의 복제물을 배포하는 경우(개정 2011.12.2.).

(6) 배타적 발행권의 양도 · 제한 등

저작권법 제62조 '배타적 발행권의 양도 · 제한 등' 은 ① 배타적 발행권자는 저작재산권자의 동의 없이 배타적 발행권을 양도하거나 또는 질권의 목적으로 할 수 없다. ② 배타적 발행권의 목적으로 되어 있는 저작물의 복제 등에 관하여는 제23조, 제24조, 제25조 제1항부터 제3항까지, 제26조부터 제28조까지, 제30조부터 제33조까지, 제35조 제2항 및 제3항, 제35조의 2, 제35조의 3, 제36조 및 제37조를 준용한다(전문개정 2011.12.2.).

출판권자의 사망으로 그 권리가 상속될 때에는 저작권자의 허락 없이도 출판권이 자동으로 상속인에게 이전된다. 이때 설정되어 있는 출판권을 저작권자가 처분하고자 할 때는 출판권자의 동의 없이도 할 수 있다.

저작재산권의 제한규정은 다음과 같다. ① 재판절차에 필요한 경우와 입법 · 행정을 위한 내부자료로 필요한 경우, ② 공개적인 정치적 연설 및 법정 · 국회 · 지방의회에서의 공개적 진술의 경우, ③ 고등학교 및 그 이하 학교의 교육목적의 경우, ④ 방송 · 신문 그 밖의 방법에 의해 시사보도를 하는 경우, ⑤ 이용금지표시가 없는 기사 및 논설을 타 언론기관이 복제 · 배포 · 방송할 경우, ⑥ 공표된 저작물을 보도 · 비평 · 교육 · 연구 등을 위한 '정당한 범위' 안에서 '공정한 관행'에 합치되는 인용(引用)의 경우, ⑦ 공표된 저작물을 비영리로 개인적인 이용이나 가정 및 이에 준하는 한정된 범위 안에서 이용할 경우(공중사용의 복사기기와 복사업체 및 기업체 등의 복제는 제외), ⑧ '도서관 등에서 복제'의 경우, ⑨ 학교 입학시험 그 밖의 학식 및 기능에 관한 시험 또는 검정에 필요한 경우, ⑩ 시각장애인 등을 위한 점자로 복제 · 배포하는 경우, ⑪ 개방장소에 항시 전시되는 미술저작물 등을 복제하는 경우(건축물 복제, 조각 · 회화의 복제, 판매를 목적으로 하는 복제, 개방장소에 항시 전시를 위한 복제는 제외), ⑫ 미술저작물 등의 전시 또는 원작품의 판매를 위한 안내 및 소개목록 형태의 책자에 저작물을 복제하여 배포하는 경우 등이다.

여기에서 인용은 공표된 다른 저작물 가운데서 한 부분을 참고로 가져다 쓰는 것이다. 이때에 '정당한 범위'는 공표된 다른 저작물을 자기의 저작물에 인용해야만 하는 이유가 인정되어야만 하며, 또한 자기 저작물의 내용이 인용내용보다 주체가 되어야 하고 인용문은 보조가 되어야 한다. '공정한 관행'은 우리 사회적 통념상 허락될 수 있다고 생각하는 범위의 인용이 되어야 한다. 그리고 인용문헌은 출처를 정확히 명시하고 자기 저작물에 도움을 준 문헌은 참고문헌에 넣어야 한다. 표절은 남의 창작물의 내용을 취하여 자기 창작물처럼 이용하는 것으로 저작권법에 의한 처벌을 받게 된다.

2차적 저작물은 원저작물을 번역 · 편곡 · 변형(미술 · 조각 등) · 각색(어문 · 음악 · 영상 · 연극 등) · 영상 제작(각본화) · 그 밖의 방법(저작물을 서로 다른 장르로 바꿈 등)으로 작성된 창작물을 말한다. 이들은 원저작물과 관계없이 독자적인 저작권의 권리를 갖는다. 그러나 원저작자의 허락을 받아야 한다.

(7) 출판에 관한 특례〈신설 2011.12.2.〉

저작권법 제63조 '출판권의 설정' 은 ① 저작물을 복제 · 배포할 권리를 가진 자(이하 "복제권자"라 한다)는 그 저작물을 인쇄, 그 밖에 이와 유사한 방법으로 문서 또는 도화로 발행하고자 하는 자에 대하여 이를 출판할 권리(이하 "출판권"이라 한다)를 설정할 수 있다. ② 제1항에 따라 출판권을 설정받은 자(이하 "출판권자"라 한다)는 그 설정행위에서 정하는 바에 따라, 그 출판권의 목적인 저작물을 원작 그대로 출판할 권리를 가진다. ③ 복제권자는 그 저작물의 복제권을 목적으로 하는 질권이 설정되어 있는 경우에는 그 질권자의 허락이 있어야 출판권을 설정할 수 있다(본조신설 2011.12.2.).

저작권법 제63조의 2 '준용' 은 제58조부터 제62조까지는 출판권에 관하여 준용한다. 이 경우 "배타적 발행권"은 "출판권"으로, "저작재산권자"는 "복제권자"로 본다(본조신설 2011.12.2.).

제7절 출판학

1. 출판학이란?

출판학(出版學, publishing science)이란 사회현상으로서의 출판을 과학적으로 연구하고 조사하는 것을 목적으로 하는 학문이다. 즉 책 · 잡지 · 전자책 등의 출판활동을 중심으로 하는 문화사상을 과학적으로 연구하고 조사하고자 하는 목적의 학문이다. 이에는 서지학, 출판의 역사, 출판기능론, 출판편집론, 출판경영론, 전자출판론 등의 폭넓은 영역이 포함되며 인류의 사회적 · 문화적 · 교육적 발전에 지대한 영향을 미치고 있다. 산업으로서는 오랜 역사와 전통을 지녀 왔음에도 불구하고 다른 여러 분야에 비하여 출판학으로서의 학문적 체계화와 그에 대한 연구는 많이 부족하다.

우리나라의 출판연구는 일정한 연구자 집단이 형성되지 않은 상태였으며, '출판학' 이란 용어는 1963년 11월 안춘근이 "출판학원론"이라는 논문을 발표하면서 처음으로 사용되었다. 그 후 1967년 6월 민병덕이 대학에 출판학과(出版學科) 신설의 필요성과 출판학의 학문적 체계를 촉구하였다(이종국, 2006, pp.181~184 참조).

2. 대학의 출판 관련학과

우리나라 대학교에 개설된 최초의 출판 관련학과는 1980년 신구대학(2년제) 인쇄학과의

표 3-7 | 한국 · 중국 · 일본의 출판학 연구(개요)

구분	연구영역의 명칭과 시기	학회의 명칭	학회지의 명칭	주된 연구목적
한국	出版學 publishing science 1963년 논문 (안춘근)	韓國出版學會 Korean Publishing Society 1969년 6월 22일 창립	「韓國出版學研究」 *Studies of Korean Publishing Science*	• 출판에 관련된 여러 분야의 역사적 · 현상적인 면을 조사 연구 • 출판학과 출판문화 발전에 기여
일본	出版學 editology 1967년 논문 (스미즈)	日本出版學會 The Japen Society of Publishing Studies 1969년 3월 14일 창립	「出版研究」 *Studies on Publishing*	• 출판 및 그에 관련되는 사항의 조사 연구 • 학술 및 연구 기관과 협력을 도모하여 출판문화 향상에 기여
중국	編輯學 science of editorship 1949년 출판 (리치민)	中國編輯學會 China Redactological Society 1992년 10월 13일 창립	「中國編輯研究」 *Redactology Annual*	• 출판물의 편집이론과 편집업무에 관한 연구 • 출판사업 발전 촉진과 중국 특색의 사회주의 건설에 기여

자료 : 이종국, 2006, p.191 참조.

'출판전공' 이다. 그 후 1981년 중앙대학교 신문방송대학원에 '출판잡지전공' 이 개설되었고, 1982년에는 2년제인 혜전대학에 '출판학과' 가 처음으로 탄생하였다. 4년제 대학으로는 광주대학교 · 원광대학교 · 탐라대학교 · 세명대학교의 4개 대학에 출판 관련학과가 개설되었으나, 학계와 업계의 무관심과 지방대학 학생수의 전체적인 감소로 인한 지원미달로 2003~04년에 3개 대학교는 폐과되었고, 세명대학교(제천시)만 남아 있다. 2년제 대학의 경우 그동안 17개 대학에 개설되었으나 2005년 현재는 4개 대학인 계원조형예술대학, 동원대학, 서일대학, 신구대학만 남아 있고, 또한 8개 전문대학원이 출판 관련학을 교육하고 있다(표 3-8 참조).

그리고 서경대학교의 경우 2013년부터 국문과와 철학과를 통합하여 '문화콘텐츠학과' 가 탄생하였다. 이와 함께 전교생 실무 강의과목으로 6과목(국어의미론, 교정론, 한자, 한글맞춤법, 출판편집의 실제, 출판기획론)을 개설하여, 졸업 때까지 전 과목 B학점 이상을 받으면 편집실무 이수증을 총장 명의로 발행하고 있다. 이는 학생들에게 취업에 대한 자신감과 도움을 주고자 하는 것이다.

그동안 각 대학에서 출판과 관련하여 교육과정의 개발, 출판학 연구, 출판연구의 과학화, 연구방법론 등의 연구가 활발하게 이루어지면서 출판학이 개별 학문으로서 정립되어 가고 있으나 체계적인 출판전문인력 양성에는 많이 부족한 상태이다.

이처럼 출판학은 사회적 · 문화적 현상으로서 출판을 과학적 · 교육적 · 미디어적으로 연

표 3-8 | 우리나라 출판 관련학과 설치현황

구분	학교명	개설학과	개설연도	2005년 현재
4년제	광주대학교	출판광고학과	1989	(신문방송학과)폐과
	원광대학교	문예출판학과(야간)	1997	(문예창작학과)폐과
	탐라대학교	출판미디어과	2001	폐과
	세명대학교	미디어창작학과	2000	(미디어창작학과)
2년제	경인여자전문대	전자편집디자인과	1993	(시각디자인과)폐과
	계원조형예술대	전자출판디자인 전공	1995	(미디어콘텐츠과)폐과
	김포전문대	전자출판과	1995	폐과
	대구전문대	출판인쇄과	1990	폐과
	대전과학기술대	출판과	1989	(광고홍보디자인과)폐과
	동원전문대	문예편집과	1997	동원대학 광고편집과
	동주여자전문대	편집디자인과	1993	폐과
	백제예술전문대	출판편집과	1992	폐과
	부산전문대	인쇄출판과	1989	폐과
	서일전문대	출판과	1992	서일대학 미디어출판과
	성심외국어대	편집디자인과		폐과
	신구전문대	출판과	1980	신구대학 미디어콘텐츠과
	연암공대	전자출판디자인 전공		폐과
	혜전전문대	전자출판학과	1982	폐과
	혜천전문대	출판과	1989	폐과
특수 대학원	중앙대학교	신문방송대학원	1981	출판정보미디어 전공
	동국대학교	언론정보대학원	1988	출판잡지 · 인쇄 전공
	경희대학교	언론정보대학원 저널리즘학과	1988	출판 · 저작권 전공
	서강대학교	언론대학원	1992	신문 · 출판 전공
	연세대학교	언론홍보대학원	1992	저널리즘 전공
	한양대학교	언론정보대학원	1995	신문 · 잡지출판 전공(기초융합교육원)
	건국대학교	언론홍보대학원 언론 · 출판학과	1996	디지털출판잡지 전공
	성균관대학교	언론정보대학원	1997	문화콘텐츠 · 커뮤니케이션 전공

자료 : 강희일, 2014.

구 · 조사하는 학문이다. 커뮤니케이션학으로서 신문방송학과 가까운 학문이기는 하나 매스미디어로서의 출판인 것만은 아니다. 출판에 관한 연구는 신문학 · 신문방송학 · 서지학 · 문헌정보학 등의 토대 위에, 문학이론 · 사회학 · 문화인류학 · 미학 · 역사학 · 정보학 · 심리학 · 경영학 · 법률학 · 정치학 · 행정학 등의 협력을 얻어, 출판의 본질 · 기능 · 과정 · 효과 등에 대하여 역사적 및 현상적으로 연구하는 이론과 실무로 이루어지게 된다. 연구의 주 대상은 도서와 잡지 등이지만 인쇄 이전의 출판물까지 포함하며, 커뮤니케이션 기술의 발달과 디지털 기술의 발달로 전자책 등으로 그 대상영역이 더욱 확대되고 있다.

출판전문인력 양성은 산학협력에 의한 대학교육에 있다

프랑스에서는 출판전공(出版專攻)뿐만 아니라 서점전공(書店專攻)까지 대학에서 가르치고 있다. 즉 '파리 제10대학'의 전문학사 과정에는 도서관전공뿐 아니라 서점전공도 있다.

표 3-9 | 한국출판학회(The Korean Publishing Science Society)

설립연도	1969년 3월 17일	
설립목적	이 학회는 출판에 관련된 분야의 역사적 · 현상적인 면을 조사 · 연구하여 학문적으로 체계화하고 과학화함으로써 학문과 출판문화 발전에 기여함을 목적으로 함	
주요 사업	• 학술연구발표회 및 강연회의 개최 • 학술지 및 도서의 간행 • 국내외 관련학계와의 교류 • 우수한 연구업적자 교류 및 출판문화 발전의 공로자에 대한 시상 • 기타 이 학회의 목적을 이루는 데 필요한 사업	• 학술적 연구 및 조사 • 출판문화 진흥을 위한 산학협동
2012년도 주요 활동 내용	• 제24회 정기학술대회 • 제15회 국제출판학술회의 • 「한국출판학연구」 발행 • 한 · 중 출판학술회의	• 제32회 한국출판학회상 시상 • 제10차 출판정책 라운드테이블 • 중국 출판집단 방문 및 중국 도서전시회 • 제11차 출판정책 라운드테이블
규모	• 회원수 : 300여 명	• 직원현황 : 1명
소재지	서울시 용산구 효창동 5-104 일진빌딩 2층	
연락처	• 전화 : (02)712-9169, 팩스 : (02)712-9169 • 이메일 : kpss@kpss.or.kr, 홈페이지 : www.kpss.or.kr	

자료 : (사)대한출판문화협회, 앞의 책.

1999년부터 운영되어 온 출판, 편집인 교육과정부는 ① MEDIADIX : 도서관, 서적, 문헌정보 전공(우리나라의 평생교육원 또는 사이버대학에 해당), ② 정보커뮤니케이션 IUT(전문학사) : 서적관련 직업 전공, ③ 전문학사과정 : 편집, 서점, 도서관 전공, ④ DEUST : 2년 과정 영상제작 실무과정, ⑤ 학사, 석사 과정 : 커뮤니케이션 및 정보, 문헌정보, 서적관련 직업전공, 일반과정 등 5개 학과로 이루어져 있고, 여기에서 다시 서적관련 직업전공, 편집전공, 서점 및 판매전공, 도서관전공, 문헌정보전공, 이미지전공, 영상전공, 멀티미디어전공 등의 10여 개의 전공으로 나뉜다.

위의 전문학사 과정과 DEUST 과정은 2년 단기과정으로 학사과정 또는 그랑제꼴(Grandes écoles : 높은 경쟁률의 엄격한 선발과정을 거쳐 소수 정예의 신입생을 선발하고 각 분야에서 최고 수준의 교육을 통해 프랑스 사회의 엘리트를 양성하는 프랑스의 전통적인 엘리트 고등교육 연구기관) 입학전형에 의한 교육과정인데, 이론에서부터 실무에 이르는 교육과정을 통해 직업 세계로 쉽게 갈 수 있게 운영되고 있다. 그랑제꼴 시스템은 최소한 대학 2년차 교육을 마친 학생들을 대상으로 선발시험을 치르고, 3년 동안의 이론 및 실무 교육을 통해 현장에서 즉시 활용할 수 있는 인력을 양성하는 데 그 특성이 있다. 따라서 편집, 서점, 도서관 전공과 관련된 전문 학사과정은 4학기의 일반 과정을 마친 후 서적관련 직업을 위한 석사과정에 들어갈 수 있는 것이다.

프랑스 언론학교육(言論學敎育)의 특성(特性)은 첫째, 전문인을 기르기 위한 다원화되고 단계적인 형식들이 존재하고 있다. 둘째, 교육이 사회 진출과 연계될 가능성이 높은 구조적 시스템이다. 셋째, 산학협동을 통한 전문인 양성과 졸업자의 활동 보장을 위한 체계적 전문교육의 기회를 제공하고 있다. 넷째, 교육을 통하여 새로운 미디어와 전문적 분야의 교육과정을 확대하고 있다는 것이다(한국언론학회 미래위원회, 「언론학 교육의 길을 묻다」, pp. 203~206, 서울 : 커뮤니케이션북스, 2009).

그러나 우리나라에서는 4년제 대학과 일반대학원에 출판학을 교육하는 학과가 없다. 다만 소수의 2년제 대학과 특수대학원에 출판학 전공학과가 있을 뿐이다. 또한 학계와 출판계 간에 산학협력이 전혀 이루어지지 않고 각자 교육과정과 교육방법이 다르기 때문에 출판의 이론과 실무가 일체화되지 못하고 외면당하고 있는 실정이다. 따라서 2012년도 한국출판문화산업진흥원의 출발을 계기로 출판계와 학계는 머리를 맞대고 노력하여 산학협력에 의한 출판전문인력 양성에 뜻을 같이함으로써 서로 간에 시너지효과를 가져오기를 기대해 본다.

학습 자료

1 출판과정

(1) **기획 · 편집** : 출판사 또는 부서마다 차이가 있다. 큰 출판사에서는 기획부와 편집디자인부를 따로 두기도 하지만 일반적으로 편집부만 두고 기획에서 편집디자인까지 편집자가 모두 전담하고 있는 경우가 많다. 담당 편집자는 해당 출판사의 다양한 분야 중 자신의 관심 분야를 맡아서 한 권의 책이 완성되어 나오기까지 한 사람이 전담하는 것이다. 기획에는, 첫째 저자가 원고를 직접 가지고 오면 내용을 검토한 후 책으로 출판하는 경우가 있고, 둘째 기획 · 편집자가 어떤 책을 출판할 것인지 기획을 한 후 저자를 발굴하는 경우가 있다. 이때 출판하려는 도서의 의도와 목차, 내용, 구성 등에 관하여 대략적으로 결정한 후 저자와 상의 및 토론을 하고 수정 · 보완을 하여 결론을 내린다. 원고가 들어오면 검토하고 수정할 부분이 있으면 수정을 한 후 원고를 완성해 나가는 과정이 기획과정이고, 이 원고의 글을 책으로 만드는 과정(표지 · 제목 · 글자디자인 · 조판 · 정가 · 교정 · 제판 · 인쇄 · 제책)이 편집디자인 업무과정인 것이다.

(2) **표지 · 제목 · 글자디자인** : 표지는 어떤 모양으로, 제목은 어떤 것으로, 글자체도 어떤 체로 할 것인지를 편집자가 견본을 만들어서 저자와 상의하여 정해야 한다.

(3) **조판 · 교정 · 정가 · 인쇄 · 제책** : 일반적으로 한글만 있는 단행본 도서는 퍼스널 컴퓨터를 이용하여 한글로 조판을 하지만, 학술도서 등과 같이 외국어 · 전문용어 · 활자변화 등과 같이 복잡한 조판은 거의 매킨토시 컴퓨터로 편집자가 직접 입력하여 작업을 하는 경우가 있고, 전문적인 컴퓨터 조판소에 하청을 주어서 오퍼레이터가 입력하는 경우가 있다. 이 세 가지 경우 모두 교정 · 정가 · 인쇄 · 제책에 관한 결정은 편집자가 해야 된다.

(4) **보도자료 · 홍보** : 제책과정까지 거쳐 책이 출간되면 저자와 상의하여 보도자료를 만들어서 언론사나 잡지사에 돌리는 홍보도 편집자의 몫이다.

(5) 마케팅 : 영업부 직원들의 영업회의(필요 시 기획 · 편집자도 참석)에서 배부처 · 배부방법 · 할인율 · 수량 · 수금방법 등을 확정 · 실행하게 된다. 마케팅 결과 자신이 기획 · 편집자로서 담당한 책의 매출이 좋아지면 그만큼 기획 · 편집의 전문가로서 융숭한 대우를 받는다.

2 출판상품 개발 과정

(1) 아이디어 창출 : 수많은 원고 중에서 쓸 만한 것을 건지기란 어렵다. 아이디어의 탐색은 독자로부터 나오는 것이 좋다. 그리고 출판기획회의에 영업자까지 참석시켜서 기획 아이템이 그들로부터 자연스럽게 나올 때 출판기획은 성공할 확률이 높을 것이다.

(2) 아이디어 선별 : 독자의 욕구를 제대로 읽을 수 있는 사람은 자신이 지닌 아이디어를 어떤 형태로, 언제쯤, 어떤 가격으로 펴내면 어느 정도의 수요가 있을지를 대강 파악할 수 있다.

(3) 상품개념의 개발과 검증 : 기획자의 아이디어는 독자를 위해 보다 명료하게 구체화돼야 한다. 시장조사방법으로는 관찰법 · 표적집단조사 · 설문조사 등이 있고, 접촉방법으로는 우편조사 · 전화조사 · 면접법 등이 있다.

(4) 마케팅 전략의 개발 : 출간이 결정되면 마케터는 구체적인 마케팅 전략을 수립해야 한다. 먼저 STP(시장세분화 : Segmenting, 목표시장의 선택 : Targeting, 포지셔닝 : Positioning)전략을 수립한다. 즉, 목표시장을 세분화하여 그 규모를 가늠하고, 목표독자의 구체적인 확인과 구매유형 등을 파악한다. 포지셔닝 전략은 독자분석→경쟁자 확인→경쟁상품의 포지션 분석→자사 상품의 포지션 개발→포지션의 확인 및 재포지셔닝 등의 절차에 따라 이뤄진다. 이때 상품 수명주기(도입기→ 성장기 → 쇠퇴기)에 따른 마케팅 전략을 수립하고, 도입기의 프로모션(광고 · 홍보, 인적판매, 판촉활동, 이벤트 등) 전략을 세밀히 작성하고, 판매 가능한 최소 · 최대부수를 예측하여 장·단기 전략을 수립하고 반품률이 고려된 구체적인 손익계산이 이루어져야 한다.

(5) 사업성 분석 : 한 권의 책을 펴낼 때는 회사의 경영적 판단이나 책의 문화성과 사업성 그리고 회사의 브랜드 이미지 제고 차원에서라도 출간을 결정할 수 있어야 한다.

(6) 상품개발 : 전문 편집자와 디자이너의 역할이 중요하다. 독자들이 읽기 쉽도록 교정 · 교열을 제대로 해야 하고, 상품의 포장도 매우 중요하다. 책의 제목, 책표지, 책등, 앞뒤 날개, 면지, 본문 등이 유기적으로 연결된 토탈디자인이 이뤄져야 한다.

(7) 시험판매 : 출판상품(책)의 경우 대부분 생략되고 일부만 적용하고 있다.

(8) 출고 : 출고시기와 중·대형서점, 도매상, 새 유통업체 등에 따라 적절한 출고배분이 이루어져야 한다.

(9) 독자반응 확인 : 책의 출고가 이뤄진 직후부터 독자들의 반응을 면밀히 체크한다.

(10) 전략수정 : 실제 계획과 다른 결과가 발생할 경우에는 즉각 전략을 수정한다. 실제 판매의 결과나 베스트셀러 진입 여부, 경쟁상품의 전략 등에 맞춰 우리의 전략도 수정한다.

—한기호, 「희망의 출판」, 창해, pp.66~70, 중략.

3 일본식 출판 용어

일본 용어	우리말 용어	용어 설명
가가리 사철	실매기	양장 · 반양장 제책에서 접장을 하나씩 실로 엮어 맞추는 공정
가다마 와리	둥굴림	둥근양장 제책공정 중 책등을 둥글게 만들기 위하여 등굳힘하는 것
가꾸 양장	각양장	양장제책에서 책등을 각평면으로 마무리한 것
가다메	등굳힘	양장제책에서 속장의 등에 접착제를 바르고 여기에 천 또는 종이를 붙여 접장을 서로 접착시키는 작업공정
가라오시	형압	암동판과 숫동판이 있어 누르면 표면에 원하는 모양으로 누름현상의 괘가 만들어지는 것
가미도리	종이받이	오프셋인쇄기에서 인쇄된 종이가 기계에서 최종적으로 배출되어 쌓이는 공정
간다레	날개표지	표지의 배(앞)쪽을 접어넣는 제책양식
게쓰	물림밑쪽	낱장 인쇄물의 물림몫 반대쪽 변
게시타	밑여백	출판물 밑쪽의 여백부를 일컬음
겐또	가늠	양면인쇄나 원색인쇄 시 판 장착 후 인쇄위치나 각 색도를 맞추는 공정
고구치	마구리	맴몫의 반대편의 변(배쪽)
고미다시	소제목	작은 제목
고바리 소첩	따붙이기	수제판 공정을 일컬음
구구리	테돌림	글자의 주변에 테를 돌려 희게 빼는 것
구아에 쓰메 그리퍼	물림집게	인쇄기에서 낱장 인쇄물의 인쇄 시 종이를 집는 집게
구아에 지로	물림 밑쪽	낱장 인쇄지의 물림몫의 반대쪽
기가다	목형	톰슨 가공을 위하여 원하는 모양으로 합판에 칼을 박은 판
기보루	황판지	누런색의 판지
기어메	기어얼룩	인쇄면 가로 방향으로 나타나는 줄무늬 모양의 더러움 또는 얼룩
나라시	잠재우기	실매기를 끝낸 속장의 등을 죄어서 잠재우는 양장제책의 부분공정
나오시	수정할 것	제책의 각 공정에서 발생되는 불량품을 일컬음
노리	풀칠	접지된 인쇄물과 별지를 풀붙임하는 공정
노리사시	풀넣기	떡제본 시 등에 풀칠하는 공정
누리코니 오페이킹	메우기	사진제판용의 네거티브 또는 포지티브의 불필요한 부분을 먹이나 불투명 니스로 칠하여 밀착기에서 빛의 투과를 막는 것
다데꾸미	세로짜기	인쇄했을 때 세로로 읽을 수 있도록 조판하는 것
다찌시로	재단몫	다듬재단에서 잘려나갈 부분을 예측한 치수
대첩 하리꼬미	터잡기	페이지별 · 색도별로 만들어진 필름을 아세테지에 페이지 순서, 색도, 간격 등을 감안하여 붙이는 공정
단보루	골판지	판지를 가공한 포장용 재료
도무송 톰슨	모양따기 따냄기	목형을 이용하여 인쇄물을 원하는 모양으로 따내는 공정
도비라	속제목	표지와 내지의 중간이나 내지와 내지 사이에 들어가는 책제목
덴	머리 머리 여백	속장을 다듬재단한 3면 중 위쪽
덴노리	머리풀칠	메모, 원고용지, 편지지처럼 머리를 접착제로 굳혀서 1장씩 떼어 쓸 수 있도록 제책한 것

도지시로	맬몫	제본상 필요한 책자의 맬몫 부분의 여백
도트	망점	필름 또는 인쇄물 위에 구성된 점. 농담의 계조를 느끼게 함
돈땡	같이걸이	인쇄물의 앞판과 뒷판을 한판으로 짜 앞·뒷면을 같은 판으로 인쇄하는 것
돔보	가늠표	인쇄, 제본, 제판, 기타 후가공 등 모든 공정에서 가늠맞춤에 쓰이는 + 마크
돗판	볼록판	일반적으로 볼록판인쇄를 가리킴
롤러메	롤러 얼룩	인쇄기의 잉크 묻힘 롤러의 원주를 주기로 하여 인쇄물의 상하 방향으로 발생하는 얼룩
마루양장	둥근양장	양장제본에서 책등을 둥글게 마무리한 것
마끼도리	잉크세척	인쇄작업이 끝났거나 잉크교환을 위하여 롤러에 있는 잉크를 세척하는 것
마끼 도리시	두루마리지	초지된 종이를 일정한 폭으로 자르고 축에 감아서 마무른 종이. 윤전인쇄기나 전산 폼지에 주로 쓰임
마루미	앞뽑기	양장제책에서 둥근양장으로 만들기 위하여 등굳힘된 내지를 둥글게 뽑는 작업
마쿠라	쫄대 댐판지	양장제책에서 등부분에 들어가는 심지
모구리	안 잘린 면	용지의 치수 부족이나 접지 잘못으로 잘릴 몫이 없어져서 그중의 몇 장인가가 재단되지 않은 것
무끼바리	밀어맞추기	인쇄물의 가로 기준선은 물림몫이 되며 세로 기준선을 위하여 좌우쪽 중 어느 한쪽을 맞추는데, 왼쪽을 맞춤으로 할 땐 밀어맞추기 오른쪽을 맞출 때는 당김맞추기
미조	홈	본 양장에서 표지싸기가 끝난 표지에 책의 여닫힘을 부드럽게 하기 위하여 등과 바닥과의 사이에 골이 지게 한 곳
베다인쇄	민인쇄	망점처리하지 않고 빈 공간 없이 전면 인쇄하는 것
베라	낱장	접지 없이 낱장으로 된 인쇄물
베라 조아이	낱장 장합	흔히 마스터인쇄 시 많이 사용되며 소량인쇄 시 낱장으로 인쇄하여 낱장으로 장합하는 공정
보로	걸레	인쇄 현장에서 걸레로 사용하는 헝겊조각
사시꼬미	사이넣기	엽서나 스티커, 특별 광고물처럼 내지 중간에 끼워넣는 인쇄물이나 그 공정
세가다메	등굳힘	양장제책의 공정에서 장합된 속장에 접착제를 칠하고 그 위에 천 또는 지류를 붙여서 접장끼리 서로 접착시키는 것
세네카	책등	책의 등을 말함
세모지	등글자	책등에 넣는 제목, 저자명, 발행소 등의 글자
세바리	등바대	등굳힘할 때 등을 보강하기 위하여 쓰이는 천이나 종이
소부 야끼	판굽기	터잡기된 필름을 판에 현상 인화하는 작업
쏘강	상감(象嵌)	틀린 글자를 고치고 옳은 글자로 바꾸어 넣는 것
쓰나기	이음매 분할화선	책을 펼쳤을 때 좌우 양쪽 페이지를 한 구도로 편집한 형태. 터잡기, 인쇄, 제책 등의 공정에서 좌우 페이지의 색상과 접지가 정확해야 하는 어려움이 있음
시로 누끼	흰빼기	검은 바탕(민바탕)에 문자나 화상을 희게 빼는 것
시야게 시야끼 다찌	마무리재단 다듬재단	최종 제품규격에 맞게 재단하는 공정

시야게 시로	다듬재단몫	다듬재단할 때 잘려 나가는 몫
시오리	가름끈	양장제책에서 책등에 한쪽 끝을 고정 부착시켜 놓고 책 읽는 곳을 표시해 두는 끈. 책의 대각선 길이보다 3cm 내외 길게 함
시와	주름	종이생산이나 인쇄 시 종이의 신축과 롤러의 압력으로 종이표면에 발생하는 주름
시훈	종잇가루	종이에서 발생되는 종잇가루나 먼지. 심하게 발생하면 인쇄 시 인쇄사고의 원인이 되기도 함
쇽메	쇽얼룩	오프셋인쇄물에서 실린더의 축방향으로 평행하게 줄무늬의 농담차이가 생기는 얼룩
아타마	머리	책자의 윗쪽을 칭함
야레	파지 파판	판굽기나 인쇄 시 발생되는 로스(loss)판 또는 로스지를 일컫는 말
야마	둥굴림	양장제책에서 둥글게 앞뽑기한 것을 더욱 모양나게 구르는 공정
오다찌	큰재단	흔히 삼방자동 재단기가 아닌 전지용 큰 재단기를 일컫는 말로 사용됨
오도시	자투리	정규격 이외에 불필요한 부분의 종이
오리꼬미	접어넣기	내지의 판형보다 큰 별지를 접어 접장 사이에 끼워넣는 인쇄물과 그 공정
오시	누름자국	각종 박스나 케이스의 접치는 부분에 주는 누름자국
오비지	띠지	완제품 포장을 위하여 두르는 띠지를 일컫는 말
완푸	포장지	인쇄 · 제지공장에서 제품을 포장하는 데 쓰이는 종이를 통칭
와타리	건너길이	페이지 물에서 좌측 페이지의 좌단에서 우측 페이지 우단까지의 치수
요고레	바탕때	인쇄물의 어느 한 부분에 친수성 부족으로 잉크가 묻어 더러움이 발생되는 것
요꼬바리	옆 맞추개	오프셋인쇄기에서 인쇄위치를 정하는 장치의 하나로 옆면의 위치를 정하는 철편
우라	뒷면	각종 인쇄물의 뒷면을 통칭
잉크쓰보	잉크통	인쇄기에 있어 잉크를 담아두는 부분
조아이	장합	접지된 인쇄물을 순서대로 맞추는 공정
지라시	낱장광고물	낱장으로 인쇄한 광고물
지요고레	바탕때	평판인쇄에서 판처리의 불량이나 적심물(축임물) 부족으로 비화선부에 잉크가 묻어 인쇄물이 더러워지는 현상
조우시	농도	인쇄를 시작할 때 인쇄의 농도를 맞추거나 조절하는 공정
하도메	새눈박기	철끈을 끼워넣은 구멍을 보강하기 위하여 둥근 구멍쇠를 씩어 넣는 것
히미기리	절곡기	톰슨모형 제작공정 중 칼날을 원하는 모양으로 꺾어주는 기계
하리	옆맞춤 옆맞춤쪽	인쇄물의 좌우의 양쪽 세로변
호가께	따로걸이	인쇄물의 앞판과 뒷판을 별도로 판을 짜 인쇄하는 방법
히끼바리	당김맞추기	인쇄물의 가로 기준선은 물림몫이 되며, 가로 기준선을 위하여 좌우쪽 중 어느 한쪽을 맞추는 데 왼쪽을 맞춤으로 할 땐 밀이맞추기 오른쪽을 맞출 때는 당김맞추기

관련 용어 해설

간행(刊行, publication) : 책 등을 인쇄하여 세상에 널리 공표하는 것→간(刊), 출판, 인행(印行).

견본(見本) : 상품의 품질 · 효용 · 상태 등을 알리기 위하여 본보기로 보이는 물건→견품, 샘플.

국제출판협회(國際出版協會, IPA : International Publication Association) : 1896년 창립된 국제 출판인조직으로 세계 각국의 출판협회가 가입함. 출판산업 발전과 출판의 자유, 출판인의 권익 향상을 위한 각종 사업을 시행함. 본부는 스위스의 제네바에 있음.

국제펜클럽(International Association of Poets, Playwrights, Editors, Essa yists and Novelists) : 세계 각국의 문인 · 편집인 · 평론가 등 문필인들이 모임을 통하여 국제 간의 이해와 협조를 하기 위하여 1921년에 창립한 문화단체이며, 우리나라는 1954년에 가입하고, 본부는 런던에 있음→펜클럽.

대한출판문화협회(大韓出版文化協會) : 출판의 자유를 확보하고 출판사업의 건전한 발전과 출판문화 향상에 기여함을 목적으로 1947년에 설립된 사단법인이며, 창립 당시엔 '조선출판문화협회'였으나 1951년에 개칭함.

디지털(digital) : 모든 정보(물질 · 시스템 등)를 이산적인 숫자 · 문자 등으로 표시하는 방법.

마이크로출판(micropublishing) : 읽고 보는 데 확대가 필요치 않은 기존의 출판물과는 달리 일반책이나 문헌들이 마이크로 형태로 간행된 것.

박문국(博文局) : 조선 고종 20년(1883년)에 설치된 신문 · 잡지의 편찬과 인쇄를 맡아보던 기관이며, 우리나라 최초의 신문인 「한성순보(漢城旬報)」를 발간함.

발주(發注) : 종이 · 인쇄 · 제책 등을 주문 · 의뢰하는 것.

발행권(發行權) : 출판물 등을 발행할 수 있는 독점적인 권리.

발생시기산주의(發行時起算主義) : 저작물의 발행일을 기준으로 하여 보호기간을 산정하는 방식.

발행지주의(發行地主義) : 저작권협약에서 저작물의 최초 발행지를 저작물의 보호기준으로 하는 방식.

번안(飜案, adaptaion) : 원저작물의 내용을 고치고 가감하여 별개의 저작물로 만드는 것. 다만 원저작물 내용의 본질적 부분이나 줄거리 등은 변경하지 않고 표현의 형식만을 달리하는 경우임.

번역(飜譯, translation) : 어떤 언어로 된 글을 다른 언어의 글로 바꾸는 것→수역(修譯), 역(譯).

벤추라 퍼블리셔(Ventura Publisher) : 미국 제록스(Xerox)사에서 판매하는 IBM PC용의 DTP(전자출판) 프로그램 패키지의 이름.

시스트란(SYSTRAN) : 미국에서 개발되어 전 세계적으로 사용되고 있는, 영어 · 불어 · 러시아어 · 스페인어를 자동 번역하는 기계번역시스템.

신문관(新文館) : 1908년 최남선이 창설한 출판사이며, 우리나라 최초의 근대적인 잡지인 「소년」(1908년), 「청춘」(1914년)과 우리나라 최초 문고본인 「십전총서」(1909년, 1권 : 「걸늬버유람긔」, 2권 : 「산수격몽요결」)와 「륙젼쇼셜문고」(1913년, 홍길동전 · 심청전 · 전우치전 등) 등을 발간하였고, 다양한 책을 출판하여 신문학 및 신문화 운동에 공헌함.

옥스퍼드 룰(Oxford Rule) : 영국 옥스퍼드대학이 Oxford English Dictionary를 간행할 때, 편집자 · 식자자를 위해 정한 규정이며, 현재 영국은 물론 전 세계의 집필자 · 출판사 · 인쇄회사가 조판규정의 모델로 삼고 있음.

위탁출판(委託出版) : 저작자가 출판비용을 부담하고 출판자가 제작을 위탁받아 하는 출판이며, 그 세부사항은 위탁자와 출판자 간의 '위탁출판계약'으로 정해짐→자비위탁출판.

의역(意譯) : 원문의 단어나 구절에 너무 얽매이지 아니하고 전체의 뜻을 살리는 데 중점을 둔 번역.

인세(印稅, royalty) : 출판사가 책 정가의 일정 퍼센트를 저자에게 지불하는 저작권 사용료.

일러스트레이션(illustration) : 책 · 잡지 · 신문 등의 삽화이며, 이를 그리는 사람을 일러스트레이터라고 함→일러스트.

자비출판(自費出版) : 개인이나 학교 · 회사 · 관청 등의 단체가 자기비용으로 출판하는 것.

장황(裝潢, 粧潢) : 책이나 서화첩(書畵帖)을 꾸미어 만드는 일→장정(裝幀), 표장(表裝).

총서(叢書, series) : 동일 저자 · 편자나 출판사에 의해 공통의 총서명 아래 일정한 주제나 분야에서 각권의 내용 및 책명은 독립적이나 형식과 체제는 통일하여 계속적으로 발행하는 여러 권의 책→시리즈.

최남선(崔南善) : 사학자 · 문인(1890~1957년)이며, 호는 육당(六堂)임. 신문학운동의 선구자로, 잡지 「소년」, 「샛별」, 「청춘」 등을 간행하여 우리나라 신문학의 초창기 발전에 기여하였고, 우리나라 최초의 신시인 「해(海)에게서 소년에게」를 발표함. 저서에 시조집 「백팔번뇌(百八煩惱)」, 「사서(史書)」, 「조선역사」, 「고사통(故事通)」 등이 있고, 「시조유취」를 편찬함.

최초발행국(最初發行國) : 국제 저작권법에서 저작물이 처음으로 발행된 국가이며, 주요 다자협약에서는 최초 발행국가를 그 발행저작물의 본국으로 봄.

출판계약(出版契約, publication contract) : 저작권자가 저작물을 책으로 출판할 때, 출판권자에게 그 저작물의 복제(출판)를 약속하고, 출판권자는 그 저작물을 자기의 비용으로 복제 · 공표할 것을 약속함으로써 성립하는 계약.

출판권(出版權) : 출판을 하는 권리이며, 저작재산권의 부분권리로서 저작재산권자가 출판을 할 권리 또는 출판권자가 출판을 할 권리를 일컬음→설정출판권.

출판권등록(出版權登錄) : 출판권의 제3자에 대한 대항요건이며, 저작권법상 출판권은 복제권자의 설정행위(제57조 1항)에 의하여 발생하는 출판권자의 배타적인 준물권으로, 이를 등록하면 제3자에게 대항할 수 있음.

출판권의 설정(제63조) : 저작물을 복제 · 배포할 권리를 가진 자(이하 "복제권자"라 한다)는 그 저작물을 인쇄 그 밖에 이와 유사한 방법으로 문서 또는 도화로 발행하고자 하는 자에 대하여 이를 출판할 권리(이하 "출판권"이라 한다)를 설정할 수 있다. 이는 종이책의 발행권을 의미한다.

출판 트렌드(book market trend) : 특정 시기에 출판된 출판물들의 경향 · 흐름 · 유행 · 추세 · 판매 동향으로서 사회적 유행과 화제, 각종 제도 · 환경, 구매 수요 조건 등과 밀접한 관련이 있음.

한성순보(漢城旬報) : 우리나라에서 최초로 발간된 신문이며, 조선 고종 20년(1883년) 10월 순한문으로 인쇄되었고, 일종의 관보 형식이었음. 동 23년(1886년)에 국한문혼용인 「한성주보」로 바뀌 내다가 동 26년(1889년)에 폐간되었음.

※ 한국출판연구소, 「출판사전」(범우사, 2002)을 인용 및 참조함.

| 중요용어 |

출판	출판의 특성	출판의 종류	출판콘텐츠
전자출판	DTP	세계 전자출판시장	한국 전자출판시장
출판의 역사	출판의 기능	도서본문검색	출판권
출판학	출판과정	구텐베르크	일본식 출판 용어

출판기획

Chapter 04

제1절 출판기획의 정의

출판은 건물을 건축하는 것과 같이 창의적 아이디어 · 기술 · 노력 · 정성을 들여야 하며, 기획(설계) · 모양(디자인) · 편집기술(layout) · 재료선택 · 조판 · 교정 · 인쇄 · 제책 · 판매 등으로 이루어진다. 그리고 출판은 국가의 지식경쟁력을 높이고 문화창조성을 지닌 국가문화유산을 전승하는 지식창조적 문화사업이다. 그리고 가진 지식을 최대한 활용하는 것이 출판의 결과이며, 출판의 핵심은 기획(企劃, publishing planning)과 편집(編輯, publishing editing)이다.

출판기획(出版企劃, book publishing plan)은 출판을 하기 위한 지식과 정보를 찾아서, 어떠한 책을 어떻게 출판할 것인가를 생각하고, 시장조사를 통하여 세밀하고도 구체적인 계획을 세우는 것이다. 이는 책의 제목 · 주제 · 내용 · 저자 · 대상독자 · 분량 · 편집 · 제작방식 · 가격 · 발행일자 · 제작비 · 저자인세 · 제작부수 · 광고 · 서평 · 유통방식 등 출판에 필요한 제반 사항을 사전에 계획하는 포괄적인 설계를 말한다.

먼저 출판기획에서 ① 어떤 내용의 책을 만들 것인가? ② 어떤 디자인 형태의 책을 만들 것인가? ③ 책의 메시지는 무엇인가? ④ 누구를 대상으로 할 것인가?를 먼저 정해야 한다.

일반적으로 출판기획은 먼저 기획 아이디어를 수집하여 대상독자를 정하고, 저자의 선택과 아이디어에 대한 시장 적응성을 분석한 뒤, 기획회의를 통하여 문화적 · 사회적 환경, 특히 법률 · 도덕 · 윤리 등에의 저촉성 여부도 검토한다. 기획회의의 절차에 의해 최종적인 출판기획서가 작성되고(그림 4-1 참조), 이의 실행을 위해 수많은 회의를 거듭하면서 수정해 나가게 된다. 출판기획은 편집기획이라고도 하며, 그 과정은 [그림 4-2]와 같다. 출판기획의 형태별로는 저자 중심의 기획과 기획자 중심의 기획이 있고, 그리고 출판분야별 · 소요기간별 · 기획주체별과, 장기계획 · 중기계획 · 단기계획이 있으며, 베스트셀러(best seller) 기획 · 스테디셀러(steady seller) 기획 · 패스트셀러(fast seller) 기획으로 나누기도 한다.

그림 4-1 | 출판기획서

책명 :	저 · 역자명 :	출판조건 : 인세/원고료

판형 :	분야 :	독자층 :	체제 :	면수 :

제작부수 :	정가 :	매가 :	원가 :

기획목적 · 방향 :

기획자의 의견 :

내용개요 및 목차 :

판매전략 · 목표 :

광고선전 :

주의사항(문제점) :

탈고예정일 : 조판예정일 :	인쇄예정일 : 제작예정일 :	편집기간 : 발행예정일 :	편집자 :

제작거래처

지업사 :	조판소 :	제판 · 인쇄소 :	제책사 :

비고 :	20 년 월 일 기 획 입 안 자 (인)

그림 4-2 | 출판기획·편집의 과정

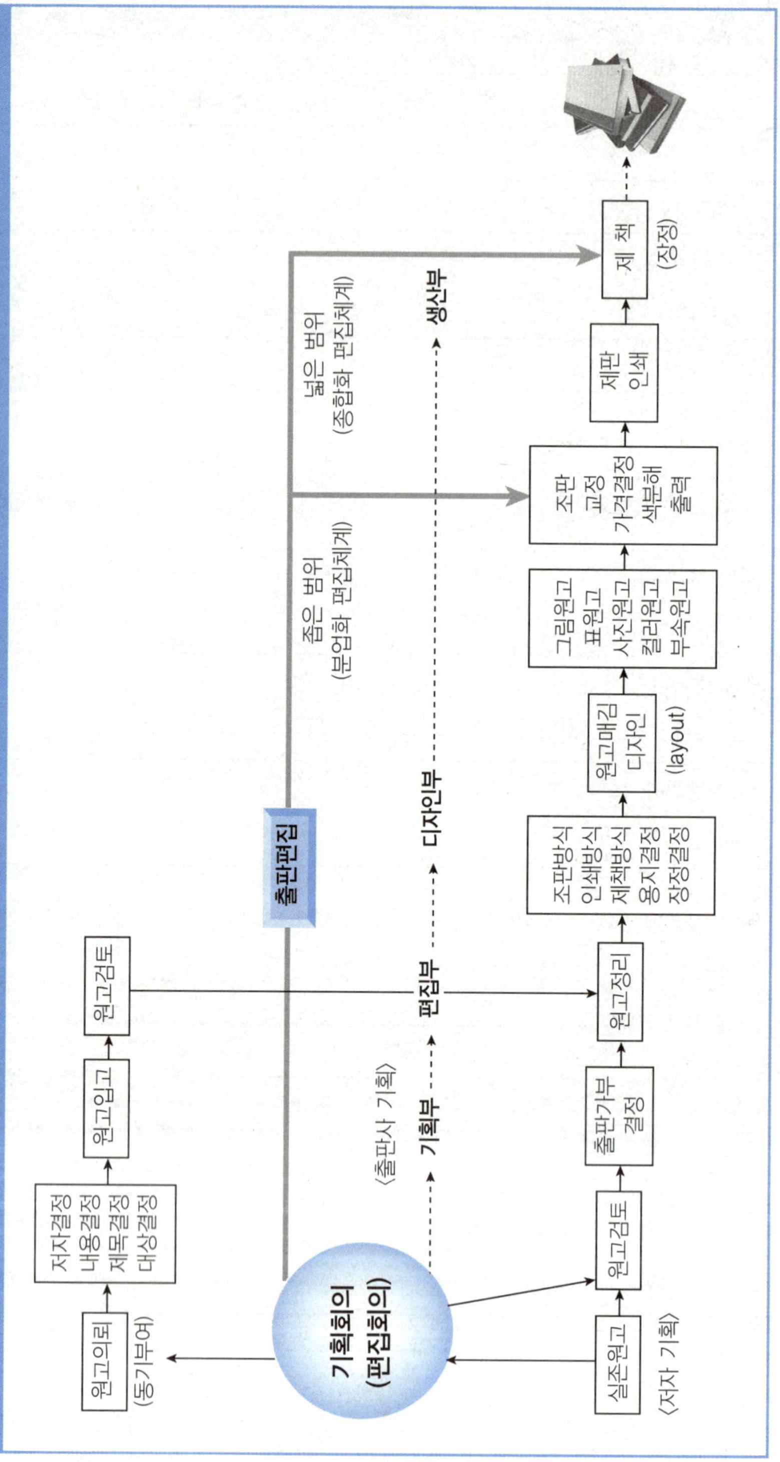

출판기획은 출판의 생명이고 근간이며, 출판경영에 직접적으로 영향을 미치므로 출판사의 운명을 좌우한다. 그러므로 출판기획이 경영자의 출판자세에 따라 출판방침이나 편집방침이 달라지는 것은 어쩌면 당연한 일이다.

우수한 출판기획은 문화성과 상업성이 조화를 이루었다는 평가를 받은 기획으로서, 쉽게 말하면 잘 팔리는 책의 출판기획일 것이다. 잘 팔리는 책을 기획하기 위해서는 독자성 · 지역성 · 창의성 · 문화성 · 계절성 · 적시성 · 상업성 · 집필성 · 수용성 등의 요건을 갖추어야 하는데, 이로써 보다 더 안정적이고 우수한 기획이 된다.

출판기획은 출판시장에서 하나의 흐름을 알 수 있는 구체적인 '데이터베이스'의 비교를 통해 가치 있는 '정보(情報)'들을 찾거나 만들어 내고, 그 정보의 해독을 통해 '지혜'를 찾아내는 일이다. 이에 출판기획자는 나무와 숲을 동시에 볼 수 있어야 한다. 출판시장 전체를 조망하여 좋은 전망을 찾아낸 다음에 개별적인 상품(출판)기획이 이루어져야 한다. 책을 기획할 때 기획력이 있는 사람은 똑같은 내용을 다루더라도 시대의 변화에 따라 새로운 책을 기획한다. 한번 본 서로 다른 요소들을 연결시켜 새로운 시각에서 제시하는 능력과, 남들은 생각하지 못한 것들을 연결시키고 정보나 체험을 자신이 소화하고 새로운 것을 생각하고 연구하여 문화와 문화가 결합하여 새로운 문화를 만들어 내는 퓨전(fusion)적 사고력(思考力)이 있어야 한다는 것이다. 이러한 시대적 분위기는 과거에는 결합할 수 없을 것 같던 이질적인 상상력들마저 하나로 묶어 사고하는 훈련을 필요로 한다(한기호, 2002, pp.18~20 참조).

제2절 출판기획의 영역

출판기획을 입안할 때 영향을 미치는 영역의 범위를 정하여 미리 분류하여 분석하는 것이 올바른 기획입안에 많은 도움을 준다. 기획의 입안범위는 출판 커뮤니케이션의 6개 구성요소로 나눌 수 있다. 이는 ① 정보원(창안자), ② 메시지(개혁), ③ 매체(유통), ④ 수용자(독자), ⑤ 효과(사회), ⑥ 결과(상황)의 영역이다(오경호, 1995).

정보원(창안자) : 출판할 책이 어떤 책인가, 저작자는 누구인가, 어떠한 독자를 대상으로 하는가, 어떤 내용인가, 내용전달은 작품 · 문자 · 그림 · 사진 · 프로그램 등 어떤 것으로 할 것인가 등을 결정하는 출판기획자와 저작자 · 편집자 · 디자이너 · 발행인 · 출판사 · 잡지사 · 연구기관 등이 모두 해당된다.

메시지(개혁) : 책의 종류와 구체적인 형태를 세부적으로 생각한다. 어떤 메시지를 전달할 것인가, 어떤 책을 출판할 것인가, 어떤 형태별 매체에 문장과 그림으로 표현할 것인가 등을 결정한다. 기획자의 설계, 편집자의 편집, 제작자의 제작과 그 메시지 처리의 궁극적 목적은 독자와의 효과적인 커뮤니케이션에 있다.

매체(유통) : 기획되어 출판될 책이 어떤 유통경로(매체)를 통하여야 쉽게 독자들에게 전달될 것인가를 결정한다. 생산된 책은 유통기구에 의해 서점에 배포되고, 독자는 서점에서 필요한 도서를 구입하여 읽게 된다. 그 매체와 독자에 따라서 가정 · 직장 등의 방문판매와 단체의 채택판매, 수용자 요구로 인한 우편판매 등으로 나뉜다.

수용자(독자) : 기획되어 출판될 책이 어떤 독자를 대상으로 구상 · 입안되었는지를 결정한다. 한글 해독자, 국한문혼용 해독자, 대중독자, 전문화 독자 등으로 나뉜다.

효과(사회) : 기획에서 기획자가 원하는 것은 독자들과 효과적인 커뮤니케이션이 이루어지는 것이다. 즉, 저작자의 사상과 감정, 희망, 의견의 공유 · 공동화가 이루어져 의도한 대로의 반응이 일어나는 것이다.

결과(상황) : 기획대로 출판된 책은 시간이 지남에 따라 시대상을 반영하는데, 그 매체가 '무엇을 창출했는가' 를 후세에 남긴다. 기획자에게 요구되는 공인의식은 기획도서로써 통시적(通時的) 상황으로 출판의 역사를 이루고, 국제적으로는 비교출판의 한 획을 긋는다.

제3절 출판기획의 요건

마셜 리(Marshall Lee)는 출판물의 판매에 영향을 주는 요건으로 ① 내용, ② 저자의 명성, ③ 서평, ④ 광고, ⑤ 판촉 · 홍보, ⑥ 출판상황, ⑦ 유통, ⑧ 값, ⑨ 커버디자인, ⑩ 메시지, ⑪ 경쟁, ⑫ 적시성, ⑬ 서체 · 체제를 들고 있다.

일반적인 출판기획의 요건(要件)은 다음과 같이 나눌 수 있다.

독자성 : 출판기획에서는 독자의 대상과 설정을 명확히 해야 한다. 연령층 · 교양수준 · 직업별 · 학력수준 · 빈부수준 등이 있다.

지역성 : 지역적인 평균 독자상을 파악하지 못하면 책이 잘 팔리는 우수한 기획이 나올 수 없다(공장지대, 영남 · 호남 등).

창의성 : 문화창조의 기능으로는 기획의 창의성이 제일 중요하다. 책의 내용이 독창적이거나 타 출판물보다 문화성이나 상업성이 높을 때 광고나 홍보 등은 많은 효과를 보게 된다.

문화전통성 : 출판기획은 국제화시대를 맞이하여 나라마다 다른 고유의 문화적 전통이 내포된 것이 좋다. 국제도서전시회에서도 그 나라의 고유한 문화가 함축된 책이 다양해야 출판물의 수출이 활발히 이루어질 수 있다. 그 나라의 출판수준이 자국의 문화수준과 국가경

쟁력을 보여주는 것이며, 출판은 문화와 지식의 창조산업으로서 국가의 보호를 받는 산업이기도 하다.

계절성 : 책의 성격에 따라 어느 계절에는 어떠한 책이 잘 팔릴 것인지를 연구하여 계절에 맞춰 신간출판을 해야 효과를 볼 수 있다. 봄 신학기는 교재를 제외하고는 등록금 납입 등으로 경기가 나쁜 계절이다. 여름 휴가철은 레저 · 웰빙 · 취미를 즐기는 계절이다(봄 · 여름 · 가을 · 겨울, 학기, 독서의 계절 등).

적시성 : 기획이 우수한 책이라 하더라도 그 내용에 따라 적당한 시기를 택하여 출판하는 것이 중요하다. 시대에 따른 독자들의 의식 변화와 국가정책의 변화, 법률의 개정, 경제정책의 변화, 문예진흥정책의 변화, 교육정책의 변화, 내외정세의 변화 등이 있다. 이처럼 좋은 내용의 책을 적절한 시기에 독자에게 읽히는 것도 중요하다.

상업성 : 출판의 본질은 문화창조성이 강한 기업행위이기 때문에 그 성공 여부는 우수한 기획과 좋은 내용으로 보다 저렴하게 적시에 많은 독자에게 읽게 하는 데 달렸다 하겠다. 이에는 상업출판과 공익출판이 있는데, 상업출판은 재산성이 있는 영리를 목적으로 출판하는 것이고, 공익출판은 독자나 사회에 꼭 필요한 책이면서 비영리적인 보람과 문화사업의 일환으로 하는 출판이다. 일반 출판사들의 경우 상업출판에서 얻은 이익금으로 공익출판의 적자를 메워 균형을 맞추려고 노력하기도 한다.

집필성 : 출판기획에서 가장 핵심적인 것은 어떤 책의 저작자로 누가 선택되느냐이다. 저작자가 아무리 유명하고 능력이 있다 하더라도 집필에 대한 확실성이 없으면 아무 소용이 없다. 기획 후 저작능력과 집필 가능성에 대하여 철저한 본인 의사의 확인이 필요하다.

수용성 : 출판기획은 독자가 원하는 사상 · 감정 · 희망 · 의견의 메시지를 전달하고자 하는 것이다. 수용성에는 독자로서의 순수한 입장이 있고, 등록된 출판사가 올바른 내용의 책을 발행 후 배포하기 전에 국가에 납본의 의무를 다함으로써 국가가 인정하는 납본필증을 받아야만 하는 제도적 입장도 있다. 이에는 이데올로기 문제와 유해도서의 제약성 등도 있다.

유용성 : 출판기획에서 얼마만큼의 필요에 따른 유용성이 있느냐에 의해 그 출판물의 성공 여부가 결정된다. 즉, 우리의 삶이나 생활에서의 유용한 정도에 따라 출판물로서의 라이프 사이클이 결정되고 출판경영전략의 중심이 되기도 한다.

사회정의성 : 출판기획은 사회적 · 제도적 · 규범적 환경에 적응하여 사회적 현실과 세노 및 규범에 따라야 한다. 이는 관습이나 미풍양속에 대한 기본을 지킴으로써 사회정의성이 있어야 한다는 것이다.

제4절 출판기획의 유형

출판은 복잡한 환경과 취약한 체질의 비합리적 기업행위이기 때문에 기획의 성공 여부에 대한 판단은 대단히 중요한 일이다. 출판기획은 개별 출판사의 자본능력과 인적 구성에 알맞은 범위 내에서 결정해야 하고, 새로운 분야에 대해 규모가 다른 기획을 할 때에는 적절한 인적 구성에 대한 해결방법을 찾아야 한다.

출판기획의 유형(類型)에는 기획의 주체(主體)에 따라 저자형과 출판사형 기획이 있고, 기간에 따라 단기 · 중기 · 장기 기획으로 나눌 수 있다. 판매속도와 판매량에 따라서는 베스트셀러 · 스테디셀러 · 패스트셀러 기획으로 나뉜다. 또한 기획의 방법에 따라 전답식 · 어장식 · 기념비식 기획이 있다(오경호, 1995, pp.103~122 참조).

1. 주체별 기획

저자형 기획 : 출판사의 의뢰를 받지 않고 저작자 스스로 본인의 생각 · 사상 · 의견 등을 구상 · 계획 · 집필하여 독자에게 공표 · 표시할 목적으로 출판사에 출판을 의뢰하는 출판기획이다. 의뢰를 받은 출판사가 원고의 채택 여부를 결정하여 저작자와 계약서를 작성하고 진행하는 것이 저자형 기획이다.

출판사형 기획 : 출판사가 기획의 주체가 되어 스스로 기획하고 저자를 찾아 의뢰하는 출판기획이다. 출판사는 경제적 · 사회적 · 상업성 · 시장성 등의 모든 책임을 지므로 당연히 기획제일주의의 계획을 세운다. 출판사형 기획에는 장기기획, 대형 출판, 기획 담당부서, 집필능력 인재, 대자본 동원능력, 전문분야, 영업성 보장, 부분적 원고청탁 등이 필요하다.

2. 기간별 기획

장기기획 : 기획에서 편집 · 생산까지 3~5년 이상의 기간이 필요한 출판기획이다. 대형 사전, 기획물 시리즈, 대형 기획출판물, 문고, 전집, 총서 등이 있다.

중기기획 : 기획에서 편집 · 생산까지 1~3년 이내의 기간이 필요한 출판기획이다. 이는 중소형 출판사에서 하는 기획이다. 학술 · 전문도서, 사전류, 전집, 시리즈 등이 있다.

단기기획 : 기획에서 편집 · 생산까지 1년 이내의 기간이 필요한 출판기획이다. 이는 소형 출판사들이 선호하는 단타성 기획으로, 원고료 · 편집비 · 제작비를 최소화하여 최대의 효과를 얻는 경제원칙에 초점을 맞춘 기획이다. 보통 기획회의에서 각 부서장이 함께 제안 · 검토하고 결정자(기획자 · 경영자)의 최종 결정에 의해 결정된다. 단기기획은 영역이 넓고 최대

의 영리주의적 출판전략으로서, 대중적인 독자를 대상으로 하므로 광고 · 홍보비가 필요하며, 저작자의 지명도와 베스트셀러에 중점을 두는 기획이다.

3. 판매형태별 기획

베스트셀러 기획 : 베스트셀러(best seller) 기획은 일정한 기간 내에 유통시장에서 여러 책 중에 가장 많이 팔리고 있음이 면밀한 시장조사로 입증되는 출판기획이다. 일반적으로 1~3년 또는 계절기간 동안 많이 팔린 도서를 말한다. 그러나 국가나 시대와 환경에 따라 다르다고 볼 수 있다. 베스트셀러는 주로 3S, 즉 성적(sexual), 감상적(sentimental), 화제성(sensational) 등의 특성이 있다.

1895년 미국의 월간 문예지 Book Man이 '잘 팔리는 책'의 신간 리스트를 게재한 것이 베스트셀러의 시초라고 하며, 일본에서는 1946년 「주간조일(週間朝日)」이 처음 사용하였다.

스테디셀러 기획 : 스테디셀러(steady seller) 기획은 오랜 기간 동안 꾸준히 장기간에 걸쳐 계속하여 판매되는 책의 출판기획이다. 출판의 목적을 문화사업에 두고 독자가 필요로 하는 내용의 책, 사회와 문화에 알맞은 책으로 3L, 즉 전설성(legend), 적법성(legality), 장기판매(long-run) 등의 특성이 있다(안춘근, 3L 작전).

패스트셀러 기획 : 패스트셀러(fast seller) 기획은 고속형 · 선풍형으로 일시에 많이 팔리는 책의 출판기획이다. 이는 일시적인 반짝판매라고 볼 수 있다.

4. 목적방법별 기획(오경호, 1995, pp.119~122.)

전답식 기획 : 논이나 밭에 씨앗을 뿌려서 수확을 기대하듯 판매를 예측하는 출판기획이다. 이는 경영면에서 투자의 성공 가능성을 전제로 하고, 그 실현 가능성을 다양한 측면에서 확신을 한 뒤 출판입안을 하는 기획을 말한다.

어장식 기획 : 출판시장을 어장에 비유하여, 어장에 어망(그물)을 쳐서 잡힌 고기를 끌어올릴 어획량을 기대하듯 판매를 예측하는 출판기획이다. 어떤 형태의 도서가 성공하면, 그것을 모방 · 유사 · 추종 · 경합하는 많은 도서들이 출판되는 현상이 있다. 이것을 하나의 어장이 형성된 것으로 보고 여러 어선들이 집결하는 것과 같이 여러 출판사들이 덤벼들어 출판 대항전이 벌어진다. 어장식 기획에 참여하는 출판사들은 대부분 기회주의적 출판기획을 한다고 할 수 있다.

기념비식 기획 : 영리를 전혀 고려하지 않은, 기념이나 필요조건에 의한 출판기획이다. 회갑 · 고희 · 정년기념 논문집, 자서전, 학술 · 전문도서 등으로서, 자신의 비용으로 출판(자비출판)하는 경우와 제자들이나 독지가, 기업 및 특수재단의 지원으로 학자 · 예술가 · 교수 ·

명사들의 저술을 정리하여 출판하는 출판기획이다.

제5절 출판기획의 목표와 시대적 변화

1. 출판기획의 목표

출판기획의 목표(目標)는 질 좋은 내용의 책이나 전자출판물을 창의적으로 기획하고 연구 · 개발하여 성의와 정성을 다해 가공함으로써, 개성 있고 질 좋은 책이나 전자책을 세상에 출간하여 독자들의 호응으로 출판시장에서 인정받아 성공하는 것이다. 우수한 기획이라 하더라도 중·장기기획은 기획의 입안부터 끝나기까지 모든 오랜 과정 동안 그 결과를 예측하고 실행하기란 쉽지 않다. 출판기획이란 현실적으로 기획 전체를 한번에 오랫동안 전망 · 예측하기란 어려우므로, 만약 처음 그대로 실행한다면 실패할 확률이 높다. 이에 중·장기 기간이 소요되는 기획에는 중간에 몇 번씩 중간목표를 설정하고 여러 단계로 나눠 기획의 계획을 세우는 것이 바람직하다.

그리고 일반적인 출판기획의 목표는 다음과 같은 유형으로 나눌 수 있다.

문화적 출판기획 : 문화적으로 기획의 효과를 얻고자 하는 기획이다. 영리적 목적보다는 문화적 효과를 우선으로 한 순수한 문화적 출판기획이다.

기업적 출판기획 : 경제적으로 비용 대 이익의 효율을 목표로 이루어진 기획이다. 성공하면 많은 이익을 얻고 실패하면 비용으로 생각하는 영리추구의 기업적 출판기획이다.

스테디셀러적 출판기획 : 장기적으로 꾸준히 독자들의 사랑을 받을 수 있는 출판기획을 목표로 하는 장기적 출판기획이다. 장기적 목표설정으로 수익성과 성장성이 요구되는 출판기획이다.

학술적 출판기획 : 독자의 대상이 정해져 있어 발행부수가 적은 학술 · 전문도서 분야의 출판기획이다. 수요부수는 적으나 학술적으로 필요한 비상업적 출판기획이다. 따라서 정부는 매년 우수학술도서를 선정하여 도와주고 있다.

독자적 출판기획 : 출판시장에서 일반 독자들이 원하는 수요에 의한 출판기획이다. 이는 출판시장에서 일반 독자들의 보이지 않는 힘과 대중들의 시대적 요구나 기호를 찾아서 하는 출판기획이다.

2. 출판기획의 절차

(1) 기획의 입안 : 제안서 – 가제, 「세계를 알자」

(2) 기획입안자 : ○○○

(3) 기획회의 : 설명 · 토론 · 보충 · 변경 · 종결 · 확정

① 참가대상 : 대표, 이사(임원), 관련 부서장, 기획입안자

② 관심분야 : 역사 · 문화 · 경제 · 무역 · 정치 · 지리 · 관광 · IT · 생활 등

③ 대상국 : 일본 · 중국 · 인도 · 미국 · 캐나다 · 영국 · 독일 · 프랑스 등

④ 형태 : 단행본 · 전문서 · 학술서 · 시리즈의 분석

⑤ 도서명의 확정

⑥ 담당 편집자의 결정

⑦ 필자의 선정

⑧ 인세의 결정

⑨ 계약서 작성과 계약금 지불

(4) 독자의 연구

① 대상독자 : 아동 · 청소년 · 성인 · 남녀 · 직장인 · 대학생 · 전문인 등의 분석

② 내용 : 내용의 수준과 분량의 분석

③ 시장조사 : 계층별 · 대상별 조사와 분석

④ 유사도서들의 독자성 분석

(5) 책의 개발 방향

① 표준 독자층의 분석

② 개발 방향과 요소의 분석

③ 콘셉트의 방향 : 긍정과 비판의 분석

④ 독자성 · 창의성 · 지역성 · 문화전통성 · 계절성 · 적시성 · 상업성 · 집필성 · 수용성의 분석

⑤ 유사도서들의 분석

(6) 책의 제작 방향

① 책의 모양 : 판형 · 장정 · 종이 · 색도 · 커버 · 레이아웃 디자인

② 참고도서들의 분석

③ 정가선정의 분석

④ 발간시기의 분석
⑤ 제작부수의 결정

(7) 영업전략

① 타깃 설정의 분석
② 판매처(서점)의 분석
③ 예상 판매부수의 분석
④ 예상 매출수입의 분석
⑤ 광고 · 홍보의 전략 : 초점 · 매체 · 범위 등 결정

(8) 예 산

① 총제작비와 권당 제작비 분석
② 광고비와 홍보비 및 기타 비용 분석
③ 손익분기점(채산점)의 분석

3. 출판기획의 변화와 기획자의 환경

정보화시대를 맞이하여 독자들의 관심도 무척 다양해졌다. 따라서 새로운 시대는 새로운 문화를 창출해 낸다. 과거에는 도저히 결합할 수 없었던 이질적인 상상력까지도 하나로 묶어 생각하는 혁신적인 발상의 전환이 필요해졌으며, 문화와 또 다른 문화가 결합하여 새로운 문화를 창출해 내는 퓨전(fusion) 문화가 추구되고 있는 것이다. 출판사도 그동안 부서별로 나누어서 진행하던 기획(planning), 제작(editing), 디자인(design), 마케팅(marketing) 등의 전문적인 고유의 업무를 모두 하나로 통합하는 페뎀(Planning Editing Design electronic Marketing : PEDeM)식 업무가 일반화되는 경우가 많아지고 있다. 이는 사회 전반에서 요구하는 조직과 업무의 통합이 출판에서도 요구되고 있기 때문이다.

이에 대중(大衆)도 이제는 어떤 한 분야에 대한 단편적인 유능한 지식과 기술로는 만족하지 못한다. 오늘날 생활 주변에 널려 있는 정보를 읽어 내는 정보해독 능력을 갖추고 디지털화로 하루가 다르게 변화하는 정보환경에 신속하게 적응하려는 노력이 필요한 것이다.

활판시대의 기획자(편집자)는 단순한 기획에 의한 레이아웃(layout)에 이어 교정과 교열이 주 업무였다. 그러나 디지털시대의 기획자들에게 가장 우선적으로 요구되는 것은 콘텐츠의 생산능력이다. 출판기획의 전문화 · 다양화가 요구되자 일부 출판사에서는 기획만을 전담하는 직원의 채용이 보편화되고 있다. 자료실과 기획실이 생기고, 기획부설연구소가 설치되기도 한다. 일부 출판사는 기획 아이디어를 구입하기도 한다. 출판기획 전문회사도 많이 생기

고, 출판기획의 조직화 · 전문화 추세가 늘고 있다. 이처럼 출판기획이 저자와 출판사 중심에서 독자 중심으로 급격히 변하고 있다. 이에 따라 일부 출판사는 출판분야에 따라 기획팀을 두기도 하고, 분야별로 별도회사를 운영하기도 하며 내·외부 기획자에게 인세지불을 하기도 한다(한기호, 2002, pp.18~25 참조).

(1) 출판기획자의 10가지 능력(ability)

① 현실적 감각과 시대적 흐름 판단
② 콘텐츠(contents)를 적시적소에 활용
③ 출판정보(information)의 적극적 수집
④ 글로벌(global) 출판전략
⑤ 출판환경(environment)과 시장분석
⑥ 신소재(new material) 개발
⑦ 로드맵 계획의 제시
⑧ 전문저작자(special writer) 발굴
⑨ 창의적 아이디어 개발
⑩ 모방을 창조적 모방으로 전환

(2) 퓨전 출판

퓨전 출판(fusion publishing)이란 서로 다른 이질적인 문화 분야의 요소와 장르들을 상상력이나 체험까지도 연결시키고 융합 · 결합하여 새로운 시각에서 제시하며, 창조적 문화의 내용을 탄생시키는 출판문화를 말한다. 정보체험의 능력과, 남들의 일반적 생각과 또 다른 문화를 융합시키는 정보나 체험을 자신이 소화하고 새로운 창의적 문화의 연구로 새로운 문화를 만들어 내는 퓨전적 사고력이 출판에도 필요하게 된 것이다.

디지털 정보화시대의 대중적 급진화는, 세계적 정보통신 네트워크를 기반으로 세계의 서로 다른 미디어가 결합하는 퓨전현상을 일으키고 있다. 이러한 시대적 분위기는 과거에는 결합할 수 없을 것 같은 이질적인 문화의 요소나 장르에서의 상상력마저 하나로 결합하고 융합하는 디지털시대이다.

퓨전(fusion)과 같은 뜻의 용어로 하이브리드(hybrid)가 있다. 이는 '경제용어' 로는 이질적인 요소가 섞인 혼성 · 혼혈을 뜻하고, '매스컴용어' 로는 아날로그회로와 디지털회로의 조합 등 혼성을 뜻하며 개별 부품의 조합을 뜻한다. '패션용어' 로는 다른 패션감각의 혼합과 공존을 뜻하며, 자동차용어로도 많이 사용되고 있다.

(3) 임프린트 출판

임프린트 출판(imprint publishing)은 대형출판사들이 같은 출판사 내에 독립된 브랜드를 두고, 전문성과 효율성을 앞세워 외형 확대와 분야별로 독립된 출판을 하기 위해 자사의 기획자 · 편집자를 발탁하거나 타사의 직원을 기획자 · 편집자로 스카우트하여 출판에 대한 기획 · 편집 · 제작 · 영업 · 홍보 등 모든 업무와 운영을 독립적으로 맡겨서 책임경영을 하게 하는 시스템의 출판을 말한다.

이는 한 출판사의 자본 안에서 여러 가지의 독자적 브랜드를 두는 분리형 출판방식이다. 이 제도는 영·미 선진국 출판계에서 정착되어 출판사의 인수 · 합병의 방법으로 이루어졌다. 우리나라는 최근 몇 년 전부터 도입되어 자본력이 있는 대형출판사를 중심으로 이루어지고 있다. 장점으로는 출판자본과 역량 있는 편집기획자의 결합을 통한 서로가 원하는 시스템 구축에 있다. 출판사는 전문편집자를 영입해 자사의 브랜드를 확장하고 매출과 수익을 늘릴 수 있고, 편집자는 안정적인 자금 확보와 자주성 · 창의성의 두 가지를 달성할 수 있다. 단점으로는 지나친 경쟁 유발, 빈익빈 부익부 초래, 중소출판사들의 어려움 가중 등이 있다.

표 4-1 | 임프린트 출판사 현황

웅진씽크빅 : 웅진주니어, 웅진지식하우스, 웅진윙스, 갤리온, 뉴런, 씽크하우스, 웅진문학에디션, 뿔, 리더스북, 프로네시스 노블마인
랜덤하우스코리아 : 두앤비컨텐츠, 북박스, 키즈랜덤, 노블하우스, 드림하우스
민음사 : 비룡소, 황금가지, 사이언스 북스, 황금나침판, 민음in, 세미콜론
위즈덤 하우스 : 예담, 열번째 행성, 예담브랜드, 예담차이나, 조화로운 삶, 스콜라
북 21 : 21세기 북스, 지식노마드, 이끌리오, 달궁, 아울북, 컬처라인, 을파소
다산북스 : 다산초당, 다산책방, 팝콘북스

(4) 21세기에 출판기획자의 자세(한기호, 2002, p.18 참조)

① 무엇보다도 자신이 문화상품을 생산하고 이끌어내는 문화적 리더라는 사실을 자각하는 것이 중요하다.

② 카테고리(category, 범주)가 크게 달라진 21세기에 통할 수 있는 책의 모습을 정확하게 찾아야 한다.

③ 끊임없이 새로운 영역을 찾아내는 발견자로서의 자세가 필요하다.

④ 새로운 시대에 맞는 편집의 새로운 의미를 깨우쳐야 한다.

⑤ 메가트랜스(megatrans form, 큰 변화) 전략을 세울 수 있어야 한다.

⑥ 글로벌화 전략을 세워야 한다.

⑦ 기획자 스스로가 미래지향적 비전을 지녀야 한다.

(5) 출판기획자가 쌓아가야 할 경력(정은숙, 2002, p.28 참조)

① 출판기획자로서 경력을 쌓는 동안 자신을 유능하고 성실한 편집자로 믿고 신뢰하는 저자를 여러 명 이상 확보해 나가야 한다.

② 자신이 함께 작업하고 싶은 편집자를 확보해 나가야 한다.

③ 자신이 한 출판작업에 대해 비판받는 것을 두려워하지 말아야 한다.

④ 자신에게 맞는 출판사를 찾아야 한다.

⑤ 자신이 잘할 수 있는 장르를 개발하고 그에 대한 공부를 집중적으로 해야 한다.

⑥ 경력을 쌓는 동안 찾아온 전직(轉職)의 기회에, 전직 전과 후에 할 수 있는 작업들을 떠올려 봐야 한다.

제6절 단행본 출판기획

1. 단행본이란?

단행본(單行本, one volume edition)이란 전집 · 총서 · 문고 · 시리즈 · 교과서 · 참고서 등에 상대적으로 분류하여 부르는 것이며, 단독으로 간행되는 서적을 말한다. 다만 사전 · 법률집 등은 제외하고 주로 문예 · 학술 · 전문 · 교육 등의 다양한 분야의 단독출판물을 말한다(한국출판연구소, 앞의 책, 2002, p.95).

또한 한 저작의 내용을 저작자 1인 또는 다수가 완결되게 다루어 단행 또는 단간(單刊)으로 출판하는 출판물을 말하기도 한다.

일반적으로 단행본 출판은 소자본으로 짧은 기간 내에 손쉽게 출판할 수 있다는 장점이 있으며, 출판기획에서 편집 · 제작 · 유통 · 광고의 진행과정상 다양한 분야별 특성을 지닌 내용과 성격의 출판이 가능하다. 따라서 이에 대한 각 분야의 장단점을 철저히 분석 · 연구하여 기획해야 한다. 단행본은 출판의 형태보다는 창의적 기획에 의하여 성공 여부가 결정된다.

단행본 출판기획은 세계적으로도 그 기획량이 많아 출판에서 큰 비중을 차지하고 있으며, 내용에 있어서도 그 시대의 현상을 반영하는 것이 많기 때문에 독자들의 관심과 호응을 받아 베스트셀러로 성공할 확률이 높은 출판물이다. 그리고 단행본은 한 나라 기초출판물의 대표적 기준이 될 수 있기 때문에 매우 중요하다.

2. 단행본의 종류

단행본의 종류는 발행목적, 저술형태, 저술내용, 대상독자별로 분류하면 다음과 같이 나누어진다.

발행목적 : 학술 · 전문 · 교양 · 실용 · 학습 · 기술 등

저술형태 : 단독 · 공저 · 편저 · 번역 등

저술내용 : 종교 · 역사 · 철학 · 사회 · 정치 · 경제 · 경영 · 법률 · 과학 · 첨단기술 · 미술 · 음악 · 어학 · 문학 · 의학 · 취미 · 웰빙 · 오락 등

대상독자 : 성인 · 남성 · 여성 · 남학생 · 여학생 · 청소년 · 아동 · 유아 등

3. 단행본의 특징(오경호, 1995, pp.153~155 참조)

① 책의 원고 내용과 성격에 따라 각각의 편집 레이아웃을 달리함으로써 내적 특성을 외부로 표현하는 독립성 및 개성을 살릴 수 있다.

② 원고의 내용과 성격, 원고량에 따라 판형을 선택하여 판면구성과 여백처리의 차별화로 미적 감각을 살릴 수 있다.

③ 내용과 성격에 맞는 내부적 요소와 자재를 적절히 활용함으로써 상품가치를 높일 수 있다. 또한 외부적 요소로 원고의 특성을 살리는 제책방식을 채택함으로써 미적 감각과 실용성을 높일 수 있다.

④ 단기기획으로 짧은 기간 내에 소수인원과 소자본으로 출판할 수 있다.

⑤ 생산비가 적게 들기 때문에 자본규모가 영세한 출판사도 시도할 수 있다.

⑥ 책의 한 권 한 권이 독립된 상품이기 때문에 성공 여부가 쉽게 드러난다. 따라서 베스트셀러가 될 수 있는 출판물은 광고의 영향력을 최대한 이용할 수 있다.

⑦ 단행본은 베스트셀러를 목표로 하는 출판물로서 정보와 지식 전달의 시대적 대중성을 지니고 있다.

⑧ 한 시대의 일반 대중들이 원하는 욕구를 찾아내어 충족시키는 시대적 · 상업적 출판이다.

제7절 문고본 출판기획

문고(文庫, library)란 책이나 문서를 넣어 두는 곳이며, 서고(書庫)를 말한다. 문고본(文庫本)은 영어로 'publisher' s series' 또는 'trade series' 이며, 출판물의 한 형식이다. 일반적으로 다량보급을 목적으로 발행하며, 값이 저렴하고, 내용을 축약하여 소형으로 휴대가 간편하도록 만든 책이다. 크기는 국판의 1/2 정도로 만들며, 총서류로 계속 출간되는 출판물을 말한다(위의 책, 1995, p.192 참조).

문고본(文庫本)은 A6판(10.5cm×14.8cm)이나 국반판(10.9cm×15.2cm)이 일반적인 크기이지만, 그 밖에 다양한 크기의 문고판이 나오기도 한다. 각 권의 내용은 다르지만 하나의 테마를 다루며, 편집의 체제가 같고, 계속 간행된다는 전제하에 지식의 대중화를 위해 값이 싸면서도 대중이 필요로 하는 정보만을 압축적으로 요약한 시리즈물이다.

일본은 문고의 천국이다. 일본에는 이미 독자의 다양한 관심을 충분히 만족시킬 만큼 문고가 넘쳐나고 있다. 그런데도 앞으로 문고가 아니면 책이 팔리지 않을 것이라고 일본의 전문가들은 말하고 있다. 일본은 1927년에 창간된 '이와나미문고' 가 있고 그 후 1970년에

'가도가와문고' 가 출간되어 문고본의 대중화에 성공하였다. 그 후 문학 · 철학 · 미스터리 · 비즈니스 · 만화에 이르기까지 대중이 원하는 것이면 무엇이든 문고로 출판되어 나왔다. 이렇듯 문고출판은 책의 소형화와 대량생산 · 대량유통을 전제로 값이 싸게 시작되었다.

이제 발상의 전환을 하여 보자. 지금까지의 문고라는 틀에서 벗어나 책의 크기도 달리하고 값도 변하는 새롭게 변형된 형태의 문고를 기획해 보자는 것이다. 그리고 변화된 시장과 문고에 대한 발상의 전환이 맞물려 문고가 대세가 될 수 있는 6가지 이유를 살펴보자(한기호, 2004, pp.10~20).

① 대중의 독서흐름이 문고시장을 키울 것이다.
② 무료정보의 범람이 문고시장의 규모를 키울 것이다.
③ 생활습관의 변화가 문고를 확산시킬 것이다.
④ 주문형 출판(print-on-demand) 시스템에서도 문고출판이 유리할 것이다.
⑤ 온라인 출판과 연관지어도 문고는 대세이다.
⑥ 현재 출판물의 고정성과 영속성이 줄어들고, 미래에 새로운 형태의 출판물이 보다 구체화되어도 문고출판은 유리할 것이다.

1. 문고본의 역사

문고본의 역사는 1777년 영국에서 출간된 「대영시집(大英詩集, The Poets of Great Britain)」, 1841년 독일에서 출간된 「타우니츠(Tauchnitz)」 문고(1841년부터 100년간 5,290종 발표), 1860년 미국에서 출간된 「에라스투스 비들(Erastus Beadle)」이 있다. 그러나 1867년 독일에서 출간된 「세계문고(Reclam' s Universal Bibliothek)」가 대중적인 본격 문고의 시조로 인정되고 있다. 이 문고는 창시자의 이름을 붙여 「레클람문고」라고도 한다. 영국에서는 펭귄문고가 유명하다. 일본에서는 1927년 「이와나미문고(岩波文庫)」, 1928년 「신조문고(新潮文庫)」, 1929년 「개조문고(改造文庫)」 등이 출간되었다.

우리나라의 경우 1909년 2월 12일 신문관(新文館, 육당 최남선이 1908년 창실)에서 「십전총서(十錢叢書)」의 첫 번째 책이 출간되었다. 십전총서는 책 한 권 값이 10전으로 싸고 휴대하기 간편한 책이며, 우리나라 최초 문고본이다. 신문관은 「소년」 · 「청춘」 · 「아이들 보이」 · 「새별」 등과 같은 우리나라 최초의 근대잡지를 발간한 출판사이기도 하다.

십전총서의 첫 번째 책은 1909년 「걸리버 여행기」(조너선 스위프트 저)의 번역본으로 「걸늬버유람긔」였는데, 두 번째 책인 「산수격몽요결」(율곡 이이가 한문으로 지은 어린이용 학습서로 격몽요결을 요약한 것임)이 출간된 뒤 십전총서는 중단되었다.

신문관은 십전총서는 중단했지만 1913년에 값이 더 저렴한 「륙젼쇼셜문고(六錢小說文庫)」

시리즈로 「홍길동전」·「심청전」·「전우치전」 등 국문소설 10여 종을 발간하여 대중의 인기를 얻었다.

일제하에서는 1938년 조선문고(학예사)와 1939년 박문문고(박문서관)가 탄생하였다. 해방 이후 1960~70년대는 한국문고의 전성시대로 을유문고, 삼중당문고, 정음문고, 민중문고, 협동문고 등이 제1기 문고시대로 등장하였으나 6·25 전쟁으로 중단되었다. 그 이후 제2기 문고본의 전성시대로 양문문고(양문사, 1959), 위성문고(법문사, 1959), 교양문고(신양사, 1958), 현대문고(여원사, 1959), 박영문고(박영사, 1960), 사상문고(사상계사, 1961), 탐구신서(탐구당, 1964), 삼중문고(삼중당, 1965) 등에 이어 신구문고(신구문화사), 동서문고, 서문문고, 삼성문화문고, 문예문고 등으로 문고본이 활성화되었다. 2000년 이후에는 살림지식총서, 책세상문고, 태학산문선, 범우문고 등이 계속 출간되고 있다.

2. 문고본의 발행목적

일반적으로 문고본의 발행목적을 ① 분야별 전문기획, ② 독서의 대중화, ③ 휴대의 간편화, ④ 저렴한 가격, ⑤ 내용의 축소 · 다양화, ⑥ 폭넓은 독자층 개발, ⑦ 미래 출판형, ⑧ 비용절감 등으로 나누기도 한다.

인간은 누구나 지식을 습득하고자 하는 욕망을 가지고 있으며, 책은 인간에게 지식을 전달하는 중개역할을 한다. 그러나 공기나 물처럼 누구나 원한다고 해서 책을 가까이 할 수 있는 기회가 주어지는 것은 아니다. 일반적으로 책은 귀하고 값이 비싸다. 그리고 내용이 방대하고 어렵게 쓰여진 게 많다. 그러므로 책을 쉽게 읽고자 하는 대중들의 욕구를 충족시킬 수 있는 책이 요구되어져 왔다. 이에 보다 저렴한 책값으로 쉽게 구입할 수 있고, 내용이 간결하게 간추려져 있으며, 휴대가 간편하여 읽기에 편리한 문고본이 일반 대중들에게 보급되게 되었다.

제8절 아동도서 출판기획

아동기(兒童期, childhood)란 일반적으로 초등학교에 다니는 시기이다. 나이로는 6, 7세에서 11, 12세 사이에 해당된다. 일부에서는 출생 후부터 11, 12세까지로 보기도 한다. 현대 사회에서는 이 시기에 학교에서 장래 사회인으로서 갖추어야 할 기초적이며 조직적인 의무교육을 받게 되므로 아동들의 주요 활동은 학습생활이 된다. 이 시기의 활동범위는 가정에서 학교와 동네로 옮겨지면서, 또래집단 속에서의 학습생활과 놀이활동이 사회성 · 자율성 · 판단성 · 도덕의식의 발달과 인격형성에 매우 중요한 역할을 한다.

현대는 핵가족화되면서 가족 중심의 생활문화가 주를 이루므로 자녀에 대한 맹목적 사랑과 교육에 대한 관심이 지나칠 정도로 높아지고 있다. 그리고 입시제도의 개혁으로 독서교육이나 글짓기 · 논술 교육에 대한 인식이 점차 높아지고 있는데, 주입식 교육과의 갭으로 인해 부작용이 나타나고 있다. 그러나 퍼스널 컴퓨터의 발달 및 보급으로 인한 인터넷중독에 빠진 아동들이 늘어나 사회적 혼란이 야기되고 있으며, 아동교육에 대한 문제점으로 나타나고 있다. 이러한 시대적 환경 속에서 우수한 아동도서의 출판기획이 보다 많이 이루어져 아동교육의 문제점과 부작용을 치유하는 시대적 · 교육적 역할을 담당해야 한다.

아동도서(兒童圖書) 기획에서 유의할 점(김성재, 2004, pp.87~89).

① 기획의 참신성과 독창성을 늘 염두에 두되, 어린이의 눈높이에 맞추어 적절해야 한다.
② 환상적이건 사실적이건 흥미를 불러일으킬 만한 매력적인 이야기와 누구에게나 공감을 주는 보편타당성이 있는 내용이어야 한다.
③ 연령층에 따른 심신의 발달단계를 고려하여 편집(기획)에 반영해야 한다.
④ 특히 그림책(유아도서)은 문자배열과 지면구성에 세심한 주의를 기울여야 한다. 그리고 그림의 의미전달성에 하자가 없는지, 어린이의 욕구를 만족시킬 수 있는 그림인지 아닌지를 잘 파악해야 한다.
⑤ 원작을 다이제스트(digest)하여 어린이에게 보여주어서는 안 된다.

2011년 한 해 동안 아동도서의 신간은 9,546종에 3,770만여 부가 발행(점유율 34.42%)되어 우리나라 전체 도서발행의 1위를 할 정도로 출판시장에서 매우 큰 영향력을 갖고 있다. 그리고 문학은 8,184종에 1,583만여 부 발행(점유율 14.46%)으로, 2위인 학습참고서(점유율 15.72%) 다음으로 3위를 차지하고 있다.

1. 그림책(유아도서)

그림책(picture book)은 취학 전 아동인 유아들을 대상으로 글이나 내용보다는 그림에 더 큰 비중을 두어 만든 책이다. 이는 아직 글을 모르는 유아들이 그림을 통하여 모든 사물의 현상과 생각을 전달받고 이야기를 전개해 나가는 책이다. 그림책에 실린 그림들이 유아들에게 간접체험을 일깨워 상상력을 길러주고, 언어와 지능도 발달시키고, 사고력도 성장시키며, 책 보는 즐거움을 알게 해 준다. 그림책에는 이야기그림책, 창작그림책, 국내외 명작동화를 그림과 함께 실은 명작그림책 등이 있다. 그림책 속의 글과 그림은 서로 유기적인 관계로서 상호 보여주고 말하여 의사를 전달한다. 독자가 책장을 넘기는 동안 그림책은 시간과 공간을 갖게 된다. 2차원의 그림이지만 책이라는 물질성을 갖게 되면 4차원의 공간을 만들어 낸다. 이 때문에 그림책은 책이라는 물질성을 특성으로 하면서 영상세대에 가장 적절한 방식으로 이야기를 전달하는 장르가 된다(한국출판마케팅연구소, 2004, p.12).

볼로냐 국제아동도서전시회는 1963년에 시작되었고, 우리나라는 1982년에는 「쥐들의 성대한 치즈파티」(이원복), 2004년에는 「팥죽할멈과 호랑이」(조호상 글, 윤미숙 그림, 웅진닷컴)와 「지하철이 달려온다」(신동준 글 · 그림, 초방책방)가 픽션 우수싱을 수상하였고, 2006년에는 「마법에 걸린 병」(고경숙 글 · 그림, 재미마주)이 픽션 우수상을 받았다. 2009년에는 「미술관에서 만난 수학」(김윤주, 여원미디어)이 논픽션 우수상, 「어젯밤에 뭐했니?」(엄혜원 글 · 그림, 비룡소)가 픽션 우수상을 받았고, 2010년에는 「돌로 지은 절 석굴암」(김미혜 글 · 그림, 웅진씽크빅)이 픽션 우수상을 수상하였다. 2011년에는 「마음의 집」 (김희경 글 · 이보나 흐미엘레프스카 그림, 창비)이 '논픽션부문 대상' 을 우리나라 처음으로 받았고, 「거짓말같은 이야기」 (강경수 글 · 그림, 시공주니어)가 논픽션부문에서 우수상을 받았다. 2012년에는 「그리미의 하얀 캔버스」(이현주 글 · 그림, 상그라픽아트)가 작가의 첫 작품을 대상으로 시상하는 라가치상 오페라 프리마 부문 대상을 수상하였다. 2013년에는 「눈」(이보나 흐미엘레프스카 글 · 그림, 창비)이 픽션부문 대상을 수상하였고, 「가시산」(박선미 작, 썸 북스)이 오페라 프리마 부문에 우수상을 받았다. 그리고 총 77명의 '올해의 일러스트레이터' 중 한국의 작가 6명이 선정되었다. 2014년에는 「먼지아이」(정유미 글 · 그림, 썸 북스)가 뉴호라이즌 대상을 받았고, 「The Hair」(김수영 글 · 그림, 썸 북스)가 오페라프리마 우수상을 받았다. 2015년에는 「담」(지경애 글 · 그림, 반달)이 픽션 우수상, 「나의 작은 인형 상자」(정유미 글 · 그림, 컬쳐플랫폼)가 픽션 우수상, 「세상에서 가장 큰 케이크」(안영은 글, 김성희 그림, 주니어김영사)가 북앤시드 우수상, 「민들레는 민들레」(김장성 글, 오현경 그림, 이야기꽃)가 논픽션 우수상, 「떼루떼루」(박연철 글 · 그림, 시공주니어)가 뉴호라이즌 우수상, 「위를 봐요!」(정진호 글 · 그림, 은나팔)가 오페라프리마 우수상을 수상하였다. 2017년에는 한국의 보림출판사가 '올해 최고의 아동출판사 상' (BOP : Bologna prize best children's publishers of the year)인 「BOP 볼로냐 상」을 수상했다. 이 상은 2013년 볼로냐 아동도서전 50주년 기념으로 세계적으로 도서편집혁신 분야에서 선구자적 역할을 한 출판사에 주는 상으로 유럽, 아시아, 북미, 아프리카, 중남미, 오세아니아 등 각 대륙별 1개사씩 수상하는데 아시아에서 보림출판사가 영예의 수상을 하였다. 그리고 「이빨사냥꾼」(조원희 글 · 그림, 이야기꽃)이 볼로냐 라가치상의 픽션 우수상을 수상하였다.

이탈리아 볼로냐 국제아동도서전은 54년 전통으로 매년 4월 60여 개국의 출판관계자들과 일러스트레이터들이 모여 저작권 거래를 하는 세계 최대의 어린이책 도서전시회이다.

그리고 '볼로냐 라가치상' 은 매년 볼로냐 국제아동도서전 주최측이 전 세계에서 출간된 그림책을 대상으로 세계 각국의 국제심사위원단을 구성하여 작품성 · 예술성 · 독창성을 기준으로 가장 우수한 그림책을 선정해 수상한다. 픽션 · 논픽션 · 뉴호라이즌 · 오페라 프리마 · 북앤시드 등 5개 부문에서 각 부문별로 대상 1권과 우수상 3~4권을 선정하고 있다.

최근에는 CD-ROM화나 인터넷을 이용한 음성이나 동영상의 멀티미디어 그림책이 나왔다. 화면상에서 책장을 넘기면 그림이 입체적으로 움직이는 장치가 있거나 그림 속에 또 다른 그림이 들어 있는 놀이용 책도 출간되고 있어 독자들의 새로운 기대를 불러일으키고 있다.

그림책 출판편집자(기획자)는 독자를 어떻게 설정 · 인식하고 대응할 것인가를 판단하며 결정하는 사람이다. 여기서 편집자는 어떤 평가를 내리는 사람이 아니라, 좋은 자료를 보여주고, 편집자의 주관적 시각을 벗어나 다양한 소재와 이야기를 들려주며, 작가를 도와주는 사람이다. 이처럼 편집자는 그림책의 성공을 가늠하는 중요한 위치에 있는 것이다.

그림책 편집자가 우선해야 할 중요한 일(한미화, 2004, pp.44~55).

① 작품을 철저하게 분석하기 이전에 자기 내면에 깃들어 있는 어린이를 찾아라.
② 문자에 익숙해지기 이전에 귀로 들은 말을 기억하며, 그 체험이 쌓여 언어의 세계로 들어간다는 사실을 기억하라.
③ 글과 그림의 관계를 머릿속에서 스케치하고 구상하여 한눈에 그려 보라.
④ 그림책 안에서 어린이만의 리얼리티(reality, 사실성, 현실성)를 획득하려는 노력을 하라.
⑤ 어린이가 그림을 보는 눈을 생각하라.
⑥ 편집자(기획자)는 어머니와 같은 역할을 한다.
⑦ 작가가 전하고 싶은 것이 무엇인지를 끌어내라.

2. 아동도서

아동도서는 아동을 주 대상으로 하는, 교육성이 있고 재미와 흥미를 고려하여 의식적으로 창작한 문학도서이다. 이에는 그림책 · 동화 · 소설 · 동요 · 희곡 등의 순수창작이 있고, 신화 · 전설 · 옛날이야기 등과 같이 재구성된 것이 있다. 한국의 아동문학은 고전적 아동문학과 근대적 아동문학으로 나뉜다. 옛날 아동문학은 시대에 따라 변화되어서 설화는 동화로, 민요는 동시 · 동요로 계승되었다. 근대적 아동문학은 1908년 최남선에 의해 발행된 「소년」 잡지에서 소년문학 · 아동문학이라는 용어가 처음으로 사용되었다. 이때의 아동관은 시대적인 개화 · 계몽사상에 의해 관념적으로 이루어졌다. 그 후 1920년대에는 방정환에 의해 현실적 · 실천적 아동관이 정립되어 본격적인 아동문학이 시작되었다(동서문화, 1993, p.9696 참조). 그 뒤 세월이 지나면서 세계명작 · 전래동화 · 위인전 등이 많이 발행되었다. 그러나 대부분 전집물로 보급되었기 때문에 내용이 수준미달인 책을 덤핑가격으로 출고함으로써 유통시장을 교란시키고, 아동들의 독서관에도 악영향을 끼치는 경우가 많았다. 부실한 번역이 부실한 편집 · 인쇄 · 제본 · 재창삭으로 이어져 원본내용과 동떨어진 책이 발간되는 등 많은 문제점이 있었다.

1990년대에는 창작동화가 아동문학의 대표로 등장하였다. 그 이후 기성작가들의 왕성한 동화창작 활동으로 인하여 출판계에서 아동문학 창작집을 앞다투어 기획 · 출판하게 되자 많은 아동도서 전문작가들이 배출되었다.

3. 아동교양도서

1990년대에는 아동도서시장의 주류가 전집물에서 단행본 낱권으로 바뀌었다. 즉, 아동을 위한 고전적인 교훈도서에서 현실적인 생활환경을 가미한 아동교양 창작물이 성행하게 되었다. 이로써 아동소설 · 성교육 · 철학동화 · 공포 · 괴기물 · 문화 · 교양 · 미술 · 음악 · 법률 · 경제 · 학습 · 환경 · 과학 · 교육 등 다양한 분야에서의 아동교양 출판이 활발해졌다.

4. 만화와 아동잡지

1997년 만화시장이 개방되자 만화출판시장이 급속도로 확대되었다. 만화는 단순한 흥미와 오락거리로서가 아니라 21세기 최고의 고부가가치상품으로 재등장하였다. 이렇듯 양적인 성장이 이루어지면서도 아동만화의 출판이 안고 있는 문제점은 불량만화와 일본만화의 불법 유통이다.

아동만화는 주로 아동잡지에 의존하고 있다. 그러나 잡지는 청소년층까지가 주요 독자이기 때문에 아동들이 여과 없이 흡수하게 될 잡지의 내용수준이 문제가 되고 있다. 또한 일본만화가 인기를 끌자 우리의 만화가 고유성을 잃어버리고 일본만화에 물들어 가고 있어 그 미래가 우려되고 있다. 따라서 우리 만화만의 특색과 실력을 갖춘, 노력하고 창의적인 작가의식을 지닌 만화가들을 많이 배출할 수 있는 환경이 조성되어야 할 것이다.

아동잡지(兒童雜誌)는 기독교계통의 「새벗」을 비롯하여 종교계와 신문사에서 발행하는 잡지가 주를 이루었다. 이러한 상황에서 우리의 만화나 잡지는 제대로 발전하지 못하였으며, 따라서 우리의 아동들은 저질 외국만화와 외국잡지에 완전히 노출되어 있는 것이다. 그러므로 이에 대한 대책과 개선을 위한 세밀한 연구가 필요하다 하겠다. 아동도서의 기획에서 유의할 점으로는 참신성과 독창성을 유지하며 흥미 있고 보편타당성이 있는 내용을 다루어야 한다는 것이다. 그리고 수준 높은 편집기술과 완벽한 맞춤법에 의한 교정과 교열을 중시해야 한다. 또한 아동들의 지적 수준에 맞춘 건전하고 창의적인 내용의 만화나 잡지를 보여줌으로써 우리의 아동들이 미래 지향적인 꿈을 갖게 해야 한다. 이를 위해서는 전문적인 아동도서의 기획자와 번역자를 양성해야 한다.

제9절 학술도서 출판기획

1. 학술도서의 정의

예일대학의 출판국장이었던 체스터 커(Chester Kerr)는 학술도서출판(學術圖書出版)에 대하여 "우리들은 최대의 비용을 들여서 최소 부수의 책을 출판한다. 그리고 그것에 최고의 정가를 정하여 최저의 구매력밖에 없는 사람들에게 팔려고 애쓰고 있다. 이것은 미친 짓이다." 라고 말했다(호우즈 저, 김장섭 · 남석순 공역, 1986, p.15). 이렇듯 학술도서출판은 무척 어렵고 힘든 사업임에 틀림이 없다.

학술도서(學術圖書, scholarly books)란 학술적 연구 성과나 내용을 사회적으로 누구나 공유할 수 있게 널리 보급하기 위해 출판자가 인쇄 또는 전자적으로 복제(reproducing)하여 만드는 학술적 저작물을 말한다. 여기서 전자적 복제라는 것은 전자매체를 이용하여 학술정보의 데이터베이스를 만들고 그것을 온라인 형태인 인터넷으로 서비스하거나 오프라인 형태인 플로피디스크, CD-ROM, CD-I, 전자카드, 전자수첩 · 사전, 오디오북 등으로 독자에게 제공하는 전자출판물을 말한다.

일반적으로 좁은 의미의 학술도서출판이란 주로 연구자들을 대상으로 학술연구의 성과를 출판물로 만들어 누구나 공유할 수 있게 보급하는 행위이고, 넓은 의미로는 일반 지식인을 대상으로 학술연구에 의해 나타난 결과를 쉽게 풀이하여 출판물로 만들어 일반인에게 보급하는 행위이다(김성재, 2004, p.90 참조).

이러한 학술도서출판은 그 나라의 지적 수준을 측정할 수 있는 척도가 되기 때문에 국가나 사회에 미치는 영향이 매우 크다.

한 나라 학술출판물(學術出版物)의 양이 많고 질이 우수할 때는 그에 따라 그 나라의 학문과 과학의 발전도 높아지고 경제적인 성장도 앞서 나갈 것이다. 또한 교육의 질도 높아질 것이며, 보다 나은 문화적 생활로 이어져 삶의 질을 높여주는 데도 크나큰 역할을 한다(문화체육부, 1997, p.101).

학술도서는 내용의 학술성 · 전문성 때문에 필수구매 해당자가 적으므로 수요량이 적을 수밖에 없다. 그러나 학술적 · 교육적으로 없어서는 안 될 지적 산물이므로 더더욱 학술도서출판의 필요성이 요구되고 있다.

넓은 의미로는 대학교재도 준학술서이다. 이처럼 학문연구자들의 연구에 도움을 줄 수 있다면 학술도서라 할 수 있으나, 대학생들의 강의대상으로만 사용된다면 이를 학술도서라고 생각하는 독자는 적을 것이다. 그러나 위에서 언급했듯이 지적인 일반 독자를 대상으로 학술연구에 의해 만들어진 성과의 자료나 내용을 쉽게 풀어서 새롭게 변화된 출판물로 만들어 일반 독자에게 전달하는 것은 학술도서출판이라고 볼 수 있다(강희일, "학술출판의 활성화 방안에 관한 연구", 석사학위논문, 2005).

학술도서 출판기획에는 기획의 주체에 따라 저자형과 출판사형 기획이 있고, 기간에 따라 장기 · 중기 · 단기 기획이 있다.

2. 학술도서출판의 진흥과 대책

우리나라 학술도서출판의 환경은 매우 열악하여 많은 문제점을 가지고 있다. 이 문제점과 해결방법은 다음과 같다.

① 디지털시대에 의한 무차별적인 불법 복사 · 전송의 방지에 대한 제도적 장치와 범국민적 의식구조의 변화가 필요하다.

② 다매체 경쟁적인 사회분위기로 인한 독서기피현상에 대하여 교육적 · 사회적으로 국민독서운동을 연구 · 검토해야 한다.

③ 교육제도의 문제점에 대한 연구 · 검토가 필요하다.

④ 도서관의 학술도서 구입정책을 선진국화해야 한다.

⑤ 학술도서출판을 하는 저자와 출판사를 위해 적정한 환경조성이 필요하다.

⑥ 학술도서출판 활성화를 위한 정부적 차원의 제도나 정책적 연구가 필요하다.

⑦ 학계나 대학에서 학술도서에 대한 평가를 높여야 한다.

⑧ 낙후된 출판유통을 표준화 · 현대화해야 한다.

⑨ 정부가 책의 10% 내의 복사와 수업목적보상금제도로 대학강의에서 책의 10% 내의 복사를 합법적으로 허용함에 따라 불법 전권복사에 대한 학술도서출판의 위기대책이 필요하다.

⑩ 정부와 업자들의 북스캔 이용 입법시도와 2016 저작권법 개정은 오직 이용자 편의를 위한 정책으로 출판산업의 위기대책이 필요하다.

3. 학술도서 출판기획의 종류

(1) 주체별 기획

저자형 기획 : 출판사의 의뢰를 받지 않은 저작자가 스스로 본인의 사상과 생각 등을 바탕으로 구상하거나 계획을 세워서 집필한 후 독자에게 공표 · 공시할 목적으로 출판사에 출판을 의뢰하는 기획이다. 출판사는 의뢰를 받아 원고의 채택 여부를 결정하게 된다.

출판사형 기획 : 출판사가 기획의 주체가 되어 스스로 기획한 후 저자를 찾아 의뢰한다. 이

때 출판사는 기획에 있어 경제적 · 사회적 · 상업성 · 시장성 등에 관한 모든 책임을 진다.

(2) 기간별 기획

장기기획 : 기획에서 편집 · 생산까지 3~5년 이상의 기간이 필요한 기획으로 대형물 · 기획물 · 문고 · 전집총서 등이 있다.

중기기획 : 기획에서 생산까지 1~3년 이내의 기간이 필요하며, 학술 및 전문도서 · 사전류 · 전집 · 시리즈물 등이 있다.

단기기획 : 기획에서 생산까지 1년 이내의 기간이 필요한 기획이며, 단타성 기획 · 단행본 등의 기획으로 최소비용 최대효과의 경제원칙하에 기획을 하며 베스트셀러 기획에 중점을 두는 기획이다.

4. 학술도서출판의 중요성

한 나라가 지적 · 문화적 발전을 이룩하기 위해서는 학술적인 출판물의 뒷받침 없이는 불가능하다. 학술출판물이란 독창적인 학술연구의 결과를 정리하여 논문이나 간행물의 형태로 일반 대중에게 널리 보급하는 것이다.

이러한 학술도서출판은 특정 학문이나 사상을 연구하는 사람들을 대상으로 하기 때문에 고도의 높은 역사적 · 문헌적 가치를 지니고 있을 뿐만 아니라 국가나 사회에 미치는 영향도 크다. 즉, 학술출판물은 지적 창작물의 제1차적인 표현매체로서 지식기반 사회를 대표하는 문화활동의 소산물이다. 따라서 인간 정신의 표현이고 사고의 매체이며 문화발전의 근간으로서, 고도의 지적 출판물을 생산하고 독자들에게 유통시키는 학술도서출판이 국가나 사회에 미치는 영향은 대단히 중요하다는 것이다.

더구나 21세기 디지털시대를 맞이하여 세계가 국제화 · 개방화되고 국가 간 무한경쟁시대에 진입한 현대 사회에서 국력의 핵심이 되는 지식의 보고로서 학술도서출판의 역할과 중요성은 점차 커지고 있다. 학술출판물의 양이 많고 질이 우수하면 그 나라의 학문과 과학의 발전은 물론이고, 산업의 발전과 교육의 질이 높아질 것이다. 더구나 정보화 사회를 촉진하고 발전시키는 방법도 학술문헌정보가 그 바탕이 되고, 학문의 무한경쟁시대에 앞서가는 길도 학술도서출판의 결과에 있으므로 학술도서출판에 대한 인식을 높여야 한다.

학술도서출판이란 독창적이고 창의적인 학술연구의 결과물이 출판되어 학술적 · 교육적 가치를 지니고 있어야만 진정한 학술도서출판이다. 학술적이라는 말은 학문과 예술에 관한 것으로서, 학술은 학문의 방법이나 이론 또는 학문 · 예술 · 기술을 말한다. 이렇듯 학술도서출판은 독창적인 학술연구의 결과를 전문성을 지닌 학술적인 가치로서 접하게 되고, 또한 내용면에서는 학술적 · 교육적 소재와 가치를 지니고 있다.

그러나 현대 사회는 교육적 소재와 가치에 있어서도 많은 변화를 필요로 한다. 즉, 전통적인 일정한 교육과정에서 벗어나 다양한 인성교육 및 평생교육을 필요로 하는 등 교육적 가치관의 변화가 일어나고 있다. 따라서 학술적 가치를 지니면서 시대적 교육환경의 변화에 적응할 수 있는 교육적 가치가 포함된 전문적인 학술도서출판의 활성화는 디지털시대의 요구에 부응하는 일이다.

제10절 잡지 출판기획

잡지(雜誌, magazine)는 제호(題號)에 맞게 여러 가지 기사의 수집과 삽화 · 사진 · 만화 등을 넣어 편집하여 일정한 시간적 간격을 두고 정기적으로 간행하는 정기간행물이다.

1. 잡지의 역사

잡지의 역사는 17세기에 프랑스 출판업자가 신간소개를 위해 발행한 카탈로그(catalogue)에서부터 시작되었다. 이어서 정기간행물로 발전시킨 것은 1665년 1월 파리에서 창간된 「르 주르날 데 사방(Le Journal des Savants)」이다. 같은 해 3월 런던에서는 영국 학사원의 회보인 「철학회보(Philosophical Transactions)」가 창간되었고, 그 후 독일 · 이탈리아에서도 잡지를 발행하기 시작하였다.

우리나라에서 최초로 발행된 잡지는 1892년 영국인 선교사 올링거 부부가 창간한 「코리안 리포지터리(The Korean Repository)」 영어판이고, 한국인이 최초로 발행한 잡지는 1896년 2월 동경에 있던 '대조선일본유학생친목회'가 발행한 「친목회 회보(親睦會會報)」이다. 그 후 「대조선독립협회 회보」, 「조선 그리스도인 회보」 등이 창간되어 근대적인 잡지로 발전되었다. 육당 최남선이 1908년에 발행한 「소년(少年)」은 우리나라 최초의 근대적인 종합잡지이며, 1913년 「새별」, 1914년 「청춘」을 발행하였다. 한국 잡지의 정의는 한글로 발행된, 한국인을 읽히기 위해 만들어진 잡지를 말한다(동서문화, 1993, pp.13442~13446 참조).

2. 잡지의 종류와 특성

잡지의 종류(種類)에는 ① 정기별로 주간 · 월간 · 격월간 · 계간 · 연간이 있고, ② 내용별로는 종합 · 학술 · 종교 · 소년 · 학생 · 화보 · 시사 · 지역 · 인구학 · 업계전문 · 엘리트 · 생활 · 여성 · 아동 · 문예 · 전문 · 홍보 · PR · 사보 · 전자잡지 등이 있다. ③ 형태별로는 국판,

4·6배판, 국배판, 4·6판, 포켓판 등이 있다.

잡지의 특성(特性)은 단행본과는 다르게 정기적으로 계속 간행되는 것이다. 신문보다는 발행간격이 길어서 뉴스성과 신속성은 뒤떨어지지만, 의견의 정확한 전달과 오락을 제공하고 여러 가지 테마를 현장감 있는 내용으로 전달한다는 특성이 있다.

3. 잡지의 기능

잡지는 특정한 독자를 대상으로 하는 만큼 전문성이 강조되는 매체로서, 그 기능(機能)은 다음과 같다(김승수, 1997, p.360 참조).

① 독자에게 전문화된 정보를 제공한다.
② 광고주에게는 광고와 판촉의 기회를 제공한다.
③ 문화형성의 기능을 수행한다.
④ 여론형성에 기여한다.
⑤ 외국 문물을 접촉할 수 있게 한다.

4. 잡지의 분류

우리나라 잡지들의 내용과 유행별 출판기획을 분류(分類)하면 다음과 같다(오경호, 2001, pp.316~334 참조).

종합잡지 출판기획 : 어떤 한 분야에만 편집을 치중하지 않고 여러 분야를 종합적으로 다루면서 넓은 독자층을 대상으로 내용을 꾸미는 일반 지식층을 위한 잡지의 출판기획이다. 전문지나 기관지와는 다르게 내용범위가 넓어서 여러 분야별로 다양한 것이 특징이다. 「개벽(開闢)」은 1920~26년까지 천도교를 배경으로 발간된 개화기의 종합잡지이며, 발행인은 이두성, 편집인은 이돈화였다. 창간호부터 항일민족정신으로 시작되어 일제가 판매금지를 내리기도 했다. 개벽을 통하여 염상섭의 「표본실의 청개구리」, 현진건의 「빈처」, 김소월의 「진달래꽃」, 「엄마야 누나야」, 이상화의 「빼앗긴 들에도 봄이 오는가」 등이 발표되었다.

학술잡지 출판기획 : 학술분야에 대한 많은 정보를 독자들과 연구기관 및 단체에 제공하는 학술적 · 전문적인 고급잡지의 출판기획이다. 즉 학술적 · 문화적 · 지적 정보를 학술세계에 제공하는 것으로서, 그 특징은 다음과 같다. 첫째, 학회 · 연구소 · 학술재단 · 학술단체 등에서 연구의 결과나 성과를 평가 및 인정받기 위해 펴낸 논문형식이 많고 계간 · 격년간 · 연간의 발행이 많다. 둘째, 학문분야에서 창의적인 연구의 저술을 모아서 출간하기 때문에 출간간격이 길다. 셋째, 외국의 연구소 · 학술기관 등에서 발표하는 논문이나 저서를 번역해서 소개한다. 세계적으로 수만 종의 학술지들이 있으나 정보화시대에 걸맞게 정보검색이 쉬워져

학술잡지의 출판기획에 많은 도움이 되고 있다. 1927년 「한글」, 1952년 「역사학보」, 1975년 「한국학보」, 「회계학연구」, 「경영논집」, 「월간 회계」, 「과학시대」, 「새교육」 등이 있다.

문예잡지 출판기획 : 시 · 소설 · 희곡 · 수필 · 평론 등 문학인들의 작품과 작가들의 일상을 모아서 제공하고, 국내작가들의 창작문학의 발표나 외국문학의 번역 소개, 비평 · 평론 등을 소개하는 잡지의 출판기획이다. 1919년 「창조」는 최초의 순수문예지이고, 1920년 「폐허」, 1921년 「장미촌」, 1922년 「백조」, 1923년 「금성」, 1955년 「현대문학」, 1956년 「자유문학」, 1970년 「창작과 비평」, 「문학사상」, 「한국문학」, 「실천문학」, 「책과 인생」 등이 있다. 문화재청은 「폐허」, 「백조」 등 1920년대 문예지를 근대문화재로 보존할 계획이다.

전문잡지 출판기획 : 전문인들의 전문분야에 대한 정보를 모아서 전문적인 독자들에게 제공하는 잡지의 출판기획이다. 농업 · 수산 · 경제 · 경영 · 산업 · 노동 · 과학 · 교육 · 법률 · 의학 · 생명과학 · 컴퓨터 등의 분야가 있다. 1923년 「농민」, 1948년 「경제평론」, 1949년 「세계경제」, 1966년 「축산」, 1984년 「스크린」, 1985년 「부동산」, 「PC 사랑」, 「게임매거진」, 「출판저널」, 「월간 바둑」 등이 있다.

여성잡지 출판기획 : 여성의 생활에 관한 모든 정보와 여성들의 일상생활에 도움이 되는 지식을 수집하여 제공해 주는 잡지의 출판기획이다. 생활정보 · 교육 · 임신 · 육아 · 건강 · 의학 · 성생활 · 웰빙 · 취미 · 오락 · 생활과학 · 법률 · 경제상식 · 소설 · 시 · 수필 · 희곡 · 평론 · 수기 · 연예기사 · 화보 · 유머 · 만화 · 광고 · 종교 등 여성들의 관심분야를 모두 다루고 있으며, 대상독자는 가정주부 · 직장여성 · 여대생 등으로 나누어진다. 1917년 「여자계」, 1920년 「신여성」, 1933년 「신가정」, 1936년 「여성」, 1959년 「주부생활」, 1967년 「여성동아」, 「여성조선」, 「여성중앙」 등이 있다.

종교잡지 출판기획 : 종교인들의 신앙생활에 관한 정보와 종교에 관심을 갖게 하는 포교를 목적으로 정보를 수집하여 종교인이나 일반 대중에게 제공하는 잡지의 출판기획이다. 이는 신을 알고 숭배하여 신앙생활을 바르게 할 수 있는 원리나 교리 등의 정보를 안내하는 잡지로 신앙잡지라고도 한다. 1900년 「신학월보」, 1908년 「교회월보」, 1912년 「조선불교월보」, 「성경잡지」, 「조선불교총보」, 「기독교청년」, 「생명의 삶」 등이 있다.

소년잡지 출판기획 : 아동들의 연령 · 생활 · 교육에 맞게 각종 정보를 수집하여 이해하기 쉽고 재미있게 정리하여 아동들에게 제공하는 잡지의 출판기획이다. 아동들의 인격형성과 정서함양에 도움을 주는 잡지로서 보통 아동잡지라고도 한다. 동화 · 동시 · 동요 · 역사 · 지리 · 전설 · 탐험 · 모험 · 과학 · 게임 · 오락 · 스포츠 · 예능 · 취미 · 사진 · 광고 · 화보 · 만화 · 컴퓨터 · 종교 · 유머 · 수기 · 의학 · 소설 · 수필 · 인터넷 등의 다양한 분야를 다루고 있다. 1908년 우리나라 최초 잡지인 「소년」을 비롯하여 1913년 「새별」, 1923년 「어린이」, 1928년 「소년조선」, 1929년 「새벗」, 1932년 「소년중앙」, 1947년 「새동무」, 「진달래」, 1949

년 「어린이나라」 등이 있다.

학생잡지 출판기획 : 중·고교생을 대상으로 그들의 연령적 · 교육적 특성에 맞게 각종 정보를 수집하여 학생들의 꿈과 희망을 키워나갈 수 있게 하는 잡지의 출판기획이다. 교양 · 교육 · 스포츠 · 연예 · 음악 · 레저 · 과학 · 문학 · 사진 · 삽화 · 만화 · 광고 · 컴퓨터 등의 분야가 있고, 내용별로는 교양지와 입시전문지가 있으며, 나이와 성별에 따라 중학생지 · 고교생지 · 여학생지가 있다. 1920년 「학생계」, 1929년 「학생」, 1946년 「진학」, 1949년 「여학생」, 1969년 「중학생」, 1976년 「대학입시」 등이 있다.

화보잡지 출판기획 : 잡지 편집에서 사진과 그림을 위주로 정보와 원고를 수집하여 배치 · 구성함으로써 시각적인 효과가 나타나게 하고 사진의 설명과 해설을 곁들여 독자들에게의 전달효과를 높이는 잡지의 출판기획이다. 이는 사진이나 그림을 통해 인생, 세상, 사건, 인간의 선과 악, 교육 등을 한눈에 볼 수 있는 장점이 있다. 1945년 「국제보도」, 1964년 「시사화보」, 1965년 「어린이화보」, 1975년 「KOREA」 등이 있다.

사보잡지 출판기획 : 회사나 조직체가 그 직원이나 구성원 및 대중과의 관계를 계속 원활하게 유지하기 위해 여러 가지 정보를 수집하여 발행하는 비영리적인 잡지의 출판기획이다. 그 유형은 사내보와 사외보로 나뉜다. 사내보는 종업원들을 대상으로 홍보를 목적으로 발행하는 것과, 경영진 및 판매원용으로 발행하는 것이 있다. 사외보는 소비자용으로 발행하는 것과 여론 지도자용과 지역사회 공중용, 판매점용, 주주용으로 발행하는 것이 있다. 우리나라 최초의 사보는 1958년 태평양사의 「화장계」이며, 1960년 「사보 OB」, 1961년 「현대」, 「월간 한전」, 1963년 「충비」, 「문화와 나」, 「종이와 문화」 등이 있다.

제11절 사보 출판기획

사보(社報, house organ)는 조직 커뮤니케이션 도구용 매체로, 기업체가 자사의 성장을 원활하게 하기 위해서 그 직원이나 가족 및 소비자와의 관계를 계속 유지하고 자사의 각종 경영정보 및 경영활동을 알리기 위해 다양한 내용으로 발행하는 비영리적 정기간행물이다. 이는 자사의 조직을 원활하게 통솔하기 위한 일반적인 시시사항 · 업무통보 · 정보전달 등의 내용과, 직원들 간이 업무보고 · 정보보고 · 보고서제출 등을 전하기 위한 내용을 다루며, 소비자들에게 자사의 각종 정보를 제공한다.

1. 사보의 종류와 특성

사보에는 사내보와 사외보가 있다. 사내보(社內報, internal publication)는 자사 직원을 대상으로 하고, 자사 조직구성원들의 인간적인 욕구를 충족시킴으로써 생산성을 높이고 경영을 원활히 하고자 한다. 사외보(社外報, external publication)는 일반 소비자를 위한 공중사보와, 여론 지도자용 · 지역사회 공중용 · 판매점용 · 주주용 · 공급인을 위한 특수 공중사보가 있다. 사외보는 소비자에게 자사의 경영정보와 경영활동을 알리면서 기업의 이미지와 마케팅을 촉진시킨다. 사내외보(combination publication)는 위의 사내보와 사외보를 종합한 내용의 사보이다.

사보의 특성(特性)(오경호, 위의 책, pp.383~384 참조).

① 설득 커뮤니케이션으로 활용되는 저널리즘의 한 영역으로서 잡지나 신문 형태의 매체이다.
② 자사 직원과 소비자 등과의 관계 개선이나 유지를 위한 설득성 내용을 담아 홍보목적으로 발행한다.
③ 정기간행물로서 기업 또는 단체의 이해관계나 관심 분야의 특성을 살린다.
④ 비영리적 · 비매품의 인쇄매체이며, 기록성과 연속가능성의 특성이 있다.
⑤ 창의성 · 참신성 · 독자성으로 발행되어 독자에게 정보 · 지식 · 교양 · 취미 · 정서 등을 제공한다.
⑥ 독자들에게 간접적으로 기업홍보를 한다.

2. 사보의 기능

사보의 기능(機能)은 기업내적 기능과 기업외적 기능으로 나눌 수 있다.

기업내적 기능 : ① 과제수행의 기능, ② 조직유지의 기능, ③ 인간욕구 충족의 기능 등이다.

기업외적 기능 : ① 보호적 기능, ② 이미지 기능, ③ 대외적 기능, ④ 서비스판매의 기능, ⑤ 공공서비스 기능, ⑥ 행동유발 기능 등이다.

이외의 사보의 기능에는 보도기능, 지도기능, 총화기능, 연구기능, 공익기능, PR기능, 정보기능, 설득기능, 오락기능, 교육기능, 홍보기능, 동질화 기능, 교화 · 교육 기능, 경제 · 문화 기능, 공익기능, 홍보기능, 공시기능, 해설기능, 정서순환기능 등이 있다.

사보의 기능도 시대의 변화에 따라 많이 변하여 왔다. 사보기능의 변화과정을 미국의 도버(Dover)는 ① 오락기, ② 정보기, ③ 해설과 설득기로 나누고 있다. 오락기는 2차대전 이전까지로, 가벼운 읽을거리의 제공과 여가선용의 기능이다. 정보기는 오락적 내용이 감소하고 정보제공이 주 기능이다. 해설과 설득기는 1950년대에 주 기능이 되었다.

우리나라 사보발행의 초창기인 1960년대에는 대부분 사내소식, 인사동정, 경조사 등의 정보기능이었다. 1970년대에는 해설과 설득의 기능이 추가되었다. 1980년대에는 오락기능이 증가되었다. 따라서 우리나라 사보기능의 발달을 ① 정보적 기능, ② 설득적 기능, ③ 오락적 기능으로 나누기도 한다(정성호, 1997, pp.397~398).

3. 사보의 기획

사보기획(社報企劃)이란 기업체나 공공단체의 주어진 환경하에서 발행되어 나올 사보의 편집 · 제작 · 광고 · 배포에 대한 전체적인 계획의 지침을 말한다. 이에는 재미있는 사보, 읽히는 사보, 독자가 선택하는 사보, 독자가 기다리는 사보, 독자가 참여할 수 있는 사보를 만들기 위한 최선의 노력이 필요하다. 이러한 노력 중에는 다음과 같은 기획의 요건이 가장 중요하다(정성호, 위의 책, pp.409~418 참조).

(1) 사보기획의 중요요건

① 독자를 철저하게 조사 · 분석해야 한다.
② 독자들이 바라는 내용과 외형의 기획을 해야 한다.
③ 편집회의를 효율적으로 운영해야 한다.
④ 편집자로서의 자세와 역할을 제대로 해야 한다.
⑤ 사보의 기능과 역할을 다해야 한다.

사보기획의 입안에 대한 소재의 요소(要素) : ① 관찰력, ② 착상력, ③ 판단력, ④ 응용력, ⑤ 조정력 등이 있다(안경모, 1990, p.80 참조).

사보기획의 수립을 위한 전제조건 : ① 경영자가 알리고 싶은 정보, ② 독자가 알고 싶은 정보, ③ 편집인이 알리고 싶은 정보, ④ 사원들 상호 간에 알리거나 알고 싶은 정보 등을 정확히 알리고자 하는 데 있다.

사보기획에서의 일반적인 내용(內容) : ① 경영진의 소개, ② 현장의 소리, ③ 인간관계, ④ 사원코너, ⑤ 기술개발, ⑥ 안전관리, ⑦ 종업원의 가족 소개, ⑧ 간담회, ⑨ 인사동정, ⑩ 외부인의 기고, ⑪ 여행과 여가, ⑫ 스포츠, ⑬ 문화정보, ⑭ 고객상담, ⑮ 퀴즈와 설문, ⑯ 독자투고, ⑰ 문예란, ⑱ 교양과 상식, ⑲ 알림 등이다.

(2) 사보 편집자의 자세와 역할

사보 편집자가 갖춰야 할 자세(姿勢) : ① 창조적인 업무, ② 경영진과 관계부서의 의견 수용, ③ 귀한 원고를 찾는 것, ④ 편집자의 편집권을 수호할 의무, ⑤ 뉴스는 창조하지 말 것,

⑥ 다양한 집단을 인정하고 이해할 것, ⑦ 사내에서는 보통 사원이다, ⑧ 약속을 지켜라, ⑨ 원고를 소중히 여겨라, ⑩ 독자를 최우선으로 생각하라, ⑪ 미리 준비하라, ⑫ 설득력을 가져라, ⑬ 실수를 두려워하지 마라 등이다.

사보 편집자의 역할(役割) : ① 사보의 역할을 바르게 인식한다(회사의 경영과 종업원에게 도움되기), ② 경영목표를 정확하게 파악한다, ③ 경영자와 종업원의 욕구를 정확하게 파악한다, ④ 기업문화 창달자로서의 역할을 한다 등이다(한국사보연구소 편, 1988, pp.49~56 참조).

(3) 사보 편집회의

사보 편집자는 다양한 의견의 수렴을 위해 편집위원들과 다음과 같은 편집회의를 개최하는 것이 바람직하다(위의 책, p.93 참조).

① 사보 편집자는 지난 호의 기획에 대한 설명과 발행될 사보에 대한 편집위원들의 의견을 정확하게 수렴한다.

② 발행될 사보의 중심적 방향, 특별기획, 중요행사, 사회적 환경의 변화 등에 대한 설명을 한다.

③ 편집위원 각자가 평소에 준비하고 연구한 아이디어를 의무적으로 발표하게 한다. 이때 발표내용을 미리 프린트하여 배포한 뒤에 설명한다.

④ 편집자는 일방적인 진행을 지양하고, 편집위원들이 각자의 의견을 자유롭게 토의할 수 있는 분위기를 유도해야 한다.

⑤ 편집위원들은 직위를 떠나 동등한 위치에서 서로의 의견을 존중하고 개진해야 한다.

(4) 사보기획의 종류

브레인스토밍법 : 브레인스토밍(brainstorming)이란 미국의 광고인 오스본(Osborn)에 의해 개발된 회의방식으로, 자유로운 토론과 대뇌의 연상력으로 창조적인 아이디어를 창출하는 사보기획이다.

체크리스트법 : 준비된 질문형식으로 리스트를 작성하여 요점만 체크하는 회의방식의 사보기획이다.

창조적 모방 : 모범적인 기획을 모방하여 창조적 모방(創造的 模倣)으로 활용할 수 있으며, 때로는 좋은 기획을 모방하면서 창조적 모방으로 전환할 수도 있다.

브레인라이팅법 : 브레인라이팅(brainwriting)이란 말은 독일에서 나온 것으로서 아이디어를 조용히 글로 써서 내놓는 작업을 말한다. 이 경우 시간에 대한 제약이 없어 각 구성원이 가지고 있는 사보기획에 대한 모든 의견을 내놓을 수 있다.

(5) 사보기획의 정보수집

시각적 정보 : 독자는 현장에서 직접 눈으로 확인되는 정보를 원한다.

정보활용의 기술 : 편집조직, 사내의 인쇄물, 경영진의 발언, 잡담의 정보, 보도매체의 정보, 협력자의 조언 등 정보활용의 기술이 필요하다.

정보의 메모 : 기록이나 메모에 의한 정보수집이 효과가 있다.

정보의 중요성 : 사보의 생명은 정보이다.

정보의 정확성 : 정보의 정확성은 사보의 구심점이다.

정보의 다양성 : 변화하는 독자들의 환경에 따라 정보의 다양화는 필수적이다.

정보의 신속성 : 새로운 정보를 신속하게 전달해야 한다.

제12절 전자출판기획

1. 전자출판기획이란?

전자출판기획(electronic publishing planning)이란 컴퓨터를 이용하여 책의 편집 · 조판 · 교정 · 교열 · 제판 · 인쇄 · 제책 등의 제작과정을 거쳐서 전자적 형태로 제작하거나 전자적 생산물로 출판하는 전자출판물을 기획하는 것으로서, 다음과 같은 예가 있다.

종이책을 전자책으로 기획 : 종이책으로 출간된 저작물을 다시 디지털화하여 전자책 등의 패키지계통의 전자출판을 기획하는 경우

디지털출판물을 온라인 전자출판물로 기획 : 디지털화된 출판물을 인터넷 홈페이지 등에서 온라인으로 이용될 전자출판물로 재기획하는 경우

조판 때 종이책과 전자책으로 분류하는 기획 : 처음 조판을 할 때 디지털화도 함께 진행시켜 종이책과 전자책을 동시에 발행하는 경우

2. 전자출판기획의 활성화

현재 디지털화된 책은 POD(print on demand, 주문형 출판) 시스템 보급으로, 인쇄판을 만들지 않고 컴퓨터에서 직접 인쇄기로 출력함으로써 필요한 소량의 주문부수라도 인쇄와 제책까지 해서 독자에게 배포하는 주문형 출판이 이루어지고 있지만, 아직 일반적으로 활성화되지는 못하고 있다.

정부에서는 여러 가지로 전자출판을 지원하고 있다. 그러나 미래 출판산업 기반의 구축을 위해서는 보다 더 적극적이고 실제적인 문제해결을 위한 지원이 필요하다. 즉, 불법 복제품

사용에 대한 제재를 위해 현실에 맞는 지작권법의 개정과 이를 지키는 범국민적 의식구조의 변화가 요구되고 있다. 이로써 검증된 출판콘텐츠들이 전자출판으로 기획되어 저자 · 출판사 · IT회사들이 믿고 투자 · 개발할 수 있는 환경이 이루어져야 할 것이다. 그리고 전자책 사용자들이 양질의 콘텐츠를 접할 수 있도록 저작권자들과 출판사들이 보다 적극적으로 우수한 콘텐츠들을 양산할 수 있는 선순환구조의 환경이 요구되고 있다.

제13절 번역도서 출판기획

번역출판(飜譯出版)은 외국 책을 한글로 번역하여 출판하는 경우와 우리나라 책을 외국어로 번역해서 출판하는 경우를 말한다. 우리나라 출판물의 수입과 수출에 관한 균형을 살펴보면, 다음과 같은 특성을 보이고 있다.

저작권 수출은 선진국에 비해 낮은 문화적 · 교육적 수준과 한글의 특수성으로 인하여 어려움이 많으며, 일부 한국적 소재와 한류열풍에 의해 아시아 국가에 수출이 되고는 있지만 미흡한 수준이다.

저작권 수입은 우리나라 전체 출판량의 30% 이상을 넘고 있는데, 이는 개도국이나 선진국에 비하면 너무 높은 수준이므로 이에 대한 정확한 시장조사와 그 대책이 요구되고 있다. 또한 과학 및 전문 분야의 학술도서출판은 국내의 콘텐츠 개발이 부족하여 선진국 저작권 수입에의 의존도가 매우 높다. 그리고 한·미 FTA 협정으로 인하여 저작권의 저작자 사후 보호기간이 70년으로 연장됨으로써 외국 저작권료의 부담이 더욱 가중되게 되었다. 우리나라는 1987년 7월 1일 세계저작권협약(Universal Copyright Convention : UCC)에 가입하였고, 10월 1일부터 그 효력이 발생되었다. 또한 1993년 12월 15일에 결성된 WTO 체제 내의 지적 재산권에 관한 협정(TRIPs)이 1995년 1월 1일에 체결되었고, 1996년 1월 1일부터 효력이 발효되었다. 이는 1987년 10월 1일 이전에 공표된 외국인의 저작물이라도 당해 저작자가 1957년 1월 1일 이후에 사망했거나 저작물이 공표되었다면 사후 50년간 소급해서 보호하게 된 것이다. 미국과 유럽 등의 국가들과 FTA 협정이 이루어진 후에는 저작자의 사후 70년까지 저작권을 보호해야 한다.

따라서 1987년 UCC 가입 이전에는 허락 없이도 무료로 자유롭게 외국의 모든 책들을 번역출판하였으나 이후부터는 허락과 함께 저작권 사용료를 요구대로 지불해야 한다. 그러므로 판매에 자신이 있는 책만 선별하여 출판하게 되고, 일부 인기 있는 책은 출판사끼리의 경쟁으로 인하여 높은 로열티와 선급금(선인세, 저작권 사용료)을 주는 등 과열경쟁으로 인한 부작용이 나타나기도 한다.

우리나라의 경우 외국 출판사와 직접 출판권계약을 하는 출판사는 일부에 불과하고, 대다수 출판사가 저작권 중개업자(literary agent)를 통하여 계약을 하고 있다. 이 와중에 일부 출판사는 계약방법의 미숙으로 인하여 불이익을 당하는 경우도 있다.

번역도서 출판기획에서 외국저작물을 번역하여 출판하려 할 때는 먼저 우리나라에서 보호를 받는 저작물로서 보호기간 내의 것인지를 확인해야 한다. 번역권은 원저작자·출판사·저작권 위탁관리업자·변호사 등의 번역권자를 확인하고, 출판기간과 만료 시 연장조건, 부차권[01]까지도 확인해야 한다.

번역권 획득을 위해 해당 출판사에 직접 교섭을 하면, 권리를 다루는 주체에 관한 정보라든가 번역권계약의 성립 여부, 옵션을 잡았다는 등의 회신을 받게 된다. 옵션(option)이란 우선선택권을 말하는데, 의뢰하여 얻는 경우와 실적을 감안하여 상대방에 의해서 주어지는 경우가 있다.

저작권 사용료의 경우 책의 성격에 따라 다르지만, 일반적으로 1,000~5,000부까지는 정해지는 사용료율[02]에 의해 일시불로 선지불(계약부수만큼 판매되지 않아도 돌려받지 못함)로 계약하고 그 이상의 부수는 추가지불로 계약하는 경우가 많다.

학술·전문 분야는 우리나라에 대상독자가 적다는 특수상황을 설득시킴으로써 저작권 사용료율의 적용을 낮게 허락받는 경우도 많다. 일부 국제적 관행으로는 실제로 판매된 부수를 일정일(반기)마다 정산하여 매출보고를 하고 그 사용료를 지불하기도 한다.

따라서 번역출판 기획은 이상의 여러 가지 문제점에 대한 충분한 연구와 검토가 필요하

표 4-2 | 2013년도 우리나라의 국가별 번역도서 발행현황

① 일본 4,552종	② 미국 3,396종	③ 영국 1,098종
④ 독일 560종	⑤ 프랑스 523종	⑥ 중국 507종
⑦ 모나코 434종	⑧ 동유럽 185종	⑨ 이탈리아 130종
⑩ 북·중미 119종	⑪ 러시아 99종	⑫ 유럽 99종

표 4-3 | 2013년도 분야별 번역종수 추이*

① 총류 1.3%	② 철학 6.3%	③ 종교 5.1%
④ 사회과학 12.3%	⑤ 순수과학 2.3%	⑥ 기술과학 7.6%
⑦ 예술 3.2%	⑧ 어학 0.8%	⑨ 문학 22.9%
⑩ 역사 2.3%	⑪ 아동 18.8%	⑫ 만화 17.1%

* 총발행종수 43,146종/번역종수 9,301종/번역서 비중 21.6%
자료 : 출판문화 2014.3. 참조.

01 부차권(副次權, subsidiary rights)에는 자국 내에서 타 도서에 게재권, 전집게재권, 다이제스트권, 영화화권, 방송권, 전자출판권, 잡지·신문 게재권 등이 있다.

02 학술서 3~10%, 일반도서 5~10%, 사전·아동·문고 3~5% 정도이다.

며, 정확한 시장상황의 파악과 적응이 함께 해결되어야 할 중요한 과제이다(우리나라 번역출판의 자세한 내용은 [부록 2]의 표 6, 7, 8, 9를 참조할 것).

학습 자료

1 출판기획자의 10가지 주요 실천사항

(1) '한 권의 책'을 누가 왜 읽는지를 파악한다 : 스스로 '한 권의 책'의 목표타깃(누가)을 설정하고 그가 책을 읽는 이유(왜)를 정확하게 찾아낸다.

(2) 출판시장의 흐름을 읽는다 : 보다 세분화된 시장의 흐름을 읽을 수 있는 사람일수록 기획의 성공률을 높이기가 쉽다.

(3) 시장의 규모를 파악한다 : 자신의 부족함을 채워 나가는 사람이거나 상승욕구가 강한 사람일수록 책을 즐겨 찾기 때문에 유아 · 아동 · 학습참고서 시장의 규모가 크며, 실용서 · 출세담 · 자기계발 등이 기본적으로 잘 팔린다.

(4) '한 권의 책'이 팔린 이유를 구체적으로 찾아낸다 : 내용의 힘을 파악하고, 어떤 프로모션(광고, 홍보, 이벤트, 판촉활동, 인적판매 등)에 의해 초기전략에 성공했는지를 파악해야 한다.

(5) 시장의 특성을 이해한다 : 저자의 이미지, 책의 제목, 정가 등의 구체적인 시장의 특성을 이해해야 하고, 어떤 책이 어느 시기에 잘 팔리는지를 알아야 한다.

(6) 사회변동의 흐름을 읽어낸다 : 교육제도의 변화, 국가 시험제도의 변화, 소득의 증감, 도시화 · 귀농인구의 증가, 사회구조의 변화, 가족구조의 변화, 첨단기술(IT · 인터넷 등)의 유행, 세계시장의 변화 등에 관심을 둬야 한다.

(7) 주요 출판사들의 출판특성을 이해한다 : 시장을 주도하는 주요 출판사들, 경쟁출판사들, 부상하는 신생출판사들이 간행하는 출판물의 유형, 마케팅 전략 등을 파악해 둬야 한다.

(8) 자기 능력을 점검한다 : 자본, 마케팅 능력, 핵심역량의 보유 여부 등 자기 능력을 정확하게 분석하여 자기 기업에 가장 합당한 출판영역과 출판물을 찾아야 한다.

(9) 출판물 광고의 흐름을 분석한다 : 책의 콘셉트를 제대로 잡을 수 있으려면 책의 광고를 거의 놓치지 않고 분석하고, 마케팅의 성패에 따라 분류해 그 원인을 분석할 필요가 있다.

(10) 출판물의 기사를 분석한다 : 모든 기업은 홍보에 목숨을 건다. 출판기사를 일상적으로 점검한 사람일수록 출판기획의 포인트를 잡기가 쉽다.

—한기호, 「희망의 출판」, 창해, pp.97~100, 중략.

2 개벽

「개벽(開闢)」은 1920년 6월에 창간되어 1926년 8월까지 통권 72호를 발간한 월간 종합잡지이다. 항일운동과 신문화운동을 활발히 전개하던 천도교에서 민족문화실현운동의 일환으로 세운 '개벽사'에서 출간한 한국 최초의 본격적인 종합잡지이다. 개벽이란 이름은 '후천개벽사상'에서 딴 것이며, 언론 · 학술 · 종교 · 문예 등을 게재하였는데 전체지면의 1/3을 문학과 예술면으로 할애하여 문예면을 중요시하였으며, 문체는 국한문혼용체를 썼다. 일제의 탄압으로 창간호부터 압수당하였고, 그 뒤에도 시련이 계속되어 발행기간 중 발매금지(압수) 34회, 정간 1회, 벌금 1회의 수난을 당하였다. 1926년 일제에 의해 강제 폐간 당한 후 1934년 11월 신간으로 「개벽」이 발간되어 1935년 3월까지 4호가 속간되었고, 8·15 광복 후 1946년 1월 복간호가 나온 후 1949년 3월까지 9호가 간행되었다. 3번에 걸쳐 나온 것을 합치면 통권 85권이 된다. 1970년 12월에는 일제강점기에 발행된 「개벽」지 76권분의 영인본이 21책으로 되어 개벽사에서 발행되었다. 「개벽」지는 배경으로 하고 있는 천도교의 전신이 1894년 민중을 중심으로 한 한국 최초의 근대적 개혁운동인 동학농민혁명운동을 주도한 동학당이고 천도교 또한 항일독립운동을 전개하였으므로, 필연적으로 일제의 정책에 항거하여 민족의식의 고취에 역점을 두었다. 이 잡지는 1900년대 당시 계급주의적 경향문학을 지향하던 신경향파 초기의 작가들을 많이 배출하였으며, 한국 문학사상 중요한 작품들을 많이 발표하였다. 당시 이 잡지를 통해 작품활동을 한 작가로는 박영희(朴英熙)·김기진(金基鎭)·현진건(玄鎭健)·김동인(金東仁)·이상화(李相和)·염상섭(廉想涉)·최서해(崔曙海)·김동환(金東煥)·나도향(羅稻香)·박종화(朴鍾和) 등이 있다. 또한 문학작품뿐만 아니라 문학이론·외국문학 등을 소개하였고, 신인을 발굴해 내는 등 1920년대 문학창달에 기여하였다.

—동서문화, 「세계대백과사전」, 1991.

3 독서의 해, 대한민국 '3무(無)'에 빠지다

2012년 6월 인천공항 내 8개 서점을 운영하고 있던 GS문고가 부도나면서 출판계 전체로 불똥이 튀고 있다. 출판사마다 수천만 원씩 물려 있지만 받아낼 길이 막막한 상태다. GS문고가 부도 전 선납한 3개월치 임대료라도 돌려달라고 인천공항 측에 요구하고 있으나 이마저도 여의치 않다. 공항서점의 부도는 여행객들이 종이책 대신 전자책을 이용하면서 매출이 감소한 게 주요인으로 꼽힌다. 여기에 출판계로선 감당하기 어려운 지나치게 높은 임대료도 한몫했다. 이 때문에 출판사들은 일반서점보다 훨씬 낮은, 거의 정상가의 반값에 해당하는 55%에 책을 공급해야 했다. GS문고의 부도엔 출판계 구조적 문제의 단면이 드러난다.

2012년은 정부가 출판계의 어려움을 덜어주고, 국민독서율 제고를 위해 제정한 '독서의 해'이다. 2011년 국민독서 실태조사에 따르면 2011년 성인 10명 중 3.3명은 1년에 책을 한 권도 읽지 않았다. 2007년에 2명이었던 것과 비교하면 큰 차이다. 대한민국은 책을 읽지 않는 사회로 빠르게 진행되며, 지금 책은 '3무(無)'에 빠져 있다.

▶ **'새 책'이 없다** : 「아프니까 청춘이다」, 「은교」, 「빅 픽처」, 「노는 만큼 성공한다」. 현재 베스트셀러 10위에 올라 있는 책들이다. 2011년 출간된 「노는 만큼 성공한다」를 제외하면 나머지는 2010년에 출간된 책이다. 베스트셀러에서 신간을 찾아보기가 쉽지 않다. 지금 출판계는 구간이 출판시장을 좌지우지하는 형국이다. 구간(출간된 지 18개월 이상) 도서는 현재 인터넷서점에서 판매비중이 60%를 넘어섰다. 할인폭이 큰 구간에 치중하다 보니 벌어진 파행적인 모습이다. 높은 할인에 맞추기 위해 출판사들은 울며 겨자 먹기로 원가 이하까지 책을 공급하기도 한다. 그래도 많이 팔면 '그게 그거다'는 판단에서다. 싼 맛에 중독된 독자들은 인터넷서점에서 오픈마켓으로, 또 중고샵을 떠돈다. 최근 중고샵은 중고책들만 있는 게 아니다. 신간들도 올라 있다. 구매한 책을 읽고 바로 되파는 시스템 등 여러 경로를 통해 나오는 신간들이 적지 않다. 중고샵은 매월 20%씩 성장하며 활황이다. 한 출판사 관계자는 "막 서점에 내놓자마자 중고샵에 올라 있는 경우도 있다."며, 절망감을 나타냈다. 중고책은 도서정가제 적용을 받지 않기 때문에 규제할 길이 없다. 이런 상황에서 신간 발행종수가 준 건 당연하다. 한국출판인회의가 주요 출판사 180곳을 대상으로 신간 발행종수를 조사한 결과를 보면, 2011년 2,473종으로 2008년 대비 23%나 줄었다. 할인의 덫에 갇힌 것이다. 매년 10% 이상씩 성장하던 인터넷서점들도 과다 할인경쟁 등으로 최근

영업이익이 줄면서 제로 성장시내로 돌입했다.

▶ **'문학' 이 없다** : 요즘 베스트셀러 순위를 보면 한숨이 절로 나온다는 이들이 많다. 특히 문학의 경우 베스트셀러 순위에서 찾아볼 길이 없다. 「나는 꼼수다」, 「달려라 정봉주」, 「주기자의 정통시사활극」, 「남자의 물건」 등 사회 이슈가 되는 인물과 관련된 책들이 베스트셀러가 되는 '외부효과' 가 출판시장을 흔들고 있기 때문이다.

문학작품이 없는 건 아니다. 2011년 4/4분기 이후 베스트셀러 동향을 보면 「완득이」, 「도가니」, 「엄마를 부탁해」, 「뿌리깊은 나무」, 「해를 품은 달」 등이 올라 있다. 소위 '스크린셀러' 들이다. 출간된 지 몇 년 지난 뒤 드라마나 영화로 방영되면서 베스트셀러에 오르는 특수현상이 이젠 일상화되고 있는 것이다. 이를 제외하면 2011년 4/4분기 이후 종합 베스트셀러 10위권에 오른 작품은 2011년 10월 출간된 김훈의 장편소설 「흑산」 정도다. 문학의 몰락이라 부를 만하다. 종래 서민생활이 불안정할 때 문학은 위로의 통로였다. 그러나 최근에는 멘토들이 그 자리를 대신하고 있다. 상상의 세계가 아닌 직접적 위안이나 위로를 주는 김난도 교수의 「아프니까 청춘이다」, 혜민 스님의 「멈추면 비로소 보이는 것들」에 쏠리는 것이다. 그나마 장르문학이 선전하고 있는 것은 이채롭다. 정유정의 스릴러물 「7년의 밤」, 넬레 노이하우스의 「백설공주에게 죽음을」 등 반추리문학이 큰 인기를 끌면서 문학계 지형도를 바꿔놓고 있다. 추리문학과 본격문학의 경계가 무너지고 있는 것이다.

▶ **'동네서점' 이 없다** : 동네서점의 몰락은 이제 더 이상 새롭지 않다. 한국서점조합연합회에 따르면 중소서점은 2000년대 초 3,500개에서 2010년 1,800개로 줄었다. 이 중 소형서점, 즉 동네서점은 600~700개 정도다. 동네서점의 생존기반의 붕괴는 무엇보다 인터넷서점보다 15~30% 비싸게 공급받는 출고가 구조에 있다. 가격경쟁에서 애초에 지는 게임인 셈이다. 이에 따라 가장 큰 비중을 차지하던 학습서 고객이 다른 곳으로 이동했다. 최근 지역고객 밀착형 동네서점으로 탈바꿈하려는 시도가 없는 건 아니지만 쉽지 않다. 소형 서점들은 무엇보다 출고가를 5~10% 정도만이라도 낮춰 달라고 목소리를 높이고 있다. 전자책의 보급도 동네서점에 위협적이다. 전자책시장은 출판생태계의 가장 큰 변수다. 2011년 400억 원 규모에서 올해는 600억 원으로 크게 늘 전망이다. 2015년쯤엔 책시장의 30%까지 육박할 것으로 출판계는 보고 있다. 이는 비단 동네서점만의 문제는 아니다. 교보문고는 매출이 3~6%씩 늘고는 있지만 영업이익률 하락으로 긴축경영에 돌입, 오는 6월엔 광화문 본사를 파주로 이전한다. 영풍문고도 신장률이 떨어지긴 마찬가지다. 영풍문고 손용주 마케팅팀장은 "기존지점들은 매출이 떨어지는 반면 동네서점이 문을 닫은 곳에 들어선 신규지점들은 그나마 동네서점 고객들을 흡수해 매출이 좋다."며, 전체적인 책수요가 준 게 사실이라고 말했다.

출판은 국가 지식생태계의 근간을 이룬다는 점에서 책의 바른 유통과 확산은 정책적 접근이 필요하다는 게 출판계의 목소리다. 정부의 획기적인 독서진흥책과 함께 책의 붕괴를 초래하는 가장 큰 요인인 할인경쟁의 악순환의 고리를 끊어야 한다고 입을 모은다. 그 중심에 완전도서정가제가 있다.

—헤럴드경제, http://blog.naver.com/ohjs3/100156638302

| 중요용어 |

출판기획	출판기획서	출판사형 기획	저자형 기획
출판기획의 영역	출판기획의 요건	출판기획의 유형	출판기획의 목표
출판기획의 절차	출판기획의 변화	퓨전 출판	임프린트 출판
출판기획자	분야별 출판기획	전자출판기획	번역도서 출판기획

출판편집

Chapter 05

제1절 출판편집의 정의

1. 출판편집이란?

편집(編輯, 編緝)은 "모아서 엮는다"는 뜻으로 해석되고 있으며, 서적과 잡지 및 영화를 비롯한 취재 · 통신 등 여러 매체와 장르에까지 널리 쓰이고 있다.

일반적으로 출판편집(出版編輯, publishing edit)은 출판물을 만들기 위해 원고(정보)를 정리하여 읽고 교정(校正)과 교열(校閱)을 하며 원고지정(매김, layout)을 주로 하는, 지적이고 미적이며 기술적인 작업을 말한다. 또한 편집자가 문자원고 등을 읽고 주어진 지면에 정리하여 좋은 출판물을 만들기 위한 창의적 · 지적 업무를 하는 것을 말한다.

다시 말해서 새로운 출판물을 만들기 위해 정해진 기획에 따라 취재를 하고, 이때 수집한 자료나 정보가 저작자들에 의해 원고로 정리되면, 이 원고를 일정한 편집방침에 따라 창의적인 아이디어로 레이아웃하고, DTP 시스템으로 컴퓨터 전자조판을 한 뒤 수차례의 교정과 교열을 하는 작업이다.

종합해 보면, 출판편집이란 주어진 지면에 문자원고나 사진 등을 편집자가 선택 · 정리하여, 만들고자 하는 도서의 이독성(易讀性)과 가독성(可讀性)을 높이기 위한 일련의 지적 창조작업(知的 創造作業)이라 할 수 있다. 문자원고는 형식정리와 내용정리를 하고, 사진 등 시각원고는 자료 수집과 선택 등을 하여 이루어진다. 출판편집의 궁극적 목적은 독자가 읽기 쉽게 이해하고 시각적으로 보기 편하게 책을 만드는 데 있다. 지적 창조작업이라는 것은 오랫동안 반복작업을 통해 머리로 생각하고 눈과 손에 익은 솜씨를 말한다. 머리로는 뛰어난 발상, 눈으로는 감각을, 손으로는 솜씨로 나타내는 작업이다(오경호, 1993).

2. 출판편집의 의미

출판편집의 의미는 대개 넓은 의미와 좁은 의미로 구분한다. 넓은 의미의 편집은 출판기획과 원고정리 및 원고지정(매김)과 레이아웃 디자인(design), 교정, 교열, 인쇄, 제책까지를

표 5-1 | 출판편집배열표

편집 담당자 : 정 : ○○○, 부 : ○○○

별지	1	2	3	4	1	2	3	4	5	6	7	8	1	2	3	4																												
		표	지				화			보				면	지																													
본지	1	2	3	4	5	6	7	8	9	10	11	12	13	14	15	16	17	18	19	20	21	22	23	24	25	26	27	28	29	30	31	32	33	34	35	36	37	38	39	40	41	42	43	44
	머	차	례	특	扉											Ⅰ	총		판		기		획																		扉			
	45	46	47	48	49	50	51	52	53	54	55	56	57	58	59	60	61	62	63	64	65	66	67	68	69	70	71	72	73	74	75	76	77	78	79	80	81	82	83	84	85	86	87	88
									Ⅱ	출		판		편		집											扉								Ⅲ	출	판		인	쇄	·		제	책
	89	90	91	92	93	94	95	96	97	98	99	100	101	102	103	104	105	106	107	108	109	110	111	112	113	114	117	116	117	118	119	120	121	122	123	124	125	126	127	128	129	130	131	132
						白	版	白																																				
	133	134	135	136	137	138	139	140	141	142	143	144	145	146	147	148	149	150	151	152	153	154	155	156	157	158	159	160	161	162	163	164	165	166	167	168	169	170	171	172	173	174	175	176
	177	178	179	180	181	182	183	184	185	186	187	188	189	190	191	192	193	194	195	196	197	198	199	200	201	202	203	204	205	206	207	208	209	210	211	212	213	214	215	216	217	218	219	220
	221	222	223	224	225	226	227	228	229	230	231	232	233	234	235	236	237	238	239	240	241	242	243	244	245	246	247	248	249	250	251	252	253	254	255	256	257	258	259	260	261	262	263	264

특기사항

① 원고 입수	⑦ 총 96p → 16p×6대	⑧ 표지 4면 → 4°인쇄	⑩ 판면 : 28행×34자
② 송교(조판소에)	pp.1~3 → 머리말, 차례	면지 4면 → 4°인쇄	⑪ 행간 : –7p
③ 초교지 입수	p.4 → 이 책의 특징	화보 8면 → 4°인쇄	⑫ 자간 : –0.5
④ 초교지 송출	pp.5, 41, 71 → 단원 표시	본문 → 2°인쇄	⑬ 여백 : ○○○○
⑤ 재교지 입수	pp.94, 96 → 백면	→ 먹+청색 → 색견본	⑭ 인쇄 : 견본 첨부
⑥ 재교지 송출	p.95 → 판권	⑨ 판형 : A5신	⑮ 제본 : 둥근등 양장

자료 : 교학사, 2004 수정 참조.

포함하는 종합적인 편집체계이다. 이는 주로 소규모 출판사들이 선택하는 경향이 있으며, 편집자는 지적 · 미적 및 시각적 · 기술적 업무와 교정 · 교열 · 제작까지를 모두 담당해야 한다. 따라서 각 분야에 대한 전문성이 결여되는 단점은 있으나, 저렴한 비용과 일괄적이고 신속한 업무진행의 장점이 있다. 좁은 의미의 편집은 원고의 검토 · 정리 · 지정과 함께 레이아웃 디자인을 하고 조판을 하면서 교정 · 교열 단계를 거쳐 필름을 출력하는 과정까지를 뜻하는 편집체계로서, 이는 주로 큰 출판사들이 선택하는 분업화 · 전문화된 편집체계이다(그림 4-2 참조). 이 경우 편집부는 원고내용의 검토와 정리에 관한 지적 업무를 진행하고, 디자인부는 원고의 미적 · 시각적 · 기술적 업무인 원고지정과 레이아웃 디자인 및 조판과정의 교정 · 교열업무까지 담당한다. 그리고 생산부는 교정 · 교열이 완료된 후 디자인부로부터 인화지나 필름을 인수하여 제판과 인쇄 및 제책을 담당하여 책을 완성한다.

제2절 출판편집의 업무

1. 원고의 검토

원고검토(原稿檢討)에는 출판의 타당성 여부를 검토하기 위한 원고검토(저자기획)와, 출판물로 결정된 기획한 원고의 편집을 위한 원고검토(출판사기획)가 있다. 그리고 일반적으로 내용검토와 대충검토가 있는데, 내용검토에서는 기획의 적절성 여부, 내용의 사실과 확실성, 내용의 구성과 독자 적응성 등을 검토하고, 대충검토에서는 목차, 체제의 통일, 표기의 통일 등이 검토된다.

출판물로서의 타당성 검토에서 중요한 점은 먼저 기획의도와 맞아야 한다는 것이다. 따라서 저자, 내용, 원고량, 구성체제, 유사 출판물과의 관계, 시기성, 윤리성, 시대성, 문장의 서술표현, 독자 적응성 등을 검토하고 기획 · 편집회의에서 충분한 의견을 나눈 뒤 결정해야 한다.

출판물로 결정된 원고는 편집부 내의 담당이 정해져 세부적인 원고검토가 이루어진다. 이때 원고는 출판될 것이므로 완전원고가 되어야 한다. 그러나 원고의 집필과정에서 내용상 오류가 있거나 원고가 부실할 경우도 있으므로 편집자의 세밀한 검토가 요구된다. 편집자의 완전원고검토는 전체적인 판면에 대한 구상을 겸하면서 검토되어야 조판비의 절감과 출판 예정일을 앞당길 수 있다. 그리고 출판편집의 과정은 제4장에서 설명한 [그림 4-2]를 참고하기 바란다.

표 5-2 | 출판편집업무 진행표

과목명 : 출판실무　　저자 : ○○○　　담당자 : ○○○　　원고 의뢰일 :　　필름 완료 예정일 :
총면수 : 180p　　보조자 : ○○○　　원고 예정일 :　　조판소 :

일 자	임시 페이지	확정 페이지	원고		초교		재교		삼교		인화지		필름	비 고
			입	출	입	출	입	출	입	출	입	출	출	
7.2	~	~	45	10										
			(누	계)										
7.4	~	~	30	15	10									
			(75)	(25)										
7.8	~	~	50	30	15	10								
			(125)	(55)										
7.15	~	~	55	50	30	15	10							
			(180)	(105)										
7.20	~	~		75	50	30	15	25						해답집 12p
			(O.K.)	(180)										
7.25	~	~			75	50	30	30						
				(O.K.)	(180)									
7.30	~	~				75	50	50	75					
					(O.K.)	(180)								
8.5	~	~					75	75	50	80				
						(O.K.)	(180)	(180)						
8.10	~	~							55	100				
							(O.K.)	(O.K.)	(180)	(180)				
8.16	~	~									(180)		(180)	
													(완)	

2. 편집계획의 기본

원고내용이나 대상독자에 따라 편집의 기본방향은 [그림 5-1]과 같이 진행된다.

① 본문조판의 체제, 글자체, 내용배열, ② 예상면수의 결정, ③ 사진 · 컷 · 표 · 그림 등의 결정과 위치 선정, ④ 판형, 판면, 행수, 행간, 1행 자수, 자간, 행송 결정, ⑤ 표제, 목차, 그림목차, 각주, 참고문헌, 부록, 찾아보기 등 결정, ⑥ 표지, 장정, 종이, 재료 등을 결정한다.

잡지의 경우에는 편집계획 단계에서 면당 일정하게 주어지는 할당제가 지정된다. 이는 일정한 내용이 들어가는 위치나 범위를 편집자가 판단하여 결정하므로 진행되는 편집작업의 내용이 한눈에 나타나게 되며, 편집자는 세부적인 편집작업 내용을 책임 있고 정확하게 진행시킬 수 있다는 장점이 있다.

그림 5-1 | 편집계획의 기본

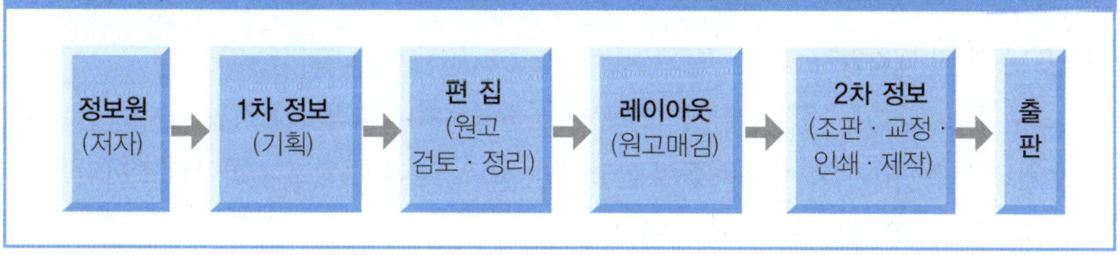

3. 문자원고의 정리

문자원고(文字原稿, typegraphy)란 문자정보를 담은 원고를 말한다. 문자원고는 손으로 직접 쓴 원고와 컴퓨터로 워드프로세싱한 원고(wordprocessing copy)가 있다. 컴퓨터로 워드프로세싱한 원고는 플로피디스크(floppy disk)에 저장되므로 플로피디스크 원고라고도 하는데, 요즘에는 주로 CD나 USB(Universal Serial Bus)에 저장하여 주고받거나 전자메일로 원고를 주고받는 경우가 더 많다.

문자원고 정리(文字原稿 整理)는 출판사의 편집자가 원고를 완전원고인지 검도하고, 조판 또는 제판에 적합하도록 정리하는 것이다. 조판원고의 경우, 원고가 들어오면 우선 저자가 매겨온 원고번호를 재확인(넘버링 사용이 좋음)하여 철끈으로 장(章)별 또는 50장이나 100장씩 묶어 원고를 정리하고, 출판진행부나 원고부에 저자명 · 책명 · 원고가 들어온 날짜 등 필요한 사항을 기입하여 처리한다. 완전원고의 요건은 제판 · 인쇄의 진행과정에서 의문점을 가지지 않게 정리된 것이다. 문자원고에서는 오자 · 탈자를 바로잡고, 어려운 부분을 보필하고, 기호 · 개행(改行) 등을 명확히 해야 한다.

문자원고 정리는 내용검토와 형식검토로 나누어 한다. 내용검토는 ① 그 원고가 출판기획의 목적을 실현할 수 있도록 작성된 것인가를 검토하는 것으로, 부족한 점이 있으면 집필자와 상의하여 수정한다. 수정으로도 부족할 땐 원고가 재작성되거나 버려진다. ② 원고내용을 검토하여 비윤리적인 것, 각종 인용과 참고사항들의 불일치, 기술의 모순 등에 관한 오류를 바로 잡아야 한다. ③ 내용구성에 있어서 문단구분, 항목체계, 인용문처리, 주(註)나 도표 등의 구성을 검토한다. 이것이 불완전하면 독자는 그 책을 이해할 수 없게 될 것이므로 원고정리에는 이 사항이 반드시 포함되어야 한다. ④ 전체적인 내용순서를 검토하여야 한다.

형식검토는 표기의 통일, 각종 문장부호 · 표시부호의 통일 등으로 세심히 진행되어야 한다. 내용검토와 형식검토가 끝나면 원고 처음부터 조판지정을 한다. 조판소에서는 이 조판지정대로 조판을 하기 때문에 조판을 위한 원고지정은 본문 서체의 크기 · 종류, 항목의 서체 · 크기 · 행간, 인텐트의 위치 등을 정확하고 세심하게 하여 전체 조판체제가 통일되도록 해야 한다(한국출판연구소, 「출판사전」, 범우사, 2002). 세부적인 원고정리는 다음과 같다(김성재, 2004, p.97 참조).

(1) 원고수취 및 대충읽기

원고수취(原稿受取)는 저작자를 직접 방문하여 받아오거나 저작자가 직접 가지고 오는 경우, 우편으로 우송되어 오는 경우 등이 많았지만, 요즈음은 문자원고나 화상원고 파일을 이메일(e-mail)로 주고받는 경우가 더 많아졌다.

원고가 접수되면 저작자의 이름과 약력 및 연락처를 확인하고 원고의 분량을 확인한다. 이어서 원고의 대충읽기를 하여 처음 기획한 의도에 맞게 집필되었는지를 확인한다. 만약 문제가 있을 때에는 의문점을 원고에 표시하거나 따로 메모를 하여 저작자와 상의 및 토론을 거쳐 수정을 할 수 있도록 정중히 부탁해야 한다.

(2) 원고 철저하게 읽기

출판할 원고의 대충읽기가 끝나면 바로 철저하게 읽기에 들어간다. 이때에는 ① 내용이 틀린 곳, ② 비논리적 표현, ③ 중복된 문장, ④ 앞뒤 문장의 모순성, ⑤ 제목과 내용의 적절한 구성, ⑥ 각종 표제의 적절성, ⑦ 독자의 이해를 돕는 전달 가능성, ⑧ 시각원고(사진 · 그림 · 표 · 선 등)의 사용 여부, ⑨ 한문과 외래어의 사용 정도 등을 철저하게 검토한다.

(3) 원고정리의 주의사항과 과정

또한 원고정리(原稿整理)에서 우선 주의해야 할 점으로는 ① 원고의 순서에 의한 누락원고의 검토, ② 원고페이지 확인, ③ 목차 작성, ④ 숫자의 정리, ⑤ 한문과 외국어 정리, ⑥ 맞춤법 통일, ⑦ 표준말 정리, ⑧ 띄어쓰기와 예외 규정의 정리, ⑨ 전문용어의 정리, ⑩ 외래어 표기의 정리, ⑪ 각종 기호 및 부호의 정리 등이 있다.

그리고 학술서적에서는 복합어(겹씨)의 띄어쓰기와 한문 및 외국어 표기문제는 미리 저작자와 상의하여 원고정리를 하는 것이 좋고, 의존명사(불완전명사)와 보조용언(도움풀이씨)에 대한 것도 미리 통일하는 것이 좋다.

이외에도 ① 문체의 통일성, ② 문장단락의 적절성, ③ 문장의 호응도 관계, ④ 도표와 본문의 관계, ⑤ 연월일 · 비율 · 수량 등의 검토, ⑥ 백분비의 합계 검토, ⑦ 수치계산의 검토, ⑧ 본문과 각주 표기의 검토, ⑨ 시각원고(그림 · 사진)의 검토, ⑩ 저자약력과 판권의 정리, ⑪ 정가의 결정 등과 내용 및 순서의 검토 등이 원고정리단계에서 철저하게 검토되어야 교정단계에서 많이 수정하는 일이 없고 업무의 효율화를 가져올 수 있다.

(4) 책의 예상면수 산출

예상면수의 산출방법은 ① 원고에서 별행으로 시작되는 데서부터 다음 별행이 끝나는 데까지 한 단위로 해서 행수와 글자수를 곱하고, 그 사이에 삭제하거나 가필된 글자수를 빼거나 합산하여 총자수를 계산한다. ② 이때 정확한 띄어쓰기를 한 경우에는 8자에 1자씩 빼고, 띄어쓰기가 부정확할 때는 10자에 1자씩을 뺀다. ③ 이렇게 계산된 총자수는 그 출판물이 조판체제가 되며 1행의 배수로 나누어 주면 한 단락의 행수가 된다. ④ 그런 다음 각 단락이 끝나는 곳에 행수를 기입해 두었다가 전체원고의 행수를 합한다. ⑤ 그리고 표제, 표, 그림, 목차, 부록, 찾아보기 등의 부속물이 차지하는 면수를 행수로 합하여 전체행수에 합산하고, 최종적으로 집계된 행수를 한 면의 행수로 나눈 것이 출판물의 예상면수로 산출된다.

예를 들어 원고의 한 면이 30행이고, 1행 자수는 38자이며, 마지막 줄은 8자이다. 이 사이에 삭제된 글자가 10자이고 추가된 글자가 20자일 때, 책의 예정 1행 자수가 35자일 때 원고 한 면이 조판될 예정행수는 다음과 같이 계산한다.

30(행)×38(자)−(38−8)−10자+20(자)=1,120(자) → 원고 한 면의 예정총자수
또는 29(행)×38(자)+8(자)−10(자)+20(자)=1,120자
1,120(자)÷35(조판 시 1행 자수)=32(행) → 조판 시 (책 페이지) 한 면의 예정행수
원고 총면수×원고 면당 평균행수÷32행(책의 면당 예정행수)=책의 총예정면수

4. 시각원고의 정리

시각원고(視覺原稿, photoillustration)에는 그림원고와 사진원고, 표, 신(괘) 등이 있다. 그림원고에는 삽화, 도안, 구조도, 그래프, 지도, 도안글자 등이 있다. 출판에는 사진과 그림을 시각적인 요소로 함께 묶어서 일러스트레이션(illustration)이라고 부르기도 하고, 또는 사진은 제외시키기도 한다.

문자원고의 정리단계가 있듯이 시각원고도 원고에서의 정리과정이 필요하다. 인위적 가

공인 트리밍 방법과 발전된 기술을 동원하여 사진을 알맞게 축소·확대해야 한다. 완전한 사진원고를 위해서는 사진 자체의 촬영·노출 등의 상태가 좋아야 하고 현상과 인화까지도 완전한 정리단계를 거쳐야 하는데, 이에 대해 살펴보면 다음과 같다(김성재, 2004, p.119 ; 이종운, 1991, p.549).

(1) 트리밍 정리

트리밍(trimming)이란 주제를 강조하거나 원고의 방향성 강조 또는 불량부분의 수정과 불필요한 부분을 제거하여 구도를 조정함으로써 표면을 강화시키는 작업이다. 이는 사진원고 정리의 가장 기초적인 작업과정이면서도 편집자의 미적 감각이 크게 요구되는 작업이다. 사진작가가 카메라로 사진을 찍을 때에는 작가 나름대로 하나의 정리된 구도와 공간으로 사진을 찍지만, 이 사진을 편집자가 사용할 때에는 쓰고자 하는 의도에 따라서 사진의 용도가 달라진다. 즉, 문자원고가 주제적 역할을 하고 사진원고가 보조적 역할을 할 때가 있고, 때에 따라서는 그 반대의 경우로 바뀔 수도 있는데, 이때 여건에 따라서 그 사진원고는 선택적 트리밍(사각형, 원형, 삼각형, 마름모, 오려뽑기형, 무드형 등)에 의해 필요한 부분만을 선택하게 된다. 이처럼 사진 중에서 불필요한 부분을 없애는 트리밍 방법에 따라 시각적 효과가 많이 달라지게 되어 일종의 디자인효과로 나타나는 것이다.

(2) 축소·확대의 정리

시각원고를 판면의 상황에 따라 필요한 부분은 취하고 필요 없는 부분은 잘라내어 그림자리에 맞추어 정해진 크기대로 확대·축소할 수 있도록 만드는 것이다. 이때 주의할 점은 한 지면에 여러 장의 사진이 들어갈 때는 시각원고의 계조(階調, gradation : 농담의 정도나 색의 밝기의 단계)와 농담(색과 명암의 짙음과 옅음의 정도)이 같아야 하고, 화면 속 피사체(사진에 찍히는 물체)의 크기에 적정하게 축소·확대를 해야 최대의 효과를 얻을 수 있다는 것이다.

(3) 시각원고의 전산제판 작업과정 시 주의해야 할 사항

① 시각원고는 바로 제판카메라 촬영을 할 수 있게 그 작품에서 수정할 부분(얼룩·흠집 등)을 미리 점검하여 수정하고 정리번호를 매겨둔다.

② 흑백 시각원고나 자연계조의 반사원고는 철저히 점검하여 트레이싱지를 씌워 색연필로 지시사항을 표시하여 보관한다.

③ 컬러 시각원고의 반사원고는 바로 제판카메라로 촬영하여 색판을 분리해도 좋으나, 최대의 효과를 얻기 위해 투과원고를 만들어 쓰는 경우도 있다. 특히 컬러 연속계조의 반사원고는 바로 제판을 하지 않고 투과원고로 고쳐서 제판한다.

④ 흑백 투과원고는 인화지에 인화하여 트리밍과 축소·확대를 하고 사진의 자연계조를

상세히 점검한다.

⑤ 컬러 투과원고의 원판 슬라이드는 5배 정도 이하로 확대하는 것이 좋다. 트리밍이나 축소 · 확대할 그림은 트레이싱지를 씌워 색연필로 지시사항을 표시한다.

⑥ 컬러 투과원고의 슬라이드는 그 색상을 알 수 없기 때문에 인화지에 인화하여 트리밍과 축소 · 확대를 하고, 색상을 점검해 본 후에 지시한다.

⑦ 한 번 인쇄된 사진을 시각원고로 또다시 사용하면 효과가 떨어지므로 피해야 한다.

⑧ 그림이나 사진도 저작권법에 따라 보호되는 것이 많으므로 철저히 사전점검을 한다.

⑨ 시각원고의 편집이나 원고지정을 전산으로 하는 DTP(desk top prepress, 전자입력편집인쇄)의 화상처리 소프트웨어인 포토샵(Photoshop)으로 합성사진도 만들고 사진에 특수효과를 주거나 색조를 조정하고 가공 · 수정할 수 있으며, 그래픽 소프트웨어인 일러스트레이터(Illustrator)로는 일러스트를 그리고 지도나 그래프의 작성 외에도 여러 가지 그림을 그리는 기능과 문자변형이 가능하므로 미리 준비한다.

⑩ 사용할 망선의 시성도 트레이싱지에 하고, 특수스크린으로 제판할 경우나, 밝은 부분에 문자를 검게 넣거나 어두운 부분에 희게빼기(백발(白拔))로 넣을 경우, 또는 희게 창을 내어 문자를 넣는 경우, 윤곽에 따라 오려진 화상만 나오게 할 때는 윤곽을 정확히 그리는 등, 그 위치와 방법 등을 트레이싱지에 정확히 표시하여 지시한다.

이 밖에 원고지정의 용지 위에 번호표시를 꼭 해 놓는다. 그리고 트리밍에는 원형 · 타원형 · 마름모 · 부채꼴 · 네모형 · 오려뽑기형 · 무드형 등 여러 모양이 있을 수 있으나, 일반적으로 편집자의 눈대중으로 모양을 그려서 정확한 칫수만 지시하면 제판소에서 정확하게 만든다.

(4) 원고지정과 레이아웃 이전의 점검사항

① 원고의 순서와 완전원고 확인
② 문자원고와 시각원고의 조화
③ 책의 예상면수 산출
④ 목차 작성
⑤ 판형 · 판면 구성의 조화
⑥ 특별 및 일반 지시사항
⑦ 조판지정서 작성
⑧ 조판소 선정(견본책 활용)
⑨ 견본조판(판면과 전체의 조화, 활자와 행의 조화, 각 항목의 조화, 숫자와 약물의 조화, 각주와 시각원고의 구성과 조화 등)의 분석

5. 원고지정

(1) 원고지정이란?

원고지정(原稿指定, layout)은 원고매김이라고도 하며, 조판원고로 결정된 후 주어진 지면을 설계하고, 정리된 원고를 판면조판이 이루어질 수 있도록 기호와 표시에 의해 지면배정과 조판지정을 편집자의 편집의도대로 하여, 가독성(可讀性)을 높이기 위한 창조적 작업의 표현이며 지시이다. 이는 편집자의 편집의도가 잘 전달되어야 하기 때문에 정확하고 알기 쉽게 정해진 약속 부호 등으로 표시해야 한다.

그리고 원고가 기획목적에 적합하고 통일된 체제로 조판이 되도록 조판소에서 조판을 어떻게 할 것인지를 원고상에 표시하는 편집자의 작업이다. 원고지정을 하기 위하여는 먼저 출판기획의 취지를 파악하고 이에 타당하도록 판형 · 판면을 구상해야 된다. 더불어 조판소 선정을 위하여 조판시스템에 관한 지식도 전제되어야 한다. 조판소의 조판 능력을 알아야 그에 타당한 원고지정을 할 수 있으며, 편집방침을 구현할 수 있기 때문이다. 원고지정은 판면의 크기, 단수, 서체의 종류, 문자의 크기, 자간, 행간, 행수, 행의 배수, 항목의 서체와 크기, 항목 행간, 인덴트, 면주의 크기 · 위치, 각종 표시기호 · 기술기호 · 수학기호 등 기호의 구체적인 지정, 별면 · 별행의 위치, 내제지의 종류, 사진 등의 처리방법에 관해 일괄 또는 구체적으로 하게 된다.

원고지정에는 일괄지정과 구체적인 지정이 있다. 일괄지정은 판면의 형태, 기본적인 서체의 지정, 내제지 · 별면의 처리, 표판 · 도판 등의 처리 등 판면구성에 대한 지정을 별지 등에 일괄적으로 지정하는 원고지정이다. 구체적인 지정이란 세부적인 원고상에의 지정을 말하는데, 일괄지정으로 지정되지 않은 구체적인 조판지정사항이 된다. 일괄지정은 대체로 견본조판 시에 행하여지며, 구체적인 지정은 원고정리 시에 행하여진다(한국출판연구소, 앞의 책). 이에 대해 살펴보면 다음과 같다.

조판원고로 결정 : 출판하기로 결정되어 조판될 원고를 말한다.

주어진 지면 : 출판기획에서 예정된 판형 · 판면과 원고의 분량에 대해 계산된 지면(紙面)이다. 이 지면을 어떻게 배정하고 지정하느냐에 따라 독자들에게 주는 가독성과 이독성의 효과가 달라지므로 매우 중요하다.

정리된 원고 : 원고지정을 하기 전에 편집자의 이독성(易讀性)을 높이기 위하여 잘 다듬어진 문자원고와 시각원고를 말한다.

지면배정과 조판지정 : 편집내용을 정확히 파악하여 출판될 책의 성격과 종류에 따라 원고량 · 판형 · 판면 · 글자체 · 인쇄 · 제책방식 · 대상독자 등을 분석하고 난 후, 가독성과 이독성을 높이기 위한 창의적 작업(創意的 作業)을 말한다. 즉, 독자가 쉽게 판면의 정보와 메시지를 얻게 하기에 알맞은 지면배정(紙面配定)과 조판지정이 되어야 한다.

창조적 작업 : 원고 배정과 지정의 업무가 시행될 때, 편집자가 발상의 전환을 이용하여 자료인 문자원고와 시각원고 등을 정밀하게 분석(analysis)하고, 분석된 자료를 검토하여 출판될 책의 판형 · 판면 · 글자체 등에 대한 작업을 하는 데 있어 창의적으로 관념을 성숙(incubation)시키는 것이다. 이렇듯 원고지정 작업을 창조적으로 해결하기 위해서는 평소에 떠오르는 순간적 아이디어를 메모하고 기록하여 체계화시킴으로써, 독자의 가독성을 위한 실현으로 이어지는 영감(inspiration)이 있어야 한다.

정해진 약속부호 : 공인된 약속부호로서 편집자의 의도를 알기 쉽게 전달하기 위한 것이다.

조판방법의 지시(지정)에 있어서는 우선적으로 전체적인 편집체제가 결정되어야 한다. 이는 ① 판형, 판면, ② 본문서체, ③ 본문체제, 행수, ④ 1행의 자수, 숫자체, ⑤ 행간, 행송, 자간, ⑥ 제목지면, ⑦ 인용문, 참고문, 한문, 외래어, 주석, ⑧ 시각원고, ⑨ 편집디자인, ⑩ 조판소, 인쇄소 선정, ⑪ 제책방식 등의 결정을 말한다.

다음으로 결정해야 할 것은 책의 종체적인 구성이다. ① 머리지면, ② 표제면, ③ 편 · 장 · 절 등의 구성, ④ 헤드라인과 숫자체, ⑤ 각주와 참고문헌 통일, ⑥ 시각원고의 통일, ⑦ 괘 · 난 · 화형의 통일, ⑧ 본문 색도의 결정, ⑨ 그리고 잡지는 기획단계에서 이미 1면의 할당을 검토하여 정해진 면에 일정한 내용을 정하여 넣는 면할당제를 실시하는 것이 일반적이다.

일반적으로 편집디자인과 레이아웃디자인의 성공 여부에 따라서 출판물 내용의 정보가 효과적으로 독자에게 전달되는 경우도 많기 때문에 편집자의 책임이 크다고 하겠다. 원고지정은 다음과 같다(오경호, 1993 참조).

(2) 판형과 판면의 결정

판형(判型, format, book size)이란 책에서 속장의 높이와 폭의 크기, 즉 한 면의 크기를 말한다. 판형은 책의 성격이나 종류 또는 독자의 선호도와 책의 분량에 따라 선택되는 것이 일반적이며, 판형에 따라 용지의 선택과 책의 장정에도 많은 변화가 있을 수 있다.

특수한 미술 · 음악 도서나 아동도서 등은 변형의 큰 판형을 쓰는 경우가 많지만 일반적인 단행본은 규격판형을 쓰는 것이 비용면(특히 용지나 제책)에서 유리하며, 서점에서의 진열도 편리하고 효과적이다.

판면(版面, printed area)은 출판물의 한 면 안에 인쇄되는 면을 말하며, 인쇄되지 않은 그 수위의 공간은 여백(white space)이라 한다. 판형이 결정되면 그 판형에 따라서 판면의 크기도 일정한 비율에 의해 정해진다. 판면이 크면 여백이 좁을 것이고 판면이 작으면 여백이 넓을 것이다. 이때 판면과 여백의 비율을 판면율이라 한다. 판면율이 높으면 한 면에 나타낼 수 있는 정보량은 많지만 여백이 적어서 답답하게 보이므로 알맞은 비율로 정하는 것이 중

그림 5-2 | 판면의 종류

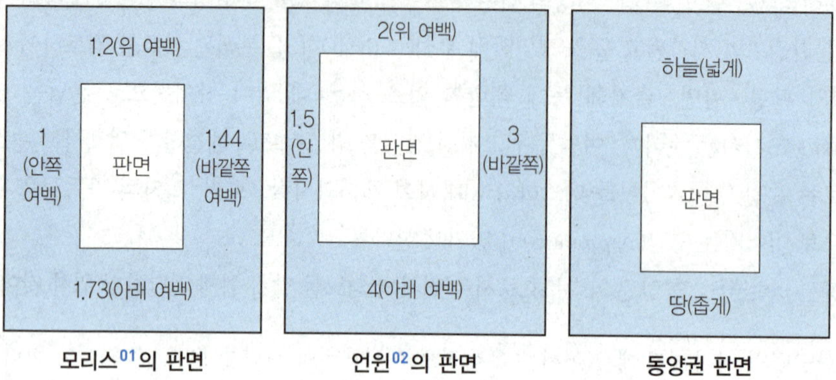

요하다.

(3) 문자선택

판형과 판면이 결정되면, 한 판면 안에 어떤 서체를 어느 정도의 크기로 넣어 어떠한 체제로 짤 것인가를 결정하고, 그 다음으로 자간 · 단수 · 단간 · 행수 · 행간 · 표제와 일러스트레이션 등 세부적인 정리를 한다.

문자선택(文字選擇)의 경우, 사진식자기나 컴퓨터(전산)에 의하여 그 크기가 포인트나 급수로 표시되며 서체의 종류도 다양하다. 따라서 본문의 활자체나 그 크기를 정할 때는 대상독자와 책의 내용을 충분히 고려하여야 한다. 즉, 대상독자에 따라 유아 · 어린이 · 청소년 · 학생 · 여자 · 남자 · 어른 · 노인 등으로 구분되고, 책의 내용에 따라서는 사전류 · 학술전문도서 · 교과서 · 학습참고서 · 청소년도서 · 아동도서 · 유아도서 · 일반도서 · 연감 · 단행본 · 문고본 · 전집 · 총서 · 잡지 · 사본 등으로 구분되어 선택되어야 한다.

인쇄문자의 선택은 가독성(可讀性, legibility)과 이독성(易讀性, readability) 면에서 매우 중요하다. 가독성은 "쓰이거나 인쇄된 글자체가 읽기가 가능한 상태의 성질인 것"을 말하고, 이독성은 "쓰이거나 인쇄된 글자체가 읽기가 좋고 편하며 아름다운 상태의 성질인 것"을 말한다.

한 판면 안에는 여러 가지 글자체를 사용하기 때문에, 이 글자들의 이용용도에 따라 각각에 대한 지정표시를 색깔 펜으로 구분하여 정확하게 하는 것이 좋다.

---

01 William Morris(1834~96년), 영국의 시인 · 건축가 · 공예미술가이다.

02 앞의 책, p.71.

(4) 문자원고 지정의 목적

문자원고 지정의 목적(目的)은, 발행될 책의 정보나 메시지를 독자들에게 의사전달 및 시각전달을 함에 있어 효과적인 가독성과 이독성의 결과를 얻기 위해서이다. 문자원고 지정에 있어서는 다음의 몇 가지를 주의해야 한다.

① 책의 제목은 눈에 잘 보여야 한다.
② 본문서체의 선택과 배열은 가독성과 이독성이 높게 해야 한다.
③ 판형과 판면은 시각적으로 안정감과 쾌적감을 지님으로써 호감이 가야 한다.
④ 일체적인 통일성이 있어야 안정된 의사전달과 시각전달이 이루어진다.
⑤ 문자원고 지정과 배열에는 전문가적인 개성이 나타나야 한다.
⑥ 디자인성이 있어야 한다.

문자원고 지정은 문자원고의 자료를 체계적으로 모아 한 판면에 지정하고 배치하여 구성해 내는 전문적인 작업이기 때문에, 문자원고 지정의 편집자는 오랜 경험과 미래 지향적인 발상으로 시각적인 표현에 있어 전문가로서의 디자인 감각과 예술성을 발휘하여야 한다.

일반적으로 문자원고 지정과 함께 전체적인 레이아웃에 들어가기 전에, 참고가 될 만한 몇 페이지의 원고를 선택하여 먼저 견본조판(見本組版)을 한다. 그리고 이 견본조판을 보며 저작자와 의견 조율을 거친 뒤에, 본격적인 전체원고의 문자원고 지정과 편집 레이아웃 디자인을 시작한다(오경호, 1993 참조). 편집 레이아웃에 대해서는 다음 항에서 자세히 살펴본다.

6. 편집 레이아웃

(1) 편집 레이아웃이란?

편집 레이아웃(editorial layout)이란 주어진 소재를 가지고 서적 · 신문 · 잡지 · 광고 · 건축 분야 등에 적용하기 위하여, 문자 · 그림 · 사진 등의 원고를 시각적 효과와 사용목적에 맞게 문자를 선택하거나, 시각원고의 치수나 배치를 기술적으로 구성 · 배열하는 창조적 작업을 말한다. 출판의 실무에서 원고지정 · 원고매김 · 레이아웃은 같은 뜻으로 쓰는 경우도 있으나, 일반적으로 원고지정(매김)은 문자를 중심으로 말하는 경우가 많다. 그러나 레이아웃은 문자지정과 함께 시각원고의 지정까지를 포함한 넓은 뜻으로 쓰이며, 이를 편집 레이아웃 디자인이라고도 한다.

특히 레이아웃은 ① 미적인 조형의 구성과 조화, ② 가독성과 이독성의 효과, ③ 서체와 시각원고의 기술적 활용과 판면구성의 조화, ④ 표기 및 서체의 통일성에 대한 조화를 기본적으로 갖추어야 한다.

이처럼 출판은 문자 · 그림 · 사진 · 표 · 선 등의 조형적 요소를 이용하여 시각적인 효과를 얻기 위해 지면에 기술적으로 아름답게 구성하고 배치하는 창의적 표현이다.

(2) 편집 레이아웃의 주의점

① 제목과 시각원고는 눈에 띄게 한다.

② 본문과 책의 전체구성은 가독성과 이독성이 높게 한다.

③ 판면은 쾌적하고 안정감이 있게 처리한다.

④ 책의 내용을 시각적 · 창의적 정리로 통일성 있게 구성 · 배열한다.

⑤ 레이아웃터의 디자인적 예술성이 나타나게 한다.

⑥ 레이아웃터의 전문가적 창의성이 돋보이게 한다.

⑦ 책의 특성에 맞는 효과와 개성이 나타나게 한다.

(3) 편집 레이아웃 디자인의 구성요소

기획구성 : 원고내용에 따라 레이아웃 기획구성(planning)을 창의적으로 하여야 한다.

편집지식 : 편집(editing)에 대한 전반적인 지식은 편집 레이아웃 디자인의 구성에 있어 필수적이다.

인쇄지식 : 보다 효과적인 표현을 위해 전문적인 인쇄(printing)지식이 필요하다.

자재선택 : 적정한 자재(material) 및 소재의 선택은 작업의 성공 여부를 가름하며, 상품(책)의 얼굴로 나타나게 된다.

문자원고 : 문자(typography)원고의 적절한 지시 · 지정으로 서체나 구성에 의해 가독성과 이독성을 높여야 한다.

시각원고 : 시각원고(photoillustration)는 시각적인 메시지 전달을 효과적으로 하기 위한 레이아웃이어야 한다.

그림 5-3 | 편집 레이아웃 디자인의 구성

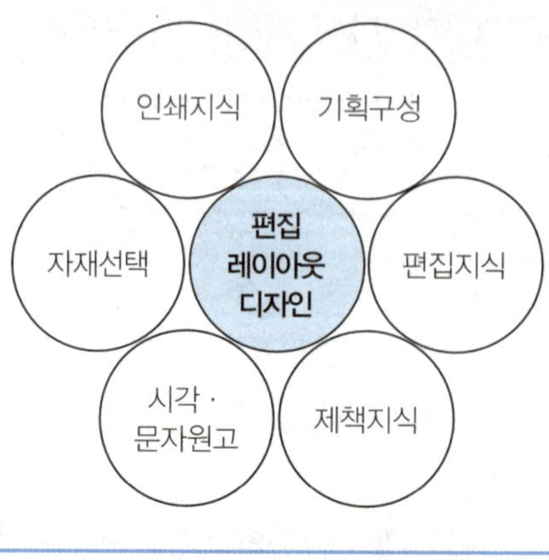

제책지식 : 제책(bookbinding)은 책의 얼굴이므로 적절한 재료선택이나 공정에 대한 지식이 필요하며, 편집의 마지막 과정인 만큼 끝까지 정성을 다해야 한다.

(4) 표기와 체제의 통일

① 한지의 외래어의 배열
② 맞춤법과 예외사항
③ 외래어의 표기방법
④ 숫자 · 문장부호 · 약물의 선택
⑤ 각주 · 참고문헌의 표기방법
⑥ 용어의 표기방법
⑦ 순번 · 항목의 표기방법
⑧ 시각적 원고의 크기와 판면 통일
⑨ 인용문 등의 표기방법
⑩ 구어체와 문어체의 표기방법

(5) 판면구성의 중요사항

창의성(創意性) : 새로운 감각으로 새로운 것을 생각해 내는 특성을 발휘해야 한다.

조형성(造形性) : 전체의 형태를 미적으로 조화로운 예술작품으로 만들어 내는 특성이 두드러져야 한다.

가독성(可讀性) · 이독성(易讀性) : 읽기 좋고, 이해하기 쉬워야 한다.

시각성(視覺性) : 눈으로 보기에도 종합적인 조화와 미적 감각이 있어야 한다.

기술성(技術性) : 오랜 숙련에 의한 전문적인 특성이 나타나야 한다.

대비성(對比性) : 크기가 다른 것, 색깔이 다른 것, 모양이 다른 것 등의 대비적인 것을 이용한 역동적인 표현으로 다양한 변화를 줄 수 있어야 한다.

균형성(均衡性) : 전체구성이 조화롭게 배열되어야 한다. 상하나 좌우가 같지 않아도 보는 사람이 언밸런스하게 느끼지 않는다면 그것은 변화 있는 균형으로 생각할 수 있다.

비례성(比例性) : 판면을 수평이나 수직으로 여러 등분하였을 때 한 부분이 나머지 부분에 대하여 편안한 상태가 되어야 한다. 비례에 의한 시각적 감각은 지면구성에 있어 매우 중요하다.

율동성(律動性) : 일정한 규칙에 따른 시각적인 변화의 연속적 반복은 새로운 느낌을 줄 수 있다. 율동성 속에서의 시각적 변화는 활동적 생명감과 적극적 행동감을 일으키는 요소가 된다.

통일성(統一性) : 시각적으로나 내용적으로 전체의 통일은 대단히 중요하므로, 판면에서 뿐만 아니라 책 전체적으로 종합적인 통일성에 주의를 기울여야 한다.

대칭성(對稱性)과 비대칭성 : 대칭성은 점 · 선 · 면 · 문장 또는 그 전체의 좌우나 상하가 균형적으로 똑같이 보여서 시각적 질서에 안정감을 준다. 비대칭성은 대칭이 안 되는 것을 말한다. 그러나 이 또한 나름대로의 균형 · 조화 · 율동을 보여주는 특성을 갖고 있다.

7. 출판편집디자인

출판편집디자인(publishing editorial design)이란 출판하고자 하는 출판물의 ① 문자 · 시각원고의 정리, ② 판면구성, ③ 원고지정(매김), ④ 창조적 조판지정, ⑤ 예술적 디자인, ⑥ 편집레이아웃 등에 관한 총체적 기획이다. 즉, 출판물의 미적 효과와 상품적 가치를 높이기 위한 것으로 출판물 전반에 관한 기획을 말한다. 일반적으로 편집디자인이라고 하면 흔히 판면의 구성(layout)이나 활자의 지정 등 편집에 관한 구체적인 것을 말하며, 출판디자인이라고 하면 이보다 넓은 개념으로서 출판물 전체에 관한 포괄적인 기획을 지칭한다.

출판편집디자인은 시각적으로 표현되는 디자인이다. 이는 장책 · 장정뿐 아니라 책을 구성하고 있는 모든 미적 감각을 보여주는 시각 표현이다. 출판할 원고의 정리가 끝나면 원고의 검토에 이어 문자원고의 지정과 함께 시각원고를 포함한 전체적인 레이아웃 디자인을 해야 한다. 이는 출판의 목적과 수단을 분명히 하여 정리된 면수에 판형과 판면을 정하고, 원고 · 사진 · 컷 · 표 · 그림 등을 종합적으로 검토하며, 독자들의 취향과 시대적 환경의 흐름을 파악하여 기획 · 편집회의의 올바른 토론을 거쳐 이루어져야 한다.

책이 만들어지기까지 여러 단계를 거쳐 원고가 활자화되도록 하는 것을 편집이라고 하는데, 이렇게 편집된 원고들을 보기 좋게 시각적으로 구성하여 신문 · 잡지 · 책 등의 인쇄물들로 만들 수 있게 하는 것을 편집디자인이라고 한다. 잘 쓰여진 글이라고 해도 글자꼴들이 매끄럽게 배열되지 못하면 보는 사람들은 당연히 외면할 것이다. 그렇기 때문에 보기 좋게 배열하는 것이 중요하다. 책이나 웹이 만들어지기까지 여러 단계를 거쳐 책으로나 웹상으로 활자화되어 보여지게 하는 것도 편집이라고 한다. 이렇게 편집된 것을 보기 좋게 글, 사진, 일러스트레이션, 표 따위의 여러 밑감과 함께 시각적 · 미적으로 보기 좋게 만드는 것도 편집디자인이다.

그림 5-4 | 출판편집디자인의 구성

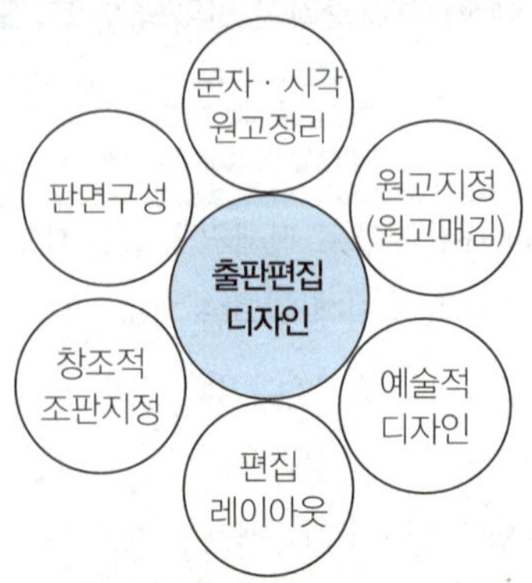

편집디자인이라는 단어의 의미로 가장 흔히들 떠올리는 것이 바로 레이아웃일 것이다. 레이아웃은 메시지를 효과적으로 전달하기 위해 신경써야 할 중요한 요소인데, 지면을 꾸미는 아이디어와 형태의 독특한 조합이라고 할 수 있다. 따라서 잘 된 레이아웃을 하기 위해서는 형태꾸미기에 앞서, 디자인의 콘셉트를 파악하여 레이아웃 자체도 하나의 내용이 되어 중심 주제를 이끌어 낼 수 있도록 하여야 한다(http://blog.naver.com/PostPrint.nhn?blogId=ohjs3&logNo=100118094).

제3절 전자출판편집

1. 전자출판편집이란?

전자출판편집(電子出版編輯, electronic editing)이란 컴퓨터를 이용한 출판편집이며, CAP(computer aided publishing, 전자입력편집출판)를 말하기도 하는데, 이는 컴퓨터를 이용하여 출판될 원고를 판면처리나 원고지정과 레이아웃 등의 편집을 하는 것을 말한다.

2. 전자출판편집의 방법

① 프로세스별로는 문자화상입력에서 인쇄출력까지의 공정이 있다.

② 시스템 규모별로는 CTS(computer typesetting system, 컴퓨터조판 시스템)와 워크스테이션(workstation, 문자작성 컴퓨터 단말기), DTP(desk top publishing, 탁상출판), 워드프로세서가 있다.

③ 용도별로는 기업출판, 사내문서출판, 전문서출판, 상업출판 등으로 나눌 수 있다.

그리고 전자출판조판의 시행방법은 출판사의 결정에 의해 두 가지로 분류된다. 즉, 출판사가 자체적으로 DTP 조판을 하는 경우(단순한 단행본 등)와 전자조판소에 하청 의뢰하여 DTP 조판을 하는 경우(학술적 · 수학적 · 통계적 전문도서 등)가 있다.

이와 같이 전자기술을 이용하여 전자출판물을 출판하는 것을 전자출판(electronic publishing)이라 한다.

3. 전자출판편집의 과정

전자출판편집의 과정을 대략적으로 살펴보면, 먼저 편집부는 출판할 원고를 워드프로세서로 입력하거나 저작자가 보내온 원고를 섬검하고 정리한다. 정리된 원고를 서체선정 · 배수(1행 자수) · 자간 · 행간 · 여백 등 조판방법에 따라 지정하고, 전체면수에 대한 것도 종합적으로 레이아웃하여 컴퓨터조판(일반적으로 매킨토시나 IBM PC가 기본임)을 시작한다. 조판이 모두 끝나면 프린터로 출력하여 다시 교정 · 교열을 하고 나서, 플로피디스크나 테이프에 입력하여 직접 인쇄소로 보내거나 통신으로 파일을 발송하여 제판한 다음 인쇄를 하게 된다.

전자출판편집은 컴퓨터의 작업처리속도가 빠르고 자료보존이 쉬우며, 쪽수 단위로 원고가 접수되지 않아도 부분적으로 계속 입력할 수 있다. 또한 원고지정의 공백 부분도 쌍방향 통신에 의한 원격조정으로 쉽게 입력할 수 있다.

규모가 큰 전자출판편집 시스템으로는 컴퓨터조판소에 갖춰진 대형컴퓨터에 의한 조판시스템을 들 수 있는데, 많은 서체와 다양한 기능의 조판시스템을 갖추고 있어 프로그램에 따라 데이터베이스의 편집 이외에 다양한 목적으로도 사용될 수 있다.

전자출판편집의 경우 지금까지의 워드프로세서는 단순한 타이프라이터 수준이었으나, 그 후 더욱 새롭게 발전된 워크스테이션은, 기업에서 기업 내의 정보나 소프트웨어의 공유화를 도모하기 위해 사용하는 LAN(local area network)이라는 근거리 통신망을 이용한다. 즉, 문서작성 컴퓨터단말기로서 고도의 처리능력을 가진 소프트웨어와 정부의 데이터베이스를 가지고 있는 중앙센터와 연결하여 편집하는 시스템이다. 또한 DTP는 고해상도의 레이저 프린터와 연결된 퍼스널컴퓨터에 의하여 문자뿐 아니라 사진까지도 선명하게 수동스캐너로 쉽게 입력하여 처리하는 출판편집기능을 가진 획기적인 시스템이다.

이처럼 고도화된 워드프로세서에 의한 전자출판시스템은 출판뿐만 아니라 광고용 인쇄물이나 기업 내의 인쇄물 또는 각종 디자인 분야에도 활용되고 있다. 그리고 IPS(immediately printing system, 온라인 즉시출력 시스템)는 선진국에서 정보의 비밀을 유지하며 사내에서 간단하게 사용하는 데에도 널리 이용되고 있다.

제4절 편집자(기획자)

1. 편집자(기획자)란?

편집자(編輯者, editor)란 원고를 기획하여 이를 입수하고, 입수된 원고를 검토한 후 출판될 원고를 결정하기도 한다(이하 "기획 · 편집자"라고 한다). 또한 출판을 결정하여 받아들인 원고를 저작자와 사용자(독자)의 중간에서 창의적으로 정리 · 편집한다. 그리고 레이아웃으로 디자인화하여 미적 · 지적 · 기술적 작업과 조판물의 교정 · 교열 · 인쇄 · 장정의 제작과정과 생산과정까지도 기획하는 지적인 전문인을 말한다. 이들은 창의적인 의식을 바탕으로 기획과 편집에 대한 지식을 가지고 원고의 선택 · 검토 · 정리 · 지정 · 교정 · 인쇄 · 장정 등까지 총괄적으로 책임지는 경우가 많다. 그리고 저작자가 집필 또는 교열하는 중에 사용자(독자)가 원하는 지식과 정보를 주문하기도 하고, 원고를 검토 · 정리하면서 출판과정에서 주도적으로 구체화시키는 역할을 한다. 또한 기획 · 편집자는 저작물을 객관적으로 비판할 수 있는 최초의 독자이며, 저작자를 도와서 더 좋은 저작물이 될 수 있게 하는 조력자의 역할도 한다.

편집자의 기본요건(基本要件)은 ① 독서, ② 글쓰기, ③ 한글의 이해, ④ 외국어의 활용, ⑤ 창의적 디자인 감각 등이며, 이를 개발하기 위해 평소에 계획하여 실행하고 노력함으로써 남다른 편집자로서의 실력을 쌓을 수 있다.

기획 · 편집자는 잠재력 있는 저작자를 발굴하여 뜻밖의 좋은 작품을 출판하기도 하고, 창조적인 기획과 편집으로 출판문화 발전에 이바지하기도 하며, 각 분야의 지적 수준을 높이는 데 일익을 담당하기도 한다. 즉, 출판의 수준을 높이고 출판문화의 발전에도 기여하는 것이다.

기획 · 편집자가 가치 있는 새로운 작품과 저작자를 찾기 위해서는 많은 지식인들을 인간적으로 만나야 하며, 이때 쌓인 친밀감을 바탕으로 독자들이 바라고 원하는 내용의 출판물이 기획 · 편집되어야 한다. 그러므로 기획 · 편집자는 끊임없이 노력하는 지식적 · 인간적 자질이 필요하다 하겠다.

우리나라는 일반적으로 기획 · 편집권이 경영자들의 상업주의적 틀을 벗어나지 못하고, 경영자가 생각하는 상품성을 지닌 기획 · 출판 의도대로 진행되는 경우가 많았다. 그러나 최근에는 기획 · 편집자들의 전문성에 의한 분업화가 많이 이루어지고, 부처별 팀장제도와 부처별 업무책임제도로 독립되어 운영되는 경우가 점차 많아지고 있다.

따라서 기획 · 편집자가 선택한 원고의 출판이라 함은, 기획 · 편집자의 전문적인 지식과 노력 그리고 창의적인 디자인 감각으로 만들어진 지적 · 미적 기술의 결정체인 것이다.

기획 · 편집자로서 성공적인 전문가(professional)가 되기 위해서는 모든 전문분야에서 그렇듯이 전문분야와 관련된 많은 독서(讀書)가 요구된다. 이는 어떤 분야나 상대를 정확하게 알지 못하면 성공할 수 없기 때문이며, 많은 전문지식의 이해 및 습득과 함께 스스로의 연구와 노력이 반드시 필요하기 때문이다.

정은숙(마음산책 대표)은 "나에게 편집자의 미덕(美德)은 여전히 기본(基本)을 잘하는 것이라고 생각한다. 왜냐하면 편집자는 이전처럼 앞으로도 새로운 기술을 구현하는 전문가의 능력에 기대어 사는 사람이니까. 또한 아날로그적인 독서법을 강조하는 제도권 교육 현장의 독자든 디지털 단말기를 통한 실용적 독서를 몸에 익힌 신세대 독자든 독자 없이는 존재하지 않는 사람이니까. 뒤바뀐 세상 속으로 늘 미래의 책을 내보내는 전문가이니까."라고 말한다.

강성민(글항아리 대표)은 "편집자의 통찰력(洞察力)은 ① 기획에서의 통찰, ② 문체에서의 통찰, ③ 흐름을 내다보는 시장분석의 통찰, ④ 편집사 스스로를 개선해 나가는 자아경영으로서의 통찰, ⑤ 세상에 보탬이 되는 공적 존재로서의 윤리적 통찰을 유기적으로 갖춰나가는 일이다."라고 말한다(「기획회의」, NO.368, 2014.5.20., 한국출판마케팅연구소).

2. 편집자(기획자)의 자세

① 기획과 편집의 연구
② 서적을 예술품화하려는 의욕
③ 저작자 및 독자와 의사소통
④ 자료를 충실히 연구하는 전문성
⑤ 도덕성 · 공익성 · 공공성 · 충실성
⑥ 경영자의 출판철학 인식
⑦ 창의성 · 연구성 · 전문성 · 겸손함
⑧ 다양한 학문적 실력배양
⑨ 인내하고 노력하는 직업관
⑩ 끊임없는 자기계발

3. 편집자(기획자)의 역할과 책임

① 사회 환경과 변화에 대한 이해
② 편집자로서의 사명의식
③ 출판 · 독서 환경에 대한 이해
④ 저작자의 관리
⑤ 적극적 사고방식
⑥ 문화창조 의식
⑦ 출판윤리 · 도덕 준수
⑧ 출판의 총체적 리더 의식
⑨ 출판관련법 준수
⑩ 최초의 독자 입장

4. 편집자(기획자)의 필수능력

① 우수한 저자 발굴 능력
② 교정 · 교열과 디자인 능력
③ 일반상식과 전문지식
④ 출판동향(국내외)과 시장조사 능력
⑤ 합리적 사고방식
⑥ 저자 · 독자 · 출판물에 대한 연구 능력
⑦ 창의적인 전문성
⑧ 신간 · 베스트셀러에 대한 연구 능력
⑨ 출판광고 · 서평에 대한 연구 능력
⑩ 통합 PEDeM식 출판 업무 능력

학습 자료

1 판면

판면(版面)은 ① 인쇄물에 있어서 인쇄되는 부분의 한계이다. 사진 따위를 인쇄물의 재단선 끝까지 인쇄할 경우에는 판면치수를 인쇄물의 재단치수보다 상하 · 좌우로 약 3mm 크게 잡는다. 오프셋인쇄용

대지(臺紙)에는 이 한계선을 미리 그어 둔다. ② 조판에 의하여 책의 한 페이지를 구성하는 면이다. 보통 책크기인 판(判)에서 약 50~70% 정도의 넓이가 되고, 나머지는 여백이 된다. 판면은 인쇄물의 기본형이 되는 것이므로, 그 크기는 판형을 전제로 하여 사용활자의 크기, 배수, 행수, 행간에 따라 결정된다. 판면(判面)의 위치는 여백과의 조화를 고려하여 결정한다. 서적일 경우, 구미에서는 판면의 밑쪽 여백이 머리쪽 여백의 2배, 배쪽 여백과 등쪽 여백은 밑쪽과 머리쪽 여백의 중간치수로 하는 것이 일반적인 방법이다. 그러나 우리나라에서는 오히려 이와 반대로 머리쪽의 여백이 밑쪽보다 넓고, 등쪽과 배쪽의 여백을 잡는 것도 일정치가 않다.

2 출판편집의 단계별 진행업무

출판편집(publishing edit)은 원고나 자료를 모아 일정한 구성원칙 아래 체재를 연구 · 결정하고 원고의 청탁 · 접수 · 검토 · 정리 · 레이아웃(매김) · 디자인 · 교정 · 인쇄(제판 포함) · 제책 등의 과정을 거쳐서 책 · 잡지 · 전자책 등을 만드는 작업이다.

출판편집(出版編輯)과 출판기획(出版企劃)은 그동안 일반적인 소규모 출판사에서는 혼합된 개념으로 한 부처 내에서 이루어져 왔다. 그러나 점차 큰 규모의 출판사들은 출판기획의 중요성을 인식하여 출판편집은 출판기획의 일부분으로 생각하고 기획회의에서 결정된 출판기획서를 편집부로 이관하여 편집과정을 실행하게 되었다. 편집부는 이 기획서의 내용을 상세히 점검하고 출판편집 계획의 일정표를 짜면서 예비저자 관리와 편집방향을 모색한다.

이러한 모든 검토가 끝나면 편집책임자의 주제하에 편집회의를 한 뒤 편집방침이 마련되면 편집집행에 들어갈 수 있게 또다시 진행 일정표를 점검하고 다음 단계를 진행한다.

(1) 원고의 청탁 : 저자 결정, 담당편집자(擔當編輯者)결정, 출판계약서 교부, 청탁요건, 주의사항 등을 결정한다.

(2) 원고의 접수 : 탈고된 원고는 담당편집자가 대충읽기를 하여 접수하고 편집대장에 기입한 후 다음 작업계획을 세운다.

(3) 원고의 검토 : 담당편집자는 원고가 기획내용과 일치하는지 검토하고 철저읽기를 하여 편집자로서의 평가를 문서화해서 편집회의에서 완전한 원고인지 아닌지를 확정받는다.

(4) 원고의 정리 : 담당편집자는 형식정리(순서 · 보고 등)와 내용정리(문자원고 · 시각원고 · 보조원고 등)로 표기와 체재를 통일하여 완전원고를 완성한다.

(5) 편집레이아웃(매김) : 기획서의 판형과 체재에 맞추어 편집진행 방침에 따라 판형과 판면의 결정, 지면 배정, 서체의 지정, 대중소 제목의 정리, 본문의 행수 · 행간, 외래어 정리, 각수의 확인, 가독성을 높이는 지적 창조작업 등을 연구하면서 견본이 될 만한 원고의 몇 페이지를 골라서 견본조판(見本組版)을 해서 검토한다.

(6) 편집디자인 : 문자원고, 시각원고, 보조원고와 적절한 트리밍 등으로 창의적이고 독창적인 디자인을 연구한다.

(7) 조판 : 조판(組版)은 판면(版面)편집이 가능한 DTP조판으로 편집자가 직접하는 경우와 전문 조판소에 하청을 주는 조판이 있다(MS워드, 호글, Quark Xpress, Indesign, 파워포인트, M-Layout 등의 시스템 선택).

(8) 교정 : 담당편집자는 조판된 교정지를 일반적으로 초교, 재교, 삼교를 본 후 OK를 놓는다.

① 초교 : 철저한 원고와의 대조, 이중조판 · 누락조판 · 원고매김과의 교징을 상세히 보고 의심가는 부분을 표시하여 저자와 상의하여 수정한다.

② 재교 : 초교상의 수정표시 부분과 재교지를 철저히 대조하여 수정이 누락된 부분을 찾아낸 후 전체 내용을 정독하고 의심가는 부분은 또다시 재표시하여 저자와 상의하여 결정한다. 각주 · 숫자 · 컷 · 그림 · 표 · 목차 · 색인 · 참고문헌 · 부록 · 판권 · ISBN 등을 철저히 점검한다.

③ 삼교 : 재교상의 수정표시 부분과 삼교지를 철저히 대조 · 수정하여 OK 또는 대조 OK(조판소에서 책임지고 OK시킴)로 전체 내용의 교정을 완전내용으로 완성한다.

(9) 제판준비 : 책의 내용이 OK 상태로 완전내용이 되면, 먼저 필름을 뽑아서 인쇄를 하기 위해 제판공장에 넘겨서 그 필름으로 인쇄판(제판)을 만들어 인쇄한다. 그러나 부수가 적거나 추가 인쇄가 필요치 않을 경우 편리하고 경비가 절감되는 CTP(Computer to Plate)인쇄를 할 수 있다. 이때에는 편집데이터를 필름으로 출력하는 것이 아니라 곧바로 인쇄판에 출력하게 된다. 이는 데이터를 PDF(Portable Document Format), 즉 어도비시스템회사가 개발한 문서파일 포맷으로 전환하여 인쇄판을 만들어 인쇄할 수 있는 새롭게 개발된 획기적인 인쇄방법이다.

(10) 인쇄 · 제책 : 일반적으로 출판편집의 임무는 제판의 전 단계인 교정지와 출력된 필름을 대조하거나 PDF인 문서파일 포맷의 대조까지를 말하고 있다. 그러나 편집실무자로서 인쇄(종이 포함)와 제책의 제작과정까지도 확실히 알고 있는 것이 출판편집자의 기본이다.

관련 용어 해설

드리핑(dripping) : 디자인 기법의 하나로, 물감을 용지 위에 떨어뜨리거나 뿌리거나 종이를 흔들어서 흐르게 한다거나 하여 우연성의 무늬를 만드는 기법.

레터링(lettering) : 문자를 디자인적 · 시각효과적으로 만드는 것이며, ① 캘리그래피(calligraphy)는 서예 등과 같은 문자, 타이포그래피(typography)는 활자 · 서식 · 타이프 등의 서체, 타이프페이스 디자인(typeface design)은 조판용 서체의 디자인, 로고타이프(logotype)는 상품명 · 회사명 등의 문자를 일컫는데, 이러한 문자들과 회화화된 문자 등을 포괄하여 레터링이라고도 함. ② 문자를 손으로 디자인하는 것.

버닝(burning) : 디자인 기법의 하나이며, 종이나 가연성의 소재를 성냥불 · 촛불 · 향불 등으로 태우거나 그을려서 나타나는 무늬를 디자인으로 이용하는 기법.

범례(凡例, explanatory notes) : 책의 구성에 관한 안내와 표기상의 해설 등을 하는 것→일러두기.

삼면열기 : 잡지의 차례를 만드는 방법의 하나. 양면이 마주보게 하여, 홀수 페이지를 접어 넣게 한 것으로, 앞쪽(왼쪽)이 3페이지가 됨→삼면펴기.

상감본(象嵌本, inlay book) : 활판인쇄에서는 연판의 오자만을 고치라고, 다른 인쇄에서는 글자가 잘못된 글자만을 고치라고 표시를 해 놓은 책. '쏘강'이라는 말은 일본말의 '조강'의 잘못된 발음→끼우기.

상게서(上揭書, ibid) : 라틴어 'ibidem'의 약자로서, 각주에서 바로 위에 인용한 문헌의 제목을 반복하지 않기 위하여 사용됨→ib.

시메트리(symmetry) : 대칭을 말하며, 물체형상의 구성이 일정한 선 · 점 · 축을 중심으로 양편으로 위치나 형상이 똑같게 마주하고 있는 것. 좌우대칭 · 방사대칭(대칭축이 교차) · 점대칭이 있음.

실러블(syllable) : 단어의 음절(音節). 구문(歐文) 조판의 경우 행의 끝에서 단어가 꺾일 때 음절에서 꺾으며 하이픈을 넣음.

오구(烏口) : 선을 긋는 제도용구이며, 끝이 까마귀의 부리처럼 생겼다고 붙여진 이름임.

완전원고(完全原稿) : 조판 · 인쇄 과정에서 전혀 고칠 곳이 없는 정확하고 완전한 원고.

원촌(原寸) : 인쇄하기 위한 사진 · 그림이나 선화원고의 치수가 원고상의 치수와 같다는 뜻.

전게서(前揭書, loc. cit.) : 라틴어 'loco citato'의 약자로서, 이미 인용한 간행물을 재인용할 때, 책명이나 제목명을 다시 쓰지 않기 위해 각주에서 사용하는 것으로 앞에서 인용한 문헌과 서지사항이 모두 동일할 때 사용함.

전게서(前揭書, op. cit.) : 라틴어 'opere citato'의 약자로서, 인용자료의 책이름을 생략할 때, 각주에서 사용하는 것으로 앞에서 인용한 문헌의 모든 서지사항이 같고 페이지 수만 다를 때 사용함.

전자편집(電子編輯, electronic editing) : 원고의 판면구성이나 서체지정 등을 조판과 별도로 작업하지 않고, 컴퓨터 모니터로 배치·지정·수정하며 그림·문자 등을 입력하는 행위.

쿼테이션 마크(quotation marks) : 가로쓰기에서의 따옴표이며, 세로쓰기에서는 ' ', " " 대신 낫표(「 」, 『 』)를 씀. 가로쓰기용 낫표도 있음→따옴표·인용부호.

편집후기(編輯後記) : 잡지의 말미에 편집자가 써넣는 짧은 글로서, 편집의 방침, 집필자의 동향, 편집의 뒷이야기 등을 다룸.

포스트잇(Post-it) : 부전지(附箋紙)로 서류에 간단히 써서 의견표시용으로 붙이는 쪽지.

행두금칙(行頭禁則) : 행이 시작할 때 행머리에 와서는 안 되는 것들. ① 문장부호, ② 일본어의 반복부호, 장음부호, 촉음·유음 등의 소문자, ③ 단위기호(cm, mm, kW, g, … 등), ④ 표시기호(\, $, %, °, ′, … 등). ⑤ 상부·하부의 숫자·문자.

행말금칙(行末禁則) : 행의 마지막에 있으면 안 되는 것들. ① 문장부호 중 열린따옴표나 열린괄호·열린대시, ② 구문에서의 아포스트로피(apostrophe), ③ 단위기호가 딸려 있는 숫자, ④ 수식의 마이너스 기호나 상부·하부 및 함수 표시 등.

홀수별면〔기수별면(奇數別面)〕 : 책의 판면구성에서 새로 시작하는 페이지를 홀수면으로 하는 것. 편·장 등이 바뀔 때, 이를 홀수면으로 잡아서 조판하는 것.

※ 한국출판연구소, 「출판사전」(범우사, 2002)을 인용 및 참조함.

| 중요용어 |

출판편집	전자출판편집	원고의 검토	원고의 정리
원고의 지정	원고의 레이아웃	시각원고의 검토	시각원고의 정리
편집 레이아웃	출판편집디자인	편집자	편집자의 자세
편집자의 책임	편집자의 능력		

Chapter 06

조 판

제1절 조판의 정의

조판(組版, type setting composing)이란 문자원고를 인쇄판으로 만들기 위한 작업을 말한다. 조판의 종류에는 ① 활자조판(handsetting, metal typesetting), ② 수동사진식자(manual phototypesetting), ③ 전산조판(컴퓨터조판 시스템, computerized typesetting system : CTS) 등 세 가지가 있다. 활자조판에서는 문선 · 식자 · 정판 과정을 거치고, 수동사진식자는 글자를 일일이 찍어서 식자하는 과정을 거친다. 그리고 전산조판은 DTP조판으로 입력장치(키보드, 스캐너)에 의하여 문자 · 기호 · 사진 · 그림 · 표 등을 입력하고, 조판 프로그램에 의해 편집명령을 입력하여 편집자가 원하는 대로 판면을 만들고 교정과 교열을 하여 인화지나 필름으로 출력을 하는 과정을 말한다.

그러나 먼저 원고의 검토와 정리가 어느 정도 끝났을 때 원고 중 모델이 될 만한 여러 부분을 선택하여 견본조판(見本組版)을 먼저 해보는 것이 일반적이다. 이는 정식으로 조판을 하기 전에, 도서판면의 설계 · 활자 · 행간 · 배수 · 행수 등을 결정하는 단계에서 몇 페이지분을 견본조판해 봄으로써 원고지정의 타당성 및 조판의 가능성 등을 사전에 검토하고, 미흡한 점을 수정하기 위한 작업이다. 이를 본보기조판, 시조판이라고도 한다.

이러한 조판을 하기 전에 먼저 조판지정표를 만들어야 한다.

제2절 활자조판

활자조판(活字組版, metal typesetting)이란 원형글자체를 이용한 주조기(type casting machine)를 사용하여 납으로 주조한 활자를 문선(文選)하고 보조자재를 활용하여 식자(植字)하면서 손으로 판을 짜는 것을 말한다. 다시 말해 이는 원고에 따라서 필요한 활자를 골라 선택하는 문선작업을 하여 식자를 하고 한 면씩 판을 짜는 것이다. 이 짜여진 판으로 지형(紙型, 종이틀)[01]을 떠서 원판으로 보관하게 된다. 이 원판을 이용하여 다시 한 개(면)의 납판(연

표 6-1 | 조판 지정표

조판 지정표

원고입수일 : ______ 저 작 자 : ______ 도 서 명 : ______ 편 집 자 : ______	○○출판사 서울시 마포구 용강동 494-85 전화 : 팩스 :
원고 매수 :	도서 예상면수 :
플로피디스크나 CD : 유 무	발행예정일 :
판형 · 판면 :	조판소 :
본 문	쪽번호 난외표제
______급 · 성체 · 장체 · 평체 단 찌기 ______ 행 ______ 자 괄호안 : ______급 · 정체 · 장체 · 평체 행간 : 자간 :	글자체 : 난외표제 { 홀수면 / 짝수면 } 급 각주 : 표 : 그림 : 급
특기사항	

판(鉛版)][02]을 만들어서 볼록인쇄(凸판 인쇄)를 하는 것이 활판인쇄(metal type printing)이다.

활자조판은 가장 오래된 조판방법이며, 우리나라에서는 1980년대까지 신문 · 잡지 · 도시 등의 조판방법으로 사용되었다. 이의 장점은 인쇄물이 입체감이 있고, 한문조판에 편리하며, 완전한 레이아웃이 가능하다는 것이다. 그러나 단점은 단가가 높고, 조판속도가 느리며, 서체가 부족하고, 수정과 변형이 어려우며, 판의 보관과 관리가 불편하다는 것이다.

활자조판에는 손으로 활자를 식자하는 방법과 모노타이프(monotype)나 라이노타이프(linotype) 같은 기계로 활자를 주조하여 식자하는 캐스팅(casting) 방법이 있는데, 지금은 모두 사라졌다.

---

01 지형(紙型)은 연판을 뜨기 위해 식자한 활판 위에 축축하게 반죽한 종이를 올려놓고 무거운 물건으로 눌러서 그 종이에 활자의 자국이 나타나게 한 뒤 건조한 종이판이다.

02 연판(鉛版)은 활자로 짠 원판에 대고 지형을 뜬 다음에 납(82%) · 주석(5%) · 안티몬(13%)의 합금을 녹여 부어서 만든 인쇄판이다. 활자가 닳는 것을 막고 인쇄능률을 높일 수 있다.

그림 6-1 | 각종 조판의 공정

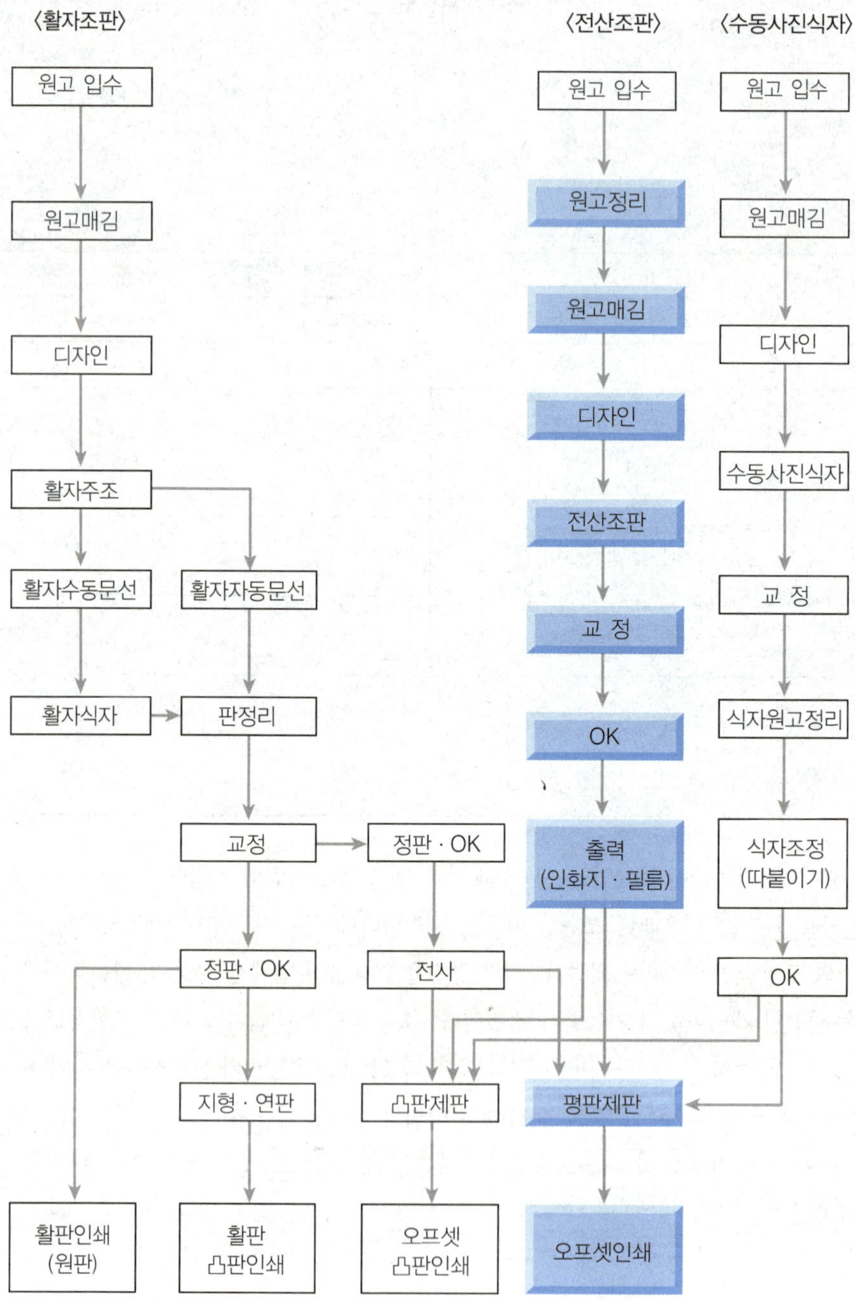

제3절 수동사진식자

수동사진식자(手動寫眞植字, manual phototypesetting)는 필름이나 인화지 등 빛에 감응하여 화학적으로 변화를 일으키는 재료에 키(key)를 눌러 글자를 일일이 찍어서 식자하는 것을 말한다. 이는 카메라의 사진촬영 기능과 타이프라이터의 문자인자 기능을 합친 원리로 이루어졌다. 이 수동사진식자기는 1925년경 일본에서 발명되어 실용화되었었다.

수동사진식자는 활자조판에 비해 속도가 빠르고 글자체와 글자의 크기가 다양하고 원형으로 짜는 방법도 가능하여 여러 가지로 편리했으나 전자조판이 활성화되면서 서서히 사라졌다.

제4절 전산조판

1. 전산조판이란?

전산조판(電算組版)이란 DTP(Desk Top Publishing) 과정에서 입력장치(키보드, 스캐너)에 의하여 문자 · 기호 · 그림 데이터와 원고매김(layout) 데이터 및 편집자가 요구하는 판면구성 데이터를 프로그램화함으로써, 모든 작업(활자조판의 문선 · 식자 · 정판)을 컴퓨터에서 처리하는 것을 말한다. 그리고 이처럼 컴퓨터로 편집자가 원하는 대로 판면을 만들고 교정 · 교열을 하여 출력장치에 의하여 인화지나 필름으로 출력하여 출판하는 것이 전자출판이다. 이러한 컴퓨터 지원의 조판을 전자편집시스템, 컴퓨터조판시스템(전산조판, computerized typesetting system : CTS), 전산처리조판(computer composition), 전산사진식자, DTP조판 등 여러 가지로 부르고 있다.

이와 같이 컴퓨터를 이용하여 전자적 · 광학적으로 식자하는 전산조판은 원고의 입력, 교정, 편집, 출력을 자동으로 하기 때문에 짧은 시간에 대량의 원고처리가 가능하고 체제의 변경, 활자의 교체, 행간 수정, 내용의 이동 등도 쉽고 빠르게 할 수 있다.

전산조판의 공정과정은 ① 전산입력, ② 조판의 편집(매김, 디자인, 교정), ③ 출력(사식, 필름)으로 나누어진다. 이제는 저작자가 손으로 직접 원고를 쓰는 경우는 드물지만, 가끔 손으로 쓴 원고가 들어올 경우에는 컴퓨터에서 워드프로세서 기능으로 입력하게 된다. 또한 불완전한 문자원고의 수정을 할 때에도 원고가 저장된 플로피디스크나 CD를 컴퓨터조판 소프트웨어가 내장된 편집기에 넣어 자동으로 편집과 교정을 하고 컴퓨터의 워드프로세서 프

표 6-2 | 전산조판공정

순서	공정	담당	업 무 내 용
1	원고접수	조판 실장	생산전표 작성, 납기 검토, 지정서 및 원고 검토, 실무책임자 결정, 원고배정, 기타
2	보충지정 편집	실무 책임자	지정서 검토, 보충지정, 요점설명 내용 메모, 납기계획, 실무자 결정, 견본조판 및 확인 검토, 문제해결
3	원고배정	실무 책임자	조판지시, 납기 · 주의사항 수시 체크, 중간검사, 기타
4	조판 (입력 · 편집)	실무자	색분해, 수정, 도안 · 입력 · 편집, 의문사항 해결, 일부 조판분 프린트를 뽑아 책임자와 검토, 문제해결, 계속 진행, 교정지 출력 의뢰, 원고 반납
5	교정지 출력	실무자	데이터 확인 정리, 교정지 규격 결정, 출력방법 검토 확인, 교정지 출력, 책임자에게 인계
6	수정 (교정)	책임자/ 실무자	교정지 검토, 납기 점검, 실무자 결정, 내용설명, 수정, 데이터 정리, 출력 의뢰, 교정지 반납(초교~OK)
7	OK 출력	책임자/ 실무자	데이터 확인, 인화지 · 필름 · PS판(인쇄판)의 규격 및 출력재 결정, 출력방법 검토 확인, 출력, 데이터 정리 · 보관 또는 인계, 면배치 확인 및 지정, 출력
8	현상	책임자/ 실무자	현상기 온도 · 타이머 · 약품배합 확인, 인화지 · 필름 · 인쇄판, 데이터 확인 인계
9	확인 · 출고	조판/ 책임자	인화지 · 필름 · 인쇄판 등 전반적 상태 확인, 누락 · 문제점 유무 검토, OK지와 맞춰 인계

자료 : 홍우동, 1996, p.322 수정 참조.

로그램을 이용하여 전산조판을 하기도 한다(김성재, 2004, p.164 참조).

2. DTP조판

DTP(desk top publishing, desk top prepress)는 일명 탁상출판으로 컴퓨터를 사용하여 문자 · 그래픽 · 사진 · 영상 데이터를 디자이너가 원하는 대로 배치 · 수정 · 확대 · 축소 등의 원고제작에서부터 사진식자, 레이아웃, 원색분해, 제판, 인쇄출판까지도 편집 · 처리하여 출판물을 만드는 것으로 맥디자인, 전자출판, 전자편집디자인 등으로 말하기도 한다. 또한 전산매체를 사용한 퍼스널 컴퓨터상 문자원고와 시각원고의 컬러원고를 통합하는 출판시스템이다. DTP시스템에 필요한 하드웨어로는 매킨토시(Macintosh)나 IBM(International Business Machines Corporation) PC가 기본이며, 출력용 프린트로는 미국의 어도비사가 발명한 포스트 스크립트(Post Script) 컬러프린트나 흑백의 레이저 포스트 스크립트 프린터가 있다(본서, pp.95~99 참조).

그림 6-2 | DTP 소프트웨어에 의한 데이터의 경로

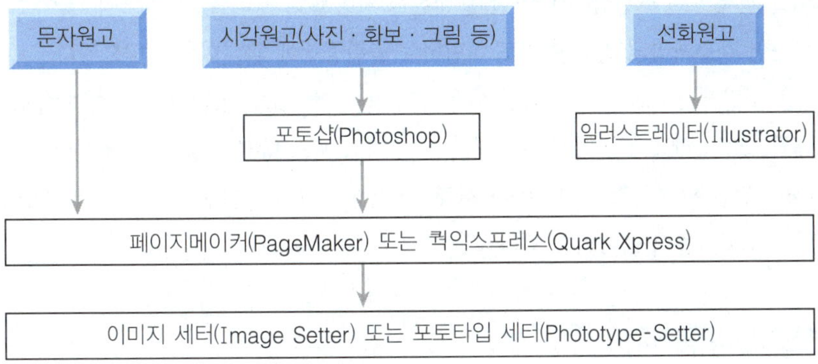

소프트웨어는 쿼익스프레스(Quark Xpress), InDesign, 훈글, MS-워드, 훈민정음, 파워포인트, M-Layout 등과 앨더스(Aldus)사가 개발하여 어도비(Adobe)사가 인수한 어도비 페이지메이커(Adobe PageMaker)가 페이지 레이아웃용으로 가장 많이 사용된다. 그리고 쿼(Quark)사가 개발한 쿼익스프레스는 워드프로세싱, 타입세팅, 페이지 레이아웃, 드로잉 등의 기능이 하나로 조합된 편집전용 프로그램이고, 어도비 일러스트레이터(Adobe Illustrator)는 일러스트레이션(illustration)이나 그래픽, 그래프 작성, 도표, 디자인 등을 처리하고, 어도비 포토샵(Adobe Photoshop)은 사진, 화보, 영상 등의 화상을 가공 · 처리한다.

DTP조판은 먼저 원고의 종류와 성격에 맞는 판면과 서체 · 구성 · 레이아웃 · 디자인 등의 기본체제를 연구하여 쿼익스프레스나 페이지메이커로 설정하게 된다. DTP조판은 활자나 공간 선택에서 활자조판보다 더 세분화되어 있어 다양성과 정확성이 있으며, 낱말의 글자 사이(자간)까지도 좁혀서 쓸 수 있고, 글자체도 다양하게 변화시켜 쓸 수 있다는 장점이 있다.

그림 6-3 | DTP의 조판규전

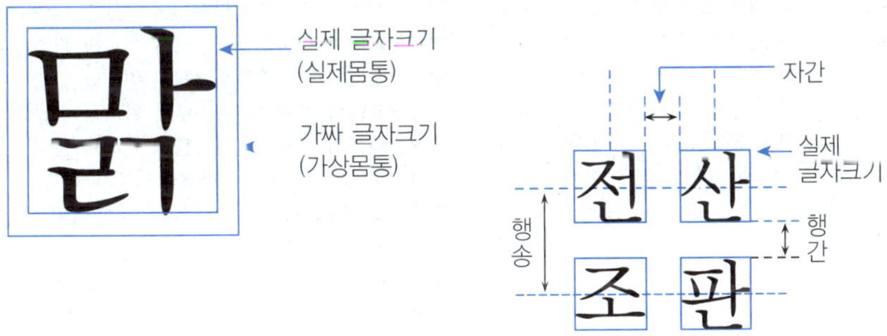

DTP조판은 과거의 활자조판이나 수동사진식자보다 시간이 빠르고 정확하며, 글자체가 다양하고, 컴퓨터로 조판상의 다양한 문제점을 자동으로 처리할 수 있으며, 찾아보기(색인)도 입력하면 자동처리되고, 조판비도 저렴하여 출판공정에 일대혁명을 일으켰다.

단점은 소량제작의 경우나 복잡한 내용처리 및 교정 · 교열이 많으면 오히려 속도가 늦어져 상대적으로 조판료가 높아진다는 것이다. 그리고 서로 다른 기종 간에 호환(互換)이 안 된다. 이처럼 전산조판의 경우 기종마다 서체 · 기능 · 용도와 장단점이 다르나 현재 호환성 문제로 단종되는 기종이 많아지고 있다.

3. 전산조판의 글자체

전산조판에서 일반적으로 많이 쓰이는 글자체로는 명조체(明朝體, Ming-style printing type, 바탕체, standard)와 고딕체(gothic, 돋움체)를 들 수 있다. 우리가 흔히 쓰는 글자체를 명조체라고 부르게 된 이유는, 중국 글자체의 하나인 명조체를 따라서 부르게 된 것이다. 이는 국·한문 서체로서 가로획이 가늘고, 세로획이 굵으며, 획의 끝머리를 세리프로 장식한 서체이며, 바탕체(본문체)로 많이 쓰이고 있다. 고딕(gothic)이란 말은 미국에서 산세리프(sans serif)를 잘못 사용한 것이 일본에 잘못 전해지고, 그것을 우리가 그대로 받아들였기 때문이다. 고딕체란 원래 도이치(Deutsche, 독일) 문자를 가리키는 말이므로 산세리프와는 구분된다 하겠다(김성재, 2004, p.156 참조).

글자체에는 명조체와 고딕체 외에도 용도에 따라 다양한 글자체가 있다. 우리나라에서는 일반적으로 세명(細明, SM, 가는 바탕체), 중명(中明, MM, 중간 바탕체), 태명(太明, TM, 굵은 바탕체), 궁서체(붓글씨에 가까운 체), 세고딕(SG, 가는 돋움체), 중고딕(MG, 중간 돋움체), 태고딕

표 6-2 | **활자체의 종류**

[8.5p(12급)의 예]

종 류		영문약자	글자체
세명(細明)	가는 바탕체	LM, SM	電算化時代의 전자조판시스템의 현대화 방향
신명(新明)	바탕체	NLM, NSM	電算化時代의 전자조판시스템의 현대화 방향
세고딕	가는 돋움체	LG, SG	電算化時代의 전자조판시스템의 현대화 방향
중명(中明)	중간 바탕체	MM	電算化時代의 전자조판시스템의 현대화 방향
중고딕	중간 돋움체	MG	電算化時代의 전자조판시스템의 현대화 방향
태명(太明)	굵은 바탕체	BM, TM	電算化時代의 전자조판시스템의 현대화 방향
태고딕	굵은 돋움체	BG, TG	電算化時代의 전자조판시스템의 현대화 방향
특태명(特太明)	견출명조	HM	電算化時代의 전자조판시스템의 현대화 방향
특태고딕	견출고딕	HBG(HG)	電算化時代의 전자조판시스템의 현대화 방향
세나루		LNAR	電算化時代의 전자조판시스템의 현대화 방향
디나루		DNAR	電算化時代의 전자조판시스템의 현대화 방향
그래픽		GR	電算化時代의 전자조판시스템의 현대화 방향
궁서바탕체		NL	電算化時代의 전자조판시스템의 현대화 방향

(TG, 굵은 돋움체), 견고딕(더 굵은 돋움체), 세나루(얇은 특수체), 디나루(굵은 특수체) 등이 있고, 변형체로는 평체(平體, 글자가 납작하게 눌린 체), 장체(長體, 글자가 길쭉하게 긴 체), 사체(斜體, 글자가 비스듬히 누운 체) 등이 있으며, 궁체(붓글씨 체), 그래픽체(디자인적인 체), 교과서체, 예서체(隸書體, 한자의 생략된 서체), 신정체(新正體), 윤체(변형체) 등이 있고, 한자서체로는 명조체와 돋움체 외에도 청조체(淸朝體), 송조체(宋朝體) 등 다양한 서체가 있으며, 각종 구문체(歐文體)와 숫자체가 있는데, 시대의 감각에 맞는 새로운 서체가 계속 개발되어 나오고 있다.

표 6-4 | **중요한 기호**

<table>
<tr><td>·</td><td>중앙점, 가운뎃점</td><td>_</td><td>밑줄</td></tr>
<tr><td>.</td><td>마침표(period), 온점(또는 끝점, full stop)</td><td>…</td><td>석점 줄임표</td></tr>
<tr><td>°</td><td>고리점, 세로짜기용 온점</td><td>‥</td><td>두점 줄임표</td></tr>
<tr><td>,</td><td>반점(comma), 쉼표</td><td>※</td><td>쌀미표, 참고표(reference mark)</td></tr>
<tr><td>´</td><td>세로짜기용 반점</td><td>*</td><td>눈표〔설표〕, 애스터리스크(asterisk)</td></tr>
<tr><td>:</td><td>쌍점(colon), 그침표</td><td>⁂</td><td>삼중눈표, 애스터리즘(asterism)</td></tr>
<tr><td>;</td><td>쌍반점(semicolon), 머무름표</td><td>★</td><td>흑별표(black star)</td></tr>
<tr><td>'</td><td>줄임표(apostrophe)</td><td>☆</td><td>흰별표(white star)</td></tr>
<tr><td>?</td><td>물음표(question mark)</td><td>○</td><td>동그라미표(circle)</td></tr>
<tr><td>!</td><td>느낌표(exclamation mark)</td><td>◎</td><td>겹동그라미표(bull's-eye)</td></tr>
<tr><td>!!</td><td>쌍느낌표</td><td>⊙</td><td>뱀눈표, 눈표</td></tr>
<tr><td>!</td><td>비낀 느낌표</td><td>●</td><td>검은동그라미표</td></tr>
<tr><td>??</td><td>쌍물음표</td><td>□</td><td>흰네모표(white square)</td></tr>
<tr><td>?!</td><td>물음느낌표</td><td>■</td><td>검은네모표(black square)</td></tr>
<tr><td>( )</td><td>손톱묶음표, 소괄호(parenthesis)</td><td>▲</td><td>검은세모표</td></tr>
<tr><td>{ }</td><td>중괄호(curly bracket)</td><td>▼</td><td>검은역삼각표</td></tr>
<tr><td>〔 〕</td><td>대괄호(square bracket)</td><td>△</td><td>흰세모표</td></tr>
<tr><td>(( ))</td><td>겹손톱묶음표, 둥근쌍괄호</td><td>▽</td><td>역삼각표</td></tr>
<tr><td>「 」</td><td>낫표, 열쇠표(괄호)</td><td>◇</td><td>마름모표(white diamond)</td></tr>
<tr><td>『 』</td><td>겹낫표, 쌍열쇠표</td><td>◆</td><td>검은마름모표(black diamond)</td></tr>
<tr><td>[ ]</td><td>꺾쇠묶음표(square)</td><td>卍</td><td>만자표</td></tr>
<tr><td>【 】</td><td>검은가괄호(square bracket)</td><td>→</td><td>화살표(arrow)</td></tr>
<tr><td>〈 〉</td><td>꺾쇠(than sign)</td><td>↔</td><td>양화살표(both side arrow)</td></tr>
<tr><td>《 》</td><td>쌍꺾쇠(double than sign)</td><td>⇒</td><td>겹화살표(twofold arrow)</td></tr>
<tr><td>' '</td><td>작은 따옴표(single quotation mark)</td><td>⇨</td><td>흰빼기(빽) 화살표</td></tr>
<tr><td>" "</td><td>큰쌍따옴표(double quotation mark)</td><td>➡</td><td>두꺼운(흑) 화살표</td></tr>
<tr><td>-</td><td>하이픈(hyphen, 2분, 붙임표)</td><td>§</td><td>섹션(section) 마크, 절표(section sign)</td></tr>
<tr><td>—</td><td>줄표(전각, dash)</td><td>©</td><td>저작권 기호(copyright holder sign)</td></tr>
<tr><td>|</td><td>세로선(vertical line)</td><td>#</td><td>번호표, 넘버(number sign)</td></tr>
<tr><td>@</td><td>골뱅이(commercial at)</td><td>♀</td><td>우편번호(post number sign)</td></tr>
<tr><td>%</td><td>퍼센트(percent sign)</td><td>~</td><td>물결표(swung dash)</td></tr>
<tr><td>&</td><td>또표(ampersand)</td><td>^</td><td>강약기호(circumflex accent)</td></tr>
<tr><td>=</td><td>쌍줄표(double hyphen)</td><td>◐</td><td>태극마크표</td></tr>
<tr><td>／</td><td>빗금, 사선(solidus)</td><td>♨</td><td>온천표</td></tr>
<tr><td>\</td><td>역사선(reverse solidus)</td><td>☎</td><td>전화표</td></tr>
<tr><td>//</td><td>겹사선(twofold solidus)</td><td></td><td></td></tr>
</table>

4. 기호 · 괘선 · 장식인자

조판을 하게 되면 문자 외에도 기호(記號)와 괘선(罫線) 등을 많이 사용하게 된다. 문장 부호는 물론이고 각종 표시와 기호 외에도 단위기호(kg, cm, ℓ, … 등), 수학기호(+, ×, −, ±, ≠, ∞, … 등), 음악기호(♪, ♩, … 등)와 경제기호(₩, $, €, ¥, … 등)를 이용하면 사용이 간편하여 편리한 효과를 얻을 수 있다.

괘선(ruled line)은 줄여서 괘라고도 하며, 선의 굵기가 0.1p(point, pt.)부터 시작하여 포인트별로 있으므로 필요에 따라 선택하여 적당한 굵기와 길이로 사용하면 원하는 적절한 효과를 얻을 수 있다.

또한 디자인효과를 낼 수 있는 많은 종류의 부호와 표시 및 장식괘가 있으므로 이를 적절하게 활용하여 디자인적인 효과를 얻는 것도 좋은 방법이다.

주로 꽃과 사물의 모양과 같이 이루어져 있는 장식인자(裝飾印字, ornaments)를 사용하는 경우도 있다. 이는 한 개의 무늬로도 쓰이며 한 줄이나 두 줄로 길고 넓게 연결하여 장식괘와 같이 쓰기도 하고, 바탕무늬(지문(地文))처럼 쓰기도 하여 여러 가지로 디자인 효과를 높이기도 한다(자세한 것은 본장 뒤 부록을 참고할 것).

제5절 구문문자

1. 구문문자란?

우리나라의 활자나 인자는 보통 정방형(正方形)이지만 구문문자(歐文文字)는 문자에 따라 글자의 폭(幅, 나비, set)이 다른 장방형(長方形)이다. 크기(size)는 일정하지만 폭은 문자마다 달라 'W'가 제일 넓고 'i'가 가장 좁다. 'M'은 가장 정방형에 가까우며, 대개의 구문문자는 평균적으로 M의 50% 정도의 폭으로 이루어져 있다.

이처럼 구문문자는 폭이 일정치 않으므로 문자량을 계산하기가 어렵다. 이를 위해 구문문자는 그 배수단위를 em과 en으로 한다. em은 'M'의 폭으로서 전각(全角, □)을 나타내고, en은 'em'의 50%로서 반각(半角, 2분, 전각의 1/2, ▯)을 나타낸다.

한 무리의 활자나 인자 전체를 넓게 하거나 좁게 한 것이 있는데, 그 차이에 따라 4종류로 나뉜다. 즉 ① 엑스트라 컨덴스트(extra condensed) : 대단히 좁음, ② 컨덴스트(condensed) : 좁음, ③ 스탠더드(standard) : 표준, ④ 익스팬디드(expanded) : 넓음 순으로 되어 있으며, 이 중간에 린(lean), 패트(fat), 브로드(broad) 등이 있다.

그림 6-4 | 패밀리의 변형된 종류

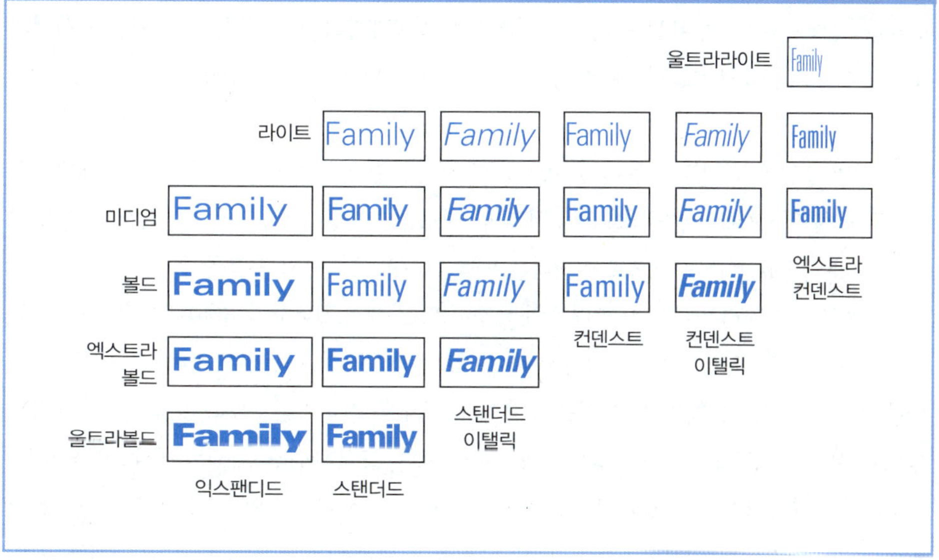

이처럼 구문문자는 장방형 문자이기 때문에 같은 급수의 한글보다 작게 보여 책의 본문 문자로 쓰일 경우 11포인트 정도(한글은 10~12포인트 내외 정도)가 일반적으로 적당하다.

구문문자의 선(획)의 굵기를 웨이트(weight)라고 하는데, 같은 서체라도 이 선의 굵기에 차이가 있다. 즉 ① 울트라 라이트(ultra light) : 가는 선, ② 라이트(light) : 표준선, ③ 미디엄(medium) : 조금 굵은 선, ④ 볼드(bold) : 좀 더 굵은 선, ⑤ 엑스트라 볼드(extra bold) : 더욱 굵은 선, ⑥ 울트라 볼드(ultra bold) : 매우 굵은 선의 순으로 되어 있다. 또한 구문문자에는 이탤릭(Italic : 伊)체인 사체(斜體, 기울임체)도 있다.

이와 같이 공통된 특성을 가지면서 조형상(造形上)의 기준으로 묶여진 서체의 무리를 패밀리(family)라고 한다(위의 책, pp.182~183 참조).

패밀리는 구문서체에서 디자인이 동일한 계통에 속하는 한 집단이다. 이는 하나의 디자인을 기본으로 하여 세드(set, 글자의 폭)와 웨이트(획의 굵기)가 다른 문자 및 이탤릭체 · 장식체 등이 디자인된 서체를 통합한 한 벌을 패밀리의 시리즈라고 한다. 한 시리스에는 보통 일파벳의 대문자 · 소대문자(small capital) · 소문자 · 숫자 · 기호 등이 1조가 되어 있으며, 이것을 폰트(font)라고 한다. 그리고 각종 시리즈를 통합하여 일컬을 때, 주로 창시자의 이름이나 지명을 따르는 경우가 많다.

2. 구문서체의 종류

구문서체(歐文書體)의 종류에는 수천 종이 있는데, 오랜 세월 속에 변천되고 발전되어 오면서 하나의 서체가 여러 종류로 변한 변형그룹도 생겨났다. 이러한 그룹의 관계는 패밀리(family), 시리즈(series), 폰트(font, fount)라고 불리며 계통화되고 있다. 패밀리는 그 서체의 창시자나 주조공장의 이름을 붙여 부르는 경우가 많다(예 : Garamond, Caslon, Century, Futura, Goudy 등).

한 책의 조판에 선택되는 문자는 상호 간의 조화와 통일을 위하여 보통은 같은 패밀리의 시리즈를 선택함으로써 편안함을 추구하지만, 때로는 색다른 표현을 위하여 다른 패밀리 시리즈(family series)를 선택함으로써 색다른 판면 디자인 효과까지도 얻을 수 있다.

구문서체의 패밀리는 각기 나름대로의 특징이 있는 세리프(serif, seriph) 유형을 가지고 있다. 세리프는 'H' 나 'I' 등의 활자에서 볼 수 있는 상하의 가는 선을 말하며, 구문서체의 획 끝에 붙어 있는 장식모형인 이 세리프의 모양에 따라 구문서체를 분류하고 있다. 즉, 세리프가 있는 서체는 올드(old)계와 이집션(egyption)계이며, 고딕계(sans serif)는 세리프가 없다.

세리프의 종류에는 올드계의 컵 세리프(cup serif, 완만한 세모꼴)와 브래킷 세리프(bracket serif, 정세모꼴)가 있고, 모던(modern)계의 헤어라인 세리프(hairline serif, 얇은 직선꼴)가 있으며, 이집션계의 블록 세리프(block serif, 각형꼴로 몸체와 같이 굵다) 등이 있다. 이들을 자세히 살펴보면 다음과 같다(이종운, 1991 ; 김성재, 2004 참조).

그림 6-5 | 세리프의 종류

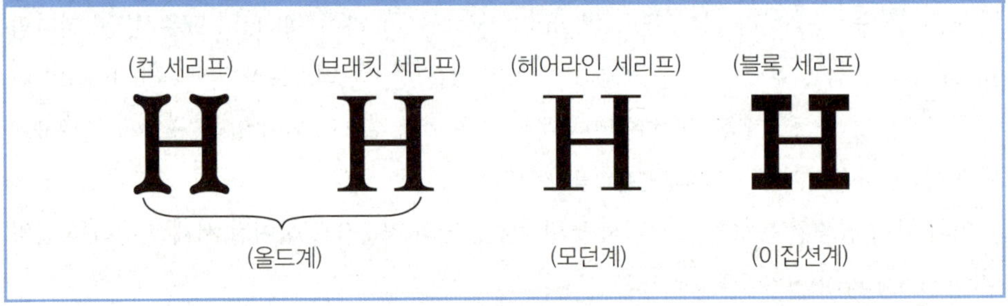

(1) 로만계

로만(Roman)계는 고전적인 글자체로서 국·한문의 명조와 같이 구문체의 바탕체라 할 만큼 본문용으로 많이 사용되며, 세리프에 따라 다음과 같이 구분된다.

로만체(Roman type)는 구문활자 스타일의 하나이다. 1450년경 구텐베르크가 활판인쇄를 발명한 당시의 주요 서체는 중후한 독일문자인 고딕이었다. 그 후 문예부흥의 물결을 타고 인쇄기술이 전 유럽에 보급되어 어느 나라에서나 독일계의 고딕을 써 오고 있었다. 그런데 1465년에 독일에서 이탈리아로 들어온 고딕체는 로마 비문(碑文)에서 발달한 서체와 융합하여 새로운 서체로 변했는데, 이것을 로만체라고 불렀다. 또 젠슨(Jenson)은 1470년에 베네치아(Venezia)에서 처음으로 로만체를 써서 서적을 인쇄했다. 이 로만체는 미려한 수사본(手寫本)을 본딴 것으로, 선의 굵기가 가는 듯하면서도 유연하고 아름다운 서체였다. 이 서체는 근 500년 동안 로마 글자체의 모델이 되었지만, 1499년에 마누티우스(Manutius)가 새로운 로만체를 창안하고, 그 후 30년이 지난 뒤에 가라몬드(Garamond)가 이에 개량을 가하여 오늘날과 같은 로만체의 기초를 구축하였다(한국출판연구소, 앞의 책.).

올드 스타일(Old style)계 : 우리나라에서는 센추리 올드(Century Old)를 많이 사용하고 있으며, 뉴캐슬론(New Caslon), 가라몬드(Garamond), 고우디(Goudy) 등도 용도에 따라 일부 사용하고 있다.

트랜지셔널(Transitional)계 : 바스커빌(Baskerville), 불머(Bulmer) 등이 대표적 글자이며, 18세기 중엽에 제조된 서체로서 굵고 가는 선의 대비가 날카롭다. 영·미에서 본문용으로 많이 쓰인다.

모던 페이스(Modern face)계 : 보도니(Bodoni), 디토트(Didot) 등이 있는데, 18세기 후반에 제조된 서체로서 세리프가 수평으로 된 가는 선이며 세로의 선이 강하다.

이집션(Egyption)계 : 굵고 가는 선의 대비가 작다. 세리프가 네모나고, I자가 이집트의 기둥을 닮아 붙여진 이름이다. 이는 주로 영국에서 불리는 이름이고, 19세기에 발달한 글자체로서 미국에서는 스퀘어 세리프(Square serifs), 앤티크(Antique), 블록 세리프(Block serifs)라고 한다.

(2) 앱스트랙트계

앱스트랙트(Abstract)계는 획의 굵기가 거의 같은 단순한 글자체로서 다음 두 가지로 구분된다.

산세리프(Sans serifs)계 : 이집션체의 세리프를 깎아 만든 것이 그 시초이며, 우리나라에서는 세리프가 붙어 있지 않은 깔끔한 고딕체를 말한다. 유럽에서는 그로테스크(grotesque)라고 하며, 미국에서는 블록 레터(block letter)라고 한다.

블록세리프(Block serifs)계 : 베톤(Beton), 멤피스(Memphis), 카르낙(Karnak) 등의 종류가 있고, 몸체와 같은 굵기의 세리프가 있는 굵은 서체이다.

(3) 연서계

연서(連書, Cursive)계는 초서나 흘림체와 같이 비스듬히 경사지고 이어 쓴 것 같은 서체이다.

이탤릭(Italics, 伊)계 : 로만계는 물론 산세리프, 이집션계통에 직립서체 외에 각각 갖추어져 있는 서체이다. 뜻을 강조하거나 출판물의 이름, 의학용어, 수학기호, 지명, 물품명 등의 표기에 많이 쓰이고 있다.

스크립트(Scripts)계 : 이탤릭체보다 더 심한 필기형 글자체로, 세리프가 없고 출판물에는 잘 사용되지 않는 것이 보통이다. 브러시(Brush), 펜맨십(Penmanship), 조각양식, 미술양식 등이 있다.

(4) 고딕계

획이 굵고 힘차며 세리프가 없다. 구텐베르크의 필사서체의 모델로 전해진다. 원래 고딕(Gothic)계는 독일 글자체의 일종으로 영국에서 불리는 이름이며, 미국은 블랙 레터(black letter)라 하고, 일본과 우리나라가 고딕이라고 한다. 국·한문 서체로는 세고딕 · 중고딕 · 태고딕 등이 있고, 돋움체라고도 한다.

(5) 팬시 타입계

팬시 타입(Fancy type)계는 광고나 홍보를 위한 장식용의 서체로서 론도(Rondo), 셰이드(Shade), 패션(Fashion), 섀도(Shadow), 센추리(Century), 인라인(Inline) 서체 등이 있다.

(6) 장식계

장식(裝飾)계는 글자체에서 문자에 흑백의 효과를 넣거나 그림자를 이용하여 꾸미고 치장하여 장식의 효과가 나타나게 할 때 쓰이는 서체이다.

부 록

■ 포인트별 전산조판 한글 · 한자 활자의 크기

〈4p〉 대한민국 · 電算組版 〈5.64급〉
〈5p〉 대한민국 · 電算組版 〈7.06급〉
〈6p〉 대한민국 · 電算組版 〈8.47급〉
〈7p〉 대한민국 · 電算組版 〈9.88급〉
〈8p〉 대한민국 · 電算組版 〈11.29급〉
〈9p〉 대한민국 · 電算組版 〈12.70급〉
〈10p〉 대한민국 · 電算組版 〈14.11급〉
〈10.5p〉 대한민국 · 電算組版 〈14.76급〉
〈11p〉 대한민국 · 電算組版 〈15.52급〉
〈12p〉 대한민국 · 電算組版 〈16.93급〉
〈14p〉 대한민국 · 電算組版 〈19.76급〉
〈16p〉 대한민국 · 電算組版 〈22.58급〉
〈18p〉 대한민국 · 電算組版 〈25.22급〉
〈20p〉 대한민국 · 電算組版 〈28.22급〉
〈24p〉 대한민국 · 電算組版 〈33.87급〉
〈28p〉 대한민국 · 電算組版 〈39.53급〉
〈30p〉 대한민국 · 電算組版 〈42.33급〉
〈36p〉 대한민국 · 電算組 〈50.80급〉
〈40p〉 대한민국 · 電算 〈56.44급〉
〈50p〉 대한민국 · 電 〈70.56급〉

■ 포인트별 영문활자 및 숫자의 크기

point	
5	MIN'STYPEFACEMANUAL*MIN'STYPEFACEMANUAL*MIN'STYPEFACEMANUAL*MIN'STYPEFACEMANUAL*MIN'STYPEFACEMANUAL*MIN*
6	MIN'STYPEFACEMANUAL*MIN'STYPEFACEMANUAL*MIN'STYPEFACEMANUAL*MIN'STYPEFACEMANUAL*MIN'ST
7	MIN'STYPEFACEMANUAL*MIN'STYPEFACEMANUAL*MIN'STYPEFACEMANUAL*MIN'STYPEFACE*
8	MIN'STYPEFACEMANUAL*MIN'STYPEFACEMANUAL*MIN'STYPEFACEMANUAL*MIN'*
9	MIN'STYPEFACEMANUAL*MIN'STYPEFACEMANUAL*MIN'STYPEFACEMAN
10	MIN'STYPEFACEMANUAL*MIN'STYPEFACEMANUAL*MIN'STYPEFA
11	MIN'STYPEFACEMANUAL*MIN'STYPEFACEMANUAL*MIN'STY
12	MIN'STYPEFACEMANUAL*MIN'STYPEFACEMANUAL*MIN
13	MIN'STYPEFACEMANUAL*MIN'STYPEFACEMANUAL*
14	MIN'STYPEFACEMANUAL*MIN'STYPEFACEMAN*
15	MIN'STYPEFACEMANUAL*MIN'STYPEFACEM*
16	MIN'STYPEFACEMANUAL*MIN'STYPEFAC*
17	MIN'STYPEFACEMANUAL*MIN'STYPEF*
18	MIN'STYPEFACEMANUAL*MIN'STYP*
19	MIN'STYPEFACEMANUAL*MIN'STY*
20	MIN'STYPEFACEMANUAL*MIN'ST*

■ 변형문자의 보기

※ 10point

	〈좌사체〉	〈정체〉	〈우사체〉
정체	전산조판變形文字□	전산조판變形文字□	전산조판變形文字□
長 ①	전산조판變形文字□	전산조판變形文字□	전산조판變形文字□
長 ②	전산조판變形文字□	전산조판變形文字□	전산조판變形文字□
長 ③	전산조판變形文字□	전산조판變形文字□	전산조판變形文字□
長 ④	전산조판變形文字□	전산조판變形文字□	전산조판變形文字□
長 ⑤	전산조판變形文字□	전산조판變形文字□	전산조판變形文字□
長 ⑥	전산조판變形文字□	전산조판變形文字□	전산조판變形文字□
平 ①	전산조판變形文字□	전산조판變形文字□	전산조판變形文字□
平 ②	전산조판變形文字□	전산조판變形文字□	전산조판變形文字□
平 ③	전산조판變形文字□	전산조판變形文字□	전산조판變形文字□
平 ④	전산조판變形文字□	전산조판變形文字□	전산조판變形文字□
平 ⑤	전산조판變形文字□	전산조판變形文字□	전산조판變形文字□
平 ⑥	전산조판變形文字□	전산조판變形文字□	전산조판變形文字□

■ 라인(선)의 보기

(line no.)	(point)	(mm)
①	0.25	0.0882
②	0.5	0.1764
③	0.75	0.2645
④	1	0.3527
⑤	1.25	0.4409
⑥	1.5	0.5291
⑦	1.75	0.6173
⑧	2	0.7055
⑨	2.25	0.7936
⑩	2.5	0.8818
⑪	2.75	0.9700
⑫	3	1.0582
⑬	3.25	1.1464
⑭	3.5	1.2346
⑮	3.75	1.3227
⑯	4	1.4109
⑰	4.25	1.4991
⑱	4.5	1.5873
⑲	4.75	1.6755
⑳	5	1.7637
㉑	5.25	1.8518
㉒	5.5	1.9400

■ 세명조체 조판 변형 보기(1)

10pt 正體 U/0(正常보내기) ↓15pt

어느 나라에서든 글자꼴의 기본형은 正體일 것이다. 내가 여기에 이 상식적인 한 문장을 쓰는 것은, 그것도 '-일 것이다' 라고 꼬리를 틀어 쓰는 것은 우리 나라에서는 지금 長體나 平體가 마치 정체처럼 쓰이고 있기 때문이다.

10pt 長② U/-8(12分당겨치기) ↓15pt

어느 나라에서든 글자꼴의 기본형은 正體일 것이다. 내가 여기에 이 상식적인 한 문장을 쓰는 것은, 그것도 '-일 것이다' 라고 꼬리를 틀어 쓰는 것은 우리 나라에서는 지금 長體나 平體가 마치 정체처럼 쓰이고 있기 때문이다.

10pt 正體 U/-4(24分당겨치기) ↓15pt

어느 나라에서든 글자꼴의 기본형은 正體일 것이다. 내가 여기에 이 상식적인 한 문장을 쓰는 것은, 그것도 '-일 것이다' 라고 꼬리를 틀어 쓰는 것은 우리 나라에서는 지금 長體나 平體가 마치 정체처럼 쓰이고 있기 때문이다.

10pt 平① U/-3(32分당겨치기) ↓14pt

어느 나라에서든 글자꼴의 기본형은 正體일 것이다. 내가 여기에 이 상식적인 한 문장을 쓰는 것은, 그것도 '-일 것이다' 라고 꼬리를 틀어 쓰는 것은 우리 나라에서는 지금 長體나 平體가 마치 정체처럼 쓰이고 있기 때문이다.

10pt 長① U/0(正常보내기) ↓15pt

어느 나라에서든 글자꼴의 기본형은 正體일 것이다. 내가 여기에 이 상식적인 한 문장을 쓰는 것은, 그것도 '-일 것이다' 라고 꼬리를 틀어 쓰는 것은 우리 나라에서는 지금 長體나 平體가 마치 정체처럼 쓰이고 있기 때문이다.

10pt 平② U/-6(16分당겨치기) ↓14pt

어느 나라에서든 글자꼴의 기본형은 正體일 것이다. 내가 여기에 이 상식적인 한 문장을 쓰는 것은, 그것도 '-일 것이다' 라고 꼬리를 틀어 쓰는 것은 우리 나라에서는 지금 長體나 平體가 마치 정체처럼 쓰이고 있기 때문이다.

■ 중명조체 조판 변형 보기(2)

10pt	正體	U/0(正常보내기)	↓15pt

어느 나라에서든 글자꼴의 기본형은 正體일 것이다. 내가 여기에 이 상식적인 한 문장을 쓰는 것은, 그것도 '-일 것이다' 라고 꼬리를 틀어 쓰는 것은 우리 나라에서는 지금 長體나 平體가 마치 정체처럼 쓰이고 있기 때문이다.

10pt	長②	U/-8(12分당겨치기)	↓15pt

어느 나라에서든 글자꼴의 기본형은 正體일 것이다. 내가 여기에 이 상식적인 한 문장을 쓰는 것은, 그것도 '-일 것이다' 라고 꼬리를 틀어 쓰는 것은 우리 나라에서는 지금 長體나 平體가 마치 정체처럼 쓰이고 있기 때문이다.

10pt	正體	U/-4(24分당겨치기)	↓15pt

어느 나라에서든 글자꼴의 기본형은 正體일 것이다. 내가 여기에 이 상식적인 한 문장을 쓰는 것은, 그것도 '-일 것이다' 라고 꼬리를 틀어 쓰는 것은 우리 나라에서는 지금 長體나 平體가 마치 정체처럼 쓰이고 있기 때문이다.

10pt	平①	U/-3(32分당겨치기)	↓14pt

어느 나라에서든 글자꼴의 기본형은 正體일 것이다. 내가 여기에 이 상식적인 한 문장을 쓰는 것은, 그것도 '-일 것이다' 라고 꼬리를 틀어 쓰는 것은 우리 나라에서는 지금 長體나 平體가 마치 정체처럼 쓰이고 있기 때문이다.

10pt	長①	U/0(正常보내기)	↓15pt

어느 나라에서든 글자꼴의 기본형은 正體일 것이다. 내가 여기에 이 상식적인 한 문장을 쓰는 것은, 그것도 '-일 것이다' 라고 꼬리를 틀어 쓰는 것은 우리 나라에서는 지금 長體나 平體가 마치 정체처럼 쓰이고 있기 때문이다.

10pt	平②	U/-6(16分당겨치기)	↓14pt

어느 나라에서든 글자꼴의 기본형은 正體일 것이다. 내가 여기에 이 상식적인 한 문장을 쓰는 것은, 그것도 '-일 것이다' 라고 꼬리를 틀어 쓰는 것은 우리 나라에서는 지금 長體나 平體가 마치 정체처럼 쓰이고 있기 때문이다.

■ 신명조체 조판 변형 보기(3)

10pt 正體 U/0(正常보내기) ↓15pt

어느 나라에서든 글자꼴의 기본형은 正體일 것이다. 내가 여기에 이 상식적인 한 문장을 쓰는 것은, 그것도 '-일 것이다' 라고 꼬리를 틀어 쓰는 것은 우리 나라에서는 지금 長體나 平體가 마치 정체처럼 쓰이고 있기 때문이다.

10pt 長② U/-8(12分당겨치기) ↓15pt

어느 나라에서든 글자꼴의 기본형은 正體일 것이다. 내가 여기에 이 상식적인 한 문장을 쓰는 것은, 그것도 '-일 것이다' 라고 꼬리를 틀어 쓰는 것은 우리 나라에서는 지금 長體나 平體가 마치 정체처럼 쓰이고 있기 때문이다.

10pt 正體 U/-4(24分당겨치기) ↓15pt

어느 나라에서든 글자꼴의 기본형은 正體일 것이다. 내가 여기에 이 상식적인 한 문장을 쓰는 것은, 그것도 '-일 것이다' 라고 꼬리를 틀어 쓰는 것은 우리 나라에서는 지금 長體나 平體가 마치 정체처럼 쓰이고 있기 때문이다.

10pt 平① U/-3(32分당겨치기) ↓14pt

어느 나라에서든 글자꼴의 기본형은 正體일 것이다. 내가 여기에 이 상식적인 한 문장을 쓰는 것은, 그것도 '-일 것이다' 라고 꼬리를 틀어 쓰는 것은 우리 나라에서는 지금 長體나 平體가 마치 정체처럼 쓰이고 있기 때문이다.

10pt 長① U/0(正常보내기) ↓15pt

어느 나라에서든 글자꼴의 기본형은 正體일 것이다. 내가 여기에 이 상식적인 한 문장을 쓰는 것은, 그것도 '-일 것이다' 라고 꼬리를 틀어 쓰는 것은 우리 나라에서는 지금 長體나 平體가 마치 정체처럼 쓰이고 있기 때문이다.

10pt 平② U/-6(16分당겨치기) ↓14pt

어느 나라에서든 글자꼴의 기본형은 正體일 것이다. 내가 여기에 이 상식적인 한 문장을 쓰는 것은, 그것도 '-일 것이다' 라고 꼬리를 틀어 쓰는 것은 우리 나라에서는 지금 長體나 平體가 마치 정체처럼 쓰이고 있기 때문이다.

■ 세고딕체 조판 변형 보기(4)

10pt 正體 U/0(正常보내기) ↓15pt

어느 나라에서든 글자꼴의 기본형은 **正體**일 것이다. 내가 여기에 이 상식적인 한 문장을 쓰는 것은, 그것도 '-일 것이다' 라고 꼬리를 틀어 쓰는 것은 우리 나라에서는 지금 **長體**나 **平體**가 마치 정체처럼 쓰이고 있기 때문이다.

10pt 長② U/-8(12分당겨치기) ↓15pt

어느 나라에서든 글자꼴의 기본형은 **正體**일 것이다. 내가 여기에 이 상식적인 한 문장을 쓰는 것은, 그것도 '-일 것이다' 라고 꼬리를 틀어 쓰는 것은 우리 나라에서는 지금 **長體**나 **平體**가 마치 정체처럼 쓰이고 있기 때문이다.

10pt 正體 U/-4(24分당겨치기) ↓15pt

어느 나라에서든 글자꼴의 기본형은 **正體**일 것이다. 내가 여기에 이 상식적인 한 문장을 쓰는 것은, 그것도 '-일 것이다' 라고 꼬리를 틀어 쓰는 것은 우리 나라에서는 지금 **長體**나 **平體**가 마치 정체처럼 쓰이고 있기 때문이다.

10pt 平① U/-3(32分당겨치기) ↓14pt

어느 나라에서든 글자꼴의 기본형은 **正體**일 것이다. 내가 여기에 이 상식적인 한 문장을 쓰는 것은, 그것도 '-일 것이다' 라고 꼬리를 틀어 쓰는 것은 우리 나라에서는 지금 **長體**나 **平體**가 마치 정체처럼 쓰이고 있기 때문이다.

10pt 長① U/0(正常보내기) ↓15pt

어느 나라에서든 글자꼴의 기본형은 **正體**일 것이다. 내가 여기에 이 상식적인 한 문장을 쓰는 것은, 그것도 '-일 것이다' 라고 꼬리를 틀어 쓰는 것은 우리 나라에서는 지금 **長體**나 **平體**가 마치 정체처럼 쓰이고 있기 때문이다.

10pt 平② U/-6(16分당겨치기) ↓14pt

어느 나라에서든 글자꼴의 기본형은 **正體**일 것이다. 내가 여기에 이 상식적인 한 문장을 쓰는 것은, 그것도 '-일 것이다' 라고 꼬리를 틀어 쓰는 것은 우리 나라에서는 지금 **長體**나 **平體**가 마치 정체처럼 쓰이고 있기 때문이다.

■ 중고딕체 조판 변형 보기(5)

10pt 正體 U/0(正常보내기) ↓15pt

어느 나라에서든 글자꼴의 기본형은 正體일 것이다. 내가 여기에 이 상식적인 한 문장을 쓰는 것은, 그것도 '-일 것이다' 라고 꼬리를 틀어 쓰는 것은 우리 나라에서는 지금 長體나 平體가 마치 정체처럼 쓰이고 있기 때문이다.

10pt 長② U/-8(12分당겨치기) ↓15pt

어느 나라에서든 글자꼴의 기본형은 正體일 것이다. 내가 여기에 이 상식적인 한 문장을 쓰는 것은, 그것도 '-일 것이다' 라고 꼬리를 틀어 쓰는 것은 우리 나라에서는 지금 長體나 平體가 마치 정체처럼 쓰이고 있기 때문이다.

10pt 正體 U/-4(24分당겨치기) ↓15pt

어느 나라에서든 글자꼴의 기본형은 正體일 것이다. 내가 여기에 이 상식적인 한 문장을 쓰는 것은, 그것도 '-일 것이다' 라고 꼬리를 틀어 쓰는 것은 우리 나라에서는 지금 長體나 平體가 마치 정체처럼 쓰이고 있기 때문이다.

10pt 平① U/-3(32分당겨치기) ↓14pt

어느 나라에서든 글자꼴의 기본형은 正體일 것이다. 내가 여기에 이 상식적인 한 문장을 쓰는 것은, 그것도 '-일 것이다' 라고 꼬리를 틀어 쓰는 것은 우리 나라에서는 지금 長體나 平體가 마치 정체처럼 쓰이고 있기 때문이다.

10pt 長① U/0(正常보내기) ↓15pt

어느 나라에서든 글자꼴의 기본형은 正體일 것이다. 내가 여기에 이 상식적인 한 문장을 쓰는 것은, 그것도 '-일 것이다' 라고 꼬리를 틀어 쓰는 것은 우리 나라에서는 지금 長體나 平體가 마치 정체처럼 쓰이고 있기 때문이다.

10pt 平② U/-6(16分당겨치기) ↓14pt

어느 나라에서든 글자꼴의 기본형은 正體일 것이다. 내가 여기에 이 상식적인 한 문장을 쓰는 것은, 그것도 '-일 것이다' 라고 꼬리를 틀어 쓰는 것은 우리 나라에서는 지금 長體나 平體가 마치 정체처럼 쓰이고 있기 때문이다.

■ 한글 · 한자 활자체(1)

*15point
**10point ↓ 15p

세명조(LM)

* 電算化時代의 한글 活字體

** 活字體를 電算化하는 데는 이른바 完成型과 組合型이라는 두 가지의 다른 방법이 사용되고 있다. 完成型方式이란 완성된 낱글자 單位로 活字體가 貯藏 및 出力되도록 하는 것이며, 組合型이란 活字體가 닿字, 홀字 單位로 分解, 貯藏되어 出力될 때 組合되는 方式이다.

중명조(MM)

電算化時代의 한글 活字體

活字體를 電算化하는 데는 이른바 完成型과 組合型이라는 두 가지의 다른 방법이 사용되고 있다. 完成型方式이란 완성된 낱글자 單位로 活字體가 貯藏 및 出力되도록 하는 것이며, 組合型이란 活字體가 닿字, 홀字 單位로 分解, 貯藏되어 出力될 때 組合되는 方式이다.

신명조(SM)

電算化時代의 한글 活字體

活字體를 電算化하는 데는 이른바 完成型과 組合型이라는 두 가지의 다른 방법이 사용되고 있다. 完成型方式이란 완성된 낱글자 單位로 活字體가 貯藏 및 出力되도록 하는 것이며, 組合型이란 活字體가 닿字, 홀字 單位로 分解, 貯藏되어 出力될 때 組合되는 方式이다.

신문명조(NM)

電算化時代의 한글 活字體

活字體를 電算化하는 데는 이른바 完成型과 組合型이라는 두 가지의 다른 방법이 사용되고 있다. 完成型方式이란 완성된 낱글자 單位로 活字體가 貯藏 및 出力되도록 하는 것이며, 組合型이란 活字體가 닿字, 홀字 單位로 分解, 貯藏되어 出力될 때 組合되는 方式이다.

■ 한글 · 한자 활자체(2)

태명조(BM)

電算化時代의 한글 活字體

活字體를 電算化하는 데는 이른바 完成型과 組合型이라는 두 가지의 다른 방법이 사용되고 있다. 完成型方式이란 완성된 낱글자 單位로 活字體가 貯藏 및 出力되도록 하는 것이며, 組合型이란 活字體가 닿字, 홀字 單位로 分解, 貯藏되어 出力될 때 組合되는 方式이다.

견출명조(HM)

電算化時代의 한글 活字體

活字體를 電算化하는 데는 이른바 完成型과 組合型이라는 두 가지의 다른 방법이 사용되고 있다. 完成型方式이란 완성된 낱글자 單位로 活字體가 貯藏 및 出力되도록 하는 것이며, 組合型이란 活字體가 닿字, 홀字 單位로 分解, 貯藏되어 出力될 때 組合되는 方式이다.

세나루(LN)

전산화시대의 한글 활자체

활자체를 전산화하는 데는 이른바 완성형과 조합형이라는 두 가지의 다른 방법이 사용되고 있다. 완성형방식이란 완성된 낱글자 단위로 활자체가 저장 및 출력되도록 하는 것이며, 조합형이란 활자체가 닿자, 홀자 단위로 분해, 저장되어 출력될 때 조합되는 방식이다.

디나루(DN)

전산화시대의 한글 활자체

활자체를 전산화하는 데는 이른바 완성형과 조합형이라는 두 가지의 다른 방법이 사용되고 있다. 완성형방식이란 완성된 낱글자 단위로 활자체가 저장 및 출력되도록 하는 것이며, 조합형이란 활자체가 닿자, 홀자 단위로 분해, 저장되어 출력될 때 조합되는 방식이다.

■ 한글 · 한자 활자체(3)

세고딕(LG)

電算化時代의 한글 活字體

活字體를 電算化하는 데는 이른바 完成型과 組合型이라는 두 가지의 다른 방법이 사용되고 있다. 完成型方式이란 완성된 낱글자 單位로 活字體가 貯藏 및 出力되도록 하는 것이며, 組合型이란 活字體가 닿字, 홀字 單位로 分解, 貯藏되어 出力될 때 組合되는 方式이다.

중고딕(MG)

電算化時代의 한글 活字體

活字體를 電算化하는 데는 이른바 完成型과 組合型이라는 두 가지의 다른 방법이 사용되고 있다. 完成型方式이란 완성된 낱글자 單位로 活字體가 貯藏 및 出力되도록 하는 것이며, 組合型이란 活字體가 닿字, 홀字 單位로 分解, 貯藏되어 出力될 때 組合되는 方式이다.

태고딕(BG)

電算化時代의 한글 活字體

活字體를 電算化하는 데는 이른바 完成型과 組合型이라는 두 가지의 다른 방법이 사용되고 있다. 完成型方式이란 완성된 낱글자 單位로 活字體가 貯藏 및 出力되도록 하는 것이며, 組合型이란 活字體가 닿字, 홀字 單位로 分解, 貯藏되어 出力될 때 組合되는 方式이다.

신문고딕(NG)

電算化時代의 한글 活字體

活字體를 電算化하는 데는 이른바 完成型과 組合型이라는 두 가지의 다른 방법이 사용되고 있다. 完成型方式이란 완성된 낱글자 單位로 活字體가 貯藏 및 出力되도록 하는 것이며, 組合型이란 活字體가 닿字, 홀字 單位로 分解, 貯藏되어 出力될 때 組合되는 方式이다.

■ 한글 활자체 보기(1)

• 신명조(시스템용)〈10point〉

한국전산은 일본 사연, 서라시스템, 매킨토시, PC조판출력 등 고급 출판용 시스템으로부터 가장 다양한 조판 시설을 갖추고 있습니다. 뿐만 아니라 100% 전문가의 손으로만 완성시킨 오리지널 고급 본문서체를 비롯하여 350여종의 국한문 서체를 갖추고 있는 세계적으로도 유일무이한 기획 · 편집 · 조판 · 인쇄 · 제작의 전문업체입니다.

• **견명조**〈10point〉

한국전산은 일본 사연, 서라시스템, 매킨토시, PC조판출력 등 고급 출판용 시스템으로부터 가장 다양한 조판 시설을 갖추고 있습니다. 뿐만 아니라 100% 전문가의 손으로만 완성시킨 오리지널 고급 본문서체를 비롯하여 350여종의 국한문 서체를 갖추고 있는 세계적으로도 유일무이한 기획 · 편집 · 조판 · 인쇄 · 제작의 전문업체입니다.

• HY순명조〈10point〉

한국전산은 일본 사연, 서라시스템, 매킨토시, PC조판출력 등 고급 출판용 시스템으로부터 가장 다양한 조판 시설을 갖추고 있습니다. 뿐만 아니라 100% 전문가의 손으로만 완성시킨 오리지널 고급 본문서체를 비롯하여 350여종의 국한문 서체를 갖추고 있는 세계적으로도 유일무이한 기획 · 편집 · 조판 · 인쇄 · 제작의 전문업체입니다.

• HY신명조〈10point〉

한국전산은 일본 사연, 서라시스템, 매킨토시, PC조판출력 등 고급 출판용 시스템으로부터 가장 다양한 조판 시설을 갖추고 있습니다. 뿐만 아니라 100% 전문가의 손으로만 완성시킨 오리지널 고급 본문서체를 비롯하여 350여종의 국한문 서체를 갖추고 있는 세계적으로도 유일무이한 기획 · 편집 · 조판 · 인쇄 · 제작의 전문업체입니다.

• HY태명조〈10point〉

한국전산은 일본 사연, 서라시스템, 매킨토시, PC조판출력 등 고급 출판용 시스템으로부터 가장 다양한 조판 시설을 갖추고 있습니다. 뿐만 아니라 100% 전문가의 손으로만 완성시킨 오리지널 고급 본문서체를 비롯하여 350여종의 국한문 서체를 갖추고 있는 세계적으로도 유일무이한 기획 · 편집 · 조판 · 인쇄 · 제작의 전문업체입니다.

■ 한글 활자체 보기(2)

• 중고딕(시스템용)〈10point〉

한국전산은 일본 사연, 서라시스템, 매킨토시, PC조판출력 등 고급 출판용 시스템으로부터 가장 다양한 조판 시설을 갖추고 있습니다. 뿐만 아니라 100% 전문가의 손으로만 완성시킨 오리지널 고급 본문서체를 비롯하여 350여종의 국한문 서체를 갖추고 있는 세계적으로도 유일무이한 기획 · 편집 · 조판 · 인쇄 · 제작의 전문업체입니다.

• 태고딕〈10point〉

한국전산은 일본 사연, 서라시스템, 매킨토시, PC조판출력 등 고급 출판용 시스템으로부터 가장 다양한 조판 시설을 갖추고 있습니다. 뿐만 아니라 100% 전문가의 손으로만 완성시킨 오리지널 고급 본문서체를 비롯하여 350여종의 국한문 서체를 갖추고 있는 세계적으로도 유일무이한 기획 · 편집 · 조판 · 인쇄 · 제작의 전문업체입니다.

• 견고딕〈10point〉

한국전산은 일본 사연, 서라시스템, 매킨토시, PC조판출력 등 고급 출판용 시스템으로부터 가장 다양한 조판 시설을 갖추고 있습니다. 뿐만 아니라 100% 전문가의 손으로만 완성시킨 오리지널 고급 본문서체를 비롯하여 350여종의 국한문 서체를 갖추고 있는 세계적으로도 유일무이한 기획 · 편집 · 조판 · 인쇄 · 제작의 전문업체입니다.

• HY중고딕〈10point〉

한국전산은 일본 사연, 서라시스템, 매킨토시, PC조판출력 등 고급 출판용 시스템으로부터 가장 다양한 조판 시설을 갖추고 있습니다. 뿐만 아니라 100% 전문가의 손으로만 완성시킨 오리지널 고급 본문서체를 비롯하여 350여종의 국한문 서체를 갖추고 있는 세계적으로도 유일무이한 기획 · 편집 · 조판 · 인쇄 · 제작의 전문업체입니다.

• HY태고딕〈10point〉

한국전산은 일본 사연, 서라시스템, 매킨토시, PC조판출력 등 고급 출판용 시스템으로부터 가장 다양한 조판 시설을 갖추고 있습니다. 뿐만 아니라 100% 전문가의 손으로만 완성시킨 오리지널 고급 본문서체를 비롯하여 350여종의 국한문 서체를 갖추고 있는 세계적으로도 유일무이한 기획 · 편집 · 조판 · 인쇄 · 제작의 전문업체입니다.

■ 구문 활자체 보기(1)

A Garamond	ABCDEFGHIJKLMNOPQRSTUVWXYZ abcdefghijklmnopqrstuvwxyz 1234567890
Avant Garde	ABCDEFGHIJKLMNOPQRSTUVWXYZ abcdefghijklmnopqrstuvwxyz 1234567890
B Garamond Bold	**ABCDEFGHIJKLMNOPQRSTUVWXYZ** **abcdefghijklmnopqrstuvwxyz 1234567890**
B Optima Bold	**ABCDEFGHIJKLMNOPQRSTUVWXYZ** **abcdefghijklmnopqrstuvwxyz 1234567890**
Bodoni	ABCDEFGHIJKLMNOPQRSTUVWXYZ abcdefghijklmnopqrstuvwxyz 1234567890
C Futura Condensed	ABCDEFGHIJKLMNOPQRSTUVWXYZ abcdefghijklmnopqrstuvwxyz 1234567890
C Helvetica Condensed	ABCDEFGHIJKLMNOPQRSTUVWXYZ abcdefghijklmnopqrstuvwxyz 1234567890
Courier	ABCDEFGHIJKLMNOPQRSTUVWXYZ abcdefghijklmnopqrstuvwxyz1234567890
Digiface	ABCDEFGHIJKLMNOPQRSTUVWXYZ ABCDEFGHIJKLMNOPQRSTUVWXYZ 1234567890
Garamond	ABCDEFGHIJKLMNOPQRSTUVWXYZ abcdefghijklmnopqrstuvwxyz 1234567890
Helvetica	ABCDEFGHIJKLMNOPQRSTUVWXYZ abcdefghijklmnopqrstuvwxyz 1234567890
H Tiffany Heavy	**ABCDEFGHIJKLMNOPQRSTUVWXYZ** **abcdefghijklmnopqrstuvwxyz 123456**
I Century Old Style Italic	*ABCDEFGHIJKLMNOPQRSTUVWXYZ* *abcdefghijklmnopqrstuvwxyz 1234567890*

■ 구문 활자체 보기(2)

Futura	ABCDEFGHIJKLMNOPQRSTUVWXYZ abcdefghijklmnopqrstuvwxyz 1234567890
Itc Kabel Demi	ABCDEFGHIJKLMNOPQRSTUVWXYZ abcdefghijklmnopqrstuvwxyz 1234567890
Kaufmann	ABCDEFGHIJKLMNOPQRSTUVWXYZ abcdefghijklmnopqrstuvwxyz 1234567890
Korinna	ABCDEFGHIJKLMNOPQRSTUVWXYZ abcdefghijklmnopqrstuvwxyz 1234567890
L Helvetica Light	ABCDEFGHIJKLMNOPQRSTUVWXYZ abcdefghijklmnopqrstuvwxyz 1234567890
LO Futura Light Oblique	ABCDEFGHIJKLMNOPQRSTUVWXYZ abcdefghijklmnopqrstuvwxyz 1234567890
Lubalin Graph	ABCDEFGHIJKLMNOPQRSTUVWXYZ abcdefghijklmnopqrstuvwxyz 123456
Marquee Engraved	ABCDEFGHIJKLMNOPQRSTUVWXYZ abcdefghijklmnopqrstuvwxyz 123456
Mona Lisa Recut	ABCDEFGHIJKLMNOPQRSTUVWXYZ abcdefghijklmnopqrstuvwxyz 1234567890
NewAster	ABCDEFGHIJKLMNOPQRSTUVWXYZ abcdefghijklmnopqrstuvwxyz 1234567890
New Ultra Shadow	ABCDEFGHIJKLMNOPQRSTUVWXYZ ABCDEFGHIJKLMNOPQRSTUVWXYZ 1234567890
O Futura Book Oblique	ABCDEFGHIJKLMNOPQRSTUVWXYZ abcdefghijklmnopqrstuvwxyz 1234567890
Old English Text	ABCDEFGHIJKLMNOPQRSTUVWXYZ abcdefghijklmnopqrstuvwxyz 1234567890

■ 구문 활자체 보기(3)

Optima	ABCDEFGHIJKLMNOPQRSTUVWXYZ abcdefghijklmnopqrstuvwxyz 1234567890
Tiffany	ABCDEFGHIJKLMNOPQRSTUVWXYZ abcdefghijklmnopqrstuvwxyz 1234567890
Times	ABCDEFGHIJKLMNOPQRSTUVWXYZ abcdefghijklmnopqrstuvwxyz 1234567890
Univ Newsw CommPi	#∅○⌂ ™ ⇨⇳☒.⊗♡ ◇□▫...©©⇳®✔○®☞™☞ #▪●⏶ ™ ➡⬆□_○♥ ♦■▪_©©⬆®√●®•™• – × ÷ = ± @°′″%
Zapf Chancery	*ABCDEFGHIJKLMNOPQRSTUVWXYZ* *abcdefghijklmnopqrstuvwxyz 1234567890*
Zapf Dingbats	✡✢✣✤✥✦✧★☆✪✫✬✭✮✯✰✱✲✳✴✵✶✷✸✹✺ ❀❁❂❃❄❅❆❇❈❉❊❋●❍■❏❐❑❒▲▼◆❖◗❙❚ ✃✄✓✔✕✖✗✘✚✐

■ 각종 화형

01

02

03

04

05

06

07

08

09

10

11

12

13

14

장식인자(지문)

(1) M2

(2) M3
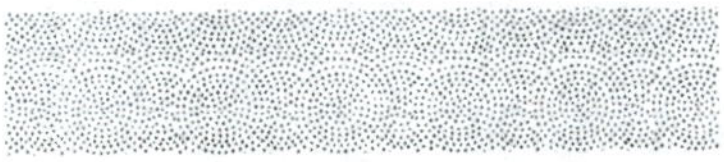

(3) M6

(4) M7

(5) M8

(6) M9

(7) M11

(8) M12

(9) M13
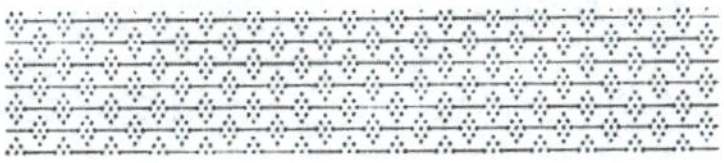

(10) M14
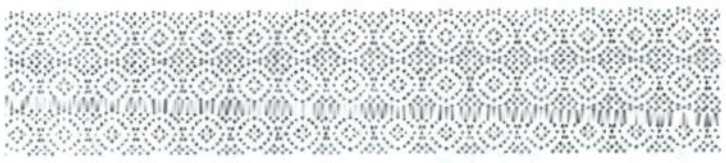

(11) M15
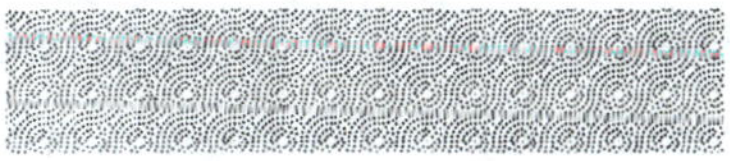

(12) M16
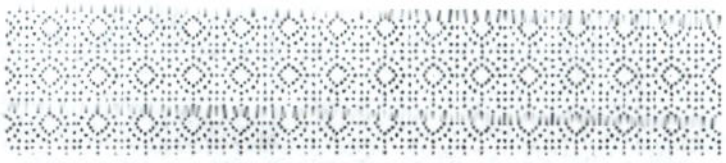

(13) M17

(14) M18
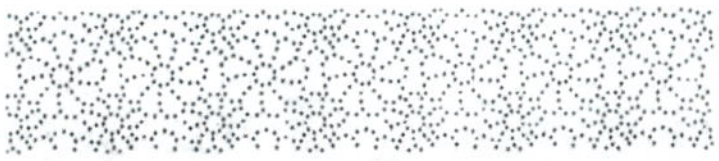

(15) M19

(16) M20

(17) M21

(18) M22

(19) M23

(20) M24

(21) M25

(22) M26
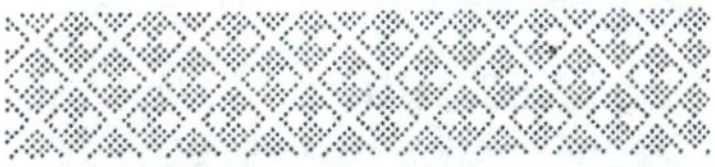

(23) M27
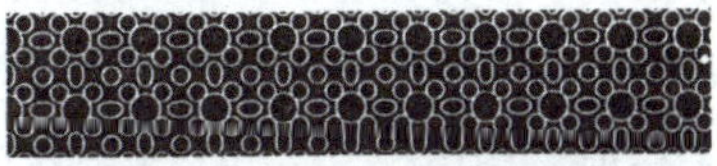

(24) M28
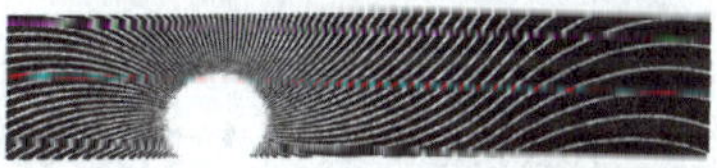

(25) M29

(20) M30

■ 각종 숫자체

※ 10point

1234567890	1234567890	1234567890	1234567890
1234567890	1234567890	1234567890	1234567890
1234567890	1234567890	1234567890	1234567890
1234567890	1234567890	1234567890	1234567890
1234567890	1234567890	1234567890	1234567890
1234567890	1234567890	1234567890	1234567890
1234567890	1234567890	1234567890	1234567890
1234567890	1234567890	1234567890	1234567890
1234567890	1234567890	1234567890	1234567890
1234567890	1234567890	1234567890	1234567890
1234567890	1234567890	1234567890	1234567890
1234567890	1234567890	1234567890	1234567890
1234567890	1234567890	1234567890	1234567890
1234567890	1234567890	1234567890	1234567890
1234567890	1234567890	1234567890	1234567890
1234567890	1234567890	1234567890	1234567890
1234567890	1234567890	1234567890	1234567890
1234567890	1234567890	1234567890	1234567890
1234567890	1234567890	1234567890	1234567890
1234567890	1234567890	1234567890	1234567890
1234567890	1234567890	1234567890	1234567890
1234567890	1234567890	1234567890	1234567890
1234567890	1234567890	1234567890	1234567890
1234567890	1234567890	1234567890	1234567890
1234567890	1234567890	1234567890	1234567890
1234567890	1234567890	1234567890	1234567890
1234567890	1234567890	1234567890	1234567890
1234567890	1234567890	1234567890	1234567890
1234567890	1234567890	1234567890	1234567890

■ 바탕무늬를 응용한 글자의 보기

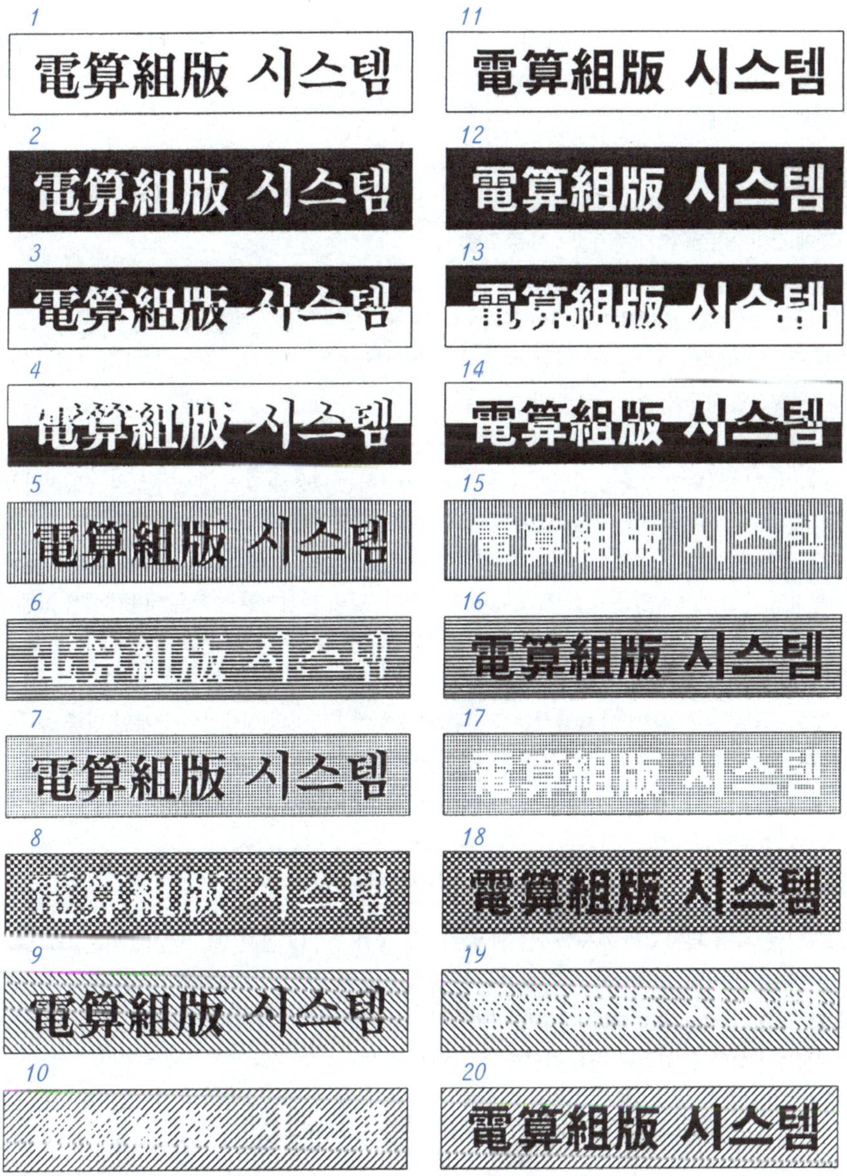

학습 자료

1 고려와 조선의 활자주조

우리나라는 전통적으로 출판과 인쇄문화가 발달했다. 고려 후기 세계 최초로 금속활자를 발명해 1234년 「상정고금예문」을 인쇄하고, 1377년 금속활자로 「직지심체요절」을 간행하여 고려시대 인쇄문화의 우수성을 보여준다.

조선왕조도 건국 초기부터 교육진흥에 역점을 두었고, 이것은 활자인쇄술과 제지술의 발달을 촉진시켰다. 조선 초기에는 1403년(태종 때)에 계미자(癸未字), 1407년 정해자(丁亥字), 1421년 경자자(庚子字), 1434년에 갑인자(甲寅字)가 주자소에서 주조됐다.

활자를 만드는 데 사용한 금속은 처음에는 구리였으나 세종 18년부터는 납을 쓰기 시작했다. 또 세종대에는 식자판을 조립하는 방법을 창안하여 종전보다 두 배 정도로 인쇄능률을 올렸다. 조선 성종대를 대표하는 지식인 성현(成俔, 1439~1504년)은 그의 저술 「용재총화」(권7)에서 조선 전기 활자인쇄술의 발달 경위와 구체적인 과정을 기록하고 있다.

태종은 정해자로 「시경(詩經)」, 「서경(書經)」, 「춘추좌씨전(春秋左氏傳)」을 발행했다.

「세종실록」에는 1434년에 주조한 갑인자의 우수성을 언급하는 내용과 함께 활자 주조의 구체적인 방법이 기록돼 있다. 세조 역시 대군 시절부터 왕명을 받들어 출판사업에 종사했으며, 즉위한 이후에는 을해자(乙亥字), 을유자(乙酉字) 등을 주조해 쓰게 했다. 성종대에도 신묘자(辛卯字)와 계축자(癸丑字)를 주조하는 등 활자에 대한 개선작업은 조선 전기 내내 이어졌다. 당대 지식인인 성현은 태종대에서 성종대까지의 활자 변천사를 기록한 다음에 글자를 주조하는 법, 업무분담 등에 대해서도 자세히 기술하고 있다.

조선시대에는 오늘날의 인쇄소에 해당하는 교서관(校書館)에 140명의 인쇄공이 근무할 만큼 출판활동이 왕성했다. 조선시대 높은 수준의 교육과 많은 출판실적의 밑바탕에는 '활자주조'라는 국가적 정책이 있었던 것이다. —한국경제, 2011.12.3., 신병주의 "인문학산책" 중략.

2 페이지 레이아웃 프로그램과 워드프로세서의 차이점

워드프로세서란 수동 타자기의 기능을 이어받은 것으로 글자 위주의 문서 편집에 사용되는 프로그램을 말한다. 우리나라에서는 훈글, MS워드, 훈민정음 등을 주로 사용한다. 워드프로세서는 페이지 레이아웃 프로그램보다 가격도 저렴하고 사용법도 간편하다. 워드프로세서의 기능이 많이 향상되어 과거 수동 타자기에서는 상상할 수 없었던 편집 작업도 가능하게 되었다. 특히 훈글의 경우에는 자간, 장평과 같은 타이포그래피(typography) 관련 기능을 제공한다. 우리나라에서 인쇄에 필요한 텍스트 정보들은 대부분 워드프로세서 파일 형태로 편집 디자이너에게 전달되기 때문에 레이아웃 난이도에 따라서 페이지 레이아웃 프로그램보다 워드프로세서에서 작업하는 것이 훨씬 편리할 때도 있다. 하지만 원리적인 측면에서 전문 프로그램과는 약간의 차이가 있다.

워드프로세서는 페이지 개념이 없다. 좀 더 정확히 표현하면 페이지 레이아웃 프로그램에서 사용하는 페이지와 훈글과 같은 워드프로세서에서 사용하는 페이지는 개념이 다르다. 워드프로세서에서 페이지 작업은 가로 길이가 정해져 있고, 세로 길이는 정해져 있지 않은 두루마리 용지를 사용하는 것과 유사하다. 입력한 내용이 정해진 페이지 분량을 넘어서면 그 다음 내용을 자동으로 다음 페이지로 넘긴다. 또는 내용이 차지 않았더라도 강제로 페이지를 나눠 주는 기능은 있다.

하지만 페이지 레이아웃 프로그램은 다르다. 정해진 페이지 크기를 넘어선 내용은 자동으로 다음 페이지로 넘어가지 않는다. 물론 텍스트의 경우에는 설정값에 따라 다음 페이지로 넘겨 주기도 하지만 기본적으로 넘겨 주는 것이 아니다. 즉, 워드프로세서가 두루마리 용지를 사용한다면, 페이지 레이아웃 프로그램은 크기가 정해져 있지 않은 여러 개의 낱장을 사용한다고 보면 된다.

두 프로그램 간에 페이지 개념이 어떻게 다른지는 간단한 기능으로 확인할 수 있다. 훈글과 같은 워드프로세서에는 페이지 단위로 내용을 추가 · 삭제하는 기능이 없다. 빈 페이지를 추가하려면 페이지 특정 위치에서 페이지 나눔 기능을 두 번 실행해야 한다. 만약 특정 페이지를 삭제하려면 해당 페이지 내용 전체를 블록 설정한 후 삭제해야 한다.

페이지 레이아웃 프로그램은 그렇지 않다. 페이지를 관리하는 별도의 메뉴를 제공하기 때문에 페이지 관리가 용이하다. 따라서 워드프로세서와는 달리 8페이지에 위치한 내용 전체를 잘라서 5페이지로 옮기는 등의 작업을 훨씬 간편하게 할 수 있다.

페이지 레이아웃 프로그램은 모든 입력을 상자 단위로 하기 때문에 이러한 상자를 편집하는 기능이 아주 다양하다. 하지만 워드프로세서는 그렇지 못하다. 가장 차이가 많이 나는 부분은 텍스트와 그림, 글상자와 같은 다른 오브젝트(object) 간의 배치방법이다. 페이지 레이아웃 프로그램에서는 동일한 영역에 여러 개의 상자를 함께 배치할 수 있으며, 이와 관련하여 다양한 기능을 제공한다. 하지만 워드프로세서에서는 개체(個體)배치 기능이 미약하다. 특히 그림은 기본적으로 사각형 형태로만 인식하기 때문에 글상자와 그림을 같은 영역에 어울려 배치하는 경우 글자가 그림의 빈 공간까지 들어오지 못한다.

—http://blog.naver.com/ohjs3/100119494860

관련 용어 해설

가라몬드(Claude Garamond, 1480~1561년) : 16세기 프랑스인으로 활자의 제작 · 주조의 기술자로서, 로만체를 개발하고 파리에 세계 최초의 활자주조공장을 세우고 연구하여 활판인쇄계에 많은 공헌을 함. 1917년 미국 활자주조회사의 모리스 벤톤(Morris Benton)이 가라몬드서체를 부활시킴

가로짜기(횡조(橫組)) : 원고를 조판할 때 왼쪽에서 오른쪽으로 활자를 배열함.

각고딕체 : 고딕체 글자 중에서 끝선이 모가 나 있고, 선의 진행방향이 직각으로 절단된 활자.

간체자(簡體字) : 중국의 문자개혁으로 복잡한 한자를 실용적으로 간략하게 고친 것. 이는 중국에서 정자(正字)로 인정하여 사용됨. 1956년 '한자간화방안(漢字簡化方案)'과 '간화자총표(簡化字總表)'를 공포하였고, 1977년 '제2차 한자간화방안(초안)'이 발표됨.

갑골문자(甲骨文字) : 거북의 등껍질이나 짐승 뼈에 새겨진 중국 은(殷)나라 때의 상형문자(象形文字)이며, 기원전 15세기경부터 쓰인 것으로 추정. 현존하는 가장 오래된 중국의 문자로 점복(占卜)의 기록에 있음→갑골문, 귀갑골문, 은허문자.

갓돌린문자(outline letter) : 문자의 둘레를 희게 갓을 돌려 뺀 문자.

거터(gutter) : 책, 잡지, 팸플릿 등의 중앙에 철한 부분에서 좌우 양 페이지 사이의 여백.

계미자(癸未字) : 조선 태종 3년(1403년)에 만든 동활자로서, 조선시대 최초의 금속활자이며, 주조된 활자의 수는 약 10만 자임.

글자내리기 : 활자조판에서 행이 시작할 때 몇 자분씩을 들이밀고 조판을 시작하는 것. 제목 · 목차 · 표제 · 머리말 · 범례 · 별행의 인용문 등은 활자의 배수(倍數)로 글자내리기를 하는데, 보통 별행의 경우 1자 글자내리기를 함.

글자올림 : 조판에서 행 끝이 판면의 끝에서 몇 자분씩 들여진 것. 표제제목, 표제 옆의 인용구, 난외제표, 저자명 등에 적용됨.

급수(級數) : 사진식자에서 문자의 크기를 나타내는

단위. 전산조판 단위에는 포인트(point) · 호 · 급 등이 있는데, '급'은 0.25mm를 1급으로 하고, 이 단위의 배수(倍數)로 각종 문자가 만들어짐.

나비(set, width) : 구문활자에서 몸체의 배와 등(背)의 옆길이로, 구문활자의 폭은 국·한문활자와 틀려 각 글자에 따라 나비가 다르다. 최초로 구문활자 폭을 정한 사람은 1883년 베톤(L.B. Beton)임.

내간체(內簡體) : ① 부녀자들 사이에서 오가는 편지의 글씨체이며, 궁체와 더불어 한글서체의 하나임. ② 조선시대에 부녀자들이 일상어를 바탕으로 하여 쓴 일기 · 수필 등의 문체.

내리붙은 활자(subscrip, suffix, inferior character (letter)) : 활자판의 본문 활자에 좌·우의 하부에 붙는 작은 활자이며, 수학 · 화학 · 물리 등의 수식에 많이 사용됨→하부체.

높은한계(ascender line) : 구문서체에서 위로 긴 소문자 획의 위쪽 한계선.

단(段, column) : 조판에서 한 페이지 분의 판면을 둘 이상의 판면으로 나눌 때 그 각각의 나뉜 판면이며, 세로짜기에서는 가로로 판면이 나뉘고 가로짜기에서는 세로로 판면이 나뉨.

단짜기 : 조판할 때 한 페이지를 2단 또는 그 이상으로 나누어 조판하는 것을 말함. 주로 작은 활자를 본문 판면용으로 사용할 경우에 단짜기를 함.

동국정운(東國正韻) : 우리나라의 한자음을 바로잡기 위해 세종이 신숙주 등에게 명하여 1447년 9월에 완성시킨 글자의 발음책으로, 1447년에서 1448년 사이에 동국정운활자로 찍어낸 책(국보 142호). 이 책을 찍기 위하여 나무활자를 만들었는데, 이를 '동국정운자(東國正韻字)'라고 함.

드롭 헤드(drop head) : 책 등의 조판에 있어서 장 · 절이 별면 페이지에서 시작할 경우, 그 페이지의 윗부분의 여러 행을 공백으로 남기는 것.

들여짜기(indentation) : 조판에서 판면의 앞변에서 몇 자 들여 짜는 것. 별행의 경우 문단의 처음 시작을 한두 자 들여짜는 것을 말하지만 문단 전체를 들여짜기도 함→들여밀기.

디센더(descender) : 구문서체 소문자의 아래로 긴 문자, 또는 그 문자의 아래에 맞춰 가상으로 그어진 선. g · j · p · q · y의 다섯 문자가 디센더를 갖는데, 보통 문자의 베이스 라인보다 아래에 있으며 서체에 따라 디센더 길이의 비율이 다름.

디퍼렌스 : 물결대시(~)를 기호에서 부르는 호칭.

라운드 레터(round letter) : 구문서체 가운데 둥글게 생긴 문자이며, o · c · e 등이 있음.

라이닝 시리즈(lining series) : 구문서체의 대문자에서 글자면과 몸체의 크기에 관계없이 기준선을 동일하게 한 것.

라이트(light) : 서체에서 웨이트(weight, 선의 굵기)가 가는 서체에 붙이는 호칭.

라이트 페이스(light face) : 구라파 활자 중에서 고딕활자와 반대로 획이 가는 활자체.

라틴체(Latin type) : 독일문자 · 러시아문자 등에 대하여 로만체인 구문서체를 말함.

란스턴(Tolbert Lanston, 1844~1913년) : 미국의 모노타이프 발명자. 1883년 식자기인 모노타이프의 발명에 착수하여 1889년 처음으로 시험제작하고 1897년 상품으로 완성함.

레터 스페이싱(letter spacing) : 활자조판의 구문조판에 있어서 공목을 이용하여 자간을 조절하는 것→인터스페이싱.

로고그램(logogram) : 한 단어의 약자나 기호. 예로는 c(센트), $(달러), ⓒ(저작권기호) 등.

로마숫자(roman numberals) : 로마시대의 숫자. 10세기경까지 숫자를 표기하는 데 썼지만, 근래에는 본문을 구분하는 항목번호로 쓰이기도 함(예 : Ⅰ Ⅱ Ⅲ, ⅰ ⅱ ⅲ, Ⅴ, Ⅹ 등).

롱 레터(long letter) : j, f, g, k와 같이 위쪽이 긴 글자인 아센더(ascender)와 아래쪽이 긴 디센더(descender) 및 양쪽이 모두 긴 활자.

루비(ruby) : 구문서체 4포인트 또는 5.5포인트의 별칭. 영국에서는 4포인트, 미국에서는 5.5포인트의 별칭임.

루운문자(runes) : 고대 게르만민족이 사용한 문자.

리더(leader) : 기호활자로서, 책 · 잡지의 차례나 표 등의 조판에서 항목과 관계숫자(제목과 해당 페이지 숫자) 사이를 잇는 점선괘. 전각에 들어가는 점의 수에 따라 2점리더(··), 3점리더(···)라고 함.

맬뭇(gutter, gutter space, binding margin) : 판을 붙일 때 좌우 2페이지의 안쪽 판면에서 판면까지의 거리.

모노라인(monoline) : 활자의 모든 획이 같은 굵기인 활자체.

모던 페이스(modern face) : 로만체의 서체로, 18세기 말에 이탈리아의 보도니(C.G. Bodoni)가 창시한 새로운 서체임. 기하학적인 선이 특색으로, 세로획과 가로획의 굵기 차이가 크며, 세리프가 직선이고, 곡선의 안쪽도 직선임.

목인테르 : 활자조판에서 행간을 만들 때 쓰이는 나무로 된 인테르이며, 가볍고 값이 싸지만 납인테르와 달리 인테르 자체의 두께가 고르지 못할 수도 있고 지형을 뜰 때 열에 의해 신축이 생김.

목활자(木活字, wood type) : 나무에 새긴 활자로서, 정확하게는 목각활자이나 보통 목각이라고 불리며 금속활자가 생기기 전에는 모두 목활자로 일반인쇄를 하였음.

문선(文選) : 활자조판에서 원고대로 문자만을 활자케이스에서 뽑아 문선상자에 순서대로 담는 작업.

문활자(moon type) : 로마자의 대문자를 변형시켜 만든 맹인용 선형활자로서 점자보다 배우기 쉬워 많이 사용함. 영국의 맹인목사인 문(William Moon)의 이름에서 따온 것임.

미디엄(medium) : 라이트 페이스와 볼드 페이스의 중간 굵기를 가진 구문서체.

민라인(mean line) : 구문서체에서 소문자 a · c · e · m · o 등 키가 작은 글자의 상단을 지나는 가상의 선.

바스커빌(Baskerville) : 로만체로 올드스타일이면서도 모던 페이스 이전의 근대적 감각을 지닌 서체로 가독성이 높아 본문용 서체로 많이 쓰이며, 영국의 바스커빌이 설계함.

반각(半角) : 전각의 2분의 1 폭에 해당하는 크기이며, 활자나 공목 · 인테르 등 조판재료 폭을 나타내는 단위로 사용되거나 편집에서 자간의 크기를 나타냄.

배수(倍數) : 조판에서 1행에 들어가는 본문문자의 글자수.

배수자(倍數尺, line gauge, point gauge): 편집 · 조판업무의 경우, 일정한 스페이스에 소정의 문자가 몇 자 몇 행이 들어가는지를 재는 자〔尺〕→활자자, 활자 스케일.

벌머(Bulmer) : 구문서체의 로만체로 과도기서체이나, 가독성이 높은 본문용 문자.

벽자(僻字) : 흔히 쓰이지 않는 까다로운 글자.

변형문자(變形文字) : 전산조판에서 변형시킨 문자. 상하방향을 축소하면 평체, 좌우방향을 축소하면 장체, 좌우방향으로 경사진 문자는 사체, 평체와 사체가 합쳐진 것은 평사체임.

별단(別段) : 2단조 이상의 조판에서 단을 바꾸어 새 단에서 시작하는 일→개단

별면(別面, opening page) : 책의 판면구성 시에 행을 바꾸어 새 페이지에서 시작하는 것.

별행(別行, starting a new line) : 조판할 때 문장의 단락이 끝난 뒤에 행(줄)을 바꾸어 새 행으로 시작하는 것을 말함.

병진자(丙辰字) : 조선시대 최초의 납활자로서, 세종 8년(1436년)에 「자치통감강목훈의」를 인쇄하기 위한 목적으로 만든 활자.

보도니(Bodoni) : 구문서체인 로만체로, 모던페이스의 대표적인 서체임. 올드스타일을 새롭게 하여 기하학적인 직선과 곡선으로 구성하고, 세리프를 가는 직선으로 설계한 서체.

보도니(Cavaliere Giambattista Bodoni, 1740~1813년) : 이탈리아의 활판인쇄가로 모던페이스 서체의 창안자이며, 1788년에는 「활판술편람(*Manuale Typogrfico*)」을 발행하여 많은 활자서체를 개발함.

보디(body) : 활자의 몸통.

보디 사이즈(body size) : 활자의 전면크기이며, 보디 사이즈 안에 레터 페이스(최내자면(最人字面))로 문자가 디자인됨. 전산조판에서는 보디 사이즈의 개념이 없어지고 있지만, 문장을 작성할 때는 문자와 문자의 간격을 어느 정도로 할 것인지가 문제시됨→가상보디.

복자(伏字) : ① 활자조판에서 활자가 없을 경우 우선 같은 크기의 아무 활자나 거꾸로 꼽아 식자한 문자. ② 문장에서 공표(公表)할 수 없는 공간에 ×, ??, ○ 표 등을 넣는 것.

브레이스(brace) : 기술기호의 하나. 괄호류의 일종이지만 수학기호로서는 중괄호({ })로 쓰임.

브로드(broad) : 서체 자면의 폭이 표준보다 약간 넓은 구문서체→팻(fat), 익스탠디드(extanded).

사분(四分) : 전각의 4분의 1 폭이며, 조판 시에 미세한 자간 조정 때나 띄어쓰기 등에 사용함.

사체(斜體) : 문자 변형의 하나로 오른쪽 어깨가 올라간 것과 왼쪽 어깨가 올라간 것이 있으며, 장체와 사체가 복합된 것을 '장사체(長斜體)' 라고 함. 밑변 또는 옆변을 평행으로 맞춘 것을 '라인맞춘사체' 라고 하며, 주로 광고 제목 등에 쓰임. 구문의 이탤릭체도 사체라고 하지만 기계적 변형이 아니라 독자적으로 디자인된 것임.

삼분(三分) : 전각의 3분의 1 폭이며, 조판 시에 자간이나 띄어쓰기 조정에 사용함.

상형문자(象形文字, hieroglyph, ideograph) : 사물의 형상을 본뜬 글자이며, 고대 이집트문자와 한자가 이에 속함.

센추리(Centry) : 구문서체로 19세기 말엽에 디자인된 올드 스타일로 센추리 올드라 함. 20세기 서체로서 가독성이 높기 때문에 우리나라에서는 가장 많이

사용되는 본문용 서체임.

송조체(宋朝體) : 한자서체로 상해의 중화서국(中華書局)이 설계한 서체이며, 일본의 소화(昭和) 초기부터 쓰였고, 우리나라는 일본을 거쳐 들여와 쓰기 시작함. 연하장 · 인사장 · 명함 등에 쓰임.

스퀘어 세리프(square serif) : 구문서체의 하나. 보통 이집션으로 불리는데, 미국식 호칭인 스퀘어 세리프는 이 서체의 특색인 각이 진 세리프를 나타냄.

스크립트(script) : 구문서체의 하나이며, 펜으로 쓴 것과 같은 느낌을 주는 서체. 소문자의 글자끼리 서로 이어진 것을 조이닝(joining)이라 하고, 따로 떨어져 있는 것을 논조이닝(non-joining)이라고 하며, 인사장 · 카드 · 광고 등에 쓰임.

CTS(computerized typesetting system) : 컴퓨터를 사용하여 전자적으로 조판하는 시스템. 문자 데이터와 편집지정 데이터를 각각 컴퓨터에 입력시켜 조판하고, 인화지나 필름을 전산사식기에 의해 출력한다. 문자 데이터는 조판을 지정하는 기능과 함께 컴퓨터 처리가 가능한 코드로서 입력되고 조판 프로그램에 의해 편집된다. 도형 · 사진 등도 통합해 취급하고, 페이지 메이크업 시스템도 있으며, 문자의 수정과 재조판이 용이함.

아이소타이프법(isotype method) : 문자 대신 간단하게 디자인화된 그림을 쓰는 표현법이며, 단순 · 명확한 시각표현으로, 교통표지 · 통계표 · 화장실 남녀 표시 등에서 세계 공통의 시각언어로 사용됨→등형법(等刑法).

앤티크(antique) : 구문서체의 하나이며, 선의 굵기가 같으며 세리프가 각이 진 서체. 미국에서는 스퀘어 세리프(square serif), 영국에서는 이집션(egyption)이라고 함.

앰퍼샌드(ampersand) : 구문기호 '&'의 명칭이며, and의 약자임→쇼트 앤드(short and).

어센더(ascender) : b · d · h · i 등과 같이 a · c · e · x 등의 높이보다 위쪽으로 긴 소문자의 글자 윗부분을 말함. 또는 높은 획을 가진 글자를 어센더라고도 함.

어포스트러피(apostrophe) : 기술기호이며, 단어의 일부를 생략할 때(예로 I am→I'm, it is→it's, 1981→'81, will not→won't 등)나 소유격으로 쓰이는' 를 말함.

엑스트라 볼드(extra bold) : 한 패밀리의 구문서체에서, 선이 가장 굵은 시리즈임.

엑스하이트(x-height) : 구문서체에서 소문자의 위로 뻗은 어센더와, 아래로 뻗은 디센더의 부분을 제외한 중앙 부분의 높이이며, a · c · x 등의 높이임.

엔(en) : 구문조판에서 이분(二分)을 가리키는 말이며, 전각(em) 포인트의 2분의 1 폭, 즉 em의 2분의 1 폭을 말함.

엠(em) : 구문조판에서 전각의 뜻이며, 따라서 2em이라 함은 전각 2배를 뜻함. 글자 포인트의 기준은 set size가 body size에 가까운 M을 전각으로 기준하여 이를 em(엠)이라 이름하였고, em은 body size와 set size가 같은 정사각형의 전각을 의미함.

연자활자(連字活字) : 두 자 이상의 글자를 합쳐서 한 개의 활자로 만들거나 주조한 활자임→연속활자, 연조활자(목활자), 연주활자(금속활자).

예서체(隸書體) : 고대 중국의 서체를 기본으로 하여 만들어진 활자서체의 하나. 특색 있는 붓글씨 서체이며, 해서체는 여기서 발전하여 만들어진 것임.

올터네이트(alternate) : 구문서체의 하나로, 자폭이 좁은 긴 고딕체 문자.

유니버스(universe) : 구문서체에서 고딕체이며, 대표적으로 모던 산세리프임.

이니셜(initial) : 구문조판에서 문장의 첫머리를 대문자로 한 것으로, 처음 한 단어를 ① 모두 대문자로, ② 첫 글자 한 자만 대문자, 나머지는 소대문자로, ③ 전부 소대문자로, ④ 한 글자만 포인트를 키우고 다음은 여러 가지로 조판에 변화를 주는 방법임.

이분(二分) : 전각문자의 2분의 1을 표시하는 말로서, 기술기호 · 숫자 등에 쓰이며, 영문에서는 'en(엔)'으로 표시함→반각.

이분대시(en dash) : 기술기호로서 2분(전각의 50%) 크기로 된 대시(–).

이어짜기 : ① 런인(run in) : 단락을 두지 않고 각 행을 이어서 조판함. ② 인슬립(in slip) : 면수에 관계없이 활자 · 행간 · 배수만을 결정한 후, 페이지 구분 없이 연속 조판함.

이탤릭체(Italic) : 구문사체이며, 서체를 기계적으로 경사지게 한 것이 아니라 독자적인 디자인에 의한 것임. 독립된 서체라기보다 어느 서체의 패밀리에 속해 있는 시리즈의 하나임.

인덴트(indent) : 구문조판에서 행의 머리를 들여 짜는 것. 보통은 첫행에서 전각을, 반대로 2번째 줄 이하 전부를 들여서 짜는 경우도 있음.

임프린트(Imprint) : 구문서체로 로만체의 본문서체이며, 20세기 영국에서 설계된 올드 스타일의 서체.

자동개행(自動改行, automatic carrier return) : 전산조판에서 입력하고 있는 문자가 1행당 지정된 문자

이상이 되면 자동적으로 다음 행으로 넘어가는 기능.

자동색인(自動索引, automatic indexing) : 컴퓨터로 색인작업을 자동으로 하는 것이며, ① 색인용어를 자동적으로 선택하거나, ② 색인내용을 자동으로 작성하여 순서대로 배열함.

자면틈(side-bearing) : 활자에서 자면의 좌우 양끝과 활자 몸체의 좌우 양끝과의 간격.

장손(Nicolas Jenson, 1420~80년) : 프랑스의 활판 인쇄가이며, 로만서체를 완성한 사람.

장식괘(裝飾罫, fancy rule) : 활자조판에서의 장식무늬괘선. '괘선'은 활자조판 용어이고, 전산조판에서는 '선'이나 '무늬'로 표현함.

장체(長體) : 서체변형 하나로 문자의 가로폭이 줄어든 형태임(세로는 문자 크기 그대로임). 전산조판에서는 문자형태를 소수점 단위로도 변형시킬 수 있음.

저스티피케이션(justification) : 구문조판에서 행의 마지막을 맞추는 것.

전각(全角) : 활자의 크기와 똑같은 폭의 공간이나 간격.

전단(全段) : 단의 폭이나 한 페이지의 면을 1단으로 한 것. 여러 단인 경우, 그 모든 단이나 모든 단락.

전단짜기(full measure) : 단이 없이 판면의 끝에서 끝까지 1행의 문자열로 판면을 짜는 것.

전자식 출판시스템(EPS : electronic publishing system) : 컴퓨터를 이용하여 문장 · 도판 · 사진의 편집 및 레이아웃, 인쇄까지 하는 것. 32비트의 워크스테이션을 중심으로 고해상도의 디스플레이, 레이저빔 프린터, 이미지 스캐너 등을 조합한 출판시스템.

짝수면 시작 : 편 · 부 등의 본문 시작을 짝수면에서 하는 것. 보통 홀수면 시작이지만, 편이나 부 등의 큰 제목을 반속표제지로 했을 경우 그 뒷면에서부터 본문을 짜는 경우에 해당함.

참조(confer) : 라틴어의 compare를 뜻하며, 비교 또는 참조하라는 의미이며, 보통 cf는 약자로 씀.

첫머리장식(head band) : 조판에서 책의 장(章) 첫 페이지 윗부분에 붙이는 장식 도안.

첼테남(Cheltenham) : 구문서체로, 20세기 서체에 속하는 올드 스타일의 로만체 문자.

춘추강자(春秋鋼字) : 조선 정조 21년(1797년)에 주조한 목활자이며, 주자소에서 「춘추」를 새로 찍기 위해서 조윤형과 황운조의 필적으로 5,206자를 만들었음.

치붙은 활자(superior letter, super script) : 글자면이 몸통 위쪽에 붙어 있는 활자→상부체.

커닝(kerning) : 구문서체에서 자간을 좁히기 위한 방법으로 문자획의 일부를 돌출시키는 것.

테두리글자 : ① 아웃라인 타입(outline type) : 구문서체에서 윤곽선만으로 디자인된 장식서체. ② 오픈 페이스(open face) : 구문서체로 로만체 문자의 윤곽선으로 디자인된 장식서체.

토리(Geoffroy Tory, 1480~1533년) : 16세기의 프랑스 학자 · 도안사 · 목판 조각가 · 서체 고안자 · 장정가 · 서점 경영자이며, 1504년 파리의 대학에서 철학교수로 재직. 그의 저서 「화원(花園, *Champfleury*)」은 서체로 고전적 문헌으로 평가되고 있음. 로만체의 새 활자를 개발하여 고딕체를 프랑스에서 추방함.

패션 섀도(fashion shadow) : 구문서체의 하나. 그림자(음영)만으로 나타낸 장식체로 광고용 제목으로 사용됨.

페이지메이커(PageMaker) : 전산조판에서 페이지물 조판용 전산프로그램이며, 사용이 간편하고 기능이 풍부하며 널리 이용되고 있으며, PC에 의한 전자출판 시대를 여는 데 큰 역할을 하였음. 미국 앨더스(Aldus)사의 개인용 컴퓨터를 위한 전산조판용 소프트웨어로서, 처음에는 애플 매킨토시 컴퓨터용으로 개발되었고, 그 후 IMB PC에도 사용됨.

페이지 메이크업(page makeup) : ① 문자조판에서는 본문 · 제목 · 번호매김 · 컷 등을 모아 한 페이지의 체제로 만드는 것. ② 사진제판에서는 문자필름이나 그림판 · 컬러사진의 필름을 모아서 따붙이는 작업.

포토그램(photogram) : 카메라를 쓰지 않고 감광지 위에 직접 물체를 놓고 빛을 비추어 음영을 만드는 사진기법이나 그 기법의 사진.

포토샵(Photoshop) : 어도비(Adobe)사의 사진 · 화보 등의 화상을 편집 가공 · 처리하는 소프트웨어.

해서체(楷書體) : 중국의 예서(隸書)를 기본으로 디자인하여 만든 서체로, 붓글씨 또는 펜글씨 같은 느낌이 드는 문자임.

※ 한국출판연구소, 「출판사전」(범우사, 2002)을 인용 및 참조함.

| 중요용어 |

조판	활자조판	수동사진식자	전산조판
DTP조판	글자체	중요한 기호	구문문자
장식인자	로만체	활자의 종류	활자의 주조

교 정

Chapter 07

제1절 교정의 정의

교정(校正, proof reading, proof correction)이란 조판 · 인쇄 공정에서 교정쇄와 원고를 대조하여 글자 · 부호 · 배열 · 그림 · 표 등의 내용이 틀린 곳이나 잘못된 점을 바로잡는 것을 말한다. 조판공정에서는 교정지와 원고를 대조해서 맞춤법, 띄어쓰기, 외래어 표기, 활자, 체제, 틀린 글자, 빠진 글자나 문장과 내용, 각종 통일성 등에 맞춰 바르게 고쳐야 한다. 원고는 저작자의 주관적 생각과 지식이 집결된 내용물이기 때문에 편집자는 주어진 모든 여건과 환경하에서 최대한 성의껏 저작자의 의견을 존중하고 서로 상의하면서 철저하게 교정을 보아야 한다.

이처럼 교정은 조판의 잘못을 바로 잡거나 체제상의 정리 등을 하는 것이다. 조판물 이외 제판완료 단계에서도 교정인쇄를 내어 잘못된 것을 정정하도록 지시하는 작업을 말하기도 한다. 제판용 필름이 만들어진 단계에서 단색일 때는 필름교정을, 컬러인쇄일 때는 교정판을 만들어 교정한다. 그라비어 교정도 오프셋의 경우와 같다. 문자원고인 책자교정의 경우 교정목적은 오식, 구절의 탈락이나 중복 또는 명백한 원고의 잘못을 바로잡고 체제상의 잘못도 바로잡는다. 초교에는 판형의 크기, 서체, 사용된 활자의 급수나 포인트, 배수와 행수 및 행간, 항목의 위치와 행간 등을 확인하고, 본문을 원고와 맞는지 대조해 간다. 교정기호는 보통 붉은색 펜이나 교정지 글씨와 다른 색을 이용하여 지정된 기호로 표기하고, 행간으로 선을 끌어 내어 교정한다. 교정 중 원고에 쓰인 문자 · 표현 · 내용 등에 의문이 생겼을 경우에는 속단하여 임의대로 고치지 말고, 교정지의 적당한 여백이나 별지에 메모해 두었다가 저자에게 해결하도록 하는 것이 교정자의 예의이다. 명백히 잘못 씌어진 원고라고 인정되는 곳이나, 맞춤법 · 띄어쓰기 · 숫자 등 분명한 잘못은 당연히 교정자가 바로잡을 것이나, 그래도 신중을 기할 것을 잊어서는 안 된다. 교정은 내용에 따라 횟수가 다르겠지만, 일반 단행본에서는 3교(三校), 사전류에서는 적어도 5교(五校) 이상, 잡지류에서는 2교(再校) 정도에서 마치는 것이 일반적이다(한국출판연구소, 「출판사전」, 범우사, 2002).

교정은 책상 위의 먼지를 쓸어내는 것과 같다[교서소진(校書掃塵)]는 말이 있다. 이는 되풀

이해도 틀린 곳이 있다는 뜻이다. 예나 지금이나 완벽한 원고란 기대할 수 없고, 원고매김도 각 문자마다 일일이 하는 것이 아니다. 전산조판(computerized typesetting system : CTS)의 경우에도 역사가 오래지 않아 숙련된 오퍼레이터가 부족하고 기술력 또한 미숙하여 오류가 빈번히 발생한다. 따라서 조판과정에서 몇 번씩의 교정(보통 3교)은 필수이며, 이에 따른 교정자의 역할도 매우 중요하다.

제2절 교정의 기초

1. 편집자의 교정

교정은 원고의 성격에 따라서 교정자(편집자)가 임의로 내용까지 손댈 수 있는 경우도 있으나 원칙적으로는 확실하지 않으면 저작자와 상의하면서 원고대로 철저하게 교정하여야 한다. 만일 원고상의 잘못이 발견되더라도 이를 연필 등으로 표시하여 저작자가 다시 확인 · 처리할 수 있도록 하는 것이 교정자의 예의이다.

모든 책의 내용에 관한 책임은 저작자에게 있으나, 저작자가 미처 발견 못한 오류를 찾아내 주는 협조자가 교정자이므로, 저작자와 교정자는 공동의 작업자인 것이다. 그러나 일반적으로 전문적인 책내용에 관해서는 저작자가 책임교정을 보고 맞춤법 및 외래어 표기, 띄어쓰기, 문장 구성, 각종 통일성 등의 일반적인 교정에 대해서는 저작자가 출판사에 위임하는 경우가 많아 교정자의 책임이 막중하다고 하겠다.

편집자가 교정의 요령을 모르면 잘못된 문장과 오자는 그대로 남아 있게 되고, 조판의 원칙을 잘 모르면 가독성 있는 판면을 편집할 수 없으며, 편집자의 일방적 · 주관적인 교정은 독자들의 피해로 연결되어 비판의 대상이 될 수도 있다.

교정은 일반적으로 3교로 끝내고(OK지), 4교가 필요할 때는 부분출교(교정시)를 함으로써 조판소의 추가 1교의 출교에 따른 비용과 시간을 줄이고, 책의 출간일을 앞당길 수 있는 지혜를 가져야 한다.

앞서 말했듯 교정은 보통 빨간색이나 원고 글자색과 다른 색 필기도구로 보는 것이 일반적이나, 복잡할 때에는 몇 가지 색을 섞어서 알아보기 쉽게 표기하는 것도 무난하다. 그리고 출판사는 교정의 진행사항을 한눈에 볼 수 있게 '교정진행표'를 만들어, 교정의 입출 현황과 일자를 그때그때 정확히 기재하여 참고하는 것이 빠른 교정진행에 도움이 된다(그림 7-1 참조).

교정에 있어서 교정부호를 표시하거나 수정글자를 쓸 경우에는 누구나 쉽게 알아볼 수 있도록 가능하면 정체(正體)로 반듯하게 써야 한다. 자신만 알아볼 수 있는 필기체나 흘림체로 쓰는 것은 절대 피해야 한다. 교정부호의 표시나 수정글자가 필요 이상으로 크거나 복잡할 경우 정판자(整版者 : 교정을 고치는 사람)에게 심리적 부담을 줄 수 있다. 따라서 수정글자의 표기는 행간으로 선을 끌어내어 가능한 한 같은 행의 옆쪽이나 위쪽(상향식)의 확실한 공간을 이용하여 순서대로 적어 줌으로써 누락률을 최대한 줄여야 한다.

(1) 교정 실무자들의 기본원칙(홍우동, 1996 수정 참조).

① 교정은 원고에 씌어진 글자색과는 다른 반대색 잉크로 한다.
② 가장 가까운 위치의 여백에 기입한다.
③ 교차선이 없게 기입한다.
④ 조판과 정판할 때에 가독성이 있게 한다.
⑤ 판면을 4등분하여 각각 가까운 방향으로 뽑아서 기입한다.
⑥ 가능한 수정부분의 위쪽(상향식)에 기입한다.
⑦ 표현이 복잡할 때는 별지를 사용하여 기입한다.
⑧ 교정부호의 표시나 수정글자는 정돈된 정체로 써야 한다.
⑨ 맞춤법이나 띄어쓰기에 맞춰 교정한다.
⑩ 문장의 정돈과 통일성을 교정 · 교열한다.

(2) 편집자들의 교정 시 참고사항

① 원고에서 의문 나는 점을 확인 및 기록한다.
② 통일되지 않은 체제와 용어를 확인 및 기록한다.
③ 원고교정이 복잡할 경우 판독이 쉽게 기호식으로 표현한다.
④ 컷 · 사진 등 부속물과 자료를 확인 및 기록한다.
⑤ 예상면수를 확인 및 기록한다.
⑥ 특수부호나 특수자료의 필요성을 확인한다.
⑦ 활자선정과 체제의 적합성을 확인한다.
⑧ 머리말 · 목차 · 참고문헌 · 부록 · 찾아보기 · 간기면(판권) 등을 확인하고 기록한다.
⑨ 각종 사전을 최대한 활용한다.
⑩ 제목 · 그림 · 표 · 주 · 페이지 등의 체제와 순서를 확인하고 기록한다.
⑪ 인용문 · 괄호 안 글자 · 외국어 · 표제 · 캡션 등의 체제와 글자를 확인 및 기록한다.
⑫ 행의 길이 · 행수 · 행간 · 페이지 번호 · 난외표제 등을 확인 및 기록한다.
⑬ 교정자(편집자)는 저자의 긴밀한 협조자가 되어야 한다.

그림 7-1 | 교정진행표

도서명 : 저자명 : 조판소 :

차 례	원고 매수	초 교			재 교			예정 page	확정 page	삼 교 (대조 OK)			사 교 (책임완료 OK)		
		入	저자	거래처	入	저자	거래처			入	저자	거래처	入	저자	거래처

원고 매수 : 책 예상 면수 :	판면 · 판형 : 종이 :	인쇄 : 제책 :	대상독자 : 발행예정일 :	진행자 : 특기사항 :

2 교정의 순서

교정의 초교(제1교)는 조판지시에 의해 원고가 처음 판면화된 것이다. 이때는 먼저 원고와의 대조를 철저히 해야 한다. 문자교정은 물론 판면교정에 주의하면서 표기의 통일, 체제의 통일이 완전하도록 주의를 기울여야 한다. 이중조판이나 누락조판을 확인하는 데 중점을 두고, 원고매김을 할 때 놓쳐버린 사항이 없는지 상세하게 교정을 본다.

재교(제2교)는 조판소로부터 초교지에 의해 판이 고쳐져 교정지가 출교(出校 : 교정쇄가 나가는 것)되어 나온 것이다. 이때는 먼저 초교상의 수정표시 부분과 재교지를 철저히 대조한다. 만일 초교시행 중에 표시된 교정과 문자가 누락되었을 경우 다른 행에 잘못 수정되지 않았는지의 확인 여부와, 다음 단락이나 다음 페이지로 글자가 넘치는 경우에 문장이나 공간을 적절하게 조절하는 것도 현명한 편집자의 요령이다.

재교(2교)상에서 처리해야 할 점은 다음과 같다.

① 내용상 · 문자상 새로운 의문점이 있을 경우 연필로 표시하여 저작자에 보낸다.

② 각주, 숫자, 사진 · 컷 · 그림 · 표, 난외표제, 페이지 등을 재확인한다.

③ 탈자와 훼손된 문자를 체크한다.

④ 각종 통일성에서 누락된 점은 없는지 재점검한다.

⑤ 목차, 참고문헌, 색인, 부록, 간기면, ISBN 등을 점검한다.

제3교는 재교를 수정하여 정판(整版)되어진 것을 말한다. 3교는 일반적으로 OK(all correct)지라고 한다. 이 3교지의 확인이 끝나면 조판소는 다시 틀린 부분을 정판한 후, 현판 인쇄나 전사 또는 필름출력을 하게 된다. 교정의 마지막 기회이므로 재교지에서 고친 부분을 교정하고, 반드시 전체적으로 정독을 하며, 각주 · 항목 · 사진 · 그림 · 목차 · 색인 · 참고문헌 · 부록 등 각종 통일문제를 재점검하여 교정이 완료되었으면 'OK' 또는 '교료(校了, imprimature)' 라고 표시한다. 이때 일부 고칠 곳이 있으면 '대조 OK' 또는 '책임교료(責任校了)' 라고 표시하여 조판소가 마지막으로 책임지고 고쳐서 확인한 후 출력을 하게 한다. 그리고 출력된 인화지나 필름은 마지막 교정지인 OK지와 최종적으로 다시 정확히 대조해야 한다.

책임교료(責任校了)는 교정이 이것으로 끝났으나 나머지 수정표시 사항은 조판소나 인쇄소가 책임지고 고쳐 다음진행을 하라는 말이다. 줄여서 '책료(責了)' 라고도 한다. 즉, 고칠 곳이 남은 부분은 인쇄소에서 책임지고 고쳐 달라는 뜻이다. 마지막 교정지에 고칠 곳이 적을 때, 또는 인쇄를 걸 시기가 촉박하였을 때 책임교료를 한다. 잡힌 글자가 하나도 없을 때까지 교정을 거듭하는 경우는 드물며, 최종 교정은 거의 책임교료로 처리한다. 책임교료에서는 본문을 정독하고, 한 책 분량의 전 교정지를 한데 모아 페이지번호 · 도판번호 · 표번호의 순서와 각급 표제(제목) · 면주(面柱) 등을 통람(通覽)하며, 차례 · 색인에 기재된 페이지번호와 본문 페이지번호와의 대조, 본문의 표제와 차례의 표제와의 일치 여부를 대조 확인하는 등 마지막 점검을 거쳐야 한다. 점검이 끝나면 교료지에 '責任校了(책임교료)' 또는 '責了(책료)' 라고 써서 조판소에 보낸다(한국출판연구소, 앞의 책).

표 7-1 | 교정의 예

제1절 교정외
정의

교

정(校正;proofreading)이 란 교정지와 고원를을 대조해서 활자, 체제, 툴린 글자, 빠진 글자나 내용등을 바로 잡아 고치는 것을 말한다. 원고의 내용은 주광적인 저작자의 생각과 지식으로 집필된 것으로 내용물이 외적요소이기 때문에 편집자는 주어진 여건 과 환경에서 내용에서는 저작자의 의견을 중존하고 의논하면서 교정을 완벽하게 보아야 한다.

현실의 원고는 어느 것이나 완벽한 원고를 기대할 수 없고 원소매김도 각각의 굴자마다 하는 것이 아니다. 전산조판(CYS : Computerized Typesetting System)의 경우도 숙련된 오프페이터가 부족하고 기술력 역시 미숙하여 주판과정에서 몇번째까지의 교정(보통 3교)은 필수적이며, 교정자의 역할도 대 단히 중요하다 하겠다.

※ 4등분한 구역별로 상향식 교정을 하여 누락률을 적게 한다.

표 7-2 | 교정기호표

교정 전	교정 후	설 명
전사조판 산	전산조판	틀린 글자를 고칠 때
전산산조판	전산조판	불필요한 글자를 빼 버릴 때
조판	전산조판	뒤집어진 글자를 바로 고칠 때
전조판 산	전산조판	빠진 글자를 넣을 때
산전조판	전산조판	글자 위치를 바꿀 때
전산 조판	전산조판	글자 사이를 붙일 때
전산조판	전산조판	글자 사이를 뗄 때(4分)
전산조판 生	전산조판	교정 잘못으로 원래대로 두게 할 때
전 산조판	전산조판	글자를 화살표 방향으로 이동시킬 때
전산조판	전산조판	불량활자를 바꿀 때
조판 전산	전산조판	앞뒤의 글자 위치를 바꿀 때
전산조판 14p	전산조판	활자의 크기를 바꿀 때
88 올림픽 '	’88 올림픽	지정한 위치에 부호를 넣을 때
전 조 산 판	전산조판	줄을 고르게 할 때
같은 것이다. 그러나	같은 것이다. 그러나	새 줄(별행)을 잡게 할 때
같은 것이다. 그러나	같은 것이다. 그러나	윗줄에 연결시킬 때
같은 것이다 그러나	같은 것이다. 그러나	문장 부호를 넣을 때
明 대한민국	대한민국	고딕체를 명조체로 바꿀 때
大 小 good, KOREAN	GOOD, Korean	대문자나 소문자로 바꿀 때
X2 Y2	X^2 Y_2	상부, 하부 글자의 위치를 바꿀 때
대조 OK		어느 부분만 대조해 보고 싶을 때
책임교료(責任校了), 책임 OK, 責了 OK		고칠 것은 조판소가 책임지고 고치게 할 때
교료(校了), OK		교정완료, 인쇄해도 좋을 때

부록 교정의 필수 지식

1. 혼동하기 쉬운 한자

※ 사전해설 및 저자의 주관해석 포함.

한자	뜻
歌詞	노랫말
歌辭	문학 형태의 일종
家事	집안일
稼事	농삿일
監査	감독 · 검사함
監事	단체 서무 직책
感情	느끼는 생각
憾情	성내는 마음
康健	윗사람에 대한 건강 표현
强健	건강한 신체
講求	조사해 구함
講究	대책과 방법
改正	바르게 고침. 헌법 개정
改定	다시 고쳐 정함. 맞춤법 개정
改訂	잘못을 고침. 개정판
激忿 / 激憤	분하고 화난 것
激奮	몹시 흥분함
格差	인품 차이
隔差	규모 · 내용 · 수준 차이
決意	뜻을 굳힘
決議	의안의 결정
考試	자격 · 등수 시험
高試	고등고시의 준말
雇用	보수를 주고 채용함
雇傭	보수를 받고 일해 줌
公用	공적인 용무
共用	공동으로 사용함
公正價格	공평정당한 가격
公定價格	정부가 결정한 가격
公布	일반에게 널리 알림. 법령
公表	세상에 널리 알림. 학설
過程	일의 경로
課程	수업의 과목
寬大	마음 · 성품
寬待	후한 대접
校正	대조하여 틀린 것을 고침
校訂	출판물의 오류를 바르게 고침
敎正	가르쳐 바로 잡음
矯正	행위나 결점을 바르게 고침

한자	뜻
交換	서로 바꿈. 전화 교환수
交歡	즐거움을 나누는 사이
究明	연구하여 밝힘
糾明	일의 사실을 따져 밝힘
國政	나라의 정치
國定	나라에서 정함
國情	나라의 사정
券	지폐 · 표 · 증서의 뜻
卷	책을 세는 단위
規定	규칙으로 정함
規程	조목별로 정한 표준
極小	크기 · 모양의 작음
極少	양의 적음
謹身	스스로 조심함
謹愼	벌로써 조심케 함
紀念	주로 한국에서 사용
記念	주로 일본에서 사용
技師	전문직 종사자의 호칭
技士	운전기사 · 기능사의 줄임
起點	시작하는 점
基點	기본점
記票	투표용지에 표시
記標	표시함
冷情	모질고 차가움
冷靜	차분하고 침착함
努力	힘을 다함(목적)
勞力	노동으로 일을 함
雷同	덩달아 좇음. 부화뇌동
雷動	시끄럽게 떠들어 댐
斷絕	관계를 끊음
斷折	꺾어 부러뜨림
斷截 / 切	절단 · 잘라냄
答申	상사나 행정관청에 회답
答信	일반적인 회답
代價	물건 값
對價	보수로 받은 재산상 이익
登記	등기부에 등록
謄記	복사
亡失	물건을 잃어버림
忘失	기억을 잊음(망각)

買收 물건을 사들임
買受 물건을 사서 넘겨받음

默示 말 없는 의사표시
默視 말 없이 눈여겨 봄

密語 비밀스레 하는 말
蜜語 남녀 사이의 정담

紡績 실을 뽑는 일
紡織 피륙을 짜는 일

凡 무릇(부사)
汎 널리 전체에 걸치는(접두사)

補給 물자를 계속 대어 줌
普及 널리 알리거나 사용케 함

補償 손해를 갚음
報償 대가로 갚음

賦與 나누어 줌
附與 가치 · 의의를 주는 것

夫人 남의 아내의 존칭
婦人 결혼한 여자

不淨 깨끗하지 못함
不貞 정조를 지키지 않음

-士 자격을 가진 종사자. 변호사
-師 숙달된 전문인. 이발사

謝意 감사하는 뜻
辭意 사임의 뜻
謝儀 사례로 보내는 물품

事績 일의 실적 · 공적
事蹟 / 事跡 / 事迹 일 · 사건의 자취

事典 사항의 해설. 백과사전
辭典 낱말의 해설. 국어사전

賞春 봄 경치를 구경하며 즐김
常春 항상 봄이 계속됨

性分 본래의 성질(性質)
成分 물체의 바탕이 되는 요소

小 크기가 작은 것
少 양이 적은 것

消滅 사라져 없어짐
掃滅 쓸어 없앰
燒滅 불살라 없앰

小小하다 자질구레하다
小少하다 키가 작고 나이가 젊다
昭昭하다 사리가 밝고 뚜렷하다
簫簫하다 바람 · 빗소리가 쓸쓸하다
瀟瀟하다 비바람이 세차다
騷騷하다 부산하고 시끄럽다

少數 적은 수효
小數 1보다 작은 수

小僧 중이 자기를 낮추는 말
少僧 젊은 중

召喚 법원의 출두 명령
召還 임기 전에 불러들임

水源池 상수도용 물을 모아두는 곳
水源地 물이 흘러나오는 근원장소

收集 그냥 거두어 모음
蒐集 애써서 찾아 모음

市價 상품이 매매되는 가격
時價 어느 일정한 시기의 물건 값

始期 시작되는 때
時期 진행되는 때
時機 적당한 때

訊問 아는 사실을 캐어 물음
審問 자세히 따져 물음

實積 실제의 용적 · 면적
實績 실제의 업적 · 공적

心慮 마음으로 걱정함
深慮 깊이 생각함

甚深 / 深甚 심심한 감사
深深 깊고 깊음

十戒 불교의 10가지 계율
十誡 '십계명'의 준말

按察 조사하여 살핌
按擦 목사의 기도 행위

暗示 힌트
暗視 어두운 곳에서 물체를 봄

哀想 슬픈 생각
哀喪 죽음에 슬퍼함
哀傷 슬퍼하고 가슴 아파함

愛好 사랑하고 즐김
愛護 사랑하고 보호함

額子 그림 등을 넣는 틀
額字 현판에 쓴 큰 글자

若年 젊은 나이
弱年 어린 나이

略歷 간단히 적은 이력
略曆 약본력(略本曆)

藥方 약의 처방 · 조제. 약방문
藥房 약국

御前 임금의 앞
御殿 임금이 있는 전각

演習 실제로 하듯 함
練習 되풀이하여 익힘

列傳 다수의 전기를 기록한 책
烈傳 열사의 전기

廉問 남몰래 물음
艷聞 연애나 정사에 관한 소문

榮養 부모 봉양의 뜻
營養 양분섭취의 뜻

禮義 예절과 의리
禮儀 말과 몸가짐

溫和 날씨 · 성질이 온순함
穩和 조용하고 평화로움

宛然 뚜렷함
完然 흠 없이 완전함

用度 씀씀이
用途 쓰이는 길 · 곳

容量 담을 수 있는 양
用量 쓰는 분량

湧出 물이 솟아나옴
溶出 성분이 녹아나옴

溶解 녹거나 녹이는 일
鎔解 금속이 열에 녹아 액체가 됨

優先 특별하게 대우함
于先 먼저. 아쉬운 대로

愚劣 어리석고 못남
優劣 우수함과 열등함

偶話 두 사람이 서로 마주하여 이야기 함
寓話 풍자나 교훈적 내용을 빗댄 이야기

原形 본디 모양
原型 여러 개가 만들어져 나온 본바탕

威容 위엄 있는 모습 · 모양
偉容 훌륭하고 뛰어난 용모 · 모양

留學 외국에서 공부함
遊學 타향에서 공부함

恩德 은혜와 덕
隱德 남몰래 베푸는 덕행

議員 의결권을 가진 사람
議院 국회

異動 지위나 직책의 변동
移動 움직여 자리를 바꿈

自慰 스스로 위로함
自衛 스스로 방위함

傳得 상속 등에 의한 재산 취득
轉得 남의 손을 거쳐서 얻음

全力 모든 힘
專力 오로지 한 일에만 힘을 씀

專貰 일정 기간 빌려줌
傳貰 일정 기간 빌려씀

切望 간절히 바람
絶望 희망을 끊어 버림

切品 품절
絶品 뛰어나게 좋은 것

接收 받아서 거둠
接受 신청을 처리하려고 받아들임

定立 판단 · 명제를 정해 세움
鼎立 세력이 솥발처럼 벌여 섬

正常 제대로인 상태
定常 일정하여 늘 한결같음

正式 규정대로의 방식
定式 일정하게 정함

情意 마음 · 뜻
情誼 사귀어 얻은 정

正義 진리의 도리
定義 의미를 규정함

訂正 글이나 글자를 고침
訂定 잘잘못을 의논해 정함

停止 움직이던 것이 멈추는 것
靜止 움직이지 않고 멈춘 상태

精版 오프셋 인쇄
整版 교정 활자나 판을 고침

定形 일정한 형태
定型 일정한 형식 · 틀

祭祀 조상 · 신령에게 정성을 드림
祭祠 사당에 제사

製作 재료로 새로 만듦
制作 생각하여 정함

主意 주된 요지
注意 조심함

紙上 신문 · 종이의 위
誌上 잡지의 지면

指向 지정한 방향으로 나아감
志向 목적대로 향함

借入 돈이나 물건을 빌림
差入 구류 · 유치인에게 물품을 들여보냄

債券 유가증권
債權 받을 권리

體裁 이루어진 됨됨이
體制 조직적 체계

最小 가장 작음(크기)
最少 가장 적음(양)

追求 뒤쫓아 구함
追究 근본을 캐며 연구함

追及 뒤좇아서 따라붙음
推及 미루어 생각이 미침

充實 내용이 알차고 단단함
忠實 충직하고 성실함

忠心 충성스러운 마음
衷心 참된 마음

侵掠 침노해서 약탈함
侵略 침노해서 땅을 빼앗음

沈水 물속에 잠김
浸水 물에 젖거나 잠김

侵蝕 외부영향으로 세력이 점점 줆
浸蝕 지표가 자연현상으로 깎임

探究 깊이 연구함
探求 조사해 찾거나 얻어냄

篇 구별해서 나타냄
編 엮음. 편찬의 뜻

偏在 한곳에 치우쳐 있음
遍在 두루 퍼져 있음

表示 겉으로 나타내 보임
標示 표를 해 외부에 드러내 보임

標識 구별케 하는 표시 · 특징
表紙 책의 겉장
標紙 증거의 글을 적은 종이

下回 다음 차례
下廻 어떤 기준보다 밑돎

學科 학술의 전문분과
學課 학문 · 학교의 과정

解析 사물을 이론적으로 연구함
解釋 뜻을 풀어 논리적으로 설명함

行使 부려서 씀
行事 어떤 일을 행함

現狀 현재의 상태
現象 관찰할 수 있는 사물의 상태
現像 형상을 나타냄

賢者 현인
顯者 세상에 이름을 날리는 사람

玄學 깨닫기 힘든 학문
衒學 학식이 있음을 자랑함

協助 힘을 모아 서로 도움
協調 힘 모아 조화를 이룸

形 '형상'의 준말
型 물건의 모형

回心 마음을 돌려먹음
會心 만족하는 마음
悔心 잘못을 뉘우치는 마음

悔悟 잘못을 뉘우치고 깨달음
會悟 무엇을 알아서 깨달음

誨諭 가르쳐서 깨우침
懷柔 어루만져 잘 달램

2. 틀리기 쉬운 한자

※ ( ) 속의 한자가 틀린 한자.

[ㄱ]

家庭(政)教育
家庭(政)法院
家政(庭)婦
家政(庭)學
家畜(蓄)
各其(己)
各自(者)
間諜(牒)
喝(渴)破
咸慨(槪)
減少(小)
綱(網)領
講義(議)
槪(慨)略
健忘(亡)
健(建)實
挌(格)鬪
訣(決)別
決(結)定
缺(欠)如(與)
警(驚)告
景(競)品
景品附(付)
戒(誡)告
契機(期)
計算器(機)
枯(涸)渴
顧(雇)客
高低(底)
古稀(希)
骨格(骼)
骨子(字)
公公(共)然
公園(圍)
空港(航)
貢(功)獻
關係(系)
關聯(連)
關(觀)心
貫(慣)徹(撤)
管絃(弦)樂
廣範(汎)
鑛(礦)石
鑛(礦)業
校(敎)舍
交涉(捗)
交叉(差)
購買(賣)
口碑(裨)
驅(駒)除
驅逐(遂)
君子(者)
倦(捲)怠
糾(叫)彈
均衡(衝)
極端(瑞)
僅(勤)少(小)
根柢(低, 底)
氣槪(慨)
器(機)械體操
器機(機器)
紀(記)念
期(機)待
技倆(量)
氣象(像)
氣焰(炎)
奇蹟(跡)
機智(知)
忌憚(彈)
氣候(侯)

[ㄴ]
落榜(傍)
朗(郎)讀
老少(小)
農機(器)械
農器(機)具
論攷(巧)
[ㄷ]
多少(小)
單(短)刀直入
鍛鍊(練)
但(端)書
短小(少)
短篇(編)
待機(期)發令
道路網(綱)
到(倒)處
督促(捉)
頭腦(惱)
[ㅁ]
魔(摩)術
摩(魔)擦
漫(慢)然
滿(萬)點
滿洲(州)
網(綱)羅
網(綱)紗
忙(忘)中閑
賣(買)買(賣)
面積(績)
棉(綿)花
名簿(薄)
名(明)分
名義(儀)
母系(係)
模倣(放)
摸(模)索
牧師(士)
未(末)來
蜜(密)蜂
[ㅂ]
防禦(御)
半徑(經)
反撥(發)
頒(頌)布
醱(發)酵
放恣(姿)
俳(排)優
繁殖(植)
罰科(課)金
凡(汎)例
法則(側 · 測)
辨(辦)理士
辨(辯)證法
辯(辨)護
報道(導)
保姆(母)
保險(儉)
複(復)寫
復(複)習
複(復)雜
複(復)製(制)
本籍(藉)
附加(課)稅
賦課(科)金
付(附)託
分析(柝)
粉(扮)飾
扮(粉)裝
不姙(妊)
[ㅅ]
司法府(部)
詐(邪)欺
史蹟(跡)
射倖(幸)心
象嵌(眼)
相剋(克)
上廻(回)
書齋(齊)
先鋒(蜂)
宣(宜)誓
施回(廻)
成績(積)
說(設)明
小(少)康
疏(疎)明
小祥(喪)
小(少)數點
少(小)數
少(小)將(계급)
少(小)壯
召(昭)集
疏(疎)通
小荷(貨)物
召喚(換)
收(受)金員
隨伴(件)
授受(受授)
收穫(獲, 擭)
宿直(職)
醇(淳)化
循環(還)
巡廻(回)
昇(陞)天
時機(期)尙早
施設(說)
申(伸)告
伸(申)縮性
實績(積)
心機(氣)一轉
訊(尋)問
[ㅇ]
阿附(付)
安逸(佚)
昻(仰)揚
冶(治)金
弱(若)冠
弱小(少)
兩側(則, 測)
諒(掠)解
魚(漁)市場
漁(魚)業
億代(臺)
臆(憶)測(惻)
業績(積)
輿(與)論
與(如)否
緣(綠)故
聯(連)盟
連坐(座)
煉(練)炭
聯(連)合
預(豫)金
禮儀(義)
穩(溫)健(建)
溫故(古)知新
矮(倭)小
外廓(郭)
鎔(溶)鑛爐
容(溶)接
偶(遇)然
迂(于)廻(回)作戰
元帥(師)
元兇(凶)
月蝕(食)
危(威)機一髮(發)
慰藉(籍)料
威(危)脅
遺跡(蹟)地
淪(倫)落
一貫(慣)
因緣(綠)
日蝕(食)
[ㅈ]
自己(已, 巳)
姿(恣)勢
莊(壯)重
栽(裁)培(倍)
沮(阻)止
適材(才)適所
的(適)中
專門(問)
絶叫(糾)
節氣(期)
折(切)半
絶讚(贊)
絶(切)版
碇(停)泊
正(定)札制
猝(卒)地
終熄(息)
坐(座)視
註(注)釋
仲(中)介人
仲(中)買(賣)商
重複(復 · 覆)
仲(中)裁
證券(卷)
知(智)識
智(知)慧
進陟(捗)
徵收(受)
懲(徵)役
[ㅊ]
讚(贊)辭
債券(卷)
千態萬象(像)
撤(撒, 徹)去
徹(撤, 澈)底
撤(撒, 徹)回
淸貧(貪)
體系(係)

焦燥(操)
促(捉)進
最高學府(部)
最小(少)限
最少(小)
最低(底)
趨(推)勢
推(趨)移
推測(側·則)
縮小(少)
衝(衡)突
測(側·則)量
侵(浸)犯
浸(侵)水
浸(侵)蝕
侵(浸)入者
浸(侵)透
侵(浸)害

稱讚(贊)

[ㅋ]

快闊(活)

[ㅌ]

托(託)鉢
炭鑛(礦)
彈道(導)彈
探(深)訪
泰(奏)山
颱(台)風
褪(退)色

[ㅍ]

派遣(遺)
波濤(禱)
販賣(買)
版(板)畵
編輯(集)
弊(幣)端

捕獲(穫)
暴(曝)露
諷(風)刺
必須科(課)目
匹(必)敵

[ㅎ]

學科(課)目
割賦(附)
解決(結)
行世(勢)
行勢(世) (세도)
許容(用)
狹小(少)
呼(號)稱
昏(混)迷
貨幣(弊)
環(還)境
喚(換)起

歡(觀)迎
還付(附)
活潑(發)
回復(複)
回(廻)附(付)
回數(收)券(卷)
回(廻)避
劃(畵)期的
訓戒(誡)
休暇(假)
兇(凶)漢
恰(洽)似
洽(恰)足
稀(希)少(小)
稀(希)代
稀(希)釋
稀(希)薄
喜悅(說)

3. 한글 맞춤법(문교부 고시 제88-1호, 1988.1.19.)

※ 필요한 부분만 발췌, 재작성함.

제1장 총 칙

제1항 한글 맞춤법은 표준어를 소리대로 적되, 어법에 맞도록 함을 원칙으로 한다.

제2항 문장의 각 단어는 띄어 씀을 원칙으로 한다.

제3항 외래어는 '외래어 표기법'에 따라 적는다.

제2장 자 모

제4항 한글 자모의 수는 스물넉 자로 하고, 그 순서와 이름은 다음과 같이 정한다.

ㄱ(기역) ㄴ(니은) ㄷ(디귿) ㄹ(리을) ㅁ(미음)
ㅂ(비읍) ㅅ(시옷) ㅇ(이응) ㅈ(지읒) ㅊ(치읓)
ㅋ(키읔) ㅌ(티읕) ㅍ(피읖) ㅎ(히읗)
ㅏ(아) ㅑ(야) ㅓ(어) ㅕ(여) ㅗ(오)
ㅛ(요) ㅜ(우) ㅠ(유) ㅡ(으) ㅣ(이)

[붙임 1] 위의 자모로써 적을 수 없는 소리는 두 개 이상의 자모를 어울러서 적되, 그 순서와 이름은 다음과 같이 정한다.

ㄲ(쌍기역) ㄸ(쌍디귿) ㅃ(쌍비읍) ㅆ(쌍시옷) ㅉ(쌍지읒)
ㅐ(애) ㅒ(얘) ㅔ(에) ㅖ(예) ㅘ(와)
ㅙ(왜) ㅚ(외) ㅝ(워) ㅞ(웨) ㅟ(위)
ㅢ(의)

[붙임 2] 사전에 올릴 적의 자모 순서는 다음과 같이 정한다.

자음 ㄱ ㄲ ㄴ ㄷ ㄸ ㄹ ㅁ ㅂ ㅃ ㅅ ㅆ ㅇ ㅈ ㅉ ㅊ ㅋ ㅌ ㅍ ㅎ
모음 ㅏ ㅐ ㅑ ㅒ ㅓ ㅔ ㅕ ㅖ ㅗ ㅘ ㅙ ㅚ ㅛ ㅜ ㅝ ㅞ ㅟ ㅠ ㅡ ㅢ ㅣ

제3장 소리에 관한 것

제1절 된소리

제5항 한 단어 안에서 뚜렷한 까닭 없이 나는 된소리는 다음 음절의 첫소리를 된소리로 적는다.

1. 두 모음 사이에서 나는 된소리

소쩍새 어깨 오빠 으뜸 아끼다 기쁘다 깨끗하다
어떠하다 해쓱하다 가끔 거꾸로 부썩 어찌 이따금

2. 'ㄴ, ㄹ, ㅁ, ㅇ' 받침 뒤에서 나는 된소리

산뜻하다 잔뜩 살짝 훨씬 담뿍 움찔 몽땅 엉뚱하다

다만, 'ㄱ, ㅂ' 받침 뒤에서 나는 된소리는, 같은 음절이나 비슷한 음절이 겹쳐 나는 경우가 아니면 된소리로 적지 아니한다.

국수 깍두기 딱지 색시 싹둑(~싹둑) 법석 갑자기 몹시

제2절 구개음화

제6항 'ㄷ, ㅌ' 받침 뒤에 종속적 관계를 가진 '-이(-)'나 '-히-'가 올 적에는 그 'ㄷ, ㅌ'이 'ㅈ, ㅊ'으로 소리 나더라도 'ㄷ, ㅌ'으로 적는다. (ㄱ을 취하고, ㄴ을 버림.)

ㄱ	ㄴ	ㄱ	ㄴ
맏이	마지	핥이다	할치다
해돋이	해도지	걷히다	거치다
굳이	구지	닫히다	다치다
같이	가치	묻히다	무치다
끝이	끄치		

제3절 'ㄷ' 소리 받침

제7항 'ㄷ' 소리로 나는 받침 중에서 'ㄷ'으로 적을 근거가 없는 것은 'ㅅ'으로 적는다.

덧저고리 돗자리 엇셈 웃어른 핫옷 무릇
사뭇 얼핏 자칫하면 뭇[衆] 옛 첫 헛

제4절 모음

제8항 '계, 례, 몌, 폐, 혜'의 'ㅖ'는 'ㅔ'로 소리 나는 경우가 있더라도 'ㅖ'로 적는다. (ㄱ을 취하고, ㄴ을 버림.)

ㄱ	ㄴ	ㄱ	ㄴ
계수(桂樹)	게수	혜택(惠澤)	헤택
사례(謝禮)	사레	계집	게집
연몌(連袂)	연메	핑계	핑게
폐품(廢品)	페품	계시다	게시다

다만, 다음 말은 본음대로 적는다.

게송(偈頌)　　게시판(揭示板)　　휴게실(休憩室)

제9항 '의'나, 자음을 첫소리로 가지고 있는 음절의 'ㅢ'는 'ㅣ'로 소리 나는 경우가 있더라도 'ㅢ'로 적는다. (ㄱ을 취하고, ㄴ을 버림.)

ㄱ	ㄴ	ㄱ	ㄴ
의의(意義)	의이	닁큼	닝큼
본의(本義)	본이	띄어쓰기	띠어쓰기
무늬(紋)	무니	씌어	씨어
보늬	보니	틔어	티어
오늬	오니	희망(希望)	히망
하늬바람	하니바람	희다	히다
늴리리	닐리리	유희(遊戲)	유히

제5절 두음 법칙

제10 항 한자음 '녀, 뇨, 뉴, 니'가 단어 첫머리에 올 적에는 두음 법칙에 따라 '여, 요, 유, 이'로 적는다. (ㄱ을 취하고, ㄴ을 버림.)

ㄱ	ㄴ	ㄱ	ㄴ
여자(女子)	녀자	유대(紐帶)	뉴대
연세(年歲)	년세	이토(泥土)	니토
요소(尿素)	뇨소	익명(匿名)	닉명

다만, 다음과 같은 의존 명사에서는 '냐, 녀' 음을 인정한다.

냥(兩)　　냥쭝(兩-)　　년(年) (몇 년)

[붙임 1] 단어의 첫머리 이외의 경우에는 본음대로 적는다.

남녀(男女)　　당뇨(糖尿)　　결뉴(結紐)　　은닉(隱匿)

[붙임 2] 접두사처럼 쓰이는 한자가 붙어서 된 말이나 합성어에서, 뒷말의 첫소리가 'ㄴ' 소리로 나더라도 두음 법칙에 따라 적는다.

신여성(新女性)　　공염불(空念佛)　　남존여비(男尊女卑)

[붙임 3] 둘 이상의 단어로 이루어진 고유 명사를 붙여 쓰는 경우에도 붙임 2에 준하여 적는다.

한국여자대학　　대한요소비료회사

제11항 한자음 '랴, 려, 례, 료, 류, 리'가 단어의 첫머리에 올 적에는 두음 법칙에 따라 '야, 여, 예, 요, 유, 이'로 적는다. (ㄱ을 취하고, ㄴ을 버림.)

ㄱ	ㄴ	ㄱ	ㄴ
양심(良心)	량심	용궁(龍宮)	룡궁
역사(歷史)	력사	유행(流行)	류행
예의(禮儀)	례의	이발(理髮)	리발

다만, 다음과 같은 의존 명사는 본음대로 적는다.

리(里) : 몇 리냐?　　리(理) : 그럴 리가 없다.

[붙임 1] 단어의 첫머리 이외의 경우에는 본음대로 적는다.

개량(改良)　　선량(善良)　　수력(水力)　　협력(協力)

사례(謝禮)　　혼례(婚禮)　　와룡(臥龍)　　쌍룡(雙龍)
하류(下流)　　급류(急流)　　도리(道理)　　진리(眞理)

다만, 모음이나 'ㄴ' 받침 뒤에 이어지는 '렬, 률'은 '열, 율'로 적는다. (ㄱ을 취하고, ㄴ을 버림.)

ㄱ	ㄴ	ㄱ	ㄴ
나열(羅列)	나렬	분열(分裂)	분렬
치열(齒列)	치렬	선열(先烈)	선렬
비열(卑劣)	비렬	진열(陳列)	진렬
규율(規律)	규률	선율(旋律)	선률
비율(比率)	비률	전율(戰慄)	전률
실패율(失敗率)	실패률	백분율(百分率)	백분률

[붙임 2] 외자로 된 이름을 성에 붙여 쓸 경우에도 본음대로 적을 수 있다.

신립(申砬)　　최린(崔麟)　　채륜(蔡倫)　　하륜(河崙)

[붙임 3] 준말에서 본음으로 소리 나는 것은 본음대로 적는다.

국련(국제연합)　　대한교련(대한교육연합회)

[붙임 4] 접두사처럼 쓰이는 한자가 붙어서 된 말이나 합성어에서, 뒷말의 첫소리가 'ㄴ' 또는 'ㄹ' 소리로 나더라도 두음 법칙에 따라 적는다.

역이용(逆利用)　연이율(年利率)　열역학(熱力學)　해외여행(海外旅行)

[붙임 5] 둘 이상의 단어로 이루어진 고유 명사를 붙여 쓰는 경우나 십진법에 따라 쓰는 수(數)도 붙임 4에 준하여 적는다.

서울여관　　신흥이발관　　육천육백육십육(六千六百六十六)

제12항 한자음 '라, 래, 로, 뢰, 루, 르'가 단어의 첫머리에 올 적에는 두음 법칙에 따라 '나, 내, 노, 뇌, 누, 느'로 적는다. (ㄱ을 취하고, ㄴ을 버림.)

ㄱ	ㄴ	ㄱ	ㄴ
낙원(樂園)	락원	뇌성(雷聲)	뢰성
내일(來日)	래일	누각(樓閣)	루각
노인(老人)	로인	능묘(陵墓)	릉묘

[붙임 1] 단어의 첫머리 이외의 경우에는 본음대로 적는다.

극락(極樂)　쾌락(快樂)　거래(去來)　부로(父老)　왕래(往來)
연로(年老)　낙뢰(落雷)　지뢰(地雷)　고루(高樓)　광한루(廣寒樓)
동구릉(東九陵)　가정란(家庭欄)

[붙임 2] 접두사처럼 쓰이는 한자가 붙어서 된 단어는 뒷말을 두음 법칙에 따라 적는다.

내내월(來來月)　　상노인(上老人)　　중노동(重勞動)　　비논리적(非論理的)

제6절 겹쳐 나는 소리

제13항 한 단어 안에서 같은 음절이나 비슷한 음절이 겹쳐 나는 부분은 같은 글자로 적는다. (ㄱ을 취하고, ㄴ을 버림.)

ㄱ	ㄴ	ㄱ	ㄴ
딱딱	딱닥	꼿꼿하다	꼿곳하다
쌕쌕	쌕색	놀놀하다	놀롤하다
씩씩	씩식	눅눅하다	능눅하다
똑딱똑딱	똑닥똑닥	밋밋하다	민밋하다
쓱싹쓱싹	쓱삭쓱삭	싹싹하다	싹삭하다
연연불망(戀戀不忘)	연련불망	쌉쌀하다	쌉살하다
유유상종(類類相從)	유류상종	씁쓸하다	씁슬하다
누누이(屢屢-)	누루이	짭짤하다	짭잘하다

제4장 형태에 관한 것

제28항 끝소리가 'ㄹ'인 말과 딴 말이 어울릴 적에 'ㄹ' 소리가 나지 아니하는 것은 아니 나는 대로 적는다.

다달이(달-달-이) 따님(딸-님) 마되(말-되) 마소(말-소)
무자위(물-자위) 바느질(바늘-질) 부나비(불-나비) 부삽(불-삽)
부손(불-손) 소나무(솔-나무) 싸전(쌀-전) 여닫이(열-닫이)
우짖다(울-짖다) 화살(활-살)

제29항 끝소리가 'ㄹ'인 말과 딴 말이 어울릴 적에 'ㄹ' 소리가 'ㄷ' 소리로 나는 것은 'ㄷ'으로 적는다.

반짇고리(바느질~) 사흗날(사흘~) 삼짇날(삼질~) 섣달(설~)
숟가락(술~) 이튿날(이틀~) 잗주름(잘~) 푿소(풀~)
섣부르다(설~) 잗다듬다(잘~) 잗다랗다(잘~)

제30항 사이시옷은 다음과 같은 경우에 받치어 적는다.

1. 순 우리말로 된 합성어로서 앞말이 모음으로 끝난 경우

(1) 뒷말의 첫소리가 된소리로 나는 것

고랫재 귓밥 나룻배 나뭇가지 냇가 댓가지 뒷갈망
맷돌 머릿기름 모깃불 못자리 바닷가 뱃길 볏가리
부싯돌 선짓국 쇳조각 아랫집 우렁잇속 잇자국 잿더미
조갯살 찻집 쳇바퀴 킷값 핏대 햇볕 혓바늘

(2) 뒷말의 첫소리 'ㄴ, ㅁ' 앞에서 'ㄴ' 소리가 덧나는 것

멧나물 아랫니 텃마당 아랫마을 뒷머리 잇몸 깻묵
냇물 빗물

(3) 뒷말의 첫소리 모음 앞에서 'ㄴㄴ' 소리가 덧나는 것

도리깻열 뒷윷 두렛일 뒷일 뒷입맛 베갯잇 욧잇 깻잎
나뭇잎 댓잎

2. 순 우리말과 한자어로 된 합성어로서 앞말이 모음으로 끝난 경우

(1) 뒷말의 첫소리가 된소리로 나는 것

귓병 머릿방 뱃병 봇둑 사잣밥 샛강 아랫방
자릿세 전셋집 찻잔 찻종 촛국 콧병 탯줄

텃세　　　핏기　　　햇수　　　횟가루　　　횟배

(2) 뒷말의 첫소리 'ㄴ, ㅁ' 앞에서 'ㄴ' 소리가 덧나는 것

곗날　　　제삿날　　　훗날　　　툇마루　　　양칫물

(3) 뒷말의 첫소리 모음 앞에서 'ㄴㄴ' 소리가 덧나는 것

가욋일　　　사삿일　　　예삿일　　　훗일

3. 두 음절로 된 다음 한자어

곳간(庫間)　　셋방(貰房)　　숫자(數字)　　찻간(車間)　　툇간(退間)　　횟수(回數)

제31항 두 말이 어울릴 적에 'ㅂ' 소리나 'ㅎ' 소리가 덧나는 것은 소리대로 적는다.

1. 'ㅂ' 소리가 덧나는 것

댑싸리(대ㅂ싸리)　　멥쌀(메ㅂ쌀)　　볍씨(벼ㅂ씨)　　입때(이ㅂ때)

입쌀(이ㅂ쌀)　　접때(저ㅂ때)　　좁쌀(조ㅂ쌀)　　햅쌀(해ㅂ쌀)

2. 'ㅎ' 소리가 덧나는 것

머리카락(머리ㅎ카락)　　살코기(살ㅎ고기)　　수캐(수ㅎ개)　　수컷(수ㅎ것)

수탉(수ㅎ닭)　안팎(안ㅎ밖)　암캐(암ㅎ개)　암컷(암ㅎ것)　암탉(암ㅎ닭)

제5장　띄어쓰기

제1절 조 사

제41항 조사는 그 앞말에 붙여 쓴다.

꽃**이**　　꽃**마저**　　꽃**밖에**　　꽃**에서부터**　　꽃**으로만**

꽃**이나마**　　꽃**이다**　　꽃**입니다**　　꽃**처럼**　　어디**까지나**

거기**도**　　멀리**는**　　웃고**만**

제2절 의존 명사, 단위를 나타내는 명사 및 열거하는 말 등

제42항 의존 명사는 띄어 쓴다.

아는 **것**이 힘이다.　　나도 할 **수** 있다.　　먹을 **만큼** 먹어라.

아는 **이**를 만났다.　　네가 뜻한 **바**를 알겠다.　　그가 떠난 **지**가 오래다.

제43항 단위를 나타내는 명사는 띄어 쓴다.

한 **개**　　차 한 **대**　　금 서 **돈**　　소 한 **마리**

옷 한 **벌**　　열 **살**　　조기 한 **손**　　연필 한 **자루**

버선 한 **죽**　　집 한 **채**　　신 두 **켤레**　　북어 한 **쾌**

다만, 순서를 나타내는 경우나 숫자와 어울리어 쓰이는 경우에는 붙여 쓸 수 있다.

두시 삼십**분** 오**초**　　제일**과**　　삼학**년**　　육**층**　　1446**년** 10**월** 9**일**

2**대대**　　16**동** 502**호**　　제1**실습실**　　80**원**　　10**개**　　7**미터**

제44항 수를 적을 때에는 '만(萬)' 단위로 띄어 쓴다.

십이억 삼천사백오십육만 칠천팔백구십팔　　12억 3456만 7898

제45항 두 말을 이어 주거나 열거할 적에 쓰이는 다음의 말들은 띄어 쓴다.

국장 **겸** 과장　　열 **내지** 스물　　청군 **대** 백군　　책상, 걸상 **등**이 있다.

이사장 **및** 이사들　　사과, 배, 귤 **등등**　　사과, 배 **등속**　　부산, 광주 **등지**

제46항 단음절로 된 단어가 연이어 나타날 적에는 붙여 쓸 수 있다.

그때 그곳　　이말 저말　　좀더 큰것　　한잎 두잎

제3절 보조 용언

제47항 보조 용언은 띄어 씀을 원칙으로 하되, 경우에 따라 붙여 씀도 허용한다. (ㄱ을 원칙으로 하고, ㄴ을 허용함.)

ㄱ	ㄴ
불이 꺼져 **간다**.	불이 꺼져**간다**.
내 힘으로 막아 **낸다**.	내 힘으로 막아**낸다**.
어머니를 도와 **드린다**.	어머니를 도와**드린다**.
그릇을 깨뜨려 **버렸다**.	그릇을 깨뜨려**버렸다**.
비가 올 **듯하다**.	비가 올**듯하다**.
그 일은 할 **만하다**.	그 일은 할**만하다**.
일이 될 **법하다**.	일이 될**법하다**.
비가 올 **성싶다**.	비가 올**성싶다**.
잘 아는 **척한다**.	잘 아는**척한다**.

다만, 앞말에 조사가 붙거나 앞말이 합성 동사인 경우, 그리고 중간에 조사가 들어갈 적에는 그 뒤에 오는 보조 용언은 띄어 쓴다.

잘도 놀아만 **나는구나!**　　책을 읽어도 **보고**…….　　네가 덤벼들어 **보아라**.

강물에 떠내려가 **버렸다**.　　그가 올 듯도 **하다**.　　잘난 체를 **한다**.

제4절 고유 명사 및 전문 용어

제48장 성과 이름, 성과 호 등은 붙여 쓰고, 이에 덧붙는 호칭어, 관직명 등은 띄어 쓴다.

김양수(金良洙)　　서화담(徐花潭)　　채영신 씨

최치원 선생　　박동식 박사　　충무공 이순신 장군

다만, 성과 이름, 성과 호를 분명히 구분할 필요가 있을 경우에는 띄어 쓸 수 있다.

남궁억/남궁 억　　독고준/독고 준　　황보지봉(皇甫芝峰)/황보 지봉

제49항 성명 이외의 고유 명사는 단어별로 띄어 씀을 원칙으로 하되, 단위별로 띄어 쓸 수 있다. (ㄱ을 원칙으로 하고, ㄴ을 허용함.)

ㄱ	ㄴ
대한 중학교	대한중학교
한국 대학교 사범 대학	한국대학교 사범대학

제50항 전문 용어는 단어별로 띄어 씀을 원칙으로 하되, 붙여 쓸 수 있다. (ㄱ을 원칙으로 하고, ㄴ을 허용함.)

ㄱ	ㄴ
만성 골수성 백혈병	만성골수성백혈병
중거리 탄도 유도탄	중거리탄도유도탄

제6장 그 밖의 것

제51항 부사의 끝 음절이 분명히 '이'로만 나는 것은 '-이'로 적고, '히'로만 나거나 '이'나 '히'로 나는 것은 '-히'로 적는다.

1. '이'로만 나는 것

가붓이 깨끗이 나붓이 느긋이 둥긋이 따뜻이
반듯이 버젓이 산뜻이 의젓이 가까이 고이
날카로이 대수로이 번거로이 많이 적이 헛되이
겹겹이 번번이 일일이 집집이 틈틈이

2. '히'로만 나는 것

극히 급히 딱히 속히 작히 족히
특히 엄격히 정확히

3. '이, 히'로 나는 것

솔직히 가만히 간편히 나른히 무단히 각별히
소홀히 쓸쓸히 정결히 과감히 꼼꼼히 심히
열심히 급급히 답답히 섭섭히 공평히 능히
당당히 분명히 상당히 조용히 간소히 고요히
도저히

제52항 한자어에서 본음으로도 나고 속음으로도 나는 것은 각각 그 소리에 따라 적는다.

(본음으로 나는 것)	(속음으로 나는 것)
승낙(承諾)	수락(受諾), 쾌락(快諾), 허락(許諾)
만난(萬難)	곤란(困難), 논란(論難)
안녕(安寧)	의령(宜寧), 회령(會寧)
분노(忿怒)	대로(大怒), 희로애락(喜怒哀樂)
토론(討論)	의논(議論)
오륙십(五六十)	오뉴월, 유월(六月)
목재(木材)	모과(木瓜)
십일(十日)	시방정토(十方淨土), 시왕(十王), 시월(十月)
팔일(八日)	초파일(初八日)

제54항 다음과 같은 접미사는 된소리로 적는다. (ㄱ을 취하고, ㄴ을 버림.)

ㄱ	ㄴ	ㄱ	ㄴ
심부름꾼	심부름군	귀때기	귓대기
익살꾼	익살군	볼때기	볼대기
일꾼	일군	판자때기	판잣대기
장꾼	장군	뒤꿈치	뒷굼치
장난꾼	장난군	팔꿈치	팔굼치
지게꾼	지겟꾼	이마빼기	이맛배기
때깔	땟갈	코빼기	콧배기
빛깔	빛갈	객쩍다	객적다
성깔	성갈	겸연쩍다	겸연적다

제55항 두 가지로 구별하여 적던 다음 말들은 한 가지로 적는다. (ㄱ을 취하고, ㄴ을 버림.)

ㄱ	ㄴ
맞추다(입을 맞춘다. 양복을 맞춘다.)	마추다
뻗치다(다리를 뻗친다. 멀리 뻗친다.)	뻐치다

제56항 '-더라', '-던'과 '-든지'는 다음과 같이 적는다.

1. 지난 일을 나타내는 어미는 '-더라, -던'으로 적는다. (ㄱ을 취하고, ㄴ을 버림.)

ㄱ	ㄴ
지난 겨울은 몹시 춥더라.	지난 겨울은 몹시 춥드라.
깊던 물이 얕아졌다.	깊든 물이 얕아졌다.
그렇게 좋던가?	그렇게 좋든가?
그 사람 말 잘하던데!	그 사람 말 잘하든데!
얼마나 놀랐던지 몰라.	얼마나 놀랐든지 몰라.

2. 물건이나 일의 내용을 가리지 아니하는 뜻을 나타내는 조사와 어미는 '(-)든지'로 적는다. (ㄱ을 취하고, ㄴ을 버림.)

ㄱ	ㄴ
배든지 사과든지 마음대로 먹어라.	배던지 사과던지 마음대로 먹어라.
가든지 오든지 마음대로 해라.	가던지 오던지 마음대로 해라.

제57항 다음 말들은 각각 구별하여 적는다.

가름	둘로 가름	갈음	새 책상으로 갈음하였다.
거름	풀을 썩인 거름	걸음	빠른 걸음
거치다	영월을 거쳐 왔다.	걷히다	외상값이 잘 걷힌다.
걷잡다	걷잡을 수 없는 상태	겉잡다	겉잡아서 이틀 걸릴 일

그러므로(그러니까)	그는 부지런하다. 그러므로 잘 산다.
그럼으로(써) (그렇게 하는 것으로)	그는 열심히 공부한다. 그럼으로(써) 은혜에 보답한다.

노름	노름판이 벌어졌다.	놀음(놀이)	즐거운 놀음
느리다	진도가 너무 느리다.	늘이다	고무줄을 늘인다.
늘리다	수출량을 더 늘린다.		
다리다	옷을 다린다.	달이다	약을 달인다.
다치다	부주의로 손을 다쳤다.	닫히다	문이 저절로 닫혔다.
닫치다	문을 힘껏 닫쳤다.		
마치다	벌써 일을 마쳤다.	맞히다	여러 문제를 더 맞혔다.
목거리	목거리가 덧났다.	목걸이	금 목걸이, 은 목걸이
바치다	나라를 위해 목숨을 바쳤다.		
받치다	우산을 받치고 간다.	책받침을 받친다.	

받히다	쇠뿔에 받혔다.	밭치다	술을 체에 밭친다.
반드시	약속은 반드시 지켜라.	반듯이	고개를 반듯이 들어라.
부딪치다	차와 차가 마주 부딪쳤다.	부딪히다	마차가 화물차에 부딪혔다.
부치다	힘이 부치는 일이다.		편지를 부친다.
	논밭을 부친다.		빈대떡을 부친다.
	식목일에 부치는 글		회의에 부치는 안건
	인쇄에 부치는 원고		삼촌 집에 숙식을 부친다.
붙이다	우표를 붙인다.		책상을 벽에 붙였다.
	흥정을 붙인다.		불을 붙인다.
	감시원을 붙인다.		조건을 붙인다.
	취미를 붙인다.		별명을 붙인다.
시키다	일을 시킨다.	식히다	끓인 물을 식힌다.
아름	세 아름 되는 둘레	알음	전부터 알음이 있는 사이
앎	앎이 힘이다.		
안치다	밥을 안친다.	앉히다	윗자리에 앉힌다.
어름	두 물건의 어름에서 일어난 현상	얼음	얼음이 얼었다.
이따가	이따가 오너라.	있다가	돈은 있다가도 없다.
저리다	다친 다리가 저린다.	절이다	김장 배추를 절인다.
조리다	생선을 조린다. 통조림, 병조림	졸이다	마음을 졸인다.
주리다	여러 날을 주렸다.	줄이다	비용을 줄인다.
하노라고	하노라고 한 것이다.	하느라고	공부하느라고 밤을 새웠다.
−느니보다(어미)			나를 찾아오느니보다 집에 있거라.
−는 이보다(의존 명사)			오는 이가 가는 이보다 많다.
−(으)리만큼(어미)			나를 미워하리만큼 그에게 잘못한 일이 없다.
−(으)ㄹ 이만큼(의존 명사)			찬성할 이도 반대할 이만큼이나 많을 것이다.
−(으)러(목적)			공부하러 간다.
−(으)려(의도)			서울 가려 한다.
−(으)로서(자격)			사람으로서 그럴 수는 없다.
−(으)로써(수단)			닭으로써 꿩을 대신했다.
−(으)므로(어미)			그가 나를 믿으므로 나도 그를 믿는다.
(−ㅁ, −음)으로(써)(조사)			그는 믿음으로(써) 산 보람을 느꼈다.

4. 국어의 로마자 표기법(문화관광부 고시 제2000-8호, 2000.7.7.)

제1장 표기의 기본 원칙

제1항 국어의 로마자 표기는 국어의 표준 발음법에 따라 적는 것을 원칙으로 한다.

제2항 로마자 이외의 부호는 되도록 사용하지 않는다.

제2장 표기 일람

제1항 모음은 다음 각 호와 같이 적는다.

1. 단모음

ㅏ	ㅓ	ㅗ	ㅜ	ㅡ	ㅣ	ㅐ	ㅔ	ㅚ	ㅟ
a	eo	o	u	eu	i	ae	e	oe	wi

2. 이중 모음

ㅑ	ㅕ	ㅛ	ㅠ	ㅒ	ㅖ	ㅘ	ㅙ	ㅝ	ㅞ	ㅢ
ya	yeo	yo	yu	yae	ye	wa	wae	wo	we	ui

[붙임 1] 'ㅢ'는 'ㅣ'로 소리 나더라도 'ui'로 적는다.

광희문 Gwanghuimun

[붙임 2] 장모음의 표기는 따로 하지 않는다.

제2항 자음은 다음 각 호와 같이 적는다.

1. 파열음

ㄱ	ㄲ	ㅋ	ㄷ	ㄸ	ㅌ	ㅂ	ㅃ	ㅍ
g, k	kk	k	d, t	tt	t	b, p	pp	p

2. 파찰음

ㅈ	ㅉ	ㅊ
j	jj	ch

3. 마찰음

ㅅ	ㅆ	ㅎ
s	ss	h

4. 비음

ㄴ	ㅁ	ㅇ
n	m	ng

5. 유음

ㄹ
r, l

[붙임 1] 'ㄱ, ㄷ, ㅂ'은 모음 앞에서서는 'g, d, b'로, 자음 앞이나 어말에서는 'k, t, p'로 적는다.
([ ] 안의 발음에 따라 표기함.)

구미 Gumi 영동 Yeongdong 백암 Baegam

옥천 Okcheon 합덕 Hapdeok 호법 Hobeop

월곶[월곧] Wolgot　　벚꽃[벋꼳] beotkkot　　한밭[한받] Hanbat

[붙임 2] 'ㄹ'은 모음 앞에서는 'r'로, 자음 앞이나 어말에서는 'l'로 적는다. 단, 'ㄹㄹ'은 'll'로 적는다.

구리 Guri　　설악 Seorak　　칠곡 Chilgok

임실 Imsil　　울릉 Ulleung　　대관령[대괄령] Daegwallyeong

제3장　표기상의 유의점

제1항 음운 변화가 일어날 때에는 변화의 결과에 따라 다음 각 호와 같이 적는다.

1. 자음 사이에서 동화 작용이 일어나는 경우

백마[뱅마] Baengma　　신문로[신문노] Sinmunno

종로[종노] Jongno　　왕십리[왕심니] Wangsimni

별내[별래] Byeollae　　신라[실라] Silla

2. 'ㄴ, ㄹ'이 덧나는 경우

학여울[항녀울] Hangnyeoul　　알약[알략] allyak

3. 구개음화가 되는 경우

해돋이[해도지] haedoji　　같이[가치] gachi　　맞히다[마치다] machida

4. 'ㄱ, ㄷ, ㅂ, ㅈ'이 'ㅎ'과 합하여 거센소리로 소리 나는 경우

좋고[조코] joko　　놓다[노타] nota　　잡혀[자펴] japyeo

낳지[나치] nachi

다만, 체언에서 'ㄱ, ㄷ, ㅂ' 뒤에 'ㅎ'이 따를 때에는 'ㅎ'을 밝혀 적는다.

묵호 Mukho　　집현전 Jiphyeonjeon

[붙임] 된소리되기는 표기에 반영하지 않는다.

압구정 Apgujeong　　낙동강 Nakdonggang　　죽변 Jukbyeon

낙성대 Nakseongdae　　합정 Hapjeong　　팔당 Paldang

샛별 saetbyeol　　울산 Ulsan

제2항 발음상 혼동의 우려가 있을 때에는 음절 사이에 붙임표(-)를 쓸 수 있다.

중앙 Jung-ang　　반구대 Ban-gudae　　세운 Se-un

해운대 Hae-undae

제3항 고유 명사는 첫 글자를 대문자로 적는다.

부산 Busan　　세종 Sejong

제4항 인명은 성과 이름의 순서로 띄어 쓴다. 이름은 붙여 쓰는 것을 원칙으로 하되 음절 사이에 붙임표(-)를 쓰는 것을 허용한다. (( ) 안의 표기를 허용함.)

민용하 Min Yongha(Min Yong-ha)　　송나리 Song Nari(Song Na-ri)

(1) 이름에서 일어나는 음운 변화는 표기에 반영하지 않는다.

한복남 Han Boknam(Han Bok-nam)　　홍빛나 Hong Bitna(Hong Bit-na)

(2) 성의 표기는 따로 정한다.

제5항 '도, 시, 군, 구, 읍, 면, 리, 동'의 행정 구역 단위와 '가'는 각각 'do, si, gun, gu, eup, myeon, ri, dong, ga'로 적고, 그 앞에는 붙임표(-)를 넣는다. 붙임표(-) 앞뒤에서 일어나는 음운 변화는 표기에 반영하지 않는다.

충청북도 Chungcheongbuk-do　　제주도 Jeju-do
의정부시 Uijeongbu-si　　양주군 Yangju-gun
도봉구 Dobong-gu　　신창읍 Sinchang-eup
삼죽면 Samjuk-myeon　　인왕리 Inwang-ri
당산동 Dangsan-dong　　봉천1동 Bongcheon 1(il)-dong
종로 2가 Jongno 2(i)-ga　　퇴계로 3가 Toegyero 3(sam)-ga

[붙임] '시, 군, 읍'의 행정 구역 단위는 생략할 수 있다.

청주시 Cheongju　　함평군 Hampyeong　　순창읍 Sunchang

제6항 자연 지물명, 문화재명, 인공 축조물명은 붙임표(-) 없이 붙여 쓴다.

남산 Namsan　　속리산 Songnisan
금강 Geumgang　　독도 Dokdo
경복궁 Gyeongbokgung　　무량수전 Muryangsujeon
연화교 Yeonhwagyo　　극락전 Geungnakjeon
안압지 Anapji　　남한산성 Namhansanseong
화랑대 Hwarangdae　　불국사 Bulguksa
현충사 Hyeonchungsa　　독립문 Dongnimmun
오죽헌 Ojukheon　　촉석루 Chokseongnu
종묘 Jongmyo　　다보탑 Dabotap

제7항 인명, 회사명, 단체명 등은 그동안 써 온 표기를 쓸 수 있다.

제8항 학술 연구 논문 등 특수 분야에서 한글 복원을 전제로 표기할 경우에는 한글 표기를 대상으로 적는다. 이때 글자 대응은 제2장을 따르되, 'ㄱ, ㄷ, ㅂ, ㄹ'은 'g, d, b, l'로만 적는다. 음가 없는 'ㅇ'은 붙임표(-)로 표기하되 어두에서는 생략하는 것을 원칙으로 한다. 기타 분절의 필요가 있을 때에도 붙임표(-)를 쓴다.

집 jib　　짚 jip　　밖 bakk
값 gabs　　붓꽃 buskkoch　　먹는 meogneun
독립 doglib　　문리 munli　　물엿 mul-yeos
굳이 gud-i　　좋다 johda　　가곡 gagog
조랑말 jolangmal　　없었습니다 eobs-eoss-seubnida

부 칙

① (시행일) 이 규정은 고시한 날부터 시행한다.

② (표지판 등에 대한 경과 조치) 이 표기법 시행 당시 종전의 표기법에 의하여 설치된 표지판(도로, 광고물, 문화재 등의 안내판)은 2005.12.31.까지 이 표기법을 따라야 한다.

③ (출판물 등에 대한 경과 조치) 이 표기법 시행 당시 종전의 표기법에 의하여 발간된 교과서 등 출판물은 2002.2.28.까지 이 표기법을 따라야 한다.

5. 한글 맞춤법 표준어 일람표[01]

1) 새 한글 맞춤법 표준어 일람표

[ㄱ]

(×) (○)

가까와 → 가까워
가정난 → 가정란
간 → 칸
강남콩 → 강낭콩
개수물 → 개숫물
객적다 → 객쩍다
거시키 → 거시기
갯펄 → 개펄
겸연석다 → 겸연쩍다
경귀 → 경구
고마와 → 고마워
곰곰히 → 곰곰이
괴로와 → 괴로워
구렛나루 → 구레나룻
괴퍅하다 → 괴팍하다
-구료 → -구려
광우리 → 광주리
고기국 → 고깃국
귀엣고리 → 귀고리
귀절 → 구절
귓대기 → 귀때기
귓머리 → 귀밑머리
깍정이 → 깍쟁이
깡총깡총 → 깡충깡충
꼭둑각시 → 꼭두각시
끄나불 → 끄나풀

[ㄴ]

나뭇군 → 나무꾼
나부랑이 → 나부랭이
낚싯군 → 낚시꾼
나무가지 → 나뭇가지
년월일 → 연월일
네째 → 넷째
넉넉치않다 → 넉넉지않다
농삿군 → 농사꾼
넓다랗다 → 널따랗다

[ㄷ]

대싸리 → 댑사리
더우기 → 더욱이
돐 → 돌(첫돌)
딱다구리 → 딱따구리
발발이 → 발바리
둥근파 → 양파
뒷굼치 → 뒤꿈치
땟갈 → 때깔
떨어먹다 → 털어먹다

[ㅁ]

마추다 → 맞추다
멋장이 → 멋쟁이
무우 → 무
문귀 → 문구
미류나무 → 미루나무
미싯가루 → 미숫가루
미쟁이 → 미장이

[ㅂ]

빽나귀 → 빼다귀
반가와 → 반가워
발가송이 → 발가숭이
번번찮다 → 변변찮다
보통이 → 보퉁이
볼대기 → 볼때기
빈자떡 → 빈대떡
발자욱 → 발자국
빛갈 → 빛깔
뻐치다 → 뻗치다
뻗장다리 → 뻗정다리
봉숭화 → 봉숭아

[ㅅ]

사깃군 → 사기꾼
삭월세 → 사글세
살별 → 꼬리별
숨박꼭질 → 숨바꼭질
상판때기 → 상판대기
새앙쥐 → 생쥐
생안손 → 생인손
설겆이하다 → 설거지하다
성귀 → 성구
세째 → 셋째
소금장이 → 소금쟁이
소리개 → 솔개
숫병아리 → 수평아리
숫닭 → 수탉
숫강아지 → 수캉아지
숫개 → 수캐
숫놈 → 수놈
솔직이 → 솔직히
술부대 → 술고래
숫소 → 수소
심부름군 → 심부름꾼
심술장이 → 심술쟁이
살어름판 → 살얼음판

[ㅇ]

아니꼬와 → 아니꼬워
아니요 → 아니오
아닐껄 → 아닐걸
아름다와 → 아름다워
아뭏든 → 아무튼

01 http://blog.naver.com/ohjs3/ 100151774472 참조.

아지랭이 → 아지랑이
앗아라 → 아서라
애닯다 → 애달프다
어귀 → 어구
여늬 → 여느
오금탱이 → 오금팽이
오똑이 → 오뚝이
웅큼 → 움큼
-올습니다 → -올시다
얼룩이 → 얼루기
욕심장이 → 욕심쟁이
웃니 → 윗니
웃도리 → 윗도리
웃목 → 윗목
오뚜기 → 오뚝이
웃쪽 → 윗쪽
웃층 → 윗층
옛부터 → 예부터
웃통 → 윗통
윗돈 → 웃돈
윗어른 → 웃어른
으례 → 으레
-읍니다 → -습니다
이맛배기 → 이마빼기
익살군 → 익살꾼

오무리다 → 오므리다
일군 → 일꾼
일찌이 → 일찍이
우뢰 → 우레
있구료 → 있구려

[ㅈ]

지푸래기 → 지푸라기
자그만치 → 자그마치
장군 → 장꾼
장난군 → 장난꾼
장삿군 → 장사꾼
저으기 → 적이(얼마간)
적쟎은 → 적잖은
주착없다 → 주책없다
죽더기 → 죽데기
지겟군 → 지게꾼
지리하다 → 지루하다
짓물다 → 짓무르다
짚북세기 → 짚북데기

[ㅊ]

천정 → 천장
총각무우 → 총각무
춥구료→ 춥구려

[ㅋ]

켸켸묵다 → 케케묵다
코맹녕이 → 코맹맹이
코보 → 코주부
콧배기 → 코빼기

[ㅌ]

탔읍니다 → 탔습니다
트기 → 튀기(잡종)

[ㅍ]

판잣대기 → 판자때기
팔굼치 → 팔꿈치
팔목시계 → 손목시계
펀뜻 → 언뜻
푼전 → 푼돈
풋나기 → 풋내기

[ㅎ]

하게시리 → 하게끔
하는구료 → 하는구려
하는구면 → 하는구먼
하옇든 → 하여튼
한길 → 행길
할께 → 할게
할찌 → 할지
허위대 → 허우대
허위적허위적 → 허우적 허우적
호루루기 → 호루라기

2) 새 맞춤법의 주요 내용

- [읍니다]를 [습니다]로
  있읍니다 → 있습니다
  없읍니다 → 없습니다
- [장이]와 [쟁이]를 구분
  미장이, 유기장이 등 기술자를 일컬을 때에는 [장이]로, 욕쟁이, 심술쟁이 등 버릇을 일컬을 때에는 [쟁이]로 한다.
- [군]을 [꾼]으로
  일군 → 일꾼, 농삿군 → 농사꾼
- [와]를 [워]로
  고마와 → 고마워, 가까와 → 가까워
- 수컷을 이르는 말은 [수]로 통일

수꿩, 수캉아지, 수컷, 수평아리(예외 : 숫양, 숫쥐, 숫염소)

• [웃], [윗]은 [윗]으로 통일

윗도리, 윗니, 윗목(된소리나 거센소리 앞에서는 [위]로 쓴다 : 위짝, 위턱)

※ 아래 · 위 대립이 없는 단어는 [웃]으로 쓴다(예 : 웃돈, 웃어른).

• 성과 이름을 붙여 쓴다.

이 순신 → 이순신, 김 구 → 김구

• 수를 적을 때는 만 · 억 · 조의 단위로 띄어 쓴다.

이억 팔천오백십육만 칠천팔백구십팔

3) 개정된 외래어 표기법

• 인명 · 지명의 표기

고호 → 고흐
베에토벤 → 베토벤
그리이스 → 그리스
시저 → 카이사르
뉴우요오크 → 뉴욕
아인시타인 → 아인슈타인
뉴우지일랜드 → 뉴질랜드
에스파니아 → 에스파냐
뉴우튼 → 뉴튼
처어칠 → 처칠
디이젤 → 디젤
콜룸부스 → 콜롬버스
루우스벨트 → 루스벨트
토오쿄오 → 도쿄
페스탈로찌 → 페스탈로치
마오쩌뚱 → 마오쩌둥
모짜르트 → 모차르트
헷세 → 헤세
말레이지아 → 말레이시아
힙포크리테스 → 힙포크라테프
뭇솔리니 → 무솔리니
바하 → 바흐

• 일반용어의 표기

뉴우스 → 뉴스
도우넛 → 도넛
로보트 → 로봇
로케트 → 로켓
보올 → 볼
보우트 → 보트
수우프 → 수프
아마튜어 → 아마추어
어나운서 → 아나운서
유우엔 → 유엔
텔레비젼 → 텔레비전
포케트 → 포켓

4) 새로 추가된 표준어 목록

국립국어원은 국민 실생활에서 많이 사용되지만 표준이 대접을 받지 못한 39개 단어를 표준어로 인정하고 인터넷의 「표준국어대사전」에 반영했다고 2011년 8월 31일 밝혔다. 「표준국어대사전」은 1999년 발간 이후 책자로는 더 이상 내지 않고 있다.

국어원이 심의를 거쳐 새로 표준어로 인정한 단어는 크게 세 가지 부류이다.

첫째, 현재 표준어와 같은 뜻으로 많이 쓰이는 말을 복수 표준어로 인정한 경우로 '간지럽히다' (현재 표준어 : 간질이다), '남사스럽다' (남우세스럽다), '복숭아뼈' (복사뼈), '허접쓰레기' (허섭스레기) 등 11개이다.

둘째, 현재 표준어와 비슷하지만 뜻이나 어감 차이가 있는 단어를 별도 표준어로 인정한 사례로 '먹거리' (먹을거리), '메꾸다' (메우다), '손주' (손자), '어리숙하다' (어수룩하다), '맹숭맹숭' (맨송맨송), '오손도손' (오순도순), '눈꼬리' (눈초리), '개발새발' (괴발개발) 등 25개이다.

셋째, 현재 표준어와 표기 형태가 다르지만 대중적으로 많이 사용되는 단어도 표준어로 인정한 경우로 '짜장면'(자장면), '택견'(태껸), '품새'(품세) 등 3개이다.

표 7-3 | 현재 표준어와 같은 뜻으로 추가로 표준어로 인정한 것(11개)

추가된 표준어	현재 표준어
간지럽히다	간질이다
남사스럽다	남우세스럽다
등물	목물
맨날	만날
묫자리	묏자리
복숭아뼈	복사뼈
세간살이	세간
쌉싸름하다	쌉싸래하다
토란대	고운대
허접쓰레기	허섭스레기
흙담	토담

표 7-4 | 현재 표준어와 별도의 표준어로 추가로 인정한 것(25개)

추가된 표준어	현재 표준어	뜻 차이
~길래	~기에	~길래 : '~기에'의 구어적 표현
개발새발	괴발개발	'괴발개발'은 "고양이의 발과 개의 발"이라는 뜻이고, '개발새발'은 "개의 발과 새의 발"이라는 뜻임
나래	날개	'나래'는 '날개'의 문학적 표현
내음	냄새	'내음'은 향기롭거나 나쁘지 않은 냄새로 제한됨
눈꼬리	눈초리	• 눈초리 : 어떤 대상을 바라볼 때 눈에 나타나는 표정. 예) 매서운 눈초리 • 눈꼬리 : 눈의 귀 쪽으로 째진 부분
떨구다	떨어뜨리다	'떨구다'에 "시선을 아래로 향하다"라는 뜻 있음
뜨락	뜰	'뜨락'에는 추상적 공간을 비유하는 뜻이 있음
먹거리	먹을거리	먹거리 : 사람이 살아가기 위하여 먹는 음식을 통틀어 이름
메꾸다	메우다	'메꾸다'에 "무료한 시간을 적당히 또는 그럭저럭 흘러가게 하다."라는 뜻이 있음
손주	손자(孫子)	• 손자 : 아들의 아들. 또는 딸의 아들 • 손주 : 손자와 손녀를 아울러 이르는 말
어리숙하다	어수룩하다	'어수룩하다'는 '순박함/순진함'의 뜻이 강한 반면에, '어리숙하다'는 '어리석음'의 뜻이 강함
연신	연방	'연신'이 반복성을 강조한다면, '연방'은 연속성을 강조
휭하니	힁허케	힁허케 : '휭하니'의 예스러운 표현

걸리적거리다	거치적거리다	자음 또는 모음의 차이로 인한 어감 및 뜻 차이 존재
끄적거리다	끼적거리다	자음 또는 모음의 차이로 인한 어감 및 뜻 차이 존재
두리뭉실하다	두루뭉술하다	자음 또는 모음의 차이로 인한 어감 및 뜻 차이 존재
맨숭맨숭/맹숭맹숭	맨송맨송	자음 또는 모음의 차이로 인한 어감 및 뜻 차이 존재
바둥바둥	바동바동	자음 또는 모음의 차이로 인한 어감 및 뜻 차이 존재
새초롬하다	새치름하다	자음 또는 모음의 차이로 인한 어감 및 뜻 차이 존재
아웅다웅	아옹다옹	자음 또는 모음의 차이로 인한 어감 및 뜻 차이 존재
야멸차다	야멸치다	자음 또는 모음의 차이로 인한 어감 및 뜻 차이 존재
오손도손	오순도순	자음 또는 모음의 차이로 인한 어감 및 뜻 차이 존재
찌뿌둥하다	찌뿌듯하다	자음 또는 모음의 차이로 인한 어감 및 뜻 차이 존재
추근거리다	치근거리다	자음 또는 모음의 차이로 인한 어감 및 뜻 차이 존재

표 7-5 | 두 가지 표기를 모두 표준어로 인정한 것(3개)

추가된 표준어	현재 표준어
택견	태껸
품새	품세
짜장면	자장면

5) 한글 맞춤법의 실제(*표시가 있는 말이 틀린 말)

① ㄱ. 일찍이(*일찌기) 문명을 꽃피운 우리나라.
ㄴ. 비도 내리고 더욱이(*더우기) 바람도 세다.

② ㄱ. 하늘을 나는(*날으는) 비행기
ㄴ. 멀리 날아가는(*날라가는) 비행기
ㄷ. 거친(*거칠은) 벌판에 푸른 솔잎처럼

③ 오늘이 몇 년 몇 월 며칠(*몇 일)이지?
오늘은 왠지(*웬지) 기분이 좋아.

④ ㄱ. 이 나무로는 의자를 만듦(*만듬)이 좋겠다.
ㄴ. 서울에서 3년간 삶(*살음)

⑤ ㄱ. 무엇을 할까요.
ㄴ. 말씀 낮추십시오(*요).
ㄷ. 다음 물음에 예, 아니요(*아니오)로 답하시오.
ㄹ. 아니요(*아니오). 영수가 온다고 했어요.
ㅁ. 나는 의사가 아니오.

⑥ ㄱ. 가정란, 투고란, 독자란, 학습란, 답란
ㄴ. 어린이난, 어머니난, 가십난(gossip欄)
ㄷ. 노동량, 작업량
ㄹ. 구름양, 알칼리양

⑦ ㄱ. 비율, 실패율
ㄴ. 선율, 전율, 백분율
ㄷ. 법률, 능률, 출석률
(모음이나 'ㄴ' 받침 뒤에서는 '율'이 되고 그 외의 받침 뒤에서는 '률'이 된다.)
⑧ ㄱ. 머리말(*머릿말), 인사말(*인삿말)
ㄴ. 개나리길, 은행나무길, 배호길
⑨ ㄱ. 밥을 먹었다. 그러고 나서(*그리고 나서) 물을 마셨다.
ㄴ. 밥을 먹었다. 그리고 물을 마셨다.
ㄷ. 밥을 먹었다. 그러고는(*그리고는) 물을 마셨다.
⑩ ㄱ. 다음 물음에 알맞지 않은(*않는) 것을 고르시오.
ㄴ. 보기의 설명에 맞지 않는(*않은) 것은?
⑪ 시냇가, 찻잔, 나뭇잎, 툇마루
기댓값, 대푯값, 만둣국, 등굣길, 성묫길, 장밋빛, 맥줏집
곳간(庫間), 셋방(貰房), 숫자(數字), 찻간(車間), 횟수(回數)
초점(焦點), 개수(個數), 기차간(汽車間), 전세방(傳貰房)

6) 한글 띄어쓰기의 실제

조사는 학교 문법에서 단어로 다룬다. 그렇지만 조사는 자립성이 없어서 다른 말에 의존해서만 나타날 수 있다. 또한, 자립적인 명사와 달리 조사는 구체적인 의미를 나타내기보다는 그것이 결합하는 체언의 문법적 기능을 표시한다. 아래의 밑줄 친 말들은 조사라는 사실을 잘 모르고 앞말과 띄어 쓰는 일이 많다.

(1) ① 너같이 바보 같은 놈은 처음 봤다.
② 역시 친구밖에 없어.
③ 사과는커녕 오히려 화를 내던데?
④ 너뿐만 아니라 다른 사람도 그래.
⑤ 가진 것이 천 원밖에 없어.
⑥ 이런 일은 철수밖에 못할걸.
⑦ 온 사람은 철수뿐이다.(조사)
⑧ 때렸을 뿐만 아니라(의존명사)

- '너같이'의 '같이'는 조사이므로 앞말에 붙여 쓴다. '너 같은'의 '같은'은 조사가 아니므로 띄어 쓴다.
- '사과는커녕'은 '사과는✓커녕'으로 띄어 쓰는 일이 많지만 '는커녕'이 하나의 조사이므로 붙여 쓴다.
- 뿐은 명사 뒤에서는 조사이고 관형형 어미 뒤에서는 의존명사로 쓰인다.

(2) ① 학교에 가는데 비가 오기 시작했다.(어미, -ㄴ데)
② 이 일을 하는 데 며칠이 걸렸다.(의존명사)
③ 금강산에 가 본바 과연 절경이더군.(어미, -ㄴ바)
④ 그 일은 고려해 본 바 없다.(의존명사)

(3) ① 제시간에 도착했는지 모르겠다.(어미, -ㄴ지)
② 제시간에 도착할지 모르겠다.(어미, -ㄹ지)
③ 벌써 집 떠난 지 삼 년이 지났다.(의존명사)

(4) ① 한 달간, 십 년간(시간)
② 서울 부산 간, 부모 자식 간(거리)

(5) ① 이게 얼마 만이야.(의존명사)
② 강아지가 송아지만 하다.(조사)
③ 음악이 들을만 하다.(조사)
④ 나중에 후회할걸.(어미, -ㄹ걸)
⑤ 후회할 걸 왜 그랬니?(의존명사 '것' +목적격 조사 '을' 의 준말)
⑥ 사랑을 할 거야.('것이야' 의 준말)
⑦ 내일 뭐 할 거니?('것이니' 의 준말)
⑧ 비가 와야 할 텐데.(의존명사, '터인데' 의 준말)
⑨ 나는 집에 갈 테야.(의존명사, '터이야' 의 준말)

7) 자주 틀리는 맞춤법 알아보기

최근 직장인들을 대상으로 맞춤법과 관련된 설문조사를 해본 결과 업무 관련 보고서, 메신저 대화, 문자메시지 등에서 상대방이 맞춤법 실수를 할 경우 "좋지 않은 인상을 줄 수도 있다."라는 결과가 나왔다. 맞춤법은 한국인 특성상 문자생활을 하는 데 필수적인 지식이며 문자생활권에서 맞춤법은 그 뜻을 명확히 해 주는 역할을 한다. 하지만 발음과 일치하지 않는 경우가 많기 때문에 오용사례 또한 셀 수 없이 많다.

① 결재? 결제?

결재 : 결정할 권한이 있는 상관이 부하가 제출한 안건을 검토하여 허가하거나 승인함.

결제 : 일을 처리하여 끝을 냄. 대금을 주고받아 매매 당사자 사이의 거래관계를 끝맺는 일.

상사에게 보고를 해서 승인을 받는 일은 '결재', 그 외에 자금거래는 '결제' 로 쓴다.

② 걸맞는? 걸맞은?

자기소개서를 작성할 때도 많이 쓰이는 표현 중 하나다. "저는 귀사에 걸맞는 인재"라고 쓰기도 하고, "그는 면접에 알맞은 복장을 입고 왔다"라고 하기도 한다. 하지만 둘 다 틀린 표현이다. '걸맞다' 와 '알맞다' 는 형용사로서 명령형이나 진행형으로 쓸 수 없다.

따라서 '걸맞는다' 또는 '알맞는다' 라는 표현에서 파생된 '걸맞는' 과 '알맞은' 은 틀린 표현이다. 올바른 표현은 '걸맞은' 과 '알맞는' 이다.

③ 늘상? 늘?

"계속하여 언제나"를 나타낼 때 쓰이는 이 말 '늘상' 과 '늘' 중에서 맞는 표현은 '늘' 이다. '늘상' 은 다른 어떤 의미도 가지고 있지 않은 틀린 단어이다.

④ 되? 돼?

'되' 와 '돼' 를 구분하는 가장 쉬운 방법은 바로 '하' 와 '해' 를 넣어 보는 방법이다. '안 되나요' 라는 말을 가지고 예를 들어 보자.

'안 되나요' 의 되 자리에 하와 해를 넣어 보자. 안 하나요/ 안 해나요. 둘 다 어색한 표현이지만 둘 중에 더 자연스러운 문장을 꼽는다면 '안 하나요' 이다. 이처럼 '하' 를 넣었을 때 자연스러운 문장은 '되' 가 맞는 표현이고 '해' 를 넣었을 때 자연스러운 문장은 '돼' 가 맞는 표현이다.

⑤ 로서? 로써?

우리를 혼란시키는 한글 표현의 최강자 '-로서, -로써' 이다. 정리를 해보면 '-로서' 는 지위나 신분 · 자격을 나타내는 조사이고, '-로써' 는 수단이나 도구를 나타내는 조사이다. 예를 들어 보자면 '장관은 대통령의 특사란 자격으로 북한을 방문' 했으므로 '로서' 가 되겠고, 눈물은 수단이나 도구이므로 '눈물로써' 호소했다는 표현이 맞다. 그러나 '로서' 인지 '로써' 인지 정확하게 모르는 경우에는 일반적으로 두 조사 모두 '로'의 형태로 써도 무방하기 때문에 '써'나 '서'는 생략해도 무방하다.

⑥ 목맻혀? 목메어?

아무리 슬프거나 기뻐도 '목메어'라고 해야지 '목맻혀'라고 해서는 안 된다. 기쁨이나 설움 따위의 감정이 복받쳐 올라 목에 엉기어 막히는 것을 '목메다'라고 하는데, 목에 무엇이 맺힌 듯하다고 해서 이를 '목맺히다'라고 해서는 안 된다.

⑦ 바치다, 받치다, 받히다, 밭치다?

바치다 : 웃어른이나 신에게 드린다, 마음을 고스란히 쏟다, 세금을 내다 등의 의미

받치다 : 어떤 물건의 속이나 안에 다른 것을 껴대다, 무엇을 펴들다의 의미

받히다 : 세게 밀어 부딪히다라는 뜻의 '받다'에 피동접미사가 더해진 말

밭치다 : 건더기와 액체가 섞인 것을 체 같은 데에 부어서 국물만 받아내다라는 뜻

⑧ 설레임? 설렘?

기가 막히게 좋은 일을 앞둔 때는 설렘이 앞선다고 해야 한다. 또는 마음이 설렌다고 해야 한다. 마음이 설레인다, 설레임이 앞선다는 모두 틀린 표현이다.

⑨ 왠지? 웬지?

왠지는 '왜 그런지, 뚜렷한 이유 없이'라는 의미를 갖는 부사이다. 그러므로 '무슨 이유에선지 잘 모르겠지만'이라는 이런 애매한 의미로 바뀔 수 있는 문맥에서 '왠지'를 쓰면 된다.

그러나 '웬'은 단독으로 사용할 수 있지만 '웬지'라는 말은 없다. '웬'은 '어찌된' 혹은 '어떤, 어떠한'의 의미를 가지고 있다. 한마디로, 왠지는 '왜 그런지'라는 의미를 갖는 부사, '웬'은 '어찌 된', '어떤'의 의미를 갖는 부사이지만 '왠'과 '웬지'는 없는 표현이다.

참고로 '정도나 형편이 표준에 가깝거나 그보다 약간 낫다' 또는 '허용되는 범위에서 크게 벗어나지 아니한 상태에 있다'를 의미하는 형용사 '웬만하다'(활용형 : 웬만하면, 웬만한, 웬만해서는)도 자주 틀리는 표현이다.

⑩ 오랜만에? 오랫만에?

친구들을 '오랜만에' 만나는 것일까 아니면 '오랫만에' 만나는 것일까? 정답은 '오랜만에'이다. 어떤 일이 있은 때로부터 긴 시간이 지난 뒤를 '오래간만'이라고 하는데, 이를 줄여 '오랜만'이라고 한다.

⑪ 비키다? 비끼다?

비키다 : 무엇을 피해서 지나가거나 옮겨 가는 것(거기 서지 말고 옆으로 비켜라.)

비끼다 : 어떤 것에 대해 비스듬히 또는 정확한 방향이 아닌 조금 옆으로 벗어나 지나가는 것(태풍이 우리나라를 비껴갔다. 달빛에 비끼어 보인다.)

6. 외래어 표기법

※ 1986.1.7. 문교부 고시 '외래어 표기법'에서 따옴.

제1장 표기의 기본 원칙

제1항 외래어는 국어의 현용 24 자모만으로 적는다.

제2항 외래어의 1 음운은 원칙적으로 1 기호로 적는다.

제3항 받침에는 'ㄱ, ㄴ, ㄹ, ㅁ, ㅂ, ㅅ, ㅇ'만을 쓴다.

제4항 파열음 표기에는 된소리를 쓰지 않는 것을 원칙으로 한다.

제5항 이미 굳어진 외래어는 관용을 존중하되, 그 범위와 용례는 따로 정한다.

제2장 영어의 표기

제1항 무성 파열음([p], [t], [k])

1. 짧은 모음 단어의 어말 무성 파열음([p], [t], [k])은 받침으로 적는다.

   gap[gæp] 갭　　cat[kæt] 캣　　book[buk] 북

2. 짧은 모음과 유음 · 비음([l], [r], [m], [n]) 이외의 자음 사이에 오는 무성 파열음([p], [t], [k])은 받침으로 적는다.

   apt[æpt] 앱트　　setback[setbæk] 셋백　　act[ækt] 액트

3. 위 경우 이외의 어말과 자음 앞의 [p], [t], [k]는 '으'를 붙여 적는다.

   stamp[stæmp] 스탬프　　cape[keip] 케이프

표 7-6 | 국제 음성 기호와 한글 대조표

자음			반모음		모음	
국제 음성 기호	한글: 모음 앞	한글: 자음 앞 또는 어말	국제 음성 기호	한글	국제 음성 기호	한글
p	ㅍ	ㅂ, 프	j	이*	i	이
b	ㅂ	브	ɥ	위	y	위
t	ㅌ	ㅅ, 트	w	오, 우*	e	에
d	ㄷ	드			ø	외
k	ㅋ	ㄱ, 크			ɛ	에
g	ㄱ	그			ɛ̃	앵
f	ㅍ	프			œ	외
v	ㅂ	브			œ̃	욍
θ	ㅅ	스			æ	애
ð	ㄷ	드			a	아
s	ㅅ	스			ɑ	아
z	ㅈ	즈			ɑ̃	앙
ʃ	시	슈, 시			ʌ	어
ʒ	ㅈ	지			ɔ	오
ʦ	ㅊ	츠			ɔ̃	옹
ʣ	ㅈ	즈			o	오
tʃ	ㅊ	치			u	우
dʒ	ㅈ	지			ə**	어
m	ㅁ	ㅁ			ɚ	어
n	ㄴ	ㄴ				
ɲ	니*	뉴				
ŋ	ㅇ	ㅇ				
l	ㄹ, ㄹㄹ	ㄹ				
r	ㄹ	르				
h	ㅎ	흐				
ç	ㅎ	히				
x	ㅎ	흐				

* [j], [w]의 '이'와 '오, 우', 그리고 [ɲ]의 '니'는 모음과 결합할 때 제3장 표기 세칙에 따른다.

** 독일어의 경우에는 '에', 프랑스어의 경우에는 '으'로 적는다.

nest[nest] 네스트 part[pɑ:t] 파트
desk[desk] 데스크 make[meik] 메이크
apple[æpl] 애플 mattress[mætris] 매트리스
chipmunk[tʃipmʌŋk] 치프멍크 sickness[siknis] 시크니스

제2항 유성 파열음([b], [d], [g])

어말과 모든 자음 앞에 오는 유성 파열음은 '으'를 붙여 적는다.

bulb[bʌlb] 벌브 land[lænd] 랜드
zigzag[zigzæg] 지그재그 lobster[lɔbstə] 로브스터
kidnap[kidnæp] 키드냅 signal[signəl] 시그널

제3항 마찰음([s], [z], [f], [v], [θ], [ð], [ʃ], [ʒ])

1. 어말 또는 자음 앞의 [s], [z], [f], [v], [θ], [ð]는 '으'를 붙여 적는다.

mask[mɑ:sk] 마스크 jazz[dʒæz] 재즈
graph[græf] 그래프 olive[ɔliv] 올리브
thrill[θril] 스릴 bathe[beið] 베이드

2. 어말의 [ʃ]는 '시'로 적고, 자음 앞의 [ʃ]는 '슈'로, 모음 앞의 [ʃ]는 뒤따르는 모음에 따라 '샤', '섀', '셔', '셰', '쇼', '슈', '시'로 적는다.

flash[flæʃ] 플래시 shrub[ʃrʌb] 슈러브 shark[ʃɑ:k] 샤크
shank[ʃæŋk] 섕크 fashion[fæʃən] 패션 sheriff[ʃerif] 셰리프
shopping[ʃɔpiŋ] 쇼핑 shoe[ʃu:] 슈 shim[ʃim] 심

3. 어말 또는 자음 앞의 [ʒ]는 '지'로 적고, 모음 앞의 [ʒ]는 'ㅈ'으로 적는다.

mirage[mirɑ:ʒ] 미라지 vision[viʒən] 비전

제4항 파찰음([ts], [dz], [tʃ], [dʒ])

1. 어말 또는 자음 앞의 [ts], [dz], '츠', '즈'로 적고, [tʃ], [dʒ]는 '치', '지'로 적는다.

Keats[ki:ts] 키츠 odds[ɔdz] 오즈
switch[sw itʃ] 스위치 bridge[bridʒ] 브리지
Pittsburgh[pitsbə:g] 피츠버그 hitchhike[hitʃhaik] 히치하이크

2. 모음 앞의 [ts], [dʒ]는 'ㅊ', 'ㅈ'으로 적는다.

chart[tʃɑ:t] 차트 virgin[və:dʒin] 버진

제5항 비음([m], [n], [ŋ])

1. 어말 또는 자음 앞의 비음은 모두 받침으로 적는다.

steam[sti:m] 스팀 corn[kɔ:n] 콘 ring[riŋ] 링
lamp[læmp] 램프 hint[hint] 힌트 ink[iŋk] 잉크

2. 모음과 모음 사이의 [ŋ]은 앞 음절의 받침 'ㆁ'으로 적는다.

hanging[hæŋiŋ] 행잉 longing[lɔŋiŋ] 롱잉

제6항 유음([l])

1. 어말 또는 자음 앞의 [l]은 받침으로 적는다.

hotel[houtel] 호텔 pulp[pʌlp] 펄프

2. 어중의 [l]이 모음 앞에 오거나, 모음이 따르지 않는 비음([m], [n]) 앞에 올 때에는 'ㄹㄹ'로 적

는다. 다만, 비음([m], [n]) 뒤의 [l]은 모음 앞에 오더라도 'ㄹ'로 적는다.

slide[slaid] 슬라이드　film[film] 필름　helm[helm] 헬름
swoln[swouln] 스월른　Hamlet[hæmlit] 햄릿　Henley[henli] 헨리

제7항 장모음

장모음의 장음은 따로 표기하지 않는다.

team[ti:m] 팀　route[ru:t] 루트

제8항 중모음([ai], [au], [ei], [ɔi], [ou], [auə])

중모음은 각 단모음의 음가를 살려서 적되, [ou]는 '오'로, [auə]는 '아워'로 적는다.

time[taim] 타임　house[haus] 하우스　skate[skeit] 스케이트
oil[ɔil] 오일　boat[bout] 보트　tower[tauə] 타워

제9항 반모음([w], [j])

1. [w]는 뒤따르는 모음에 따라 [wə], [wɔ], [wou]는 '워', [wa]는 '와', [wæ]는 '왜', [we]는 '웨', [wi]는 '위', [wu]는 '우'로 적는다.

word[wə:d] 워드　want[wɔnt] 원트　woe[wou] 워
wander[wɑndə] 완더　wag[wæg] 왜그　west[west] 웨스트
witch[witʃ] 위치　wool[wul] 울

2. 자음 뒤에 [w]가 올 때에는 두 음절로 갈라 적되, [gw], [hw], [kw]는 한 음절로 붙여 적는다.

swing[swiŋ] 스윙　twist[twist] 트위스트　penguin[peŋgwin] 펭귄
whistle[hwisl] 휘슬　quarter[kwɔ:tə] 쿼터

3. 반모음 [j]는 뒤따르는 모음과 합쳐 '야', '얘', '여', '예', '요', '유', '이'로 적는다. 다만, [d], [l], [n] 다음에 [jə]가 올 때에는 각각 '디어', '리어', '니어'로 적는다.

yard[jɑ:d] 야드　yank[jæŋk] 얭크　yearn[jə:n] 연
yellow[jelou] 옐로　yawn[jɔ:n] 욘　you[ju:] 유
year[jiə] 이어　Indian[indjən] 인디언
battalion[bətæljən] 버탤리언　union[ju:njən] 유니언

제10항 복합어

1. 따로 설 수 있는 말의 합성으로 이루어진 복합어는 그것을 구성하고 있는 말이 단독으로 쓰일 때의 표기대로 적는다.

cuplike[kʌplaik] 컵라이크　bookend[bukend] 북엔드
headlight[hedlait] 헤드라이트　touchwood[tʌtʃwud] 터치우드
sit-in[sitin] 싯인　bookmaker[bukmeikə] 북메이커
flashgun[flæʃgʌn] 플래시건　topknot[tɔpnɔt] 톱놋

2. 원어에서 띄어 쓴 말은 띄어 쓴 대로 한글 표기를 하되, 붙여 쓸 수도 있다.

Los Alamos[lɔs æləmous] 로스 앨러모스/로스앨러모스
top class[tɔpklæs] 톱 클래스/톱클래스

제3장 인명, 지명 표기의 원칙

제1절 표기 원칙

제1항 외국의 인명, 지명의 표기는 제1장, 제2장, 제3장의 규정을 따르는 것을 원칙으로 한다.

제2항 제3장에 포함되어 있지 않은 언어권의 인명, 지명은 원지음을 따르는 것을 원칙으로 한다.

Ankara 앙카라 Gandhi 간디

제3항 원지음이 아닌 제3국의 발음으로 통용되고 있는 것은 관용을 따른다.

Hague 헤이그 Caesar 시저

제4항 고유 명사의 번역명이 통용되는 경우 관용을 따른다.

Pacific Ocean 태평양 Black Sea 흑해

제2절 동양의 인명, 지명 표기

제1항 중국 인명은 과거인과 현대인을 구분하여 과거인은 종전의 한자음대로 표기하고, 현대인은 원칙적으로 중국어 표기법에 따라 표기하되, 필요한 경우 한자를 병기한다.

제2항 중국의 역사 지명으로서 현재 쓰이지 않는 것은 우리 한자음대로 하고, 현재 지명과 동일한 것은 중국어 표기법에 따라 표기하되, 필요한 경우 한자를 병기한다.

제3항 일본의 인명과 지명은 과거와 현대의 구분 없이 일본어 표기법에 따라 표기하는 것을 원칙으로 하되, 필요한 경우 한자를 병기한다.

제4항 중국 및 일본의 지명 가운데 한국 한자음으로 읽는 관용이 있는 것은 이를 허용한다.

東京 도쿄, 동경 京都 교토, 경도 上海 상하이, 상해

臺灣 타이완, 대만 黃河 황허, 황하

제3절 바다, 섬, 강, 산 등의 표기 세칙

제1항 '해', '섬', '강', '산' 등이 외래어에 붙을 때에는 띄어 쓰고, 우리말에 붙을 때에는 붙여 쓴다.

카리브 해 북해 발리 섬 목요섬

제2항 바다는 '해(海)'로 통일한다.

홍해 발트 해 아라비아 해

제3항 우리나라를 제외하고 섬은 모두 '섬'으로 통일한다.

타이완 섬 코르시카 섬 (우리나라 : 제주도, 울릉도)

제4항 한자 사용 지역(일본, 중국)의 지명이 하나의 한자로 되어 있을 경우, '강', '산', '호', '섬' 등은 겹쳐 적는다.

온타케 산(御岳) 주장 강(珠江) 도시마 섬(利島)

하야카와 강(早川) 위산 산(玉山)

제5항 지명이 산맥, 산, 강 등의 뜻이 들어 있는 것은 '산맥', '산', '강' 등을 겹쳐 적는다.

Rio Grande 리오그란데 강 Monte Rosa 몬테로사 산

Mont Blanc 몽블랑 산 Sierra Madre 시에라마드레 산맥

학습 자료

훈민정음 창제

조선 1443년(세종 25년) 세종은 우리 글자 28자를 창제했다. 그해 12월 30일, 실록은 "이 달에 임금이 친히 언문 28자를 지었는데, 그 글자가 옛 전자(篆字)를 모방하고, 초성 · 중성 · 종성으로 나누어 합한 연후에야 글자를 이루었다. 무릇 문자에 관한 것과 속된 말에 관한 것을 모두 쓸 수 있고, 글자는 비록 간단하고 요약하지만 전환하는 것이 무궁하니, 이것을 훈민정음(訓民正音)이라고 일렀다."고 기록하고 있다.

그리고 세종은 "나라의 말씀이 중국과 달라 문자와 서로 통용되지 않으므로, 어리석은 백성들이 말을 하고자 하는 바가 있어도 마침내 제 뜻을 펴지 못한 자가 많다. 내가 이를 가련하게 여겨, 새로 28자를 만드니 사람마다 하여금 쉽게 써서 날로 사용함에 편안하게 하고자 한다."고 한글 창제 동기를 밝혔다.

그러나 최만리(집현전 부제학)는 1442년 2월 20일에 훈민정음 창제를 반대하는 상소문을 올렸다. 반대상소의 이유는 문자를 만드는 것이 중국을 사대(事大)하는 데 잘못이라는 것이고, 오지 몽골 · 서하 · 여진 · 일본과 같이 오랑캐 민족들만이 할 수 있는 일이라는 것이었다. 또 신라 설총의 이두(吏讀)는 비록 속된 말이나 모두 중국에서 사용하는 글자를 빌려서 보조로 사용되었기에 문자가 원래 서로 분리된 것이 아니므로 반드시 익히려 하면 먼저 몇 가지 글을 읽어서 대충 문자를 안 후에 이두를 쓰게 되므로 이 이두를 쓰는 자는 모름지기 문자에 의거하여야 능히 의사를 통하기 때문에 이두로 인하여 문자를 알게 되는 자가 많으니 또한 학문이 발전하는 데 도움이 된다는 것이며, 이두가 있음에도 불구하고 한글을 쓰는 것은 적절하지 않다는 것이었다.

세종은 최만리의 상소문을 보고, 다음과 같이 지적했다. "너희들이 이르기를 '음(音)을 사용하고 글자를 합한 것이 모두 옛글에 위반된다' 하였는데, 설총(薛聰)의 이두(吏讀)도 역시 음이 다르지 않느냐. 또 이두를 제작한 본뜻이 백성을 편리하게 하려 함이 아니겠느냐. 만일 그것이 백성을 편리하게 한 것이라면 이제의 언문도 백성을 편리하게 하려 한 것이 아니겠느냐. 너희들이 설총은 옳다 하면서 임금이 하는 일은 그르다 하는 것은 무엇이냐."고 조목조목 반박했다.

그 후 훈민정음이 창제된 지 3년이 지난 세종 28년(1446년)에 훈민정음의 한문 해설서인 「훈민정음 해례본」을 발행했다. 전권 33장 1책의 목판본이며, 1940년 경북 안동에서 발견돼 1962년 국보 제70호로 지정됐고, 현재 서울 간송미술관에 소장돼 있다. 1997년 유네스코 세계기록유산으로 등록된 간송본이 유일했으나, 2008년 상주에서 동일 판본이 발견됐다.

—한국경제, 2011.10.8., 신병주의 "인문학산책" 중략.

관련 용어 해설

간이교전(簡易校正, offpress proof, prepress) : 실제 잉크 · 종이 · 인쇄기를 사용하지 않고 인쇄견본(교정인쇄)을 만드는 것.

감교(勘校) : 대조하여 바로잡는 일. 또는 조사하여 고침 → 교정.

교열(校閱) : 문서나 원고의 내용 가운데 잘못된 것을 바로잡아 고치며 검열함→교정(校訂).

교정(校正, proofreading, proof correction) : 교정쇄와 원고를 대조하여 오자 · 오식 · 기호 · 배열 · 색 따위를 바로잡아 고치는 것→교열(校閱), 교준(校準).

교정(校訂, recension) : 남의 문장 또는 출판물의 잘못된 글자나 글귀 따위를 바르게 고침.

교정기호(校正記號) : 조판상의 잘못된 점을 수정하라고 지시할 때 문장 대신 쓰는 일정한 기호.

교정본(校訂本) : 옛날 책의 문장과 어구 등을 후세 사람이 교정하여 출판한 책.

교정쇄(校正刷) : 교정을 보려고 임시로 인쇄한 인쇄물.

교정지(校正紙) : 수정문자나 교정기호를 써 넣은 교정 인쇄지이며, 교정이 끝난 상태의 것을 말함. 교정은 붉은 색의 잉크 · 색연필 · 볼펜 · 사인펜 등으로 표시하기 때문에 아카지(일어, 赤字), 적자(赤字)라고도 함.

교정필(校正畢) : 교정이 끝남→교료(校了), OK.

대조교정(對照校正, collate proofreading) : 조판이 끝난 첫 교정지를 원고와 대조해 가면서 보는 교정, 또는 교정완료를 위해 먼저 교정지(2교 · 3교)와 대조하면서 교정하는 것→교정지 대조교정.

러프 스케치(rough sketch) : 완전원고로서 본 용지에 레이아웃된 것이 아니라 문자의 서체 · 크기 · 사진 · 색채 · 일러스트 등 디자인의 아웃라인을 손으로 그리는 일이나 그린 것.

맞춰보기교정 : 조판된 교정인쇄지를 교정할 때 한 사람이 교정인쇄를 원고와 일일이 맞춰가며 대조하는 교정. 보통 초교에서 사용함.

매김면교정(page proof) : 조판된 마지막 교정에서 완전한 페이지를 확인해 기재하는 교정.

수정고본(手定稿本) : 편자나 저작자가 스스로 교정하고 가감하여 원고를 정리한 것.

수정원본(修正原本) : 다음 판에서 고치기 위한 판본에 오자 · 탈자 · 교열 등 잘못된 부분을 표기한 책.

수정증감(修正增減) : 공표된 저작물의 잘못된 부분이나 부적당한 부분을 바로잡는 것. 원저작물의 복제(중판, 재간) 시 저작자에 대한 출판권자의 사전통지는 의무규정이며, 저작물의 수정 · 증감할 수 있는 권리도 저작자에게 있어 반드시 허락을 받아야 함.

윤문(潤文) : 글이나 문장을 고치고 다듬는 것.

읽어맞추기교정 : 교정을 볼 때 두 사람이 한 조가 되어, 한 사람은 원고를 읽고 다른 한 사람은 교정인쇄를 보며 교정하는 방법이며, 청각교정으로서 좋은 교정방법이 아님.

정오표(正誤表, errata left) : 책의 인쇄가 끝난 뒤에 발견된 오식 등의 잘못된 부분을 바로잡아 별쇄하여 만든 일람표의 인쇄물.

한글맞춤법 : 한글을 어법의 규정에 맞도록 적는 법칙. 1930년대에 조선어학회가 제정한 '한글 맞춤법 통일안'을 1988년 1월 개정하여 문교부가 고시하였음.

한글맞춤법통일안 : 한글의 맞춤법을 비롯한 문법체계를 통일하여 작성한 안. 1933년에 조선어학회가 완성하였고, 그 후 몇 차례의 부분 수정을 거친 후 1988년에 정부가 '한글맞춤법'을 만들어 고시하였음.

한자(漢字, chinese character) : 중국 고유의 글자이며, BC 5660~4960년경 고대 중국 황제의 사관(史官) 창힐이 짐승의 발자국을 보고 만들었다고 함.

훈민정음(訓民正音) : ① 1443년에 세종대왕이 집현전 학자들과 함께 발명한 우리나라 글자이며, 자음 17자, 모음 11자 모두 28자로 이루어짐. ② 세종 28년 1446년에 훈민정음 28자를 세상에 공포할 때 찍어 낸 원본. 세종이 훈민정음 창제의 취지를 밝힌 서문인 예의(例義)와 정인지 등이 지은 해례(解例)로 되어 있음.

※ 한국출판연구소, 「출판사전」(범우사, 2002)을 인용 및 참조함.

| 중요용어 |

교정	편집자 교정	교정의 순서	정판
OK(校了)	대조 OK	책임교료(대조 OK)	교정기호표
교정의 필수지식	한글 맞춤법		

제 판

Chapter 08

제1절 제판의 정의

제판(製版, platemaking)이란 인쇄를 하기 위해 판을 만드는 일로, 문자와 사진 · 그림 · 표 · 일러스트레이션 등을 인쇄용 판면에 복제하는 작업을 말한다. 제판에는 볼록판, 오목판, 평판, 공판 등이 있다. 최근에는 사진과 전자기술의 발달로 활자를 만들어 인쇄하는 가열식에서 사진제판방식인 비가열방식으로 바뀌고, 또 전사적 방법으로 제판하고 있다. 이러한 방법에는 ① 활판에서의 원판처럼 활자를 조판하여 판을 만드는 것, ② 조각오목판처럼 수공적으로 판을 만드는 것, ③ 사진볼록판 · 오프셋 · 그라비어인쇄 등의 사진기법에 의한 사진제판, ④ 원판을 복제한 복제판 등이 있다.

제판의 목적은 화선부(畫線部)와 비화선부를 판면 위에 구성하는 것으로서, 그 관계에 따라 제판방식이 나누어진다(한국출판연구소, 「출판사전」, 2002, 범우사, 참조).

제2절 제판의 종류

제판의 정의에서 언급했듯이 현대는 사진기술과 전자기술이 발달되어 기존에 활자를 만들어 인쇄하던 가열시 방법에서 사진제판방시인 비가열시 방법으로 바뀌었으며, 전지적 방법으로 제판을 한다. 그러나 최초의 인쇄는 볼록판에 의한 것이었다. 볼록판 인쇄방식으로는 목판이 가장 오래된 것으로, 중국의 종이발명 이후 종이에 이미지를 찍어내는 것이 가능해졌다. 그리고 그 후 대표적인 볼록판 인쇄로 활판이 있었는데 그마저도 현재는 설자리를 잃었다. 따라서 여기서는 제판방법에 따라 볼록판제판, 평판제판, 오목판제판, 공판제판 등으로 나누어지는 여러 종류의 제판에 대해서 자세히 살펴보기로 하자.

1. 볼록판제판

볼록판제판(凸版製版, letterpress plate)은 인쇄를 하기 위한 제판방식의 하나이며, 인쇄되는 화선부가 판면 위로 돋아 나오고 비화선부는 들어가 있는 판을 말한다. 이를 볼록철판(凸版)이나 활판이라고 하는데, 활자조판에 의한 인쇄판으로서 활판인쇄를 하기 위한 제판이다.

이 방식은 주재료인 납과 보조재료인 주석과 안티몬 등을 녹여서 만든 납합금을 사용하여 활자를 만든다. 주조기나 글자틀에다 녹인 납합금을 주입하여 개별 글자를 주조하는 것이다.

인쇄판(印刷版)을 만들 때는 보관된 활자를 원고의 내용 순서대로 한 자씩 문선(선택)하여 모은 다음, 인쇄될 판에 글자를 식자(배열)하여 현판인쇄를 하거나 지형을 뜬 뒤 연판(鉛版)을 만들어 페이지에 맞게 배열하여 인쇄하게 된다.

2. 평판제판

평판제판(平版製版, planographic plate)은 판면에 거의 요철(凹凸)이 없이 평평한 고무판에서 화학적 작용에 의해 잉크의 기름과 물이 서로 반발성을 갖도록 제판하여 글자나 그림이 인쇄되도록 한 판을 말한다. 주로 금속평판을 가장 많이 사용하며, 이에 의한 오프셋(offset) 인쇄는 판면에 바른 잉크를 고무블랭킷(blanket) 면에 전사(轉寫)하고 이를 다시 피인쇄체(종이 · 천 등)에 인쇄하는 간접인쇄법이며, 볼록판 · 오목판과 함께 현대 인쇄의 주축이다. 평판제판의 원리는 화선부를 감지성으로 하여 잉크의 접근을 쉽게 하고, 비화선부는 물에만 젖게 하고 잉크는 배척하게 함으로써 동일한 평면에서도 판이 만들어지게 한 것이다.

사진제판분야에서는 일반적으로 물을 사용하는 습식제판에 비하여, 물을 사용하지 않고 제판을 하는 평판인쇄용 제판방법으로 건식제판이 있다.

오프셋인쇄용 제판은 사진기술을 응용하는 사진제판이 주종이었으나, 현대에 와서는 전자기계에 의한 전자제판으로 자동화되었다. 사진 · 그림 등의 수정을 비롯한 색분해의 제판과정도 컴퓨터가 하는데, 이를 컬러전자제판시스템(color electronic prepress system)이라 한다. 또한 DTP로도 분색제판필름까지 출력할 수 있어 편집자가 직접 제판공정에까지 참여 가능하게 되었다. 현재의 제판방식은 판밑촬영이나 필름이 필요 없이 PC의 조판데이터를 직접 인쇄판에 굽는 CTP 방식으로 발전되었고, 인쇄판도 만들지 않고 컴퓨터로부터 디지털 데이터를 인쇄기로 바로 보내면 인쇄기 안에서 인쇄판이 작성되고 인쇄준비가 완료되어 종이에 인쇄가 되거나, 제책기능까지 갖춘 주문식 인쇄(on-demand)로까지 발전되었다.

CTP란 'computer to plate'의 약자로, 편집 데이터를 필름으로 출력하는 것이 아니라, 곧바로 인쇄판에 출력하는 것을 말한다. 필름을 소부할 경우 망점이 3~5% 이하는 재현되지 않기 때문에 1%의 망점까지 재현하는 CTP인쇄는 품질이 뛰어나 고급인쇄에 적합하다. 필름출력이나 소부 과정이 없어지기 때문에 비용이 저렴해질 수 있는데도, CTP인쇄가 많이 보급이 안 된 이유는 확인과정이 불안전하고 불편했기 때문이다.

그동안 국내의 CTP 출력실들은 터잡기 전의 낱장 데이터를 PDF나 컬러 프린트로 제공하거나, 터잡기된 데이터를 플로터 교정지로 제공한 후에 엔진이 읽을 수 있는 출력용 데이터로 변환하고 있기 때문에, 즉 출력 직전의 데이터는 아니기 때문에 불안 요소가 남아 있었다. 그러나 요즘 몇몇 업체들이 CTP 전용 특수 교정 프로그램을 도입하여 출력 직전의 Ripping이 끝난 데이터, 즉 컬러 데이터가 아니라 4도로 분판된 데이터를 특수 프로그램으로 머지(merge)하여 PDF나 플로터 교정지로 제공하기 때문에 완벽한 교정지를 제공받을 수 있게 되었다. 즉, 비용을 많이 절감하려면 인터넷으로 제공된 PDF 파일을 자기 회사의 컴퓨터로 확인하고 OK하면 되고, 편하게 교정을 보려면 플로터 교정지로 OK하면 되는 시스템이다.

특히 교사용 별색을 사용하는 학습지 편집 데이터는 그동안 머지(merge)기술이 없었기 때문에 플로터 교정지를 학생용과 교사용으로 구분하여 두 개의 플로터 교정지를 확인해야 했기 때문에 비용과 시간 낭비가 심했던 것을 완벽하게 극복한 새로운 방식의 서비스이다. 따라서 현재 필름출력과 소부의 비용을 생각해 보면, 상당히 많은 비용을 절약할 수 있을 것이다.

표 8-1 | CTF와 CTP의 차이점

CTF(Computer To Film) (컴퓨터 → 필름 → 소부판 → 인쇄)	CTP(Computer To Plate) (컴퓨터 → 소부판 → 인쇄)
• 필름을 PS판에 밀착시켜 현상(소부과정에서 망점 손실이 발생됨). 이로 인하여 필름의 농도와 인쇄 시 오차가 발생됨 • 필름출력 후 검판작업을 하여 부분부분 오류를 직접 확인. 이 과정에서 전지필름을 검판하는 데 불편하며, 분판된 필름을 확인하는 데 전문가가 아닌 이상 시각적으로 오류를 찾기 어려움(오버프린트 등 기타 오류) • 필름으로 검판하여 오류 발견 시 재출력하여야 함 • 4도 원색의 경우 교정지를 출력하므로 비용 발생 • 소부과정에서 필름의 훼손 정도에 따라 그대로 표현되며, 먼지나 이물질이 들어가 인쇄 시 나타날 우려가 있음(오류부분을 수작업으로 지워주는 처리를 함) • 필름 수정 시 따붙이는 수작업을 하므로 핀이 정확하지 않음 • 필름 보관 시 시간이 지남에 따라 훼손됨 • 인쇄 시 소부판에 현상된 농도를 보고 인쇄하므로 인쇄기장의 실력에 100% 좌우됨	• 데이터를 PS판에 출력(3% 미만의 미세한 작업까지 표현하므로 망점의 손실이 없음) • 망점 손실이 없어 색상의 표현이 훨씬 풍부함. 소부과정 생략으로 작업공정이 간소화됨. 작업시간이 빠름 • 컴퓨터 화면상으로 확인 후 인디고로 출력하여 가제본한 샘플책으로 교정보기 때문에 일반인도 쉽게 오류확인이 가능함(필름검판보다 편리함) • 검판하는 시간이 줄기 때문에 편집직원의 인건비 절감효과가 있음 • 인디고로 교정 시 오류가 발견되면 데이터 수정만 하면 됨. 수정필름의 비용이 없음 • 교정지 2대분이면 인디고로 전 대수 출력 가능 • 판에 직접 출력되므로 먼지나 이물질로 오류가 발생되지 않음 • 데이터로 수정되기에 필름 수정작업처럼 핀맞춤 오류가 없음 • 데이터를 관리하므로 필름을 보관할 필요가 없고, 훼손 우려가 없음 • 데이터값이 인쇄기에 전달되므로 90% 농돗값은 자동 인식되며, 나머지 10%의 농돗값만 기장이 조정하므로 인쇄가 고르게 됨. • 필름출력을 하지 않아 제작비용이 절감됨

출처 : http://blog.naver.com/ohjs3/100118361777

1) 평판제판의 종류

(1) 석 판

석판(石版, lithographic print)이란 1798년 독일인 제네펠더(Senefelder)가 발명한 평판 인쇄를 위한 제판을 말한다. 돌의 표면을 거울과 같이 매끄럽게 하여 기름묵이나 크레용으로 글자나 그림을 그려서 잉크롤러를 굴리면 묘선(描線)에만 묻은 잉크가 고무판에 옮겨져 피인쇄체에 인쇄가 되는 것이다.

(2) 금속평판

금속평판(金屬平版, metalithography)이란 주로 아연이나 알루미늄으로 된 금속판을 판재(版材)로 한 평판이다. 금속판의 표면에는 모랫발을 세운 다음, 직접 원고를 판에 묘화 또는 전사하든가 사진제판을 하기 위해 감광액을 칠하고, 원고의 네거티브 또는 포지티브 필름을 빛쬐기하는 방식으로 제판한다. 이때 비화선부는 아라비아고무 등으로 처리하여 물에 젖기 쉽게 하고, 화선부는 지방성을 띤 잉크가 묻기 쉽게 판을 만든다. 그리고 인쇄를 할 때에 적심물로 판면을 적시면, 비화선부는 잉크를 물리치고 화선부에만 묻은 잉크가 피인쇄체에 인쇄가 된다. 즉, 동일한 평면상에 판면이 구성되어 인쇄가 되는 것이다. 이는 판재가 얇은 금속이므로 원통에 감아 고속인쇄도 가능하다. 또한 제판공정이 비교적 용이하고 비용이 싸며, 큰 판의 제판도 가능하고, 컬러인쇄가 간편하여 현대 인쇄에 가장 광범위하게 사용되고 있다.

(3) 콜로타이프

콜로타이프(collotype)는 먼저, 두꺼운 유리판 표면에 젤라틴(gelatine)을 칠하고 그 위에 또다시 감광제를 섞은 젤라틴을 칠하여 말려서 판면에 미세한 물결모양의 주름을 만든다. 그 다음, 사진 네거티브 막을 벗겨 이 유리판에 겹쳐 빛을 쬐면, 빛의 강약에 따라 젤라틴의 막면이 굳어지는데, 이것을 물에 담가 글리세린 등의 약물로 처리한 뒤 지방성 잉크로 인쇄한다. 이때 젤라틴의 막면은 물에 젖어 인쇄잉크를 거부하고, 감광한 부분은 빛쬐기 정도에 따라 잉크가 묻어 연속적으로 농도가 변하는 연속계조(連續階調) 효과를 얻고 싶을 때 사용하는 독특한 방식으로, 망점의 크기에 의해 농도를 나타내는 오프셋이나 활판과는 다르다.

2) 평판제판의 재료와 공정에 따른 종류

(1) PS판

PS(presensitized)판은 제조회사에서 금속평판(주로 알루미늄판)에 감광액[01](感光液,

---

01 감광액은 (사진)제판할 때 판재에 칠하여 빛쬐기에 쓰이는 감광성 약액의 총칭으로, 빛에 감응하여 화학적 변화를 일으키게 하는 약액이다.

sensitizing solution)이 미리 칠해져 나와 부식이 필요하지 않은 판이다. 포지티브에서 빛쬐기를 하면 비화선부의 감광액이 용해하는 것과, 네거티브에서 빛쬐기를 하면 감광하지 않은 부분이 용해하는 것의 두 가지 형태가 있다. 감광액 칠하기나 부식 등의 공정 생략으로 제판이 간단하여 경인쇄와 일반 오프셋인쇄에 사용된다. PS판의 판재로는 0.3~0.5mm 두께의 얇은 알루미늄판이 주로 사용되고 있다.

(2) PVA판

PVA(poly vinyl alcohol)판이란 폴리초산비닐을 산(酸) 또는 알칼리로 비누화하여 얻는 수용성 합성수지판을 말한다. 폴리비닐알코올의 수용액을 중크롬산 암모늄이나 디아조 화합물로 감광화한 이 PVA용 감광액은 평요판과 사진볼록판 제판용으로 많이 사용되고 있다. 이는 아라비아고무 감광액에 비해 온도의 영향을 적게 받고 피막이 단단하여 감광도가 높으며 값이 싸기 때문이다.

(3) 평요판

평요판(平凹版, 평오목판)이란 인쇄잉크가 묻는 부분인 화선부를 부식액으로 약간 부식시켜 조금 오목하게 낮춰서 제판한 평판을 말한다. 이는 화선 부분이 낮게 되어 있으므로 화선이 또렷하고 판의 내쇄력(耐刷力)이 강하여 정밀한 인쇄물인 컬러인쇄용으로 적당하다. 따라서 금속평판의 인쇄방식 중 오늘날 오프셋인쇄용으로 가장 널리 사용하고 있는 제판법이다.

3. 오목판제판

오목판제판(凹版製版, intaglio plate)은 인쇄할 문자나 도형 부분인 화선부분을 판재의 표면보다 오목하게 파서 들어가게 한 제판형식이다. 이때 판재를 수작업이나 기계를 이용하여 조각한다든다 약품으로 판재를 부식시켜 제판(etching)하는 것을 조각오목판이라 하며, 사진법을 이용하여 그라비어 제판(photogravure)하는 것은 사진오목판(그라비어가 대표적)이라고 한다. 최근에는 그라비어판을 전자적 또는 기계적으로 조각하여 만들기도 하는데, 이는 종이가 나빠도 사진이 정밀하게 인쇄되고 고속으로 정확하게 인쇄되며, 계조(階調, gradation : 그림이나 사진의 밝은 부분에서 어두운 부분까지 변화해 가는 농도의 단계) 효과도 좋아서 고급사진판 등의 인쇄에 이용된다.

4. 공판제판

공판제판(孔版製版, screen plate)은 특수인쇄용 제판으로, 볼록판 · 평판 · 오목판과는 달리 금속 따위의 판재를 사용하지 않는다. 이는 스텐실(stencil, 등사원지)이나 실크스크린이

판을 대신하는데, 비화선부는 잉크가 새어 나가지 못하게 하고, 화선부는 잉크가 새어 나가게 하여 인쇄하도록 하는 제판방식이다. 가장 보편적인 방법으로는 스크린제판법이 있다. 스크린제판은 틀(frame)에 직조된 스크린사를 고착시키고, 그 위에 감광액을 바르고 건조시켜, 투과원고와 밀착하여 노출을 준 후 인쇄될 화선부에 잉크가 통과하도록 제판을 한다.

이에는 등사인쇄(학교에서 주로 애용), 타이프라이터공판(경인쇄에 적합함), 사진공판, 실크스크린인쇄(포스터나 입간판 등 소량인쇄에 적합함) 등이 있다. 전자회로기판 · 유리 · 도자기 등의 특수인쇄에 많이 이용되고 있다.

제3절 제판용 원고 만들기

이 절에서는 가장 일반적인 오프셋인쇄용 제판을 하기 위해, 그 전 단계인 제판용 원고를 만드는 과정으로부터 제판 시작단계까지 살펴보기로 한다(김성재, 2004, pp.208~209).

문자원고의 필름 출력 : 문자원고는 전산조판하여 인화지 또는 필름으로 출력한다. 인화지는 페이지 단위로 촬영한 후 제판지정에 따라 별도로 촬영한 사진 · 그림 등과 함께 따붙이기(paste-up)를 한다.

문자원고의 레이아웃 : 문자원고를 대지 위에 한 페이지 또는 두 페이지(맞은 쪽) 단위로 레이아웃한다.

대지 위에 마크업(mark-up) : 판의 중심과 인쇄할 때 여러 색판을 맞추는 데 가늠이 되는 센터가늠표와 재단이나 접지에 필요한 모서리 가늠표를 표시한다.

시각원고의 윤곽선 그리기 : 시각원고의 위치나 크기를 위한 윤곽선과 괘선을 그린다.

전반적인 교정 : 전반적으로 마지막 교정을 철저하게 본다.

대지판밑 작성 : 카메라 카피(camera copy) 하나하나를 대지에 따붙여 전체적으로 촬영하여 제판할 수 있게 터잡기를 한다. 이를 대지판밑(臺紙版稿)이라 하는데, 오늘날에는 전자기술을 응용한 제도기나 컴퓨터로 신속 · 정확하게 만들 수 있다.

대지판밑 촬영 : 완성된 대지판밑은 필요한 크기로 촬영하여 필름을 만든다.

필름 터잡기 : 페이지 단위의 필름은 접지배열에 따라 베이스필름(base film)에 터잡기(모아붙이기)를 한다.

인쇄판 빛쬐기 : 인쇄기에 거는 판(machine plate)에다 빛쬐기(printing exposing)를 한다.

제4절 제판의 분류

1. 단색제판

먼저 문자만으로 구성된 단색〔선화(線畫)〕제판용 원고는 필름(film)이나 인쇄판으로 제작되는데, 그 방법과 과정은 다음과 같다.

첫째 방법, **컴퓨터로 인화지 출력** → 포지티브 필름(positive film) → 인쇄판(알루미늄판, PS판) 제작

둘째 방법, **컴퓨터로 포지티브 필름 출력** → 인쇄판(알루미늄판, PS판) 제작

셋째 방법, **CTP시스템 인쇄** : CTP(computer to plate)는 제판방식에서 판밑촬영이나 필름작업을 생략하고 PC의 조판데이터를 PDF로 전환하여 인쇄판에 바로 보내어 인쇄기 안에서 PS판(알루미늄판)이 만들어져 종이에 인쇄를 하는 것이다. 일반적인 탁상출판(DTP)은 데이터를 인쇄용 필름으로 뽑아낼 때까지만 하는 것이 통례였으나, CTP에서는 이러한 필름작업을 생략하고 바로 인쇄판을 출력하여 인쇄를 할 수 있게 된 것이다. 원래 오프셋인쇄에서는 출판물 크기와 같은 제판용 필름을 만들고 감광제를 씌운 알루미늄판에 노광(露光)시켜 인쇄기의 인쇄판을 만든다. 그러나 CTP에서는 필름을 사용한 노광공정이 생략되어 좀 더 정확한 디지털 데이터를 반영할 수 있으며, 필름 제판설비나 보관장소가 필요없다는 장점이 있다.

이때 첫째 방법은 인화지를 네거티브(negative, 음화)로 촬영하지 않고 포지티브(positive, 양화)로 밀착하는 것으로서 인쇄효과와 보전성이 우수하다. 둘째 방법은 현재 가장 많이 이용되는 방법으로서, 인쇄효과가 좋고 신속한 방법이다. 셋째 방법인 CTP(computer to plate)시스템 인쇄는 필름을 만들지 않고 디지털 데이터로부터 직접 인쇄용 판을 만드는 시스템을 말하며, 망점을 1%까지 재현시킬 정도로 정밀하다. 이는 필름을 출력하여 판에 밀착시켜 소부(燒付 : 판굽기)한 뒤 부식시켜 인쇄용 판을 만들던 기존 공정에서, 필름출력에서부터 소부까지의 공정을 단축시킨 것이다. 그러나 아직은 실용성 면에서 문제가 있어 우리나라 인쇄량의 15%만이 이 방식을 이용하고 있다. 따라서 몇 가지 전제조건이 갖추어져야만 효율적인 능률을 얻을 수 있을 것이다. 즉 ① 완벽한 원고로 인쇄판에서 수정이 없어야 하고, ② 편집자가 제책 · 인쇄 기술에 대한 적성과 과정을 잘 알아야 하고, ③ 사전에 기계적 요건을 확정하여야 하고, ④ 보충이나 삭제가 어렵고, ⑤ 관리의 문제를 잘 검토해야 하고, ⑥ 같은 거래처에서 계속 제작해야 하는 불편함이 있다.

촬영하기 쉬운 단색원고 : ① 흑백의 농담이 일정한 원고, ② 확대나 축소하지 않는 원촌의 촬영, ③ 원고 바탕용지가 고급용지이고 표면의 평활도(平滑度)가 양호한 원고, ④ 화선부가 흐리지 않고 분명한 원고, ⑤ 축소 · 확대 비율이 크지 않은 원고 등을 들 수 있다.

촬영하기 어려운 단색원고 : ① 작은 것을 크게, 큰 것을 작게 하는 원고, ② 흑백 농담차이가 작은 원고, ③ 수정이 많아 촬영 때 그림자가 지고 원고에 높낮이가 있는 것, ④ 바탕용지의 면이 나쁜 원고, ⑤ 크기가 다른 것을 축소 · 확대 후 조합하는 원고, ⑥ 바탕용지나 화선부의 색상이 다른 원고, ⑦ 인쇄된 원고를 복제하는 것, ⑧ 다색원고를 단색 또는 2색으로 만드는 원고 등을 들 수 있다(홍우동, 1996, p.367 참조).

그러나 디지털 데이터로부터 인쇄용 제판을 만들지 않고 바로 프린트 또는 인쇄하는 CTP(computer to plate, computer to print)시스템이 개발되어, 앞으로의 인쇄기술은 컴퓨터의 발전과 함께 빠르게 변화할 것이다.

2. 원색제판

두 가지 이상의 색광(色光)을 혼합하면 다른 색이 되며, 파랑(blue) · 초록(green) · 빨강(red)은 빛의 3원색으로 혼합하면 백색광(白色光)이 되는데, 이렇게 색광을 혼합하는 것을 가법혼색(加法混色, additive color mixing)이라고 한다. 또한 색재(色材)를 혼합하여 모든 색을 재현하는 혼색법을 감법혼색 또는 감색혼합이라 한다.

감법혼색(減法混色, subtractive color mixing)은 색재(色材)를 혼합하여 모든 색을 재현하는 혼색법이다. 인간의 눈은 삼원색의 빛을 느끼는 신경이 있으며, 삼원색의 색광에 대한 느낌의 강약으로 모든 색이 식별된다. 이 이론에서 빛의 삼원색의 보색(補色)인 시안(cyan) · 마젠타(magenta) · 옐로(yellow)를 색재의 삼원색으로서 선택하면, 제각기 빛의 삼원색의 하나를 흡수하므로, 마젠타와 시안에서는 청록〔청자(青紫), Bule〕, 옐로와 마젠타에서는 자홍〔금적(金赤), red〕, 시안과 옐로에서는 초록(green)이 만들어지며, 각 색의 농담과 혼합에 의해 모든 색이 재현되는 이론이다. 그러나 현실문제로는 완전히 이상적으로 색광을 흡수할 수 있는 색재를 만들어낼 수 없으므로, 삼원색에 의한 감법혼색만으로는 완전한 색의 재현이 되지 않는다. 이론상으로는 세 색을 혼합하면 모든 빛이 흡수되어 새까맣게 되어야 할 터인데, 실제로는 붉은 기를 띤 검은 초콜릿색이 되고 만다. 컬러사진 · 컬러인쇄 · 그림물감 등의 혼색은 모두 이 원리에 기초를 둔 것이지만, 위에서 말한 대로 불완전하기 때문에, 컬러인쇄에서는 먹색을 더하여 4색으로 하며, 곁들여 색수정이 중요한 과제로 되어 있다.

원색(color)제판을 할 때 먼저 컬러도표를 이해하고 잘 활용할 줄 알아야만 효율적인 인쇄효과를 얻을 수 있다. 이를 위해 필수적으로 이해해야 할 사항은 다음과 같다.

① 3원색[02]의 가색(加色)과 감색(減色)의 효과, ② 인쇄 4원색의 종류와 제판의 지정 요령, ③ 색상의 명칭과 사용 요령, ④ 사진의 선수(線數)와 인쇄 · 용지의 적성, ⑤ 망점의 비율별 농담과 지정 요령 등이다.

이러한 내용을 잘 이해하면 별색(別色)을 쓰지 않고도 좋은 색을 끌어내어 원가절감 효과와 다양한 그라데이션(gradation, 계조)[03] 인쇄효과를 얻을 수 있다.

원색지정을 하거나 수정지정을 할 때 주의해야 할 사항은 다음과 같다.

① 무엇에 가까운 색, ② 따스한 색, ③ 견본보다 깨끗한 색, ④ 어떤 색의 20%를 줄일 것 등이 문제의 지정방법인데, 이 ①, ②, ③의 경우에는 사람마다 보는 눈과 색감에 따라 차이

표 8-2 | 사진제판 공정

순서	공정	담당	업무내용
1	원고접수	책임자	작업전표 작성 또는 접수, 각종 원고 접수, 납기 검토
2	준비	책임자	사진 · 그림 · 기타 원고의 분류, 문제점 해결, 인쇄기계 · 용지 확인 및 작업일정 수립
3	보충지정 표준지정	책임자	사진의 선수(線數) 결정(용지 · 기계 · 원고 상태별), 실무자 결정, 위 · 아래 추리기 결정, 인쇄판 결정(알루미늄 · PS), 작업설명 및 배정
4	색분해 촬영 밀착	실무자	사진의 선수 확인, 필름선택, 트리밍 평망의 선수 및 %수 확인 결정(용지, 기계, 원고 참조) 축소 · 확대 비율법, 원고 상태별, 선수별 원고분류 진행
5	수정	실무자	오류 제거, 먼지 제거, 데이터 수정, 색수정, 기타
6	따붙이기 (patching up, stripping)	실무자	색분해, 촬영, 밀착, 수정한 각종 조각 필름을 제자리에 붙임, 원고와 대조 확인, 색상별 · 페이지별로 정리
7	필름 교정	실무자	라이트 테이블 위에 페이지별 · 색별로 정리된 필름이나 데이터의 전반을 확인(OK지 · 대지 · 인쇄대본 등과 대조 확인), 수정, 새로 발견된 미스나 교정내용은 따로 기록했다가 인쇄대본에 기입
8	터잡기 (하리코미, stripping)	실무자	정해진 제품규격과 제책양식을 확인하고, 인쇄 · 제책의 방식을 설정, 터잡기의 대지 그리기, 루페 · 선수 게이지 · 이스데지 · 스기치 테이프 · 핀트마크 등의 재료 준비, 터잡기 진행 또는 자동출력, 원고 정리 후 반납
			전자제판의 경우에는 위 1~8까지의 공정이 일괄처리됨
9	판굽기 (아키, 아키스케)	실무자	마판된 알루미늄판이나 PS판의 대기, 판면의 약품처리, 판재와 필름의 신장 · 밀착, 빛쬐기, 정착, 수정, 세척 · 건조 · 검사

자료 : 홍우동, 1996, p.366 수정 참조.

02 빛의 3원색은 red(R, 빨강=金赤), blue(B, 파랑=青紫), green(G, 초록=綠)이고, 인쇄의 3원색은 magenta(M, 赤), yellow(Y, 黃), cyan(C, 靑)이다. 인쇄의 4원색은 black(K, 먹색)이 더 추가된다.

03 디자인 기법에서 농담의 연속적 변화에 의해 율동적 공간효과를 얻는 것으로, 그림이나 사진에서 밝은 부분부터 어두운 부분까지의 농담의 변화이다.

가 있을 것이고, ④의 경우에도 50%의 망점을 30%로 하라는 것인지, 아니면 50%에 대한 20%를 감해서 40%의 망점으로 하라는 것인지 혼동이 된다.

위의 표현 외에도 밝게, 맑게, 어둡게, 흐리게, 짙게, 강하게, 약하게 등과 같이 애매한 표현은 피해야 하고, 확실한 지정의 표현이 곤란한 때에는 견본색지(見本色紙, color guide)를 붙여주는 것이 가장 좋은 방법이다.

컬러인쇄물의 색과 농도의 재현은 각 잉크의 양과 색상, 채도, 투명도, 명도, 인쇄의 순서 및 종이질에 따라 달라지며, 종이의 광학적 특성에 따라 가장 많은 차이가 난다. 그러므로 여러 인쇄공정을 거친 완제품을 원고와 비교해 볼 때 모든 색과 농담을 완전히 재현시키는 것은 불가능하지만, 원하는 최대의 효과를 얻기 위해 노력하는 것이 편집자의 의무이다.

3. 색분해

색분해(色分解, color separation)란 원색원고를 인쇄를 통하여 재현시키기 위해 자홍(magenta), 노랑(yellow), 청록(cyan), 검정(black)의 인쇄 4원색으로 각각 나누어서 필름 또는 인쇄판을 만드는 것을 말한다. 따라서 한 장의 원색원고가 4가지의 필름 또는 인쇄판이 되는 것인데, 이는 다음과 같은 공정을 거친다(위의 책 참조).

우선 색재의 3원색인 마젠타, 옐로, 시안 색의 네커티브 필름을 만들어야 하는데, 이들 각 색의 판은 감색법에 의한 색분해 필터(분색필터)를 사용하여 만든다. 즉, 초록색(G : green)의 필터를 걸고 촬영하면 초록색만이 투과, 감광되어 마젠타색의 네거티브 필름이 되는 것이다.

① magenta(M) 필름을 만들기 위하여 → G(green) 필터, ② yellow(Y) 필름을 만들기 위하여 → B(blue) 필터, ③ cyan(C) 필름을 만들기 위하여 → R(red) 필터, ④ black(K) 필름을 만들기 위하여 → BGR(blue, green, red) 필터를 걸고 촬영하여 네거티브 필름(negative film)을 만든 다음, 다시 스크린을 걸고 4원색의 각도가 다른 망점의 포지티브 필름(positive film)으로 반전(反轉)시킨다.

현대의 컴퓨터식 색분해의 원리 역시 위와 같으나 여러 과정이나 방법이 생략된다. 즉, 전자색분해기(color scanner)의 개발에 의해 필터나 스크린 등을 걸지 않고도 사진선수와 치수, 색감의 보정 명령만 입력하면 직접 인쇄 4원색의 포지티브 필름 또는 레이아웃까지도 된 인쇄판으로 출력이 된다.

이러한 색분해의 원가를 줄이고 재작업하는 사고를 방지하기 위해서는 ① 사진의 위치·치수를 정확히 결정할 수 있을 때, ② 인쇄용지의 지질을 결정했을 때, ③ 인쇄의 기종을 결정했을 때, 정확한 치수와 트리밍작업을 거쳐 색분해작업의 지정을 해야 한다.

그리고 커버와 같이 중요한 인쇄물의 색분해는 반드시 미리 교정인쇄를 해봐야 한다.

학습 자료

1 연판

연판(鉛版, stereotype, stereo plate)은 활판인쇄에서 사용하는 인쇄판의 하나이다. 활판인쇄에서는 활자를 조판해서 그것을 가지고 직접 현판(現版)인쇄도 하지만, 대개는 조판된 판면으로 지형(紙型)을 뜬 다음, 이를 다시 연판주조기의 거푸집에 고정시키고 연판납(납을 주재료로 하여 안티몬과 주석을 혼합한 합금)을 315°C 정도의 열에 녹여 액체로 된 것을 부어서 만든 연판을 인쇄기에 앉히거나 걸어서 인쇄를 한다. 일반 활판인쇄기계에 거는 평연판(平鉛版)과 윤전기에 거는 원연판(圓鉛版)이 있다. 평연판의 경우, 1페이지 단위로 자른 다음 인쇄할 때 잉크가 묻을 만한 판면의 공백부는 루팅기(routing machine)나 끌로 깎아내는 등 다듬질을 한다. 그리고 메탈 베이스를 사용할 때에는 거기에 맞도록 판의 테두리를 깎으며, 개개의 연판의 뒷면을 마치 대패질하듯 기계로 깎아서 그 두께를 고르게 하여 인쇄의 정밀도를 높이는 동시에, 인쇄기계에서의 얼룩잡기의 힘을 덜도록 한다. 또 연판에서 틀린 글자를 바로잡을 때에는, 틀린 글자를 같은 활자의 크기로 구멍을 뚫고 바른 활자를 그 자리에 끼워 넣고, 판면에 맞춰 납땜으로 고정시킨 다음 뒷면도 줄질하여 주위와 수평이 되게 한다. 이 작업을 '끼워넣기' 라 한다. 여러 글자 혹은 여러 줄을 고칠 때는, 그 부분을 따로 짜서 지형을 뜨고 연판을 만든 다음 연판끼리 납땜으로 오려 붙인다. 5,000통 이상일 때는 자면의 마멸을 막기 위해 연판에 도금을 하여 쓰는 것이 원칙이다. 도금은 그 인쇄부수에 따라 동(胴) · 니켈 · 철 · 크롬 등이 쓰이고 있다. 스테레오(stereo)라고도 한다. 흔히 '동메키' 라고들 하나 이는 일어에서 온 말이다. —한국출판연구소, 앞의 책.

2 전자색분해

전자색분해(電子色分解)는 컬러인쇄를 하기 위해 전자에 의하여 색분해를 하는 것이다. 일반적으로 하는 색분해처럼 제판카메라를 사용하지 않고, 컬러원고에서 얻은 빛의 강약을 전류로 바꾸어서 컴퓨터에 의해 색수정을 하고, 다시 전류를 빛으로 바꾸어서 제판용 필름을 만들든가, 조각기에 의해 볼록판 따위의 각판(刻版)을 한다. 전자색분해에는 먼저 가느다란 빛의 광점(光點, beam)으로 컬러원고를 샅샅이 미세한 선으로 분할하여 주사(走査)한다. 이것을 3개의 광속(光速)으로 나누어 분해필터를 통해 광전관(光電管)에 보낸다. 거기서 빛은 전류의 강약에 변환되어 컴퓨터에 보내지고, 컴퓨터는 마스킹과 같은 일을 하여 색수정과 밑색빼기(under color removal)를 전자식으로 행하여 수정된 3색판용의 전류가 얻어진다. 동시에 먹판계산이 행해져서, 별개로 먹판용의 전류가 추출된다. 이들 4개의 전류는 컬러 스캐너에서는 재도광(再度光)의 강약으로 변환되어 제판용의 분색네거 또는 분색포지를 만들고, 전자제판조각기에서는 볼록판 등에 각판된다. 단시간에 색분해가 되고, 거의 사람의 손을 빌리지 않고 마스킹까지 해내면서도, 더욱 균일한 품질의 컬러제판이 되므로, 오늘날의 색분해는 차츰 카메라 워크에서 전자색분해로 옮겨져 가고 있다. —한국출판연구소, 앞의 책.

관련 용어 해설

가법혼색(加法混色, additive color mixing) : 빛의 삼원색인 파랑(blue), 초록(green), 빨강(red)을 혼합하면 백색광(白色光)이 되듯이 두 가지 이상의 색광을 혼합하면 다른 색이 되는데, 이런 효과를 얻기 위해 색광을 혼합하는 것을 말함→가색혼합.

감감법(減減法) : 필름현상 때, 특수한 약품으로 필름의 감도를 떨어뜨려 암실작업을 쉽게 하는 방법.

감감제(減減劑, desensitizer) : 사진의 감광재료의 감광도를 저하시키는 약제.

감광성(減光性, photo sensitive) : 빛의 흡수 정도에 따라 나타나는 물리적 · 화학적 변화.

감광성수지판(減光性樹脂版, photopolymer plate) : 빛에 감광하면 반응하여 구조와 성질을 변화시키는 감광성수지를 이용한 인쇄용 제판 재료→다이크릴(dycril)판.

감광액(減光液, sensitizing solution, coating solution) : 사진제판할 때, 판재에 칠하여 빛쬐기(노광)에 쓰이는 감광성 약액의 총칭.

감도(減度, sensitivity) : 감광재료가 빛을 느끼는 속도→감광도.

감력(減力, reduction) : 현상이나 노출이 너무 과다하여 농도가 지나친 것을 낮추는 것.

감마(γ, gamma) : 감광재료의 콘트라스트를 나타내는 수치.

감법혼색(減法混色, subtractive color mixing) : 색재를 혼합하여 모든 색을 재현하는 혼색법. 이론적으로는 각 색의 농담과 혼합에 의해 모든 색이 재현된다지만, 빛의 삼원색인 파랑 · 초록 · 빨강의 감법혼색만으로는 완전한 색이 재현되지 않아 컬러인쇄에서는 먹색을 더하여 4색으로 색수정을 함→감색혼합.

감지성(感脂性) : 화선부를 친유성(親油性)으로 하는 것. 평판의 화선을 감지성으로 바꾸는 정도에 따라 잉크가 잘 묻어 인쇄효과가 좋음.

건식제판법(乾式製版法, dry process) : 사진제판은 거의 물(액체)을 사용하는 습식제판법인데, 이는 특히 물을 사용하지 않고 처리하는 방법임.

경조(硬調, high contrast) : 사진의 원판인화에서 감광된 곳과 안 된 곳의 차이가 나타나는 것.

계조(階調, gradation) : 그림이나 사진의 밝은 부분에서 어두운 부분까지 변화해 가는 농도의 단계. 사진의 네거티브나 포지티브, 또는 모든 인쇄물에는 하이라이트에서 섀도(어두운 부분)까지 빛의 명암에 의한 농담이 있음. 계조는 연속적으로 변화하고 있으므로 연속계조라고 하며, 인쇄물이 계조를 재현하는 능력을 계조재현성이라고 함→그라데이션, 보카시.

그림빼기 : 사진합성이나 하이라이트판 등에서 불필요한 부분을 지우기 위해 네거티브상에서 불투명한 종이나 필름 등으로 가리는 것→마스크.

금속평판(金屬平版, metalithography) : 금속을 판재로 한 평판. 제판법에는 묘화판(描畫版) · 전사판 · 난백판(卵白版) · 평요판 · 평볼록판 · PS판 등의 방식이 있는데, 평요판과 PS판이 가장 많이 사용되고, 판재는 보통 아연과 알루미늄 판이 많음.

기포(氣胞, air bell) : 그라비어제판의 전사 공정에서 카본티슈와 동면(銅面) 사이에 공기가 조금 들어가서 일어나는 고장 현상.

난백감광액(卵白感光液, albumen coating solution, albumen sensitizer) : 계란의 흰자나 이를 건조한 흰자를 물에 녹여서 중크롬산암모늄이나 중크롬산갈륨을 첨가하여 만든 감광액이며, 주로 난백평판에 사용함→흰자감광액.

난백판(卵白版, albumen plate) : 금속평판 제판 때 아연판이나 알루미늄판을 판재로 하여, 모랫발을 세운 판면에 달걀 흰자를 재료로 한 감광액을 칠하고, 네거티브 필름을 빛쬐기하여 제판하기 때문에 생긴 이름. 판면과 내쇄력이 약함→난백평판.

네거티브(negative) : 원고나 피사체와 흑백부분의 관계가 반대로 되어 있는 사진화상→네거, 음화.

농담(濃淡, gradation) : 피사체 · 네거티브 · 포지티브 등에서 하이라이트로부터 섀도(어두운 부분)에 이르는 농도의 단계→계조, 톤, 그라데이션.

다이렉트 스크리닝(direct screening) : 컬러제판에서 원고의 색분해와 망촬영이 동시에 이루어지는 1공정으로 망점 네거티브로 작업하는 직접망촬영법.

다이크릴판(dycril plate) : 감광수지볼록판의 일종. 얇은 알루미늄 합금의 판재에 수지화합물을 칠한 판.

다층평판(多層平版, polymetal plate) : 서로 다른 금속을 여러 층으로 겹쳐 각각의 특성이 발휘되도록 하는 평판의 판재나 제판한 평판.

단색광(單色光, monochromatic light) : 스펙트럼에 의하여 더 이상 분해되지 않는 단일색 광선. 즉, 단일 파장의 빛.

더블 톤(double tone) : 하나의 사진원고로 스크린 각도를 달리한 두 장의 망점 네거티브를 촬영하여 판을 두 개 만든 후 2색이나 농담이 다른 잉크로 겹쳐 인쇄하는 것. 2색의 경우는 먹판과 색판이 많지만, 색판 2색만으로도 인쇄함.

도림판(outline finish halftone) : 필요한 그림의 부분 이외를 잘라버리고 마무른 망볼록판→삭제판.

독터 블레이드(doctor blade) : 그라비어인쇄에서 실린더 표면에 접해 있는 칼날 모양의 금속판으로 화선부에 묻어 있는 여분의 잉크를 긁어 내는 장치.

듀오톤(duotone) : 같은 계통의 농담 2색인 농도를 높이고 계조를 풍부하게 하는 제판방법. 먹판 1에 보색용으로 엷은 먹판 1을 더 가함으로써 계조가 풍부하게 됨→더블톤.

딘(DIN) : 감광재료의 감도를 표시하는 단위. ASA 50이 DIN 18, ASA 100이 DIN 21에 해당함. DIN은 독일공업규격 Deutsche Industrie Norm의 머리글자에서 따옴.

라인농도(line density) : 사진에서 상(像)의 불투명 농도.

래커(lacquer) : 섬유소나 합성수지 용액에 안료(분말)를 섞은 도료(塗料 : 바르는 재료). 오프셋인쇄판에서 화선부를 친유성으로 만들기 위해서 사용하는 도료제이며, 실크인쇄에서는 비화선부의 보강에 사용함.

랩 어라운드판(wrap around plate) : 윤전인쇄기의 원통형 판통에 감아서 인쇄하는 얇은 판재를 쓴 볼록판. 얇은 금속판이나 감광성수지판 등의 판재를 얕게 부식시켜 제판하여 드라이 오프셋인쇄를 하기도 하고, 볼록판을 윤전인쇄하는 방법으로도 쓰임.

레비(Max Levy, 1857~1926년) : 망점 스크린을 완성한 사람으로 1886년 망점스크린의 시험에 성공하고, 그 후 각선기(刻線機)를 만들어 조각 망점스크린을 제소하였음.

리터칭(retouching) : 사진제판과정에서 색수정의 수공적 작업법. 예전에는 유리판에 빛젼 분색(分色) 포지티브를 연필 · 지우개 등으로 수정했지만, 현재는 망점 네거티브나 망점 포지티브에 도트에칭(dot etching)으로 계조 · 색의 밸런스 · 흐림 등을 수정하거나 인위적으로 색을 변경하는 기술임.

릴리프(relif) : 볼록판의 화선부.

릴리프 인쇄(relif printing) : 합지나 두꺼운 상질지에 유화원화를 다색 복제하여 원화가 가지는 세밀한 요철을 눌러 돋아나게 함으로써 인쇄효과를 높임.

마블링(marbling) : 물 위에 유성물감을 떨어뜨려 저은 다음, 종이를 물 위에 덮어 대리석 모양의 무늬가 묻어 나게 하는 기법.

마스킹(masking) : 컬러인쇄 제판의 색분해과정에서 사진기법을 응용한 수정. 색수정, 계조보정, 밑색빼기 등의 목적으로 마스크(mask)를 이용하여 노출량을 조절하여 수정하는 것. 현대의 전자색분해에서는 이 번거로운 마스킹이 전자적으로 컴퓨터의 명령에 의해 색분해와 동시에 이루어지고 있음.

망점(網點, dot, halftone dot) : 연속계조가 있는 사진이나 일러스트를 인쇄물로 재현하기 위해 스크린을 건 제판법에 의해 만들어지는 미세한 점.

망점농도(網點濃度, dot density) : 필름이나 인쇄물의 망점 1개의 농도. 망점이 뾰족할수록 좋은 망점이며, 망점경사가 급할수록 밀착 노광이나 네거티브 반전 시에 망점면적의 변화가 적어 인쇄효과가 좋음.

망점수정(網點修正, dot etching) : 필름 화상의 계조를 바꾸기 위해, 감력에 의해 부분적으로나 전체적으로 망점의 크기를 변화시키는 것. 보통 황산세륨이나 철킬레이트 타입의 감력액을 사용함.

맞춤금 : 오프셋인쇄용의 대지(臺地)에 줄을 그을 때, 사진판을 넣을 위치 · 망점을 넣을 위치 · 민인쇄를 할 곳 등의 경계를 표시한 선(금)으로, 보통 네거티브를 잘라붙일 때의 가늠으로 쓰이며, 인쇄할 때는 나타나지 않음.

모랫발(grain, grained grain) : 연마기로 연마구와 연마사로 아연판이나 알루미늄판의 표면을 갈아 미세한 면이 되게 한 상태이며, 이 공정을 연마라고 함.

모랫발스크린(grained screen) : 제판용의 특수 스크린. 망점 대신에 모랫발 무늬를 사용하는데, 부드러운 느낌의 사진판이 되기는 하지만 보통 해상력이 낮고 제판이 까다로우며, 광고사진 등에 쓰임.

묘화판(描畫版) : 평판에서 사진을 이용하지 않고 손으로 그려서 판을 만드는 제판법으로, 모랫발을 세운 아연판에 원화의 윤곽을 투사한 다음, 그 윤곽에 따라 기름먹으로 직접 그림.

무수평판(無水平版, waterless plate) : 적심물을 사용하지 않고 인쇄할 수 있는 평판의 일종.

밀착색분해(密着色分解, contact color separation) : 제판카메라를 사용하지 않고 밀착프린터로 컬러필름을 원치수로 3색 분해하는 방법. 색분해 시 제판카메라의 렌즈를 사용하지 않기 때문에 수차(收差)가 적은 선명한 분해 네거티브를 얻게 됨.

밀착인화(密着印畫) : 확대기를 거치지 않고 음화 필름에다 직접 인화지나 반전용 필름을 대고 원치수대로 복사하는 것.

밑맞추기(tumble head) : 오른쪽매기(우철)의 책, 즉 세로짜기 책을 인쇄할 때 판을 앉히는 방법. 예컨대 페이지물 4~8면을 걸 때 판면의 아래쪽이 서로 마주 보게 하는 방법임.

밑색빼기(under color removal : UCR) : 컬러인쇄 제판에서 먹색부분의 다른 색을 제거하는 것.

바이메탈(bimetal) : 다층평판의 일종으로 두 개의 서로 다른 금속으로 화선부와 비화선부를 구성하는 인쇄판을 말함. 감지성(感脂性)이 높은 금속을 화선부로 하고 친수성이 있는 판재를 비화선부로 하므로 판의 안정성이 높고 내쇄력이 큼.

볼록판(凸版, letterpress plate) : ① 제판방식의 하나로, 화선부가 판면 위로 돋아나오고 비선화부는 들어가 있는 판→철판(凸版). ② 활자조판에 의한 돋음 인쇄판.

비화선부(非畫線部) : 인쇄용 판면에서 잉크가 묻지 않는 모든 공간부분이며, 비화선부에 잉크가 묻지 않게 하기 위해서는 볼록판은 판이 충분히 깊게 부식되어야 하고, 평판은 판면처리가 완전하고 적심물로 확실히 덮여야 하며, 오목판은 독터 블레이드(doctor blade)에 의해 불필요한 잉크가 깨끗이 닦여져야 함.

빛쬐기(printing exposing) : ① 감광지에 네거티브(음화)를 겹쳐놓고 빛을 쬐어 포지티브(양화)를 만드는 것을 말하는 사진용어. ② 인쇄판재에 화상을 형성시키기 위해서 필름 측에서 일정거리로 자외선을 조사하는 것 → 식판(殖版).

빼내기 : 사진제판에서 사진의 일부분만 남기고 배경은 전부 없애는 것. 상업사진에서도 널리 쓰이며, 흑백사진의 경우에는 원고에서 불필요한 부분을 붓이나 에어 브러시로 희게 뭉개면 됨.

빼낸 글자 : 사진제판에서 얹은 글자에 상대하는 말. 첫째 판에서만 빼내면 글자 부분이 원래의 종이색으로 됨. 컬러인쇄에서 전부 또는 일부 색판에 한해서도 가능함→백발(白拔).

사이드 에칭(side etching) : 선화볼록판이나 망점볼록판을 제판할 때, 화선이나 망점의 측면이 산(酸)의 부식으로 파이는 것.

사진요판(寫眞凹版, photogravure) : 요판인쇄면의 제작법. 인쇄된 화상의 양화와 망판인쇄의 스크린과 유사한 망목을 식각한 면에 산(酸)이 침투 안 되게 처리한 금속판에 노출시켜 만드는 방법→그라비어.

색상환(色相環, hue circle) : 색상의 변화를 계통적으로 나타내기 위해 색표를 둥근모양으로 배열한 것.

스캐너(scanner) : 필름이나 사진 · 문자 · 도면 · 바코드 등을 광학적으로 주사하여 반사광이나 투과광의 강도를 계측하고, 디지털 전기신호로 변환하여 디지털화상으로 읽어들이는 화상입력장치.

스크린(screen) : 제판과정에서 원화의 농담을 인쇄에서 계조로 표현하기 위해 사용하는 망점이 있는 유리나 필름의 막.

스크린 톤(screen tone) : 망점 · 단선 · 모랫발 등의 무늬를 인쇄한 투명한 필름이며, 뒷면에 접착제가 있어, 필요한 모양으로 잘라내어 제판 시 이용함.

스펙트럼(spectrum) : 가시광선(可視光線) · 자외선 · 적외선 등을 분광장치로 분산시켜 파장순으로 나열한 것이며, 띠 모양의 영상으로 나타남.

아라비아고무(gum arabic) : 아라비아고무나무나 아카시아속 식물에서 채취한 반투명의 가용성 액체. 인쇄에서는 금속평판 제판에 쓰이며, 이것을 비화선부에 칠하면 적심물을 잘 지켜 유지함으로써 지방성의 잉크를 거부하여 부착되지 않게 함→접착제, 정제.

아라비아고무 감광액(bichromated gum coating solution) : 아라비아고무의 수용액에 중크롬산 암모늄을 혼합하여 만든 감광액으로, 흡습성이 커서 습도에 민감하므로 잘 씻기지 않는다는 단점이 있음.

아연판(亞鉛版, zinc plate) : 아연으로 만든 금속평판. 그동안 오프셋인쇄의 판재로 많이 사용되었지만, 근래에는 판재로서 특성이 뛰어난 알루미늄판이 사용됨→아연평판, 징크판.

안료(顔料, pigment) : 인쇄잉크 · 도료 · 제지 · 플라스틱 · 화장품 등의 색재료로 많이 사용되는 미세한 분말로서, 첨가제와 함께 물이나 기름으로 섞어 이겨서 사용함.

알루미늄판(aluminium plate) : 알루미늄을 금속평판의 판재로 사용한 것. 0.3~0.5mm의 알루미늄판을 쓰며, 아연판에 비해 모랫발이 섬세하고 중량이 가벼워 다루기 쉽고 판재로서의 특성이 뛰어남.

얹은 글자 : 사진제판에서 사진 위에 캡션이나 제목 같은 글자를 넣는 것. 빼낸 글자에 상대적으로 쓰는 말임.

연마(硏磨, polishing, garining) : 금속판의 표면을 제판에 알맞게 갈아서 모랫발을 세우는 것. 모랫발이 잘 서고 안 섬은 인쇄효과와 내쇄력에 영향을 줌. 연마의 방법은 연마기에 판을 고정시켜 놓은 후 연마구(강철구슬 · 사구구슬 · 유리구슬 등)를 깔고 윤활제와 연마사(금강모래)를 뿌린 후에 연마기를 회전시켜 연마함→마판.

연판지형(鉛版紙型) : 원지형의 마모나 수정이 필요할 때 원지형에 납물을 부어 만든 연판으로 다시 뜬 지형. 연판지형을 뜨기 위한 연판을 종자연판이라 하며, 초판 후 정정이 있으면 이 종자연판에서 끼워넣기를 한 다음 지형을 복제함→복사지형.

오목판(凹版) : 인쇄할 문자나 화상 부분이 동철이나 동판의 표면보다 홈(암골)이 파여 들어간 판→요판.

음화필름(negative film) : 필름원판의 문자 · 그림 · 선 등이 백색으로 되어 있고 공간이 검정색으로 촬영된 필름. 이 필름에 의한 피사체는 좌우 · 흑백이 실제와는 반대로 나타남.

자연색(自然色) : 인공적인 색채를 가하지 않은 자연 그대로의 빛깔로서 다갈색 · 베이지색 등.

전자제판(電子製版) : 광전 변환을 이용하여 원고에서 제판하는 기술이며, ① 컬러스캐너(electronic color scanner) : 원고를 광전으로 주사하여 색분해 · 색수정을 완료한 원판필름을 만드는 것, ② 전자제판조각기(electronic photoengraving) : 원고를 광전으로 주사하여 전류의 강약을 조각침의 스트로크로 바꾸어 직접 원판을 조각하는 것으로 나뉨.

조색(調色, toning) : ① 사진인화에서 은을 다른 금속으로 바꾸거나 염료로 다른 색을 만들어 아름답게 하거나 내구력을 높이기 위해 색을 바꾸는 것. ② 두 가지 이상의 잉크를 혼합해서 다른 색의 잉크로 만드는 것→조색잉크.

지형(紙型, paper matrix, mold) : 활판인쇄를 하기 위한 연판(鉛版)을 만들기 위해 쓰는 종이로 된 판이며, 활자조판이나 볼록판 위에 지형용지를 올려놓고 압력을 주어 글자가 암골로 되는 굳은 종이판. 보통 수량(즉, 통수)이 적은 것은 원판인쇄를 하지만 수량이 많을 때는 복제판을 만들기 위해 지형을 뜬 후 연판을 만들어 인쇄함.

컬러 뷰해 : 색깔이 있는 그림이나 사진 등을 인쇄물로 만들기 위해 원색을 감색법의 3원색판으로 분해하는 작업.

컬러스캐너(color scanner) : 다색인쇄에서 컬러원고를 광전(光點)에서 주사하고 고속으로 색분해하여 적판 · 청판 · 황판 · 흑판용의 필름을 만드는 기계.

콘트라스트(contrast) : 사진의 네거티브나 인화지의 밝고 어두운 부분의 농도의 차. 콘트라스트가 큰 것을 경조(硬調), 작은 것은 연조(軟調)라고 함.

토털레이아웃 스캐너(total layout scanner) : 컬러스캐너와 접속시켜 색분해 · 색조변경 · 오려내기 · 화상의 합성 · 화소의 이식 · 겹침 · 흐림 · 그라데이션 등의 작업을 자동으로 처리하여 1페이지씩 완성된 상태로 출력하는 집판 시스템→페이지메이크업 시스템(page makeup system), 토털스캐너.

투과촬영(透過撮影, projection) : 제판단계에서 색분해나 스크린을 거는 망점촬영을 할 때 네거티브나 포지티브 뒷면에 광원(光源)을 놓고 촬영하는 것.

트리밍(trimming) : 불량부분의 수정과 필요한 부분을 비례로 자르기 위한 작업이며, ① 사진을 확대할 때 윤곽을 결정하여 가장 조형적으로 아름답게 촬영 목적에 부합되도록 하는 것. ② 사진을 인쇄원고로 할 때, 인쇄치수에 맞게 원고 위에 윤곽을 지시하는 것.

판각(版刻, engraving) : 나무 · 금속 · 돌 등의 재료에 문자 · 그림 · 모양 등을 칼로 깎거나, 산화작용 또는 사진제판법 등으로 판을 깎아 새기는 기술 및 인쇄.

포지티브(positive) : 사진의 명암이 실체(또는 원고)와 같은 상태의 인화나 필름. 원고나 피사체의 흑백이 뒤바뀌지 않고 재현된 사진화상→양화, 포지.

PVA감광액(PVA sensitizing solution) : 평요판과 사진볼록판용 감광액의 일종이며, 폴리비닐알코올(poly vinyl alcohol)의 수용액을 중크롬산 암모늄이나 디아조 화합물로 감광화한 것으로 값이 싸고 온도의 영향을 적게 받고 피막이 단단하여 감광도가 높음.

화선부(畫線部) : 인쇄용의 판면에서 잉크가 부착되는 부분으로 문자나 그림이 판면으로서 구성된 부분. 화선부가 판면에서 볼록하게 두어나 있으면 볼록판, 오목하게 들어가 있으면 오목판임.

※ 한국출판연구소, 「출판사전」(범우사, 2002)을 인용 및 참조함.

| 중요용어 |

제판	볼록판제판	평판제판	오목판제판
공판제판	단색제판	CTP	PDF
원색제판	색분해	연판	

Chapter 09

인 쇄

제1절 인쇄의 정의

1. 인쇄란?

인쇄(印刷, printing)란 문자원고나 시각원고(사진 · 그림 · 표 등)를 근거로 하여 판을 만들고, 이 판에 인쇄잉크 등의 색재와 인쇄기계에 의한 압력을 주어 종이나 천(布) 등의 피인쇄물에 문자원고나 시각원고의 정보를 대량으로 복제하는 것을 말한다.

근대적 인쇄의 요건은 원고 · 판 · 인쇄기계 · 색재 · 피인쇄물의 5가지이며, 고속으로 대량복사가 가능하다. 이러한 근대의 인쇄기술은 옛날의 목판인쇄가 발달하여 독일의 구텐베르크(Johannes Gutenberg, 1397~1468년)가 15세기에 발명한 인쇄기계와 금속활자(1455년)의 완성에 의해 시작된 것으로 보고 있다. 이때부터 종이를 사용하는 대량의 서적인쇄가 발달하게 되었다. 또한 종이 이외의 금속 · 유리 · 플라스틱 등에 인쇄하는 특수인쇄가 발달되어 공업용으로 많이 쓰이고 있다. 근대인쇄가 근대사회에 있어서 가지는 의의와 공헌은 대단히 크다. 즉, 대량 · 고속의 복제능력은 매스 커뮤니케이션의 매체로서 발휘하는 힘이 다른 매체보다도 더욱 크기 때문이다.

금속활자로 인쇄된 우리나라 최초 인쇄는 1377년 고려시대(우왕 3년) 때의 「직지심경(直指心經)」으로서 독일 구텐베르크의 금속활자(1455년, 「42행 성서」)보다 78년이나 앞선 것을 세계에서 인정받았다. 이는 고려시대가 그 당시 세계 최고의 문화수준과 우수한 과학기술을 지니고 있었음이 실증된 것이다.

인쇄는 인쇄판의 구조형태에 따라 그 방법이 달라진다. 인쇄의 종류에는 볼록판인쇄, 평판인쇄, 오목판인쇄, 공판인쇄 등이 있고, 특수인쇄분야로 본다면 등사판인쇄, 스크린인쇄, 전자인쇄(정전기를 이용한 자동복사인쇄), 모노크롬인쇄(단색인쇄), 컬러인쇄(다색인쇄) 등이 있다.

본격적인 인쇄를 하기 전에 색교정이나 최종 확인을 위해 미리 찍어보는 견본인쇄를 하게 되는데, 이를 가쇄(假刷), 또는 간이교정인쇄(簡易校正印刷)라고 한다.

간이교정(簡易校正, offpress proof, prepress)은 실제의 잉크 · 종이 · 인쇄기를 사용하지 않고 인쇄견본(교정인쇄)을 만드는 방법이다. 좁은 의미로는 계조성 · 색조 · 선명도

(sharpness) 등이 인쇄물과 유사한 것이다. 넓은 의미로는 문자의 서체 · 문장 · 사진 · 도표의 위치 등 체제의 점검용까지도 포함된다. 그 방식으로는 망네거티브 · 망포지티브를 ① 각각의 색재(色材)에 노광(노출) · 현상해서 전용의 합성지 혹은 실제의 종이에 순차적으로 전사하는 방법, ② 4색의 토너(toner)를 순차적으로 도포하는 방법, ③ 각 색 전용의 필름에 노광 · 발색시킨 후 겹쳐서 투과광으로 보는 방법, ④ 컬러 인화지에 RGB필터로 노광하는 방법, ⑤ 분해 데이터만으로 인쇄지에 4색 잉크를 분사하는 방법 등이 있다. 어느 방식이든 종이 · 잉크 등의 어떤 특정 조건 이외에서는 실제의 인쇄물과는 다르기 때문에 주로 제판 · 인쇄사의 사내 교정용으로 사용되었으나 최근에는 교정인쇄 품질이 낱인쇄 품질에 매우 가까운 교정기술이 개발되어 외부 교정용으로 쓰인다. ①, ②의 방식은 유럽 · 미국 · 오스트레일리아 등지에서 교정인쇄로 널리 사용되고 있다(한국출판연구소, 앞의 책).

2. 인쇄의 준비작업

인쇄준비작업(premakeready)은 사전 점검과 수정으로 인쇄기의 정밀도와 능률을 높이고 고장을 방지하기 위한 목적으로 행해지는 것이다. 중소출판사의 경우 인쇄공정을 주로 하청에 의존하게 되므로, 이는 출판사의 업무라기보다 인쇄소의 담당자가 다음 사항을 잘 점검해야 한다. 그러나 출판사의 편집담당자도 이런 기본적인 지식을 알아두면 보다 완벽한 인쇄물을 만들어 내는 데 도움이 될 것이다. ① 판면의 크기와 높이에 대한 점검, ② 정확한 인쇄압을 주기 위한 얼룩 점검, ③ 목대 · 납대와 부속기구의 정비 점검, ④ 제판 위치의 확인, ⑤ 통바름 · 베어러(bearer) · 판반의 점검 등이다.

제2절 인쇄의 종류

일반적으로 판식(版式)에 따라 볼록판인쇄, 평판인쇄, 오목판인쇄, 공판인쇄로 분류될 수 있으며, 책자의 인쇄로는 활판인쇄, 오프셋인쇄, 디지털인쇄, 마스터인쇄 등이 있다. 실무적 분류로는 오프셋(offset)인쇄, 스크린(screen)인쇄(공판인쇄), 콜로타이프(collotype)인쇄(평판인쇄로 사진 · 원화 등 인쇄), 비즈니스폼(business form)인쇄, 그라비어오프셋(gravure offset)인쇄(윤전용 오목판의 사진요판), 전사(轉寫, reproduction)인쇄, 튜브(tube, 통)인쇄, 알루미늄박(aluminium foil)인쇄, 셀로판(cellophane)인쇄(포장재 판지 인쇄), 금박(金箔, stamping) · 금분(金粉, bronze)인쇄, 스텐실(stencil)인쇄(등사인쇄), 패드(pad)인쇄(물건 로고의 인쇄), 식모(植毛, flocky)인쇄(솜 · 양털 인쇄), 엠보싱(embossing, 돋음)인쇄, 자기(磁氣, magnetic)인쇄(자석

인쇄), 카본(carbon)인쇄(복사), 날염(捺染, textile)인쇄(풀색 등의 물들임) 등이 있다.

1. 볼록판인쇄

1) 볼록판인쇄란?

볼록판인쇄(凸版印刷, relief printing)란 판면에 인쇄되어야 할 화선부(畫線部)를 볼록하게 솟아나게 함으로써 여기에 잉크를 묻혀 종이에 직접 옮겨지게 하는 인쇄기술로, 도장의 원리와 같다. 지금은 거의 사라진 활판인쇄(metal type printing)가 대표적인 볼록판인쇄이지만, 오프셋인쇄에도 많이 사용되고 있다.

이는 가장 오래된 인쇄기술로, 목판에 의한 고서들도 이 원리에 의해 인쇄된 것이다. 근대적인 볼록판인쇄는 활자와 인쇄기계에 의해 활판으로 확립되었고, 사진제판법에 의한 선화볼록판과, 연속계조가 있는 사진판을 볼록판으로 한 망점볼록판 등의 사진볼록판을 포함하여 컬러인쇄를 하는 원색판에 이르기까지 주로 서적 · 잡지 · 신문 등의 인쇄에 널리 이용되었다.

사진볼록판의 종류에는 선화볼록판(線畫凸版), 망볼록판(網凸版), 평망볼록판(平網凸版), 하이라이트볼록판(highlight 凸版), 원색판(原色版) 등이 있다. 선화볼록판이란 연속계조가 없는 선화원고, 즉 그래프나 일러스트 등을 사진볼록판으로 한 것을 말하고, 평망볼록판이란 선화에 망을 지문으로 깔아 사진볼록판으로 한 것을 말하며, 망볼록판이란 연속계조가 있는 사진이나 그림을 망점의 대소로 표현한 볼록판을 말한다. 원색판이란 색의 재현을 위한 사진볼록판이라는 의미로 전통적으로 불리어 온 말인데, 최근에는 색의 재현을 위해 사진볼록판을 이용하기보다는 평판을 이용하는 경우가 더 많으므로 원색판은 의미가 없는 말이 되었다. 이 원색판은 4장의 분해필름으로 4개의 볼록판을 만들어 각각의 판으로 볼록판인쇄를 한 것을 말한다(이종운, 1991, p.578 참조).

2) 볼록판인쇄의 종류(한국출판연구소, 「출판사전」, 범우사, 2002 참조).

(1) 평압인쇄

평압인쇄(平壓印刷, plate press printing)는 볼록판인쇄의 방법이며, 평면에 인쇄대상물을 놓고 압력을 가하여 인쇄하는 것이다. 즉, 좌우가 반대로 된 인쇄판을 평면의 판 위에 놓고 고정하여 잉크를 묻히고 인쇄대상을 놓고 인쇄면의 크기와 같은 강한 압판으로 눌러 인쇄하는 방식이다. 판면과 용지가 모두 평면일 때, 균등한 인쇄압을 주기가 어려워 큰 판의 인쇄가 되지 않을 뿐 아니라 인쇄속도가 느려서 소량 인쇄에만 사용된다.

(2) 원압인쇄

원압인쇄(圓壓印刷, cylinder press printing)는 평면의 판면에 대하여, 용지를 원통에 감아서 인쇄압을 가하여 판과의 접선에서 인쇄가 되도록 하는 방식이다. 평면으로 된 종이에 균등한 압력을 주기가 어렵고, 급지(給紙)의 능률이 떨어지는 평압인쇄의 단점을 극복하기 위해, 판반(版般)이 한 번 왕복운동하는 동안 압통이 1회전 하는 방식이며, 가장 일반적인 볼록판용 인쇄방법이다. 이는 주로 활판인쇄에 사용하였고 최근에는 사용하지 않지만, 평판인쇄에서도 사용 가능한 인쇄방식이다.

(3) 윤전인쇄

윤전인쇄(輪轉印刷, rotary press printing)는 말 그대로 윤전인쇄기를 써서 하는 인쇄이다. 즉, 인쇄판을 원통으로 된 판통에 고정시키고, 압통과 상호 회전되게 하면서 그 사이로 인쇄용지를 밀어넣으면 그 접촉으로 인쇄되는 방식이다. 이는 판통과 압통이 원통형 실린더로 구성되어 있으며, 판통에 인쇄판을 환형으로 감아 붙이고 판통과 압통 사이로 낱장이나 두루마리 종이를 통과시켜 계속적으로 인쇄되게 하는 방식이다. 또 압통과 판통 사이에 고무블랭킷(고무원통)을 두어 그곳에 판이 닿아 전이된 것을 다시 용지에 전달함으로써 간접인쇄하는 방법도 있는데, 이것을 오프셋(off-set)인쇄라고 한다. 윤전인쇄 방식은 균일한 압력으로 인해 인쇄효과가 좋으며 고속 · 대량 인쇄에 적합하다. 따라서 초를 다투는 신문인쇄 · 잡지 · 대량전단지 등의 제작에는 적합하지만, 소량은 제작하기 힘들다는 단점도 있다.

2. 평판인쇄

1) 평판인쇄란?

평판인쇄(平版印刷, lithographic plate printing)란 판면에 요철이 거의 없고 화학적 작용에 의하여 잉크의 기름과 물이 서로 반발성을 갖도록 세관하여 잉크가 묻는 부분과 묻지 않는 부분을 같은 평면상에 있게 하고, 잉크를 요구하는 화선부분은 기름(잉크)이 묻게 되고 잉크를 원치 않는 비화선부분은 물이 묻게 되는데, 이때 물로 판면 전체를 축이면서 잉크를 주면 돌출된 화선부분은 물을 거부하여 잉크가 묻게 되고, 비화선부분은 잉크를 거부하여 화선부에 묻은 잉크가 고무판에 묻어 피인쇄체인 종이 · 천 등에 인쇄가 되는 방식이다. 이의 시초는 석판인쇄이며, 이는 1798년 독일인 제너펠더(Aloys Senefelder, 1771~1834년)가 발명하였다(이종운, 1991, p.579 참조).

2) 평판인쇄의 종류

(1) 석판인쇄

석판인쇄(石版印刷)의 판재는 아연판이나 알루미늄판 대신 독일산 석판석인 특수석재를 쓴다. 석판석은 고무와 지방질을 강하게 흡착시키는 성질이 있어, 이 판면에 기름먹으로 원고를 그리면 화선부가 구성되고, 여기에 고무(아라비아)액을 칠하면 판면과 화학적으로 결합하여 인쇄잉크를 물리치는 비화선부가 되어 화선부에만 잉크가 남아 인쇄되는 방법으로, 현대에는 거의 사용되지 않고 금속평판 인쇄인 오프셋인쇄를 가장 많이 하고 있다.

표 9-1 | 잉크의 종류

판식	일반명칭	건조방법	건조상태	피인쇄 소지	인쇄속도	용 도
평판잉크	오프셋잉크	산화중합	완전건조	아트지, 갱지, 모조지	늦다	선전물, 달력, 책자
	금속잉크	가열	완전건조	석판, 철판	늦다	통조림, 주스 · 음료캔
	오프셋윤전잉크	침투	불완전건조	갱지, 신문지	빠르다	신문, 교과서
	특수면잉크	산화중합	완전건조	금 · 은박지, 면	늦다	과자 포장 박스
	IR잉크	열경화	완전건조	아트지, 갱지, 모조지	보통	선전물, 달력, 책자
	UV잉크	광경화	완전건조	아트지, 갱지, 모조지	빠르다	선전물, 달력, 책자
	드라이오프셋	산화중합	완전건조	아트지, 갱지, 모조지	늦다	선전물, 달력, 책자
	형광잉크	산화중합	완전건조	아트지, 갱지, 모조지	늦다	선전물, 달력, 책자
요판잉크	그라비어잉크	증발 침투 반응	완전건조 완전건조 완전건조	PP.PVC 종이 PE	빠르다	라면포장 담배포장 과자포장
볼록판잉크	신문잉크	침투	불완전건조	신문용지	늦다	신문
	활판잉크	침투	불완전건조	갱지, 모조지	늦다	책자
	골판지잉크	침투	불완전건조	단보루골판지	늦다	박스인쇄
	플렉소잉크	침투	불완전건조	제대용지	빠르다	비료 · 시멘트포대
	동판잉크	산화중합	완전건조	금 · 은박지	늦다	과자포장
	씨링잉크	산화중합	완전건조	아트지, 은박지	늦다	과자포장
공판잉크	등사잉크	침투	불완전건조	갱지, 모조지	늦다	시험지, 간행물
	실크스크린잉크	증발, 가열	완전건조	{ 플라스틱류 철제류	늦다	화장품 용기 세제류 포장

자료 : 홍우동, 1996, p.225 참조.

(2) 금속평판인쇄

금속평판(오프셋)인쇄(金屬平版印刷)란 금속을 판재로 한 평판인쇄로, 오프셋인쇄도 이 방식에 속한다. 판재는 아연이나 알루미늄[01]의 금속판으로, 이 판의 표면에 모랫발 스크린(망점 스크린보다 더 섬세함)을 세운 다음, 직접 원고를 판에 묘화(描畫, 평판에서 사진 대신 손으로

01 종래에는 아연판이 많이 사용되어 왔으나, 지금은 알루미늄판이 가장 많이 사용된다. 알루미늄판은 아연판보다 모랫발이 더 많고 섬세하여 물과의 관계가 더욱 좋고, 정밀도도 높고, 신축률도 적고, 무게도 가벼운 이점이 있다.

그려서 판을 만듦) 또는 전사(轉寫)하든가 사진제판을 하기 위해 감광액을 칠하고, 원고의 네거티브(음화) 또는 포지티브(양화) 필름을 빛쬐기하여 판을 만들어 잉크를 주면, 판에 돌출된 화선부에 묻은 잉크가 고무블랭킷에 되묻어 피인쇄체인 종이 · 천 등에 인쇄된다. 이때에도 비화선부는 아라비아고무로 칠하여 물에 젖기 쉽게 하고, 화선부는 지방성을 가진 잉크가 묻기 쉬운 성질로 만든다. 인쇄를 할 때 적심물[02]로 판면을 적시면, 비화선부는 잉크를 버리고 돌출된 화선부에만 잉크가 묻어 동일 평면상의 판면이 구성되어 피인쇄체인 종이 · 천 등에 인쇄가 되는 것이다.

(3) 콜로타이프

콜로타이프(collotype)란 평판인쇄의 한 종류이다. 두꺼운 유리판 표면에 젤라틴(gelatine, 동물의 단백질)을 먼저 칠하고 그 위에 또 감광제를 섞은 젤라틴을 칠하여 말리면 판면에 미세한 물결 주름이 생긴다. 사진 · 원화(原畫) 등의 네거티브 막을 벗겨 이에 겹쳐 빛을 쬐면 빛의 강약에 따라 젤라틴의 마면이 굳어진다. 이 유리판을 물에 담가 글리세린 등의 약물로 처리하여 지방성 잉크로 인쇄를 한다. 이때 젤라틴의 막면은 물을 먹고 인쇄잉크를 거부하지만 감광한 부분은 감광정도에 따라 잉크가 부착하여 중간조에서 어두운 부분에 이르는 연속계조(gradation)가 특이한 방식으로 인쇄된다.

이는 판면이 약하기 때문에 내쇄력(耐刷力)이 적어 500부 이상의 인쇄물은 제작이 곤란하나, 제작비가 저렴하기 때문에 적은 부수의 제작에는 적당하다(한국출판연구소, 앞의 책, 범우사, 2002, p.418 참조).

3) 평판인쇄의 특색

평판(오프셋)인쇄의 특색은 제판이 쉽고, 비용이 싸며, 큰 판의 제판이 가능하고, 인쇄속도가 빠르며, 인쇄종이의 선택폭이 넓고, 색도인쇄에 널리 사용된다. 그동안 오프셋인쇄용 제판은 사진기술에 의한 제판이었는데, 최근에는 컴퓨터에 의한 전자제판으로 자동화되었다. 사진 등의 제판을 수정(retouching)하는 것을 비롯하여 색분해 등도 모두 컴퓨터가 하는데, 이를 컬러전자제판시스템(color electronic prepress system : CEPS)이라 한다. 또한 DTP(desk top publishing)로도 분색제판필름까지 출력하게 되어 편집자가 직접 원색분해와 세판작업 및 인쇄출판 공정에까지 참여할 수 있게 되었다.

오프셋인쇄(offset printing, off-set-lithoprinting)는 판에서 바로 피인쇄물(被印刷物)에 인쇄를 하지 않고, 중개역할을 하는 고무블랭킷에 일단 전사인쇄(轉寫印刷)를 한 다음, 이로부

02 평판인쇄에서 판을 적시기 위해 사용하는 물을 말한다. 평판인쇄는 지방성의 잉크와 물의 반발작용을 이용하여 인쇄하는 방법인데, 먼저 판면에 물을 바른 다음 잉크를 묻혀서 인쇄를 한다. 이때 판면에 바르는 물이 적심물(dampening water)이다.

터 다시 용지 따위에 인쇄하는 방법이다. 금속평판인쇄는 대부분 오프셋인쇄에 의해 인쇄되므로, 일반적으로는 오프셋인쇄라 하면 금속평판인쇄와 같은 뜻으로 쓰이고 있다. 오프셋인쇄기는 인쇄판을 감는 판통(版胴) · 고무블랭킷 · 압통(壓胴)의 세 개의 원통으로 조립되어 있다. 판면의 비화선부에 잉크의 부착을 막는 적심물을 주는 장치가 있는 것이 오프셋인쇄기의 특색이며, 모두 윤전식 인쇄기이다. 특히 두루마리를 쓰는 오프셋인쇄기를 오프윤(輪)이라고 한다. 적심물을 쓰지 않는 오프셋인쇄를 드라이 오프셋이라고 하는데, 인쇄판이 볼록판이나 그라비어판에 의한 오프셋인쇄에는 이 형식의 것이 있다. 또 오프셋인쇄기에는 동시에 2색 이상을 인쇄할 수 있는 다색기, 종이의 양면을 인쇄하는 양면인쇄기도 있다. 1905년 미국의 루벨(I. W. Rubel)이 우연한 기회에 고무블랭킷을 중개(仲介)로 한 간접인쇄를 발명하고 오프셋인쇄라고 명명하였다(한국출판연구소, 앞의 책, 2002).

이제는 제판에서 판밑촬영이나 필름이 없이 PC의 조판데이터를 직접 인쇄판에 굽는 CTP(computer to plate) 방식으로 발전되었으며, 이에 더하여 인쇄판 없이 컴퓨터로부터 디지털 데이터를 인쇄기로 직접 보내면, 인쇄기 내에서 인쇄판이 작성되고 몇 십 분도 안 되어 종이에 인쇄가 되어 제책까지 되는 주문형(on-demand) 인쇄기의 보급으로 주문식 출판이 되고 있다. 이는 또한 실린더가 한 번 회전할 때 4색이 인쇄된다(김성재, 2004, pp.195~197 참조).

3. 오목판인쇄

1) 오목판인쇄란?

오목판인쇄(凹版印刷, intaglio printing)란 볼록판인쇄방식과는 반대되는 인쇄방식이다. 즉, 인쇄되는 화선부분을 판면보다도 오목하게 파서 그 속에 잉크를 채우고, 다른 부분은 금속주걱으로 잉크를 긁어낸 후 여기에 종이를 눌러 오목한 부분의 잉크를 피인쇄체인 종이 · 천 등에 묻게 하여 인쇄하는 방식이다.

오목판을 만드는 방법은 사진을 응용하지 않는 것과 사진을 응용하는 것으로 크게 나뉜다. 전자는 조각오목판으로 판재를 수공 · 기계 · 전자로 조각하거나 약품으로 판재를 부식시켜 제판하는 방식이고, 후자는 사진오목판으로서 제판에 사진법을 이용하는 것으로 그라비어(gravure)가 그 대표적이다. 그러나 일반적으로 오목판이라고 하면 조각오목판을 말한다.

2) 오목판인쇄의 종류

(1) 에칭오목판인쇄

에칭오목판(etching engraving)인쇄란 화학제판에 속하는 오목판인쇄방식의 하나이다. 동판(銅版)을 판재로 쓰며, 판면에 양초 같은 것을 덮어씌워 방식피막을 만든 뒤 그 위에 강

표 9-2 | 인쇄공정

순서	공정	담당	업 무 내 용
1	원고접수	책임자	작업전표 작성 또는 접수, 납기 확인, 용지 확인 및 재단
2	작업준비(1) 작업준비(2)	책임자 기 장 담 당	용지 확인 및 재단 지시, 잉크 확인 및 배합, 기계 배정 기계 청소, 원고 수령, 용지 추려쌓기, 잉크 배합 및 대기, 실린더 패킹 점검, 블랭킷(blanket) 교체 및 점검
3	잉크공급	담 당	잉크관에 잉크 공급, 백색파지 등으로 적량 · 적색 조정
4	판걸이 (하리코미)	담 당	활판 : 현판 또는 연판을 접지에 맞게 기계에 걸고 판 사이에 간목을 넣어 간격을 맞추며, 높낮이가 없게 판면을 정리 · 조정 평판(offset) : PS판이나 알루미늄판을 색별로 기계에 걸고 판의 이상 유무 확인
5	인쇄 검사	책임자 교정자	얼룩잡기와 핀트맞추기를 완전하게 하기 이전에 원고대로 되었는지 사고유무를 확인, 색상과 여러 가지 상태와 접지를 확인
6	얼룩잡기 (무라도리, makeready)	책임자 교정자	잉크의 농도가 일정하도록 판통 실린더와 압통 실린더의 패킹 등을 한다. 활판의 경우는 밑받침(underly), 사이에 넣기(interlay), 어둡게 덧붙이기, 통비르기(overlay) 등으로 구분
7	핀트맞추기 (겐도 아와세, registering)	책임자 교정자	인쇄화상이 기준위치에 오도록 종이나 인쇄판을 이동하여 기록표시기(register)를 맞춘다. 색도별 핀트, 양면맞추기도 이에 포함되는데, 다색인쇄에서 제일 중요함
8	색상조절	기 장 담당자	1. 잉크의 양에 따른 농도와 퍼짐 2. 인쇄에 의한 농도와 퍼짐 3. 물과 알코올로 인한 농도와 퍼짐 4. 기타 원인에 의한 농도와 퍼짐
9	인쇄교정	책임자 교정자	1. 인쇄물의 최종적인 점검 2. 비상조치사항 유무 확인

자료 : 홍우동, 1996, p.464 참조.

철로 된 조각침으로 그림을 그리고 문자를 쓴 다음, 그 원판을 염산 등으로 부식시키면 조각침에 의해 긁혀진 부분이 동판이 부식되어 파인다. 그 다음 양초를 제거하고 판면에 잉크를 칠한 후 여분의 잉크를 씻어 없앤 다음 인쇄를 한다. 이처럼 에칭 오목판은 파인 곳에 채워진 잉크로 인쇄하는 것인데, 풍부하고 아름다운 선을 가진 미술적 인쇄로서 식각오목판(蝕刻凹版)이라고도 한다.

(2) 그라비어인쇄

그라비어(gravure)인쇄란 앞서 밝혔듯이 오목판인쇄 즉 음각인쇄의 한 종류이며, 평판오프셋과 양각인쇄와 더불어 가장 많이 사용되고 있는 인쇄방식이다. 주로 비닐 등의 특수 재질이나 포장재료 등에 사용되고 있고, 인쇄 판면의 오목한 부분에 잉크를 채워 인쇄하는 방식이다. 이러한 인쇄기법의 특성상 위조방지를 위한 수표 등의 제조에도 사용되고 있기는 하나, 기계의 속도가 워낙 고속이라 판면인쇄에 들어가기에 앞서 지나치게 되어 버려지는 종이가 많아서 수량이 20만 장 이상인 대량인쇄에 주로 사용된다. 대신, 대량인쇄의 경우 오프셋에 비해 저렴한 편이다.

그라비어의 특징은 풍부한 계조를 얻을 수 있기 때문에 사진인쇄에 가장 적합한 인쇄방법이라는 것이다. 오프셋인쇄와 같이 잉크의 흡수가 잘되는 좋은 원단이라면 거의 대부분 인쇄가 가능하다. 단, 흠이라면 제판비가 너무 비싼 것이 단점이다.

그라비어인쇄의 특징

① 오목판인쇄의 일종인 인쇄방법을 말하며, 오목형태로 조각(부식)시킨 인쇄용 동판(크롬도금)에 잉크를 묻혀 오목한 부분 이외의 것을 독터 블레이드로 제거하고, 오목한 부분에 들어 있는 잉크를 필름 · 종이 등에 인쇄하는 공정으로 잉크의 두께로 명암을 나타내는 인쇄방식이다.

② 인쇄품질이 정교하고 고속인쇄에서도 농담재현을 풍부히 할 수 있어 대용량 인쇄에 적합하다.

③ 이음새가 없는 판의 제판이 가능하고, 잉크는 저점도 용제형인 최고급 인쇄공정이다.

④ 풍부한 계조를 얻을 수 있기 때문에 사진인쇄에 가장 적합한 인쇄방법이며, 종이 이외의 재료, 즉 셀로판 · 비닐 · 폴리에틸렌 · 금속 · 나무 등에도 인쇄하기 쉽다.

⑤ 제판비가 너무 비싸다.

그라비어인쇄의 장점

① 용지의 제한이 적다. 표면의 평활성은 요구되지만, 아트지가 아니라도 좋고 표면이 판판하기만 하면 된다.

② 잉크 선택의 범위가 넓다.

③ 종이 이외의 재료, 즉 셀로판 · 비닐 · 폴리에틸렌 · 금속 · 나무 등에도 인쇄하기 쉽다.

④ 제작단가가 오프셋에 비하여 많이 드는 결점을 가지고 있어 위와 같이 특수인쇄를 하는 경우에 적당하다(http://blog.naver.com/ohjs3?Redirect=Log&logNo=100118548031 참조).

4. 공판인쇄

1) 공판인쇄란?

공판인쇄(孔版印刷, screen printing)란 스텐실(stencil, 등사원지) 또는 실크스크린이 판을 대신하며, 비화선부는 잉크가 새어 나가지 못하게 하고 화선부는 잉크가 새어 나가도록 하여 인쇄하는 방식이다(위의 책, p.44 참조).

2) 공판인쇄의 종류

(1) 등사인쇄

등사인쇄(謄寫印刷, copy printing)는 일반적으로 얇은 종이에 초나 파라핀을 입힌 등사판 원지를 요철이 있는 줄판 위에 올려 놓고 뾰족한 철필로 문자 또는 화선을 그리면, 그 부분에 가는 구멍이 뚫려 인쇄판이 된다. 이에 잉크를 묻힌 롤러에 의해 가는 구멍으로부터 잉크가 밀려 나가 판 밑에 준비된 용지에 인쇄가 되는 것을 말한다.

(2) 타이프라이터 공판인쇄

타이프라이터(typewriter) 공판인쇄는, 타이프라이터로 스텐실 페이퍼(stencil paper, 등사판용의 원지나 실크스크린인쇄의 형지)에 문자를 타이프하고 이것을 공판인쇄기로 박아서 인쇄하는 인쇄방식이다. 전동인쇄기로는 5,000장 이상의 내쇄력이 있으며, 원지의 보존도 가능하며, 경비가 저렴하고, 간편하여 경인쇄에 널리 사용되고 있다.

(3) 사진공판인쇄

사진공판인쇄(寫眞孔版印刷)는 망점이 있는 사진이나 선화(線畫)를 공판인쇄하는 방식으로서, 카본티슈나 사진필름을 사용하는 방법으로 나눌 수 있다.

(4) 실크스크린인쇄

실크스크린(silkscreen)인쇄는 특수인쇄인 공판인쇄의 일종으로 비단이나 화학섬유의 천을 팽팽하게 하여 스크린으로 하고 비화선부가 되는 부분을 형지(型紙)나 아교재료로 덮어씌운 다음, 그 위에서 잉크를 주면 화선부에만 잉크가 스크린을 통과하여 인쇄가 된다. 밀대로 잉크를 밀어내는 손인쇄가 대부분이나, 실크스크린인쇄 전용의 인쇄기도 쓰이고 있다. 이 인쇄의 특색은 잉크층이 두꺼워 형광잉크 등에 적합하며, 색수(色數)도 자유롭게 쓸 수 있다는 점이다. 포스터나 천, 대형 입간판 등 적은 부수의 인쇄와, 유리 · 도자기 · 금속 · 전자회로기판 등 다양한 특수인쇄가 가능하다. 그러나 내쇄력이 적고 섬세한 화선이나 망점의 표현이 어려워 많은 부수의 인쇄물이나 정밀 인쇄물에는 적합하지 않다.

5. 디지털인쇄

1) 디지털인쇄란?

디지털인쇄(digital printing)는 인쇄판이나 고무블랭킷을 이용하지 않고 컴퓨터에서 입력한 내용을 바로 토너나 액체잉크를 이용하여 피인쇄체인 종이 · 천 등에 인쇄 · 출력하는 것을 말한다.

보통 오프셋(offset)인쇄로 출판할 때는 고정비 때문에 한 번에 1,000부 이상씩 찍는데, 디지털인쇄는 소량부수의 인쇄가 가능하다. 소비자가 원하는 때에 필요한 만큼 인쇄 · 출력할 수 있어 청첩장 · 캘린더 · 청구서 용지 등에서 발전되어 책자 등으로까지 영역이 확장되고 있다. 또한 소비자가 인터넷을 통해 원하는 내용을 입력하면 이에 맞춰 디지털장비로 책자 등을 만들어 주는 'Web to Print' 비즈니스를 이용하여 다품종 소량생산의 책을 만들어 판매할 수도 있다. 교육현장에서 수준에 맞는 교과서를 만들 수도 있고 개인별로 1권짜리 서적도 만들 수 있는 POD(Print on Demand, 주문형 출판) 등의 출판이 가능한 것이다.

일단 Web to Print는 웹에서 레이아웃 지시, 교정과 발주가 이루어지는 것을 비롯해 수 · 발주업무 처리의 전자화 등 작업흐름(work flow)의 효율화를 가져오고 있다. 고객에게 최적의 솔루션을 제공하는 중요한 수단으로서 디지털인쇄 비즈니스의 가능성을 제시하고 있는 것이다.

디지털인쇄방식을 주로 많이 이용하고 있는 것은 '마스터인쇄'로, 기존 책의 판면을 촬영하여 판을 만들거나 디지털 데이터를 이용하여 인쇄하는 방법(컬러인쇄 가능)이 있고, 'CTP (computer to plate)' 시스템 인쇄방법이 있다.

2) 디지털인쇄의 종류

(1) Web to Print

Web to Print는 대상에 따라 여러 가지 의미로 해석할 수 있다. 첫 번째 의미는 인쇄발주가 웹 브라우저에서 디지털 도큐먼트(document, 컴퓨터의 문서 파일)를 온라인 입고하는 시스템이다. 입고된 도큐먼트는 인쇄관리자에 의해 적절한 디지털 인쇄기나 오프셋인쇄로 데이터를 전송한다. 동시에 인쇄공정 관리와 견적, 수·발주 관리, 작업진척 관리, 납품관리 등을 실행하는 것이다.

두 번째 의미는 웹 브라우저에서 레이아웃 디자인을 하여 인쇄데이터를 작성하는 것이다. 서버를 통하여 조판 레이아웃을 작성하는 것으로, 웹 퍼블리싱(web publishing)이나 네트워크 조판, 온라인 DPT(저장매체를 통하여 기밀자료 유출을 방지할 수 있는 솔루션)라고 하기도 한다.

요즘에는 명함과 엽서, 연하장, 포토앨범, 블로그 출판, 웨딩 관련 인쇄 등의 주문시스템을 갖춘 웹 사이트가 늘고 있다. 예를 들면, 디자인 템플릿을 선택하여 사진 데이터를 업로드하고, 글자를 입력하면 최종 이미지를 모니터상에서 확인할 수 있는 방식이다. 레이아웃 디자인이 통과되면 인쇄물 제작 주문을 한다. 이는 인쇄 포털 사이트로 인식되고 있으나, 개인지향 Web to Print의 사례이기도 하다.

예컨대, 명함 발주자에게 편리한 작업흐름의 구축과 저렴한 비용으로 인해 Web to Print

를 이용한 온라인 명함제작 서비스가 급속도로 성장하고 있는데, 보급된 원인으로서 자동조판, 웹을 통한 수·발주, 배송시스템 제휴 등 세 가지를 들 수 있다. 특히 발주시스템과의 제휴로 어느 부서에서, 언제, 어디서, 얼마로 구입했는지를 관리하여 회계처리도 자동화된다.

그리고 중고차와 구인, 음식점 정보 등을 게재한 정보지 형태의 무가지(無價紙, free paper)와 타블로이드 신문이 급성장하고 있다. 무가지의 기사의 중심은 광고이기 때문에 편집자와 기자가 집필하는 것이 아니라 광고담당자가 광고수주인인 동시에 기사를 제작하여 광고주의 승인을 얻는다. 이 방식의 실현에는 Web to Print와 웹 퍼블리싱 시스템의 구축이 필수적이다. 영업담당자는 광고주로부터 텍스트 원고와 이미지 데이터를 받아서 웹 브라우저에서 템플릿(template, 견본)을 선택, 텍스트 입력과 이미지의 업로드 등을 실행한다. 서버에서는 바로 해당 크기단위의 조판 레이아웃이 되어 교정쇄를 프린트할 수 있다. 광고주가 교정쇄를 보고 승인하면 서버에서 승인된 데이터가 축적된다. 최종적으로 페이지 단위의 터잡기(하리꼬미) 지시와 안내기사, 인덱스와 표지가 추가되어 완성된다. 정보지 · 무가지 발행사에서는 이러한 Web to Print를 도입하여 광고 수주 · 제작 및 진행관리를 처리하여 전체 작업흐름의 효율화를 도모하고 있다.

또한 관공서나 기업에서 규정집과 매뉴얼, 제품설명서 등 사내문서를 디지털인쇄 전문업체에 발주하는 경우가 많다. 발주는 웹 사이트에서 로그인하여 디지털 데이터를 서버에 업로드하는 방식으로 이루어진다. 인쇄 · 제책의 구조와 필요부수, 납품장소 등을 입력하면 자동으로 가격이 책정된다. 주문 후에도 인쇄물의 진행상황, 납품상황을 웹 브라우저에서 파악할 수 있다. 또 과거 발주 데이터를 이용하여 추가 발주도 간단하게 할 수 있다.

그림 9-1 | Web to Print 개념도

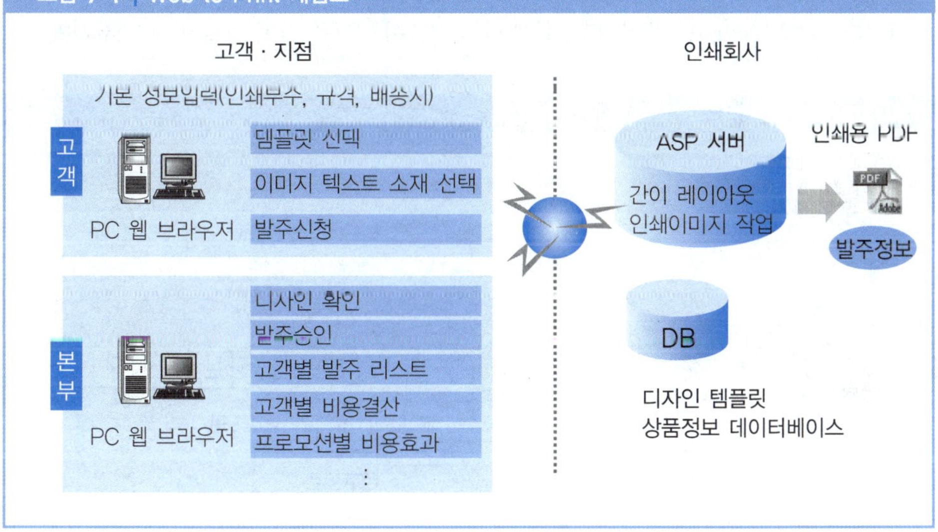

인쇄회사의 관점에서 Web to Print는 고객서비스 기능과 생산관리 기능, 두 가지 측면이 있다. 고객이 지정한 인쇄물의 규격과 부수, 배송지에 따라서 자동견적이 가능하게 된다. 또한 고객이 발주한 인쇄물의 진행상황을 시스템으로 관리하는 것이 가능하다. 따라서 고객관리 기능과 고객데이터 분석도 용이하다.

대형 인쇄회사에서는 개인형 맞춤 서비스를 위하여 개별 고객용 Web to Print 시스템 구축에 노력을 기울이고 있다. 이미지와 상품정보 데이터베이스를 구축하여 데이터베이스 출판에 따른 카탈로그 전단지 제작을 하고 있는 기업도 있다. 즉, 웹 브라우저에서 디자인 지시, 인쇄 데이터 생성, 인쇄발주를 하는 Web to Print를 도입하여 카탈로그와 전단지 제작 · 인쇄를 하고 있는 것이다. 고객이 직접 편집과 발주를 하기 때문에 승인과 교정 등의 작업이 효과적이고 인쇄물의 발주이력과 경비의 관리가 가능하다.

이상과 같은 Web to Print로의 변화에는 POD(Print On Demand, 컴퓨터를 이용하여 고객이 원하는 대로 주문을 받아 책을 제작해 주는 서비스) 시스템이 바탕이 될 수밖에 없다. POD화로의 인쇄업의 변화와 함께 Web to Print의 대두는 점점 고객 지향적인 서비스로 인쇄의 변화를 말하고 있다(http://blog.naver.com/canon_biz/120813701 참조).

(2) CTP

CTP는 제판방식에서 판밑촬영이나 필름작업을 생략하고, PC에 조판된 디지털 데이터를 PDF(Portable Document Format)로 전환하여 직접 인쇄판에 보내어 인쇄기 안에서 PS판이 만들어져 피인쇄체인 종이 · 천 등에 인쇄하는 것이다.

CTP 방식은 오프셋인쇄(동판에 글씨나 그림을 새기는 방식)이긴 하나, 앞서 말한 필름공정이 생략된 방식이다. 즉, 컴퓨터의 디지털 데이터를 필름공정 없이 직접 인쇄판으로 출력하는 'Computer To Plate' 의 약자로, 쉽게 말해 필름이 아닌 동판에 직접 이미징(imaging)하

그림 9-2 | CTP 작업 구성도

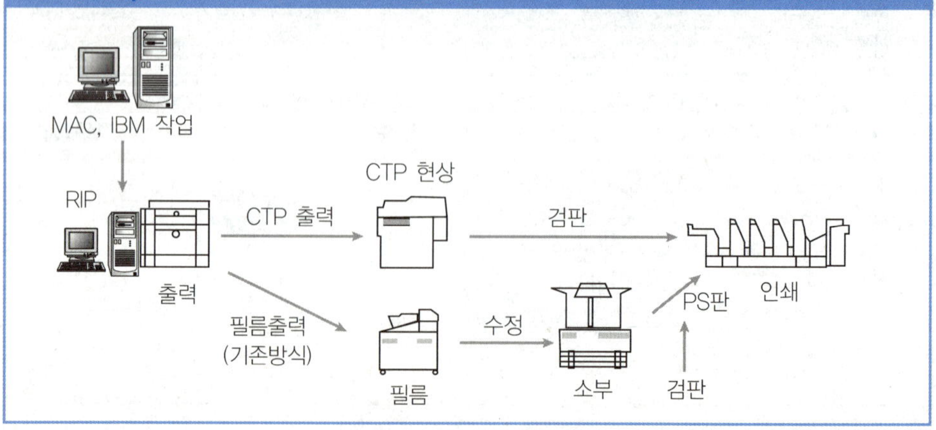

는 방식이다. CTF(Computer to Film)의 단점을 보완하며 시장성까지 확보한 CTP 방식은 소부공정이 없어짐에 따라 인쇄시간을 단축하고 1%의 망점까지 완벽하게 재현하는 인쇄품질의 혁신적 향상을 가져왔다.

필름출력방식보단, 공정의 간소화로 출력시간이 1/4로 줄어드는 것과 동시에 항상 동일한 망점 재현율로 인쇄기장의 색맞춤 시간이 줄어들고 판장착이 용이하다. 이를 통해 오프셋기법의 대량인쇄 시 나타날 수 있는 경계선의 흰 여백, 즉 인쇄공정상에서 필름이나 동판의 불일치로 발생할 수 있는 핀트의 어긋남을 사전에 차단할 수 있어 고품위의 인쇄품질을 보장받을 수 있게 되었다. 또한 CTP 방식은 FAM 망점으로, 1,000선수 이상의 선명한 색상을 얻을 수 있다.

따라서 CTP 방식은 이미지가 많이 삽입되는 인쇄물에 적합하며, 컬러 만화는 CTP 방식으로 제작하는 것이 글씨와 그림의 미려한 표현을 가능케 한다. 또한 현실적으로도 CTP 방식에서만이 컬러 프로파일(color profile) 불일치에 따른 색의 이상출력 현상을 예방할 수 있고, 인쇄품질의 무한보증을 가능케 한다(http:// aninet.pe. kr/60095897296 참조).

(3) 마스터인쇄

인쇄할 원판을 만들어 쓸 수 있으나(같은 내용을 100~500장 인쇄), 한 번 인쇄에 사용한 롤지는 다음에 똑같은 책을 만들고자 할 때 다시 사용할 수 없다. 사진이 포함된 내용은 마스터인쇄를 하게 되면 인쇄품질이 떨어지므로 마스터인쇄를 하지 않는 것이 좋으며, 해상도도 디지털인쇄나 오프셋인쇄에 비해 떨어진다.

보통 고해상도를 요구하지 않는 일반적인 시 · 수필 · 편지글 · 소설 등은 마스터인쇄를 해도 무난하며, 디지털기술의 발달로 전보다는 해상도가 많이 향상되었다.

3) 디지털인쇄의 단점

디지털인쇄의 단점은 오프셋인쇄에 비해 인쇄 속도나 품질이 떨어진다는 것이었다. 그러나 2012년 독일의 '뒤셀도르프 국제인쇄기술전'에서 독일의 KBA사는 분당 150m를 인쇄할 수 있는 디지털 고속윤전 잉크젯 인쇄기를 선보였고, HP는 B2 사이즈(728mm×515mm) 인쇄가 가능한 인쇄기를 출시하였다. 현재 시장에서 디지털인쇄는 10%대에 머물고 있지만 5년 내에 35% 수준으로 커질 것으로 보고 있다.

6. 오프셋인쇄

(1) 오프셋인쇄란?

오프셋인쇄는 인쇄용 필름을 철판(인쇄판)에 밀착하여 소부(빛을 쬐여서 필름의 까만 부분을 철판에 전사)한 후 인쇄기에 걸어 인쇄하는 방식을 말한다. 사용하는 인쇄판은 금속으로 만들어져 있어 대량인쇄가 가능하며, 세밀하고 정교하게 인쇄하여 고급인쇄물에 적합하나 가격이 비싸다. 컬러 인쇄물, 사진이 많은 인쇄물, 부수가 많은 인쇄물, 고해상도의 인쇄물, 같은 인쇄물을 여러 번 제작할 때 적합한 인쇄방법이며, 원본은 필름을 보통 사용한다. 주로 서적 · 명함 · 카탈로그 · 신문 등에 많이 이용되고, 인쇄물이 힘 있어 보인다.

판에 묻힌 잉크를 종이에 옮기는 방법에는 판면에서 잉크를 종이에 옮기는 직접인쇄와, 판면에서 잉크를 고무블랭킷에 옮겨 다시 종이에 옮기는 간접인쇄의 두 가지가 있다.

원색인쇄는 청, 적, 황, 먹(CMYK)의 순서로 각각의 색을 인쇄하여 사진과 같은 원색의 효과를 낸다. 오프셋인쇄는 미세한 점(망)으로 되어 있으며 각각의 색은 각도를 달리하여 서로 겹치지 않도록 되어 있고, 매우 정밀한 인쇄이다. 오프셋인쇄는 한 번에 CMYK 4색을 찍는 4색기와 2색을 찍는 2색기, 1색씩 인쇄하는 단색기가 있으며, 윤전기 · 평판인쇄기가 있고, 평판인쇄는 전지인쇄기 · 2절인쇄기 · 4절인쇄기 등이 있다.

볼록판 · 오목판 · 공판도 오프셋인쇄를 하는 것이 있지만, 평판에서 주로 오프셋인쇄를 하고 있기 때문에 일반적으로 오프셋인쇄라면 평판인쇄를 뜻하는 경우가 많다. 오프셋인쇄의 특징은 고무블랭킷을 사용하기 때문에 거친 면의 종이에도 선명하게 인쇄되고, 내쇄력이 직접인쇄보다 강하며, 판면의 문자와 화상이 인쇄물과 같아 틀린 것을 쉽게 발견할 수 있다.

오프셋인쇄에 사용되는 종이는 판에서 직접 인쇄되지 않기 때문에 여러 가지 종이가 사용 가능하며, 특히 말림(curl)이 없고, 보풀이 적고, 젖었을 때 표면강도가 세고, 신축성이 작은 종이가 요구된다. 오프셋이란 일반적인 인쇄와 컬러인쇄에 널리 이용되며 포스터 · 잡지 · 전단 등 컬러면이 많이 들어 있는 인쇄물은 거의 오프셋에 의존하고 있다.

(2) 오프셋인쇄의 특징

① 소부판을 통하여 고무블랭킷(고무원통)에 전사하고, 고무블랭킷이 다시 종이에 인쇄함으로써, 면이 거친 종이에도 다양한 컬러인쇄를 할 수 있다.

② PS판(아연판)이 주된 판재이고, 큰 규격으로도 인쇄할 수 있다.

③ 인쇄속도가 빨라서 많은 부수의 인쇄물을 인쇄할 때 경제적이다.

④ 상표와 같은 작은 인쇄물(B4 사이즈)도 4×6판 사이즈의 판에 여러 벌(B4 사이즈)을 앉혀 동시에 많은 인쇄물을 얻을 수가 있다.

⑤ 컬러의 경우, 원색판과 같은 4도 인쇄의 것도 인쇄물에 따라 색감계조가 약한 것은 보색을 추가하여 6도 인쇄도 할 수가 있다(대개의 경우 4도 인쇄 기준).

⑥ 요즘엔 디지털 오프셋기도 개발되어 보다 빠르고 정확한 인쇄를 할 수 있다.

⑦ 소부판도 CTP판으로 개발되어 보다 빠르고 정교한 인쇄를 할 수 있다.

(3) UV 오프셋인쇄의 특징

국내는 물론 국제적으로 환경문제가 날로 증가함에 따라 저공해 잉크가 요구되고 있으며, 용제형 잉크 사용 시 환경작업자의 건강에 문제가 되는 유기용제를 줄이기 위한 노력으로 자외선경화 잉크의 선택은 필연적이 되고 있으며 종래의 잉크와 비교하여 순간건조, 저온고속의 생산성, 생에너지, 무용제, 무공해 등 많은 이점이 높이 평가되어 오늘날 광범위한 용도로 쓰여지고 있다.

① 자외선(紫外線, ultraviolet ray : UV)에 노출되면 순간적으로 단단하게 굳는 (경화)잉크를 사용한다.

② 일반적으로 피인쇄체가 PP, PVC, PET 등 건조가 잘 되지 않고 흡수가 잘 되지 않는 곳에 주로 사용한다.

③ 종류가 다양하게 나와 있어 오프셋뿐만 아니라 윤전에서도 사용량이 늘어가고 있다.

④ UV 일반 잉크에서부터 UVpp용 잉크(부착이 어려운 플라스틱류 인쇄), UV 마그네틱 잉크(자성잉크, 고속도로 통행권), UV 무광잉크, UV 형광잉크, UV 클리어 등이 있다.

표 **9-3** | UV 잉크의 장단점

장 점	단 점
• 짧은 경화시간에 따른 작업성 향상 • 휘발성 유기용제가 없는 100% 고형분으로 공해방지 • 저온 경화로 소재에 열적 충격이 없어 다양한 응용이 가능 • 작업 시 판마름이 없어 연속작업이 가능 • 인쇄물의 냄새가 없음 • 내마찰, 내열, 내용제, 내약품 등 내성이 강함 • 뒷묻음, 블로킹의 염려가 없음 • 황변하는 경우가 드묾 • 내열, 박리 등 특수잉크를 제조 가능	• 새로운 시스템을 갖추어야 함 • 착색안료 등은 경화에 제약을 받음 • 단가가 비교적 고가임

자료 : http://blog.naver.com/ohjs3?Redirect=Log&logNo=100118548031 참조.

제3절 인쇄기

1. 인쇄기란?

인쇄기(印刷機, printing press)란 인쇄할 용지에 판을 기계적으로 압착하여, 이 압력에 의하여 판면의 잉크를 인쇄할 용지에 전이(轉移)시켜 인쇄되게끔 부착시키는 기구이다. 현재 일반적으로 사용되고 있는 인쇄기는 인쇄잉크의 분포 및 판면에의 착유장치, 가압장치, 인쇄할 용지를 공급·배출하는 장치 등을 갖추고 있다. 가압하는 형식에 따라 평압인쇄기, 원압인쇄기, 윤전인쇄기 등으로 나뉘며, 보다 자세한 내용은 다음과 같다(위의 책, p.316 참조).

2. 인쇄기의 종류

(1) 평압인쇄기

평압인쇄기(平壓印刷機, platen press)란 볼록판 인쇄기이며, 평면에 용지를 놓고 인쇄하는 방식의 인쇄기이다. 좌우가 반대로 된 인쇄판을 평면의 판반 위에 놓고 고정시킨 다음 판반 위에 있는 잉크판에서 잉크를 묻힌 잉크롤러를 판면 위로 굴려 잉크를 묻힌다. 그리고 인쇄할 용지를 놓고 인쇄면의 크기와 같은 압판으로 강하게 눌러 인쇄한다. 독일의 구텐베르크(1394~1468년)가 1445년경 포도 짜는 압착기를 이용하여 만든 것이 주조활자에 의한 활판 인쇄의 시초이다. 하지만 판면과 용지가 모두 평면일 때, 균등한 인쇄압력을 주기가 어려워 큰 판의 인쇄가 어려우며, 급지(給紙 : 인쇄시 공급되는 종이)와 배지(排紙 : 인쇄가 끝나 밀려 나오는 종이)에 시간이 걸려 인쇄속도가 느리다. 따라서 소형의 인쇄에만 쓰이며 봉투·엽서·명함·전표·광고물 등을 찍는 데 적합하다.

(2) 원압인쇄기

원압인쇄기(圓壓印刷機, cylinder press)란 평평한 판을 수평으로 움직이게 하고, 평면의 판면에 대하여 용지를 원통 모양의 압통(壓胴)에 감아서 이를 굴려 판과의 접선에서 인쇄하는 방식의 인쇄기로, 실린더인쇄기라고도 한다. 평면으로 된 종이에 균등한 압력을 주기가 어렵고 급지가 비능률적이지만, 윤전인쇄기를 제외하고는 가장 일반적인 볼록판용의 인쇄방식이다. 대개 자동급지기가 달려 있고, 기종에 따라 시간당 5,000장의 인쇄도 가능하다. 보통 활판인쇄물은 이러한 기종으로 인쇄를 하고 있다. 압통의 회전방식에 따라 1회전인쇄기, 2회전인쇄기, 스톱실린더 등의 종류가 있다.

(3) 윤전인쇄기

윤전인쇄기(輪轉印刷機, rotary press)란 인쇄판을 원통인 판통(版胴)에 장치하고, 용지를 누르면 압통과 상호 회전하면서 그 접촉에 의해서 인쇄되는 방식의 인쇄기이다. 전에는 두루마리 용지로만 인쇄하였으나, 지금은 낱장종이가 공급되는 인쇄도 가능하며, 단색인쇄는 물론 고속으로 다색과 양면 인쇄가 되고, 자동접지도 가능하다. 인쇄의 효율이 좋아 고속·대량 인쇄에 적당하다. 그리고 두루마리용의 윤전인쇄기는 인쇄가 끝남과 동시에 자동으로 재단과 접지가 이루어지는 장치가 곁들여 있기도 하다.

제4절 판걸이

판걸이(imposition)란 볼록판인쇄에서 면(page)을 할당하여 판을 인쇄기에 올리고 가늠을 맞추어 고정시키는 것을 말한다. 페이지물 인쇄에 있어서 인쇄 후 접지했을 때의 면의 순서, 여백, 인쇄위치, 인쇄지의 물림몫 등을 고려하여 판면을 배치하며, 다색인쇄의 경우에는 가늠표가 정확히 맞도록 판면의 위치를 조절해야 한다. 이를 판앉히기(하리코미)라고도 한다.

면을 할당하려면 먼저 앞판과 뒷판으로 분류해야 한다. 앞판은 맨 처음 면과 마지막 면이 들어 있는 지면을 인쇄하는 판이 되는데, 만약 8페이지 걸이라면(따로걸이) 1 · 4 · 5 · 8 · 9 · 12 · 13 · 16 면이 앞판이 되며, 뒷판은 그 나머지인 2 · 3 · 6 · 7 · 10 · 11 · 14 · 15 면이 되어야 한다(그림 9–1 참조).

판걸이에는 따로걸이(sheet wise, 혼가께)와 같이걸이(work and turn, half sheet, 둘러치기, 돈땡)가 있다. 따로걸이란 낱장 전체 면에다 앞판을 먼저 인쇄한 후 그 뒤에 뒷판을 인쇄하여 완성하는 방법이다. 같이걸이란 인쇄물의 앞판과 뒷판을 절반씩 걸어 같은 판으로 종이방향만 거꾸로 해서 뒷면도 인쇄하는 방법이다. 이 경우 같은 면의 것이 한 판에서 두 벌 이상이 된다. 이는 급한 인쇄물이나 적은 부수가 필요할 때, 또는 인쇄대수가 모자랄 경우의 추가인쇄나 인쇄판이 일부만 준비되었을 때 이용된다. 이 같이걸이는 약식판걸이라고도 하는데, 인쇄색깔이 앞뒤가 고르게 된다는 장점도 있다. 건너뛰기걸이는 인쇄물 전체가 뒷면이 백(白)이 되게 판걸이를 하는 방법이다.

제5절 인쇄대수의 계산

인쇄대수(印刷臺數) 계산이란 인쇄를 할 때 인쇄기 한 내에 의해 한 번에 인쇄되는 페이지 수를 1대로 하여 전체 페이지 수를 1대당의 페이지로 나눈 것을 말한다(표 9–3 참조).

제책을 하기 위해 접지를 할 때는 보통 16페이지 단위로 하는 경우가 많고, 인쇄한 종이가 두꺼울 때에는 8페이지로, 아주 얇을 때에는 32페이지로, 또 변형판일 때에는 12페이지로 접는 경우도 있다. 이러한 접기단위에 따라 인쇄할 때의 대수를 나누고 판을 앉히는 순서도 결정하게 된다.

이때 책의 총페이지 수는 제각각이므로 인쇄대수에 꼭 맞게 떨어지지 않는 경우가 많고, 총페이지를 인쇄대수로 나누게 되면 2페이지나 4페이지가 남는 경우가 생기게 된다. 이런 경우 실매기제책이면 실매기를 할 수 없어 풀로 따로 붙이게 된다. 따라서 유능한 편집자는

그림 9-1 | 인쇄판 거는(싣는) 법

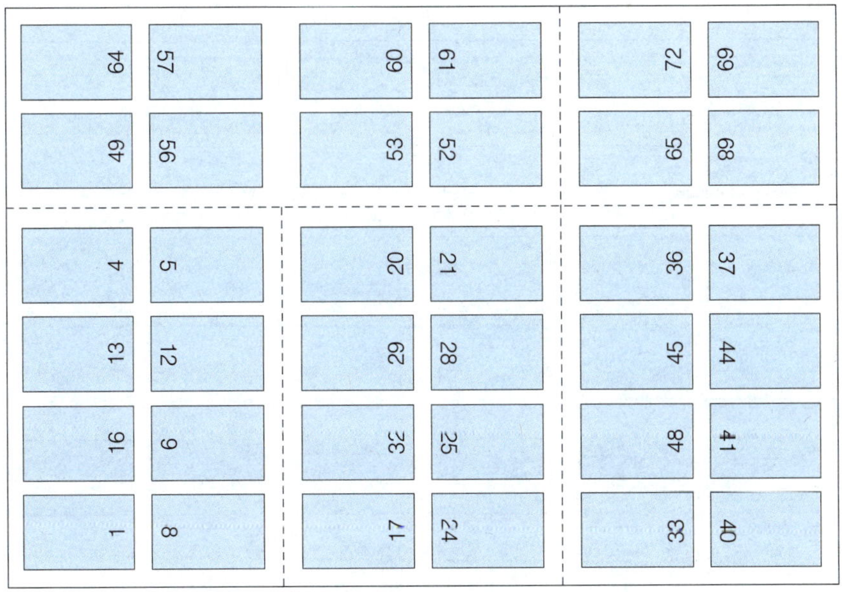

36페이지 따로걸이(앞)

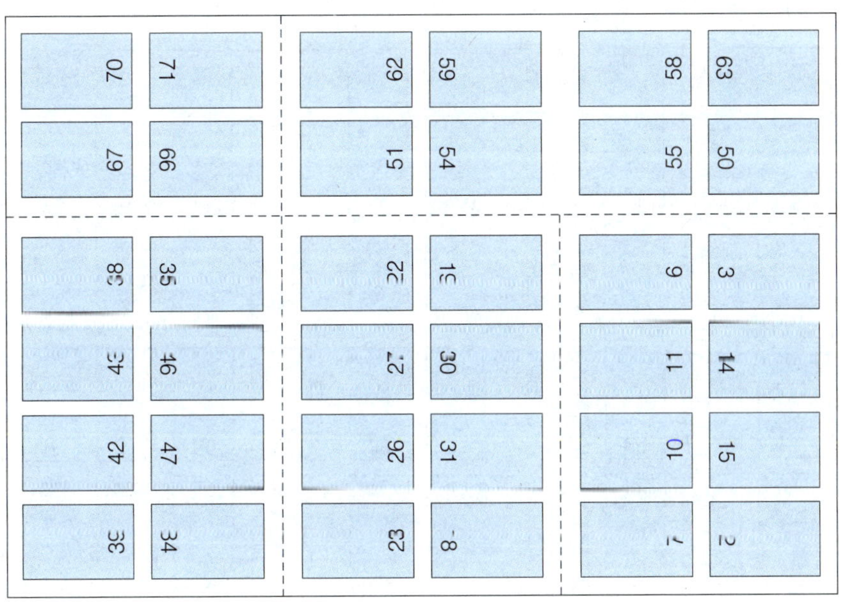

36페이지 따로걸이(뒤)

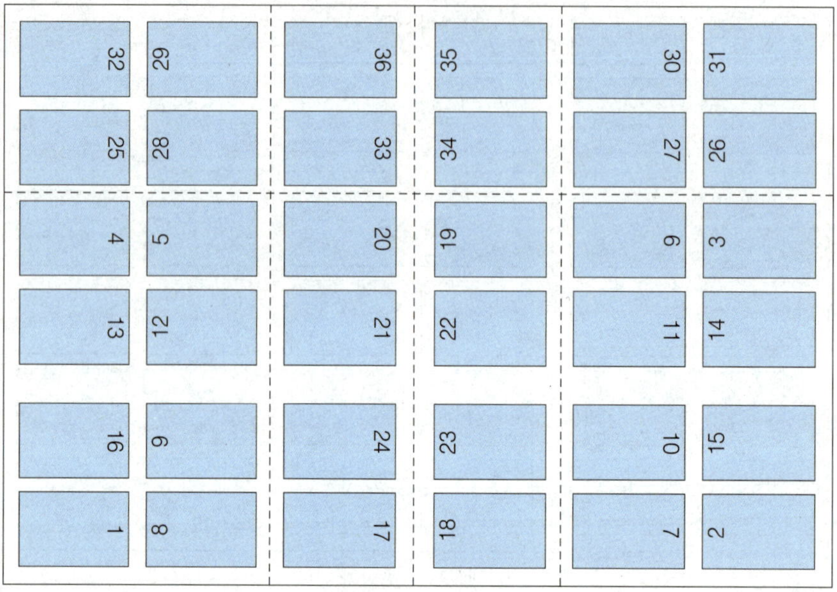

36페이지 돌려치기

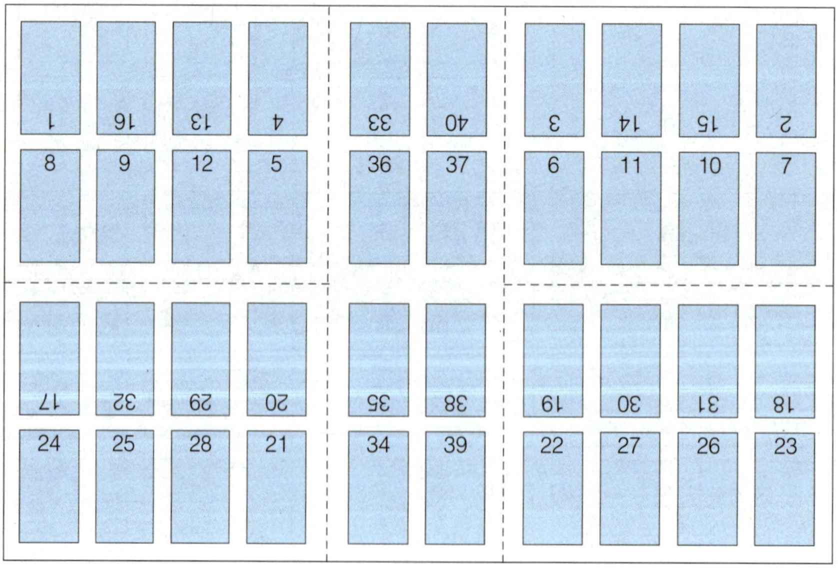

40페이지 돌려치기

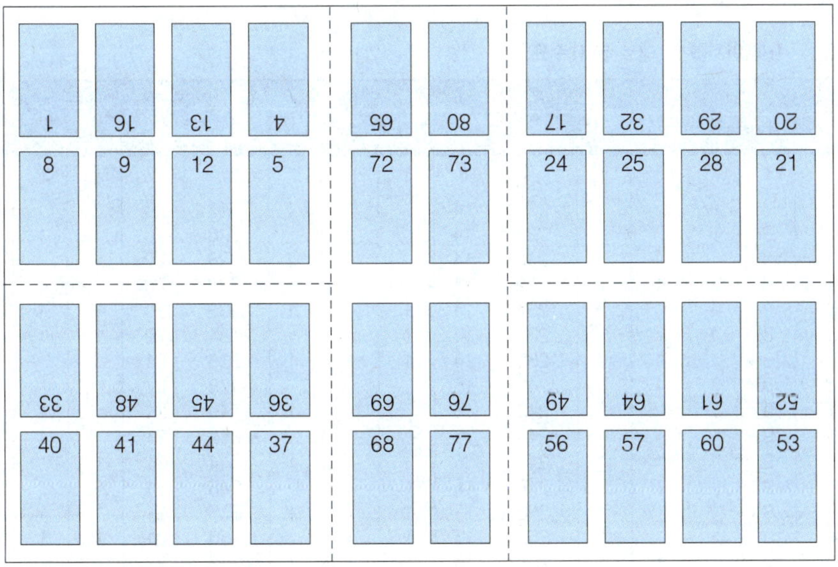

40페이지 따로걸이(앞)

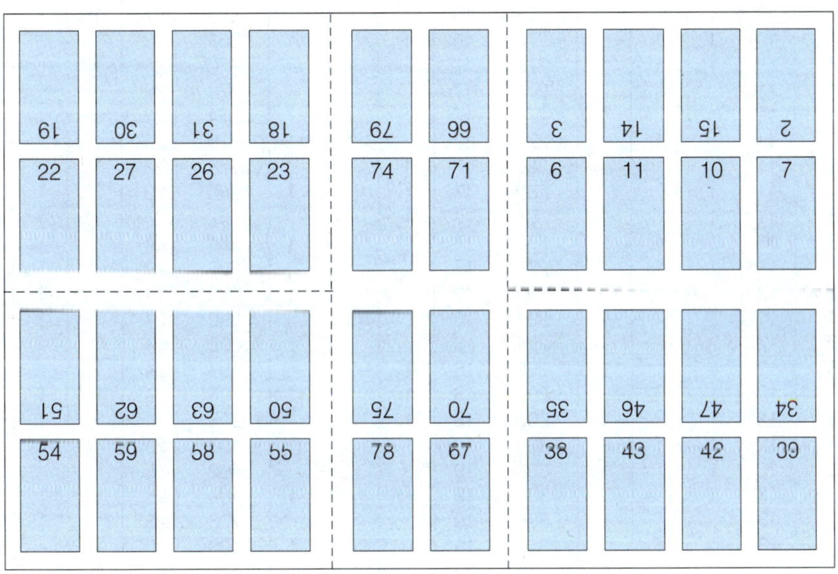

40페이지 따로걸이(뒤)

미리 인쇄대수를 계산함으로써 페이지 수를 늘리거나 줄여서 실매기에 적합한 8페이지로 만든다. 그리고 대수의 남는 페이지에 대한 처리방법도 연구하게 된다.

표 9-3 | 16페이지를 한 대로 본 대수표

총 페이지	16p	8p	4p	2p	총 페이지	16p	8p	4p	2p	총 페이지	16p	8p	4p	2p
	대	대	대	대		대	대	대	대		대	대	대	대
128	8				226	14			1	324	20		1	
130	8			1	228	14		1		326	20		1	1
132	8		1		230	14		1	1	328	20	1		
134	8		1	1	232	14	1			330	20	1		1
136	8	1			234	14	1		1	332	20	1	1	
138	8	1		1	236	14	1	1		334	20	1	1	1
140	8	1	1		238	14	1	1	1	336	21			
142	8	1	1	1	240	15				338	21			1
144	9				242	15			1	340	21		1	
146	9			1	244	15		1		342	21		1	1
148	9		1		246	15		1	1	344	21	1		
150	9		1	1	248	15	1			346	21	1		1
152	9	1			250	15	1		1	348	21	1	1	
154	9	1		1	252	15	1	1		350	21	1	1	1
156	9	1	1		254	15	1	1	1	352	22			
158	9	1	1	1	256	16				354	22			1
160	10				258	16			1	356	22		1	
162	10			1	260	16		1		358	22		1	1
164	10		1		262	16		1	1	360	22	1		
166	10		1	1	264	16	1			362	22	1		1
168	10	1			266	16	1		1	364	22	1	1	
170	10	1		1	268	16	1	1		366	22	1	1	1
172	10	1	1		270	16	1	1	1	368	23			
174	10	1	1	1	272	17				370	23			1
176	11				274	17			1	372	23		1	
178	11			1	276	17		1		374	23		1	1
180	11		1		278	17		1	1	376	23	1		
182	11		1	1	280	17	1			378	23	1		1
184	11	1			282	17	1		1	380	23	1	1	
186	11	1		1	284	17	1	1		382	23	1	1	1
188	11	1	1		286	17	1	1	1	384	24			
190	11	1	1	1	288	18				386	24			1
192	12				290	18			1	388	24		1	
194	12			1	292	18		1		390	24		1	1
196	12		1		294	18		1	1	392	24	1		
198	12		1	1	296	18	1			394	24	1		1
200	12	1			298	18	1		1	396	24	1	1	
202	12	1		1	300	18	1	1		398	24	1	1	1
204	12	1	1		302	18	1	1	1	400	25			
206	12	1	1	1	304	19				402	25			1
208	13				306	19			1	404	25		1	
210	13			1	308	19				406	25		1	1
212	13		1		310	19		1	1	408	25	1		
214	13		1	1	312	19	1			410	25	1		1
216	13	1			314	19	1		1	412	25	1	1	
218	13	1		1	316	19	1	1		414	25	1	1	1
220	13	1	1		318	19	1	1	1	416	26			
222	13	1	1	1	320	20				418	26			1
224	14				322	20			1	420	26		1	

제6절 인쇄검사

인쇄가 잘못되는 원인에는 잉크가 잘못되는 경우, 인쇄기가 잘못되는 경우, 종이가 잘못되는 경우, 기술이 부족한 경우, 최선을 다하지 않고 성의가 부족한 경우 등이 있다. 이러한 경우에 대비하여 작업과정에서 늘 세심한 주의와 검사가 요구된다.

잘못된 인쇄물의 예를 살펴보면 다음과 같다(김성재, 2004, p.213 참조).

가늠(register) 불량 : 가늠이란 인쇄 시에 인쇄될 화선(畫線)과 그에 겹쳐서 인쇄될 화선과의 위치관계를 말한다. 인자(印字)의 앞뒤가 꼭 맞지 않거나 색이 번져 나가는 현상을 말하며, 이는 용지의 신축성 문제나 판의 위치조절(가늠 맞춤)이 잘못되는 경우에 생긴다.

농담(農談)의 차이 : 잉크의 조절이 잘못되거나 불량잉크로 인하여 인쇄된 상태의 인자가 잉크색이 고르지 못하고 짙은 곳과 옅은 곳이 생기고, 다른 변색으로도 나타나는 것을 말한다.

뒷묻음(set off) : 인쇄기를 통과한 인쇄용지가 자동으로 겹쳐 쌓일 때 인쇄용지의 한쪽에 반대쪽 잉크가 묻어나는 것을 말한다. 이의 원인은 주로 잉크의 흡수성이 부족한 종이의 경우, 잉크조절 상태의 불량, 인쇄물을 성급하게 제책소로 옮겨 작업하는 경우, 종이의 정전기 발생으로 종이가 서로 붙어서 잉크가 묻어나는 경우 등이다.

뒤비침(show through) : 인쇄물의 앞면에서 뒷면의 인쇄가 비쳐 보이는 것을 말한다. 이는 종이의 불투명도 부족, 잉크에 함유된 기름의 불량상태가 그 원인이다.

블로킹(blocking) : 인쇄물을 겹쳐 쌓아 놓을 때 종이끼리 서로 달라붙는 현상을 말한다. 이때는 쌓는 분량을 줄이거나 파우더 스프레이를 뿌려 인쇄물끼리 붙는 것을 미리 방지해야 한다.

블러(blur) : 이는 슬러(slur)라고도 하며, 인쇄기의 기술적 조절이 잘못되어 인쇄가 이중(겹인쇄, 더블링)으로 된 것을 말한다.

초킹(choking) : 인쇄된 잉크가 마른 후에도 접촉이나 마찰에 의해 종이에서 쉽게 벗겨지는 현상을 말한다. 이는 종이의 선택(아트지 등)이 잘못되었거나 잉크조절의 잘못으로 일어난다.

크리스털리제이션(crystallization) : 다색으로 인쇄할 때, 먼저 인쇄한 잉크가 완전히 말라서, 다음 색을 인쇄할 때 색이 잘 묻지 않거나 피막이 쉽게 벗겨지는 현상을 말한다. 이는 드라이어(drier, 건조촉진제)나 콤파운드(compound, 인쇄적성개선 촉진제)가 잘못 사용된 경우에 일어나는 현상이다.

마지널 존(marginal zone) : 볼록판인쇄에서 인쇄잉크가 종이의 섬유 사이에 제대로 침투·흡수되지 않고 화선이나 망점 주위에 번져 진하게 보이는 것을 말한다.

피킹(picking) : 종이의 표면강도와 잉크의 점착력(tack)이 맞지 않아 종이의 표면이 뜯기거나 벗겨지는 현상을 말한다. 이는 종이의 표면강도가 약하거나, 아트지의 경우 표면의 도피층이 원지(原紙)에 잘 접착되지 않았을 경우에 일어나는 현상이다. 따라서 종이선택에도 늘 신중을 기해야 한다.

더러움(dirty, greasing, scumming) : 평판판면의 비화선부가 국부적으로 잉크가 묻어 더러워지는 현상을 말한다. 이는 판면의 친수성 또는 적심물의 부족이나 불량, 롤러의 더러움, 잉크의 과다 등으로 나타난다.

유화(oil painting) : 잉크롤러 위의 잉크는 적심물과 끊임없이 접촉되므로 잉크와 물이 서로 뒤엉키는 현상을 말한다. 이는 적심물이 많을 때, 잉크에 친수성분이 과도할 때, 잉크가 잘못 묻을 때 발생한다.

학습 자료

1 구텐베르크

구텐베르크(Johannes Gutenberg 1397~1468년)는 독일 인쇄술의 창시자이다. 근대 인쇄술은 활자를 사용한 판으로 종이에 인쇄하는 활판인쇄이며, 그 방법의 발명자가 구텐베르크라고 한다. 그러나 네델란드의 L.J. 코스터를 창시자로 보는 설도 있었다. 구텐베르크는 출생지 마인츠를 떠나서 슈트라스부르크에 있을 때(1434~44년경) 이미 인쇄술을 발명하기 시작했다고 한다. 마인츠에 돌아와서 1450년경에 금은세공자 J. 푸스트와 함께 인쇄공장을 만들어 천문력(天文曆)이나 면죄부 등을 인쇄하였을 것으로 생각된다. 2, 3년 후에는 기술이 향상되어 성서를 인쇄할 수 있는 정도가 되었다. 「1448년용 책력」과 「초등라틴어문법서」, 「36행 성서」, 「42행 성서」가 그것이다. 그때까지의 인쇄기는 아마포 압축기와 비슷하였는데, 틀에다 양피지를 바른 것으로 인쇄지를 고정시키는 개량을 하였다. 활자의 주형(鑄型)은 주석과 납의 합금이었으며, 그 주조법도 납땜 세공사의 손에 의하여 고도로 발달해 있었다. 그러나 그의 사업은 결국 파산하기에 이르렀으며, 출자자인 푸스트에게 부채의 보상으로 인쇄공장을 양도하였다(1445년). 그 후에는 푸스트와 푸스트의 양자 P. 쇠페르가 활자주조기술의 개량을 계속하였다. 후일 구텐베르크는 C. 후메리의 원조로 인쇄공장을 재건하였으며, 「구텐베르크 성서」라고 하는 성서를 출판하였다(1460년경). 이것은 1760년에 추기경 마자랭의 문고에서 발견되었기 때문에 「마자랭 성서」라고도 한다. 마인츠에서 성행한 인쇄업은 마인츠 시의 대주교 자리를 노리던 나소왕 아돌프 2세의 약탈로 파괴되었으며(1462년), 구텐베르크는 많은 제자들과 함께 편력(遍歷)의 길에 나섰다. 그 이후로 인쇄술은 마인츠로부터 남독일에, 그리고 끝내는 전 유럽에 보급되었다. 후일 그는 아돌프 2세의 초청을 받았으며, 일종의 연금을 수여받았다.

구텐베르크의 금속활자 활판인쇄의 특징은 ① 납을 주제로 한 활자합금에 의해 활자를 주조하기 쉽게 하고, ② 황동의 활자거푸집과 자모를 연구하여 다량의 활자를 정확히 주조할 수 있도록 하고, ③ 양면인쇄를 할 수 있는 인쇄기를 제작하고, ④ 금속활자에 적합한 유성 바니스로 인쇄잉크를 사용한 것이다.

—「동아세계대백과사전」, 1988; 한국출판연구소, 앞의 책.

2 인쇄용어 이야기

인쇄에서는 많은 변화가 있었지만, 아직도 우리는 하리꼬미, 혼가께, 돈땡, 하리, 구와이 등 일본식 용어를 사용하고 있다. 터잡기, 돌려찍기 등의 우리나라 말로 순화되고 있지만, 언제쯤 이러한 용어가 우리말로 정착될 수 있을지는 알 수 없다.

인쇄를 위한 작업(파일)이 완료되면 출력을 해야 한다. 몇 년 전까지만 해도 필름으로 출력을 하던 것이 요즘은 필름을 거치지 않고, '소부(야끼 : '굽다' 라는 뜻으로 판을 굽는 것을 말함)' 과정 없이 바로 인쇄판으로 출력(CTP 출력)을 한다. 교정 '스리' 를 뽑는 일도 많이 줄어들었다.

그리고 요즘은 필름 출력을 별로 안하니 밀착이라는 단어도 생소하다. 카메라에서도 밀착이란 말이 많이 사용되었는데 요즘은 디지털로 많이 바뀌면서 밀착이라는 단어가 정말 생소해졌다. 인쇄필름의 복사가 밀착이라고 생각하면 될 것 같다.

인쇄판을 만들기 위해서 해야 하는 작업이 '하리꼬미' 인데, 하리꼬미란 판형에 맞게 작업물을 배치하는 것을 말한다. 이는 통상적으로 출력실에서 많이 하는 작업이지만 요즘은 디자이너들도 하리꼬미에 대해서 알아두는 것이 좋다.

인쇄물의 경우, 앞판과 뒤판을 별도로 짜는 방식인 '혼가께', 앞판과 뒤판을 한판으로 짜 앞·뒷면을 공용으로 사용하는 '돈땡' 이 있다. 돈땡은 인쇄판을 한 번 걸고 판갈이 없이 1차 인쇄, 2차 인쇄를 하기 때문에 인쇄판비를 절감할 수 있는 장점이 있다. 혼가께의 경우 앞면 인쇄 후 판을 갈고, 후면 인쇄를 하면 된다.

A4기준 국반절 인쇄(혼가께)

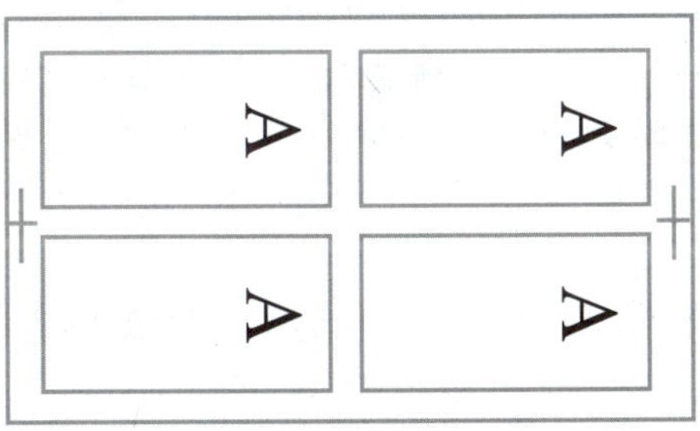

1대 A(앞면)

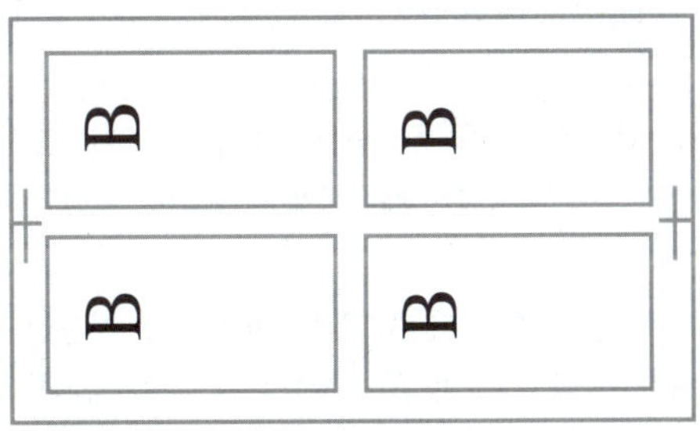

1대 B(뒷면)

A4기준 국반절 인쇄(돈땡)

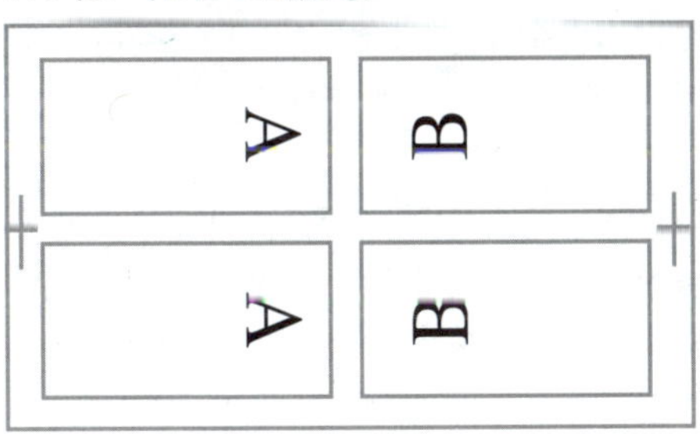

하리돈땡

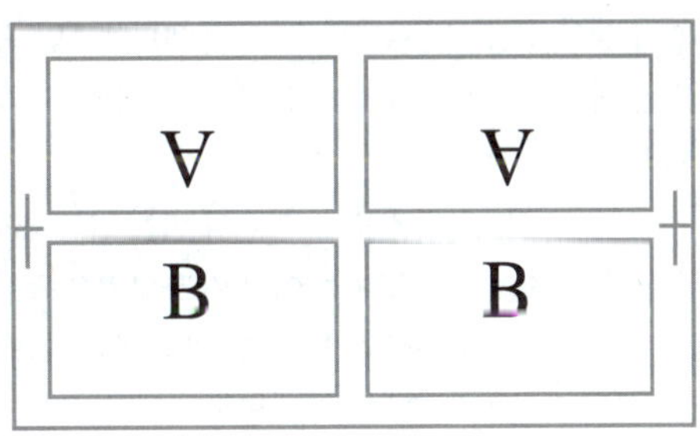

구와이돈땡

'하리' 란 인쇄물의 좌우 양쪽 세로면 즉 옆면을 말하며, '구와이' 란 인쇄기가 용지를 무는 부분 즉 앞면을 말한다. '하리돈땡' 이란 1차 인쇄 후 2차 인쇄 때 종이를 좌우로 뒤집어서 계속 인쇄하는 것을 말하며, '구와이돈땡' 이란 1차 인쇄 후 2차 인쇄 때 종이를 앞뒤로 뒤집어서 인쇄하는 것을 말한다. 보통 하리돈땡을 많이 사용하며, 구와이돈땡은 자주 사용하지 않는다. 구와이돈땡 시 앞면과 뒷면에 구와이 물림 면이 두 번 적용되기 때문에 2개의 구와이 적용부분이 생긴다(구와이 쪽으로 뒤집어야 하기 때문에 (앞뒤로) 뒷면 역시 구와이 물림이 필요하다). 하리돈땡의 경우에는 구와이 면을 앞쪽만 계산해서 남겨두면 된다(좌우로 뒤집으니 당연하겠지만). 전단지처럼 페이지가 많지 않은 경우 하리돈땡이 사용되며, 카탈로그와 같이 페이지가 많으면 혼가께와 하리돈땡이 같이 사용된다.

보통 페이지물의 경우 8배수로 대수를 정한다. 16페이지를 예로 들자면, 8의 배수이지만 표지를 좀 더 두꺼운 용지로 사용한다면, 표지 4페이지, 내지 12페이지가 된다. 1대 8p(국반절 인쇄 A4 혼가께), 2대 4p(하리돈땡), 표지 4p의 경우 코팅 유무에 따라 달라질 수 있다. 코팅을 안하면 하리돈땡, 표 1, 2, 3, 4를 다 코팅하면 하리돈땡, 표 1, 2만 코팅을 한다면 혼가께로 하는 것이 코팅 시 더 유리하다.

'돔보(tombow)' 는 앞의 그림에서 좌우에 보이는 +선(십자선)이 돔보이다. 인쇄 시 CMYK판의 핀을 맞추기 위해 각 판마다 십자표시가 있고, 처음 인쇄를 하면서 십자선을 정확히 맞추고 루페(lupe, 볼록렌즈를 사용한 확대경)로 확인을 하곤 한다.

인쇄를 하다 보면 '야레지' 라는 말을 한다. 야레는 핀을 맞추고 색상을 맞추기 위해 시험가동될 때 인쇄되어 나오는 종이 즉 파지를 말한다.

하리꼬미 시 판에 여분이 많이 있어 인쇄 후 재단과정에서 남는 여분의 종이는 '오도시(자투리)' 라고 한다. 그리고 인쇄면의 뒷면을 '우라' 라고 말한다. 시험인쇄를 할 때 맞추는 작업을 '겐또', 망점을 '아미' 라고 하며, 망점이 없이 잉크로만 인쇄되는 것을 '베다(뻬다, 통베다)' 라고 한다.

달력같이 달력날짜('다마')만 인쇄한 후 상호를 나중에 넣는 것을 '쓰리꼬미' 라고 한다. 달력을 왕창 찍어놓고, 상호만 다르게 인쇄하는 것으로 소량이 필요한 사람들에겐 유익한 방법이다.

제본으로는 '무선제본(떡제본)' 과 '중철제본' 이 있다. 무선이란 책등에 본드풀을 묻혀서 표지를 씌우는 방식이며, 중철은 중간에 중철(스테플러)을 박는 것을 말한다. 중철은 적은 양의 페이지, 무선은 중철로 소화하기 힘든 페이지에 사용되며, 중철로 가능한 것을 고급스럽게 하기 위해 무선을 사용하기도 한다.

무선제본을 하기 위해서는 '세네카' 를 계산해 주어야 하는데, 세네카란 무선제본이 된 책등을 이야기한다. 그리고 '도비라' 란 표지와 내지의 중간이나 내지와 내지 사이에 들어가는, 책제목이 들어가는 페이지를 말한다.

종이를 접는 방식을 '접지' 라는 용어를 사용하는데, 리플렛 접지로 2단접지, 3단접지, 병풍접지, 대문접지 등이 있다. 2단은 2번 접는 것, 3단은 3번, 병풍은 말 그대로 병풍처럼 접는 것, 대문은 좌우로 한 번씩 접고 다시 반을 접는 것을 말한다. 카탈로그의 접지방법은 무선과 중철에 따라 다르며, 8p, 16p 등이 있다.

제본을 하는 과정에서 '사시꼬미' 라는 말이 있다. 사시꼬미란 따로 인쇄된 인쇄물을 끼워넣는 작업을 말한다. 잡지에서 가끔 보는 여러 가지 모양으로 잘린 광고페이지처럼 내지 중간에 끼워넣는 인쇄물이나 그 작업을 말한다. 비슷한 말로 '오리꼬미' 라는 게 있는데, 내지의 판형보다 큰 별지를 접어서 넣은 것으로, 접힌 쪽을 보통 '날개' 라고 말한다. 재단을 할 때는 '시야게' 라는 말을 듣게 되는데, 시야게란 마무리 작업을 말한다.

—http://blog.naver.com/ohjs3/100123564255

관련 용어 해설

가늠잡기(registering) : 다색인쇄에서 각각의 화상위치의 화선을 맞추기 위한 작업.

가늠표(register mark) : 인쇄할 각 판의 일정한 위치에 교차점을 표시한 눈금→맞춤표, 돔보(잠자리모양, 십자선), 레지스터 마크.

가 번짐(marginal zone) : 볼록판인쇄에서 줄금이나 방점 주변에 잉크가 두껍고 둥근 층으로 묻는 것.

가쇄(假刷) : 교정을 보거나 다른 용도로 임시로 찍는 인쇄나 인쇄물→교정쇄, 교정견본.

가열전사인쇄(加熱轉寫印刷, heat transfer printing) : 얇게 가공된 전사지에 화상을 인쇄하고, 이를 가열 · 가압하여 피인쇄체에 전사하는 방법. 피인쇄체는 필름 · 플라스틱 · 가죽제품 · 건축자재 · 천 등.

가운데따로걸이 : 판걸이에서 좌우 양끝에는 같이걸이, 중앙에는 따로걸이 방법을 같이 쓰는 방법, 전지 양면에 48페이지를 인쇄할 경우, 중앙에 16페이지 판을 두 개로 만들고, 양끝에 8페이지씩 앞·뒤판을 만든다. 중앙 16페이지 앞판과 양끝 16페이지를 인쇄한 후, 양끝의 판은 그대로 두고 중앙의 판만을 뒷면 16페이지로 바꾸어 뒷면을 인쇄하는 판걸이 방법임.

가판(架版) : 인쇄에서 연판이나 현판을 인쇄기판 위에 순서대로 배열 · 정돈하여 인쇄를 준비하는 공정.

강판(降版) : 교정이 완료된 활자조판을 다음 공정으로 넘기는 일.

건식평판(乾式平版, waterless lithography) : 평판인쇄에서 적심물이 없이 인쇄를 하는 방법. 실리콘 등의 잉크 반발성 물질로 비화선부를 처리하면, 판 전면에 잉크를 올려도 비화선부는 잉크를 피하고 화선부에만 잉크가 흡수되기 때문에 적심물이 없어도 인쇄가 가능함→무수평판.

건조장치(乾燥裝置, drying arrangement dryer) : 인쇄된 잉크를 인쇄기에서 건조시키는 뒷묻음 방지장치.

겹인쇄(off double) : 오프셋 다색인쇄에서 첫번째 인쇄된 잉크의 일부가 두 번째 잉크의 블랭킷에 옮겨지고, 이것이 다음에 인쇄된 화상 위에 위치가 맞지 않게 인쇄되어 인쇄색깔이 진하게 되는 현상→오프셋더블.

겹찍어나누기(draw and folding) : 윤전인쇄에서 한 대수가 되지 않는 자투리 페이지를 2배나 4배로 걸어 인쇄한 후, 중복되는 같은 인쇄물을 한 장씩 나누는 것.

고무통(blanket cylinder) : 고무블랭킷을 감는 원통이며, 인쇄판의 잉크가 고무블랭킷에 옮겨지고, 다시 압통에 감겨진 피인쇄체인 종이 등에 옮겨지면서 인쇄됨. 고무블랭킷은 판면의 내쇄력을 강화시키며, 거친 피인쇄체에도 인쇄가 가능한 오프셋인쇄의 장점의 근본이 됨→고무블랭킷, 블랭킷.

고무칠(gumming up) : 평판의 제판 · 인쇄작업에서, 아라비아고무에 산(酸) 등을 섞은 에칭고무액을 인쇄판면에 바르는 것. 그 목적은 제판 후 공기에 의한 판면의 산화나 기름 등의 오염을 방지, 인쇄 중 3~5분 이상 정지 때 판면을 보호, 판을 보존 시 판면의 보호 등임.

곡면인쇄기(曲面印刷機, curved surface printing machine) : 유리그릇과 같은 원통면 · 둥근면 등에 인쇄하는 기계의 총칭. 실크스크린법, 볼록판 오프셋인쇄법 등을 이용하는 인쇄기.

그리징(greasing) : 평판인쇄에서 판처리의 불량이나 적심물 부족 등으로 비화선부에 잉크가 묻어 인쇄물에 더러움이 생기는 인쇄사고.

낙장인쇄(落張印刷) : 제본에서 주문부수에 부족할 경우, 낙장을 보충하기 위해 부족분을 추가로 더 인쇄하는 것이며, 인쇄 때 파지가 많이 나온 경우에 필요함.

내쇄력(耐刷力) : 판면이 인쇄에 견디는 힘, 즉 하나의 판으로 인쇄가 가능한 한계. 보통 내쇄력은 활판의 원판인쇄는 3,000~5,000부, 연판인쇄는 5,000~10,000부이고, 오프셋의 난백판은 10,000부, 평요판은 100,000부, 다층평판은 수십만 부, 그라비어판은 50,000부 정도 가능함. 한 번에 많은 부수를 인쇄할 때는 내쇄력을 늘리기 위해 연판과 그라비어판에 철 · 크롬 · 니켈 등의 도금을 한 후 인쇄하기도 함.

단식인쇄(單式印刷) : 특수한 타자기로 친 원지로 평판 사진판을 만들어서 하는 오프셋인쇄.

대수나누기 : ① 책을 인쇄할 때 인쇄기 한 대에서 한 번에 인쇄되는 페이지 수를 1대로 하고 전체 페이지 수를 1대당의 페이지 수로 나누는 것. ② 인쇄 때 판앉히기에서 인쇄기에 맞는 종이크기의 판면으로 인쇄될 페이지 수이며, 페이지 수에 따라 같은 것을 2벌 · 4벌 거는 경우도 있음.

대수나눔표 : 책자 인쇄에서 대수나누기를 한눈에 볼 수 있도록 편집용으로 작성하는 표이며, 인쇄 때 인쇄

할 견본과 이 표가 함께 인쇄소에 제출되어야 함.

데칼인쇄 : 디지털 실크인쇄라고 할 정도로 비닐이나 PC 등 실크인쇄용 필름매체에 아무런 가공이 없이 직접 인쇄를 할 수 있는 디지털 인쇄기법. 내수성 및 내마찰성이 좋아서 실외 배너광고나 실내 대형 포스터 인쇄에 최적임.

돋움인쇄(plateless embossing printing) : 명함·메뉴·마크·카탈로그 표지 등에 쓰이며, 인쇄판면에 만들어진 암골의 오목 부분에 잉크를 채우고 수골의 압력으로 인쇄하는 방법과, 인쇄된 잉크 위에 천연수지와 합성수지의 혼합가루를 뿌린 다음 가열시켜 인쇄하는 방법이 있음→돋움엠보싱인쇄.

드라이트래핑(dry trapping) : 앞 인쇄가 끝난 후 마른 잉크피막 위에 뒤의 인쇄잉크가 겹치는 상태.

라벨(label) : ① 상품에 붙이는 상품명·품질·내용·상표·상호·연락처·주의사항 등을 인쇄한 작은 인쇄물이며, 용기·캔(can)·책·제품·병 등에 붙이기 위해 뒷면에는 접착제가 칠해져 있음. ② 도서관 등에서 책자의 등에 분류기호·도서기호·권책번호 등을 기재하여 붙인 것.

레터헤드(letter head) : 상업용 통신문 상단에 인쇄하는 것으로, 보통 윗변에서 2.5cm~3cm 정도 내린 곳에 회사명·주소·전화번호·영업품목·지점·공장·건물사진·마크·디자인 등을 넣음.

렘브란트 그라비어(Rembrandt photogravure) : 최초의 윤전그라비어이며, 클리취가 처음 발명하여 영국에서 상업적 제판인쇄를 하면서 렘브란트라는 이름을 붙임.

롤러세척기 : ① 프레스 워셔(press washer) : 인쇄가 끝난 후 잉크롤러의 잉크를 씻어내는 장치. ② 롤러 클리너(roller cleaner) : 오프셋인쇄기의 적심물 롤러를 세척하는 장치.

루벨(Ira Washington Rubel, 1846~1908년) : 미국인으로 1904년 오프셋인쇄를 발명함. 석판인쇄기의 통인쇄를 보고 새로운 기계설계를 착상하였음.

루팅기(routing machine) : 연판이나 선화볼록판의 넓은 공백부의 표면을 깎아내는 기계로서, 인쇄할 때 인쇄물에 더러움이 묻는 것을 방지하는 데 이용되고, 또 망점볼록판의 판면 일부를 잘라내는 데도 쓰임.

루페(lupe) : 인쇄물이나 네거티브 또는 포지티브의 화선이나 망점을 10~20배 확대하여 보기 위해 볼록렌즈로 만든 확대경.

릴리프인쇄(relief printing) : 두꺼운 합지나 상질지에 유화원화를 다색복제하여 원화가 가지는 정밀한 요철을 눌러 돋아나게 하는 인쇄.

매엽인쇄기(枚葉印刷機, sheet-feed press) : 낱장으로 인쇄하는 인쇄기의 총칭이며, 볼록판용·오프셋용·그라비어용 등이 있음→낱장인쇄기.

매클(mackle) : 인쇄기의 고장이나 결함으로 인하여 잘못된 인쇄지.

머리맞추기(head to head) : 페이지물 인쇄 때 각 페이지의 머리쪽이 서로 마주보게 판을 앉히는 방법.

미싱인쇄 : 전표·수표장·영수증·접수증·안내장·입장권 등에서 자르는 절취선을 만들기 위해, 볼록판인쇄기로 연속으로 구멍이 뚫리게 하는 인쇄.

민인쇄 : 인쇄면에 농담의 변화나 흰 부분이 없이, 일부분이나 전체를 잉크로 완전히 뒤덮이게 하는 인쇄. 책의 면지·간지·표지 등의 바탕색을 인쇄하는 데 이용.

바늘몫(folding margin) : 인쇄에서 용지의 유효면적에서 제외되는 옆면부분.

바로박기(direct printing) : 인쇄 시 판에서 용지 등에 직접 잉크를 전달시키는 인쇄방법이며, 볼록판·그라비어 등은 모두 바로박기이고, 오프셋인쇄의 고무블랭킷을 중개로 한 인쇄는 간접인쇄임.

바인더(binder, binding agent) : 인쇄잉크액 속에서 안료를 인쇄면에 부착시키는 역할을 하는 성분이며, 볼록판잉크·오프셋잉크 등에 사용하는 페놀수지바니스·아마인유바니스·알키드수지 등임.

별색(別色) : 황색(yellow)·적색(magenta)·청색(cyan)·먹색(black)의 4색 이외에 특별히 추가로 사용되는 색이며, 2색이 많은 면적을 차지할 때와 특별한 인쇄효과를 낼 때 등에 이용되며, 보통 4색 이상인 다색의 컬러원고일 때 사용함.

분색교정(分色校正) : 컬러인쇄에서 4색의 색판을 제각기 따로 인쇄하여 전문가가 교정하는 것.

블라인딩(blinding) : 인쇄 중에 판면·롤러·블랭킷의 마찰 또는 적심물·친수성·친유성 등의 잘못으로 화선부에 묻는 잉크의 농도가 점차로 엷어지는 현상.

블로킹(blocking) : 인쇄물을 쌓아두었을 때 서로 달라붙는 현상.

삽지(揷紙, feeding) : 낱장으로 된 인쇄용지를 손으로 인쇄기에 한 장씩 밀어넣는 것.

색견본(色見本) : ① 직물·도료·염료·용지 등에서, 각종 색채를 분류·정리하여 모은 것. ② 인쇄 시 원하는 색상의 견본을 지정하여 제시하는 것.

색교정(色校正) : 컬러인쇄물에서 지정색으로 뽑아낸 교정인쇄. 색의 지정이나 색인쇄의 효과를 점검하고,

필요하면 지정색을 변경할 수도 있으므로, 컬러인쇄에서의 색교정은 색의 상태나 재현성 등을 보기 위해 필수임.

슬러게이지(slur gauge) : 인쇄기의 흔들림이나 미끄러짐의 상태를 파악 · 관리하기 위한 장치.

시즈닝(seasoning) : 인쇄에서 용지의 습도를 조정하는 것이며, 종이가 제지공장이나 창고에서 갓 출고되면 인쇄공장 안팎의 온도나 습도 차로 종이의 상태가 변화되어 인쇄효과가 나빠짐.

시트(sheets) : 제본되지 않은 상태의 낱장으로 된 인쇄지.

실린더(cylinder) : 그라비어 인쇄용의 판통으로, 강철원통에 두껍게 구리로 도금한 것.

아닐린인쇄(aniline printing) : 고무볼록판을 인쇄판으로 하고 아닐린 잉크를 쓰는 특수인쇄이며, 값이 싸고 고속이므로 포장지 등에 적당한 거친 인쇄방식임→플렉소그래프인쇄.

압통(壓胴, impression cylinder) : 인쇄기계에서 인쇄용지를 밀어넣는 원통.

은색잉크(silver ink) : 알루미늄 분말을 사용하여 은과 비슷한 광택을 내는 잉크이며, 알루미늄 가루를 피인쇄체에 고착시켜 주는 매개체 속에 분산시킨 것으로 은과 같은 색을 인쇄하는 데 쓰임.

인쇄판(印刷版, mackine plate) : 평판인쇄에서 본인쇄를 하기 위해 인쇄기계에 거는 판으로, 교정된 원판을 아연판이나 알루미늄판 등의 판재에 빛쬐기한 후 표면처리하여 만드는 판임.

임프레션(impression) : ① 책 표지 · 안내문 · 카탈로그 등에 문자나 모양 등을 압형(押型)으로 인쇄한 것. ② 중쇄(重刷)의 뜻이며, 같은 판명으로 변경 없이 다시 인쇄하는 것.

잠상오목판(latent image intaglio) : 위조방지를 목적으로 하는 특수한 오목판인쇄. American Bank Note사가 개발한 것으로, 인쇄물을 비스듬히 비춰보면 잉크변화 때문에 정면으로는 보이지 않는 숨은 문자나 그림이 나타남. 복제해도 숨은 문자 등은 나타나지 않아 위조방지가 됨.

축임물(dampening water) : 평판인쇄를 할 때 판을 적시기 위해 쓰는 물. 평판의 비화선부는 물을 받아들이고 잉크는 거부하며, 화선부는 물을 거부하고 잉크는 받아들여 평판인쇄가 됨.

중쇄(重刷, reprint, reissue) : 판의 내용을 변경하지 않고 그대로 다시 인쇄하는 것.

쪽수/분(PPM : pages per minute) : 인쇄속도를 나타내는 단위이며, 1분간 인쇄되는 페이지 수임.

초킹(choking) : 인쇄 후에 어떤 마찰에 의해 잉크의 안료(顔料)가 떨어지는 불량의 현상.

추려박기(offprint) : ① 책 · 잡지의 판이 보존되어 있을 때, 필요한 페이지만을 골라서 인쇄하는 것. ② 원본의 일부를 빼내어 인쇄 · 출판하는 것. ③ 교정사항이 많은 페이지만을 골라서 낸 교정인쇄.

컬핏인쇄(curl fit) : 거의 모든 곡면체에 대하여 원하는 패턴의 무늬를 인쇄가능케 한 획기적인 특수전사시스템. 한국에서 최초로 개발한 무늬가 인쇄되어 있는 특수 수용성 필름을 수면상에 띄우고 필름 위에 피전사물을 담금으로써 수압을 이용하여 원하는 무늬를 나타낼 수 있는 특수전사 인쇄법임.

탁본(拓本, paper rubbing) : 비문 등에 새긴 오목한 글자나 그림을 먹으로 찍어낸 종이→탑본.

탁지부인쇄국(度之部印刷國) : 대한제국시대에 중앙성부의 인쇄업무의 주무관청이며, 광무 8년(1904년) 12월 6일 인쇄국 관제가 제정 · 공포되어 생겼음.

통(通, impression) : 인쇄되는 종이 양의 단위. ① 인쇄료 산출의 기초가 되는 한 통의 금액이며, 다색인쇄와 같이 여러 색을 겹쳐 찍을 경우에는 '색수×용지매수'를 통수로 함. ② 일정 시간 내에 인쇄용지가 인쇄기를 통과하는 매수를 가지고 인쇄기의 인쇄속도를 나타내는 단위로 사용됨.

트래핑(trapping) : 2색 이상 다색인쇄를 할 때 먼저 찍은 잉크 위에 다음 찍은 잉크가 겹치는 상태.

틴트(tint) : ① 밝고 엷은 색의 총칭. 보통 흰 색재를 섞으면 틴트라고 일컫는 색조가 됨. ② 인쇄물에 엷은 색으로 밑인쇄를 하는 것.

파우더 스프레이(powder spray) : 인쇄할 때 뒷묻음을 방지하기 위해 녹말이나 활석(滑石) 등의 가루를 인쇄 후 인쇄면에 뿌리는 것.

푸스트(Johann Fust, 1400~66년) : 독일의 인쇄업자 겸 활자세공인이며, 구텐베르크가 창시한 활판인쇄공장이 공동 경영자로서 그의 사위인 쇠페르와 함께 구텐베르크의 성경, 시편 등 그 외에도 우수한 작품을 인쇄 · 출판하였음.

픽킹(picking) : 인쇄용지의 표면강도와 인쇄잉크 점착력의 불균형으로 생기는 인쇄고장. 주로 상질지나 아트지에서 용지의 표면이 뜯기어 인쇄물에 흰 반점이 생김→보풀림.

현판인쇄(現版印刷, direct printing) : 판면에 직접 종이를 닿게 하여 판면의 잉크가 지면에 인쇄되는 인쇄방법.

희게빼기(white lettering) : 인쇄면에서 진한 색의 민 인쇄나 30% 이내의 어두운 망판인쇄 안에 문자나 그림을 흰색 또는 바닥색이 되게 하는 것→백발(白拔).

※ 한국출판연구소, 「출판사전」(범우사, 2002)을 인용 및 참조함.

| 중요용어 |

인쇄	간이교정인쇄	볼록판인쇄	평판인쇄
오목판인쇄	공판인쇄	디지털인쇄	오프셋인쇄
평압인쇄기	원압인쇄기	윤전인쇄기	판걸이
인쇄대수	인쇄검사	구텐베르크	

종 이

Chapter 10

제1절 종이의 정의

종이(paper)란 주로 식물성 섬유인 펄프를 원료로 하여 얇게 제조된 것이다. 그리고 여기에 글을 쓰거나 그림을 그리기도 하고 인쇄도 하며 포장도 할 수 있게 만든 것을 말한다.

종이는 책을 만들 때 생산비 중 가장 큰 비중을 차지하고 있다. 그중에서도 특히 본문종이의 선택은 결 · 두께 · 색깔 · 지질 · 인쇄적성 · 광택 · 감촉 등에 의하여 장책(粧冊, editorial design)의 성공과 실패를 크게 좌우하게 된다. 따라서 용지의 선택은 출판물의 내용과 인쇄방식, 부피, 디자인화의 목적, 제작단가 등을 충분히 검토한 후 신중히 결정해야 한다.

종이는 중국의 후한 초기(後漢初期, 105년)에 채륜(蔡倫)이 나무껍질 · 삼(麻) · 넝마 등을 섞어서 그 제조방법을 발명하였고, 이것이 중국 내에 보급되었으며, 동(東)으로는 먼저 우리나라에 들어왔고, 610년 고려의 승려 담징(曇徵)에 의해 일본에 전해졌다. 한편, 서쪽으로는 비단길(silk road)을 거쳐 10세기에 이집트에 전해졌고, 12세기에 스페인과 이탈리아에, 그 후 13~14세기에 프랑스 · 독일, 15세기에 영국, 16세기에 네덜란드로 차례로 전해졌으며, 17세기 말에 미국, 19세기 초에는 캐나다에 전해져서, 1,000여 년 동안에 온세계에 퍼졌다. 그동안 초지기[01]의 발명(19세기 초엽)과, 이에 각종 목재펄프 제조방법의 발명이 더해져서 현재와 같은 기계제지의 양지(洋紙)로 발전하여 대규모 근대공업의 하나가 되었다(한국출판연구소, 「출판사전」, 범우사, 2002, p.371).

제2절 종이의 종류

종이의 종류는 크게 나누어 양지(洋紙)와 한지(韓紙)가 있다. 그리고 판지(板紙)가 있고, 특수지도 용도에 맞게 새롭게 개발되고 있다. 한지(韓紙, Korean paper)는 우리나라 고유의 기

01 초지기(抄紙機) : 죽 모양의 묽은 펄프에서 종이를 떠내는 기계.

법으로 뜬 독특한 종이이며, 보통 '조선종이'라고 부른다. 한지의 제조는 거의 전 공정이 일일이 인력에 의존하는 수공업적인 방법으로 이루어진다. 주원료로는 닥나무(저(楮)), 삼지닥나무(삼지저(三枝楮))의 껍질과 그 밖에 뽕나무, 짚(고(藁)) 섬유, 삼(마류(麻類)) 섬유 등을 이용하며, 그리고 생산을 늘리거나 개량용으로 화학펄프를 약간 사용한다. 한지는 용도에 따라 그 질과 호칭이 다르다. 가령 문에 바르는 '창호지', 방바닥에 바르는 '장판지(壯版紙)', 서책의 서사용에 쓰이는 '책지', 족보 · 불경 · 고서의 영인(影印)에 쓰이는 '복사지', 사군자나 화조를 치는 '화선지', 연하장 · 청첩장 등으로 쓰이는 가는 솜털과 같은 이끼를 섞어서 뜬 '태지(苔紙)' 등이 있다(한국출판연구소, 위의 책).

양지는 서양에서 들여온 종이 또는 서양식으로 만든 종이로, 주로 목재펄프를 원료로 하며, 원료가 되는 펄프의 종류, 초지법, 가공의 유무에 의해 나누어진다. 그리고 종이의 치수에는 규격이 있다. 이 규격치수는 A판계와 B판계가 있으며, A판계에는 국판전지(636mm×939mm)가 있고, B판계에는 4×6전지(788mm×1,091mm)가 있다. 최근에는 변형규격의 책인 크라운판(16절 사이즈)을 많이 만들게 되어 변규격 사이즈로 대국전(720mm×1,020mm) 용지가 주문 · 생산되어 학술 · 전문도서에 많이 사용되고 있다.

양지는 비도피지(非塗被紙 : 덧칠 안한 종이)와 도피지(塗被紙 : 덧칠한 종이)로도 나눌 수 있다.

1. 비도피지

비도피지(uncoated paper)는 종이의 표면에 도료(塗料)를 바르지 않은 종이를 말하며, 그 종류는 다음과 같다.

신문용지(新聞用紙, news printing paper) : 주로 신문인쇄에 쓰이는 하질지(下質紙)이다. 원자재의 80%가 쇄목(碎木)펄프이고, 20%는 화학펄프이다. 내구성은 낮으나 잉크의 흡수와 건조가 빠르고, 대부분 고속윤전기로 인쇄하므로 두루마리로 많이 생산된다.

중질지(中質紙, medium grade paper) : 30% 이하의 쇄목펄프와 화학펄프를 70% 이상 넣어 만든 중급종이이다. 일반도서 · 잡지 등에 많이 사용하며, 유광 · 무광이 있고, 60 · 65 · 70 · 80g/m² 등이 생산되고 있으며, 값은 신문용지와 백상지의 중간 정도이다.

서적지(書籍紙, book paper) : 노트지라고도 하며, 일반도서의 본문용지로 많이 사용된다. 광택이 없고, 수명이 길며, 무게가 가볍고, 약간 미색으로 눈을 보호하고, 화학펄프가 많이 섞여 변색이 더디다. 60 · 70 · 80g/m² 등이 생산된다.

백상지(白上紙, 모조지, wood-free paper) : 100% 표백된 화학펄프로 만든 상질지이다. 표면이 매끄럽고 평활도가 뛰어나며, 탄력이 있고, 색은 흰색이나 표백한 미색이 있으며, 유광 · 무광도 선택 가능한 고급용지이다. 유광으로는 50 · 60 · 65 · 70 · 80 · 90 · 100 ·

120 · 150 · 180 · 220 · 260g/m², 무광으로는 60 · 70 · 80g/m² 등이 생산된다. 고급책 · 화보집 · 디자인책 · 노트지 · 프린트지 · 표지용 · 상품의 포장지 등으로 사용된다.

색지(色紙) : 색종이 또는 색모조지라고도 하며, 모조지와 비슷한 재료로서 펄프에 염료를 넣어 생산한다. 45 · 100g/m² 등이 생산되며, 적색 · 녹색 · 청색 · 황색 등 여러 가지 색상이 있다.

그라비어지(gravure paper) : 그라비어인쇄(사진제판에 의한 오목판인쇄의 하나)를 위하여 만들어진 인쇄용지이다. 잉크의 흡수력이 좋고, 2급인쇄지 정도의 종이를 적신 다음 강한 압력을 주고 슈퍼캘린더(종이에 광택을 내는 장치)에 걸어 만든 것이므로 광택이 나고, 충전제를 넣어 불투명도가 높고 무게가 나간다. 일반도서 · 잡지 등의 다색인쇄에 많이 사용된다.

크라프트지(kraft pulp paper) : 목재를 가성소다와 황화소다액의 혼합액으로 증해시켜 섬유를 뽑아내는 방법으로 만든 화학펄프지이다. 크라프트펄프 100%로 만드는데, 표백하지 않은 펄프로 만든 것은 갈색이며 강하다. 70 · 100 · 120 · 140g/m²의 양면광택과 단면광택이 생산되며, 시멘트 · 비료 · 밀가루 · 양곡 등을 포장하는 대형 종이포대용과 크기가 큰 공업용 상품포장지 등으로 많이 사용된다.

판지(板紙, paper board) : 판지는 책의 양장 표지의 심지(心紙)와 슬립케이스 또는 종이용기의 재료로 쓰이는 두껍고(보통 0.3mm 이상) 질기며 딱딱한 종이의 총칭이다. 종류에는 황판지(黃板紙, strawboard), 백판지(白板紙), 아이보리(ivory paper), 마닐라보드(Manila lined board), 칩보드, 골판지 원지 등이 있다. 200 · 220 · 240 · 260 · 300 · 400 · 500g/m² 등이 생산되므로, 책의 판형에 따라 두께와 결이 알맞은 것을 선택하여 써야 한다. 고급판지인 아이보리판지는 카드 · 연하장 · 초청장 등을 만드는 데도 쓰인다.

2. 도피지

도피지(coated paper)는 표면에 도료(塗料)를 바른 종이를 말한다. 중질지 이상의 인쇄용지를 초지(抄紙)하는 최후과정에서 백토(白土)와 접착제(젤라틴 등)를 섞은 것을 표면에 칠하여 슈퍼캘린더를 통과시켜 광택을 높인 것이다. 표면의 평활도가 좋고 백색도가 높으며 광택이 있어 컬러인쇄나 망판사진에 적합한 인쇄용지로서, 다음과 같은 종류가 있다.

아트지(art paper) : 대표적인 도피지로서, 상질지와 중질지 위에 백토와 접착제(젤라틴 등)를 섞어 칠한 후 슈퍼캘린더를 통과시킨 종이이다. 중질지 위에 백토를 도포한 것은 아트지이며, 상질지 위에 백토를 도포한 것은 특아트지이다. 아트지에는 양면에 백토를 도포한 양면아트지와 한면에만 백토를 도포한 편면아트지가 있다.

아트지는 보통 높은 광택을 가지고 있으나 무광인 아트지를 스노우 화이트(S/W : snow

white)지라고 한다. 스노우 화이트지는 슈퍼캘린더 대신 미세한 모랫발의 롤러를 통과시켜 종이의 표면에 고운 요철을 낸 것이다. 이는 종이가 순백색으로 눈과 같이 희다 하여 붙여진 이름으로 매트지(matt paper)라고도 한다.

아트지는 보통 원색인쇄나 정밀한 고급인쇄에 적합하다. 따라서 잡지의 원색인쇄, 책의 화보인쇄, 어린이책 본문인쇄, 책의 표지 · 커버 등의 인쇄에 널리 이용된다. 보다 고급인 로열아트지는 고급캘린더, 카드용지, 정밀화보집 등에 사용된다.

엠보싱지(embossing paper) : 아트지와 비슷한 성분으로 만든 종이로서 표면에 인위적으로 일정한 모양의 무늬를 넣어 효과를 나타내는 종이이다. 불투명도가 높고, 줄무늬 · 비단무늬 · 마름모무늬 등 여러 가지 무늬가 있다. 양면엠보싱지와 편면엠보싱지가 있으며, 감촉은 부드러우나 홈에 인쇄가 잘 되지 않는 단점도 있다. 책표지나 카드, 팸플릿, 카탈로그 등에 사용된다.

표 10-1 | 종이의 종류와 용도

종이의 종류		g/m^2	용 도
아트지 (유 · 무광지)	편면아트	70~100	표지, 캘린더
	양면아트	80~300	표지, 캘린더, 화보, 카드, 도서
	매트지(S/W지)	100~200	그림책, 카탈로그, 고급도서
	엠보싱지	100~300	책표지, 포스터, 카드, 카탈로그
	더블코팅지	100~300	고급도서, 캘린더
경량코트지 (미 · 백색)	패션지	60~80	전문도서, 카탈로그, 잡지
	후레쉬지	70~100	전문도서, 카탈로그, 잡지
	화인코트지	70~100	전문도서, 카탈로그, 잡지
미량코트지 (미 · 백색)	T코트지	70~80	전문도서, 카탈로그, 잡지
	머신코트지	70~80	전문도서, 카탈로그, 잡지
	뉴플러스지	70~100	전문도서, 카탈로그, 잡지
모조지 (미 · 백색)	유광지	70~250	일반도서, 잡지, 교과서
	무광지	60~80	일반도서, 잡지, 교과서
서적지(노트지)	무광지	55~80	노트, 일반도서
중질지	유광지	55~80	일반도서
	무광지	55~80	일반도서
갱지(신문용지)	무광지	55~80	신문용지
판지 (특수가공지)	아이보리지	200~500	책표지, 카탈로그
	황판지(S.C 마닐라)	200~500	책표지, 슬립케이스, 박스
	백판지(S.C 마닐라)	200~500	책표지, 슬립케이스, 박스
	크라프트지	100~350	포장지(갈색)
특수지	팬시페이퍼	100~200	책 면지, 청첩장, 카드, 표지
	크리스털지	90~300	카드, 선물포장지
	금 · 은분지	100	실내장식, 포장
	감광지	100~150	전사지, 복사지

머신코트지(machine-coated paper) : 아트지는 떠낸 종이가 완전히 마른 상태 위에 별도의 도피기로 백토를 도포한 것이지만, 머신코트지는 초지기의 건조부분에서 편면 또는 양면에 도피를 같이 한 종이이다. 아트지만큼 평활도나 광택이 좋지는 않지만 불투명하고 얇게 만들 수 있다. 아트지와 같이 표제화의 오프셋 · 그라비어 · 사진판 등의 인쇄에 사용된다.

마닐라지(Manila board paper) : 화학펄프를 원료로 한 여러 겹의 종이층을 표면에 초합(抄合)한 백판지이다. 양면마닐라와 편면마닐라가 있으며, 표면은 인쇄적성이 좋아 이에 직접 인쇄하여 고급 종이용기용으로나, 담배 · 식품 · 약품 · 화장품 · 기계기구 등의 상자용으로나, 책제본의 심지용으로 사용된다. 원래 마닐라 삼(麻)을 섞어서 초지한 데서 이러한 이름이 붙었다. 170~700g/m²이 생산된다.

불투명지(不透明紙) : 인디아지(India paper)라고도 하며, 얇으면서도 질기고 불투명하며, 잉크가 배지 않아 성서와 사전 용지로 많이 쓰인다. 미색염료를 넣은 것도 있으며, 32 · 34 · 36 · 38 · 42 · 55 · 60 · 70 · 80g/m² 등이 생산된다.

제3절 종이의 특성

종이의 결 : 세로결(종목)과 가로결(횡목)의 종이가 있다. 손쉬운 종이결의 확인방법에는 찢어 보거나 접어 보는 방법이 있는데, 쉽게 똑바로 찢어지는 쪽, 잘 접히는 쪽이 그 종이의 결임을 알 수 있다. 또한 가장 쉽고 정확한 방법으로는 물에 적셔 보는 방법이 있는데, 종이 한 매를 들고 네 모서리 중 어느 한 모서리의 긴 변과 짧은 변 양쪽에 물칠을 한 뒤 조금 있으면 한쪽 변은 물결모양으로 우글우글해지고 다른 한쪽 변은 밋밋한 채 그대로 있게 된다. 이때 짧은 변이 물결모양이면 세로결, 긴 변이 물결모양이면 가로결이다(그림 10-3 참조). 또한 지업사나 인쇄소에서는 흔히 종목(縱目)은 '4×6전지', 횡목(橫目)은 '6×4전지'라 부르고 있다.

종이의 앞과 뒤 : 종이의 공정과정에서 보통 초지기의 망에 접한 부분이 뒷면인데, 자세히 살펴보면 가늘고 고운 망무늬가 새겨진 것을 볼 수 있다. 완성된 종이가 1연씩 포장되어 나오면, 이 포장을 풀었을 때 위쪽이 앞면이다. 앞·뒷면의 평활도 차이가 적은 종이가 좋은 용지인데, 인쇄잉크의 흡수도는 뒷면이 높다.

정전기 발생 : 종이 제조과정 중 광택을 내기 위해 슈퍼캘린더를 통과할 때 광택을 내는 롤러와 종이 사이에 마찰이 생겨 종이표면에 정전기가 발생한다. 이처럼 정전기를 띤 종이는 공기 중의 먼지를 빨아들이고 인쇄 때 급지(給紙)가 잘 안 된다. 따라서 종이는 일정기간 보관하여 섬유질이 정착된 뒤에 사용하는 것이 좋다.

종이의 변색 : 종이는 공기와 햇빛 또는 열에 장기간 노출되면 누렇게 변색(變色)되고 내구성이 낮으며 휨 현상이 일어난다.

종이의 강도 : 종이의 강도(强度)는 펄프의 강도와 섬유질의 뒤엉킨 정도에 따라 결정된다.

종이의 내구성 : 종이의 내구성(耐久性)은 출판물의 질을 결정하는 중요한 역할을 한다. 이 내구성을 결정하는 요소는 다음과 같다. ① 펄프의 내구성은 목면 · 아마 · 마 등의 식물펄프가 좋고, 다음으로 아황산펄프 · 소다펄프 · 설페이트(황산염)펄프 등의 화학펄프가 좋으며, 잡목펄프가 제일 약하다. ② 펄프의 가공과정에서 산(酸)의 제거 여부, 보조약제 과다 여부, 펄프의 수세(水洗) 여부, 염료재료의 적정성 여부 등도 영향을 미친다. ③ 결정적 영향을 미치는 종이의 보관과정에서 습기가 없고 통풍이 잘 되어야 하며 직사광선을 피해야 내구성을 높이고 변색을 막을 수 있다.

종이의 융합 · 접착 : 제지공장에 생산되어 나온 종이는 1~2개월 동안 보관하여 섬유질이 정착된 후에 사용함으로써 융합(融合)이나 접착(接着)을 피해야 한다.

종이의 불투명성 : 불투명성(不透明性)은 화학펄프보다는 그라운드펄프(ground pulp, 기계적 펄프)가 높으며, 특히 활엽수 기계펄프의 불투명성이 좋다. 충전제(약품이나 돌가루 등)를 많이 쓰면 불투명성은 높아지나 종이의 강도가 약화되어 인쇄 시 종이가루가 많이 떨어진다.

종이의 휨 현상 : 종이는 공기 중의 습기나 햇빛 등과 작용하면 둥글게 휘어지는 현상이 있다. 인쇄 전에 종이를 건조 또는 가습하여 인쇄에 알맞은 습도여야 이러한 현상을 막을 수 있다.

종이의 신축성 : 종이는 습도와 온도 및 인쇄의 압력에 따라 신축성(伸縮性)이 다르며, 가로결의 종이가 신축성이 더욱 크다.

종이의 평활성 : 종이의 앞·뒷면은 보통 평활성(平滑性, smooth)이 다르며, 고급종이일수록 평활성이 좋다.

제4절 종이의 규격과 단위

우리나라에서 생산되고 있는 양지의 규격치수는 A판계와 B판계의 두 가지[02]가 있는데, A판계 원지를 국판전지(菊判全紙) 또는 국전지라 부르고, B판계 원지를 4×6전지(四六全紙)라

02 A·B판계 원지 치수는 1909년에 독일의 물리학자 오스트발트(F.W. Ostwald, 1853~1932년)가 고안하였다. 이 원지는 가로와 세로의 비율이 1 : $\sqrt{2}$(약 1.414)의 직사각형으로, 이를 반씩 몇 번이고 접어도 그 치수 비율이 같다. A판계 원지의 1.5배인 것이 B판계 원지이며, 이것도 역시 치수비율이 1 : $\sqrt{2}$ (= 1.414)인 직사각형이 된다. 이 독일식 규격이 국제기준이며, 이 비율로 종이를 자르면 손실부분이 적어 효율적이며, 직사각형 모양으로 가장 실용적이고 보기 좋다는 것이다. 이는 1922년 독일공업규격(DIN) 476호로 제정되었다.

부르고 있다.

A판계의 원지 치수 ⇒ 636mm×939mm (2자 1치×3자 1치)
B판계의 원지 치수 ⇒ 788mm×1,091mm (2자 6치×3자 6치)

국판전지는 636mm×939mm이며, 주로 국판 · 국반판 · 국배판 계통의 책자 인쇄용지로 쓰인다. 원래 국제규격의 A열(列)치수는 625mm×880mm이므로 A열에 비해 약간 큰 치수의 원지로 변화되었다. 4×6전지는 788mm×1,091mm의 원지로 사륙판 · 사륙배판 등 사륙판 계통의 책자 인쇄용지로 쓰인다. 원래 국제규격의 B열(列)치수는 743mm×1,050mm이므로 B열에 비해 약간 큰 치수의 원지로 변화되었다.

국전지와 사륙전지는 원래 영국의 용지규격치수였으나 1880년대에 일본이 영국으로부터 양지(洋紙)를 수입하면서 일본의 양지치수의 기준이 되었다. 우리나라는 연대미상 때부터 이를 받아들여 명명한 것으로 추정된다. 현재 종이규격은 A·B열 외에도 사용용도에 따라 변형인 크라운판, 18절판, 30절판, 40절판 등으로 계속 개빌되어 개별 주문생산이 되고 있다.

종이의 최저단위는 매(枚, 장(張), sheet)이며, 시장에서의 거래단위는 연(連, ream)으로 한다. 연은 구미의 'ream'이라는 단위에서 유래되었는데, R로 표시한다. 예전에는 한 연당 480매였으나, 현재 우리나라에서는 500매가 한 연이다. 종이 한 연의 무게를 kg으로 나타낸 것을 연량(連量, ream weight)이라 한다. 즉, 52kg/R이라는 것은 종이 500매(1R)의 무게가 52kg이 되는 종이를 말한다. 그러나 종이 거래시장에서는 g/m²으로 표시되는, 즉 1m² 넓이의 종이 한 매의 무게를 g으로 표시한 것을 거래단위로 사용하고 있다. 즉, 시장에서는 70g 중절지, 80g 모조지, 100g 아트지 등으로 부르고 있는 것이다.

제5절 종이의 사용량 계산

본문의 종이사용량을 계산하기 위해서는 판형에 따라서 원지(原紙)가 A판계(국전지)인지, B판계(4×6)인지를 결정하고, 그 원지 1매에 몇 페이지가 인쇄될 수 있는지를 알아야 한다. 따라서 책의 총페이지 수(白 페이지 포함)에 인쇄부수를 곱한 것을 원지 1매당 인쇄페이지 수로 나누면 총소요매수가 되는데, 이를 다시 500(1연의 매수)으로 나누면 필요한 연수가 된다. 이를 수식으로 나타내면 다음과 같다(여분지는 별도임).

(1) 소요연수 계산

예를 들어 책의 판형에 따른 원지의 필요연수의 계산공식은 다음과 같다.

$$\frac{\text{책의 총페이지 수}}{\text{원지 1매당 해당 판형의 인쇄 페이지 수}} \times \frac{\text{인쇄부수}}{500} = \text{필요한 연수}$$

↓

A5판은 A판계로 32p
B6판은 B판계로 64p

(2) 여분지 계산

위의 종이 소요연수 계산은 정량(正量)만 계산한 것이므로 여분지(餘分紙)를 더 계산해 주어야 한다. 이를 가장(加張, overplus sheet)이라고 한다. 이는 인쇄소에서 본격적인 인쇄를 하기 전에 얼룩잡기와 색조 맞추기 등에 필요한 분량과 인쇄 중 잘못되거나 운반 중 파손되는 분량을 보충하기 위한 것이다. 또한 제본소에서 제책과정 중 파손되는 분량을 보충하기 위해서도 여분종이는 꼭 필요하다. 그리고 그 여분비율은 인쇄방식이나 인쇄부수, 인쇄대수, 인쇄도수, 또는 인쇄기에 따라서도 다르기 때문에 각 거래처(인쇄 · 제본 등)와 상의하여 인쇄에 필요한 여분지의 양을 결정해야 한다.

제6절 종이와 판형

1. 판형이란?

판형(判型)이란 책, 인쇄물, 용지 등의 규격이다. 판형의 요소로는 ① 가독성과 취급상의 편의성, ② 크기의 절수, ③ 제책상의 편의성, ④ 이용상의 제한, ⑤ 법적 규제 등이 있다.

책의 규격 판형(判型)은 A판계나 B판계의 원지(原紙)를 접어서 만든다. A5판은 A판계 원지를 반씩 4번(가로 4등분, 세로 4등분) 접은 것을 마름한 크기이고, B6판은 B판계 원지를 반씩 5번 접은 것을 마름한 크기이다. 따라서 A5판은 한 매의 A판계 전지에서 16절로 32페이지분이 나오고, B6판은 B판계 전지에서 32절로 64페이지분이 나온다. 이때 A5판의 책을 B판계 종이로 만든다거나, B6판의 책을 A판계 종이로 만들 경우, 양장본의 실엮음(실매기)을 할 수 없고, 실엮음을 할 경우에는 종이의 허실이 많을 뿐 아니라 종이의 결이 맞지 않는 부분이 많아져 책의 모양이 흉하게 된다. 또한 전지가 반씩 자동접지되는 윤전기에도 걸 수가 없다. 그러므로 A판형의 책은 A판계 종이의 전지를, B판형의 책은 B판계 전지를 사용하는 것이 원칙이다.

2. 판형의 종류(김성재, 2004, pp.277~281 참조).

A4판형(국배판형) : A판계 전지를 8절 크기로 재단하여 만든 판형이다. 규격은 210mm × 297mm이다. 잡지에 많이 사용되고 있으며, 크기가 커서 시원한 느낌은 있으나, 휴대가 불편하다.

A5판형(국판형) : A판계 전지를 16절 크기로 재단하여 만든 판형이다. 규격은 148mm × 210mm로 A4용지의 절반이다. 이는 휴대하기에 편리한 크기이므로 일반적인 책들에 가장

그림 10-1 | 종이 절수 내는 법

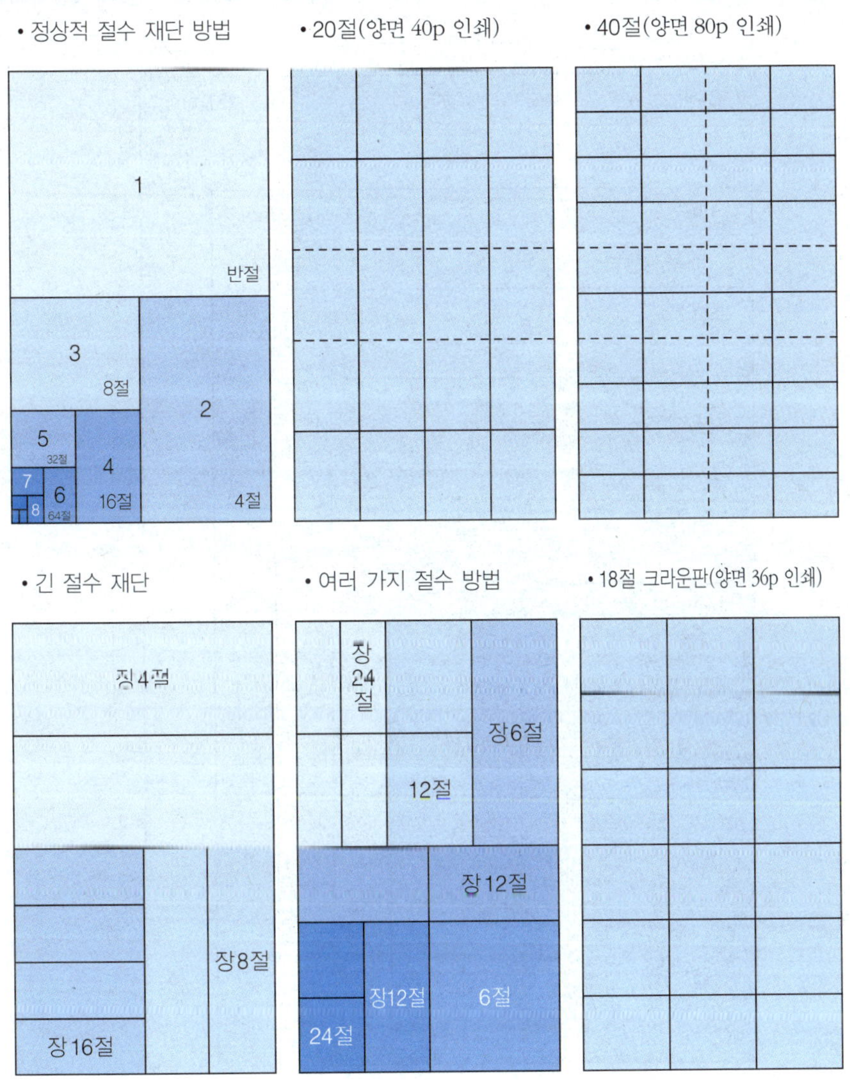

많이 사용되고 있으며, 교과서, 소설, 매뉴얼 등에도 많이 사용되는 판형이다.

신A5판형(신국판형) : A5판형보다 약간 큰 판형으로, 규격은 154mm×224mm이다. 일반도서에서 시각적 효과를 가져오면서도 종이의 낭비를 최소화하기 위한 판형으로 일반도서, 학술 · 전문도서 등에 많이 사용되고 있다.

A6판형(국반판형) : A5판계 전지를 32절(2분) 크기로 재단하여 만든 판형이다. 규격은 105mm×148mm이고, 문고본을 만드는 데 주로 사용되고 있어 문고판형이라고도 한다.

B4판형(타블로이드판형) : B판계 전지를 8절 크기로 재단하여 만든 판형이다. 규격은

그림 10-2 | 각종 책의 판형 크기

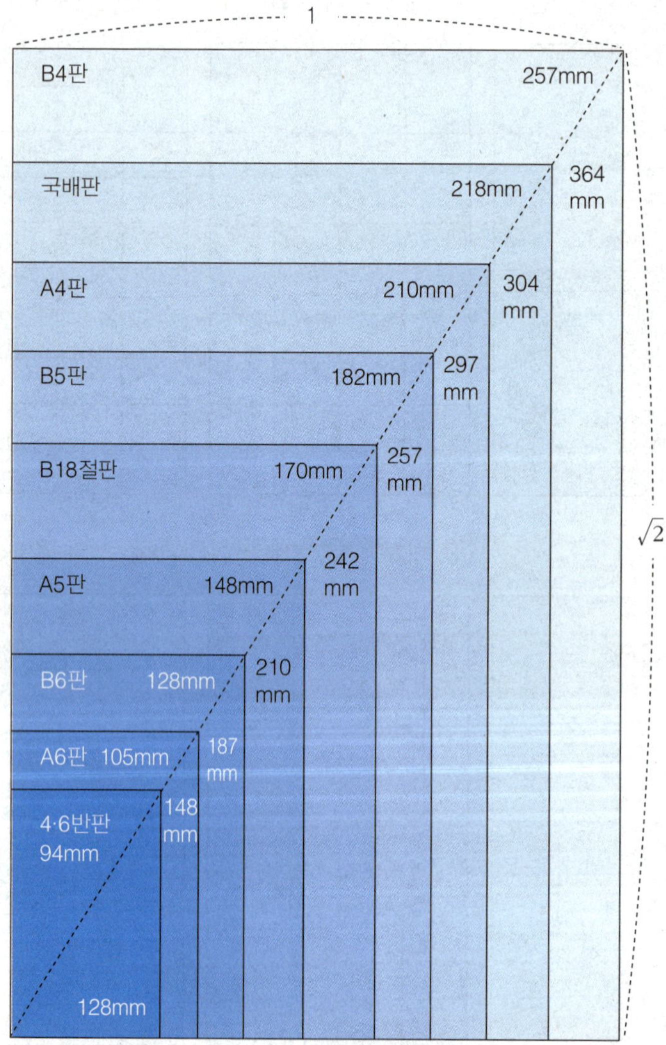

257mm×364mm이고(일반 신문의 절반 크기), 잡지나 무가지(無價紙) 신문, 지역신문에 사용되고 있다.

B5판형(4×6판형) : 타블로이드판의 절반(4×6전지의 16절 크기) 크기이다. 규격은 182mm×257mm이고, A5판형보다 좀 큰 판형이 필요할 때 편집자들이나 독자들이 선호하는 판형으로 제7차 교육과정부터 중·고등학교 교과서 대부분이 이 판형이다.

B6판형(4×6판형) : B판계 전지를 32절 크기로 재단하여 만든 판형으로 B5판형의 절반 크기이다. 규격은 128mm×187mm이고, 일반 책이나 잡지, 각종 카탈로그에 많이 사용되고 있다.

표 10-2 | 판형의 치수와 원지의 종류 및 절수

판 형	치수(가로×세로) 단위 : mm (괄호 안은 공업규격)	용지의 종류와 절수 (괄호 안은 '짧은 변×긴 변'의 절수)	용 도
B6(4·6판)	128×187 (125×176)	B판 횡목 32절(4×8)	신B6판
B5(4·6배판)	182×257 (176×250)	B판 종목 16절(4×4)	신B5판, 대사전
B4	257×364 (250×353)	B판 횡목 8절(2×4)	잡지
4·6배배판 (타블로이드판)	254×374	4×6전 횡목 8절(2×4)	
A5	148×210	A판 종목 16절(4×4)	교과서, 국판 치수 가능
국판	152×218	국전 종목 16절(4×4)	신A5판 154×224의 규격도 사용
A4	210×297	A판 횡목 8절(2×4)	국배판 치수 가능
국배판	218×304	국전 횡목 8절(2×4)	전화번호부
A6	105×148	A판 횡목 32절(4×8)	문고판 사용 가능
국반판(문고판)	100×152	국전 횡목 32절(4×8)	문고판
B18절판	170×242	B판 횡목 18절(3×6)	대학교재
크라운판	176×248	4×6전 횡목 18절(3×6)	일반도서, 학술 · 전문도서
A40절(3·5판)	82×148	A판 횡목 40절(4×10)	문고판, 신서판
B40절(3·6판)	103×182	4×6전 횡목 40절(4×10)	문고판, 신서판
4·6반판	94×128	4×6전(3.1×4.2)	문고판
B36절(신4·6판)	124×176	4×6전(4.1×5.8)	문고판
B30절판	124×206	4×6전 종목 30절(5×6)	신서판

주 : 한국공업규격의 치수와 제작처에서 사용하는 치수는 다르다. 그리고 인쇄용지의 허실을 최대한 줄이기 위한 최대치수와 실제 제작치수가 약간씩 차이가 있을 수 있으므로 주 거래처와 협의하여 원하는 판형의 치수를 통일해 놓는 것이 좋다.

크라운판형 : B판계 전지를 18절 크기로 재단하여 만든 판형이다. 규격은 176mm×248mm이고, B5판형보다 작고 A5판형보다는 크다. 일부 교과서와 고급 양장본(성경 등), 전문 기술서적 등에서 사용되고 있다. 판형의 크기가 적당하고 실용적이며, 아름답게 꾸밀 수 있다는 장점이 있으나, 자동화 공정의 개발이 미흡하다는 단점이 있다.

다이아몬드판형 : 크든 작든 정사각형으로 만든 모든 책의 판형을 말한다. 따라서 책의 규격은 정해진 것이 없이 제각각이다.

책은 될 수 있으면 표준(규격)판형으로 만드는 것이 제작비가 절감되고 기타 여러 가지 면에서 간편하고 실용적이다. 간혹 책의 내용상 특성을 살리기 위하여 특수한 변형판으로 만드는 경우가 있지만, 이는 종이의 지나친 낭비를 가져올 수도 있고 규격박스로 포장하거나 서가에 꽂을 때 불편을 초래하여 마케팅에서 실패할 수도 있다. 서점의 책장은 표준판형을 기준으로 되어 있고, 책을 우편이나 택배로 발송할 때도 봉투나 소형상자 등이 표준규격화되어 있는 경우가 많으므로, 이처럼 새로운 판형의 책을 시도하고자 할 때는 위의 여러 측면에 관한 편집자의 신중한 판단이 필요하다.

제7절 종이의 결

펄프가 죽처럼 물에 용해되어 철사로 엮은 그물 부분인 제지기계의 초망(抄網) 위를 빠르게 흐를 때 펄프의 섬유도 그 흐르는 방향으로 흘러가서 지정장소에 차곡차곡 쌓여 종이가 되는데, 이때 섬유가 흐르는 방향을 종이의 결(wave)이라 말한다.

이렇게 섬유가 쌓여서 길게 초지(抄紙 : 종이를 뜸)가 된 것을 [그림 10-3]의 왼쪽 그림과 같이 가로 · 세로로 재단을 하면 한 매의 원지가 만들어지게 된다. 이때 종이의 결이 낱장(sheet)의 길이(긴 변)와 나란히 흐르고 있는 것이 세로결〔종목(縱目), long grain〕종이이고, 종이의 결이 폭(짧은 변)과 나란히 흐르고 있는 것이 가로결〔횡목(橫目), short grain〕종이이다. 책이 A5판형, B5판형인 경우 세로결(종목)의 종이를 사용해야 하고, A4판형, B6판형인 경우에는 가로결(횡목) 종이를 사용해야 한다.

만들어진 책의 표지나 내용 부분의 종이결이 위에서 아래로 흐르면 정상적으로 책이 잘 펼쳐지지만, 그 반대결인 역결이면 좌철(왼쪽매기)이든 우철(오른쪽매기)이든 매어진 쪽에 물결치는 주름이 생기고 잘 펼쳐지지도 않아 읽기 힘들며, 종이의 신축으로 책이 뒤틀리는 현상도 일어난다. 이처럼 책을 만들 때는 그 판형에 맞는 종이결을 사용해야 정상적이며 완전한 책을 얻을 수 있다.

종이결을 판별하는 쉬운 방법으로는 ① 찢어 본다, ② 접어 본다(꺾어 본다), ③ 비춰 본다, ④ 물에 적셔 본다 등이 있다.

그림 10-3 | 종이의 결

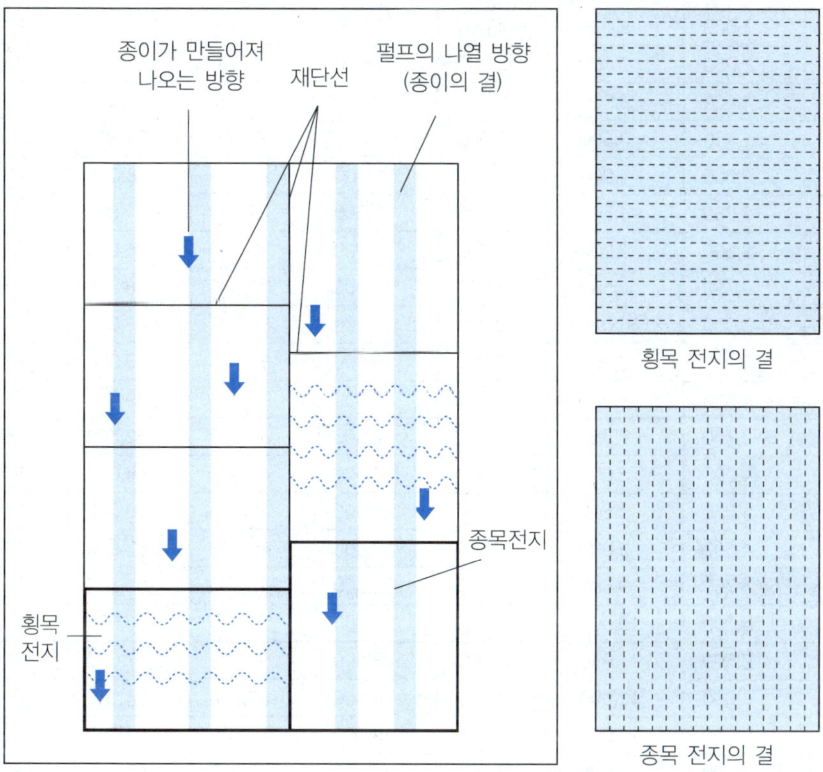

자료 : 교학사, 2004, p.104.

표 10-3 | 책 부수와 종이의 소요량*

(단위 : 매)

부수 / 페이지	500	1,000	2,000	3,000	5,000	7,000	10,000
32	500	1,000	2,000	3,000	5,000	7,000	10,000
48	750	1,500	3,000	4,500	7,500	10,500	15,000
64	1,000	2,000	4,000	6,000	10,000	14,000	20,000
80	1,250	2,500	5,000	7,500	12,500	17,500	25,000
96	1,500	3,000	6,000	9,000	15,000	21,000	30,000
112	1,750	3,500	7,000	10,500	17,500	24,500	35,000
128	2,000	4,000	8,000	12,000	20,000	28,000	40,000
144	2,250	4,500	9,000	13,500	22,500	31,500	45,000
160	2,500	5,000	10,000	15,000	25,000	35,000	50,000
176	2,750	5,500	11,000	16,500	27,500	38,500	55,000
192	3,000	6,000	12,000	18,000	30,000	42,000	60,000
208	3,250	6,500	13,000	19,500	32,500	45,500	65,000
224	3,500	7,000	14,000	21,000	35,000	49,000	70,000
240	3,750	7,500	15,000	22,500	37,500	52,500	75,000
256	4,000	8,000	16,000	24,000	40,000	56,000	80,000
272	4,250	8,500	17,000	25,500	42,500	59,500	85,000
288	4,500	9,000	18,000	27,000	45,000	63,000	90,000
304	4,750	9,500	19,000	28,500	47,500	66,500	95,000
320	5,000	10,000	20,000	30,000	50,000	70,000	100,000
352	5,500	11,000	22,000	33,000	55,000	77,000	110,000
384	6,000	12,000	24,000	36,000	60,000	84,000	120,000
416	6,500	13,000	26,000	39,000	65,000	91,000	130,000
448	7,000	14,000	28,000	42,000	70,000	98,000	140,000
480	7,500	15,000	30,000	45,000	75,000	105,000	150,000
512	8,000	16,000	32,000	48,000	80,000	112,000	160,000
544	8,500	17,000	34,000	51,000	85,000	119,000	170,000
576	9,000	18,000	36,000	54,000	90,000	126,000	180,000
608	9,500	19,000	38,000	57,000	95,000	133,000	190,000
640	10,000	20,000	40,000	60,000	100,000	140,000	200,000
672	10,500	21,000	42,000	63,000	105,000	147,000	210,000
704	11,000	22,000	44,000	66,000	110,000	154,000	220,000
736	11,500	23,000	46,000	69,000	115,000	161,000	230,000
768	12,000	24,000	48,000	72,000	120,000	168,000	240,000
800	12,500	25,000	50,000	75,000	125,000	175,000	250,000

* A5판 · B5판(32페이지)의 종이 소요량이다. B4판은 2배, A6판 · B6판은 1/2이며, 정미 계산임.

학습 자료

1 한지

한지(韓紙)는 1년생 닥나무 껍질을 잿물에 넣어 4~5시간 삶은 후 다시 펴 물에 띄운다. 섬유 엉킴과 변색을 막기 위해 닥풀(황촉규) 뿌리로 만든 풀을 섞는다. 원료와 풀이 혼합된 지통에 발을 담가 전후좌우로 흔들며 종이를 떠낸다.

마무리도 간단치 않다. 다듬이나 디딜방아로 두드려 밀도를 높이고, 두께를 고르는 과정을 거친다. 속껍질이 노란 황벽나무 열매즙으로 칠을 해 벌레와 세균, 먹번짐을 막았다. 99번이나 손이 간다고 할 정도다. 단순한 종이가 아니라 장인정신이 깃든 '작품' 이다. 접었다 폈다 할 때 견디는 내절도 실험을 해봤더니 일반 복사용지는 9번 만에 끊어진 반면, 전통 한지는 1,000번을 넘겼다. 한지를 여러 겹 겹쳐 화살을 막기도 했다고 한다.

150년 만에 돌아온 「조선왕실의궤」의 색이 바래지 않은 것도 프랑스의 문화사랑 정신과 보존기술 때문만은 아니다. 조선의 고급 한지 초주지(草注紙) 덕이었다. 임금에게 올릴 글과 책, 왕실의 문과 창에도 발랐던 종이다. 「무구정광대다라니경」의 닥종이는 석가탑 속에서 1200년을 멀쩡하게 버텼다.

한지의 특별함을 외국도 인정하는 모양이다. 이탈리아 통일 150주년 기념으로 로마 국립민속박물관에서 열리는 문화제(2011년 8월)에 초청됐다. '동서양의 만남, 매력과 마력의 한지' 를 주제로 한 학술행사에 이어 한지 유물과 공예 · 닥종이인형 작품 전시, 한지 제작 워크숍 등이 마련된다. 한국 가수들의 2011년 파리 공연에 1만 4000여 명의 팬이 몰리는 등 유럽에서 K-팝 열기가 대단하다. 공연만큼 화려하진 않지만 로마 한지문화제 개최의 의미도 적지 않다. 우리 상품뿐 아니라 다양한 문화가 해외에 알려져야 국격(國格)이 올라간다.

—한국경제, 2011.6.13., 이정환의 '천자칼럼' 중략.

2 고려지

중국 사람들은 고려지(高麗紙)를 종이 가운데 최고의 종이로 평가하였다. 그래서 붙인 별명이 '금령지(金齡紙)' 라는 호칭이다. "황금과 같이 변하지 않고 오래가는 종이"라는 뜻이다.

서양의 고서들은 200년이 채 못 되어도 손으로 만지면 바스라져서 책장을 넘기기 힘들다. 반면에 우리 고려지는 1,000년이 지나도 유지가 된다. 전문가들에 의하면 1,000년 세월을 견디는 종이는 세계에서 고려지뿐이라고 한다. 프랑스에서 들어온 외규장각 도서들은 '초주지(草注紙)' 로 되어 있어서, 200년이 지났지만 변색도 되지 않고 성성하다고 한다.

북송의 이름난 서예가였던 황정경(黃庭堅, 1045~1105년)은 자신의 문집인 「산곡집(山谷集)」에서 고려의 '성성필(猩猩筆 : 성성이 털로 만든 붓)' 이 좋고, 고려지의 일종인 '백추지(百錘紙 : 추로 100번 두드려서 만든 종이)' 가 아주 좋다고 기록하고 있다. 송나라 문인 진원룡(陳元龍)도 역시 "고려지는 비단을 만드는 누에고치실로 만들어 색깔도 비단과 같고, 질기기도 비단과 같다. 글, 그림에 사용하면 먹의 번짐이 아주 좋다. 중국에는 이런 종이가 없다."고 밝히고 있다. 고려에서 만든 견사지(絹紗紙) 또는 잠사지(蠶絲紙)가 이것이다. 근래에 대만 고궁박물관의 수장고에서 소동파와 황정견의 서예 작품들을 직접 손으로 만져보고 감정해 본 전북대 김병기(58) 교수에 의하면 이들이 쓴 종이는 대부분 '고려지' 임이 확실하다는 주장이다. 작년에 경매에 나와 최고가인 770억 원 대에 팔린 황정견의 작품 '지주명(砥柱銘)' 도

종이는 '고려지' 라는 것이다. 청나라 건륭황제도 명말의 화가 동기창(董其昌)이 그린 '강산추제도(江山秋霽圖)' 의 우상단에 "그림도 좋지만 종이도 아주 좋다"는 발문을 적어놓을 정도였다. 이 종이는 조선 왕실에서 중국 황제에게 선물로 보냈던 종이였다. 동아시아 정신문화의 핵심인 시(詩) · 서(書) · 화(畵)를 떠받치고 있는 최고의 종이는 모두 한지(고려지)였던 것이다.

임권택 감독의 101번째 영화 '달빛 길어 올리기' 는 우리나라 한지의 상당 부분을 담당했던 '전주한지' 의 이야기이다. 임실을 비롯한 전주 일대에서 자라는 닥나무는 그 껍질이 아주 단단하고 하천의 물이 좋아서 1920년대까지 최고급 한지의 주 생산지였다.

—조선일보, 2011.4.18., '조용현 살롱' 중략.

관련 용어 해설

가공지(加工紙, converted paper) : 종이의 새로운 특성을 살리기 위해 도공 · 합지 · 엠보싱 · 성형 등의 가공을 한 종이이며, 1차 가공지는 종이의 생산공정에서 약품처리를 하여 기계적으로 가공한 것이고, 2차 가공지는 만들어진 종이의 면에 각종 도공제를 도공 또는 다른 재료를 덧붙이는 것임.

가장(加張, overplus sheet) : 인쇄와 제본 공정에서 견본색 실험 등으로 손실이 날 수 있는 종이를 예측하여 정미(正味) 사용량에 더하여 준비하는 종이→여분 종이, 손지(損紙).

갈색판지(褐色板紙) : 색판지의 일종이며, 갈색으로 착색한 종이층을 한쪽 면 또는 양면에 넣어 만든 판지.

갱지(更紙, groundwood paper) : 한국공업규격의 3급 인쇄용지이며, 쇄목펄프(ground pulp)에 30~40% 미만의 화학펄프를 섞어서 만든 지면이 거친 최하급 인쇄용지→시험지, 신문.

견지(繭紙) : 고려시대의 품질이 좋고 질긴 한지의 일종. ① 닥나무로 만든 비단처럼 얇고 질긴 한지→고려지. ② 누에가 알을 슬어 놓은 종이.

경량지(輕量紙, feather weight paper) : 미농지(기름종이)와 같이 두께가 얇고 밀도가 낮은 용지이며, 가벼운 서적용지 · 박엽지 · 필기용지 · 신문용지 등에 사용됨.

계란지(鷄卵紙, albumenized paper) : 물로 엷게 한 계란의 흰자위에 염화나트륨 · 염화암모늄 · 구연산 등을 섞은 용액을 종이에 칠하여 건조시킨 종이.

계림지(鷄林紙) : 한지의 일종으로 질기고 두터우며, 앞·뒷면이 다 반질반질하여 양면을 쓸 수 있는 종이.

고지(古紙, waste paper) : 인쇄 후 못 쓰게 된 종이나 제책에서의 재단조각, 필요가 없게 된 신문 · 잡지 · 장부류 등의 종이. 이는 판지원료로 재사용되거나 잉크빼기 후 종이제조의 원료가 되기도 함.

고해(叩解, beating refining) : 펄프섬유를 물 속에서 리피너(refiner)로 잘게 쪼개는 작업.

골판지(corrugated board) : 판지를 가공한 포장용 재료이며, 물결모양으로 골이 파인 판지의 한쪽 면 또는 양면에 다른 판지를 물유리나 녹말풀로 붙여서 만드는데, 양면에 붙인 것을 양면골판지라 하고, 2단으로 두 겹을 붙인 것을 이중 양면골판지라 하며, 쇄목펄프와 고지를 주원료로 함.

국지 : 제책 시 다듬재단 등에서 재단을 할 때 나오는 종이→굽지, 지설(紙屑).

궐련지(卷煙紙, rice paper) : 박엽지의 일종이며, 마섬유와 화학펄프를 주원료로 한 얇은 종이. 불에 잘 타고 무취여서 담배를 말 때 쓰기 때문에 궐련지라 함→라이스 페이퍼, 담배종이.

그라비어지(gravure paper) : 아트지 등에도 그라비어 인쇄를 하지만, 특히 그라비어 인쇄를 위하여 만들어진 백상지. 잡지화보 · 주간지 · 월간지 등의 다색인쇄에 사용됨.

그라운드펄프(ground pulp : GP) : 주로 침엽수 등의 통나무를 회전시키며 숫돌로 압착분쇄하여 제조한 펄프. 주로 신문 · 인쇄 · 시험지 · 잡지 · 등사 · 전단 · 그라비어 등에 사용되는 백색도와 내구력이 떨어지는 하급지(갱지)를 만들거나, 화학펄프를 섞어 중질지를 만들기도 함→쇄목(碎木)펄프, GP(약자), 기계펄프.

글래신 페이퍼(glassine paper) : 화학펄프를 장시간 두들겨 점상으로 만든 후 초지한 다음 수분을 주어 슈퍼캘린더(super calender)를 걸어 가열 · 강압의 공정으로 만든 투명하거나 반투명한 얇은 종이. 약포지 등에 쓰임.

납지(蠟紙) : 밀랍이나 파라핀(석유에서 나온 백색 고체)을 바른 종이→파라핀지.

낱장(sheet) : 초지된 종이를 일정한 치수로 재단한 종이이며, 500장을 단위(連)로 거래되며, 두께에 따라 125장 · 250장 · 500장 등으로 포장되고, 라벨에는 품명 · 치수 · 연량 · 장수 · 세로결(종목)과 가로결(횡목) 등을 표시함.

녹막이종이(non-corrosive paper) : 금속을 녹슬지 않게 하는 포장용지의 총칭. ① 녹의 발생원인인 황화물 · 산 · 알칼리나 이를 생성시키는 물질을 함유하지 않고, 녹을 발생시키지 않는 원료인 넝마 · 마 · 크라프트 · 설페이트펄프 등을 씀. ② 양질의 크라프트지에 녹 방지액을 입히거나 침투시킨 것→방청지.

대지(臺紙) : ① 마운트(mount) : 그림판류 · 클리핑류 · 지도 등을 붙이는 바탕이 되는 두꺼운 종이. ② 베이스 시트(base sheet) : 수동제판에서 오프셋이나 그라비어 등의 인쇄판의 기초가 되는 레이아웃 용지.

대지작업(臺紙作業, paste up, page up) : 수동제판 작업에서 출력된 개개의 문장 · 기사 · 사진 · 컷 · 광고 등을 모아 지시서에 따라 칼이나 가위로 잘라서 대지의 한 페이지에 붙이는 일.

라미(ramie) : 3세기 이후 중국에서 종이 만드는 데 사용한 풀[草]이며, 유럽에서는 섬유나 화폐용으로 쓰고 있음.

라미네이트 가공(laminate processing) : 같거나 다른 종류의 비닐 · 종이 · 필름 · 금속박 등을 한데 붙이는 가공이며, 접착제나 접착용 필름을 가열 · 가압하여 압착함. 포장용지나 인쇄물의 표면가공(책가위 · 레코드 재킷 등) 등에 쓰임→라미네이션 가공.

라이너(liner) : 서로 맞붙이거나 맞뜬 판지. 골판지의 한쪽 면이나 양면에 붙이는 판지를 일컫기도 함.

라이스 페이퍼(rice paper) : 대만에서 기생하는 아라리아(aralia)나무로 만든 박엽지의 일종. 마섬유와 화학펄프를 주원료로 한 얇은 종이로 불에 잘 타고 무취이므로 궐련지와 표제화 등에 쓰임→권련지.

레이스지(lace paper) : 레이스 모양으로 엠보싱을 하거나 따낸 장식 종이.

레자크 : 색깔과 두께가 다양하며, 제책용 · 팸플릿 · 카탈로그의 표지 등으로 넓게 쓰이는 팬시 종이.

레저웨이트(ledger weight) : 큰 활자나 기계의 내구력을 필요로 할 때 사용되는 튼튼한 복사용지.

롤지(roll paper) : 화학펄프와 크라프트펄프가 원료인 흰쪽 면에 광택을 낸 비교적 얇은 포장지. 종류가 많고, 작은 봉지나 간편한 포장용 포장지 또는 하급 전단지로 쓰임.

리파이너(refiner) : 칩과 펄프를 휘젓고 분해하는 데 사용하는 장치로서, 디스크형과 콘형이 있고 비터(beater : 회전칼날 · 두드림) 대신에 사용하고 있음→고해기(叩解機), 비터.

린넨종이(linen paper) : 린넨(아마포)으로 만든 종이.

린넨페이스드(linen faced) : 종이의 한 면 또는 양면에 린넨(아마포)을 입힌 종이.

린슨(linson) : 제품의 포장재료로 사용되는 하급의 종이.

마골지(麻骨紙) : 마를 닥나무[楮]에 섞어서 만든 종이. 마는 충청도에서 많이 생산됨.

마닐라 보드(Manila board) : 화학펄프를 원료로 한 종이층으로 표면을 처리한 백색판지의 일종. 양면과 편면 마닐라가 있으며, 표면은 인쇄적성이 좋아 지접 인쇄하여 고급 종이용기나 제책의 심지용으로 쓰임→마닐라 판지.

마분지(馬糞紙) : 주로 짚을 원료로 하여 만드는데, 색깔이 누렇고 질이 낮은 종이.

매홍지(梅紅紙) : 중국산의 홍색지.

맥고지(麥藁紙) : 밀짚이나 보릿짚의 섬유로 만든 종이→맥광지.

머신 코트지(machine coated paper) : 종이를 떠서 말리는 과정에서 지면에 백토 · 호료 등으로 도피를 동시에 하며 슈퍼캘린더에서 광택을 내는 종이. 아트지는 일단 생산된 후 별도의 백토를 도포하지만, 머신코트지는 초지기의 건조와 도피를 동시에 하기 때문에 아트지보다 공정이 단축되어 값이 쌈→코트지, 톱코트.

모눈종이(section paper) : 얇은 백상지 · 트레이싱 종이 등에 같은 간격으로 직교(直交)되게 선을 그은 도면이나 통계용의 용지→방안지, 섹션 페이프.

모절지(模節紙) : 보릿짚을 닥나무에 섞어서 만든 종이로, 밭이 많은 영남에서 주로 만들었음.

모조지(模造紙) : 양지모사, 상질지(특급) · 중질지(1급) · 갱지(2·3급)와는 달리 백토 등의 충전제가 첨가 안 되고 아황산 화학펄프가 주성분이며, 품질이 강하고 질기며 윤택이 나는 종이.

목재펄프(wood pulp) : 목재로 만든 펄프로서 종이의 원료로 쓰임.

박리지(剝離紙) : 규소에 탄소 · 수소 등의 유기물을 결합시킨 물질을 한 면 또는 양면에 바른 종이이며, 접착성 물질을 보호하는 데 쓰임→실리콘지.

박엽지(薄葉紙) : 주로 삼[麻]을 원료로 한 화학펄프에 다량의 충전제를 섞어 박엽지 초지기로 뜬 종이. 얇고 불투명하며 면이 부드럽고 잉크의 흡수가 좋아 사전류와 성서 등의 인쇄용지로 쓰이며, 궐련지 · 타자용지 · 항공우편용지 · 콘덴서지 등 용도가 다양함.

반지(半紙) : 얇고 흰 일본종이. 질기고 거칠며, 종류와 쓰임이 다양함.

방수지(防水地, waterproof paper) : 내수성을 가진 종이의 총칭으로, 파라핀지 등이 있음→내수지.

방습지(防濕紙, moistureproof paper) : 습기가 적게 투과하는 성질을 부가하여 가공한 종이의 총칭이며, 주로 포장용에 쓰임.

백보드 : 마닐라 보드보다 품질이 낮은 판지의 일종이며, 고지 80%와 화학펄프 20%의 원료에다 표면에 흰 종이원료를 넣어 초지한 것임. 완구류 · 식품 · 전기기구 등의 대형상자를 만드는 데 쓰임→백판지.

백상지(白上紙, wood free paper) : 한국공업규격으로 정한 특급인쇄용지. 화학펄프 100%에 충전제 15% 정도와 사이즈제 1% 내외를 넣어 표면을 매끄럽게 만든 백색도가 높은 종이로, 비도피용지임. 책의 본문과 품질이 좋은 인쇄물을 만드는 데 쓰임.

베무늬종이(cambric paper) : 표면에 삼베 무늬를 넣어 만든 종이이며, 주로 고급 필기용지로 쓰임.

보드(board) : 책표지로 사용하는 마분지 · 판지 등을 말함. 종이표지는 '페이퍼 보드(paper board)' 라 하고, 천표지는 '클로스 보드(cloth board)' 라고 함.

보풀림 : 종이 표면에 있는 자잘한 섬유의 보풀이 마찰에 의해 일어나는 것. 비도피지나 판지에서는 이 보풀이 판을 메워 인쇄면을 더럽히는 일이 있음→픽킹.

본드지(bond paper, bonds) : 지질이 단단하여 펜으로 쓰는 편지지에 적합한 양질의 필기용지. 넝마 · 화학펄프를 원료로 하여 잘 두들겨 강하게 만들며, 사무용지 · 증권용지 · 수표용지 등에 쓰임.

분주지(粉周紙) : 호남에서 생산하는 권지(卷紙)로, 쌀가루를 두들겨서 만든 종이.

불투명도(不透明度, opacity) : 양면인쇄에서 뒷면의 인쇄가 앞면에 비치지 않는 정도이며, 빛이 투과하는 비율로 측정함.

블루잉(blueing) : 종이원료에 청색 안료나 염료를 첨가하여 희게 보이도록 하는 것. 종이는 표백만으로는 다소 누런끼가 있어 더 희게 만들기 위한 것임.

사이즈(size) : 종이를 만들 때 물이나 잉크가 번지지 않도록 하기 위하여 원료에 섞거나 표면에 바르는 물질. 아교 · 로진 · 황산알루미늄 · 요소수지 등이 있음.

산성지(酸性紙) : 잉크가 번지는 것을 방지하기 위하여 황산알루미늄을 섞어 만든 종이→산성종이.

상갱지(上更紙) : 한국공업규격의 2급 인쇄용지로, 화학펄프 40~70% 미만에 나머지는 쇄목펄프를 배합하여 초지한 것으로 갱지보다는 질이 좋으나 하급지에 속함.

선화지(仙花紙) : 닥나무[楮]로 만든 종이이기 때문에 두껍고 질기며 빛이 희지 않아서 보통 봉지와 포장용의 종이로 사용함.

손지(損紙) : 운반 · 인쇄 · 제본 과정에서 생기는 폐지. 손지는 인쇄의 얼룩잡기와 색조를 맞추는 과정, 또는 제책에서 접지 · 실매기 · 재단 등에서 생김→파지, 여분지.

스톡(stock) : ① 인쇄용지나 기타 재료. ② 제지용으로 쓰이는 재료. ③ 도서관의 전장서. ④ 서점이나 출판사가 판매하기 위하여 보유하고 있는 책.

MF지(machine finished paper) : 초지기에 붙어 있는 캘린더만으로 광택을 낸 종이이며, 일반 인쇄용지는 대부분 이에 속함.

이미테이션 아트지(imitation art paper) : 화학펄프를 100% 사용하고 충전제의 함량을 늘려서 뜬 백상지를 슈퍼캘린더로 광택을 내어 인쇄적성이 좋게 한 종이이며, 망판인쇄 · 그라비어인쇄에 쓰임.

절수(切數)내기(subdivision of paper) : 전지 크기의 종이에서 일정규격의 종이를 손실이 없도록 절수를 내는 것. 즉, A열 전지에서 A판 규격으로, B열 전지에서 B판 규격으로 절수를 내면 종이 손실이 없음.

정미(正味) : 인쇄에서 여분종이를 합하지 않은 정량의 용지.

지료(紙料) : 종이를 만드는 원료. 양지의 지료는 펄프가 주가 되지만, 일부에는 고지 · 넝마 등도 쓰이며, 여기에 충전제(백토 · 탤크 · 탄산칼슘 등) · 사이즈나 염료 · 안료를 섞어서 종이를 뜰 때도 있음.

채륜(蔡倫) : 중국 후한(後漢) 105년에 궁중의 어용품 제작소의 책임자로 종이를 발명한 사람(50?~118?)이며, 자는 경중(敬仲)임. 중국에서는 옛부터 죽간 · 목간 · 천 등을 글을 쓰기 위한 재료로 사용하였으나 천은 비싸고 간(簡)은 무거워서 불편해 함. 채륜은 나무껍질 · 삼베 · 넝마 · 그물 등을 재료로 하여 종이를 발명하였고, 이때부터 종이가 널리 사용되었음.

초지(抄紙) : 펄프를 물에 풀어서 그 물로 젖은 종이를 뜨는 일→종이뜨기.

충전제(充塡劑, filler) : 종이를 불투명하게 하고 균일하게 하며, 평활도를 높이고 습도에 의한 신축을 감소시키며, 더욱 부드럽게 하여 인쇄에 대한 적응력을 높이기 위해 사용되는 물질. 백토(白土) · 탤크(talc, 활석)·탄산칼슘(대리석·석회석 등) 등이 있음→가중제(加重劑).

칩(chip) : 종이의 원료로서 2~3cm 정도로 얇게 자른 목재의 작은 조각이며, 이를 기계적·화학적으로 처리한 펄프를 가공하여 초지기에 걸어서 종이를 뜸.

칩보드(chip board) : 고지만을 원료로 하여 떠낸 하급판지이며, 완구·조립상자·지관(紙管)·지통(紙筒) 등의 재료로 쓰임.

켄트지(kent paper) : 지우개로 지워도 보풀이 일지 않고 번지지 않는 두꺼운 고급 순백지. 재단하여 제도용지·그래픽 디자인용·명함·카드용지 등으로 사용함.

코트지 : 도피지이며, 초지한 상질지 또는 중질지 표면에 호료(糊料)와 백토 등을 칠하여 슈퍼캘린더로 광택을 낸 것으로 아트지보다 도피량이 적으며, 머신 코트지를 뜻함.

탤크(talc) : 가장 부드러운 광물의 하나인 활석(滑石)이며, 백토·탄산칼슘과 함께 초지에서의 충전제이며, 마그네슘으로 이루어진 규산염 광물로 매끄럽고 부드러우며, 빛깔은 연녹색이나 은백색임. 전기절연재·도료·도자기·제지·보온재로 쓰임 → 활석.

파피루스(papyrus) : 고대 이집트에서 파피루스 풀줄기의 섬유로 만든 글을 쓰기 위한 재료. 파피루스의 줄기를 얇게 쪼개 가로세로로 겹쳐서 물에 적셔 두들겨서 접착시켜 표면을 다듬어 종이와 같게 하여 글자를 새김.

펄프(pulp) : 식물섬유를 기계적·화학적으로 분해하여 종이·셀로판·인조섬유의 원료로 만든 것. 가문비나무·너도밤나무·소나무 등이 주원료이지만, 삼·삼지닥나무·짚·고지 등도 있고, 제조방법에 따라 기계펄프(하급지)와 화학펄프(고급지)로 나누어짐.

화학펄프(CP : chemical pulp) : 화학약품의 힘으로 목재섬유를 분해·제조하는 펄프로서, 상급지의 종이 원료로 쓰임. 세미케미컬펄프·크라프트펄프·아황산펄프 등이 이에 속함→CP(약자).

※ 한국출판연구소, 「출판사전」(범우사, 2002)을 인용 및 참조함.

| 중요용어 |

종이	양지	한지	판지
도피지	피도피지	종이의 특성	종이의 규격
종이의 사용량 계산	A판계	B판계	판형
종이의 결	고려지		

Chapter 11 제 책

제1절 제책의 정의

1. 제책이란?

제책(製冊, book binding)이란 서사물(書寫物)을 실 · 철사 · 풀 등으로 매어 겉장을 씌워 책으로 만드는 일이다. 서사물은 인쇄에 의한 인쇄물(출판 · 상업광고 · 유가증권 · 사무용품 · 포장 기타 특수 인쇄물)과 손으로 기록한 서사물로 이루어진다.

제책은 서사물을 순서에 맞게 가지런히 하고 흩어지는 것을 방지하며, 취급하기에 편하고 읽기에 적당하며, 서사물을 보존하기 쉬운 형태로 하며, 외관을 아름답게 장식하여 감상하기에 적합하도록 하는 것이다. 즉, 서사물의 내용과 성질, 규격과 형태에 따라서 재단(裁斷), 접지(接紙)하고, 순서 있게 모아 어느 한 부분을 고정시키는 것이다. 제책은 제본(製本)이라고도 하며, 출판의 마지막 순서 즉 마무리 작업인 셈이다. 즉, 출판의 경우 의도한 순서에 맞게 내용을 정리 · 배열하여 가독성 · 보존성 · 편리성 · 미려성 등을 고려하며 책을 꾸미는 것을 말한다.

제책의 목적에는 사용을 목적으로 하는 경우, 보존을 목적으로 하는 경우, 감상을 목적으로 하는 경우가 있으므로, 거기에 적합하도록 제책의 양태를 결정한다.

2. 제책의 역사

제책의 기원은 제지술이나 인쇄술과 같이 명확한 역사상의 연대를 알 수는 없으나, 서사물 형태의 역사보다 제책의 역사가 더 오래 전부터 시작되었다고 여겨진다.

기원전 4000년경에 바빌로니아와 아시리아 지방에서는 점토에 문자나 회화(繪畫)를 표시하고, 표시한 그것을 햇볕에 말리거나 또는 불에 구워 고정시킴으로써 서사물의 대용으로 사용하였다. 또한, 이를 보호하기 위하여 같은 점토로 외함(外函)을 만들었다. 이와 같은 외함은 내용의 파손을 방지하거나 표지장정의 구실을 한 것으로 여겨진다. 기원전 3000년경부터 이집트에서는 파피루스가 서사물로 사용되었다.

오스와 루드는 그의 저서 「인쇄의 역사」에서 기원전 1세기경에 아테네의 히루데아스가 접착제를 발명하였고, 그것으로 문자를 쓴 파피루스를 가지런히 합칠 수 있게 하였는데, 그것을 제책술의 시조라고 주장하고 있다.

기원전 4세기경의 고대 로마에서는 코덱스(codex)라고 불리는 석반(石盤)이 서사물의 재료로 사용되었다. 이 석반에 문자를 새겨서 2, 3매 혹은 그 이상을 함께 합쳐서 한쪽을 고정시켰는데, 그것이 오늘날의 제책에서 한쪽을 고정시키는 철(綴)의 전신이라고 볼 수 있다.

동양의 장정(裝幀)의 역사는 대부분 중국에 기원을 두고 있다. 서사의 재료로서는 방책(方策)이라고 불리는 나무 · 대 · 금속 · 옥석(玉石) 등이 쓰였다. 춘추시대부터 한나라에 걸치는 시기에는 대와 비단이 겸용되었으며, 후한(後漢) 이후에는 종이가 쓰였다.

북송시대에는 호접장(蝴蝶裝)이라는 도서의 형태가 전성을 이루었다. 그러나 이 방법은 풀을 쓰기 때문에 벌레의 침해가 잦아, 뒤에 풀 대신 실로 꿰매는 방법이 고안되었다.

제책의 역사는 장정의 역사로 더듬는 쪽이 쉽다. 사실상의 책은 간독으로 시작된다고 한다.

간독(簡牘) : 간독은 대나무쪽이나 나무쪽으로 그대로 쓰든가 아니면 끈으로 묶어서 운반하여 보존하고 이용한다. 끈으로는 소가죽끈과 같은 짐승가죽끈을 주로 썼겠지만 삼끈과 같은 섬유성 끈도 쓴 것 같다. 낙랑봉니(樂浪封泥)의 존재나 경주 안압지에서의 목간 출토 등은 간독의 사용이 삼국시대 이전에 이미 있었다는 것을 알려주고 있다.

두루마리와 족자(簇子) : 쓰고 베끼는 재료가 비단이나 베로 바뀐 것은 늦어도 신라 진평왕 43년(621년) 이전의 일인 것 같다. 비단이나 베는 직물의 특성 그대로, 보자기처럼 펴놓든가 아니면 접거나 두루마리[권자(卷子)]로 말아서 두거나, 때로는 눌리거나 구겨짐을 막기 위하여 축(軸)을 단 족자의 형태를 한 것 같다. 종이를 사용하게 되었어도 마찬가지로 보인다. 불국사 석가탑의 다라니경이 두루마리의 형태로 남아 있어, 신라시대의 두루마리를 알아볼 수 있다. 경덕왕 13년(754년) 8월에 쓴 신라 「사경(寫經)」도 처음에는 축을 단 족자였음을 그 조성기(造成記)로 알 수 있다. 두루마리나 족자는 앞쪽의 치장과 책의 보완을 위하여, 뒤쪽에 표의(褾衣)를 붙인 배접(褙接)을 하였던 것을 짐작할 수 있다. 배접은 무늬가 있거나 없는 다른 빛깔의 종이나 비단 또는 베로써 하였던 것으로 보인다.

첩본(帖本) : 경덕왕 13년의 족자가 첩본으로 보존된 것을 보면, 거의 비슷한 시기에 첩본이 있게 된 것 같다. 첩본은 절첩(折帖)이라고도 부르며, 그 모양은 병풍과 비슷한 모양이라고 보면 된다. 첩본의 제일 위에는 표제면을, 아래에는 빈 종이를 표지로 둔 것 같다. 불경에는 표제면에 이어 변상도(變相圖)도 그려 둔 것 같다. 첩본은 쓰거나 인쇄한 책에도 나타나지만, 금석문을 탁본하여 보존하기 위한 법첩(法帖)의 전통으로 오늘날까지 이어지고 있다. 법첩의 경우에는 앞면의 변두리를 종이나 베로 둘렀지만, 뒷면은 배접하여 보완하고 있다.

선풍엽(旋風葉) : 첩본의 앞뒤 표지를 한 장으로 하고, 다른 부분은 그대로 둔 책의 형태이다. 따라서 양쪽 표지만 잡으면 속부분 전부가 빠져서 펄렁이는 모양이 된다. 고려판 「청량답순종심요법문(淸凉答順宗心要法門)」에 그 모양이 남아 있다.

호접장(蝴蝶裝) : 쓰거나 인쇄한 쪽을 쉽게 볼 수 있게 하고, 쓰지 않은 빈쪽[공면(空面)]을 풀로 붙인 다음 겉장을 붙인 책의 형태이다. 특히, 판심(版心)이 있는 괘지(罫紙)나 판면(板面)일 때에는 판심이 책 등쪽, 즉 책을 펴보면 안쪽에 있는 형태이다.

포배장(包背裝) : 호접장과 반대로 판심을 앞쪽, 즉 서구(書口) 쪽으로 모으고 책등 쪽을 가지런히 다듬은 다음, 한 장으로 된 겉장으로 앞 · 등 · 뒤를 씌우면서 풀로만 붙인 형태이다. 따라서 글씨가 쓰이지 않거나 인쇄되지 않은 빈 면은 접혀서 보이지 않게 되어 있다.

선장(線裝) : 풀로만 붙인 포배장이 잘 떨어지는 단점을 보완하기 위하여 나타난 것으로, 바늘구멍인 침안(針眼)을 뚫고 실이나 끈으로 책등 가까운 쪽을 맨 책의 형태이다. 고려 중기에 이미 나타난 것 같다. 우리나라에서는 주로 다섯 침안을 뚫었기에 오침안정법(五針眼訂法)이 주류를 이루고 있다. 그러나 모화사상이 철두하였던 사람들이 조선 영조 이후 중국의 것을 본뜬 사침안정법, 즉 네 침안을 뚫은 장책을 한 것도 있다.

이상에서 든 장책을 통틀어서 한장(韓裝, 또는 漢裝) 아니면 동장(東裝)이라고 부른다. 한말에 와서는 직접 혹은 일본을 경유하여 서구의 양장(洋裝)이라는 장정이 도입되었다.

3. 제책의 분류

제책의 분류는 발생지에 의한 분류, 용도에 의한 분류, 생산량에 의한 분류, 사립(仕立)에 의한 분류, 책등(背)의 모양에 의한 분류, 철의 방식에 의한 분류 등 여러 각도에서 살필 수 있다.

발생지에 의한 분류 : 발생지역에 따라 그 제책형태가 다른 것이다. 예를 들면, 한장본과 양장본이 그것이다. 한장본은 동양에서 행해진 것으로 그 발생지는 중국이다. 방법은 책의 앞면을 자르지 않고 접은 뒤 간추려서 만드는 것인데, 대철(袋綴)이라고도 한다. 양장본은 유럽에서 행해진 것으로 14세기 이후에 사용되었다. 방법은 오늘날과 같이 내지를 표지로 붙여 만드는 제책방법으로, 오늘날의 제책은 거의 다 양장본이다.

용도에 의한 분류 : 출판물과 사무용품 등으로 구별할 수 있다. 출판물의 제책은 서적 · 잡지 · 팸플릿 등과 같은 형식의 것이고, 사무용품의 제책은 장부 · 노트 · 앨범 등과 같은 형식의 것을 말한다.

생산량에 의한 분류 : 수물제책(數物製册)과 제제책(諸製册)이 있다. 수물제책이란 대량생산의 서적 · 잡지 · 노트 · 장부 · 앨범 등 동일재료를 사용하여 동일공장에서 생산하는 것을 말한다. 제제책이란 잡지를 합본(合本)할 때, 가죽이나 표지용 천(cloth)을 사용하여 양장제책으로 책의 형태를 바꿀 때 하는 것으로 수공적(手工的)인 제책방법이다.

사립에 의한 분류 : 출판물 제책방법을 구별하는 것으로서, 동양에서 독특하게 발달한 한본양식(漢本樣式)과 유럽에서 발달한 양본양식(洋本樣式)을 들 수 있다. 한본양식의 대표적인 것은 권자본과 대철 등이며 양본양식은 본제책(本製册)과 가제책(假製册)이고, 그들의 중간적인 방법으로 남경제책(南京製册)이 있다.

책등의 모양에 의한 분류 : 책등의 모양이 둥근 것과 각이 진 것으로 구분된다. 책의 등이 둥근 것으로는 유연배(柔軟背) · 경배(硬背) 그리고 공배(腔背)가 있다. 책의 등이 각으로 되어 있는 것으로는 책등에 홈을 파는 방법과 책등에 홈을 파지 않는 방법, 그리고 내지를 철로 하고 표지를 양장식으로 하는 남경제책방법이 있다.

철의 방식에 의한 분류 : 책의 등을 어떤 방법으로 고정시키느냐에 따라 세 종류로 구분된다. 첫째, 실로 고정시키는 것으로 양장제책에 주로 사용된다. 둘째, 철로 고정시키는 것으로 호부장과 중철에 사용된다. 셋째, 실이나 철을 사용하지 않고 내지의 등을 부분적으로 절단하여 접착제를 사용, 고정시키는 무선철에 사용된다. 제책의 공정은 접지 · 접합 · 재단 · 표지만들기 · 표지씌우기 등을 거쳐 완성되는데, 제책의 종류에 따라서 공정의 복잡성이 달라진다(한국민족문화대백과, 한국학중앙연구원 참조).

제2절 제책의 종류

현대 책의 출판용 제책양식은 지장제책과 정장제책으로 크게 나눌 수 있다. 지장제책(병장제책)에는 ① 철사매기, ② 무선철, ③ 실엮음(실매기), ④ 중철, ⑤ 한식제책, ⑥ 떡제책 등이 있다. 정장제책은 양장제책, 본양장, 장양장이라고도 한다. 기타 제책으로는 ① 스프링제책, ② PVC 링제책, ③ 바인더제책, ④ 트윈링제책, ⑤ 비닐제책 등이 있다.

본제책을 하기 전에 제책의 형태나 용도의 적정 여부를 알기 위해 견본(見本)으로 1부를 제책하여 검토하는 것을 가제책(假製册, unbound)이라고 하고, 이를 더미(dummy)라고도 한다.

1. 지장제책

지장제책(紙裝製册, paperback binding)이란 인쇄된 책의 모든 내용 부분을 풀칠을 한 종이표지로 감싸서 3면(머리 · 밑 · 배)을 함께 재단하여 만든 책을 말하며, 병장제책이라고도 한다. 이는 철사매기 · 무선철 · 실엮음(실매기) · 중철 · 한식제책 · 떡제책 등으로 나눌 수 있다.

철사매기(wire stitching) : 실로 매는 대신 철사로 매는 제책방식을 말한다. 철사로 맨 책을 이제껏 '호부장(糊付裝)' 이라고 불러 왔는데, 제책업계에서 '풀책' 이라고 명칭을 고쳤다.

무선철(無線綴, 무선제책, adhesive binding) : 가장 일반적인 단행본 제책형식이다. 대수별로 접지를 하여 제책되는 면을 톱으로 긁거나(일반 무선제책), 칼집을 넣어(아지노) 그곳에 접착제를 투과하여 접합하는 형식이다. 낱장제책과도 다르며 양장이나 반양장과 같이 실로 묶지도 않는다. 오로지 접히는 면에 칼집 안으로 접합제를 넣어 고정시키는 방법이다. 즉, 간단하게 책의 속장을 실이나 철사로 매는 대신 책의 등부분을 2~3mm 갈아낸 뒤 접착제를 바르고 표지를 붙여 접합하는 제책방식이다. 최근에는 고성능 화학접착제와 고속제본기의 개발로, 이 '무선매기' 제책이 대량으로 신속하게 이루어지므로 가장 많이 이용되고 있다. 반양장보다 펼침성은 좋은 편이지만 견고성은 떨어진다. 무선철에서의 표지의 평량은 책의 판형과 두께에 따라 보통 150g~300g까지 가능하며, 앞뒤 양날개가 있어 필요한 정보를 추가하여 싣기도 한다.

실엮음(실매기, sewing) : '반양장' 이라고도 말하며, 무선제책 형식에다 칼집이 들어간 곳을 실로 한 번 더 꿰매고(가가리, 사철) 접착제로 붙여서 더욱 튼튼하게 만드는 제책방식으로, 표지를 씌운 다음, 표지와 본문을 동시에 다듬재단한다. 일반 무선보다 두껍거나 보관기간이 긴 고급스러운 책에 주로 쓰인다. 양장과 거의 같고 표지를 하드커버로 쓰지 않고 소프트커버로 쓴다는 것이 다르며, 무선철보다 펼침성은 떨어지지만(실로 꿰매었기 때문) 책등이 견고하여 잘 뜯어지지 않는다. 반양장에서의 표지형식은 무선철과 같으나 견고성을 높이기 위해 대부분 조금 더 두꺼운(250g~400g) 용지를 사용하는 편이다. 또한 이 제책방식은 양장제책에 비하여는 내구성이 낮으나 제작공정이 간단하고 편리하며 원가가 절감되어 전문도서의 보급형 책을 발행할 때 많이 이용한다. 현재는 무선접착제가 발달되어 실엮음이 생략되는 경우가 많다.

중철(中綴, 중철제책, saddle wire stitching) : 인쇄된 책의 속장과 표지를 동시에 접지하고 장합한 뒤, 책의 등쪽에서 접히는 안쪽으로 2~3개소를 철사로 묶고, 나머지 3면을 다듬재단하는 제책방식이다. 접지를 하여 4쪽(펼침면)을 순서대로 이어서 가운데 철심을 박아 제책하는 형식이기 때문에 최소 4배수가 안 되면 제책할 수가 없다. 이는 가장 손쉬운 제책방식으로 비교적 페이지 수가 적은 주간지 · 사본 · 팸플릿 등의 제책에 이용된다. 최근에는 잡지같이 두꺼운 제책에서도 중철제책을 종종 찾아볼 수 있다. 그러나 그렇게 두꺼운 책을 중철로 제책하면 안쪽 면이 바깥쪽 면보다 튀어나오기 때문에 보기에 흉하고 다시 재단해야 하는 번거로움이 있다. 중철에서의 표지는 내지와 동일하게 작업하기도 하지만 내지보다 약깐 두꺼운 용지에 코팅, 박찍기 등 후가공을 거쳐 표지와 함께 철심을 박기도 한다. 이때 내지는 같은 용지 외에 별도의 성질이 다른 트레팔지 등도 얼마든지 같이 제책할 수 있다. 또, 아주 작고 페이지가 적은 수첩이나 적은 페이지의 노트나 그림책 등을 만들 경우에는 중철방식으로 추린 후 철사 대신에 실을 미싱으로 박아서 제책하는 경우도 있는데, 이것을 미싱 제책이라고 한다.

한식제책 : 이는 현대적 제책방식이 보급되기 전에 동양에서 사용되어 오던 제책방식이다. 주로 종이의 한쪽 면에만 인쇄를 한 후 그 인쇄면이 밖으로 나오게 접어서 가운데는 공간으로 두고 표지와 함께 굵은 실이나 끈으로 여러 번(보통 5번) 묶는다. 족보 · 고서 등 특수한 책을 만드는 경우에만 이용된다.

떡제책 : 낱장제책이라고도 하며, 낱장을 접지 않고 하나씩 측면에 접착제를 발라 표지를 씌우는 제책형식이다. 즉, 본문을 마스터로 인쇄한 경우에 접지기를 사용할 수가 없기 때문에 한 장의 종이에 4p나 8p를 인쇄한 후에 낱장으로 재단한 후 낱장 정합기로 추려서 책등에 무선풀을 묻히거나 본드를 묻혀서 제책할 수밖에 없는데, 이런 제책을 낱장제책 혹은 떡제책이라고 한다. 또 대학원의 학위 논문처럼 사철제책을 하지 않고, 즉 본문은 마스터로 인쇄한 후 표지만 하드커버를 씌우는 경우도 있다. 책의 펼침성은 좋으나 집합면이 좁아 낱장 종이가 뜯어지는 단점이 있다. 논문 등을 한 쪽씩 마스터인쇄하거나 복사하여 제책할 때 많이 쓰인다. 이때에는 4배수의 쪽수 제한은 필요 없다. 2배수(낱장) 제책이 가능하다.

표 11-1 | 제책의 종류

제책	구분	종류	구분
제책	지장제책	철사매기 · 무선철 · 실엮음(반양장) · 중철 · 한식제책	페이퍼백 책 (paperback book)
		일본 : 가제본(병제본), 중국 : 병장(평장)	
	정장제책	본양장(양장, 양장책)	하드커버 책 (hardcover book)
		일본 : 본제본(상제본), 중국 : 양장(정장)	

그림 11-1 | 양장의 여러 가지 제책 양식

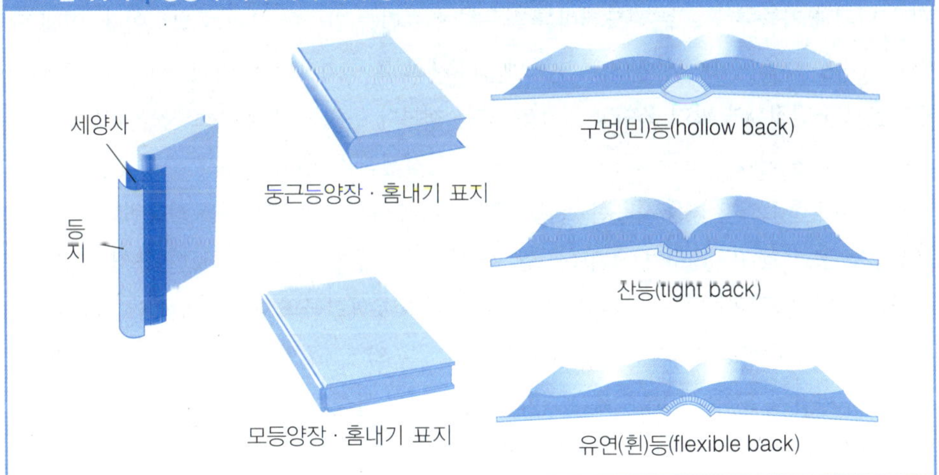

2. 정장제책

정장제책을 양장제책(洋裝製冊), 본양장(本洋裝), 양장(case-bound) 또는 상제본이라고도 하며, 일반적으로 정장책을 양장책 또는 하드커버 책(hardcover book)이라고 부른다. 이는 표지를 제외한 인쇄된 모든 내용 부분을 실로 꿰매고, 3면을 다듬재단한 다음, 천과 면지의 힘으로 본문을 싸고 두꺼운 합지로 따로 가공된 표지를 접착제로 붙여서 책을 만드는 내구성이 높은 고급형 제책방식이다. 즉, 양장제책은 무선제책처럼 페이지를 추린 다음 각각의 접지를 실로 꿰매어 연결하는 것이다(이 기계를 사철기라고 한다). 실로 꿰매기 때문에 사철양장이라는 표현을 쓰고, 무선은 실이 들어가지 않는다는 의미에서 무사무선철 제책이라고 한다. 양장제책의 경우 대개는 하드커버를 사용하는데, 표지는 합지의 선택에 따라 두꺼운 표지와 얇은 표지가 있을 수 있고, 책의 등을 만드는 방법에 따라 둥근등(마루양장, 원양장)과 모등(가꾸양장, 각양장)이 있다. 영어사전과 같은 하드커버가 아닌 고주파 비닐 커버에 각양장인 경우도 있고, 국어대사전처럼 책이 크고 두꺼운 경우는 하드커버에 마루양장이 많다. 무선제책의 경우처럼 접지를 추려서 책을 만들기는 하지만 접지를 할 때에 바늘로 구멍을 뚫어서 그 구멍에 풀이 스며들게 하며 양장제책과 같은 효과를 내는 방법이 있는데, 이것을 아지노제책이라고 한다. 미술작품집처럼 180g 이상의 아트지를 사용하는 경우에는 8p 이상을 접으면 종이가 울기도 하고(얇은 종이처럼 깨끗하게 접혀지지 않는다) 특히 책등을 갈아서 풀을 묻혀도 낱장으로 떨어질 위험이 많기 때문에 이런 제책방식을 취하는 것이다. 이 제책방식은 시각적으로 호화스럽고 견고하며, 내구성과 보존성이 높아 귀하고 고급스런 책의 제책에 많이 이용된다.

이처럼 양장제책형식은 일반 제책 중에 책등이 가장 튼튼한 제책형식이다. 양장제책의 책등은 접지를 한 종이를 대수별로 실을 꿰어서 책등을 직각으로 혹은 둥글려 모양을 내고 두꺼운 합지나 가죽류 등으로 하드커버를 사용하여 표지를 만들어 붙이는 방식이다. 이때 딱딱한 표지는 각을 잘 살려서 면지와 책등에 접착제를 붙여 접합한다. 어린이 책이나 연감 등 단행본보다 전집류에 많이 쓰이고 있으며, 얇은 책보다 두꺼운 책에 주로 사용하고, 장기간 보관해야 하는 책이나 고급스럽고 특수한 책에 양장제책을 한다. 표지는 주로 인쇄된 종이나 가죽류나 클로스지 등을 사용한 싸발이(용지를 싸서 바른 것) 하드커버를 사용한다.

양장제책에서의 표지디자인 크기 : 일반 판형별 양장제책이라도 본문보다 표지의 크기가 크다는 것에 주의해야 한다. 그리고 책등도 하드커버 두께만큼의 여유가 있어야 한다. 그래서 양장제책에서의 표지디자인 크기를 계산할 때에는 약 5mm씩 크게 잡아야 한다. 게다가 하드커버 싸발이 표지는 안쪽으로 접착제를 발라 싸고 들어가기 때문에 접합면 2~3cm 정도를 미리 계산해 두는 것이 중요하다. 그리고 무선철과 같은 판형의 표지라고 하드커버 싸발이 커버도 같은 절수에 터잡기를 해서는 안 된다. 즉, 무선철 표지하고는 완전히 다른 표지의 크기를 양장제책에서는 계산하여야 한다. 아리송할 때는 조금 모자라는 것보다 조금 남는 것이 안전하다.

싸발이 : 말 그대로 용지를 싸서 바른 것을 '싸발이' 라고 한다. 그 안에 딱딱한 것은 합판이 아니라 재생한 종이를 압축한 합지이다. 약 400g~2000g의 마닐라지나 합지를 속지로 사용한다. 겉에 싸서 바르게 되는 용지는 인쇄하여 코팅한 용지를 주로 사용한다. 너무 얇은 용지는 접합제로 바르기 까다롭기 때문에 150g 이상의 평량을 사용하는 것이 좋다. 그리고 종이 외에 포클로스(布cloth), 지클로스(紙cloth), 가죽, 레자(인조가죽) 등을 사용하기도 한다. 이럴 땐 표면에 인쇄가 용이하지 못하기 때문에 박찍기나 실크인쇄를 하거나 그렇지 않으면 종이에 인쇄된 용지를 클로스 위의 커버로 사용한다. 사전류, 다이어리, 수첩류 등은 종이 이외의 다양한 재료를 표지로 쓰며, 표지와 내지의 접합은 붙이거나 끼우는 방법 두 가지가 있다. 때로는 재미있는 싸발이로 합지 위에 스펀지를 같이 접합하여 표지 겉면에 쿠션을 주는 하드커버도 나와 있다.

케이스 : 사전류나 사료(史料)류 등은 장기간 보관해야 하므로 책을 보호할 수 있는 또 하나의 장치, 즉 책을 넣을 수 있는 케이스를 만들어 보관하는데, 이 케이스 가공은 얼마 전까지만 하더라도 두꺼운 종이를 접어 위, 아래 철심을 박아 성형하였고 최근에는 인쇄된 종이를 싸발이로 하여 좀 더 고급스러운 장식효과를 나타내기도 한다. 이때에도 마찬가지로 합지를 싸서 접착하는 면을 생각해서 바깥으로 여분을 두어야 하는데 양장제책보다 많은 여분이 필요하다. 양장제책에 케이스까지 디자인작업을 한다면 양장제책의 여분과 케이스의 여분을 추가한 여분으로 계산해야 하고, 또 중요한 것은 케이스는 책을 펼치는 방향의 반대방향으로 오픈하게 되어 있으므로 주의해야 한다.

3. 기디 제책

기디 제책방식으로는 스프링제책(노트 · 가벼운 책 등), PVC 링제책(카탈로그 · 달력 등), 바인더제책(앨범 · 다이어리 · 요리책 등), 트윈링제책(달력 · 수첩 · 동화책 · 노트 등), 비닐제책(사진 · 성경 · 다이어리 등) 등이 있으며, 현재에도 계속 실용적이고 편리한 새로운 제책방식이 계속해서 개발되고 있다.

스프링제책/링제책 : 스프링제책 혹은 링제책이란 스프링 노트나 캘린더에서 보는 것처럼 낱장으로 재단한 후 순서대로 추려서 펀칭한 후 스프링 등으로 제책하는 경우가 있는데, 이것을 스프링제책이라 한다. 결국 떡제책과 스프링제책의 차이점은 책등을 풀로 붙이느냐 혹은 스프링을 끼우느냐의 차이인데 스프링제책은 작은 수첩과 같은 경우 일단 큰 종이에 오프셋인쇄를 하여 접지를 하고 무선제책을 한 다음 펀칭 후에 사방을 가지런하게 재단(다듬재단)한 후 스프링을 끼우는 방식도 많이 사용한다. 그러므로 이 경우에는 각 페이지의 사방을 재단하기 때문에 무선과는 달리 단면으로 편집하면서, 책의 끝까지 인쇄된 그림이나 바탕이 있을 경우에는 사방으로 여분을 빼어 놓아야 한다.

제3절 제책공정

제책공정(製冊工程)은 인쇄과정이 끝난 후 인쇄용지를 제책소로 반입하면서부터 작업이 시작된다. 이때 준비하고 점검해야 할 요소로 반입자, 작업지시서, 인쇄물의 종류 · 수량, 인쇄된 순서, 부속물, 주의사항, 완성예정일자 등을 확인해야 하고, 제책에 필요한 기계의 상태와 재료를 점검하여 작업공정에 따른 순서를 조정해야 한다. 자세한 내용은 다음과 같다.

제책요소 검사 : 책을 만드는 제책공정에서는 우선 그 책을 만들기 위한 여러 요소들이 완벽하게 준비되어 있는지를 확인하고 검사해야 한다. 인쇄물 종류 및 상태, 제책방식, 판면의 위치, 잉크의 건조상태, 인쇄수량, 작업 난이도, 부속물 등이 이에 해당된다.

인쇄물 추리기 : 인쇄물이 반절 절단이나 접지기에 들어갈 때, 정확한 위치의 절단과 미끄러짐 방지 및 정렬을 위한 작업인데, 이에는 손으로 추리는 손작업과 기계인 종이추림장치에 의해 추리는 방법이 있다.

나눔재단 : 인쇄를 할 때 일반적으로 한 대(한 번에 인쇄될 수 있는 범위)는 16면(page)씩 인쇄가 된다. 이를 책규격에 맞추려면 여러 번 접지를 해야 한다. 따라서 한 대에 16면이 넘는 인쇄물은 접지하기 쉽게 16면씩 재단하는 작업을 나눔재단이라고 한다.

견본 빼보기 : 인쇄용지를 인수하면 각 대의 1장씩을 뽑아서 견본용으로 제책될 완성품 한 권을 만들어 책의 순서나 인쇄가 잘못된 것은 없는지 정확하게 확인하는 작업이다.

접지(接紙, folding) : 8면, 16면, 32면 등 종이에 인쇄된 면의 양에 따라 차례대로 쪽번호 순으로 책의 순서가 되도록 접는 것을 말한다. 옛날에는 손으로 일일이 접었으나, 지금은 대부분 자동접지기계로 신속하게 접는다.

낱장(베라) **부착과 면지 부착** : 내용 부분의 중간에 별도로 삽입시켜야 하는 엽서 · 속표지 · 간지 등은 내용 부분과 성질이 다른 경우가 많기 때문에, 별도로 인쇄하여 해당 면의 위치에 풀로 부착시킨다. 그리고 표지와 본문을 이어주는 면지도 이 작업을 할 때 같이 한다. 즉, 본문의 첫 번째 대수와 마지막 대수에 2장으로 되어 있는 면지의 한쪽 장을 각각 붙여 놓는다.

정합(整合, gathering) : 인쇄대수별로 접지한 책의 내용 부분을 면의 순서대로 한 권으로 모으는 것을 말한다. 이에는 손으로 모으는 손정합과 정합기로 모으는 기계정합이 있다. 정합이 잘못되어서 책의 쪽번호(페이지) 순서가 틀리면 난장(亂張, misbound)이 되고, 일부분이 빠지면 결장(缺張, 낙장(落張), missing leaf)이 되고, 같은 것이 겹쳐 들어가면 겹장[복장(複張)]이 된다. 따라서 이러한 사고를 방지하기 위하여 인쇄할 때 인쇄대수의 순서별로 본문 책등의 모서리 부분에 숫자나 기호 등을 인쇄함으로써 정합할 때 접지묶음의 등쪽만 보고도 쉽게 순서를 알 수 있도록 한다.

엮음(실매기) : 접지모음(정합)을 끝내고 낙장조사를 한 다음, 실엮음기에 넣어서 천공기가 접지묶음의 등쪽에 구멍을 뚫고 실을 꿰매어 한 권의 책으로 엮는 것을 말한다. 이 과정에서 철사매기나 중철은 철사로 묶게 되고, 무선철은 이 공정이 생략되는 것이다.

고르기 : 정합하고 실을 꿰매는 과정에서 흐트러진 인쇄물들을 고르게 하는 작업으로, 인쇄물의 등과 배를 두들겨 가지런히 하고 엮어진 인쇄물의 위아래를 눌러서 바르게 하는 작업이다.

다듬재단 : 엮음과 고르기가 끝난 인쇄물의 등 부분에 접착제를 바르고 굳혀준다. 접착제가 완전히 굳어지면 압착용 틀을 벗겨내고 등을 제외한 3면을 규정된 치수로 재단하는 공정이다. 재단이 끝나면 종이용 얇은 칼로 한 권씩 떼어내는 자르기 작업을 하게 된다.

장식(裝飾, dressing) : 양장제책은 보통 고급책이나 장기 보관용 책에 해당되기 때문에 고급스러운 장식이 요구되는 경우가 있다. 따라서 책의 등을 제외한 배(fore-edge)나 위와 아래의 3면에 금·은칠이나 색칠을 하는 작업을 한다.

등 굴리기와 만들기 : 다듬재단이 끝나면 책등쪽에 가름끈을 붙이고 배쪽에서 본문을 디밀어 책등과 배를 둥글게 만드는 작업이다. 양장제책은 둥근등(원)양장이냐 모등(모)양장이냐에 따라 책의 배쪽이 각각 원과 각의 모양을 하고 있는데, 이들의 모양을 부드럽고 정확하게 하기 위하여 손작업 또는 기계작업을 하는 것이다. 양장에서 책의 등은 단순히 접착제만 바르는 것이 아니라 내구성을 높이기 위한 거즈와 같은 세양사(細洋絲, crash)와 꽃무늬 천으로 된 머리띠(headband)를 세양사와 등지 사이의 위 · 아래에 붙여 장식적 효과 또한 높이고 있다.

표지 만들기 : 양장의 두꺼운 표지는 판지(paper board)를 책의 표지규격에 맞게 재단한 후 심지로 넣고, 인쇄와 코팅이 완성된 표지와 판지를 붙이는 작업을 한다. 또 다른 고급공정으로는 재단된 판지를 심지로 넣고, 표지용 종이와 판지를 1차로 붙이고, 그 위에 클로스(천 · 가죽 · 종이 클로스에 금 · 은 · 동 · 색깔 박기를 하는 경우가 많음)를 한 번 더 붙여서 책을 완성하기도 하고, 여기에 또다시 디자인화된 새킷(커버)을 만들어 씌워서 책을 완성하기도 한다.

다지기(굳히기) : 양장제책에서 표지를 붙이고 커버를 씌우면 제책공정은 끝나지만, 표지를 붙인 책은 적당한 분량으로 묶어서(책의 손상을 막기 위해 고급책은 크라프트지를 책묶음지로 사용하기도 함. 흔히 일본식 용어로 '오비지' 라고 함) 책의 폭넓이로 재단하고, 책등을 한 권씩 엇갈리게 쌓아서 포장을 한 후 포장된 여러 개를 포개놓고 강한 압력으로 24시간 이상 눌러서 접착시킴으로써 완전하게 굳히는 공정이다. 이때 주의할 점은, 한 권씩 엇갈리게 포장된 책의 위치를 잘 보고 눌러서 원형이나 각형의 책등 모양이 망가지지 않도록 해야 한다는 것이다.

학습 자료

등굳힘

등굳힘은 본양장 제책공정의 하나이다. 배킹(baking)이 끝난 속장의 등은 밑굳힘의 접착제가 둥글림 및 배킹 작업을 거치는 동안 거의 풀어진 상태여서 약간의 풀과 아교와 꿰맨 실에 의해 연결되어 있다. 이것을 다시 굳히기 위해 또 접착제를 바르고 그 위에 망사와 등종이를 붙여서 실과 함께 접지의 등을 서로 고착시켜야 하는데, 이 작업을 등굳힘이라고 한다. 그 방법과 순서는 다음과 같다. 배킹이 끝난 속장을 1권씩 서로 엇바꿔 쌓은 다음 이것을 쇠테로 죈다. 다음에 속장 등에 귀얄로 접착제를 고루 칠하고, 그 위에 망사를 발라서 하나의 층을 만든 다음(중간붙임) 꽃천과 가름끈을 붙인다. 다시 망사 위에 접착제를 칠하고 크라프트지 따위의 좀 질긴 종이를 바른 다음(위붙임) 잘 문질러서 건조시킨다. 등의 모양이 빈등(hollow back)일 경우에는 머리와 밑이 빈 크라프트 봉투(자루)를 등종이로 붙인다. 망사는 길이를 속장보다 15mm 정도 짧게, 폭은 속장의 두께보다 36mm 정도 넓게 잘라서 등 중앙에 붙인다. 등 양면으로 튀어나온 부분의 망사는 날개라고 하여 면지와 판지(심지)와의 사이에 붙여져서 면지를 보강하는 역할을 한다.

—한국출판연구소, 앞의 책.

관련 용어 해설

가맞춰접기 : 제책의 접지에서 페이지나 판면에 맞추지 않고 종이의 가장자리를 맞춰서 접는 것.

가운데매기(saddle stitching) : 제책에서 표지와 속장을 한꺼번에 장합한 후, 반으로 활짝 펴고 표지의 등에서 철사로 매거나 실로 매는 것→등매기.

가제책(假製冊, unbound) : 정상적인 본제책이 아닌 견본으로 하는 제책→가제본.

가제식제책(加除式製冊, sheaf binding) : 필요 시에는 인쇄물의 일부분을 언제든지 자유로이 추가하여 넣거나 뺄 수 있는 제책방식.

각배(角背, flat back) : 책등을 전면과 직각으로 제책하여 모나고 평평하게 하는 것.

간이제책(簡易製冊, unbound) : 문서 · 쪽지글 · 원고지 · 전표 · 사무용지 등의 제책용이며, 용지의 머리쪽 재단면을 접착제로 굳힌 후, 표지를 씌우거나 폭이 좁은 종이로 머리쪽을 붙이는 간이의 제책방식.

간추리기 : 제책에서 인쇄물을 가지런히 추리고 정리하는 것. 인쇄물의 물림쪽과 측면을 가지런히 추려야만 정교한 나눔재단을 할 수 있음.

갈라떼기(strip off) : 책의 속장을 초벌굳힘을 할 때 여러 권의 책을 같이하여 그 등에 접착제를 칠하고 마른 후 이것을 1권씩 분리하는 작업.

걸러매기(twoalong) : 제책에서 손매기의 한 방법이며, 두 접장씩을 단위로 걸러매는 것으로 책의 종이가 얇은 경우에 이 방법을 쓰며, 실로 등이 두꺼워지지 않게 함.

겉상자(slip case) : 책의 보호를 위해 각 권의 책을 꽂는 종이상자로서, 마닐라판지나 색판지 등을 조립하여 철사로 맨 기계상자와, 황판지 등으로 상자를 만들어 그 위에 종이를 바른 상자가 있음→슬립케이스, 책상자.

겹장 : 제책에서 장합을 할 때 같은 페이지의 접장이 잘못하여 두 벌 이상 겹치기로 뽑힌 것→복장.

고르기(smashing) : 제책에서 실로 맨 속장의 등을 고르는 작업. 실로 매어진 곳과 접힌 자리가 다른 부분보다 두꺼우므로 속장의 등 부분을 압착시켜 두께를 고르면서 낱장 사이의 공기와 인쇄압의 흔적을 없애는 것.

고리제본(ring binding) : 책등에 금속으로 여러 개의 고리를 끼워서 만든 가제식 제책.

금박(金箔, gold leaf, gold foil) : 금을 아주 얇게 펴서 만든 박으로 고급 양장본의 등글자 · 앞표지글자 · 금색무늬를 박기도 하고, 책의 머리 · 배 · 밑부분의 장식으로도 씀.

꽃천(head band) : 본양장 제책에서 속장 등의 상 · 하 양단에 붙이는 천이며, 장식의 목적 외에 책의 보강역할도 함.

나선매기(coil binding) : 낱장으로 된 종이의 매는 쪽에 줄줄이 구멍을 뚫어놓고, 특수기계로 한쪽 끝에서부터 나선형의 철사나 플라스틱제를 꿰어 매는 방법. 노트 · 앨범 · 스케치북 등에 사용하며, 속장의 한 장을 떼어내도 실매기에서처럼 다른 한 장이 빠져나가지 않음→스파이럴(spiral), 나선장.

남경(南京) : 본양장 제책과 병제책의 중간에 해당하는 제책방식. 철사로 맨 속장의 등과 매는 쪽은 클로스로 하고 양 옆은 두꺼운 표지로 한 것으로, 표지는 본양장처럼 테를 두고 모등으로 하며, 등에서 매는 쪽 여백만큼 폭을 둔 곳에서 홈을 내어 열리게 함.

내매기(throwing out, thrown out) : 지도 · 표 · 그림 등을 본문 페이지와 같은 크기의 튼튼한 종이 끝에 이어 본문 안에 접어 두고, 필요 시 끄집어내 펼치면 책을 덮은 채로도 인쇄된 전면이 책 밖으로 나타나 볼 수 있게 한 제책양식.

눌러박기(blocking stamping) : 책등이나 앞뒤 표지에 금속박이나 색박을 눌러서 금·은색, 또 다른 색상의 문자나 무늬를 넣는 것.

대조(對照, collate) : 제책에서 낙장 · 난철 등의 파손을 조사하여 제책의 완전 여부를 확인하는 것.

더미(dummy, size copy) : 책의 견본이며, 중요한 책을 만들기 전에 미리 책의 일부나 전체를 조판 · 가인쇄하여 가제책한 것.

누벌걸이제책 : 두 개의 면을 붙인 것을 하나의 단위(접지꼭지)로 보통의 제책공정을 하고, 접지모음 후에 두 개로 재단하여 동시에 두 꼭지의 제책이 완성되는 방법→이정제책(二程製册).

등(배(背), back) : 책등이 되는 부분. 풀칠을 하거나 실의 매는 쪽 부분으로, 본양장은 등의 모양에 따라 둥근등 · 모등으로 구분하며, 병장제책은 모두가 모등임.

등기호(signature) : 제책과정에서 장합의 편의를 위해 접장의 등이 되는 부분에 인쇄해 넣는 글자이며, 보통 책명과 접장의 순서를 나타내는 숫자를 인쇄함.

등매기 : 가운데매기이며, 철사나 실로 맴.

등바대(back linging) : 등굳힘을 할 때 등을 보강하기 위하여 쓰는 천이나 종이.

등심종이(quater) : 빈등 양식의 제책에서 등굳힘을 할 때 등 부분에 붙이는 자루모양의 종이. 등의 치수에 맞는 단단한 종이를 사용함→등종이.

등심종이붙임 : 속장의 등굳힘을 할 때 등심종이를 붙이는 제책작업이며, 빈등 양식의 제책에서는 꼭 등심종이를 붙여야 함.

등욱음 : 책등이 변형되어 안쪽으로 굽어지는 것. 등굳힘이 잘못되어 일어나는 현상이며, 등욱음을 방지하기 위해서 제책양식에서 등을 둥글게 하기도 함.

등종이 : 본양장 제책에서 등이 되는 부분에 덧대서 그곳을 보강하는 데 사용하는 종이→등지.

등클로스(backlining cloth) : 옆매기 등에서 책등에 붙이는 천.

등톱질(sawing in) : 제책에서 손매기를 할 경우 장합이 끝난 접장의 등을 톱으로 썰어 실이 들이갈 수 있도록 구멍을 내는 것.

때막이붙임(papering up) : 제책할 때 더러움을 방지하기 위하여 임시로 종이를 붙이는 일.

띠 : 본양장에서 둥글림할 때 둥글게 한 것이 원래대로 되돌아가지 않게 하기 위해 붙잡아 매놓는 띠 모양의 천 · 클로스 · 종이 · 고무밴드 등.

띠매기(tie up book with tape or cord) : 본양장에서 둥글림을 할 때 클로스 · 종이 · 고무 등의 띠를 속장의 상하방향으로 1책마다 매는 것. 둥글림의 형태가 뒤틀리지 않게 하기 위한 것임.

띠종이(book band, girdle) : 책표지나 커버 위에 감은 띠 모양의 인쇄물. 백지나 색지에 제목 · 저자 · 내용 등을 간단히 소개하는 글을 인쇄하여 띠 모양으로 책표지에 감아 판매광고를 겸함→책띠지.

레더클로스(leather cloth) : 직물이나 합성수지 등을 가공하여 제책 시 표지에 가죽대용으로 사용하는 것.

레드에지(red edges) : 책의 절단면 부분을 붉은 색으로 칠한 것.

림프제책(limp binding) : 양장제책에서 표지를 부드러운 천이나 가죽으로 만드는 제책법.

마구리(fore edge) : 제책에서 다듬재단을 한 책의 절단면. 매는 쪽의 반대쪽 절단면(앞마구리)만을 마구리라 하기도 하고, 위아래를 포함한 세 방향을 말하기도 함.

마킹업(marking-up) : 제책에서 책등을 양분하여 제본용 실의 위치를 표시하는 일.

막매기(side sewing) : 제책에서 접장을 겹쳐놓고 옆매기를 하듯이 맬몫에 구멍을 뚫고 노끈 · 철끈 등으로 매는 방법. 잡지의 합본 등에 쓰이는 방법으로, 책의 속장을 펴기가 나쁨.

매기(sewing and stitching) : 제책에서 책의 본문이 흩어지지 않도록 접장의 등을 매는 것으로, 실매기 · 철사매기 · 풀매기 · 미싱매기 · 고리매기 등이 있음→철(綴).

매는쪽(gutter) : 책을 폈을 때, 안쪽 매는 부분에 해당하는 부분이나 판면 안쪽의 여백.

머리금붙임(top gilt, gilt-top) : 제책에서 책의 머리 부분을 깨끗하게 닦은 후, 난백(卵白)이나 바니스(도료) 등으로 금박을 입히는 책갓장식의 하나.

메이크업카피(make-up copy) : 출판자의 제책지시로 제책에서 바른 순서대로 정리된 삽화나 도면.

모자이크 제책(mosaic binding) : 여러 빛깔의 돌 · 색유리 · 조가비 · 타일 · 나무 등의 조각을 맞추어 도안 · 회화 등으로 나타낸 것. 또는 그러한 미술형식을 갖춘 제책.

민모등 : 모등제책의 하나. 등을 모가 나게 만들고, 귀를 내지 않으며, 홈도 없게 한 본양장의 제책양식.

민박기(blind stamping) : 본양장 제책에서 가열한 철인을 강압하여 문자나 무늬를 색깔 없이 움푹 들어가게 박는 것.

반달따기(thumb index cut-in index) : 제책에서 책의 배쪽에 낸 검색용 홈파기이며, 사전류 · 육법전서 · 편람 등에 적용함.

배킹(backing) : 본양장 제본에서 등굴림한 속장의 앞뒤 모서리에 뾰족하게 귀를 만드는 것.

배혁제책(背革製冊, quarter leather) : 책등은 가죽으로 하고, 표지는 천으로 한 제책.

버크럼(buckram) : 풀이나 아교 등을 발라서 힘 있게 한 아마포(亞麻布)로, 제책이나 양복의 심 등에 쓰임.

버클스(buckles) : 제책에서 종이가 직각으로 접힌 곳에 주름이 많이 잡히는 잘못된 현상.

복장(複裝) : 제책에서 장합의 잘못으로 같은 접장이 겹쳐 들어간 현상.

붙은등(tight back) : 본양장에서 둥근등을 만드는 방법 중 하나로, 표지의 등과 속장의 등이 달라붙게 하는 제책방법→찬등, 타이트백.

빈등(hollow back) : 본양장에서 둥근등을 만드는 방법 중 하나로, 표지와 속장의 등을 붙이지 않고 만드는 제책방법. 휜등과 찬등의 장점을 살린 제책방식으로 표지의 등과 속장의 등 사이를 비게 하며, 현재 본양장은 대부분 이 방식임→홀로백(hollow back).

스태빙(stabbing) : 접지된 인쇄지의 이면에 뚫은 구멍으로서 선(線)을 만들거나 실을 넣어 책의 부분을 모아서 제책하는 것.

아지로매기(ajiro binding) : 무선철 제책양식의 일종으로 본문 등쪽을 접는 공정에서 구멍을 낸 다음 풀이나 접착제로 고정시키는 제책방식이며, 구멍을 낸 부분으로 풀이나 접착제가 침투하여 접착됨.

아코디언접기(accordion fold) : 인쇄물 접지방법의 하나. Z자꼴로 접는 법으로, 작은 판형을 넓게 펼 수 있기 때문에 선전용 인쇄물이나 지도 등에 쓰임→병풍접기.

자루 : 제책과정에서 접장의 바깥쪽 일부가 다듬재단을 하기 전에는 펼쳐지지 않게 되어 있는 상태.

장정(裝幀, book binding design) : 책의 표지 · 면지 · 표제지 · 책가위 · 케이스 등을 디자인하고 표장재료를 선택 · 장식하여 마무르는 것.

장합(張合, gathering) : 제책과정에서, 책의 속장을 접장하여 순서대로 포개는 것.

착지(錯紙) : 책을 맬 때 잘못하여 차례가 바뀐 종이나, 종이 묶음 속에 섞인 파지.

찬등(tight back) : 본양장에서 둥근등을 만드는 방법 중 하나로, 표지의 등과 속장의 등이 밀착되어 있으며, 등부분이 굳혀져 휜등의 결함을 피할 수 있는 제책방식→타이트백.

학날개펴기 : 책의 좌 · 우 양단의 페이지를 2배로 하여 안쪽으로 접어 넣게 한 것. 주로 잡지의 차례나 큰 판형의 표제화 등에서 씀→학날개접기.

※ 한국출판연구소, 「출판사전」(범우사, 2002)을 인용 및 참조함.

| 중요용어 |

제책	지장제책	정장제책	제책공정
제책검사	나눔재단	접지	정합
실매기	다듬재단	장식	등굳힘

Chapter 12 원가계산과 정가

제1절 원가의 정의

원가(原價, cost)란 제품의 제조(생산) · 판매(마케팅) · 공급(유통) 등의 경제행위를 하기 위해서 소비하는 재화 및 노동 가치를 화폐가치로 환산한 값으로서 총생산비를 말하며, 재료비 · 노무비 · 경비로 구성되는데, 이를 원가의 3요소라고 한다. 이는 다시 직접비와 간접비로 나뉜다. 직접비는 제품을 만드는 데 직접 사용되는 비용으로서 조판비 · 제판비 · 인쇄비 · 자재비 · 제책비 · 저작권 사용료 등을 말하고, 간접비는 복수의 제품에 함께 쓰인 비용이기 때문에 분리계산이 불가능한 비용으로서 인건비 · 일반관리비 · 광고홍보비 등이 있다. 이는 화폐단위로 계산할 수 있어야 하고 기업 본래의 목적에 맞게 쓰여야 한다. 즉, 어떤 제품을 위한 기획에서부터 생산을 위한 지출과 영업에 필요한 판매비와 공급을 위한 물류비는 물론이고, 이들에 따른 일반관리비까지도 원가에 포함하여 총원가라고도 한다.

출판사들은 일반적으로 제작비(재료비), 노무비, 일반 경비로 나누어 원가계산을 하고 있으며, 부가적으로 매출이익을 예측하기 위해 매출원가와 손익분기점(채산점), 적정가격 등을 산출하기도 한다.

제2절 원가계산의 목적

원가계산(原價計算, cost accounting)이란 기업의 생산물인 제품의 생산을 위해 소비된 재화의 수량과 가액을 계산하는 것을 말한다. 일반적으로 재료비 · 노무비 · 경비 등의 비용을 집계하여 이를 생산량으로 나누어 산출한다.

원가계산의 목적은 먼저 영업에 대한 채산성을 검토하기 위한 것이다. 출판물은 기대수요의 의해 생산되므로 판매가능부수를 지나치게 많이 책정하면 실제 채산과 어긋나는 경우가 있다. 따라서 원가계산을 할 때에는 예상수요부수를 적게 책정하여 채산을 예측해야 한다.

또한 출판물은 장책(粧册, editorial design)의 방법에 따라 제조원가가 많이 달라지므로 이익관리를 위해서라도 원가관리를 잘해야 한다. 또한 원가계산을 정확히 하게 되면 적정한 손익분기점(채산점)을 검토하여 책의 정가(定價)를 책정하는 데에도 중요한 자료로 이용된다.

그러나 이익을 높이기 위해서 제조원가를 수준 이하로 낮게 책정하면 장책이 빈약하게 되고, 반대로 책의 품위를 높이기 위해 호화로운 고급장책만 신경쓰면 제조원가가 지나치게 높게 책정되어 영업의 채산성에서 문제가 생기게 된다. 따라서 명확한 원가계산에 의한 적정한 제조원가를 투입하여 적당한 정가를 매김으로써 매출이익관리에도 무리가 없도록 원가관리를 해야 한다.

원가관리(原價管理, cost control)란 원가계산을 근거로 하여 경영활동 전반을 합리화하고 적정한 원가절감을 하도록 하는 경영관리방법이다. 이는 원가절감을 목적으로 하는 원가계획과 이러한 계획의 달성을 목적으로 하는 원가통제가 있다. 원가계획은 기업의 구조적 변화까지를 전제로, 이익계획이 다각적으로 검토된다. 원가통제는 원가계획에 따라 결정된 구체적 안을 실천하는 과정에서 발생하는 관리기능이다.

제3절 직접제조원가

(1) 조판비

조판비는 조판을 외주(外注)로 주었을 때 원고 1매당 단가로 정하는 경우도 있지만, 일반적으로는 출판물의 1면(page)당 단가(또는 원고당 단가)로 계산하는 경우가 많으며, 필름비와 출력비도 이에 포함된다. 판형과 원고의 난이도, 교정지의 수정 정도 및 횟수에 따라 조판비가 달라진다. 또한 한자나 영문이 많은 문장, 도표 · 수식 등이 내용 부분에 많을 때에는 비용이 추가되기도 한다.

(2) 사진 분해비 및 제판비

분해비는 기본규격(평수)을 정해 놓고, 그 이하의 크기는 기본규격 값을 받고, 그 이상의 크기는 1평(1m²) 단위로 가격을 추가한다. 보통 분해비는 분해된 필름의 크기에 따라 비용이 계산된다.

제판비는 필름작업비와 인쇄판의 제판비로 나눈다. 필름작업비에는 조합비와 터잡기(하리코미)비가 있다. 터잡기된 1대가 인쇄판 1대로 만들어지는데 이 과정을 소부(燒付)라 한다. 보통 필름조합비는 1면당 단위로 계산하며, 터잡기는 인쇄판 크기에 따라 비용이 달라진다.

(3) 인쇄비

인쇄비는 색깔 도수별과 규격별 용지 1연(전지 500매)을 기준으로 하며, 1연 이하이면 1연인쇄비로 하고, 1연 이상이면 연 단위로 비용을 계산한다. 그 기본 계산공식은 다음과 같다.

$$\text{총인쇄비} = \text{양면 인쇄도수} \times \text{총종이연수} \times \text{1도당 인쇄비}$$

그러나 종이의 질과 판형에 따라 인쇄단가가 다르게 책정되며, 한 권당 인쇄부수가 많아질수록 1연당 인쇄단가는 낮아지게 된다.

(4) 자재비

자재비에는 내용 부분의 용지대와 보조자재비가 있다. 용지대는 대부분 1연 단위로 계산하며, 1연당 단가가 높은 고급지의 경우에는 낱장으로도 계산된다. 책을 제작하기 위해 소요되는 종이량을 산출하기 위해서는 책 1권당 필요한 종이량을 계산하고 여분도 추가해야 한다. 따라서 총소요용지 계산법은 다음과 같다.

$$\text{총소요용지} = \frac{\text{1권당 총면수}}{\text{원지 1매당 인쇄 페이지수}} \times \frac{\text{발행부수}}{500}(1+\text{여분})$$

보조자재비는 표지 · 면지 · 표제면 · 재킷 · 화보 등의 용지 외에 양장의 합지 · 클로스 · 슬립케이스 용지 · 비닐 · 띠종이 등에 소요되는 비용이다.

(5) 제책비

제책비는 책의 크기와 제본방법, 삽지 유무, 총면수, 기타 부속물에 대한 난이도에 따라 다르게 계산된다. 출판물에 많이 사용되는 제책법으로는 양장제책, 반양장제책, 무선철제책, 중철제책 등이 있다. 양장제책은 300면을 기본면수로 계산하고, 그 이하이면 300면의 가격을 받는다. 대개의 경우 반양장은 200면, 무선철과 중철제책은 100면을 기본으로 한다.

양장제책에서 세양사 붙이기, 머리띠 붙이기, 삽입지 넣기, 표지 붙이기, 면지 붙이기, 재킷 씌우기 등과 무선철제책에서 표지 접어넣기, 삽입지 넣기, 면지 붙이기, 띠지 감기 등 부수적인 작업들은 추가요금이 계산되며, 인지가 첨부될 경우에도 추가요금이 산정된다. 총제책비의 계산방법은 다음과 같다.

$$\text{총제책비} = (\text{총내용면수} \times \text{면당 비용} + \text{추가면} \times \text{면당 비용} + \text{기타 권당 추가작업비}) \times \text{총발행부수}$$

(6) 저작권 사용료

저작권 사용료에는 인세와 원고료가 있는데, 인세는 일반 책에 적용되고, 원고료는 보통 잡지에 적용되고 있다. 책의 경우에는 저작권을 전체로 양도받을 때 원고료로 전체지급(매절, lump sum payment)하는 경우도 있다.

인세(印稅, running royalty)는 저작권을 사용할 때 지급되는 일정률의 저작권료이다. 사용료 계산은 출판물의 정가에 약속률을 곱하고, 출판된 발행부수 또는 판매부수를 곱한 총액으로 지급된다. 그 계산방법은 다음과 같다.

인세 총액 = 정가 × 약속된 인세율 × 발행부수(판매부수)

이외에 저작권 사용료와 비슷한 성격의 비용으로는 감수료, 편찬비 또는 편집비(외주 편집 · 교정), 장정비, 도판비(圖版費, 사진 사용료) 등을 들 수 있다.

또한 기타 항목으로서 잡지의 취재비, 광고비, 교통비, 회의비, 자료비, 사례비, 잡비 등도 직접제조원가에 속한다.

제4절 간접제조원가

(1) 인건비

인건비(人件費)는 인력을 고용하여 일을 시키고, 그 대가를 지불하는 데 드는 비용이다. 월급 · 수당 · 상여금 · 후생비 · 보상금 · 퇴직금 등 급여(給與)가 이에 해당된다.

(2) 일반관리비

일반관리비(一般管理費)는 상품인 책이나 시설을 관리하는 데 드는 비용으로서, 위의 인건비도 일반관리비에 포함시킬 수 있으나 출판경영에 있어 그 비중이 너무 크므로 독립시켜 산정한다. 판매비 · 창고비 · 운송비 · 사무용품비 · 이자 · 세금 · 보험료 · 집세 · 수선비 · 광열비 · 접대비 · 여비 · 교통비 · 통신비 · 회의비 · 간식비 등이 있다.

(3) 광고홍보비

광고홍보비(廣告弘報費)는 한 권의 책만 광고홍보할 경우 직접비로서 원가계산에 포함할 수 있다. 그러나 여러 책을 한꺼번에 광고홍보를 할 때는 각각 개별적으로 단위원가를 부과하기가 힘들기 때문에 합하여 한번에 간접비로서 원가계산을 한다.

제5절 정가와 정가정책

1. 책의 정가란?

책의 정가(定價, given price, published price)란, 소비자인 독자에게 판매하기 위한 소비자가격을 정하여 책에 표시한 것을 말한다.

책의 정가는 판형(책크기), 편집방법, 인쇄방법, 제책방법, 용지의 질과 두께 등 자재 차이, 면수, 발행부수, 책의 성격 등에 따른 제작원가와 출고 할인율, 인세, 기획비, 편집비, 광고비 등 판매경비와 일반관리비 및 영업방침에 따른 기대이윤을 더하고 각 분야의 출판시장을 고려하여 적절한 범위 내에서 정해진다. 그러나 실제적으로는 출판사의 관계자가 저자와 상의하여 적정한 수준에서 결정하는 것이 일반적인 관례이다.

2. 책의 정가정책

책의 정가책정(定價策定)은 한 출판사의 경영방침이나 책의 종류와 성격 및 예상판매부수, 유사도서와의 시장경쟁력, 원가계산 등에 의하여 다음과 같이 5가지 방법으로 분류되고 있다(김성재, 2004 ; 노병성, 1997 참조).

(1) 출혈형 정가책정법

책의 초판 1쇄의 경우 손익분기점(損益分岐點, 채산점) 이하에서 정가를 책정하여, 이윤 없이 원금만 회수하거나 손실이 나는 방법이다. 이는 우리나라에서 가장 많이 택하는 방법으로, 상품회전율이 빠르나 다음 2쇄의 성공을 어느 정도 확신하면서 정가를 책정하는 방법이다.

많은 독자를 확보할 수 있는 문예물 · 아동도서 · 학습참고서 · 교과서 등에서 주로 적용하고 있다. 이는 낮은 정가로 경쟁력을 높임으로써, 과열경쟁에서 이기기 위한 노력의 일환이다. 이 방법은 자금사정으로 인해 여러 번 나누어서 인쇄를 하고, 인쇄를 거듭함으로써 이윤을 보려는 정가책정법이다. 이들은 대량판매정책을 지향하며 시장점유율 확보의 우위를 점하기 위해 일단 낮은 정가책정을 경쟁도구로 이용하지만, 판매가 기대에 미치지 못하면 많은 손해를 보게 된다.

(2) 이익형 정가책정법

책의 예상 판매부수를 산정한 뒤, 원가에 일정한 이익을 더하여 정가를 책정하는 방법이다. 일정한 예정기간 내에 모두 팔릴 것으로 예상되는 적합한 부수를 발행하여 이익을 볼 수 있도록 책정하는 방법으로서, 코스트 플러스(cost-plus pricing) 방식이라고 한다. 이 방법은 학술도서나 전문도서 등과 같이 독자나 수요자 층이 한정되어 있고, 회전율이 느리고 중쇄가 어려울 수도 있는 도서의 정가책정방법이다.

이는 채산관리면에서 좋은 방법이며, 식으로 나타내면 다음과 같다.

정가 × 판매할인율 = 출고판매가격
= 직접생산비+이익(= 간접비+순이익)

(3) 추종형 정가책정법

이미 출간된 유사한 성격의 책을 참고하여 비슷하게 정가를 책정하는 방식이다. 다른 회사 책의 정가에는 책의 면수에 따른 시판가격의 시세가 형성되어 있어 편리하기는 한데, 항상 시장조사를 해야 하는 부담은 있다. 원가계산을 번거롭다고 생각하는 출판사들은 보통 이 방법을 사용한다. 이는 일반도서(시, 소설, 수필, 실용도서 등)에서 많이 이용되는 정가책정방법이며, 독서의 유행흐름을 좇아 베스트셀러를 기대하는 경우에도 주로 이 방법을 사용한다. 이를 마켓 프라이스(market pricing) 방식이라고도 한다.

(4) 절충형 정가책정법

책의 정가를 책정할 때 처음부터 일정한 이윤도 계산하고 그동안 발행된 시중의 유사한 성격의 책 정가도 고려해서 결정하는 방법이다. 이는 성실하게 성장하기를 원하는 출판사와 실용서 등의 정가책정방법으로 많이 이용된다. 즉, 이 방법은 이익형(코스트 플러스) 정가책정법과 추종형 정가책정법의 혼합형 정가책정법이다.

(5) 맞춤형 정가책정법

책의 정가를 미리 정해 놓고, 그에 맞는 책을 개발하는 방법이다. 이를 프라이스 라인(price line pricing) 방식이라고도 한다. 이는 독자들의 구매욕구에 알맞은 가격에 맞춰서 책을 개발하는 방법으로, 잡지나 정기간행물 등에서 많이 적용하고 있다.

제6절 손익분기점과 재무제표

1. 손익분기점

손익분기점(損益分岐點, break-even point)이란 기업의 판매액(수익액)과 원가(비용)가 일치하는 점 또는 비용과 수익이 같아지는 매출액을 말하며, 채산점(採算點)이라고도 한다. 손익분기점은 기업의 경영활동에서 원가 · 판매액 · 이익이 어떻게 변동하는가를 예측하기 위해 필요한 것이다. 또한 일정기간에 얼마의 손익이 발생하는가를 알며, 노력해야 할 예상 단기 이익의 계획을 세울 수 있다. 이와 같은 분석을 손익분기점분석이라고 하는데, CVP(cost · volume · profit)분석이라고도 한다. 판매액이 손익분기점 이하로 감소하면 손실이 나고, 그 이상이면 이익이 나는 것이다. 공식은 다음과 같다.

그림 12-1 | 손익분기점

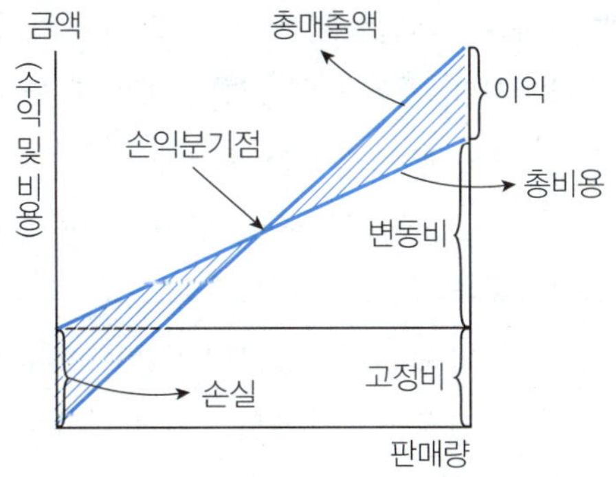

총판매액(총수익액) − 총원가(총비용) = 총이익

총이익 ÷ 총판매액(총수익액) = 손익분기점

실제로 계산하면 다음과 같다. 책정가 10,000원, 발행부수 1,000부, 출고할인율 80%(0.8), 총원가는 6,000,000원이라고 하자.

10,000원 × 1,000부 × 0.8 = 8,000,000원 ………… 총판매액

8,000,000원 − 6,000,000원(총원가) = 2,000,000원 ………… 총이익액

2,000,000원 ÷ 8,000,000원(총판매액) = 0.25(25%) ………… 손익분기점

이상의 손익분기점은 25%이다. 그러므로 실제적인 판매액의 75%가 손익분기점으로 투자액과 동일금액으로 최저 필요판매액이 된다.

2. 재무제표

일반적으로 기업경영의 재정상태와 영업성과를 정확하게 알기 위해서는 재무제표를 알아야 한다. 재무제표(財務諸表, financial statements)란 일정기간 동안 기업의 경영성적과 재정상태를 화폐가치로 기록하고 측정하는 회계보고서이다. 대차대조표(재무상태표), 손익계산서, 자본변동표, 현금흐름표, 이익잉여금처분계산서(또는 결손금처리계산서), 주석을 재무제표로

규정하고 있으나 가장 대표적인 대차대조표(재무상태표)와 손익계산서만 설명하기로 한다.

대차대조표(貸借對照表, balance sheet) 또는 재무상태표(財務狀態表, statement of financial position)는 특정시점의 기업의 재정상태를 알 수 있게 나타낸 재무제표이다. 일반적으로 대차대조표에 표시되는 재무정보들의 기준일인 대차대조표일은 기업의 결산일이며, 때에 따라 반기별 또는 분기별로 작성되기도 한다. 대차대조표를 통해서 제공되는 정보는 기업의 대차대조표일 현재의 자산과 부채, 자본의 총계와 그 과목별 내역이다. 모든 자산을 차변(借邊)에, 그리고 모든 부채 및 자본을 대변(貸邊)에 기재하는 데서 대차대조표라는 말이 생겼다. 작성시점은 대부분 결산 때이지만, 개업 · 폐업 · 합병 때에도 작성된다. 대차대조표의 작성방법은 대별하여 두 가지가 있다. 하나는 개별요소마다 실지 재고조사를 하여 그 결과를 집적(集積)하여 작성하는 방법으로, 실지재고조사법 또는 재산목록법이라고 한다. 또 하나는 회계기록에 의하여 유도적으로 작성하는 방법으로 유도법이라고 한다. 실지재고조사법의 경우는 회계장부 등을 반드시 필요로 하지는 않으며 자산은 어디까지나 현금화될 가치가 있는 것에 한정되고, 또한 부채도 법적 관점에 의한 부채에 한하게 된다. 현재 보유하고 있는 재산을 모두 환금하면 어떻게 될 것인가를 나타내는 것이다.

손익계산서(損益計算書, income statement, profit and loss statement, P/L)는 기업의 경영성과를 밝히기 위하여 일정기간 내에 발생한 모든 수익과 비용을 대비시켜 당해 기간의 순이익을 계산 · 확정하는 보고서이다. 우리나라 기업회계원칙에서 "손익계산서는 기업의 경영성적을 명확히 표시하기 위하여 그 회계기간에 속하는 모든 수익과 이에 대응하는 모든 비용을 기재하여 경상손익을 표시하고, 이에 특별손익에 속하는 항목을 가감한 다음, 법인세 · 방위세 · 주민세 등을 차감하여 당기순이익을 표시하여야 한다."고 규정하고 있다. 그리고 손익계산서에 기재되는 계정과목은 수익이나 비용을 발생하게 한 이유 · 원인을 나타내는 것으로서 매출액 · 수입이자 등은 기업의 가치를 증가시킨 사유이며, 반대로 매입비 · 급료 · 잡비 등은 기업의 가치를 감소시킨 원인을 나타내는 것이다. 이와 같이 손익계산서에서는 수익과 비용의 과목을 대응 · 비교시켜 손익을 표시하게 되므로 그 기능은 순손익액을 명백히 할 뿐 아니라 손익발생의 과정을 분석적으로 추적할 수 있도록 하여 영업수행의 과정까지도 명백히 해 주는 것이다. 따라서 손익계산서는 기업의 목적달성의 정도를 측정하는 기준이며 경영정책의 수립과 그 방향 결정에 있어 가장 중요한 자료가 된다.

그러나 우리나라는 2011년부터 국제회계기준을 전면적으로 도입하기로 결정하였고, 이에 따라 한국회계기준위원회는 한국채택 국제회계기준(K-IFRS)을 공표하였다.

정부가 국제회계기준을 도입하기로 결정한 배경은 다음과 같다.

① 자본시장의 글로벌화에 따른 세계적인 회계기준 단일화 추세에 적극 대응할 필요가 증대되었다는 것,

표 12-1 | 국내회계기준과 한국채택 국제회계기준의 주요 차이

	국내회계기준	한국채택 국제회계기준(K-IFRS)
회계처리원칙	• 규정중심 • 구체적인 회계처리방법 제공	• 원칙중심 • 회계처리선택권 넓게 허용
공시서류 작성 · 발표	• 개별재무제표를 기준으로 함	• 연결재무제표를 기준으로 함
자산 · 부채의 평가	• 객관적 평가가 어려운 항목은 취득원가로 평가함	• 공정가치 평가를 강조함
정책적 목적	• 일부항목에 대해 특정회계처리를 규제	• 거래의 실질에 맞는 회계처리방법을 규정
재무제표의 구성	• 대차대조표 • 손익계산서 • 이익잉여금처분계산서 • 현금흐름표 • 자본변동표 • 주석	• 재무상태표 • 포괄손익계산서 • 현금흐름표 • 자본변동표 • 주석

자료 : 금융감독원 회계제도실, 「국제회계기준의 이해와 도입준비」(2009.12.), p.137.

② 한국의 회계처리기준이 국제회계기준과 달라서 생기는 외국인 투자자들의 한국기업의 회계처리에 대한 불신을 제거함으로써 소위 '코리아 디스카운트'를 해소시킬 필요가 커졌다는 것,

③ 국내 기업이 해외증시에 상장될 경우 국제회계기준에 의한 재무제표를 국제자본시장에서 그대로 사용할 수 있게 되어 이중으로 회계장부를 작성하는 부담이 없어진다는 것 등이 제시되고 있다.

현행 국내회계기준과 K-IFRS를 간단히 비교하면 아래와 같다. 첫째, 회계처리원칙에서 현재는 모든 회계처리절차를 상세하게 규정하는 규정중심회계이지만, 앞으로는 담당자의 회계처리선택권을 넓게 허용하는 원칙중심회계로 바뀐다. 둘째, 현재는 개별재무제표를 기준으로 모든 공시서류가 작성 · 발표되고 있지만, 앞으로는 연결재무제표를 기준으로 모든 공시서류가 작성 · 발표된다.

제7절 도서정가판매제도

1. 도서정가판매제도(재판매가격유지제도)의 변천

(1) 1961년 9월 28일 「문교부 고시 제151호」로 '도서재판매가격제도' 시행

1961년 9월 28일 문교부 고시 제151호로 정부가 앞장서서 도서정가제를 시행하였으나

업계의 비협조(할인판매)로 실패하였다. 그 후 업계는 지난 잘못된 할인판매의 관행을 반성하고, 1977년 12월 1일 출판계 · 서점계가 합의를 하여 도서정가제를 실행하여 성공을 거두었으나 세월이 갈수록 또다시 할인판매가 늘어나게 되었다.

(2) 2003년 2월 27일 「출판 및 인쇄진흥법 개정안」으로 '도서재판매가격제도' 시행

정부는 2003년 2월 27일에 실시한 '출판 및 인쇄진흥법' 에 의해 재판매가격(再販賣價格, resale price)제도인 도서정가제(圖書定價制)의 법적 근거를 마련하였다(제22조 ②). 그러나 이는 2008년 2월 27일까지 5년간 한시적으로 시행하게 되어 있고, 예외조항에 있어서 온라인 서점만 신간(발행일로부터 1년)도서에 한하여 10%를 할인할 수 있으며, 또한 마일리지 · 상품 등을 자유로이 적용할 수 있어 대폭적인 할인판매가 예상됨으로써 많은 문제점이 노출되었다. 특히 온라인 서점과 오프라인 서점은 할인범위와 마일리지 적용문제로 상호 간 갈등이 심한 상태이다.

(3) 2008년 2월 27일 「출판문화산업진흥법 개정안」으로 '도서재판매가격제도' 시행

2008년 2월 27일 이후의 재판매가격 유지행위에 대한 '출판 및 인쇄진흥법' 의 개정안이 '출판문화산업진흥법' 으로 국회의 문화관광부 소위원회에서 2005년 3월 31일에 우상호 의원 등의 발의로 심의되었고, 출판계는 2006년 2월 도서정가제 대책위원회(위원장 강희일)를 구성하여 서점계(온라인 · 오프라인 서점)와 2006년 7월에 상호 합의하였는데, 그 합의 내용은 다음과 같다.

① 완전한 도서정가제를 원칙으로 한다.
② 신간도서는 발행일로부터 18개월로 한다.
③ 신간의 경우 온라인 · 오프라인 서점은 공히 10%(마일리지 · 유사할인행위 포함)까지 할인판매를 할 수 있다.
④ 출판계와 서점계 대표들로 구성된 상설 합의기구를 설립하고 세부사항은 이 기구에서 상호 협의규약을 마련하여 업계 자율로 시행한다.

출판계와 서적계는 이상의 ①~③번까지의 합의내용으로 된 '출판문화산업진흥법' 을 국회 문광위원회에 제출하여 국회에 관련법 개정의 심의를 요청하였다.

그동안 어려운 협의과정을 거치면서 2007년 4월 26일 국회의 문화관광부 전체 상임위원회를 통과하고, 2007년 6월 14일 법제사법위원회에서는 공정거래위원회와 정부의 반대(정부안은 3년 한시법과 신간도서의 기한을 1년으로 함)에도 불구하고 원안대로 통과되었으며, 6월 20일 제268회 임시국회 제8차 본회의에서 '출판 및 인쇄진흥법' 의 개정안이 '출판문화산업진흥법' 으로서 통과되었다.

⑤ 공정거래위원회는 공정위 고시 제2716호를 2007년 12월 31일에 개정하였다. 그동안 신간의 경우 5,000원 미만까지 허용하던 소비자경품을 '도서판매가의 10%까지를 인정' 함으로써 19%의 할인효과를 갖게 했다.

그 뒤 2009년에 공정거래위원회는 공정위 고시 제2716호를 2010년 7월 1일부터 폐지키로 했다. 문화체육관광부도 2009년 말에 신간(발행일로부터 18개월)도서는 유사할인행위를 모두 10% 할인에 포함하는 '출판문화산업진흥법 시행령'을 고시했다. 그러나 2010년 2월 18일 '규제개혁위원회'(국무총리 소속)는 문화체육관광부(안)인 10%를 부결시키고 기존과 같이 10% 할인을 하고, 추가로 나머지 금액의 10%를 경품으로 줄 수 있게 하여 19% 할인효과를 유지케 하였다. 이로써 책의 할인경쟁으로 인한 출판유통의 부작용이 계속되게 되었다. 이에 출판관련단체들은 2011년 유통회사를 고발하고 정부에 헌법소원을 청구하였으나 모두 패소하였다(「출판문화」 2010.3.).

(4) 2014년 4월 29일 「출판문화산업진흥법 개정안」으로 '도서재판매가격제도' 시행

최재천 국회의원이 발의(2013.1.9.)하고 국회 교육문화체육관광위원회(이하 교문위)가 수정한 도서정가제 관련 「출판문화산업진흥법 일부개정법률안(수정안)」이 2014년 4월 29일에 국회 본회의를 통과했다. 이 개정안은 5월 중으로 공포되고, 6개월이 경과한 11월 중에 시행될 예정이다.

이번에 국회를 통과한 「출판문화산업진흥법」의 주요 내용은 다음과 같다.

△ 도서정가제 대상 범위를 모든 도서로 확대함(실용도서와 초등학습참고서 등도 적용함)
△ 18개월이 경과한 간행물에 대해 정가제를 적용하되, 대통령령으로 정하는 바에 따라 정가를 변경할 수 있도록 함(이 경우 변경된 정가는 간행물에 표시되어야 함)
  * 도서의 효율적 재고 관리 및 소비자 후생을 위해 정가 변경(가격 인하)을 허용함
△ 정가의 15% 이내에서 가격 할인과 경제적 이익(간접 할인 · 물품 · 마일리지 · 할인권 · 상품권 등) 제공을 자유롭게 조합하여 판매하되, 가격 할인은 정가의 10% 이내로 허용함
△ 도서관 등 국가기관에 판매하는 간행물의 경우 도서정가제를 적용함
△ 문화체육관광부 장관은 제22조에 따른 간행물의 정가 표시 및 판매 등의 규제에 대해 3년마다 타당성을 검토하여 개선 등의 조치를 하도록 규정함

특히 할인율(割引率)과 관련해서는 지난 1년간 온·오프라인 서점 간의 이견이 팽팽하였으나, 문화체육관광부의 중재를 통해 출판계 · 유통업계 · 소비자단체가 지난 2월 25일, 상생합의를 도출함으로써 법안 개정의 돌파구가 마련되었다.

이번 개정법안의 통과로 해외 선진국(2%~15%)에 비해 할인율이 높았던 현행 도서정가제의 할인율을 낮추고(19% → 15%), 예외 대상이 많아 과도한 할인 판매 등으로 도서가격 거품 논란이 있었던 출판 유통계의 고질적인 문제를 개선할 수 있을 것으로 전망된다. 특히 문학

도서가 실용도서로 둔갑하여 할인, 유통되거나 구간의 유통 비율이 높아 새로운 창작도서의 유통이 저해되는 문제도 상당 부분 해소될 것으로 기대된다.

문화체육관광부 관계자는 이번 법 개정이 ① 저작자의 창작의욕 고취, ② 양질의 출판 환경 조성, ③ 다양한 도서 접근 및 선택권 보장, ④ 출판 · 유통업계 상생 및 건전한 유통질서 확립 등을 통해 출판산업 발전에 기여하기 위한 것이라고 밝혔다. 아울러 법 개정에 대한 사회적 우려도 일부 존재한다면서, 이를 보완할 조치도 적극적으로 검토하고 있다고 밝혔다.

2017년 8월 11일 대한출판문화협회, 한국서점조합연합회, 소비자시민모임 등 8개 단체는 1월부터 진행해 온 10여 차례의 회의를 거쳐 도서정가제에 대하여 모든 도서의 할인율을 현행 도서정가의 15% 이내로 제한하는 것을 앞으로 3년 더 변동 없이 유지하기로 합의하였다.

2. 전자책 도서정가제 시행

정부는 2012년 1월 26일에 「출판문화산업진흥법」을 개정하여 6개월 후인 2012년 7월 27일부터 전자책 도서정가제를 시행하였다. 종이책으로 발행된 지 18개월 미만인 전자책은 신간으로 취급되어 정가의 10% 이상을 할인할 수 없게 된다. 그동안 종이책과 전자책 중 어느 쪽에 발행시점을 맞춰야 할지 몰라서 신·구간의 구분이 애매모호했기 때문에 전자책은 큰 폭의 할인으로 시장의 혼란을 가중시켰었다. 이로써 국내 전자책시장은 새로운 중흥의 기반을 만들게 되어 저자, 출판사, 유통사 등의 적극적인 시장참여로 역동적인 활성화가 기대되고 있다.

3. 도서정가판매제도(재판매가격유지제도)의 중요성

(1) 도서정가제는 유통질서가 보호되고 출판산업의 분산화로 가격파괴나 덤핑을 방지할 수 있다. 서점에서 할인판매를 자유롭게 할 경우, 우리나라는 거의 우리만 사용하는 단일언어로 출판을 하기 때문에 국내에 국한된 치열한 할인경쟁으로 인해 유통질서가 문란해진다. 또한 출판사와 서점들은 무리한 할인 및 덤핑 경쟁으로 인해 도산이 속출하게 되며, 출판계 · 서점계 및 관련업계에 막대한 손실을 가져온다. 이로써 자본력이 있는 업체나 값싼 출판물만 활성화되어 출판유통질서가 무너진다.

(2) 도서정가제는 책값을 조정하고(정가하락) 중소서점과 중소출판사를 활성화시킨다. 경쟁적 할인판매는 유통과정의 불합리화로 나타나 결국에는 책값이 높아지고, 학술 · 전문도서는 서점에서 유통마진이 적어 외면당하며, 싼 값에 양산된 책이 서가를 점령함으로써 종국에는 책의 내용이나 질이 떨어지고 악서가 양서를 구축하는 현상이 일어난다. 따라서 중소서점 · 동네서점들이 도산하여 결국 저작자 및 출판사, 독자에게까지 많은 불이익이 돌아간다.

(3) 도서정가제는 서점서가에 학술 · 전문도서들의 진열을 가능하게 한다. 도서정가제가 시행되지 않을 시 일반독자들은 일단 책의 내용은 뒤로하고 싸고 할인이 많이 되는 책 위주로 구매를 하게 된다. 이로써 많은 자본을 투자하여 기획 · 출판한 학술 · 전문도서들은 비싸다는 이유로 독자와 서점으로부터 외면당하게 된다.

(4) 도서정가제는 악서가 양서를 구축하는 것을 방지한다. 위의 사태가 악화되어 악서가 양서를 구축하게 되면 학문의 위기를 초래하고, 저질 출판물의 영향으로 문화의 황폐화마저 가져올 것이다. 양서가 팔리지 않는 풍토에서는 양서의 저술과 출판을 기피함으로써 학술 · 전문도서의 콘텐츠마저 점점 사라져, 교육적 · 학문적 기반 부실을 초래하여 종국에는 국가경쟁력을 저하시킨다.

(5) 도서정가제는 다양한 분야의 도서발행이 쉬워지게 한다. 이는 다양한 문화적 정보의 활성화로, 독자는 도서의 신택폭이 커시게 된다. 또한 출판산업의 활성화로 저작자들의 창작의욕을 북돋아 줄 것이다. 내용이 있는 좋은 책을 개발하기 위해서는 잠재력 있는 예비저자를 찾아서 발굴하고 많은 자본을 장기적으로 투자함으로써 그에 따른 비싼 정가와 높은 출고가(대부분 학술 · 전문도서)를 적용할 수밖에 없는데, 도서정가제가 무너지고 할인율이 높은 덤핑 책들이 활개치는 시장환경에서는 가격이 비싸다는 이유만으로 독자들로부터 외면당하게 된다. 이로 인하여 저작자들은 집필을 꺼리고 출판사들은 출판을 기피하게 되어 결국 양서콘텐츠의 부재현상이 일어나게 된다.

(6) 도서정가제는 시장혼란과 실패를 보호한다.

(7) 도서정가제는 모든 국민에게 균형 있는 정보혜택을 줌으로써 지역문화 발전을 도와준다.

(8) 도서정가제는 도서의 위탁판매가 이루어지고 있는 우리나라에서는 꼭 필요한 제도이다.

(9) 도서정가제는 시장정보서비스를 활성화시켜 반품이 적어지게 한다.

(10) 도서정가제는 다양한 서점의 활성화로 서점의 적극적인 도서임치를 가능케 하여 출판산업의 활성화를 일으킨다.

표 12-2 | OECD 회원국 도서정가제 현황(2005.1. 기준)

시행국(9개국) : 프랑스, 독일, 오스트리아, 스페인, 포르투갈, 그리스, 네덜란드, 이탈리아, 한국
법률협약위임(7개국) : 일본, 덴마크, 노르웨이, 헝가리, 스위스, 벨기에, 룩셈부르크
비시행국(14개국) : 미국, 영국, 캐나다, 아일랜드, 오스트레일리아, 뉴질랜드(영어권), 멕시코, 체코, 핀란드, 아이슬란드, 터키, 폴란드, 스웨덴, 슬로바키아(비영어권)

학습 자료

우리나라 도서정가판매제도의 발자취

우리의 출판활동은 해방 이후 매우 활발하였다. 그러나 6·25 전쟁으로 사회질서와 상도의가 무너져 무질서에 의한 할인판매 · 덤핑판매가 자행되고 부정덤핑출판까지 나타났다. 이로 인하여 '동대문덤핑도서시장' 이 형성되어 지금까지 존재하고 있다. 1961년 9월 28일 문교부 고시 제151호로 혁명정부와 출판계 · 서점계는 도서정가제를 강력히 실시했으나 할인판매행위로 실패했다. 출판관련업계는 이러한 어려운 유통환경을 개선하기 위해 1977년 12월 1일 민간단체인 출판계와 서점계가 스스로 합의함으로써 도서정가제를 실시하여 오랫동안 성공을 거두었다. 그러나 1997년 IMF 위기로 도서정가제가 흔들리게 되어 2003년 정부에 의한 도서정가제의 법적 근거가 '출판문화산업진흥법' 으로 만들어지게 된 것이다.

IMF 사태로 우리 경제가 어려워지면서 1998년부터 일부 지역에서 학습참고서와 사전 등의 일부 책에 한하여 할인판매를 하기 시작하였고, 그 후 2002년에 '출판 및 인쇄진흥법' 이 제정되면서 도서정가제가 5년 한시법으로 되고 인터넷서점만이 10%의 할인을 할 수 있는 법이 만들어진 것이다. 또한 마일리지 제공이 '독점규제 및 공정거래에 관한 법률' 제23조에 의해서도 통제가 불가능하게 되자 마일리지제도와 유사할인행위를 시행함으로써 사실상 인터넷서점에 의해 도서정가제가 무너진 상태가 되었다. 2003년 '출판 및 인쇄진흥법' 에 의해 도서정가제의 법적 근거를 마련하였고, 2008년에 '출판문화산업진흥법' 으로 바뀌어서 모든 신간도서(18개월의 기간)는 정가의 10%를 할인할 수 있는 법으로 국회를 통과하였다. 그러나 규제개혁위원회(국무총리 소속)에서 문화체육관광부(안)의 전체 할인율 10%를 부결시키고, 할인 10%에 추가하여 할인된 나머지 금액의 10%에 해당하는 경품을 줄 수 있게 함으로써 전체 19% 할인효과를 결정하였다. 이로 인하여 책의 할인판매가 온라인 · 오프라인 서점에서 경쟁적으로 이루어져 시장의 대혼란이 일어났다. 그리고 인터넷서점과 대형 할인판매장이 많이 생겨남으로써 책의 할인판매 범위가 경쟁적으로 확대되어 큰 문제점으로 나타났다. 또한 홈쇼핑에서도 책의 대폭적인 할인판매가 성행하여 도서정가제의 개정안 토론장에서의 상호 갈등을 더욱 심화시키고 있다. 그리고 동네서점과 중소형 서점 및 중소형 출판사들의 도산이 계속되었다. 그 후 2014년 「출판문화산업진흥법」의 개정으로 모든 도서의 할인을 정가의 15%로 일괄 적용하고 있다.

관련 용어 해설

도서정가제(圖書定價制) : 우리나라를 비롯하여 프랑스 · 독일 · 스페인 · 그리스 · 일본 등에서 시행중인 도서정가제는 '재판매가격유지제도' 가 법적 이름임. 우리나라의 경우 책의 유통질서 확립을 위해 1977년 12월 1일부터 전국적으로 실시된 책의 정가판매는 업계의 자율적인 결의로 실시하였다. 그 후 관련법이 몇 차례 개정이 되었고, 2014년에는 「출판문화산업진흥법」의 개정으로 모든 도서의 할인을 정가의 15%로 일괄 적용하고 있다.

랑법 : 프랑스의 도서정가법이며, 1981년 법 제정 당시 문화부 장관이던 자크 랑(Jack Lang)의 이름을 붙였음. 발행 후 2년 미만 도서의 최대 5%까지만 할인을 인정하였고, 법 위반 시에는 강력한 벌금형에 처함.

손익분기점(損益分岐點, break even point) : 판매액과 원가(비용)가 일치하는 점→채산점.

정가(定價, given price, published price) : 값을 정하는 것, 또는 그 가격. 출판의 경우 소비자에게 판매하고자 하는 소비자가격을 정하여 그 값을 책에 표시한 것.

※ 한국출판연구소, 「출판사전」(범우사, 2002)을 인용 및 참조함.

| 중요용어 |

원가	원가계산	직접제조원가	간접제조원가
출혈형 정가책정법	이익형 정가책정법	추종형 정가책정법	절충형 정가책정법
맞춤형 정가책정법	손익분기점	재무제표	재판매가격유지제도

출판유통과 출판광고

Chapter 13

제1절 출판유통

1. 출판유통이란?

유통(流通, distribution)이란 상품이나 서비스의 생산단계로부터 소비단계로까지의 사회적 이전을 원활하게 촉진시키는 활동을 말한다.

따라서 출판유통(出版流通)이란 책이 생산자인 출판사로부터 도·소매점을 거쳐서 소비자인 독자에게 빠르고 정확하게 전달 · 보급되는 흐름을 말한다. 출판물은 여러 가지 형태의 경로를 통하여 최종 수요자인 독자의 손에 들어가게 되는데, 이러한 출판물의 유통경로를 형성하는 전제적인 틀을 사회적 · 경제적으로 보았을 때 출판유통기구라 한다.

책은 일반 상품과는 달라서 생산과 소비가 곧 사회 전체의 지적 풍요로 이어지고 나아가 사회발전의 원동력이 되는 인적 자원의 자질을 향상시킨다. 우리 주변의 대다수의 상품은 소비재여서 단순히 소비 그 자체로 끝나고 말지만, 책은 소비자인 독자에게 커다란 만족감을 주는 동시에 더 나은 생산능력을 길러주는 특성을 가지고 있다. 따라서 출판물의 합리적인 유통경로의 정착은 국가 지식산업의 육성 · 보급이라는 측면에서 매우 중요하다.

출판유통시스템은 생산과 소비를 이어주는 가교 역할을 수행하면서 상품기획에서부터 판매기획까지 출판마케팅업무 전반의 효율화와 제반 의사결정에 필요한 정보를 제공할 수 있어야 하며, 통계자료 등 경영정보를 체계화하여 업계가 공동으로 이용할 수 있는 체제를 갖추어야 한다.

오늘날의 정보화사회는 한마디로 유통이 산업 전반을 주도하는 사회이다. 따라서 출판유통시스템이 얼마나 합리적으로 구축되느냐에 따라 출판산업의 운명이 좌우된다고 볼 수 있다.

2. 출판물유통의 종류

책을 판매(販賣)하는 방법은 크게 두 가지로 나뉜다. 첫째는 출판사가 직접 독자를 상대하는 직접유통과, 둘째는 도·소매점과 같이 중간 매매기관을 이용하는 간접유통이다. 즉, 외판

원을 통한 직접 방문판매가 직접유통의 대표적인 예이고, 이외에 우편판매, 전화판매, 인터넷판매, 홈페이지 직판 등이 있다.

간접유통은 출판사가 중간 매매기관인 도매서점, 지사, 특약점, 총판, 협동조합, 인터넷서점, 소매서점, 조합 공급처 서점, 월부판매센터, 월부판매 도·소매서점 등을 통하여 독자들에게 판매하는 경우이며, 출판유통경로는 〈표 13-1〉과 같다.

표 13-1 | 출판유통경로

통상판매경로
출판사 → 도매서점 → 소매서점 → 독자 출판사 → 총판 · 특약점 · 지사 → 소매서점 → 독자 출판사 → 특약점 · 지사 → 독자 출판사 → 협동조합 → 조합 공급처 서점 → 독자 출판사 → 소매서점 · 각종 구내서점 → 독자
온라인판매경로
출판사 → 도매서점 → 인터넷서점 → 독자 출판사 → 인터넷서점 → 독자 출판사 → 독자(온라인 다운로드 판매방식)
직접판매경로
출판사 → 독자(방문 · 우편 · 전화 · 인터넷 · 홈페이지 직판)
월부판매경로
출판사 → 월부판매센터 · 월부판매 도·소매서점 → 독자 출판사 → 독자

자료 : 김성재, 2004, pp. 329~330.

이외에도 할인매장, 편의점, 대여점, 대학교 구내서점, 공공단체 구내서점, 해외서점, 지하철역 구내서점, 공항 구내서점, 홈쇼핑, 가판대, 통신판매, 북클럽 회원제 할인판매(베텔스만 등) 등이 있고, 오늘날 전자출판물은 서적물의 내용을 온라인상에서 독자들에게 직접 유통시키고 있다.

3. 출판물유통의 특징

(1) 우리나라의 책판매에 있어서 지역 및 동네 서점의 형태인 소형서점들은 문을 닫고, 중심가의 대형서점과 인터넷 · 전자상거래 서점 등으로 재편되고 있다. 독자들의 선호변화가 서점환경의 변화를 가져와 곳곳에 대형서점이 생기고, 인터넷서점이 급속히 성장하며, 우편판매나 전자상거래도 새로운 책판매의 유통경로로 급부상하고 있다.

(2) 우리나라의 책판매방법에는 현금(약속어음 등), 위탁과 임치제도, 할부판매 등이 있다. 위탁(委託, consignment)과 임치제도(任置制度)는 현금거래만으로는 판매의 활성화를 기대할 수 없으므로, 신용 있는 서점에는 일정량의 책을 위탁하여 판매하거나 서점과의 합의로 일정량을 항상 보관(재고로 인정)토록 하는 상비임치제도를 이용하는 방법이다. 위탁과 임치제도에서는, 상법상 서점의 재고분에 한해서는 그 권한이 서점에 있고 출판사는 장부상 잔고 금액만큼의 권리가 있기 때문에 미수분에 대해서는 언제든지 반품을 요구할 수 있도록 거래

표 13-2 | 반환조건부판매계약서

반환조건부판매계약서

서울시 마포구 용강동 494-85호 ○○ 출판사 대표 ○○○을(를) 甲으로 하고,   도(道) · 시(市)   군 · 구   동   번지   서점 대표 ○○○을(를) 乙로 정하여 甲이 발행한 출판물을 거래함에 있어 甲과 乙은 다음과 같이 반환조건부판매계약서를 체결한다.

제1조(임치와 법률) ① 甲은 자기 출판물을 보급하기 위해 일정량을 乙에게 임치하고, 甲乙 간의 법률관계는 민법의 임치에 관한 규정 및 부가가치세법시행령 제21조에 의거한다.

제2조(임치출판물의 판매와 관리) 乙은 임치된 출판물을 판매할 수 있으며, 이 경우에 부족분에 대해서는 즉시 보충해야 하며, 임치출판물에 대한 관리에 대해서는 모든 책임을 져야 한다. 임치 · 진열과 판매의 종결 시에는 그 뜻을 甲에게 통지하여야 한다.

제3조(보충출판물의 처리) 乙이 임치출판물의 보충을 위해 甲으로부터 매입코자 할 때에는 甲은 도매가로 판매하고 세법에 정하는 수입계산서를 발행하기로 한다.

제4조(임치물의 관리) ① 乙은 甲의 임치출판물 관리에 대하여 의무를 다해야 하며, 재고에 대해서는 이후 甲에게 반품할 경우에 파손 및 손실에 대해서는 책임을 진다. ② 甲은 乙에게 임치한 출판물은 언제든지 반환을 요구할 수 있다. 만일 乙이 이 요청에 적시 반품하지 않을 때에는 甲은 그 수량에 대하여 乙이 판매한 것으로 보고 처리할 수 있다.

제5조(임치물의 재고조사) 甲은 반환조건부 출판물 관리 상황에서는 언제든지 乙의 점포 안 서가와 서고 등에 들어가 그 재고를 조사할 수 있으며, 또 乙은 甲의 요구에 대해 재고조사를 신속히 협조해야 한다.

제6조(반환조건부 출판물의 계약 유효기간) 이 계약의 유효기간은 체결일로부터 만 일년으로 하고, 甲 · 乙이 이의가 없을 때에는 자동적으로 일 년씩 연장되는 것으로 한다.

제7조(보관) 甲과 乙은 본 계약서 2통을 작성하여 기명 날인하고 각각 한 통씩 보관한다.

위와 같이 계약을 체결함.

20 년 월 일

서울특별시 마포구 용강동 494-85호 전화번호 :
(甲) ○○ 출판사   대표 ○○○ (인)   주민등록번호 :
도 · 시   군 · 구   동   번지
(乙) 상호 :   대표   (인)   주민등록번호 :
주소 :
전화 :

서점과 '반환조건부판매계약서(返還條件附販賣契約書)'를 작성해야 한다.

(3) 2001년에 공정거래위원회 고시('독점규제 및 공정거래에 관한 법률' 제29조)로 재판매가격유지행위 허용범위에 의하여 대통령령이 정하는 저작물에는 예외조항을 두고 법정재판상품으로 인정받을 수 있다.

(4) 책은 시장조사가 어려워 수요예측이 힘들다. 따라서 적정한 생산량의 측정이 어렵고, 반품되어 돌아오는 못 쓰는 책이 많아 출판업을 더욱 어렵게 만든다.

(5) 책의 판매는 유통업자에의 의존도가 높다. 그러나 서점은 위탁이나 임치 판매가 대부분이므로 언제나 해당 출판사로 책을 반품할 수 있다. 따라서 판매에 대한 위험부담은 모두 출판사가 지고 있고, 투자자본에 대한 회전 또한 느려서 이중고를 겪는다.

(6) 책은 단가가 낮고 다품종 소량생산(多品種 少量生産)이므로 관리에 어려움이 많다. 따라서 관리 및 판매 과정에서 많은 인력이 요구된다. 또한 독자는 당연히 같은 책을 반복해서 구입하지 않고, 출판사는 대량판매보다는 다품종인 책을 소량씩 팔아서 매출을 올리게 된다.

책은 법정재판상품(法定再版商品)으로 인정받아 거의 정가판매(일부 예외조항 있음)를 시행하고 있으나 일부 서점들과 대형 할인매장, 인터넷서점, 홈쇼핑 등에서는 신간일지라도 유사할인행위로 대폭적인 할인판매를 경쟁적으로 하고 있기 때문에 재판매가격유지제도(도서정가제)가 위협을 받고 있다.

4. 우리나라 출판물유통시스템

우리나라 출판계(出版界)는 지난 50여 년 동안 합리적이고 효율적이며 현대화된 도매기구가 생겨나 기존의 거래조건도 개선되고 유통능력이 향상된 새로운 유통기구로서의 역할을 해 주기 바라는 마음이 간절했다. 그동안 우리나라에서는 출판물의 원활한 유통을 위해, 선진국의 대형 도매기구를 모델로 한 유통기구의 설립을 여러 번 추진하였으나 성공하지 못했기 때문이다.

이 와중에도 1953년에 설립된 한국출판협동조합은 대학교재나 전문도서를 중심으로 유통기구로서의 역할을 원활하게 해 나가고 있었다. 그러나 2000년 전후에 새로 등록한 단행본 출판사들이 새 조합원이 되고, 2002년 한국출판협동조합 총회에서 젊은 단행본 출판사들을 주축으로 새로운 집행진이 구성되자 기존 집행진과의 갈등으로 법정소송이 여러 번 발생하였다.

2003년에는 (사)출판유통진흥원이 설립되었다. 그동안 국고와 민간자본이 투자되어 장기적인 출판유통 현대화사업을 2001년부터 2004년까지 추진하였으나 완전한 성공으로 마감하지 못하고 어려운 환경과 여건 속에서 여전히 그 탈출구를 찾고 있는 실정이다.

그리고 2005년도 현재 규모가 큰 서적도매상으로는 (주)북센(매출 약 800억 원, 14%), (주)북플러스(매출 약 600억 원, 10%), (주)송인서적(매출 약 600억 원, 10%)이 있다. 북센(booxen)은 1995년 400여 개(주주대상)의 출판사와 도·소매점이 공동으로 출자하여 설립하였다. 이는 웅진그룹 계열로 유통의 현대화 시설을 갖추고 파주출판단지에서 대형 도매기구와 물류회사로서의 자리를 잡아가고 있으나 성공 여부는 좀 더 지켜보아야 할 것 같다.

이처럼 출판계나 정부가 출판물의 유통개선을 위해 많은 노력을 하였음에도 불구하고 현재까지 선진국들(일본 · 독일 · 네덜란드 · 프랑스 등)과 같은 현대화된 유통망을 가지지 못한 이유를 알아보기로 한다(김성재, 2004, pp.336~341 참조).

(1) 도매유통기구의 혼란이 장기화되어 새로운 출발이 쉽지 않다. 즉, 그동안 각 출판사들은 도매유통망이 없는 환경에 적응하고자 자체적으로 판매조직을 구축하는 등 독자적인 판매방법을 찾아 적용해 왔다. 이처럼 자체적 판매조직을 만드는 데 많은 자본과 방법이 축적되어 도매기구의 필요성이 절실하지 않기 때문에 기구설립에 비협조적이다.

(2) 단일화되는 대형 유통기구의 설립이 현재보다 높은 수준의 판매실적을 보장할 수 있는가에 대한 회의(懷疑)로 적극적인 참여가 부족하다. 책의 유통경로가 단일화될 경우 경쟁사 간에 문제점이 발생할 수 있다.

(3) 큰 출판사들의 비협조도 대형 도매기구의 설립이 성공하지 못한 이유 중 하나이다. 자본투자의 여력은 큰 출판사에 있는데 그들의 판매조직은 안정되어 있기 때문에 새로운 유통기구의 필요성이 절실하지 않으며, 오히려 중소출판사들에게만 혜택을 주게 되어 큰 출판사들은 오히려 불리하다는 생각을 할 수 있다. 그리고 현실적으로 일부 큰 출판사를 제외한 영세한 군소출판사들은 투자할 능력이 없다.

(4) 대형 유통기구의 설립을 위한 중심적 인물이 없다. 방대한 대형 유통기구의 설립은 조직적 · 헌신적 · 정열적이며 덕망 있는 리더가 강력하게 추진시켜 나가야 성공할 수 있는데, 상호 간에 입장 차이가 커서 양쪽의 신뢰나 존경을 받을 수 있는 리더가 없다.

(5) 대형 유통기구의 설립문제를 구체적 · 과학적 · 합리적으로 접근하여 연구하지 못하고 있다. 즉, 선진국에서 운영되고 있는 상태로만 대충 미루어 짐작하므로 그 실천에 어려움이 많다.

5. 출판유통의 문제점과 개선점

출판유통(出版流通)에 있어, 일부에서는 유통경로의 단일화 · 일원화를 주장하기도 하지만 우리나라의 현실은 그렇게 간단하지가 않다. 지난 50여 년간 제대로 된 대형 유통기구 하나 없이 견디면서도 큰 출판사들은 나름대로의 자체 판매조직을 갖추고 있었기 때문에 각자의 입장과 생각이 다를 수밖에 없다. 이러한 상황하에서는 오히려 출판유통의 다양화가 이루어져 각 출판사가 선택의 폭을 넓힐 수 있는 환경이 조성되어야 한다(위의 책 참조).

다음에서는 우리나라의 출판유통에 있어서 문제점과 개선점을 살펴보기로 한다.

(1) 영세한 서적 도매상의 난립과 이로 인한 중복거래의 문제를 개선해야 한다. 우리나라 출판사들은 이원적 유통구조를 가지고 있다. 동일한 책을 도매서점 또는 지방의 지사 · 총판 · 도매서점에 공급하기도 하고 일부는 소매서점에 공급하기도 하여, 전국서점과 서로 중복거래하여 과잉경쟁을 하게 함으로써 결국에는 반품이 증가하고 출판사와 서점들은 물류비용만 높아지며 채산성이 악화되는 것이다.

(2) 도매서점들의 과잉경쟁이 마진율경쟁으로 이어져서는 안 된다. 도매서점들의 과열경쟁은 부실 유통기구의 근원으로, 수익률이 낮아진 도매서점은 재무구조가 나빠져 현상유지가 불가능하게 되면 결국 도산에 이르게 된다. 따라서 도매서점과 출판사들이 적절한 마진율을 지킬 수 있는 제도를 마련해야 한다.

(3) 부실 출판사들의 악성재고가 없도록 평소에 관리(管理)를 잘해야 한다. 도매서점들의 부실운영의 문제점 중 하나가 악성재고를 안고 있는 것이다.

(4) 모든 도매서점들이 어떠한 분야의 책에 특화되어 있지 않고, 전 분야의 책을 중복으로 취급하고 있는 현실에서 벗어나야 한다. 동일한 책을 취급하는 다수의 도매서점이 존재함으로써 도매상끼리 무리한 경쟁과 부실운영으로 지불이 지연되고 반품이 많아져 출판사와 심각한 갈등을 빚게 된다.

(5) 덤핑출판물의 유통을 적극적으로 막고자 하는 노력이 있어야 한다. 덤핑출판물은 유해출판물이거나 부실한 출판물로서 유통환경을 해치고 국민정서에 역행하므로 출판관련업계가 합심하여 이의 유통을 저지하여야 한다.

(6) 출판유통시스템의 현대화와 정보화에 노력해야 한다. 출판사 · 도매서점 · 소매서점을 잇는 표준화된 통합출판유통 전산망을 구축함으로써 기본적 서지정보와 재고정보 · 근간정보 · 주문정보 · 판매정보 등이 효율적으로 제공되어야 한다.

(7) 책판매대금의 지불방법이 투명하고 정확해야 한다. 먼저 출판사들의 무리한 선어음 요구는 지양되어야 하고, 서점은 약속한 일정 지불일이 되면 당연하게 재고조사를 하여 투명하고 정확한 자료에 의한 지불을 상호 편리한 방법으로 해야 한다.

(8) 출판사들은 도매서점들의 재무구조에 대한 투명성을 확보해야 한다. 일부 도매서점들은 출판사들에게 경쟁 도매서점에 관한 거짓정보를 흘려 신용과 신뢰감을 잃게 함으로써 많은 문제점을 도출시키고 있다.

(9) 반품(返品)에 따른 여러 가지 문제점을 개선해야 한다. 우리나라 서점의 책판매방식은

판매촉진을 위한 명분으로 위탁판매로 이루어지는 것이 일반적인 관행이다. 이에 서점에서는 책의 관리를 소홀히 하는 면이 있다. 책을 팔다가 남으면 언제든지 출판사로 반품을 하면 그만이라는 인식이 팽배하여, 책의 보관에서부터 반품을 꾸려서 보내는 상태까지 매우 부실하여 보관이나 반품 과정에서 파·오손이 생기는 경우가 많다. 이는 분쟁의 소지가 크므로 주의해야 한다. 그리고 반품을 착불로 보내는 경우가 많기 때문에 출판사에서는 서점의 반품 비용까지 떠안게 된다.

제2절 출판광고

1. 출판광고란?

광고(廣告, advertising)란 생산된 상품의 명칭 · 품질 · 효능 · 특징 · 가격 등에 관련된 정보를 소비자에게 알림으로써 자사상품이 타사상품보다 우수하다거나 남다른 특징이 있다는 인식을 강하게 심어 주어 마케팅을 잘하기 위한 판매수단을 말한다.

그리고 출판광고(出版廣告)란 출판사가 책의 이미지를 높여 판매효과를 얻기 위해 책명 · 저자 · 출판사명 · 내용 · 특성 · 가격 등을 독자들에게 널리 알리는 행위를 말한다.

다양한 종류의 책이 매일 수없이 발행되고 이에 따라 출판시장의 경쟁도 날로 치열해지고 있다. 끊임없이 쏟아지는 책의 홍수 속에서 독자들은 광고를 통하여 책에 대한 정보를 얻어 책을 구매하는 경우가 많기 때문에 출판광고의 중요성에 대한 인식의 고취가 더욱 요구되고 있다.

따라서 책의 판매촉진을 위해서는 효과적으로 PR하고, 보다 나은 광고효과를 위한 새로운 정보기술도 연구하며, 격변하는 디지털시대의 출판환경에 신속히 대처하는 능력을 길러야 한다.

2. 출판광고의 매체와 종류

출판광고는 출판된 책의 판매를 효과적으로 촉진시킬 목적으로 매스컴 등의 유료매체를 이용하여 책에 관한 정보를 널리 알리는 것이다. 이때 이용하는 매체로는 인쇄매체와 전파매체가 있고, 그 외에 교통광고 · POP광고 · SP광고 · 인터넷광고 · PPL 등이 있다.

인쇄매체(印刷媒體, printed media) : 광고나 PR, 홍보를 목적으로 사용하는 모든 인쇄물을 말한다. 인쇄매체 출판광고는 첫 인상에 대한 여운이 계속 남아서 지속되며, 매체 자체를 보존하면서 반복적으로 볼 수 있고, 기억효과가 높고 설득력이 강하여 가장 많이 선호하는 방법이다. 이에는 신문 · 잡지 · 책을 비롯하여 전단 · 카탈로그 · 포스터 · 팸플릿 · 다이렉트 메일 등이 있으며, 이들을 인쇄미디어라고도 한다.

전파매체(電波媒體) : TV, 라디오, 케이블 TV 등의 방송매체를 말한다. 출판광고로 이용하기에는 비용이 비싼 편이기 때문에 이를 감당할 만한 백과사전 · 전집류 · 시리즈물 등의 광고에 주로 이용된다. 광고의 효과는 크나 순시성(瞬時性)이어서 설득력이 약한 편이며, 전파미디어라고도 한다.

교통광고(交通廣告) : 교통기관과 그 부대시설을 이용하는 광고를 말한다. 차량 내외의 광고, 역구내 광고, 철도용지 내의 광고로 나뉜다. 차량 내외의 광고는 액자광고와 매다는 광고가 있으며, 버스 · 노면전동차에는 측면과 후면 등이 이용된다. 역구내는 포스터를 걸기도 하고, 전광판 · 역명표지판 · 각종 기둥 · 난간 · 벤치 · 계단 · 통로의 벽 등을 이용하기도 한다. 교통기관의 이용승객 수에 따라 광고료가 결정된다.

POP(point of purchase)광고 : 판매점 주변에 진열되거나 전개되는 광고와 상품의 디스플레이를 이용한 광고를 말한다. 판매원을 돕고 상점에 장식효과를 주기도 한다. 고객이 상점에 들어와서부터 상품을 살 때까지의 경로인 고객동선을 따라서 디스플레이된 상품의 진열상태가 소비자들의 관심을 끌게 하여 실제적인 광고효과를 주는 것이다. POP광고는 브랜드(상표)를 확인시키고, 상품에 집중하게 하여 설득력을 가짐으로써 구매의 결단을 내리게 하며, 충격적 동기의 변화로 상품을 선택하는 직접적인 역할을 한다. '말 없는 세일즈맨'이라고 부르기도 한다.

SP(sales promotion)광고 : 판매촉진 광고를 말한다. 광범위한 소비자를 대상으로 하는 매체인 신문이나 TV 등을 이용한 이미지 광고에 맞서 한정된 소비자에게 직접적인 판매촉진 효과를 의도한 광고이다. 배달되는 신문에 끼워넣는 전단, 목욕탕 광고, 영화관 슬라이드 광고, 다이렉트 메일, 상점가의 입간판, 사가매체 등이 있다. 자가매체를 이용한 출판광고는 자사발행 책의 재킷(카바)이나 본문 뒤 여백에 다른 책의 광고를 싣거나, 낱장광고나 독자카드, 광고성 그림엽서 등을 끼워넣는 방법이다.

인터넷 광고 : 유명 포털 사이트의 상단과 하단에 현수막 모양으로 상품을 소개하는 현수막 광고와 홈페이지를 이용하는 광고 등이 있다.

PPL(product placement)광고 : 제조회사가 자사의 특정 제품을 TV방송 · 드라마 · 영화에 삽입하는 간접광고를 말한다. 브랜드 이름이 보이는 상품뿐만 아니라 협찬업체의 이미지나 명칭, 특정 장소 등을 노출시켜 무의식 중에 관객들에게 홍보하는 것이다. 이때 그 대가란 협찬금일 수도 있고 협찬상품 그 자체일 수도 있다. 협찬기업은 영화사에 이런 형식으로 제작비를 지원함으로써 광고비를 대신한다. 현재 우리나라에서는 원칙적으로 PPL을 규제하고 있지만, 방송 중간에 느닷없이 등장하는 이 간접광고가 작년 대비 10% 이상 증가하여 시청자들의 짜증을 늘리고 있다. 특정 브랜드 상품이 자연스럽게 노출되어 나오는 것을 넘어 이젠 노골적으로 카메라를 들이대는 등 그 정도와 횟수가 과도하다는 지적이 있다. 하지만 몇 년 전 종영된 모 드라마에서 간접광고된 미하엘 엔데의 「모모」는 베스트셀러가 되기도 하였으며, 「이상한 나라의 앨리스」 등은 인기 드라마로 인해 새롭게 조명을 받기도 하였다.

3. 출판광고의 전략

출판광고는 소비자들을 설득하여 책을 구매하고자 하는 동기를 이끌어내어 궁극적으로 책을 구매하게 하는 데 그 목적이 있다. 이를 달성하는 것은 어떻게 효율적이고 합리적인 광고전략을 세워서 설득력 있는 광고를 하느냐에 달려 있는데, 그 내용은 다음과 같다(출판마케팅연구회, 1997).

(1) 광고전략의 내용

광고대상 : 먼저 대상독자의 특성을 파악하고, 그에 따른 적정한 매체를 선택한다.

광고지역 : 광고를 전국적으로 할 것인지, 특정 지역으로 나누어서 할 것인지를 결정한다.

광고내용 : 광고로 전달되어야 할 내용과 메시지를 결정한다.

광고예산 : 예상판매량을 분석하고, 연간 및 월간 광고비의 예산을 세워서 회사 전체 광고비와 개별 출판물의 광고비로 나누어 결정한다.

경쟁대응 : 경쟁사의 광고전략에 대한 분석 및 평가를 철저히 한다.

(2) 광고전략의 입안작업

출판물 분석 : 광고해야 할 책의 주요 내용과 특성을 정확히 분석한다.

독자 분석 : 책의 특성에 의한 대상독자층을 정확히 분석한다.

광고대상 결정 : 책에 대한 대상독자층의 분석을 바탕으로, 광고대상을 무차별로 할 것인지 차별화할 것인지, 집중화할 것인지를 결정하여 광고전략을 실행한다.

광고내용 결정 : 광고내용에 책의 어떠한 내용과 특성을 강조하여 독자들에게 어필할 것인지를 결정한다.

(3) 광고전략의 중요 사항

출판사들은 책의 광고전략에서 다음의 사항을 명심하여 집행해야 한다.

① 신간도서는 하나의 신제품이므로 독자들에게 제일 먼저 그 존재의 탄생부터 알리는 것이 중요하다. 이는 책명 · 저자명 · 출판사명 · 내용 · 특성 · 가격 등의 정보를 제공함으로써 독자들에게 신간의 기본적 특성과 내용상 장점을 정확하게 알려주어야 한다.

② 책광고는 시기가 중요하다. 책은 다른 상품에 비하여 상품수명이 짧다. 쉴새없이 신간 서적이 쏟아져 나오기 때문에 자사의 신간을 서점 매장에 진열할 수 있는 기간이 점차 짧아지고 있는 추세이므로, 이 짧은 기간 동안 판매를 극대화하기 위해서는 적시에 광고를 해야만 최대의 효과를 얻을 수 있다.

③ 책광고는 주로 신문 · 잡지 · TV · 라디오 · 케이블 TV 등을 이용하고 있다. 최근 몇 년 동안 책광고의 매체별 평균 비중도를 살펴보면 신문이 82%, 잡지가 10%, TV가 6%, 라디오와 케이블 TV가 2%대로, 책광고가 신문에 편중되고 있음을 알 수 있다. 이는 같은 인쇄매체로서 책의 내용이 가장 효율적으로 전달될 수 있는 광고매체가 신문이며, 책의 독자층과 신문의 독자층은 서로 공통점이 많기 때문이다. 그리고 인쇄매체는 전파매체보다 광고료가 저렴하다는 이점이 있다.

4. 출판광고의 문제점

(1) 출판환경의 변화

출판시장의 동향과 인터넷 정보시대, 디지털 미디어의 상황, 독자의식(讀者意識)의 변화 등 출판을 둘러싸고 있는 사회적 · 문화적 환경은 하루가 다르게 급속도로 변화하고 있다. 이는 대중문화(大衆文化) 속에서 개인문화에 대한 욕구의 다양화와 연예장르에 대한 호기심, 다양한 정보수집의 욕구가 확산되고 있기 때문이다. 또한 학문과 과학분야의 발전으로 지적 호기심과 전문적 학문영역이 활성화되어 가는 사회적 · 문화적 변화에 따라 출판물 또한 다양한 분야에서 새로운 책이 끊임없이 출판되고 있다.

(2) 책의 발행부수 감소

최근 몇 년간 책 한 권당 발행부수(發行部數)는 계속 감소하였고, 신간 발행부수는 0.1% 증가로 거의 제자리걸음이다. 이것은 우리 출판계가 고민해야 할 심각한 문제점으로 다가오고 있다. 책의 발행부수는 출판광고의 예산과 밀접한 관계를 맺고 있으므로 이에 대한 대책이 요구되는 것이다. 인터넷시대를 맞이하여 책의 판매수명은 점차 짧아지고 있으며, 독자들의 책에 대한 선택취향도 다양하고 까다로워져서 책의 기획에서부터 보다 많은 노력을 기울여야 하며, 광고계획과 예산자성에도 세심한 검토 및 연구가 요구되고 있다.

(3) 출판광고의 영향력 저하

힘들게 광고예산(廣告豫算)을 책정하여 광고를 하였는데도 어쩐지 예전보다 광고효과가 없다는 말을 종종 듣게 된다. 이의 원인은 책광고에 대한 관심이 줄어들고 있기 때문이다. 인터넷시대를 맞이하여 컴퓨터와 밀접해진 독자들의 생활환경 변화로 인하여 책에 대한 관심과 구매의욕이 현저하게 떨어지고 있는 것이다.

(4) 높은 광고료의 부담

책은 다품종 소량생산품으로서 수익성이 낮은 지적 문화상품이다. 따라서 신문광고에서 책은 지식근간의 문화상품으로 인정하여 다른 상품보다 광고료를 적게 받는다. 그러나 그마저도 출판사한테 많은 부담으로 작용하기 때문에 중소출판사들은 영향력이 저하된 광고효과를 생각하며 광고하기를 망설이는 것이다.

(5) 위험한 과다광고

출판경영이 어려운 상황하에서 광고효과에 대한 정밀분석도 없이 무리한 광고를 과다(過多)하게 계속할 경우에는 출판사가 그 중심을 잃고 도산(倒産)할 수도 있다. 이렇듯 무리하게 하는 광고는 광고중독증에 의한 결과라고 볼 수 있다. 따라서 일단 광고를 한 책의 판매현황을 정밀히 분석 · 검토한 후 추가광고에 대한 계획을 냉정히 결정해야 한다.

(6) 책소비의 비반복성

책은 다른 상품에 비하여 가격이 낮고 다품종이며 소모품이 아니므로 한 사람에 의한 반복적 구매가 이루어지지 않는 상품이다. 이러한 상황하에서 적정한 광고계획을 세운다는 것은 쉽지 않은 일이다. 또한 대부분의 책은 판매목표인 대상독자가 제한되어 있기 때문에 판매규모가 그리 크지 않다. 그러므로 효과적으로 소비자들을 설득할 수 있는 전략이 필요하며, 과다광고에 대해서는 세심한 주의가 요구된다. 즉, 대형 시리즈물이나 목표시장이 넓은 베스트셀러의 경우를 제외하고는 대규모 광고는 지양해야 하고, 신간서적과 그 출판사의 대표되는 책을 중심으로 하여 소규모의 알뜰한 광고를 하는 것이 좋다. 책을 구매하는 독자들은 출판사에 대한 선호도도 있지만 출판사보다는 개별 도서에 대한 필요성에 의해 구매의욕이 생기기 때문이다.

학습 자료

학문으로서의 출판유통론

모든 학문분야가 하나의 독립된 '학(學)'으로 정립되기 위해서는 최소한 다음과 같은 세 가지 조건을 충족시킬 수 있어야 한다. 첫째로는 학문분야 고유의 지적 탐구의 영역과 대상이 있어야 하며, 둘째로는 이러한 고유의 탐구대상 영역을 연구할 수 있는 과학적 연구방법이 갖추어져 있어야 하고, 셋째로는 그 고유의 탐구대상 영역을 과학적 방법을 통하여 실제로 연구하여 그 결과를 체계화시켜 놓은 보편 타당한 지식 체계, 즉 이론이 어느 정도 정립되어 있어야 한다.

출판유통 연구는 하나의 학문으로서 이미 이와 같은 조건들을 갖추고 있다.

첫째로 출판유통론은 도서란 상품의 유통영역에서의 수요와 공급 간의 각종 사회경제적 분리현상의 조정 · 결합의 법칙성 규명을 지적 탐구대상 영역으로 하고 있다. 이러한 연구영역과 연구대상은 출판유통 특유의 것이다. 상업경제학이나 마케팅이 일반상품의 유통법칙을 연구하는 것이라면, 출판유통에 관한 연구는 도서란 특수한 상품으로서 그 수급 간의 조정 · 결합 현상이 일반상품의 그것과 크게 다른 사실을 중시해야 한다는 점이다. 문헌정보학이 도서의 수장과 이용상의 수급현상을 연구대상의 하나로 삼고 있다면, 출판유통론은 사회현상으로서의 출판현상 가운데 분배와 보급이라는 보다 구체적이고 실제적인 존재를 고유한 연구대상으로 삼고 있다.

출판유통의 연구목적은 출판유통의 실무경험을 총괄하여 이를 이론화시킨 후, 다시 이 이론에 의해 유통실무를 지도하여 유통산업의 발전을 촉진시키는 것이다.

둘째로 출판유통 연구는 출판현상 가운데 분배와 소비 실태를 연구함에 있어서 과학적 방법을 필요로 하고 있거나 그러한 방법을 사용하고 있으며, 이러한 과학적 방법을 통하여 그에 대한 이론을 정립해 가고 있다.

출판유통 연구는 객관적인 검증을 가능하게 해 주는 절차, 즉 분석적 방법을 포함하는 과학적 방법에 의해 연구될 수 있다. 출판유통론의 연구대상이 되는 출판물 보급과 분배 과정의 구조나 기능 및 그 활동에는 어느 시대나 어느 사회에서도 공통적으로 인식할 수 있는 공통성 내지 유사성이 있으며, 그러한 활동에는 그것을 측정 · 설명 · 예측할 수 있을 정도로 반복하여 이루어진다는 의미에서의 규칙성(regularity)이 있는 것이다. 따라서 출판유통론은 이러한 경험적 내지 실증적 가능성이 있는 규칙성에 대한 과학적 연구방법이 적용됨으로써 객관성이 있는 하나의 지식체계를 세울 수 있다.

셋째로 출판유통 연구는 그 고유의 탐구대상인 출판현상 가운데 분배와 소비적 측면을 과학적 연구방법으로 이미 보편 타당한 이론체계를 정립시켜 놓고 있으며 그러한 이론은 계속해서 발전시켜 나가고 있다. 이러한 이론체계를 통하여 출판현상이 갖는 사회문화적 의미를 탐구하고 출판현상을 예측하여 효과적으로 제어할 수 있게 됨으로써 궁극적으로는 출판문화 향상에도 기여하고 있다. —이두영, 「출판유통론」, 청한, 1993.

관련 용어 해설

드리패널 스크린(three-panel screen) : POP광고의 하나로 판지나 목제의 입간판. 좌 · 우 · 중앙의 세 장으로 되어 있으며, 상점입구나 쇼윈도 안에 놓는데, 수시로 디자인이나 광고를 갈아 끼움.

디엠(DM : direct mail) : 다이렉트 메일의 약자이며, 소비자인 각 개인에게 직접 보내는 광고임.

마일리지 서비스 : 상품의 판매촉진을 위해 소비자의 구매량에 비례하여 교환가치가 있는 적립금이나 서비스 점수를 줌으로써 영업 활성화를 촉진하는 소매점 등의 서비스 형태.

마케팅(marketing) : 생산자가 소비자에게 상품을 판매하기 위해 소비자의 수요를 만족시키고, 상품과 서비스를 효율적으로 제공하기 위한 활동. 활동의 요소는 상품의 생산계획, 시장조사, 광고 · 선전, 판매촉진, 가격조작 등임.

매절계약(買切契約) : ① 서점에서 재고가 생기더라도 반품하지 않는다는 약속하에 출판사로부터 책을 구매하는 계약. ② 출판사가 원고료를 일시불로 지급하고 출판권을 설정하는 계약.

멀티플 광고(multiple 廣古) : 신문 · 잡지 등에 여러 페이지에 걸쳐서 게재되는 광고.

방문판매(訪問販賣, call sales) : 판매원이 가정 · 직장 · 현장 등을 방문하여 상품을 직접 파는 것.

북 섹션(book section) : 주로 일간지에서 책소개 지면을 별도 지면으로 비중 있게 제작한 것.

사재기 : 출판사가 자사 발행의 책을 비밀리에 서점에

서 현매가로 되사들이는 행위로서, 언론과 독자의 베스트셀러 선정에 편승해 대형서점에서의 사재기를 통해 베스트셀러 순위를 조작하거나 유지하기 위한 목적임.

선어음 : 출판사가 도매상 · 총판 등과 거래하면서, 출판물의 판매가 이루어지기 전에 미리 결제받는 어음.

시세이프(see safe) : 서적상이 출판사로부터 구입한 책이 판매되지 않을 때에는 다른 책으로 교환하는 조건으로 구입하는 책.

액틀광고〔額子廣告〕: 철도의 차량 안이나 버스 안에 거는 광고이며, 창문 위나 천장 아래쪽에 설치하는 액자형 광고.

5-I 법칙 : 광고를 작성하는 데 필요한 5개 요소이며, 영어에서는 제각기 I에서 시작되는 말이기 때문에 5-I라고 부르며, idea(착상) · impact(충격) · intent(관심) · information(정보) · impulsion(충동)을 가리킴.

위탁판매(委託販賣, consignment sales) : 생산자가 상품의 판매를 도매상이나 소매상에 위탁하는 방식이며, 판매 수탁자는 상품의 보관 · 배달 · 발송 등도 담당하여 판매수수료를 받음.

유통기구(流通機構) : 생산된 상품이 배송 · 판매 · 소비가 되기까지 거치는 수단이나 기구.

유통센터 : 유통시설과 각종 도매센터를 한 곳에 설립한 종합적 유통활동의 중심지.

재판매가격(再販賣價格) : 생산업자에게서 상품을 구입한 도매상이나 소매상이 그 상품을 다시 소비자에게 판매할 때 생산업자가 지정한 가격→정가제.

재판매가격유지제도(再販賣價格維持制度) : 도서정가제도의 법적인 명칭.

카피라이터(copywriter) : 광고 카피를 작성하는 사람이며, 도안 · 레이아웃 · 사진 등 미술부문과 협력하여 광고제작을 담당하는 크리에이터(creator).

POS시스템(point of sales system) : 소매점에서 재고 및 판매 관리 등에 사용하는 판매시점 정보관리 시스템. 이 시스템은 종래의 자동금전등록기 대신 판매부문마다 캐시 레지스터(cash register)의 기능을 연결한 POS단말장치를 배치함으로써 바코드 리더기 등으로 읽은 데이터가 컴퓨터로 집약되어, 재고 및 매상의 실시간 관리에 필수적인 장치임.

PS광고 : POP광고의 다른 이름. PS는 point of sales의 머리글자→POP광고.

POP광고(point of purchase advertising) : 판매점 입구나 안에서 진열 또는 전개되는 광고로, 구매시점 광고임. 상품의 디스플레이를 이용한 광고로서, 판매원도 돕고 상점은 장식효과를 얻기도 함.

※ 한국출판연구소, 「출판사전」(범우사, 2002)을 인용 및 참조함.

| 중요용어 |

출판유통	책판매	위탁	임치제도
도매유통기구	출판유통진흥원	출판광고	출판광고의 종류
출판광고전략			

출판경영

Chapter 14

제1절 출판경영의 정의

출판경영(出版經營, publication management)이란 인간의 사상과 감정 · 의견 · 주장 등 많은 사람들이 필요로 하는 여러 가지 자원을 수집 · 정리한 다양한 저작물을 책으로 상품화하여 소비자인 독자에게 판매함으로써 이윤을 획득하는 모든 과정을 관리 · 통제 · 조정하는 것을 말하며, 이에는 저자 · 독자 · 생산 · 인사 · 조직 · 재무 · 회계 · 광고 · 홍보 · 마케팅 · 유통 · 재고 · 제품 · 가격 · 정보 관리 등이 포함되어 있다.

경영관리(經營管理)는 일반적으로 기업경영에서 최대의 이윤을 얻을 수 있도록 경영의 전반적인 활동을 체계적으로 관리 · 운영하는 것을 말하는데, 현대는 이에 더 나아가 기업의 사회적 책임과 다함께 행복하고 따뜻한 기업경영의 자본주의를 요구하고 있다.

출판경영을 하는 사람을 출판경영자(publisher)라고 한다. 출판경영자는 출판사의 소유주인 경우와 전문경영자인 경우가 있는데, 우리나라 출판사들은 대부분 규모가 영세하기 때문에 소유주 경영자가 많았으나, 최근에는 다양한 형태의 메이저(major) 출판사들과 전문분야 출판사들의 출현으로 전문경영자들이 속속 등장하고 있다.

출판경영학의 대상은 출판을 하는 기업이며, 출판경영학은 이들 기업이 직면한 다양한 의사결정문제에 체계적으로 접근하는 방법을 제시하고, 이들 기업의 목표를 가장 효율적으로 달성할 수 있는 지침을 제시한다. 출판경영학은 경영학의 일부이기 때문에 경영학적 사고의 틀 속에서 이해하여야 한다. 그러므로 지난 수십 년 동안 연구 · 개발되고 검증된 경영학의 다양한 경영이론을 출판경영에 적용할 수 있고, 그 결과 새로운 출판경영의 전략을 세울 수 있다(김병준 · 김병도, 1999).

제2절 출판업의 특성

출판업은 사회적 · 문화적 가치를 사명으로 하는 정신적 가치와, 경제적으로 영리추구를 위한 기업행위를 하는 상품적 가치를 지닌 이중적인 측면이 있다. 따라서 출판업은 사회성 · 문화성과 경제성 · 상업성을 동시에 가지고 있다.

다음에서는 이러한 기업으로서의 출판업의 특성을 살펴본다.

(1) 출판업은 다양한 여러 집단의 복잡한 이해관계와 협동을 필요로 한다. 원고의 기획에서부터 판매까지의 과정에는 다양하고도 많은 사람들과 집단의 이해관계를 거쳐 서로 간의 협동을 필요로 한다. 즉, 저자 · 직원 · 독자 · 외주회사 · 종이회사 · 조판소 · 인쇄소 · 제책소 · 도매서점 · 소매서점 · 도서관 · 학교 · 연구소 · 학원 등이 관련되어 있다.

(2) 출판업은 제조업으로서 책을 생산하는 제조 · 생산 기능을 가지고 있다. 즉, 출판업은 인간의 사상과 감정 · 의견 · 주장 등에 관한 저작물을 책으로 제조하여 생산하는 중요한 기능을 가지고 있는 것이다.

(3) 출판업은 인간의 지적인 사상 · 감정 · 의견 · 주장 등을 책으로 생산하여 집약된 지식정보를 영원히 보관하게 하는 독립성을 가지고 있다.

(4) 출판업은 문화적 창의가 필요한 사상과 감정 · 의견 · 주장 등 그 시대의 문화와 사회상이 가장 잘 반영되는 책을 생산하기 때문에 시대성을 지니고 있다.

(5) 출판업은 출판을 통하여 경영자의 철학 · 주장 · 인생관 · 세계관을 주장할 수 있는 인격체로서의 역할을 한다.

(6) 출판업은 소자본으로 시작할 수 있으며, 어느 정도 투기성을 지니고 있다.

한편, 출판물은 여러 기능을 가지고 있는 다양하고 복합적인 성격을 띠고 있다. 즉 학술 · 전문도서는 지식, 교과서와 교재는 교육, 단행본과 전집은 교양과 정보, 대중물 · 아동물 · 만화는 오락과 교양, 총람 · 사전 · 연감류 · 잡지는 정보, 전자출판물은 정보 · 교육 · 오락 등의 기능을 가지고 있다(윤세민, 1997).

제3절 출판경영자

출판경영자(出版經營者, 출판업자, publisher)란 수집 · 정리한 저작물을 책으로 상품화하여 판매과정까지의 전반적인 업무를 지시 · 감독하고 책임을 지는 사람을 말한다. 따라서 출판경영자는 출판사를 유지 · 발전시키기 위하여 출판과 경영에 대한 전문적인 지식은 물론이고, 역사와 문화에 대한 올바른 인식과 사명감이나 윤리적 신념과 출판에 대한 철학과 긍지도 지니고 있어야 한다. 또한 독자의 지적 향상과 의식세계에 미칠 영향까지 항상 생각하는 참된 마음가짐도 지녀야 한다. 그리고 출판경영자는 저작물의 적절한 선택으로 탄생한 출판물을 최적 생산하여 판매한 뒤, 합리적 분배를 효율적으로 수행하여 직원들의 복지향상과 독자들의 지적 의식세계에 대한 서비스를 증진시킬 수 있도록 노력해야 한다.

출판경영자는 "경영을 잘하는 것으로 알려지기보다는 그가 출판하는 책으로 알려지는 것이다."라고 베일리(H.S. Bailey)가 말하였듯이, 출판사에서 좋은 책을 생산하는 것은 기본이며 사명인 것이다. 그러나 아무리 좋고 가치 있는 책을 생산한다 하더라도 적절한 리더십과 능숙한 사업성과가 없으면 안 된다. 이로써 출판사를 우량기업으로 발돋움시켜 제작비에 구애받지 않고 다양한 분야의 출판기획도 연구 · 분석하여 문화적 · 사회적으로 가치 있는 내용의 책을 독자들에게 보여줄 수 있어야 하며, 직원들의 복지 · 처우 향상, 맡은 직무에 대한 만족감, 고용의 안정화, 인간적 대우, 노후생활의 보장 등도 가져다줄 수 있어야 한다.

참된 출판경영자라면 경영활동으로 많은 영리를 추구하는 것 이상의 공익성과 공공성을 갖는 것도 중요하며, 출판경영자로서의 전문직업 의식과 출판전문 장인(匠人)으로서의 소명감을 가지고 사회적 · 문화적 · 국가적으로 공헌하고자 하는 정신자세 또한 갖추어야 한다.

따라서 뛰어난 경영자가 되기 위해서는 실무를 통해 살아 있는 경험을 갖추어야 할 뿐만 아니라, 복잡해지고 거대화되는 조직체의 경영을 위해 필요한 자질 및 능력과 함께 전문적인 경영지식도 갖추어야 한다. 따라서 경영학을 배워 전문경영자로서의 바람직한 역할과 조직체의 경영에 대한 전문적인 경영지식의 체계화를 도모할 수 있어야 한다. 특히 21세기를 이끌어 나갈 전문경영자를 지망하는 예비경영자들은 그에 필요한 전문적 지식과 자세, 그리고 학문적 방향성, 사고의 틀 등을 배워두어야 한다(신유근, 「제3판 경영학원론」, 2011).

제4절 우리나라 경영의 특질

우리나라는 근대적 기업경영이 역사가 짧은 데다가, 봉건적 · 식민지 · 국토분단적 · 전쟁적인 여러 상황으로 말미암아 기업경영상 여러 가지 특질을 갖게 되었다.

(1) 대기업의 비중이 크다는 것이다. 이것은 한국 경제의 불균형 성장전략에서 온 결과로서, 단기간에 성장을 추구하다 보니 정경유착(政經癒着)이 이루어진 경우가 있었기 때문이다.

(2) 경영관리에 있어 비과학성 · 비합리적 요소가 많이 남아 있다. 소유와 경영의 불분리, 혈연경영을 위한 각종 연고경영(緣故經營)의 잔존, 가족주의적 노사관리, 타인자본의 의존경영 등 경영면에서의 많은 전근대성을 내재하고 있다. 또한, 중앙집권적 경영조직, 저임금을 포함한 열악한 노동조건, 기술의 취약성, 불공정거래행위 등 많은 문제점을 가지고 있다.

(3) 국제경영이 취약하다. 대부분의 기업경영이 국제지향적 기업경영이 되어야 함에도 불구하고 아직은 국제경영으로서의 자본 · 인력 · 기술 · 관리면에서의 국제적 수준에는 부족한 점이 많다.

(4) 일부 대기업을 제외하고는 한국 기업경영은 아직도 노동집약적 특질이 강하며 기술집약적 경영에는 취약하다.

이들 외에도 많은 한국적 경영특질을 생각할 수 있는데, 이것은 우리나라의 짧은 경영역사나 경영배경에서 온 것이라고 하겠다(「세계대백과사전」, 동서문화사, 2001).

제5절 저자관리

저자(著者, writer)란 책을 창작하여 집필하는 사람이다. 한 책의 저자가 되기 위해서는, 예외는 있으나 대부분 출판사를 통해서 이루어지는데, 출판사의 상업적인 조건과 저작물의 해당 분야에서의 사회적 · 문화적 기여도로 나타나는 내용적인 조건이 서로 일치해야 한다.

출판사는 기획에 의해 저자를 발굴하고, 저자와 독자를 연결하는 매개역할을 한다. 책의 내용인 콘텐츠가 저자들의 학술적인 연구와 경험 · 의견 · 주장 등에 의해 전적으로 이루어지기 때문에, 출판사들은 저자의 발굴과 선택된 저자관리에 정성과 성의를 다해야 하고, 집필에 필요한 각종 편의와 부대경비까지 지불하면서 신뢰관계를 쌓아가려고 노력한다.

저술활동의 유인(誘因)은 상업적인 이유가 제일 클 것이며, 저술을 직업으로 하는 사람, 학문을 하는 학자, 자기 저서를 갖기 원하는 사람, 책을 내고 싶어하는 유명인, 여럿이 공저로 저술하는 공저자 등등 저자가 되는 동기 및 이유에는 여러 가지가 있다. 그리고 2차적 저자인 편저자, 번역자, 감수자 등도 저자의 범위에 속한다. 또한 저술활동의 유인을 사회적인 면에서 살펴보면 저술에 대한 보람 및 명예, 학문적 업적을 위한 저술, 독자들을 위한 저술, 사회적 가치를 위한 저술 등도 있다.

(1) 저자의 발굴

저자의 발굴사례를 살펴보면, 저자가 직접 출판사에 접촉해 오는 경우, 출판사(직원)가 저자를 찾아서 발굴하는 경우, 출판사가 먼저 기획안을 만든 후 그에 적정한 저자를 찾는 경우, 외국책을 번역 · 번안하는 경우 등이 있다. 우리나라에는 공식적인 분야별 저술가 명단이 없고 학회별 회원명부는 있으나, 저술가 및 저술에 관한 전반적이며 자세한 정보는 없다.

다음에서는 현재 출판사들이 주로 이용하는 저자발굴방법을 살펴본다(허창성, 1993 참조).

① 신문, 잡지, 방송, 학회의 회원명부, 도서목록, 학교의 교수명부, 인터넷 등에 올라와 있는 정보를 이용한다.
② 출판사의 기획 · 편집 · 영업부 소속 직원들이 수집한 자체의 정보를 이용한다.
③ 국내외의 도서전시회 · 세미나 · 심포지엄 · 북페어 등에 직접 참여하여 얻은 정보를 활용한다.
④ 따로 기획위원회와 편집위원회 등을 구성한다.
⑤ 분야별로 특화되어 있는 에이전시와 상의하여 도움을 받는다.
⑥ 서점 등 유통시장에 관한 시장조사로 독자들의 취향 및 욕구를 조사한다.
⑦ 각종 서평이나 도서에 대한 평가를 수집 · 분석한다.

출판사가 저자를 발굴하고자 할 때는 출판사의 목적과 기획의도에 따라 다양한 측면에서 성공 가능성을 예측 · 검토한 후에 실행하여야 한다.

(2) 저자의 지속적 관리

저자와의 계약은 출판계약에 의하여 성립된다. 계약은 대한출판문화협회가 권장하고 있는 '표준출판권설정계약서' 에 의해 작성하는 것이 좋으며, 내용은 사항별로 간단히 알기 쉽게 표현하고, 특히 외국과의 계약은 계약서를 정확하게 번역하여 상세히 검토한 후에 서명 · 날인해야 한다.

출판계약 시 인세의 지불방법에는 원고료에 의한 지불방식과 인세에 의한 지불방식이 있다. 원고료 지불방식은 저작권료를 일시불로 지불하는 '매절(買切)' 방법이고, 인세지불은 정가(또는 출고가격)와 제작부수(또는 판매부수)에 비례하여 지불하는 방법이다. 정확한 인세지불의 관리를 위해서는 기록을 위한 저자인세 거래장을 만들고, 인세 또는 원고료의 발생과 지급을 날짜별로 세세히 기입하여, 차후에 세무관련 서류를 작성하기 편리하도록 한다. 또한 저자별 카드를 작성하여 지속적인 관리를 하기도 한다. 특히 인세 영수증은 원본으로 보관하는 것이 좋다.

출판계약의 유형은 다음과 같이 나눌 수 있다. 첫째, 구두계약의 출판권이 있다. 이는 저작권법상 규정은 없으나 관행으로 이용허락을 하는 것으로서, 법적으로 입증할 수만 있다면 법적인 효력을 갖지만, 분쟁이 생기면 객관적 판단의 입증이 곤란하여 불리하게 된다. 둘째, 문서로 하는 출판권설정계약이 있다. 이는 가장 일반적인 출판계약유형으로서, 설정계약에 정해진 범위 내에서 출판권의 권리를 가진다. 이 계약에 의한 저작물의 출판권은 독점적 · 배타적 권리를 가지며, 제3자에게 대항할 수 있는 효력이 있다. 셋째, 문서로 하는 저작재산권 양도계약이 있다. 이 경우 ① 저작재산권만 양도되고 저작인격권은 양도되지 않는다. ② 저작권법상 '매절' 이라는 법률용어도 없고, 일반적으로 설정이 없으면 저작권의 사용기간은

3년으로 본다. ③ 저자가 여러 명일 때 개별로 저작권 양도계약을 할 필요가 있다(김병준 · 김병도, 1999 참조).

그리고 저작권법의 출판권이 2011년 12월 2일 개정되었으므로 출판계약 시 주의사항으로서 살펴볼 필요가 있다. ① 제57조의 '배타적 발행권의 설정' 은 저작물을 발행하거나 복제 · 전송(전자책 적용)할 권리를 가진 자(출판사)로 인정되었다. ② 제58조 '배타적 발행권자의 의무' 에서 원고를 받은 날로부터 9월 이내에 발행해야 한다. ③ 제58조 2 '저작물의 수정 · 증감' 은 할 수 있고 할 때마다 저작자에 미리 알려야 한다. ④ 제59조 '배타적 발행권의 존속기간 등' 은 3년간 존속하고 저작물의 영상화는 5년이다. ⑤ 제60조 '배타적 발행권의 소멸통고' 는 6개월 전이며, 손해배상도 청구할 수 있다. ⑥ 제61조 '배타적 발행권 소멸 후의 복제물의 배포' 는 계약기간 중에 제작되었고, 인세가 지불된 도서는 계속 배포할 수 있다. ⑦ 제62조 '배타적 발행권의 양도 · 제한 등' 은 불가능하다. ⑧ 출판에 관한 특례 제63조 '출판권의 설정' 은 출판권자의 종이책 출판권을 인정하였다.

저자관리는 항상 성의를 다하는 동반자적 자세로 지속적인 관계가 유지되어야 한다. 성공적인 저자관리란 최고의 품질로 책을 만들고 최선의 판매로 저자에게 많은 인세를 지급하고, 저자의 인격을 존중하며, 평소에도 꾸준한 방문과 인사를 통해 자연스러운 인간관계를 유지하는 것이다. 출판사가 저자에게 사소한 일로 섭섭함을 느끼게 할 경우, 계약파기로 이어지는 경우가 발생할 수도 있으므로 항상 언행에 주의하고 성의 있는 마음가짐이 중요하다. 저자관리는 인간적 · 인격적 관리를 함께 포함하고 있으므로 항상 인격존중과 상호신뢰

그림 14-1 | 저자관리의 체계도

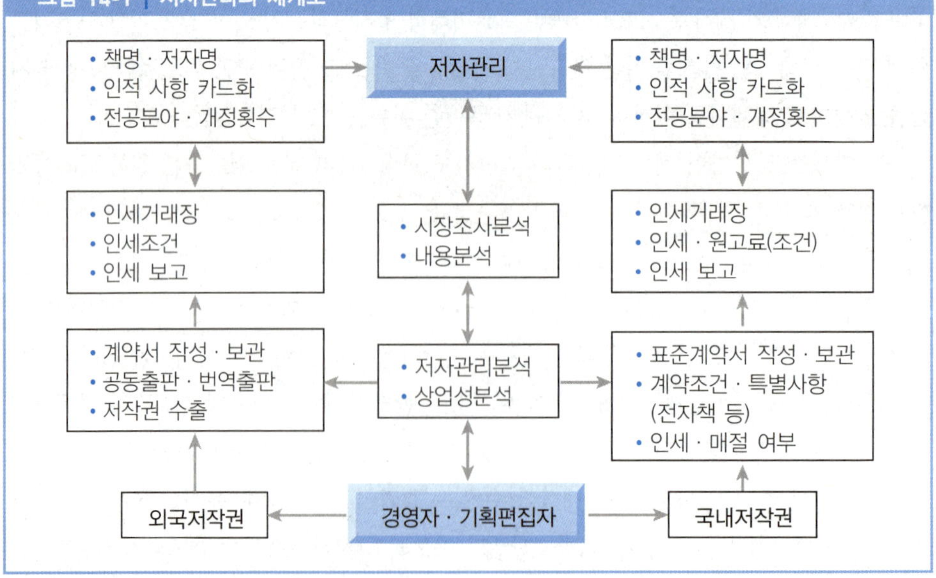

자료 : 허창성, '저자관리' 참조.

를 바탕으로 해야 한다.

제6절 독자관리

독자(讀者, reader)란 책 · 신문 · 잡지 등의 출판물을 읽는 사람 또는 도서관 자료를 이용하는 사람을 말한다. 한 권의 책은 상품으로 출판되어 시장에 그 모습을 보이게 되고, 독자들은 이 책을 구매하여 읽게 된다. 이때 독자들이 어떠한 동기와 욕구로 책을 선택하는지 그 이유와 최근 어떤 내용의 책들이 많이 읽히고 있는지 그 경향을 알아내는 것은 출판사의 독자관리와 영업관리 차원에서 매우 중요하다(박유봉 · 채백, 1993, p.242 참조).

(1) 성별(남녀)차이

남자와 여자가 책을 선택하는 데는 많은 차이점이 있다. 여성들은 정서적이고 감성적인 시 · 소설 · 수필 등의 문학적인 분야를 많이 읽고, 남성들은 활동적이고 모험적인 작품이나 경영 · 경제 분야의 책들을 즐겨 읽는다.

또한 여성들은 결혼 · 여행 · 어학 · 건강 · 운동 등에 대해 많은 관심을 가지고 있으며, 여성 자신에 대한 개인적인 문제나 문화적 · 교양적인 분야에 대해 다룬 책을 많이 읽는다. 남성들은 비즈니스나 정치 · 경제 · 법률 · 상식 · 건강 등에 대해 관심이 많고, 활동적이며 변화가 많은 논픽션 분야를 즐겨 읽는다.

(2) 교육수준

독자의 교육수준 또한 책을 선택하는 데 많은 영향을 끼친다. 대학생들은 지적 호기심을 충족시켜 주며 내용이 있는 학술적 · 교양적 · 비즈니스적 · 국제적인 감각의 도서는 물론이고, 비교적 자신의 관심과 사회생활에 필요한 다양한 분야의 책을 선택한다.

(3) 직업분야

직업분야도 책의 선택에 많은 영향을 미친다. 전문도서나 경제 · 경영서들은 법조인, 교수, 과학자, 의사, 대학생 이상이 즐기며, 시 · 소설 · 수필 등과 같은 문학서들은 교사, 작가, 기획 · 편집자, 사무원 등이 즐겨 읽는다. 세일즈맨들은 비교적 다양한 분야의 독서대상을 찾으며, 신간도서들은 일반적으로 다양한 분야의 직업군을 가진, 독서를 계속 즐기는 독자들이 관심을 가지고 선택한다.

(4) 연령차이

연령의 차이도 책을 선택하는 데 많은 변화를 가져온다. 아동들은 보통 나이에 걸맞은 비슷비슷한 아동도서들을 읽는다. 청소년들은 요즈음 출판사들이 청소년들을 대상으로 개발한 문학, 과학, 역사, 교양, 한문, 만화 등 청소년 정서에 맞는 수준의 도서들을 선택하고 있다. 청년들은 왕성한 지적 호기심을 충족시켜 줄 수 있는 다양한 분야의 책들을 섭렵하며, 왕성한 사회활동을 하는 중년들은 지식층으로서 비즈니스, 경제 · 경영, 교양, 법률, 국제, 상식 등 전문분야의 책을 많이 읽는다. 비교적 시간여유가 있는 장년들은 장편소설이나 예술, 역사, 회고록, 수상록, 정년 후 노후대책에 관한 책 등을 선호한다.

제7절 생산관리

생산관리(生産管理, production control)란 소비자가 원하는 양질의 제품이나 서비스를 생산할 때 기업에서 생산활동의 합리화 · 능률화를 도모하기 위해 생산에 관한 예측 · 계획 · 통제 등을 관리하는 기업활동을 말한다.

출판사의 생산관리란 책의 생산에 필요한 여러 가지 요소들을 최소한의 적은 비용으로 투입할 수 있도록 계획 · 통제 · 조정하여 관리하는 것을 말하며, 이는 최소의 비용으로 최대의 생산효과를 얻고자 하는 것이다.

출판은 오랫동안 생산과 관련된 많은 분야의 업무를 외주(外注)로 처리하고 있다. 즉, 인쇄는 인쇄소, 제책은 제책소에서 외주로 이루어진다. 이러한 외주의 관리와 통제는 출판사의 제작부나 편집부가 맡아서 한다. 따라서 외주 책임자는 작업을 시작하기 전이나 작업 중에도 여러 번 그 과정을 확인 · 감독을 하여야 실수를 줄이고 최대의 생산효과를 얻을 수 있다.

출판사가 외주로 처리하는 업무에는 ① 기획과 편집, ② 사진 · 그림 · 디자인, ③ 전산조판, ④ 교정, ⑤ 제판, ⑥ 인쇄, ⑦ 제책 등이 있다. 이는 모든 출판업무가 분야별로 전문화됨으로써 메이저 출판사까지도 원고의 특수한 성격에 따라 선택적으로 외주를 주고 있다.

제8절 재무관리

재무관리(財務管理, financial management)란 기업이 상품을 생산하고 광고와 홍보를 하여 판매를 하는 데 필요한 자금을 조달하여 운영하고 관리하는 것을 말한다.

재무관리에는 좁은 의미의 재무관리와 넓은 의미의 재무관리가 있다. 먼저 좁은 의미의 재무관리는 기업재무론이라고도 하며, 기업의 자금흐름과 관련된 활동을 다룬다. 즉, 자금의 운용과 그와 관련된 계획 및 통제 등이 재무관리의 연구대상이 된다. 넓은 의미의 재무관리는 기업재무론 외에 투자론, 금융기관론, 유가증권, 부동산, 외환 등의 광범위한 분야를 포함하고 재무학이라고 부르기도 한다.

재무관리에서 다루는 내용을 살펴보면 ① 어떤 자산에 얼마만큼 투자할 것인가를 결정하는 투자결정, ② 자금을 어떻게 조달할 것인가를 결정하는 자본조달결정, ③ 단기간의 영업활동에 필요한 현금의 유입과 유출을 관리하는 유동성관리 등이다.

재무관리의 목표는 ① 기업가치의 극대화, ② 자기자본가치의 극대화, ③ 경영자이익의 극대화 등이다(박정식 · 박종원, 2011, p.19).

우리나라의 출판사는 대부분 규모가 작고 영세하기 때문에 독립된 자금관리 부서가 없고 총무부의 경리담당 직원이 장부정리와 작은 규모의 자금운용을 하지만 총체적인 재무관리는 경영자의 의사결정에 따라 운영되고 있다.

제9절 인사관리

인사관리(人事管理, personnel management)란 기업경영에 있어서 최대의 이윤창출을 위해 우수한 인적자원을 확보하고 평가하며, 효과적으로 통제하고 운용함으로써 각자의 능력을 최대로 발휘하여 좋은 성과를 거두도록 관리하는 것을 말한다.

인적자원(人的資源)이라는 용어와 가장 가까운 것은 인력(人力)이라는 개념이다. 인력은 노동과 같은 의미로 쓰이기도 하고 경제학에서는 생산요소의 하나로 취급된다. 다른 의미로 인력은 한 사회의 양적 · 질적 인적자원을 말할 수도 있다(신유근, 1982, p.13).

출판사의 인사관리는, 충원하고자 하는 부서에 적합한 자질과 능력을 가진 인력을 채용하여 출판사의 업무와 목표에 맞게 적응시킴으로써 인적자원의 능력을 최대한으로 이끌어낼 수 있도록 행해져야 한다.

출판사의 조직이 아무리 잘 짜여져 있다 하더라도 각 개인의 능력을 최대한으로 끌어내지 못한다면 제대로 된 조직구성에 못 미치는 것이다. 그러므로 출판경영의 성공은 한 개인 개인에 대한 인사관리와 밀접한 영향이 있다는 것이다. 이처럼 인사관리는 적재적소에 유능한 인적자원이 선택되어 조직화된 직무를 수행함으로써 기업에 최대의 직무능력효과를 주는 중요한 업무이다.

출판계는 유능한 인재가 출판계를 선호할 수 있도록 적절한 동기를 부여하는 기회를 많이 가져야 하며, 이러한 기회를 통하여 능력을 가진 유능한 인적자원이 선택되어 적절한 업무에 배치됨으로써 최상의 업무를 수행하게 하는 것이 성공적인 인사관리의 목표인 것이다.

출판사의 인적자원의 선택은 추천에 의한 방법과 공개채용으로 뽑는 방법이 있다. 규모가 작은 출판사는 대부분 추천에 의한 방법을 이용하고 규모가 큰 출판사는 공개모집을 하는 것이 일반적이었으나, 요즈음은 인터넷을 활용하여 자사 홈페이지에 구인광고를 내거나 인력을 담당하는 전문인력회사의 도움으로 중소규모 출판사도 보다 적은 비용으로 인력채용을 하고 있다.

제10절 마케팅관리

(1) 마케팅관리의 정의

마케팅관리(marketing management)란 기업이 생산하는 제품과 서비스를 합리적 · 효율적으로 소비자의 수요를 만족시키며 판매하기 위해 시장조사, 상품 계획 · 기획, 조직, 정가, 광고, 유통 · 판매 등을 결정하고 관리하며 집행 · 통제하는 일련의 활동을 말한다.

마케팅관리는 상품을 만들기 이전 단계에서부터 소비자가 원하는 상품을 판매하는 단계까지의 과정인, 소비자가 원하는 바를 시장조사하고 상품의 계획과 기획을 하여 적정한 정가를 정하고 광고계획과 유통 및 판매 경로를 파악 · 점검하며 부서별 협력조직을 결정하고 통제하는 업무이다.

(2) 마케팅관리의 종류

출판사의 마케팅관리는 보통 영업부가 담당하지만 기획부서나 기획관계자가 마케팅관리 업무에 함께 참여하는 경우도 많다. 그 이유는 좋은 책을 기획하여 만드는 것은 출판사의 사활이 걸린 업무이면서 마케팅업무와 연결된 중요한 일이기 때문이다. 따라서 출판사는 책의 수요에 대한 시장조사를 하여 어떤 책을 만들 것인가를 계획 · 기획하고, 조직을 결성하여

표 14-1 | 마케팅관리론의 학문적 범위

1. 전반적 마케팅관리 (1) 마케팅계획(관리) (2) 마케팅조직(관리) (3) 마케팅통제(관리) 2. 부분적 마케팅관리 (1) 상적유통관리 ① 제품관리 ② 가격관리 ③ 경로관리 ④ 촉진관리 (2) 물적유통관리 ① 수송관리 ② 포장관리

자료 : 한희영, 「마케팅관리론」 참조.

출판을 한다. 그리고 책의 정가와 제작부수를 결정하고, 출고할인율을 정하며, 광고비 · 광고매체의 결정, 유통기관(도·소매상)과의 거래조건과 출고부수의 결정 · 통제 등도 중요한 마케팅관리에 속한다. 이러한 마케팅관리는 〈표 14-1〉과 같이 분류된다.

(3) 출판유통의 체계

출판유통은 출판사의 경영에 있어 중요한 업무 중의 하나이다. 아무리 좋은 책을 생산하여도 독자들에게 효율적으로 전달하지 못하면 경영에 성공할 수 없다. 출판사는 여러 유통망을 통하여 독자에게 책을 판매한다. 즉 우편판매, 인터넷판매, 자체 판매원의 방문판매, 도매서점 · 소매서점 · 편의점 · 홈쇼핑 · 할인마트 등 유통업체를 통한 판매, 직접납품, 내사판매 등 다양한 유통채널을 이용하는 다원적 유통구조를 가지고 있다.

그러나 많은 기업에서는 상품을 생산하여 소비자에게 직접 판매하기보다는 유통기관(도매상 · 소매상)을 통하여 판매하는 경우가 더 많다. 이것은 유통기관이 제조업체와 소비자 간의 거래횟수를 줄여 경비를 절감하고 거래의 효율성을 높이기 때문이다. 특히 거래단가가 낮은 출판 · 문구 · 잡화류 · 장난감 등은 소비자가 제품구매 시 여러 제품을 비교하여 구매할 수 있는 편리성과 만족성을 갖게 함으로써 구매의욕을 높일 수도 있다는 장점이 있다.

출판유통기관의 기능은 통상적으로 ① 거래적 기능, ② 물류적 기능, ③ 부대촉진 기능이 있다. 거래적 기능은 출판사로부터 책을 구매하여 독자 또는 타 유통기관에 판매하는 기능을 말하고, 물류적 기능은 책을 보관 · 정리하고 운송하는 기능을 말하며, 부대촉진 기능은 유통업체의 촉진, 시장정보의 수집, 할부금융의 제공 등의 기능을 가지고 있다.

우리나라의 유통판매제도에 있어 중요한 것은 '반품조건부위탁판매제'와 '재판매가격유지제도(도서정가제)'에 따른 출판사와 서점의 거래관계이다. 반품조건부위탁판매제는 한마디로 팔다 남은 책을 필요하다고 생각될 때는 언제든지 자유롭게 반품할 수 있는 거래조건을

그림 14-2 | 출판유통기관 유무에 따른 거래관계

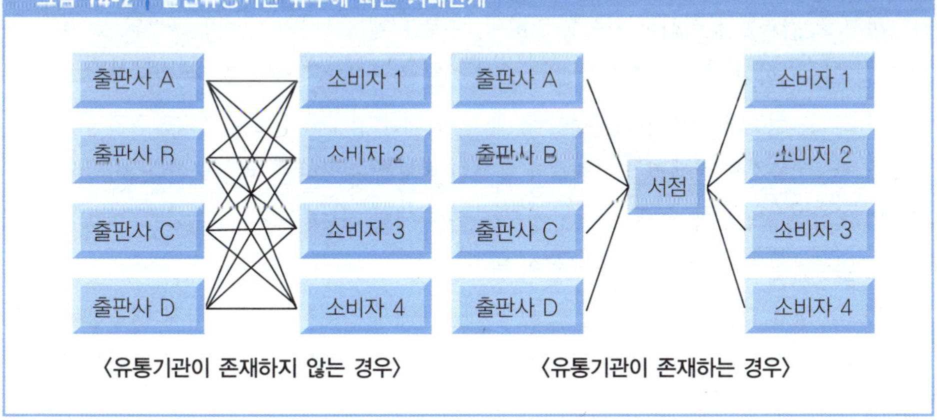

말한다. 이는 다품종 소량생산인 책의 특성상 서점의 부담을 줄이면서 책을 다양하게 진열하기 위한 제도이다.

그러나 이 제도의 문제점은 ① 위탁판매이므로 판매에 소극적이다, ② 서점의 전시공간 부족으로 신간도서조차 판매부진의 이유로 단기간 내에 반품이 된다, ③ 책이 판매된 후에 지불되므로 자금회수 기간이 길며, 자금회전이 되지 않아 자본부담이 크다, ④ 자유로운 반품제도로 반품률이 높고, 반품비용의 부담과 반품된 도서의 오·파손으로 출판사의 손실이 가중된다, ⑤ 서점은 자기비용으로 광고선전하는 경우가 없다, ⑥ 이상의 비용부담은 결국 책의 정가책정에 반영되어 소비자, 즉 독자에게 돌아가게 된다는 것 등이다.

재판매가격유지제도(도서정가제)에서 책의 정가는 책의 기획 · 편집 · 제작방법, 출고할인율, 생산비, 저작료, 발행부수, 광고비, 인건비, 부대비용, 이윤 등을 고려하여 출판사가 책정하는데, 이를 기준으로 유통기관(도·소매서점)의 마진율도 정해진다. 이때 정가판매제는 출판사가 최종 소비자가격을 결정하는 제도이다.

책이 '출판사 → 도매서점 → 소매서점 → 독자'의 유통단계를 거쳐 판매되는 것을 '재판매'라 하고, 각 유통단계의 판매가격을 미리 정하여 그 책을 재판매하는 각 단계의 판매업자에게 정해진 가격을 준수 · 유지하게 강제하는 제도를 '재판매가격유지제도'라고 한다. 이 제도는 유럽의 여러 나라와 일본 및 우리나라에서 실시되고 있다. 그 장점은 비교적 수익구조를 쉽게 예측할 수 있고, 소비자는 어느 지역에서나 공통된 가격으로 책을 구입할 수 있어 책값이 안정되며, 영세서점의 보호와 유통질서도 안정되는 효과가 있다는 점이다(윤세민, 1997).

제11절 회 계

회계(會計, account)란 두 가지의 정의가 있다. 첫째, 회계란 거래 · 사건을 기록 · 분류 · 요약하고 그 결과를 분석하는 기술을 말하며, 주로 회계보고서의 작성에 관련된 것이다. 그리고 회계는 과학이 아니고 기술의 범주에 속하는 것으로 철학 · 규범 · 논리보다는 회계처리 · 보고라는 실무적 학문이라는 것이다. 둘째, 회계란 경제적 정보를 측정 · 전달하는 과정으로서 정보이용자의 경제적 의사결정에 유용한 정보를 제공하는 것을 말한다. 이것은 회계정보의 지향적 접근법에 의해 정의한 것으로, 회계에서 정보의 측정과 전달 그리고 정보이용자의 의사결정에 유용한 정보의 제공이 된다.

출판회계에서 출판사의 회계부는 모든 거래관계에서 발생하는 여러 가지 재무상태의 거래와 사건을 기록 · 분류 · 요약하고, 그 결과를 분석하여 다른 부서의 경영의사결정에 분석된 자료와 정보를 이용하여 조력하거나 지원을 해 준다.

이와 같이 다른 부서의 의사결정이 회계부서에서 제공하는 분석된 자료와 정보에 의하여 이루어지므로 회계부서는 출판사의 의사결정에 있어 중요한 역할을 한다고 하겠다.

제12절 비전경영과 출판경영

일반적으로 비전(vision)은 미래에 대한 발전적인 구상이나 전망이다. 그리고 아래 [그림 14-3]과 같이 조직이 지닌 핵심적인 이념과 그것을 구체적으로 나타내기 위한 목표이다. 이것은 바람직한 미래상으로서, 비전은 주로 목표에 치중하는 관점을 나타내고 있다.

출판사가 바람직한 경영비전을 창출함으로써 21세기 출판환경의 변화에도 구체적으로 준비하고 대응하여 새로운 출판경영의 발전방향을 갖기 위해서는, 미래 지향적인 비전경영을 실행하여야 한다.

출판사가 어려운 창업단계를 거쳐 안정단계에 이르렀을 때, 성장의 길에서 이탈하지 않도록 창업 때보다도 더 많은 성의와 노력이 필요하다. 즉, 현재에 만족하지 않고 미래에 한 단계 더 발돋움하기 위해서는, 출판사의 발전방향을 제시하는 경영비전을 필수적으로 설정해야 한다. 이것은 사람들이 일상생활을 하면서도 보다 나은 미래를 설계하고 이를 실현해 나가기 위해 노력하는 것에 비유할 수 있는데, 출판사의 입장에서는 미래에 달성하고자 하는 출판상이 바로 경영비전이라고 할 수 있다.

이처럼 출판사가 미래 지향적으로 발전방향을 제시하는 경영비전을 달성하기 위해서는, 모든 기업구성원들이 아이디어의 발상력과 창조력을 결집시켜 21세기 출판환경의 변화에

그림 14-3 | 비전의 틀

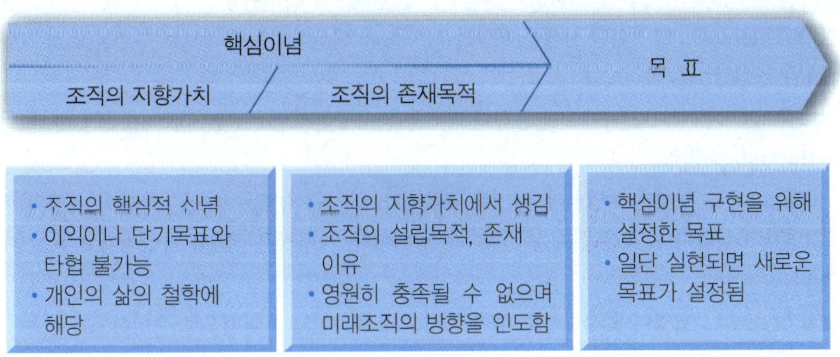

자료 : Collins & Lazier, 1992, p.62 인용 ; 신유근, 2005, p.466 재인용.

적극적으로 대응하고 독자적인 변화를 시도함으로써 양질의 에너지를 통합하며 일체화시켜 효율적으로 최대의 목표를 달성해야 한다.

비전경영의 기능은 ① 경영자가 핵심이념을 철저하게 지킴으로써 높은 수준의 야망을 실현시키는 원동력이 된다, ② 끊임없이 혁신에 도전한다, ③ 기업경영 시스템의 각 구성요소들을 통합시킨다, ④ 기업의 일반구성원들에게 권한과 능력(empowerment)을 부여하는 역할을 한다, ⑤ 기업은 내·외부의 이해관계자들에게 희망과 신뢰감을 줄 수 있다 등이다(신유근, 2011, p.469).

21세기 디지털시대의 중심에서 빠르게 발전하는 정보통신기술은 출판산업의 미래에도 많은 영향을 미치게 되어 예측이 불가능하게 되었다. 그러나 이러한 정보통신기술의 발전은 신문 · 출판 · 방송 · 영상 등 여러 매체의 통합화 현상으로 나타나게 될 것이고, 종이책의 판매가 감소하여 출판산업이 축소되리라는 것을 예측할 수 있을 것이다.

하지만 책은 나름대로 여러 가지 특징도 지니고 있다. 즉, 정보전달에 있어 장소와 시간에 구애받지 않고 독자들에게 쉽게 다가갈 수 있으며, 장기적 보관이 가능하며, 신뢰도가 높다는 장점을 가지고 있다. 이와 같이 책은 다른 매체에서 찾아볼 수 없는 장점을 그 특성으로 가지고 있으므로 미래에도 정보전달의 중요한 매체로서의 역할을 다할 것이다.

학습 자료

1 경영에 대한 정의들

- 루와 바이아스(Rue & Byars) : 경영이란 조직의 목적이나 목표를 달성할 수 있도록 사람들에게 방향을 제시해 주는 활동의 형태나 과정이다.
- 쿤츠(Koontz) : 경영은 의미 있는 조직목표들을 성취하기 위해 가능한 가장 효율적인 방법으로 조직의 일을 계획하고, 조직하고, 충원하고, 지휘하고, 통제하는 활동이다.
- 씨라우프(Thierauf) : 경영이란 산출물(제품과 서비스)을 생산하려는 목적으로 투입물(인적 자원과 경제적 자원)을 할당하는 과정이다.
- 스토너(Stoner) : 경영이란 사람들을 통하여 과업들을 수행하게 하는 예술(the art of getting things done through people)이다.
- 드럭커(Drucker) : 경영은 과업이다. 경영은 규율이다. 하지만 경영은 또한 사람이다. 경영의 모든 성과는 경영자의 성과이다. 모든 실패는 경영자의 실패이다. 사람들은 '힘'을 경영하기보다는 '사실'을 경영한다.
- 로빈스(Robbins) : 경영이란 사람들로 하여금 일을 효율적이고 효과적으로 수행하도록 하는 활동이다.

—신유근, 「제3판 경영학원론」, 다산출판사, 2011.

2 메모의 기술

1. 메모는 생각하는 도구이며, 생각하는 능력을 길러준다.
2. 메모는 아이디어를 끊임없이 샘솟게 해 준다.
3. 메모된 것을 설명하면 상대방이 이해하기 쉽다.
4. 메모하면 명확하고 확실해지며, 우선순위의 결정력을 향상시켜 준다.
5. 자신의 기억력을 믿지 말고 메모하면, 상대방에게 믿음을 준다.
6. 메모는 마음을 움직이는 능력을 익힐 수 있게 한다.
7. 메모지 대신에 포스트잇이나 카드식 메모가 편리하다.
8. 메모를 잘 정리하면 아이디어 상자로 바뀐다.
9. 화이트보드나 오픈 메모판에 메모하면 모든 사람들이 볼 수 있다.
10. 기호 · 약자의 메모는 시간을 절약하고, 그림메모는 이해하기 쉽다.
11. 때때로 메모는 인생을 좌우하는 힘이 있다.
12. 메모는 소망을 실현하는 도구이며, 문제점이 한눈에 보인다.
13. 메모는 발상과 착상한 것이 사장되지 않으며, 메모색인을 만들면 찾기 쉽다.
14. 활용 가능한 메모를 할 수 있어야 성공할 수 있다.
15. 메모는 효과적으로 시간을 활용할 수 있으며, 발상의 능력을 길러준다.
16. 오늘 한 일과 내일 할 일을 메모하고 체크한다.
17. 3색 볼펜을 사용하여 메모하고, 해야 할 일의 목록을 메모한다.
18. 언제 어디서든 메모하여, 우선순위를 매긴다.
19. 사용하기 편리하고 쉽게 발견할 수 있는 수첩을 선택한다.
20. 지시하는 내용을 그대로 메모하고, 핵심을 정확하게 나열한다.
21. 메모는 육하원칙에 따라 정확하게 한다.
22. 잠자리 등 어디에서나 아이디어가 떠오르면 즉시 메모하는 습관을 들인다.
23. 책을 읽고 요점과 간단한 독후감을 적는 습관을 들인다.
24. 메모는 기억과 실행의 계기가 되며, 휴대폰을 수첩으로 사용한다.
25. 메모는 한눈에 볼 수 있게 하고, 메모를 재활용한다.
26. 중요한 정보는 휴대폰으로 자신에게 메일로 보내둔다.
27. 수첩메모와 일기를 병행하고 자신의 성장을 표시한다.

| 중요용어 |

출판경영	출판업의 특성	출판경영자	저자관리
서사발굴	독사관리	생산관리	재무관리
인사관리	마케팅관리	출판유통	회계
비전경영			

Chapter 15

출판산업의 전환기적 환경

제1절 출판산업의 환경

현재 우리나라는 IMF 위기상황과 세계적인 금융파동 이후 정치적 · 경제적으로 혼란한 상황이 계속되어 출판산업계(出版産業界)의 어려움은 IMF 때보다도 더욱 가중되고 있다. 그럼에도 불구하고 새로운 디지털기술의 발달과 정보통신기술의 발전은 출판산업계의 많은 변화와 발전을 요구하고 있다. 또한 출판정보 역시 양적 · 질적으로 팽창하는 와중에 인터넷에 의한 다양한 정보의 제공과 학술 · 전문도서의 무차별적인 불법 복사와 전송으로 인하여 학술 · 전문도서 분야의 출판은 위기를 맞고 있다.

이러한 출판산업의 급격한 변화와 정보의 팽창은 기획의 혁신뿐만 아니라 신간정보의 신속 · 정확한 전달과 서평활동의 활성화 등이 필수조건화되고 있다. 또한 제작 · 유통의 대형화 · 신속화로 대형매장과 인터넷서점 등의 활성화도 필요시되고 있다.

그동안 정부는 출판시장 규모보다 작은 게임(4조 원)이나 영화(3조 원) 및 수출 위주의 일반 콘텐츠 분야에는 진흥원을 설립하여 몇 백억에서 몇 천억 원까지 국고를 투입하여 적극적으로 지원하고 있다. 그러나 시장규모가 18조 원이 넘는 출판산업(표 16-1 참조)에 대한 국가의 관심이나 정책적 지원은 너무나 부족하며, 공공도서관의 도서구입에 필요한 예산도 후진국 수준이다. 따라서 모든 문화콘텐츠의 근간이 되는 출판산업이 선진국과 비교하여 국가경쟁력을 가질 수 있는 환경을 조성하는 것이 정부역할의 급선무라 하겠다.

출판사들의 정보화 실태를 살펴보면, 거래관리 데이터베이스 구축이 59.8%, 자사 출판물에 대한 자산조정 서지정보 데이터베이스 구축이 37.3%, 독자관리 데이터베이스 구축이 32.7%, 저자관리 데이터베이스 구축이 26.8%이고, 반면에 데이터베이스를 전혀 구축하지 않은 출판사가 27.2%이며, 자사의 홈페이지 구축은 24.2% 정도이다. 이처럼 우리나라 출판산업 전반에 걸쳐 데이터베이스 및 정보시스템의 구축과 활용 실태는 매우 열악하다. 출판사 자체의 제작 · 거래 업무 등의 전산화는 어느 정도 하고 있으나 유통시스템의 구축 등 출판산업의 전반에 대한 정보화는 거의 진행되지 않고 있다.

1. 우리나라 출판산업의 전반적인 문제점

① 출판콘텐츠의 생산력이 부족하다. 세계 10위권의 출판국이라 하지만 질적 수준에서는 많이 뒤처져 있다.

② 유통구조의 전근대성이다. 출판유통의 영세성, 과당경쟁, 정보화 미흡 등으로 효율성과 생산성이 떨어진다.

③ 수요층이 빈곤하다. 우리나라의 독서량 저하 현상과 독서이탈 현상은 심각한 상태이다.

④ 도서관의 출판시장 기능이 부족하다. 우리나라 출판시장에서 도서관의 기능은 1% 이하이지만, 미국은 11%, 일본이 6% 수준이다. 따라서 우리나라 공공도서관의 도서구입비의 인상이 시급한 실정이다.

⑤ 출판산업의 분야별 표준의 정보화가 구축되어야 한다.

⑥ 도서정가제가 정착되어야 한다.

⑦ 출판관련 법제도를 정비해야 한다.

⑧ 교육제도의 정책적 변화가 요구된다.

2. 출판산업이 처한 많은 장애요인

① 불법 복사 · 북스캔에 의한 출판의 위기
② 출판계의 부익부 빈익빈 현상
③ 출판콘텐츠의 생산력 부족
④ 독서환경의 황폐화
⑤ 도서관제도의 후진성과 예산부족
⑥ 인터넷시대의 다매체 경쟁구조
⑦ 유통의 전근대성과 서점의 영세성
⑧ 출판관련 법률의 비효율성
⑨ 영상매체의 수용편중
⑩ 중요 출판정책의 부재
⑪ 대학 전공학문의 부재
⑫ 우수도서 출판지원의 부족
⑬ 도서정가제의 불안정
⑭ 출판산업의 비전 부재

제2절 우리나라 출판산업의 현황

1. 우리 출판계의 주요 현황

2013년 현재 우리 출판계의 현황을 살펴보면 ① 학술도서 및 인문교양서와 문학(시)의 퇴조, ② 청소년 및 판타지 · 인터넷 소설 강세, ③ 한국만화와 애니메이션의 강세 지속, ④ 자기계발 · 웰빙 관련서 강세, ⑤ 어학 · 실용서 강세, ⑥ 우리 저작권 및 출판물의 해외진출 가속화, ⑦ 출판자본의 합작 등 글로벌화 가속화, ⑧ 다품종 소량생산 등으로 특징지어지고 있다.

그동안 대중문화(大衆文化)를 중심으로 한 아시아권에서의 한류열풍 속에 중국, 일본, 대만, 태국, 베트남 등지에서 우리나라 출판물에 대한 거래도 활성화되었다.

그럼에도 불구하고 우리 출판산업은 장기간 이어지고 있는 구조적 불황의 터널에서 벗어나지 못하고 있다. 국가경제와 모든 분야에 걸친 소비의 위축과 경기의 불황은 출판에도 이어졌다.

그동안 출판시장규모의 감소 추세를 보아도 명확히 알 수 있듯이 국내도서 출판은 발행부수만 제자리 수준이고, 시장규모나 평균 발행부수 등 산업적 외형이나 실질 매출관련 지표는 한결같이 계속 감소하였다. 또한 최근에는 메이저 출판사들의 약진으로 시장규모와 총발행부수는 증가하였으나 1종당 평균 발행부수는 감소하였다(부록 2 참조). 국내 최대 서점인 교보문고에서도 창업 이래 처음으로 마이너스 성장을 기록하기도 했다.

학습참고서 출판에서는 교육정책의 영향으로 EBS교재 중심으로 출판시장의 흐름이 재편되면서 지각변동을 일으켰다. 일반도서는 역사소설과 한자학습서 등이 베스트셀러를 기록했으며, 각종 실용서 분야가 부각되고 인문서 · 학술서의 침체는 심각할 정도였다. 또한 불황의 여파로 경제 · 경영, 특히 자기계발 관련서나 재테크도서가 인기를 모았다.

출판경향과 시장현황을 살펴보면, 현실의 생활문제를 해결하기 위한 실용서의 비중이 커지고, 또 다른 한편으로는 영웅적 인간에 대한 환상적 기대감을 통해 개인의 한계를 극복하고자 하는 도서들이 인기를 얻었다. 그리고 출판사 간 매출액은 부익부 빈익빈 현상이 가속화되었으며, 한류출판 및 출판사의 해외진출 움직임에 이르기까지 출판자본의 대형화와 글로벌화 양상이 계속되고 있다.

2. 2013년 우리 출판계의 흐름

(1) 2013년은 인문학 분야의 출판이 어느 때보다 어려운 한 해였으며, 출판사는 부익부 빈익빈 현상이 심화되고 있다.

(2) 경영경제서와 처세실용서 및 자기계발서가 호황이었다. 우화형 자기계발서와 재테크 및 경제실무서가 환영을 받았고, 일상생활에 필요한 실용서들이 독자들의 인기를 얻었다.

(3) 문학도서 분야는 국내작가보다 외국작가의 작품이 크게 인기를 얻었다.

(4) 과학기술서 분야는 법의학 · 범죄심리 · 우주여행 등의 과학지식이 대중화에 성공하였다.

(5) 아동 및 청소년 도서 분야는 정서함양과 자아성장뿐 아니라 학교수업이나 일상생활의 원리와 지식, 정보 및 지적 욕구를 충족시켜 주는 다양한 소재를 다루는 도서가 인기를 얻었다.

⑹ 젊은 여성 독자층을 위한 도서가 부각되었다.

⑺ 대학입시의 영향으로 '통합논술'을 겨냥한 논술형 대형기획물이 대중적 사랑을 받았고, 그리고 과학 · 고전 · 교양 등을 다룬 시리즈물과 세계문학전집 등의 대형기획물들이 인기를 얻었다.

⑻ 학술 · 전문도서와 대학교 교과서 분야는 디지털환경에 의한 다양한 강의방법과 단체에 의한 집단별 불법 복사로 어려움이 지속되고 있었다.

⑼ 출판윤리에 관련된 사재기 의혹, 대리번역, 표절문제, 이중게재 등의 의혹에 대한 문제는 계속해서 사회적 파문을 일으켰다.

⑽ 온라인 서점은 공격적 마케팅(할인 등)을 하고 있으나 성장세는 주춤하고 있다. 대형서점의 성장세도 어려움을 겪고 있으며, 중소출판사와 중소형 서점은 퇴출현상에 따른 위기를 맞고 있다.

⑾ 출판계, 포털사이트, 인터넷서점, 전자책 IT회사 등의 협약으로 도서정가제가 모든 도서에 15% 할인안(割引案)이 결정되었다.

⑿ 전자출판 분야는 출판권에 전자책을 포함시키는 저작권법의 개정으로 더욱 활성화되어 U-book, 전자사전, 오디오북 등의 새로운 시장의 성장을 기대하고 있다.

세계 각국과의 FTA협정의 결과에 따라 지적 소유권 보호의 범위가 결정될 것이다. 그러므로 국내의 도서정가제는 단일언어국가인 우리의 현실에 맞는 제도와 정책으로 이루어져야 하며, 불법 복사 · 복제 · 전송의 근절에 대한 국민들의 인식 제고 및 전환이 이루어짐으로써 우리나라의 출판산업도 활성화와 발전이라는 새로운 국면을 맞이할 수 있게 될 것이다.

제3절 우리나라 출판산업의 주요 동향

1. 출판지식산업 육성방안(「기획회의」 2008.5.20. No.224)

문화관광부는 2007년 4월 4일 '출판지식산업 육성방안'을 발표하였다. 이는 출판계 · 단체 · 학계 등의 출판관련 전문가들이 참여한 태스크포스(task force : TF)의 논의와 의견수렴, 관계부처와의 협의 등을 거쳐서 만들어진 육성방안으로, 그 주요 내용은 다음과 같다.

(1) 출판지식 국가경쟁력의 체계적 관리

출판지식산업과 국민의 지식문화수준을 측정하기 위한 '출판문화지수'를 개발하여 국가의 지식문화 창달과 진흥정책 수립의 기본척도로 활용하게 한다. 이를 위해 출판지식산업에 관한 정보를 축적한 출판지식산업 정보시스템과 국민들이 원하는 책을 신속 · 정확하고 손쉽게 입수 · 활용할 수 있는 대국민 원스톱 독서정보시스템을 구축하고 '한국출판지식정보센터'(가칭)를 운영할 계획이다.

(2) 출판지식 생산력 강화

창조적 지식의 생산능력을 배양하기 위하여 전문 저작인력을 양성하고 일반 저작자의 저변을 확충해 나간다. 진정한 독서진흥을 위해서는 독서권장만 하지 말고 일반 국민들의 글쓰기 저변을 확장시키는 '1인 1책 쓰기'를 권장하고, 출판을 원하는 저작자와 출판사를 중개하는 '출판원고은행(Text Bank)'을 개설할 계획이다. 그리고 대학 · 공공기관에서 저작자에 대한 고가평점 가산제의 도입, 출판세미나의 육성, 우수도서 선정제도의 개선으로 인문학 등 기초학문 분야 선정비중의 확대, 글로벌 저작콘텐츠 발굴의 지원, 인쇄물 품질인증제의 추진 및 「직지심경」서체의 개발 · 보급 등 인쇄산업의 현대화를 추진할 계획이다.

(3) 출판지식 유통구조 혁신

출판물류유통의 현대화 시스템을 구축할 수 있게 문화산업 유통분야 최초로 RFID(Radio Frequency Identification, 무선전자식별체계)를 도입하여 출판유통정보의 표준화를 할 계획이다. 이를 통해 출판사(인쇄소), 유통업체(서점), 도서관 등 모든 유통 · 물류과정의 정보공유와 도서관의 업무를 자동화할 계획이다. 이를 위해 도서정가제를 계속 유지하고 '출판유통심의위원회'의 운영을 활성화한다. 그리고 광역 지방자치단체별로 '지역문화센터 모델서점'을 지정하여 육성 · 운영하고, 전국 중소서점의 허브 인터넷서점의 운영을 지원하는 등 서점협동화사업의 촉진을 지원할 계획이다.

(4) 디지털출판 활성화 기반 구축

유비쿼터스환경의 심화와 미디어융합의 가속화에 대응하여 급성장하는 전자출판시장을 핵심적인 지식문화 콘텐츠 영역으로 육성한다. 이를 위해 디지털출판의 공동제작시설 운영 및 R&D(Research and Development) 기능을 수행하는 '유비쿼터스 출판센터'의 설치를 검토하고 출판사를 대상으로 한 디지털출판의 원스톱 제작 · 유통 교육을 강화하는 등 다매체 디지털출판의 생산기반을 구축한다.

또한 글로벌 경쟁력이 있는 전자책의 육성을 위해 U-book[01] 콘텐츠 제작 · 보급의 지원,

---

01 일반 종이책에 3D 디지털 콘텐츠를 덧붙여주는 디지로그북(증강현실에서 인간의 시각, 청각, 촉각을 자극하는 3D 멀티미디어 콘텐츠를 체험할 수 있는 3세대 전자책)을 개발하기 위한 전 단계인, 전자책(e-book)을 뛰어넘는 2세대 전자책이다. 'e-book'이 단순히 콘텐츠를 전자기기 안에 담은 것인 반면, 'U-book'은 컴퓨터와 책을 연결함으로써 읽기와 동시에 그림, 소리, 2D 애니메이션, 동영상 파일을 함께 체험할 수 있는 기능을 갖췄다.

인터넷공모전과 디지털작가상의 확대 등을 통해 우수한 디지털출판 콘텐츠 저자의 발굴, 저작권이 소멸된 국내외 공유저작물을 디지털화하여 전자책 · 오디오북 등의 형태로 만들어 국민에게 무료로 제공 등을 할 계획이다. 그리고 출판 · 독서 전문 인터넷방송의 운영 지원, 전자출판물의 원스톱 인증 · 납본시스템의 제도화, 매년 국제 전자출판산업전의 개최 등 출판사의 유비쿼터스환경을 구축할 계획이다.

(5) 국민의 독서권 보장과 독서환경 조성

2007년 1월 1일 '도서관법' 및 2007년 4월 5일 '독서문화진흥법' 시행을 계기로 국민 독서진흥을 위한 법적 기반을 마련하고, 지식기반시대에서 "독서는 국민의 당연한 권리"임을 확신시키고 독서문화 진흥을 위한 정책체계의 확립과 지역 · 학교 · 직장에서의 독서진흥을 통해 책 읽는 사회를 조성할 계획이다.

따라서 독서진흥을 위한 다양한 프로그램을 개발 · 운영하며, 방송매체의 독서진흥 역할 강화를 위해 독서관련 프로그램의 의무편성을 제도화하는 방안을 검토할 계획이다.

또한 공공도서관 확충을 위한 지원방식의 다변화, 장서확충의 지원, 병영 · 교정시설 · 병원 등에 도서관(실) 설치 권장, 학교도서관의 지역주민에의 개방 권장 등 도서관 특성화 및 운영의 개선을 위해 노력할 계획이다.

(6) 출판지식의 글로벌 경쟁력 강화

FTA 체결의 확산 등 국제적 저작권보호의 강화에 대비하여 국제경쟁력이 있는 한국출판물의 해외진출 기회를 확대하고, 한국출판정보의 해외홍보를 강화하기 위해 관련 포털사이트를 운영하며, 외국어 정기간행물을 발행 · 보급하여 다양한 출판콘텐츠로 확대함으로써 외국어 번역출판을 활성화할 계획이다. 출판 · 인쇄 분야의 국제교류 및 협력증진을 위한 다양한 산업 추진, 상설 조직위원회 운영, 주빈국의 초청제도 시행 등을 통해 서울국제도서전을 아시아의 허브도서전으로 육성, 2008 IPA(국제출판협회) 서울총회 개최, 2009 볼로냐 아동도서전 주빈국행사 시행 등 국제적 출판 · 인쇄 관련 이벤트의 개최 및 참가를 추진하여 우리나라 출판지식 산업과 문화의 국제적 위상을 갖추는 계기로 삼는다. 특히 국제도서전 참가에의 지원을 확대하고, 중남미 · 아시아권 등 다양한 언어권에 한국출판물을 소개하며 해외진출을 지원하기 위해 '국제출판진흥센터'(가칭)를 설치 · 운영할 계획이다.

(7) 출판지식 전문인력 양성

다변화된 출판환경에 효과적으로 대응하기 위한 전문인력을 양성하기 위해서 출판기획 · 제작 · 마케팅 · 독서지도 등 유관분야를 통합적으로 교육할 수 있는 출판지식 대학원(대학)의 설립 검토, 출판연구소의 기능과 인력을 확대하여 출판지식산업 연구개발의 인프라를 확층, 현재 민간부문에서 운영중인 SBI(Seoul Book Institute) 등 출판인 교육과정의 확대 · 지원 등 출판지식산업 부문별 전문인력 양성 및 교재개발을 지원하고, 출판관련 학과와 출판사를 연계한 현장실습 · 인턴십제도 등 산학협력을 활성화할 계획이다.

(8) 출판문화 균형발전

경쟁력 있는 지역문화 등을 소재로 한 출판활동을 기획단계에서부터 지원하고 문화관광부 우수학술도서 선정사업에 '지역출판' 부문을 신설하여 지역출판문화의 균형발전을 위한 다양한 정책적 대안을 모색할 계획이다.

고령자 · 장애인을 위한 대형활자본 · 점자책 · 오디오북 등 특수출판물의 제작지원 강화, 찾아가는 도서관서비스, 방문형 책읽어주기 프로그램 등 지식문화의 소외계층에 대해 지식접근에의 기회 확대와 해외 국제도서전에서 남북간 출판교류 활동을 전개할 계획이다.

(9) 출판지식산업 진흥기구 설립 추진

국내 대부분의 산업 및 문화는 분야별로 진흥원 성격의 법정진흥기구가 존재하여 해당 산업의 발전을 견인하고 있으나 출판지식산업에는 아직 이러한 기구가 없다. 따라서 출판계의 의견을 수렴하여 법정출판진흥기구에 부합하는 '한국출판위원회'(가칭)를 설치할 계획이다. 이 기구에서는 출판지식산업의 진흥을 위한 장·단기의 전략 및 시책의 개발 · 집행과 디지털출판의 육성 · 지원, 한국출판의 해외진출 활성화, 독서진흥 등 출판지식산업과 관련된 다양한 기능을 수행하게 한다.

이를 위해 현행 출판관련 법정기구의 확대개편 방안을 모색하는 등 2007년부터 관련 태스크포스를 구성하여 세부 설립방안을 검토하고 관계부처와 협의해 나갈 계획이다.

(10) 출판진흥관련 법령 및 제도 정비

출판관련 법을 개정하여 출판지식산업 진흥기구 설립의 근거규정을 마련하고, 방송매체의 독서관련 프로그램의 편성 의무화 추진, 전자출판물의 부가가치세 면세범위 확대 및 도서구입 시 신용카드 수수료의 인하 등 세제 및 제도적 개선을 추진할 계획이다.

문화체육관광부는 이번 '출판지식산업 육성방안'의 10대 과제 및 44개 세부과제를 효과적으로 추진하기 위해 필요할 경우 세부사업별 태스크포스를 구성 · 운영하고, 출판관련 단체, 학계, 연구기관, 관계부처 등과 긴밀한 협조체제를 구축할 계획이다.

이번 육성방안을 내실 있게 추진함으로써 FTA 등과 같은 국제환경의 변화에 대응할 수 있도록 우리 출판산업의 생산력과 국제경쟁력을 제고하고, 그동안 허약했던 우리 출판계의 체질을 개선하는 계기로 만들 계획이다. 또한 이를 통해 출판지식산업의 지속적인 발전을 위한 성장판을 구축하고, 세계 5대 출판강국 · 글로벌 지식강국의 발판을 마련하며, 국민 모두가 참여하는 창의적 지식문화복지사회를 건설할 수 있도록 적극적인 노력을 펼쳐 나갈 계획이다.

2. 문화관광부 우수학술 · 교양도서 예산의 증액

2006년부터 문화관광부의 우수학술 · 교양도서 지원예산이 기존의 30억 원에서 80억 원으로 크게 증가하였다. 이는 인터넷시대라는 불리한 환경조건과 불법 복사 · 전송으로 인하여 많은 어려움과 피해를 당하고 있는 학술 · 교양도서 출판의 활성화에 큰 도움이 될 것이다.

이는 그동안 문화관광부에서 1년 동안 국내에서 발행된(번역판 포함) 초판의 학술 · 교양도서를 대상으로 300여 종을 선정하여 왔다. 그러나 2006년부터는 지원금이 80억 원으로 증액되이 우수학술 · 교양도서를 대상으로 약 800여 종이 선정되고 있다. 우수도서로 선정된 도서들은 정부에서 일정량을 구입(1종당 900만 원어치 정도)하여 공공도서관 · 병영도서관 · 해외문화원 등에 나누어 보급한다.

3. 출판의 양극화와 임프린트 출판

대한출판문화협회에 의하면 2013년의 순수한 도서매출액은 900여 회원 출판사들 중에서 민음사 · 김영사 · 웅진 · 교보 · 랜덤하우스 · 예담출판사 등 상위 30개 사가 출판계 전체 매출의 40% 이상을 차지하고 있다고 한다. 이에 비하여 10억~50억 원 정도의 매출규모를 자랑하던 출판사들은 대부분 매출이 크게 떨어지고 있다.

이러한 가운데 대형출판사들은 매출확대를 위해 유능하고 실력이 검증된 기획자 및 편집자들을 발탁하거나 스카우트하여 별도의 브랜드를 내걸고 기획 · 편집 · 제작 · 홍보 · 판매 등 모든 운영을 책임제로 하는 '임프린트(imprint) 시스템'을 도입하고 있다. 이는 일종의 기업 내부의 소사장제도로서 모회사와 독립된 출판브랜드를 운영하는 것이다. 이에 대한 평가는, 숨은 인재에게 능력을 발휘할 수 있는 기회를 준다는 긍정론과 대형출판사의 콘텐츠 독점으로 인해 중소출판사의 개발 및 적응 가능성의 기회를 빼앗아간다는 비판론의 양 시각으로 나누어진다.

4. 베스트셀러와 미디어믹스 현상

2012~13년은 소설 · 자기계발서 · 실용서 등이 국내시장을 주도하면서 이 시대가 상처낸 마음들이 '힐링'을 찾는 해였다. 국내도서는 문학분야가 단연 인기를 누렸고, 혜민 스님과 법륜 스님 등이 들려주는 인생해법 이야기들이 사랑을 받는 가운데 김난도와 이병률의 신작

에세이가 인기를 얻었다. 2012년 베스트셀러로는 장기 베스트셀러인 혜민 스님의 「멈추면, 비로소 보이는 것들」을 필두로 안철수의 「안철수의 생각」, 김난도의 「아프니까 청춘이다」, 스튜어트 다이아몬드의 「어떻게 원하는 것을 얻는가」, 정목 스님의 「달팽이가 느려도 늦지 않다」, 정은궐의 「해를 품은 달 1, 2」, 김난도의 「천 번을 흔들려야 어른이 된다」, 더글라스 케네디의 「빅 픽처」, 이병률의 「바람이 분다 당신이 좋다」 등이다.

2013년 베스트셀러로는 2012년에 이어 혜민 스님의 「멈추면, 비로소 보이는 것들」이 계속 사랑을 받았고, 프랑수아 를로르의 「꾸뻬 씨의 행복여행」, 무라카미 하루키의 「색채가 없는 다자키 쓰쿠루와 그가 순례를 떠난 해」, 조정래의 「정글만리 1」, 하가시노 게이고의 「나미야 잡화점의 기적」, 김미경의 「드림 온」, 샘 혼의 「적을 만들지 않는 대화법」, 찰스 두히그의 「습관의 힘」, 데이비드 조의 「해커스 토익 보카」, 「해커스 토익 리딩」, 이근후의 「나는 죽을 때까지 재미있게 살고 싶다」, 강세형의 「나는 다만 조금 느릴 뿐이다」, 법륜 스님의 「인생수업」, 신경숙의 「달에게 들려주고 싶은 이야기」 등이다. 그리고 경제경영서는 경제민주화와 시장경제, 중국경제, 부자론, 고전과 함께 한 경제서들이 주목을 받으면서 대중화가 되었다. 인문 · 사회는 '힐링(healing)' 이 주도하면서 청춘, 사회적 멘토, 피로사회, 정의, 자본주의의 성찰, 역사문화 등이 인기를 누렸으며, 20대와 함께 30대의 힐링열풍에 많은 공감을 얻는 것으로 보인다.

5. 2008 IPA 서울총회

2008년에는 '출판올림픽' 으로 불리는 국제출판협회(International Publishers Association : IPA) 총회가 서울에서 열렸다. 대한출판문화협회는 일본(1976년), 인도(1992년)에 이어 아시아에서 세 번째로 열린 IPA 총회의 성공적인 개최를 위해 조직위원회와 집행위원회를 구성하여 다음과 같이 시행하였다. 세계 60개국 출판인 700여 명이 한자리에 모여 '책의 길, 공존의 길' 이란 주제로 심포지엄을 벌였으며, 대통령의 축사와 노벨문학상 수상자인 오르한 파묵이 기조연설을 하였다.

① 조직위원회와 집행위원회를 구성

② 행사를 할 수 있는 기획대행사를 결정

③ 총회구성 : 총회기간 4일 중 회의기간은 3일간(첫째 날, 둘째 날, 넷째 날)으로 하고, 셋째 날을 문화 · 관광의 날로 구성한다. 전야제는 총회 시작 전날 저녁

④ 총회기간 : 2008년 5월 12일(월)~15일(금)

⑤ 장소 : 서울 삼성동 COEX

⑥ 공식어 : 영어, 한국어, 일어, 스페인어, 중국어

⑦ 주최 : 2008 IPA 서울총회 조직위원회

⑧ 총회 모토 : '책을 매개로 한 공존의 길' 에 대한 개념을 정립

모토(안) : "책의 길, 공존의 길(Diversity in a Shared Future)", 즉 디지털과 아날로그의 공존, 선·후진국의 공존, 동·서양의 공존, 한반도 남과 북의 이데올로기의 대립과 긴장의 완화

⑨ 총회 로그 : IPA PUBLISHERS CONGRESS SEOUL 2008

⑩ 프로그램 : • 분과위원회에서 한국 출판계의 당면 문제 및 이슈 정리

• IPA 미션, 목적과 주요 활동상

• 국제 출판계 현안 및 이슈 다루기

⑪ 발제자 구성

⑫ 기타 : • IPA 총회와 국내 문화행사와의 연계 방안

• 분과위원회의 담당 사업별로 검토된 계획(안)을 집행위원회에서 결정하는 논의체제로 회의를 운영

학습 자료

사람의 품격

사람의 품격을 군자나 소인으로 분류하면 다음의 9가지 등급으로 나눌 수 있다. ① 군자 중의 군자 : 능력과 인격을 겸비하여 어떤 사태에도 적절하게 대처할 수 있는 사람을 말한다. ② 군자 : 인격은 훌륭하지만 능력은 조금 모자라는 사람을 말한다. ③ 착한 사람 : 부드러운 인격을 갖고 있으며, 어느 정도 자기 자신의 몸을 지킬 수 있는 사람을 말한다. 이런 사람은 올바른 식견은 갖고 있지만 결단력이 없으며, 열심히 노력은 하지만 강한 신념은 없다. ④ 보통 사람들 : 능력 · 인격 · 식견 어느 것도 뛰어나지 않고 세상살이에 허덕이면서 이익을 찾고 위험을 피하며 하고 싶은 것도 하지 못하고 일생을 마치게 된다. ⑤ 소인 : 마음이 비뚤어져 오로지 자기의 이익만을 추구한다. 그러나 탐내는 것이 손에 들어오면 더 이상 주위 사람들에게 괴로움을 끼치지 않는다. ⑥ 소인 중의 소인 : 욕심이 많고 마음이 비뚤어져 있으며 하는 일에 분별이 없다. 그래도 능력이나 집념은 갖고 있고, 아무리 나쁜 일도 개의치 않는다. ⑦ 소인과 흡사한 군자 : 고고한 체하여 남을 가까이하지 않으며 세상의 관습에 구속당하지 않는다. 그러나 사람 됨됨이는 커서 사소한 결점 등은 문제되지 않는다. ⑧ 군자와 흡사한 소인 : 교묘한 가식을 통해 엄청나게 나쁜 짓을 하면서 명성을 획득한다. 그래도 나쁜 짓이 드러나지 않기 때문에 당대의 사람은 물론 후세의 사람들까지도 속여 그것을 알아차리는 사람은 없다. ⑨ 군자와 소인이 혼합된 사람 : 올바른 일을 행하는 것 같지만 실은 한쪽으로 치우쳐 있다. 옳게 이야기하고 있는 것 같지만 실은 요령이 없다. 훌륭하게 살려고 하면 이상하게 품위가 없어 보이며, 원숙한 맛을 보이려면 쓸데없는 것이 되고 만다. 관용을 보여주려면 어색한 느낌이 들며, 엄격하려 하면 사나워진다. 이러한 사람은 군자가 되기를 바라면서도 소인의 행동을 벗어나지 못한다.

—뤼신우

| 중요용어 |

출판산업 환경	출판계 현황	출판산업 장애요인	도서정가제도
출판산업 육성방안	우수학술 · 교양도서	출판의 양극화	임프린트 출판
베스트셀러	IPA 서울총회		

Chapter 16

출판산업의 중요 정책

제1절 출판산업정책의 목표

우리나라는 다른 나라보다 문화적 보전 면에서 뒤처지고 있는데, 이는 전반적인 문화보전정책(文化保全政策)이 결여되고 출판산업의 발전이 부진하기 때문이다. 앞으로는 인터넷환경에 의해 보다 급속한 변화와 발전이 예상되므로, 문화입국을 구현한다는 전제 아래 국가의 발진전략 차원에서 문화의 선진국가 · 복지국가 · 민족국가를 건설하는 것을 목표로 국제화에 의한 지식 · 정보사회를 지향하는 문화정책을 실시해야 한다.

제2절 출판산업정책의 기본방향

1. 정부의 출판산업정책

정부의 출판산업정책은 문화적 측면과 산업적 측면을 강조함으로써 출판계의 자생적인 발전을 최대한 조장하고 출판미디어가 대내외적으로도 경쟁력을 가질 수 있도록 법적 · 제도적 · 정책적 지원을 더욱 강화해야 한다.

출판산업정책의 목표를 달성하기 위해서는 출판산업을 문화전략의 중심산업으로 발전시켜야 하며, 출판산업의 선진화와 정보화 · 다양화 · 세계화를 출판정책의 기본방향으로 설정해야 한다. 이는 우리 출판산업이 후진성과 비효율성 · 편중성 등에서 벗어나 국제경쟁력을 기르기 위한 것이다.

(1) 정부의 중요한 출판산업정책과제

출판산업 선진화 : 경영 합리화, 유통 현대화, 인력양성, 연구개발, 출판사 등록 및 납본제도 개선, 관련산업 선진화 등

출판산업 정보화 : 업무 전산화, 유통 정보화(네트워크화), 전자출판 진흥 등

출판산업 다양화 : 저작 활성화, 학술 및 분야별 출판 활성화, 독서 진흥 등

출판산업 세계화 : 국제교류 강화, 해외진출 장려, 시장개방 대응, 저작권 환경 개선 등

(2) 기본적 출판산업정책의 방향수립

수용자(독자) **입장 중심** : 수용자의 욕구나 취향에 맞춘 다원화 · 세분화된 쌍방향적 네트워크의 형성

저작활동 활성화 : 표준화된 계약제도, 저작지원금, 저작자권리 확대, 전속계약제, 선인세, 광고 약속

관련산업의 협동화 · 선진화 : 서점, 인쇄, 제책, 컴퓨터조판, 제지 등

독서 진흥을 위한 환경과 정책 : 도서관정책, 독서운동, 도서정가제정책 등

국제경쟁력 강화 : 국제도서전시회, 국제출판세미나, 국제회의 참석, 외국간행물 수입 · 배포 등

통일 대비 : 통일 이후 북한 주민의 지적 · 문화적 욕구 충족, 문화교류 등

2. 한국출판문화산업진흥원 사업

정부는 2009년 2월 19일에 '출판진흥기구 설립에 관한 공청회'를 열었다. 이 과정에서 '한국간행물윤리위원회'의 예산과 현재의 국고보조사업비를 조정하여 충당하자는 정부 측안이 제시되었다. 이에 출판계는 2011년 출협(백석기 회장)을 중심으로 7개 출판단체가 모여 '출판진흥기구 설립 추진위원회'를 구성하였고, 정부와 위원회의 계속된 회의 결과 합의도출을 이루게 되어 설립법안이 성공적인 결실을 보게 되었다(자세한 내용은 본서 제16장 학습자료 참조). 2011년 12월 30일에는 출판문화산업진흥법의 일부 개정안이 국회를 통과함으로써 2012년 7월 27일부터 '한국출판문화산업진흥원' 시대가 출범하게 되었다. 이로써 출판문화산업진흥원은 출판정책 집행의 컨트롤타워의 기능, 종합적 · 체계적 출판진흥정책 집행의 상징적 기능, 출판진흥을 위한 예산의 적절한 증액 및 확보된 예산의 효율적 기능을 극대화하는 데 역점을 두게 되었다.

표 16-1 | **한국출판문화산업진흥원(Publication Industry Promotion Agency of Korea)**

구분	내용
설립연도	2012년 7월 27일
설립목적	출판문화산업의 진흥 · 발전을 효율적으로 지원 · 육성하고 문화융성과 창조경제의 활성화에 기여
주요 사업	• 출판문화산업 진흥을 위한 정책 및 제도의 연구 · 조사 · 기획 • 출판문화산업의 실태조사 및 통계 작성 • 출판문화산업 관련 교육 및 전문인력 양성 지원 • 출판문화산업 발전을 위한 제작 활성화 및 유통 선진화 지원 (출판산업종합지원센터 · 종합정보관 운영)

주요 사업	• 양서 권장 및 독서 진흥 등 출판수요 진작을 위한 사업(독서문화 증진) (맞춤형 전 국민대상 독서교육 운영 등 국민독서문화 증진 도모) • 전자출판 및 신 성장동력 육성 (전자출판 불법 저작물에 대한 추적차단 및 정보통계시스템 구축) • 출판문화산업 활성화를 위한 지원시설의 설치 등 기반 조성 • 출판문화산업의 국외진출 지원(출판수출지원센터 운영) • 간행물의 유해성 여부 심의 • 글로벌 '출판한류' 확산 • 우수출판콘텐츠 제작 활성화 • 출판문화산업 인프라 구축 • 출판문화산업의 전략적 육성기반 마련 • 사전 · 사후 지원을 통한 출판콘텐츠 경쟁력 강화 및 창작 기반 조성
규모	• 직원 : 55명
소재지	• 서울시 강서구 금낭화로 154
연락처	• 전화 (02)2660-0700, 팩스 (02)2669-0759 • 홈페이지 : www.kpipa.or.kr

표 16-2 | 문화체육관광부의 출판산업 관련 예산(2011~13년)

(단위 : 백만 원)

사업명	2011년	2012년	2013년	비고
1. 출판산업 육성 및 해외진출 지원	11,819	11,113	10,650	△463(△4.2%)
가. 출판산업 활성화 지원	7,514	6,058	5,358	△700
(우수도서 구입 지원)	(6,340)	(5,204)	(4,504)	(△700)
나. 출판콘텐츠 국제교류 및 해외진출 강화	2,755	3,655	3,492	△163
다. 전자출판 육성	950	950	1,350	400
라. 인쇄문화산업 육성	600	450	450	–
2. 한국문학번역원	5,246	5,322	6,015	693(13.0%)
가. 번역 및 출판지원 등 사업비	3,528	3,433	3,847	414
나. 인건비 등 기관운영비	1,710	1,880	2,168	270
3. 한국출판문화산업진흥원(구 간윤) 지원	3,959	4,001	6,878	2,877(71.9%)
가. 심의, 출판지원 등 사업비	1,072	1,022	3,568	2,546
나. 인건비 등 기관운영비	2,887	2,979	3,310	331
4. 전자출판용 한글공용서체 개발(종료)	200	–	–	–
계	21,224	20,436	23,543	3,107(15.2%)

표 16-3 | 한국출판문화산업진흥원 사업 예산(2013)

1. 국내 수요 창출 및 유통 선진화	**1,133**(31.8%)
가. 책의 가치 확산 사업	250
나. 청소년 대상 북토큰 사업	320
다. 출판산업 종합지원센터 설치 운영	400
라. 좋은책 선정	101
마. 1인 출판사 출판 지원	62
2. 우수 출판콘텐츠 제작 활성화	**688**(19.3%)
가. 우수 저작 공모 및 출판 지원	335
나. 우수 출판 기획안 지원	273
다. 우수 출판편집 디자인 공모	30
라. 기업의 출판메세나 활성화	50
3. 글로벌 출판한류 확산	**400**(11.2%)
가. 중소 출판사 출판 수출 활성화 지원	400
4. 출판문화산업 지속 인프라 구축	**907**(25.4%)
가. 출판산업 기초 통계조사 및 정책개발	250
나. 출판인 양성 교육	500
다. 중소 출판사 청년 인턴 지원	45
라. 회보(책&) 발간	85
마. 출판문화산업 발전을 위한 대토론회	27
5. 심의사업 등 기본사업	**440**(12.3%)
가 심의사업	328
나. 고객만족도 조서, 역량 개발 등	112
계	3,568(100%)

※ 한국출판문화산업진흥원 2013년 예산 : 기관운영비 및 기관사업비 68억 7,800만 원, 우수도서 선정 지원 45억 400만 원, 독서문화증진사업(도서관박물관정책기획단에서 지원) 6억 4,900만 원, 전자출판 육성지원 13억 5,000만원, 서울국제도서전 개최 및 해외도서전 참가 사업 9억 4,500만 원, 중소기업 청년취업인턴제 위탁운영사업 3,600만 원 등 총 143억 6,200만 원.

자료 : 문화체육관광부, 2013.

제3절 출판산업의 중요성

(1) 정보사회의 지식집약형 문화산업

① 출판산업은 정보 · 글로벌 · 지식 · 문화 등 21세기 핵심적인 정보사회의 개념으로 강조되는 줄기세포이며, 지식집약형 문화산업(知識集約形 文化產業)이다.

② 문화는 한 국가의 이미지를 형성하고 나아가서 그 나라에 대한 신뢰도와 친근감을 형성하는 밑바탕이 된다.
③ 동일한 수준의 기능과 디자인을 가진 제품이라도 그 가격에 큰 차이가 나는 것은 결국 메이커에 대한 신뢰도의 문제이다. 따라서 오늘날 국가의 문화는 무역전선의 간판이자 경쟁력의 기본이 되고 있다.
④ 출판산업은 한 국가의 시대적 문화가 총체적으로 함축된 문화상품인 출판물을 생산하는 문화산업이다. 이는 생산자의 전문성과 창의성에 의해 경쟁력이 결정되는 지식창조 산업이다.
⑤ 집약된 내용을 통해 사회적으로 상품화 가치가 있는 콘텐츠 정보와 지식이 매개되는 정보산업(情報産業)이다.
⑥ 21세기 지식기반시대에 지식창조의 주체가 되는 전략적인 지식문화산업이다.

(2) 고부가가치 콘텐츠산업

① 출판산업은 다양한 산업의 수요를 창출하는 창구효과를 지닌 산업이며, 고부가가치 문화산업(高附加價値 文化産業)이다.
② 출판산업은 다양한 조직과 매체 및 문화산업의 기초적이며 원천적인 역할을 한다.

(3) 지식정보화 기반산업

① 지식 · 정보시대의 추진력과 부가가치는 유연한 창의력에서 생성된다.
② 독서는 창의력을 함양하고 지식을 축적하는 데 가장 중요한 역할을 한다. 독서의 소재는 책이고, 출판산업은 이러한 지식정보화(知識情報化)를 위한 기반산업이다.

제4절 출판산업을 위한 기반조성

1. 출판유통 현대화사업

출판유통 현대화사업 지원은 출판사 · 유통회사 · 서점 간의 중복거래로 인하여 반품률이 도서종별에 따라 약 20~50% 내외에 달하고, 물류비용이 도서제작 전체비용의 약 30%를 차지하는 등 낙후된 현재 우리나라 출판유통 구조 및 환경을 개선하기 위한 것이다. 특히 정보화의 기반이라고 할 수 있는 도서정보나 거래자료의 표준화가 이루어져 있지 않아 출판업계 전체로 볼 때 중복 투자 · 유통비용으로 인한 과다지출이 발생하고 있으며, 도서의 유통 현황에 대한 정확한 자료가 없으므로 과학적인 기획출판보다는 경험과 직감에 의존하는 아날로그적 출판관행에서 탈피하지 못하고 있다. 출판유통 현대화사업은 출판 · 유통 · 서점 업계 대표단체 및 대형사업자 등이 참여한 출판유통현대화추진위원회가 사업주체가 되어 연구되고 있으나 각자의 이해관계로 인하여 어려움을 겪고 있다. 이는 출판산업의 선진화를 위해 반드시 필요한 사업인 만큼 상호 이해와 협력으로 표준화를 이루어 하루속히 사업을 촉진시켜야 한다.

표 16-4 | 출판유통진흥원(Book Trade Promotion Center)

설립연도	2003년 4월 2일
설립목적	출판유통 표준연구, 서지 · 유통 DB 및 정보시스템 개발 구축, 정보교류 및 교육 등 공공성격의 사업을 통해 우리나라 출판산업 발전에 기여하고 지식기반 사회의 국가경쟁력 강화에 이바지함
주요 사업	• 출판유통 인프라 개선을 위한 정보화사업 • 출판유통 표준의 조사연구 및 보급 • 출판유통정보 DB의 지속적 확충과 보급 • 출판유통 정보시스템의 개발 및 보급 • 출판유통 신기술의 국제정보교류 협력사업
2012년도 주요 활동 내용	• 신간도서 DB 구축사업 – 신간구축 종수 5만 종, 정보제공서비스 및 유관 시스템 연계 – 출판유통 통계정보 제공, 거래처 정보 제공 • 출판유통 도소매점 경영환경연구 조사 • 국제출판전문가 초청 세미나
규모(회원수, 직원현황 등)	• 시스템회원사 : 3,430개 사(출판사 2,500 / 서점 730 / 유통사 및 기타 200) • 직원 : 7명
소재지	경기도 파주시 교하읍 산남리 파주출판도시 38B-1 아시아출판정보센터 204호
연락처	• 전화 : 파주(031)955-6101 / 서울 (02)716-5212, 팩스 (02)716-0246 • 홈페이지 : www.booktrade.or.kr

자료 : (사)대한출판문화협회, 「한국출판연감」, 2013.

2. 한국출판문화진흥재단의 활성화

1969년 설립 당시 출판금고 기금은 회원가입금, 국고보조금 등을 합해 총 918만 원이었으나 1974년부터 문화예술진흥법이 발효됨에 따라 문예진흥기금을 연차적으로 지원받게 되었고, 또 1985년부터는 공익자금지원금을 받게 됨으로써 2012년 12월 현재 한국출판문화진흥재단의 기금조성액은 약 300억 원에 이르게 되었다. 그러나 이러한 출판산업의 경쟁력 강화를 위한 여건조성에도 불구하고 운영의 묘를 살리지 못하고 있으며, 회원대출과 관련된 금액한도 · 보증인 · 담보 · 단기상환 문제 등 출판계가 해결해야 할 과제를 떠안고 있다.

표 16-5 | (재)한국출판문화진흥재단(Korean Publishing Foundation)

설립연도	1985년 12월 14일
설립목적	출판문화의 발전과 출판산업의 진흥목적
주요 사업	• 출판자금 융자사업 • 국제도서전시회 참가 지원 • 출판문화 연구조사 지원 • 출판인명사전 발간사업 • 주택자금 융자사업 • 양서보급 지원사업(올해의 청소년도서) • 모범장서가 선정 시상 • 한국출판 생존전략 연구지원
2012년도 주요 활동 내용	■ 융자사업 지원현황 • 일반출판 융자 : 157건 / 12,118,900,000원 • 기획출판 융자 : 10건 / 1,228,000,000원 • 단기출판 융자 : 298매 / 2,808,142,068원 • 주택자금 융자 : 7건 / 159,000,000원 ■ 기금과실금 사업 • 국제도서전시회 참가 지원 – 아부다비국제도서전 : 1,800,000원 – 서울국제도서전시회 : 50,000,000원 – 북경국제도서전 주빈국 : 100,000,000원 – 동경국제도서전 : 29,000,000원 ■ 양서보급 지원사업 • 2012 올해의 청소년도서 구입 · 보급 – 도서구입비 : 143,093,840원 – 구입종수 : 90종 – 구입부수 : 13,523부 – 보급처 : 260개 처(9개 기관) ■ 출판문화연구조사사업 지원 : 62,500,000원 ■ 모범장서가 선정사업 : 8,000,000원 • 출판문화연구조사 사업 : 62,500,000원 • 한국출판의 생존전략연구 : 25,000,000원 • 출판인명사전 발간사업비 : 5,328,260원
규모(회원수, 직원현황 등)	직원 7명
소재지	서울시 종로구 사간동 105-2 출판문화회관 2층
연락처	• 전화 : (02)732-1434~5, 팩스 : (02)722-5406 • 홈페이지 : www.tkpf.or.kr

자료 : 앞의 책, 2013.

표 16-6 | 한국출판문화진흥재단 양서출판융자

융자종류	일반출판 융자	기획출판 융자	단기출판 융자(어음할인)
한도액	1사당 4억 원 이내(신용보증인 2인 담보일 경우 1사당 2,000만 원, 보증인 3인 담보일 경우 1사당 3,000만 원) • 보증인은 반드시 출판사 대표로 입보	1사당 3억 원 이내	1사당 7,000만 원(신용(보증인 2인)담보는 5,000만 원) - 매일 심의 단, 본 재단이 지정한 적격업체 어음일 경우 4억 원 별도 할인 가능

이자율	월 0.4%(연 4.8%)	월 0.4%(연 4.8%)	월 0.4%(연 4.8%)
융자기간	1년 거치 4년 분할 상환 (2년 20%, 3년 20%, 4년 20%, 5년 40%)	1년 거치 4년 분할 상환(2년 20%, 3년 20%, 4년 20%, 5년 40%)	4개월(120일) 이내
담보물	부동산(본인 및 제공), 은행 지급보증, 유가증권(국채, 지방채, 금융채), 신용(보증인 2~3인)보증 시 출판사 대표 2~3인 보증(재산세 납부액 7만 원 이상)	부동산(본인 및 제공), 은행 지급보증, 유가증권(국채, 지방채, 금융채)	신용(보증인 2인), 부동산, 유가증권(국채, 지방채, 금융채). 단, 본 재단이 지정한 적격업체 어음만 할인할 경우 무담보(본인 약정)
기타	• 융자신청(수시접수) 매월 15일 마감 • 융자심의 본 재단 이사회에서 매월 1회	• 융자신청(수시접수) 매월 15일 마감 • 대상도서 고도의 전문성과 탁월한 기획성이 인정되는 우수 기획도서 • 심의 본 재단 이사회에서 매월 1회	• 대상어음 판매대금으로 받은 서점 발행 은행도 약속어음 및 당좌수표 • 융자방법 거래 최초에 담보설정 또는 보증서류를 제출하면 약정기간(2년) 이내에는 한도액 범위 내에서 어음배서 절차만으로 수시로 할인
문의처	• 한국출판문화진흥재단 사무국, 전화 : (02)732-1434~5 • 홈페이지 : http://www.tkpf.or.kr		

자료 : 앞의 책, 2013.

3. 한국출판협동조합 출판자금 지원

표 16-7 | 한국출판협동조합 출판자금 지원

자금종류	한도	이율	서류준비
• 공판선급금 (10개월 균등 상환)	출자금 한도	5%	공판선급금 차용증서, 자가어음(대표자 자필 및 인감증명서 첨부), 입금표
• 단기운전자금 (12개월 이내)	1,500만 원	월 1.2%	단기운전자금 차용증서, 은행도어음(약속어음, 당좌수표), 입금표(보증인=조합원으로 자필 서명 2인 및 인감증명서 첨부)
• 출판기획지원자금 (담보 설정)	5,000만 원	연 9.5%	출판기획지원자금 차용증서, 자가어음(대표자 자필 및 인감증명서 첨부), 입금표
• 시설확충지원자금 (담보 설정)	5,000만 원	연 9.5%	시설확충지원자금 차용증서, 자가어음(대표자 자필 및 인감증명서 첨부), 입금표

• 전산정보화지원자금 (3년 균등 상환)	2,000만 원	잔액의 월 1.2%	전산정보화지원 차용증서, 자가어음 (대표자 자필 및 인감증명서 첨부), 입금표
• 어음할인 (120일 이내 은행도래 약속어음)	3,000만 원	연 7.2% (조합 발행 어음) 연 10% (서점 발행 어음)	어음할인 차용증서, 서점 수금 어음, 입금표(500만 원 이상 계산서 첨부), (보증인=조합원으로 자필 서명 2인)
자격조건	조합 가입 시 6개월 후 지원 가능, 조합에 미수금 연체가 없는 조합원		
여신(대출)방법	관련 서류 다운로드(홈페이지) → 자필 작성 → 조합에 제출 → 심사 → 결과 통보		
문의처	• 한국출판협동조합, 전화 : (070)7119-1732~4 • 홈페이지 : http://www.koreabook.or.kr		

자료 : 앞의 책, 2013.

4. 학술전자출판협동조합의 탄생

(사)한국학술출판협회는 학술전자출판에 대한 미래의 계획을 토론하고 논의하기 위해 2012년 12월 3일에 전자책위원회 제1차 회의를 개최하였다. 이 전자책위원회는 2013년 6월 18일까지 제15차 회의를 한 후 활동을 정리하고 '학술전자출판협동조합(출자금 3~4억 원 예정)'을 설립하기로 결정하였다. 이로써 2013년 6월 27일에 학술전자출판협동조합이 창립총회를 한 후 새로운 사업을 시작하였다.

표 16-8 | 학술전자출판협동조합

설립연도	2013년 6월 27일
설립목적	학술전자출판협동조합은 자주적 · 자치적인 협동조합 활동을 통하여 구성원의 복리증진과 상부상조 및 국민경제의 균형 있는 발전에 기여하기 위해서 출판업 및 전자출판업의 건전한 발전을 목적으로 한다.
주요 사업	• 학술전자출판의 활성화 사업 • 도서목록 발행사업 • 우수학술전자책의 선정사업 • 학술전자출판에 대한 세미나 개최 • 학술전자출판에 대한 정부의 보조 신청 • 학술전자책의 도서관에서의 이용에 대한 연구 • 학술전자출판에 대한 국내 · 국외의 정보교환(전자도서전시회 참석 등) • 전자출판에 관련된 제반 법규에 대한 연구 • 불법사용에 대한 단속과 대책 연구 • 콘텐츠 수집에 대한 적극적 연구 • 회원 상호 간의 친목과 협력 사업(워크숍, 야유회 등) • 소식지 발행사업
규모	출자회원 30개 사, 일반회원 70여개 사, 직원 2명
소재지	서울시 마포구 신수동 448-6 한국출판협동조합 내 A-204호
연락처	Tel : 070-4466-6961 Fax : (02)507-3079 홈페이지 : www.acadepia.com

5. 파주출판문화정보산업단지의 조성

파주출판문화정보산업단지의 조성목적은 세계화 · 개방화 및 지식정보화 시대를 맞이하여 출판 · 인쇄 · 도매유통 등 출판문화산업의 집적화를 달성하고, 출판시장 개방에 따른 출판 관련산업의 협업화 및 유통구조 개선으로 출판산업의 대외경쟁력을 강화하기 위함이다. 사업주체는 파주출판문화정보산업단지 사업협동조합이며, 경기도 파주시 교하면 산남리 · 문발리 · 서패리 일원 약 47만 평(1단계 265천 평, 2단계 205천 평)에 1994년부터의 준비과정을 거쳐 1998년 부지조성 등 기반공사를 시행하였다. 2001년 6월 건축공사 착공을 시작으로 많은 출판사들이 입주를 하였고, 현재 2단계 개발의 신청자를 모집하여 사업을 진행 중에 있다. 그러나 입주 출판사들은 극심한 출판불황 속에서도 출판단지에서 계획한 환경에 맞춘 규모로 사옥을 건축해야 하므로, 일부 출판사는 과중한 융자까지 얻어 사옥을 건립하고 있

표 16-9 | 파주출판문화정보산업단지 사업협동조합

설립연도	1991년 1월 8일
설립목적	우리나라 출판문화산업 및 영상산업, 기타 관련산업의 건전한 발전과 조합원 상호 간의 복리증진을 도모하며 출판물 유통의 현대화와 출판문화, 영상문화 창출의 공간을 조성하기 위하여 파주출판문화정보국가산업단지를 건설함으로써 조합원의 경제적 지위 향상을 기하여 국민경제의 균형 있는 발전을 도모하고자 함
주요 사업	• 생산, 가공, 수주, 판매, 구매, 보관, 운송, 기타 서비스 등 공동사업과 단지 및 공동시설의 조성과 관리운영 • 조합원에 대한 사업자금의 대부 또는 대부의 알선과 조합 자체사업을 위한 자금의 차입 • 조합원의 사업에 관한 경영기술 및 품질관리의 지도 · 조사 · 연구 · 교육 및 정보의 제공에 관한 사업 • 조합원의 경제적 이익을 도모하기 위한 단체적 계약의 체결 • 조합원에 대한 복리후생 • 국가 · 지자체 · 중소기업중앙회 · 연합회 또는 조합의 위탁받은 사업 • 목적사업의 경비를 충당하기 위한 부동산임대사업 • 기타 조합원의 목적달성에 필요한 사업 및 주요 사업 관련 부대사업
2012년도 주요 활동 내용	■ 2단계 출판도시 조성 • 기반시설조성 • 산업시설조성 • 용지 분양 · 개발 ■ 2단계 조합사옥 건축 지원 ■ 출판도시 지속발전 ■ 공동시설 건립 및 유치
규모(회원수, 직원 현황 등)	회원사 총 140개 사, 직원 13명
소재지	경기도 파주시 문발동 파주출판도시 524-3 아시아출판문화정보센터
연락처	• 전화 : (031)955-0001, 팩스 : (031)955-0065

자료 : 앞의 책, 2013.

다. 이것은 모두 개별 출판사들이 해결해야 할 과제이다.

6. 한국출판연구소의 활성화

21세기 지식 · 정보사회에 우리나라 출판발전의 지적 기반을 형성하고 우리 출판의 해외 진출전략 수립을 위해서는 사전 시장조사 및 정보획득이 중요하다. 따라서 한국출판연구소의 안정적인 조사 · 연구 기능의 수행을 위하여 정부와 출판계의 장기적인 정책적 조사 · 연구의 기획 · 수립과 함께 기금 마련의 계획이 수립 · 추진되어야 한다.

표 16-10 | (재)한국출판연구소(Korean Publishing Research Institute)

설립연도	1986년 7월 15일
설립목적	한국출판연구소는 우리나라 출판문화 향상과 출판산업 발전을 위한 조사 · 연구사업을 목적으로 함
주요 사업	• 출판에 관한 학술 연구 • 출판산업 발전을 위한 조사 · 연구 • 출판문화 정책개발 연구 • 국내외 출판정보 자료의 수집 · 조사 · 활용
2012년도 주요 활동 내용	• 2012년 전자책 독서실태 조사(문화체육관광부 연구용역) • 2012년 독서진흥에 관한 연차보고서(문화체육관광부 연구용역) • 문화체육관광부 우수도서 선정 · 보급 사업 만족도 평가보고서(한국출판문화산업진흥원 연구용역) • 디지털자료의 국내외 서비스 사례 및 활성화 방안 연구 • '출판포럼' 개최사업(연간 3회) • 한국출판평론상 · 학술상 공모사업 • 출판연구지 발행사업 • 출판정보 자료의 수집 · 조사 사업
규모(회원수, 직원 현황 등)	임원 14명(이사 12, 감사 2), 직원 2명, 자료회원 약 200명
소재지	서울시 종로구 사간동 105-2 출판문화회관 4층
연락처	• 전화 : (02)739-9040, (02)737-7106, 팩스 : (02)737-6187

자료 : 앞의 책, 2013.

7. 서점의 활성화

서점의 대형화 추세와 인터넷서점 · 대형 할인마트 및 일부 일반서점들의 경쟁적 할인판매전략에 따라 국내 서점업계는 갈수록 어려워지고 있는 실정이며, 또한 영세서점의 폐업으로 서점수도 지속적으로 감소하고 있다.

따라서 출판유통업계에서는 완전한 도서정가제 실시, 인터넷서점들의 할인과당경쟁의 중지, 기존 소형서점의 차별화 · 전문화 등을 존립대안으로 제시하고 있다. 아울러 초대형 도서유통전문업체의 설립 및 시설보완을 통해 출판유통분야의 자동화 · 현대화를 추진하고 물류비용 절감과 유통구조 개선을 추구함으로써 출판업계의 대외경쟁력을 강화하는 등 국내 출판유통의 선진화 노력이 필요하다.

표 16-11 | 채널별 시장점유율

(단위 : %)

구분	해당 서점	2008년	2009년	2010년	2011년
인터넷서점	인터넷교보, 예스24, 알라딘, 인터파크, 11번가, G마켓, 옥션	26.57	30.08	34.58	36.80
대형 소매서점	교보, 반디앤루니스, 영풍문고	19.14	16.35	16.42	16.35
도매서점	북센, 송인, 북플러스, 한성서적, 중부도서, 한국출판협동조합	20.58	20.33	18.04	16.03
기타 서점	대학문고, 경인문고, 불광문고, 대동서적 등	33.71	33.24	30.96	30.82

자료 : 한국출판인회의, 「도서유통 판매 채널별 현황 실태조사 연구보고서」, 2012.

표 16-12 | 2008~2011년 주요 대형 소매서점의 매출액 현황 (교보문고, 인터파크, 예스24, 알라딘, 영풍문고, 서울문고)

(단위 : 억 원)

순위	업체명	2008년	2009년	2010년	2011년	비고
1	A	4,470	4,864	4,905	5,441	
2	B	2,516	3,218	3,737	3,592	쇼핑, ENT, 투어 포함
3	C	2,560	3,086	3,342	3,553	
4	D	1,088	1,275	1,380	1,560	
5	E	1,341	1,183	1,279	1,259	
6	F	771	1,005	1,161	1,206	
합계		12,746	14,631	15,804	16,611	
전년대비 성장률			14.8%	8.0%	5.1%	

자료 : 금융감독원 전자공시시스템, 「2012년 사업보고서 및 감사보고서」.

표 16-13 | (사)한국서점조합연합회(Korea Federation Bookstore Association)

설립연도	1949년 8월 7일
설립목적	출판물 보급 및 유통사업의 건전한 발전과 출판문화의 향상에 힘씀으로써 성숙한 문화의 창조에 기여함을 목적으로 함
주요 사업	• 전국 서점의 권익향상과 국민의 독서문화 창달에 관련한 사업 – 완전 도서정가제 – 중·소형 서점 활성화 지원 – 서적, 잡지, 교과서 및 기타 출판물의 유통계획 수립 – 출판물 유통, 판매, 보급에 관한 사업 – 출판물 및 교과서 공동구입 및 공급기구 구성 – 동업자 상호 간의 친목 도모 및 관련단체와의 제휴 – 회원의 공동복리 증진에 관한 사업 – 기관지 발행

2012년도 주요 활동 내용	• 도서정가제 확립을 위한 입법청원 및 홍보활동 • 중·소형 서점 지원사업 실시 -서점학교 지원사업(제19~25기 교육과정 개설) -서점육성 포럼 -POS시스템 확산(39개 점 설치) -모델서점 지원 • 불법적 도서유통행위 근절 운동 • 카드수수료 인하 운동 • 회보 및 기타 간행물 발간 - 서점신문 발행
규모(회원수, 직원 현황 등)	회원사 2,000개, 직원 5명
소재지	서울시 구로구 가마산로 25길 9-3 (구로동 혜림빌딩 8층)
연락처	• 전화 : (02)927-1437(대), 팩스 : (02)927-1436 • 홈페이지 : www.kfoba.or.kr

자료 : (사)대한출판문화협회, 「한국출판연감」, 2013.

8. 출판전문인력의 양성

1) 정규교육기관의 활성화

앞으로 출판의 문화생성 및 문화전달 기능은 더욱 중요해질 것이므로, 출판산업의 발전을 위해서는 우수한 자질을 지닌 출판전문인력의 지속적인 공급이 전제되어야 한다.

현재 정규 교육기관 중 전문대학은 더욱 실무적인 교육으로, 대학교는 실무와 이론 교육을 강화하여 창의적인 출판활동에 기여할 수 있도록 하는 등 출판전문가 양성을 위하여 대학별 특성에 맞는 출판교과과정이 이루어지도록 해야 한다.

한편, 4년제 학부과정과 일반 대학원에 출판관련 학과를 설치 및 확대하여 고급 출판전문인력이 양성될 수 있는 기반을 더욱 확충해야 한다. 아울러 정규교육과정 이외에 한국출판인회의, 대한출판문화협회 등의 단체를 중심으로 합심하여 하나의 통일된 출판전문인력 양성기관을 설립 · 운영함으로써 출판현장에서 필요한 기술교육 및 출판환경의 변화에 대응하기 위한 재교육과 실무교육을 하는 등 꾸준한 대책이 강구되어야 한다.

2) SBI(Seoul Book Institute) 설립과 교육목표

(1) SBI의 설립

SBI는 2005년에 18인의 출판인들이 출연하여 땅과 건물을 마련하였고, 문화체육관광부에서는 교재개발과 시설지원 목적으로 5억 원을 지원하였으며, 70개 출판사들의 기금을 모아서 전문 출판인 종합학교로 설립되었다.

(2) SBI의 교육목표

① 출판환경의 변화에 따른 창의적이고 미래지향적인 교육

② 이론과 실무의 창조적 접목을 꾀하되 사례연구에 역점을 둔 현장중심의 교육

③ 최고 전문가 중심의 강사진으로 출판에 대한 안목과 실력을 넓히는 전문교육

④ 실제 업무수행에 필요한 지식과 정보를 제공함으로써 실무능력을 함양하는 교육

⑤ 출판인으로서의 건전한 직업정신과 윤리의식을 강화하는 교육

(3) SBI의 교육과정

표 16-14 | SBI의 교육과정

① 편집

* 수강료가 70,000(원)인 경우는 정부지원 할인금액임.

과정명	난이도	총일수/총시간	정원	수강료(원)	개설횟수
편집자 입문	초급	17/45	40	390,000	4
출판실무 어문규칙	초급	6/18	18	70,000	3
실전문장 다루기	중급	10/30	18	70,000	2
난문/번역문 다루기	중급	7/21	18	70,000	2
책의 설계와 구성	중급	8/24	18	70,000	3
편집자의 커뮤니케이션 능력향상	고급	6/18	18	70,000	2
출판권과 저자, 역자 관리	고급	6/18	18	70,000	2
출판편집장	고급	14/42	18	590,000	2
홍보매체의 이해와 활용	고급	6/18	18	70,000	2
홍보콘셉트와 카피	고급	6/18	18	70,000	2

② 마케팅

과정명	난이도	총일수/총시간	정원	수강료	개설횟수
출판마케팅 기초	초급	10/30	18	70,000	2
웹마케팅 구성 및 운영	중급	6/18	18	70,000	3
SNS마케팅	중급	6/18	18	70,000	3
서점의 이해와 영업관계 기술	중급	6/18	18	70,000	2

③ 회계 · 경영

과정명	난이도	총일수/총시간	정원	수강료	개설횟수
도서매출 분석관리	초급	6/18	18	70,000	3
출판회계와 경영관리	중급	6/18	18	70,000	3

④ 디자인

과정명	난이도	총일수/총시간	정원	수강료	개설횟수
표지와 본문 레이아웃	초급	10/30	18	70,000	2
출판 인디자인 입문	초급	2/18	18	미정	3
출판 타이포그래피	중급	13/39	18	70,000	3
출판 인디자인 향상	고급	7/20	18	70,000	3

⑤ 기획 · 제작

과정명	난이도	총일수/총시간	정원	수강료	개설횟수
출판제작의 모든 것	초급	6/18	18	70,000	3
출판기획 워크숍	중급	7/21	18	70,000	2
시리즈물 기획분석	중급	6/18	18	70,000	3
전자책(e북) 제작 실무	중급	6/18	18	70,000	3
전자책 유통과 니즈분석	중급	6/18	18	70,000	3
출판 POD 실무	중급	6/18	18	70,000	2
출판 사업계획서 작성	중급	6/18	18	70,000	2

자료 : 한국출판인회의, 2012.

⑥ 신규 인력양성 교육(특별 전문 교육반)

교육분야 : • 출판편집자 20명 내외
• 출판마케터 20명 내외
• 출판디자인 20명 내외

교육목표 : 6개월간 체계적이고 집중적인 현장실무 위주의 교육을 통하여 준전문가를 양성함으로써 각 분야별 현장업무의 이해와 실무추진 역량을 발휘하는 한편, 업무 간 커뮤니케이션을 할 수 있도록 학습한다.

3) 한국출판문화산업진흥원

2014년부터 출판 일자리 창출 교육의 교육생 모집(교육비 무료)을 하였고, 내년 1인 창조 출판사 창업교육 및 출판사 재취업 교육을 하고 있다.

9. 시장개방의 국제화

출판업은 1997년 1월부터 외국인 투자를 허용하였는데, 중고서점은 1993년 7월, 서적도매업은 1995년 1월, 오프셋인쇄업과 경·상업인쇄업은 1996년 1월에 이미 개방되었다. 현재 선진국들은 전자출판의 활성화가 우리나라보다 한발 앞서가고 있다. 따라서 정부와 출판산업계는 지금부터라도 지식 · 정보사회를 지향하는 출판문화산업을 국가 발전전략의 중심 산업으로 정하여 법적 · 제도적 · 정책적 지원을 함으로써 출판산업의 국제경쟁력을 길러야 한다.

10. 저작권 집중관리제도의 시행

1) 한국복제전송저작권협회

(1) 설 립

자동 복제기기의 급증 및 보급과 컴퓨터 통신망의 발달에 따라 저작물의 복사와 전송이 학교 · 직장 등 우리 주변에서 빈번히 행해지고 있다. 그러나 저작권법 제46조에 의해 보호

표 16-15 | (사)한국복제전송저작권협회(Korea Reproduction and Transmission Rights Association)

설립연도	2000년 7월 1일
설립목적	저작재산권자(저작자, 출판권자)로부터 복사와 전송에 관한 권리를 위탁받아 관리함으로써 저작재산권자의 권리를 보호하고 저작물의 공정한 이용을 도모
주요 사업	• 저작권 신탁관리(저작권법 제105조) • 저작권 대리중개 • 복사 · 전송 이용허락에 따른 사용료 징수 및 분배 • 저작권 침해 법률구제 : 온·오프라인상의 불법 복제물 단속 및 고소 • 교과용 도서보상금 징수 및 분배(저작권법 제25조 1항) • 수업목적 보상금 징수 및 분배(저작권법 제25조 2항) • 도서관 보상금 징수 및 분배(저작권법 제31조 5항) • 저작권연구 • 국제교류
2012년도 주요 활동 내용	• 저작물 복사 및 이용 • 보상금 징수 및 분배사업 • 불법 복제 단속 및 고소 업무 • 저작권 선진화포럼 공동운영 • 보상금 제도 • 2014년 IFRRO(세계복제권기구연맹) 정기총회 유치 • 미분배보상금 분배 활성화 사업 • 교육 및 홍보 활동
규모(회원수, 직원 현황 등)	회원 6개 단체, 준회원 4개 단체, 직원 총 14명
소재지	서울시 강서구 화곡동 1063-3 중앙빌딩 8층
연락처	• 전화 : 전화 : (02)2608-2800, 팩스 : (02)2608-2031 • 홈페이지 : www.korra.kr

자료 : (사)대한출판문화협회, 「한국출판연감」, 2013.

되는 저작물의 복사와 전송 등은 저작권법에서 정한 예외의 경우를 제외하고는 저작권자의 허락을 얻어야 한다. 저작권자의 허락을 얻지 않고 행할 경우에는 저작권 침해가 되어 그 이용자(소비자)에게 민·형사상의 책임이 따르기 때문이다. 그러나 이용자가 직접 저작권자 각 개인에게 허락을 얻는 데는 시간과 비용이 많이 소요된다. 그래서 복사와 전송에 관한 저작권을 집중관리하여 이용자가 적법 · 신속 · 간편하고 저렴한 비용으로 복사와 전송을 할 수 있도록 하는 한국복사전송권관리센터(Korea Reprographic & Transmission Rights Center : KRTRC, 이하 "센터"라 한다)가 2000년 7월 1일자로 설립되었다(저작권법 제46조, 제105조).

그러나 2007년에는 '한국복사전송권관리센터'의 명칭이 '한국복사전송권협회'로, 2012년 12월 6일에는 '(사)한국복제전송저작권협회(Korea Reproduction and Transmission Rights Association : Korra)'로 변경되었다.

협회는 문화관광부 장관의 허가를 얻은 저작권 신탁관리업자로서 기본적으로 이용자로부터 저작권 사용료를 징수하여 저작권자에게 분배하는 일을 한다. 협회가 이러한 일을 수행함으로써 저작자에게는 새로운 창작을 가능하게 하고, 출판자에게는 출판활동을 활성화할 수 있게 하며, 이용자에게는 편의를 제공하게 된다. 이는 궁극적으로 문화발전에 기여하는 것인데, 이러한 역할을 협회가 주도하고 있는 것이다. 또한 협회는 저작권법 제105조의 규정에 따라 저작물의 문헌 복사 및 전송에 관한 권리를 위탁받아 관리함으로써 저작자(출판자 포함)의 권리를 보호하고 저작물의 공정한 이용을 도모함을 목적으로 한다(협회 정관 제3조 목적).

참여단체로는 (사)한국문예학술저작권협회, (사)대한출판문화협회, (사)한국음악저작권협회, (사)한국방송작가협회, (사)한국학술단체연합회, 한국시나리오작가협회가 있다.

(2) 업 무

권리수탁 : 저작 · 출판권자로부터 저작물의 복사와 전송에 관한 권리를 위탁받아 관리한다.

사용료 징수 : 이용자와 복사 · 전송 허락계약을 체결하고 저작권 사용료를 징수한다.

사용료 분배 : 징수한 복사 · 전송에 대한 사용료를 저작 · 출판권자에게 분배한다.

기타 업무 : 저작물의 국민적 이용 확대와 조사연구 · 출판 · 홍보 및 지원 사업, 저작물의 불법 복제를 방지하기 위한 사업, 저작권 인식 제고를 위한 사업, 법인의 설립목적을 달성하기 위하여 필요한 사업 등을 추진한다(협회 정관 제4조).

불법 복제물의 수거 · 폐기 및 삭제 : 2006년 12월 28일 법률 제8105호로 제정 · 공포되어 그 후 몇 차례 개성된 '저작권법' 제133조를 살펴보면 다음과 같다.

① 문화체육관광부 장관, 특별시장 · 광역시장 · 도지사 · 특별자치도지사 또는 시장 · 군수 · 구청장(자치구의 구청장을 말한다)은 저작권 그 밖에 이 법에 따라 보호되는 권리를 침해하는 복제물(정보통신망을 통하여 전송되는 복제물은 제외한다) 또는 저작물 등의 기술적 보호조

치를 무력하게 하기 위하여 제작된 기기 · 장치 · 정보 및 프로그램을 발견한 때에는 대통령령으로 정한 절차 및 방법에 따라 관계 공무원으로 하여금 이를 수거 · 폐기 또는 삭제하게 할 수 있다(개정 2008.2.29., 2009.4.22.). ② 문화체육관광부 장관은 제1항의 규정에 따른 업무를 대통령령이 정한 단체에 위탁할 수 있다. 이 경우 이에 종사하는 자는 공무원으로 본다(개정 2008.2.29.). ③ 문화체육관광부 장관은 제1항 및 제2항에 따라 관계 공무원 등이 수거 · 폐기 또는 삭제를 하는 경우 필요한 때에는 관련단체에 협조를 요청할 수 있다(개정 2008.2.29., 2009.4.22.). ④ 삭제(2009.4.22.) ⑤ 문화체육관광부 장관은 제1항에 따른 업무를 위하여 필요한 기구를 설치 · 운영할 수 있다(개정 2008.2.29., 2009.4.22.). ⑥ 제1항부터 제3항까지의 규정이 다른 법률의 규정과 경합하는 경우에는 이 법을 우선하여 적용한다(개정 2009.4.22.).

2) 우리나라 학술 · 전문도서의 불법 복사 · 복제 실태

(강희일 외, 「도서 불법 복사 · 복제 실태와 근절대책, 문화관광부 · KRTRA, 2002」 참조)

(1) 불법 복사 · 복제의 전문화 · 조직화 · 노골화

우리나라 학술 · 전문도서의 불법 복사 · 복제 실태는 한마디로 위험수준이다. 자동화된 고속복사기의 대량 생산 · 보급에 따라 대학가에는 2,000여 복사점이 불법 복사 영업을 하고 있다. 이러한 불법 복사 · 복제 행위가 무차별적으로 이루어지면 도서판매량이 줄게 되고 저작권자와 출판권자는 심각한 정신적 · 경제적 피해를 입게 된다. 따라서 저작(창작)활동의 중단과 학술출판의 기피현상으로 이어져 출판산업의 발전을 저해하는 요소가 되고 있다.

우리나라 학술 · 전문도서의 불법 복사 · 복제는 IMF 관리체제하에서부터 심해지기 시작하여 날이 갈수록 전문화 · 조직화됨으로써 대학가에서는 일반화된 자연스러운 현상으로 보일 정도가 되었다. 전국의 대학가 주변 복사점과 구내복사점은 보통 10여 개 이상이 성업 중이고, 일부는 단과대학별로 체인화되어 있는 곳도 있으며, 또한 도서관까지도 가세함으로써 그 규모와 불법의 내용은 상상을 초월하여 정확한 파악도 어렵다(강희일, 2003).

(2) 개인별 복사에서 단체 대량복사로의 변화

이전에는 학생들이 개인별로 부분복사나 품절도서에 한하여 낱권복사를 하던 것이 이제는 학기 초마다 학과 대표가 복사본 도서를 신청하는 학생들로부터 책 정가의 40~50% 정도의 복사본 도서대금을 선불로 받아 대량복사를 의뢰하고, 약속한 날짜에 납품을 받아 이들에게 복사본 도서를 일시에 나누어 줄 정도로 불법 복사가 만연되어 있다. 따라서 수강 학생수 100명을 대상으로 서점에 출고된 도서는 복사에 필요한 1~2권을 제외한 나머지가 전부 반품되고 있다. 그러나 이러한 복사 · 복제가 불법이라는 인식이나 양심의 가책을 느끼지 못한 채 복사본 도서를 구입하여 당당하게 공부를 하는 학생들과 이를 보고도 지나치는 강의교수들의 무관심이 문제를 더욱 악화시키고 있다.

따라서 이러한 불법 복사 · 복제 행위는 비교적 적은 부수를 발행하는 학술 · 전문도서 출판사 및 저작자에게 막대한 피해를 주고 있어, 학술 · 대학교재를 전문으로 출판하는 500여 출판사의 경우에는 불법 복사 · 복제로 인해 출판사의 존립이 어려울 만큼 그 피해 정도가 심각하다.

현재 복사업자들은 자체적으로 단체를 만들고 고문변호사를 고용하여 불법 복사 · 복제 단속에 적발될 때를 대비하여 건조물침입죄 · 퇴거불응죄 · 절도죄 · 법관영장 요구 등등으로 대처하라며 행동강령까지 공문으로 알려주고 있다.

(3) 불법 복사 · 복제는 범법행위

학술 · 전문도서의 주된 독자층은 대학생들이다. 한국출판연구소에서 실시한 조사에 의하면, 대학생들 중 92.9%가 아무 생각 없이 일상적으로 도서의 불법 복사 · 복제를 하고 있으며, 77.5%가 불법 복사본 교재를 사용하고 있는 것으로 나타났다.

실로 우려되는 것은, 최고 학문을 지향하는 대학에서 공부하는 학생들이 몇 푼의 돈을 아낀다는 명목으로 불법 복사 · 복제라는 범법행위[01]를 아무런 죄의식 없이 행하고 있다는 사실로서, 이것이 바로 우리의 미래를 책임질 젊은이들이 현재 지니고 있는 도덕성과 의식 수준의 현주소라는 점이다. 소비자인 학생들과 복사업자들이 저작권을 무시하고 습관처럼 행하는 불법 복사 · 복제 행위는 저작권법 질서의 문란은 물론, 저작자의 창작의욕 상실과 출판문화산업의 황폐화로 이어져 지식과 정보 등 창의적인 두뇌작업이 국가발전의 원동력이 될 21세기 정보화시대에 우리나라의 지적소유권 풍토를 황폐화시킴으로써 국가경쟁력을 떨어뜨리게 될 위험마저 있다.

(4) 대학 구내복사업소의 실태

출판계가 실시한 대학 구내복사업소 실태조사에 의하면, 서울 시내 20개 대학만 해도 340대의 복사기가 학생들을 대상으로 설치되어 있는 것으로 나타났다. 그러나 일부 복사업소는 출입제한으로 조사대상에서 누락된 경우도 있어 실제로는 이보다 훨씬 더 많은 복사기가 설치되어 있을 것으로 짐작된다.

복사업소에서 주로 사용하는 복사기는 고속으로 복사할 수 있는 최신형 고속복사기이며, 특히 최근에는 무인 카드복사기의 설치가 점차 확산되고 있다. 또한 학기 초에는 강의교재

01 저작권법 제136조 제1항에 의거하면, 무단 전재 및 복제행위는 5년 이하의 징역 또는 5,000만 원 이하의 벌금에 처하거나 이를 병과할 수 있다.

를 단체로 복사하여 나누어 갖는 것을 일종의 행사로 여기고 있는 실정이다. 이러한 상황에서 대학 구내복사업소는 교육적 목적이나 사적 이용목적보다는 전문적 영업목적의 비중이 더 큰 불법 복사업소로서 운영되고 있다. 일부 대학에서는 구내복사점을 경쟁입찰로 임대함으로써 고액의 임대료 지불로 인한 불법 복사 · 복제 행위를 더욱 부추기고 있다. 특히 무인카드복사기는 일정액의 카드(5,000원 권, 10,000원 권)를 구입하여 학생들이 직접 복사하는 기기로서, 어느 누구의 제재나 감시도 없기 때문에 양서와 악서의 구별 없이 마구잡이식 복사가 성행되고 있다. 이러한 사실은 대학 자체의 문제는 물론 국가 · 사회적으로 또 다른 차원의 문제를 야기시킬 수 있다.

(5) 대학가에 판치는 '북스캔'

원서(原書)나 비싼 전공서적(專攻書籍)을 통째로 복사하는 대학가의 불법복사 악습(惡習)이 디지털화하고 있다. '복사집'의 낯익은 풍경이 사라지는 대신 자동 스캐너를 이용해 책을 컴퓨터 파일로 변환하는 이른바 '북스캔(book scan)'이 대학가를 중심으로 성행하고 있다.

북스캔은 전자책의 절반값에도 못 미칠뿐더러, 보관 중인 데이터로 무한히 재복사될 수 있는 것이다. 서울 시내에서 성업 중인 10여 개의 북스캔 업소 중 8곳을 확인한 결과 저자로부터 복제를 허락받았는지 확인하는 곳은 한 곳도 없었다. 1곳만이 '파일을 유포하지 않겠다'는 문서에 서명하도록 하고 있었다. 최근 대학가 복사집에선 절판된 책에 한해 복사를 해주고 있다. 그러나 북스캔 업소는 이렇다 할 제한이 없다. 아이패드 같은 태블릿 PC 이용자가 늘면서 북스캔을 이용하는 대학생이 늘고 있다. 문제는 한 권을 스캔해 여러 명이 재복사한다는 것이다. 대학생 성모(25)씨는 "비싼 전공책을 구입하기보다 친구들끼리 돈을 모아 한 권을 사서 북스캔 파일을 공유해 책값을 절약하고 있다"고 말했다. 인터넷 포털 사이트에는 이미 북스캔 업소에서 만든 카페가 60여 곳에 달한다. 한 인터넷 카페의 경우 회원 수가 5,000명을 넘었고, 한 업체는 지난 1년간 3만여 권의 책을 스캔했다고 소개하기도 했다.

북스캔 파일은 이메일이나 P2P 사이트에서 무분별하게 거래될 가능성이 크다. 아무 생각 없이 이런 파일을 주고받다가 저작권 침해 혐의로 처벌받을 수도 있다. 문화체육관광부에 따르면 북스캔은 저작권이 만료된 책이거나, 저작권자에게 복제 허락을 받은 책에 한해서 가능하다. 이대희 고려대 법학과 교수는 "북스캔은 과거 복사집의 불법복제 행태가 변형된 것에 불과하다"며 "합법화되기 위해서는 불법유포 방지를 위한 기술적 보완과 북스캔을 통한 이익 분배에 관한 법 개정이 선행되어야 한다"고 말했다. 업소에서 북스캔을 하는 것은 비용을 지급하는 영리행위이므로 저작권자도 이익을 배분받아야 한다는 주장이다.

그러나 현재로선 단속이 쉽지 않다. 현행 저작권법에 스캐너와 관련된 조항이 없기 때문이다. 김상조 서울대 기술과 법센터 교수는 "저작권법에서 금지하는 '복사기기'에 스캐너가 포함되지 않는다"며 "북스캔을 위법으로 단정 지을 수 없는 상황"이라고 말했다. 김 교수는 또 "변화된 기술을 반영하는 명확한 법문으로의 법률 개정이 필요해 보인다"고 말했다(조선일보, 석남준 · 엄보운 기자, 2012.1.21.).

정부가 전국 '북스캔(book scan)' 업체에 대해 대규모 압수수색을 2014년 6월에 실시하기로 결정했다. 북스캔은 종이책을 PC에서 볼 수 있도록 전자파일(PDF)로 변환해 주는 행위를 뜻한다.

문화체육관광부는 "전국 대형 북스캔 업체에 대한 사전 조사를 마쳤으며 계속 영업하는 업체를 대상으로 다음 달 압수수색을 할 방침"이라고 밝혔다. 정부가 북스캔 업체를 압수수색하는 것은 이번이 처음이다. 정부가 압수수색에 나서는 것은 출판사들이 3월 "불법 스캔된 서적이 온라인에 유통돼 손해가 막심하다"며 규제를 요청했기 때문이다. 현재 온라인이나 대학 주변의 북스캔 업체는 장당 5~10원을 받고 종이책을 스캔해 준다. 한 달에 수천만 원의 수익을 올리는 업체가 있을 만큼 성행하고 있다. 문체부는 1차적으로 '저작권 위반' 경고문을 보낸 후 4, 5월 두 달간 특별사법경찰 30여 명을 투입해 50여 개 업체를 조사했다. 조사 담당 이향순 주무관(특수사법경찰)은 "가장 큰 문제는 업체들이 고객이 맡긴 종이책을 스캔한 후 원본 파일로 온라인에 유통시킬 수 있다는 점"이라며 "업체 내 PC를 뒤져야 잡아낼 수 있어 압수수색을 준비하게 됐다"고 설명했다.

북스캔 문제가 처음으로 부각된 시기는 2011년이다. 태블릿 PC가 활성화되면서 무거운 책을 복사해 들고 다니기보다 태블릿 PC에 담으려는 대학생이 늘면서 대학가에 북스캔 업체가 기하급수적으로 증가한 것이다. 문체부는 북스캔 업체의 스캔 파일 유포는 저작권 위반(5년 이하의 징역 혹은 5,000만 원 이하 벌금)에 해당된다고 밝혔지만 수사를 하진 않았다. 문체부 최원일 저작권보호과장은 "북스캔 업체들이 '저작권자에게 돈을 주고 허가를 받겠다'고 대책을 마련하는 듯하더니 흐지부지된 상태에서 북스캔이 다시 성행하고 있다"고 지적했다. 개인이 소유한 책을 북스캔 업체에 맡겨 혼자만 사용해도 저작권법(30조)에 따르면 영리가 아닌 개인 이용으로는 가정 등에서 복사(북스캔)는 가능하지만 '공중의 사용 제공으로 설치된 복사기기'에서의 복제는 불법이다. 북스캔 업체에 맡기는 것은 '공중 사용을 위한 기기' 사용에 해당된다. 상당수 대학생이 북스캔으로 제본한 교재를 쓰고 있어 이번 조치는 대학가에 미칠 파장이 만만치 않을 것으로 보인다. 19일 서울 성북구 A대학 주변 복사업체에는 제본교재(製本教材)가 쌓여있었다. 업체 내 설치된 PC 바탕화면에는 스캔된 각종 교재 PDF 파일이 보였다. 고객으로 가장해 온라인 북스캔 업체 6곳에 교재 스캔을 의뢰하자 1곳만 '불법'이라며 거부했고 나머지 5곳은 '가능하다'고 답했다. 〈중략〉(동아일보, 김윤종 기자, 2014. 5. 23.)

(6) 불법 다운 부추기는 저작권법 개정 논란

음악이나 영화를 비롯한 문화 관련 콘텐츠들을 인터넷에 불법으로 올려 돈을 벌더라도 수익이 100만 원 미만이면 처벌받지 않는다는 법이 통과될 예정이어서 논란이 일고 있다. 문화계에서는 "수많은 99만 원짜리 범죄자가 처벌을 면하게 될 것"이라며 반발하고 있다. 2014년 5월 1일 국회에 따르면 음악이나 영화 등의 불법 업로더가 저작권자에게 6개월 이상 100만 원 초과의 피해를 입히는 경우 형사처벌을 받도록 하는 저작권법 개정안이 최근 국회 교육문화체육관광위원회를 통과했다. 이 법안은 조만간 국회 법제사법위원회 심사를 거쳐 본회의에서 통과될 예정이다. 개정안을 대표 발의한 새누리당 김희정 의원 측은 이날 "기존 저작권법은 피해 규모와 상관없이 저작권 침해 사범을 처벌하도록 규정해 이를 악용한 고소 · 고발이 늘어나는 부작용이 있었다"고 말했다. 이런 규정이 불법 업로드를 더 부채질할 것이란 게 음악 · 영화계의 반응이다. 영화는 불법 사이트에서 100~200원 수준에 거래된다. 피해액이 100만 원을 넘기려면 한 편당 5,000~1만 회 이상 다운받아야 한다. 여러 사람이 같은 영화를 올리기도 하므로 새 개정안은 이런 범죄를 양성화할 것이라는 게 영화계의 지적이다. 원동연 영화제작자협회 부회장은 "이 법안이 통과되면 문화산업은 끝장날 것"이라며 "지난 몇 년간 벌여온 '굿 다운로드 캠페인' 도 물거품이 될 것이므로 영화계가 절대로 가만히 있지 않을 것"이라고 말했다(조선일보, 권승준 기자, 2014.5.2.).

(7) 2010년 문화 콘텐츠 불법 복제의 피해현황

2010년 문화 콘텐츠 불법 복제의 피해에 대해 문화체육관광부 연구팀이 작성한 "콘텐츠 불법 복제 감소가 미치는 경제적 파급효과에 관한 연구"에서 불법 복제로 발생한 생산유발 감소효과는 4조 원으로 나타났으며, 이로 인한 일자리 3,570개와 세금 1,478억 원의 피해를 입은 것으로 조사되었다.

이 연구보고서에 따르면 불법 복제 때문에 날아간 콘텐츠산업의 일자리는 영화 10,349개, 음악 8,554개, 출판 3,824개, 게임 1,899개, 방송 1,196개, 관련산업 9,914개이다.

생산유발 감소효과로는 영화 8,684억 원, 음악 7,188억 원, 출판 3,716억 원, 게임 2,447억 원이다. 영업이익 손실로는 음악 621억 원, 영화 558억 원, 방송 254억 원, 게임 237억 원, 출판 149억 원이다. 세금의 손실로는 영화 366억 원, 음악 213억 원, 출판 157억 원이다. 연구팀은 불법 복제에 의한 침해율을 현재의 19.2%에서 절반인 10.1%로 줄이면, 일자리 17,000개를 더 만들 수 있고, 국내 전체생산은 1조 9,000억 원이 늘어난다고 계산했다. 불법 복제가 생산, 고용, 부가가치, 영업잉여, 세수(稅收) 등 국가경제에 미친 손실이 구체적 수치로 조사된 것은 이번이 처음이다(조선일보, 2012.3.13.).

또한 한국저작권위원회가 펴낸 「2012 저작권백서(著作權白書)」에 따르면 2011년 합법저작물 시장 규모는 11조 4,963억 원이며, 불법저작물로 인한 침해 규모는 전년도보다 11.2%(2,801억 원) 줄었다. 합법저작물 시장 침해율은 16.2%로, 저작권 보호 강화에 따라 2009년 21.6%에서 2010년 19.2%, 2011년 18.8%로 꾸준히 감소했다. 합법저작물 시장 침해를 콘텐츠별로 살펴보면 영화가 6,575억 원으로 가장 컸고, 음악 5,840억 원, 게임 5,199억 원, 출판 2,978억 원, 방송 1,594억 원 등이 뒤를 이었다. 불법복제물로 콘텐츠산업은 약 2조 6,000억 원의 생산감소 피해를 입었고, 고용손실 규모도 2만 5,000명에 달했다고 저작권위원회는 분석했다. 한국저작권위원회는 "합법저작물 시장 침해율이 현재 16.2%에서 10%로 줄어들면 생산유발 효과가 1조 5,141억 원에 이르고 1만 3,000명의 고용유발 효과를 내는 등 경제적 파급 효과가 클 것"이라고 덧붙였다(한국경제 2013.10.29.).

제5절 전자출판산업의 활성화

1. 전자출판산업의 활성화

전자출판(electronic publishing)은 1971년 미국의 마이클 S. 하트가 처음으로 '구텐베르크 프로젝트(미국독립선언서 등 2,000여 권의 도서를 데이터베이스화하는 작업)'를 시작하여 대중이 다운받아서 읽게 함으로써 전자책시대를 열었다.

그 후 1985년 미국에서 DTP(Desk Top Publishing, 탁상출판) 시스템과 CD-ROM이 나온 이후 일반적으로 대중화가 되었다. 전자출판이란 종이를 소재로 한 출판물을 제작하는 공정과정의 전산화를 비롯하여 전자매체를 이용한 전자출판물의 생산을 중심으로 하며, 정보통신과 방송의 새 매체를 통하여 정보를 제공하여 출판기능을 하는 체계를 통틀어서 말한다(김희락, 1993, p.149).

우리나라 전자출판은 1982년 CTS(Computerized Typesetting System, 컴퓨터조판 시스템)가 도입되었고, 1987년 DTP 시스템이 도입되어 출판편집에 많은 변화를 가져왔다. 1993년에는 PC통신을 이용하여 도서내용을 알리는 서비스가 시작되었고, 1995년에는 인터넷을 통하여 책을 서비스하기 시작하였다.

우리나라 전자출판물의 생산은 1991년에 CD-ROM이 처음으로 생산되면서부터 시작되었다. 그러나 CD-ROM은 전자책의 과도기적 테크놀로지이며 일반적으로 인터넷이 더 많은 변화와 발전상 앞서고 있다.

현재 전자출판에서 주문형 출판(Print On Demand) 시스템의 실용화를 위하여 세계 각국에서는 많은 연구를 하고 있다. 이는 각 출판사가 출판한 책을 그대로 스캔한 디지털 콘텐츠

표 16-16 | (사)한국전자출판협회(Korea Electronic Publishing Association)

설립연도	1999년 10월 20일
설립목적	본회는 전자출판에 관한 정보교환과 개발 추진, 표준화, 인증제도 등의 사업을 통해 전자출판 분야의 실제적인 업무를 효율적으로 추진함으로써 전자출판산업의 진흥을 도모하고 나아가 정보사회의 발전에 이바지함을 목적으로 함
주요 사업	• 정보 수집 및 제공 • 공동개발 추진 및 첨단기술 보급 • 전자출판물 인증제도 운영 • 전자출판물에 대한 납본업무 대행 • 연수, 교육 및 산학협동 • 전자출판 관련 저작권 보호 및 연구 • 회원의 공동복리 증진에 관한 사항 • 조사 · 연구 및 발표회 개최 • 표준화 추진 • 홍보 · 전시행사 개최 • 유통촉진사업 • 정책 건의 • 국제교류 추진 • 기타 본회의 목적 달성에 필요한 사업
2012년도 주요 활동 내용	• 전자출판 공동제작센터 설치 운영 • 제7회 대한민국 디지털 작가상 공모전 • 독일 프랑크푸르트도서전 참가 • 디지털 북페어(서울국제도서전) • 전자출판 전문인력 양성 • 중국 베이징도서전 참가 • 전자출판물 인증 사업 • 디지털 북페스티벌
규모(회원수, 직원 현황 등)	회원사 119사, 직원 5명
소재지	경기도 파주시 교하읍 문발리 파주출판문화정보산업단지 518-6 청람출판사옥 3~4층
연락처	• 전화 : (031)955-0041~4, 팩스 : (031)955-0045 • 홈페이지 : www.kepa.or.kr

자료 : 앞의 책, 2013.

를 위성통신 등의 데이터 송수신 시스템에 의해 서점이나 편의점 등에 설치되어 있는 '전자책 자동판매기'에서 독자가 선택 · 구입(download)해서 독서단말기로 읽을 수 있게 하였다.

일본에서는 1998년 8억 엔의 정부보조로 출판사 · 서적유통업자 · 통신전자업자 등 145개 업체의 전자서적 컨소시엄(E-Book Japan)을 만들어 주문형 출판 시스템을 실용화하기 위한 실험을 계속하고 있다.

우리나라도 출판환경의 디지털화에 대응하여 출판산업의 지평을 확대하고, 우리의 IT기술을 기반으로 세계시장을 선점하기 위하여 문화관광부는 2001년부터 전자책 활성화 사업을 지원하고 있다. 2000년 9월 7일 우리나라 전자책시장의 기반을 구축하려는 목적으로 한국전자책 컨소시엄이 설립된 이후 문화관광부는 전자책산업의 시장형성 및 활성화를 위하여 제도적 장비 및 지원을 계속하고 있다.

2001년에는 전자책산업 활성화를 위한 기초연구작업 및 한국전자책 표준안(Electronic-Book Korea Standard : EBKS) 1.0을 제정하였으며, 전자책용 한글폰트 개발 등의 사업을 추진하였다. 2002년에는 다양한 전자책의 제작을 지원하여 전자책 콘텐츠를 확충한 데 이어, 2003년에도 11억 5000만 원의 예산으로 전자출판 활성화 기반 구축, 전자책 콘텐츠 수익모델 구축, 전자출판 대중화 사업, 전자출판유통 활성화 사업 등을 진행하였다. 현재 한국전자책 표준과 전자출판 납본 · 인증 시스템 등이 완성되어 전자책 분야에 대한 체계적인 시스템을 구축하고 있으나, 문화관광부와 정보통신부의 견해 및 정책의 차이가 커 정책지원상 많은 문제점이 노출되고 있다. 따라서 이에 대한 대책과 실제적이고 과학적인 분석에 의해 연구된 체계적인 지원이 요구된다.

2. 국내 전자출판시장 현황

우리나라의 전자출판시장은 2000년부터 활성화되면서 매년 성장을 하였는데, 그 내용은 다음과 같다(대한출판문화협회, 「한국출판연감」 참조).

국내에서의 2001년 2월 말 누계로 보면 500여 출판사가 10여 개 전자책 업체와 계약을 체결하고 1만 2810종의 전자책을 서비스하였다.

전자책의 생산 · 유통방식은 기술력과 생산기반이 없는 출판사가 전자책 업체한테 제작부터 서비스까지 위탁하는 형태가 주류이며, 일부는 저자가 전자책 업체와 직접 계약하는 형태이다. 또 콘텐츠의 대부분은 기존에 출판된 종이책을 다양한 포맷의 전자책으로 변환한 것이지만, 전자책으로만 판매되거나 전자책을 먼저 발행했다가 후에 종이책으로 발행하는 경우도 생기고 있다.

보통 전자책의 가격대는 종이책 정가의 1/2~1/3 수준이 일반적이다. 또한 관련업계 모두가 표준화, 공동개발 등 사업 전반에 대한 공조도 활발하였다.

전자책 관련업계라 할 출판사 및 IT(솔루션, 서비스, 단말기)업체의 공동 집중협의기구인 EBK(Electronic-Book Korea, 한국전자책 컨소시엄)는 2000년에 정부로부터 10억 원의 연구자금을 지원받아 전자책시장 인프라 구축을 위한 각종 연구사업을 시행하였다. EBK는 2000년 9월에 회원사 59개 사(출판사 25개 사, IT업체 34개 사)로 출범하였으며 표준화, 편집제작, 저작권, 휴대단말기, 교육홍보, 전자교과서 개발, 특별대책위 등 7개 분과위와 2개의 워킹그룹으로 이루어진 조직이다.

2001년은 전자책 업체들에게 매우 어려운 시기였다. 한때 정부의 풍부한 지원정책과 분위기 조성으로 이상과열 현상이 일어나 전자책시장에 참여하였던 업체들은 전자책에 대한 콘텐츠 생산자와 사용자들의 냉담한 반응에 시장이 경직되고 경기가 침체되자 큰 어려움을 겪었다. 2001년 하반기에는 B2B 부문이 전자책 업계에 힘을 실어주었다. 와이즈북토피아(와이즈와 북토피아의 합병회사), 바로북닷컴, 워드씨피엘, 에버북닷컴 등 전자책 서비스 업체들이 공공도서관이나 관공서, 각급 학교를 비롯한 교육기관 등을 대상으로 사이버도서관 구축에 힘을 쏟았다. 특히 이 해에는 정부기구나 관련단체들과의 계약을 추진해 온 업체들이 속속 성과를 내놓았다.

와이즈북토피아는 세종사이버대학교, 강남구청 등과 온라인 대출방식의 사이버도서관 구축을 시도하였다. 바로북닷컴은 국립중앙도서관에 총 350여 종 417권의 전자책 콘텐츠를 공급하기로 계약하여 1억 5000만 원의 매출을 올렸다.

이렇듯 B2B 부문이 급성장한 이유는 인터넷을 기반으로 도서대출과 저작권을 관리할 수 있는 다양한 솔루션 개발에 힘입은 바가 크다.

와이즈북토피아는 일반 소비자를 대상으로 한 B2C 부문에서도 상당한 성공을 이루었고, 일반 사용자들이 쉽게 접근할 수 있는 방향으로 콘텐츠를 다각화하기 위해 종이책과 전자책을 동시에 만날 수 있는 동시출간 서비스도 시행하였다. 바로북닷컴은 베스트셀러를 전자책으로 선보였다.

단말기 업체 가운데 한국전자북이 YBM시사영어사와 제휴해 「TOEIC 모의고사 문제집」(전 5권)을 출간했고, 조이북닷컴은 전래동화를 플래시(Flash)[02] 형태의 전자책으로 제작해 아동층 공략에 나섰으며, 드림북도 최근 「꼬마 영어 그림책」, 「나도 영어 동화 쓸래요」 등 아동용 어학학습서 공급을 30%가량 늘렸다. 여기에 학습보조기기 전문업체인 대양이엔씨가 중고생 학습용 전자책 단말기인 엠씨이북을 내놓고 전자책시장에의 진출을 꾀하는 등 아동·학습서 전자책시장이 뜨거워졌다.

전자책 문서 표준화도 급진전되었다. 한국전자책 컨소시엄이 발표한 전자책 문서표준 'EBKS(Electronic-Book Korea Standard) 1.0'은 그동안 표준안 없이 표류하던 전자책 업계의 새로운 전기를 마련했다. EBKS는 미국과 일본이 채택하고 있는 XML을 기반으로 하여 앞으로 미국·일본과의 상호호환 가능성을 열었다. 또 동일한 전자책 표준안에 따라 만들어진 콘텐츠와 솔루션도 서로 교환할 수 있어 그동안 문제점이던 서비스 업체 사이의 중복투자 문제도 해결될 전망이다. 그러나 문서표준이 확정됐다고 해서 전자책 서비스 업체들이 당장 표준방식을 따르기는 쉽지 않다.

또한 전자책 업체들 사이에 전자책 가격에 대한 합의의 문제도 있다. 전자책시장 활성화에 기폭제가 될 전자책 전용 단말기도 출현했는데, 즉 한국전자북이 개발한 하이북의 등장으로 전자책에 대한 일반인들의 관심이 더욱 높아졌다. 한국전자북은 2000년 9월 하이북을 출시한 후 12월까지 4개월 동안 국내에서 2,500대 정도를 판매했고, 수출물량도 4,000여 대에 이르렀다.

---

02 벡터도형 처리 기반의 애니메이션 저작용 소프트웨어. 속도가 빠르고, 다양한 화면 크기와 해상도로 인해 그래픽 제작이 가능하며, 간결하고 효율적이며 전송에 최적화되어 있다. 또한 비트맵이나 도해설명 도구를 사용하여 애니메이션, 특수효과, 음향 등의 작업이 가능하다.

2002년의 우리나라 전자책 판매액은 300～400억 원 정도로 추정된다. 바로북, 와이즈북토피아(2004년 현재 '북토피아'로 개명), 조은커뮤니티 등 웹에서 판매되는 e-book 콘텐츠 판매량이 전년도에 비해 10배 이상 성장했으며, 특히 초·중·고 도서관, 국공립도서관, 대학도서관 등의 디지털 라이브러리 환경이 구축되면서 공공 · 민간 B2B 부문이 시장을 이끌며 2배 이상 성장했다. 이에 민간기업들이 디지털 콘텐츠 유통 오픈(open) 컨소시엄(OPEN), 디지털 라이브러리 콘텐츠 컨소시엄(Digital Library Content Consortium : DLCC), 전자책도서관 통합 컨소시엄(Korea eBook Library Association : KOBLA) 등을 잇달아 결성하면서 B2B 시장에 능동적으로 대응하고 있다.

우리나라 전자책 업체는 ① 포털 성격을 띤 업체, ② 전문영역의 성격을 띤 업체, ③ 멀티동화 제공업체 등 세 가지로 구분할 수 있다.

포털 성격의 기업으로는 와이즈북토피아가 있는데, 이 회사는 XML(eXtensible Markup Language), PDF(Portable Document Format), Flash 등을 기반으로 한 정보들을 수용할 수 있는 통합 뷰어를 사용함으로써 포털 성격을 더욱 강하게 어필하고 있다. 이 회사는 PC뿐만 아니라 PDA와 모바일 전자책에 대한 다양한 기술을 보유하고 있고, 전자책 종수도 업계 2위를 차지하고 있다. 다른 업체들은 대부분이 문학과 무협지 분야의 서비스를 하고 있는데 드림북, 미지로, 바로북, 에버북, 한국전자북, 노벨21 등이 그 예이다. 바로북은 전자책 콘텐츠 점유율 면에서 35.8%를 차지함으로써 이 분야에서 업계 1위이다. 이들 중 에버북을 제외한 나머지 업체들은 PC 기반 이외에도 한국전자북이 제공하는 전용단말기 환경을 제공하고 있고, 바로북의 경우 PDA(Personal Digital Assistant, 휴대용 정보단말기) 서비스와 모바일 서비스를 하고 있다.

대부분의 업체들은 PC에서 전자책을 자유롭게 수용할 수 있는 환경을 구축하고 있다. 이는 우리나라 가정의 대단히 높은 PC 보유율(총 1,870만여 대)을 전자책 인구의 저변확대를 위한 발판으로 활용하고 있다.

전자책 서비스 형태는 크게 세 가지로 구분된다. 소설 등을 중심으로 한 문학작품과 같은 단순 텍스트 유형의 책들은 주로 XML 방식을 채용하고 있으며, 편집이 복잡한 잡지나 학술도서 또는 이미지 위주의 도서는 편집형태를 그대로 유지하는 PDF 방식을 취하고 있다. 또 문자의 이해도가 낮은 아동을 대상으로 하는 유아용 멀티동화 전자책은 Flash로 제작을 하고 있다. 이외에도 자체 포맷을 사용하기도 하는데, 한국전자북의 경우 XML을 지원하는 KML이라는 자체 포맷을 사용하고 있다.

전자책이 제공되기 시작한 초기에는 각 업체별 포맷 경쟁이 치열하였지만 최근에는 전자책의 포맷보다는 변환되어지는 책의 형태와 전자책을 사용하는 독자의 취향에 따라 변화하고 있는 추세이다.

2002년 11월 말 국내에서 개발된 전자책 콘텐츠는 총 37,229종으로 파악되고 있다. 콘텐츠의 분야별 점유율은 문학 36.1%, 무협 · 오락 20.2%, 만화 12.3%, 어린이 · 청소년 9.4%, 경제 · 경영이 9.1%를 차지하고 있으며, 어학 및 학습 · 컴퓨터 · 인터넷 등이 그 뒤를 따르고 있다.

2003년 우리나라 전자출판의 시장환경 변화와 발전속도는 놀라울 만큼 앞서가고 있었다. 정부는 전자책사업을 '지식정보화 기반 구축사업' 핵심분야로 정하여 꾸준한 투자와 산업 활성화를 위해 지원하였다.

업계 또한 기술적인 발전은 물론 시장확대를 꾀하였다. 이러한 노력의 결과로 ① 전자책 문서표준화로 시장확대기반 조성, ② 교육관련 콘텐츠의 급속한 증대, ③ 2002~03년에는 공공 디지털 도서관에 대한 사업으로 전자도서관에 대한 기업들의 노하우 발전, ④ 공공도서관의 이용률 증대, ⑤ 무선을 이용한 전자책 단말기의 등장, ⑥ 출판사들의 전자책에 대한 투자 확대, ⑦ 저작권 보호에 관한 의식 고조, ⑧ 전자책에 대한 인증 · 납본제를 계기로 전자책의 기본요건 강화 등을 이루어냈다.

구체적으로는 모바일(Mobile) 서비스를 기반으로 다양한 형태의 전자책 단말기(휴대폰, PDA, 학습단말기, 웹하드, ePaper, 홀로그램 단말기)가 개발되었고, 기존의 컨버팅 위주의 전자책 저작도구에서 위즈위그(WIZWIG) 형태의 쉬운 저작툴이 개발(교사가 직접 콘텐츠를 제작)되었으며, 기존의 XML 포맷의 다양한 리더(Reader)에서 하나의 리더로 통합되어 사용자의 편리를 도모했다. 또한 인증 · 납본제 등을 통해 전자책의 메타데이터를 통합 관리할 수 있도록 함으로써 구매자나 사용자들에게 편리성을 보다 폭넓게 제공하고 있다.

인간이 디지털 기기를 개발하여 생활편의를 위해 그에 적응해 가는 속도는 놀라울 만큼 빠르게 진행되고 있다고 하겠다. 최근 정보통신과 전자업계가 협력하는 기술융합은 그 대표적 예이다. 즉, '디지털 컨버전스(digital convergence)'[03]로 인한 기술융합의 정보기술(IT)로 만들어진 통신기기는 시간과 장소에 관계없이 하나의 네트워크로 연결되는 유비쿼터스(ubiquitous) 시대를 열어가고 있다.

디지털 컨버전스로 눈부시게 발전된 제품은 휴대전화이다. 최근 선보인 카메라폰과 MP3폰은 디지털 카메라와 MP3 시장을 위협하고 있다. 레인콤의 신제품 '아이리버 iMP-1100'은 동영상 재생 및 전자앨범 기능을 추가하여 언제 어디서나 동영상 파일과 디지털 사진을 감상할 수 있고, 가정에서는 TV에 연결하여 고화질 동영상을 볼 수 있다. 또한 최근에는 건

03 디지털 컨버전스는 디지털(digital)과 컨버전스(convergence : 한 점에의 집중, 집중성 내지는 수렴)가 결합되어 IT(정보통신) 분야의 단위기술들의 융합 또는 수렴을 통하여 등장하는 새로운 제품이나 서비스와 그런 경향을 일컫는 용어.

강을 돌보는 웰빙형 휴대전화들도 쏟아져 나오고 있다.

2004년 당시 우리나라 전자출판의 시장환경 변화와 속도 또한 하루가 다르게 무서울 정도로 탈바꿈하고 있다. 전자출판계 역시 PDA를 이용한 교육서비스가 급속도로 확산되고 있다. 휴대전화 하나로 인터넷에 접속할 수 있는 유비쿼터스(ubiquitous)와 교육의 러닝(learning)을 합한 'U러닝'이란 용어까지 등장하고 있다. 업계는 PDA를 통한 무선인터넷 서비스가 본격화될 2005년 상반기에는 PDA를 이용한 학습이 일반화될 것으로 전망하고 있다.

출판계에서 U러닝을 처음 도입한 곳은 입시사이트들이다. 1318클래스를 운영하는 참누리는 KTF와 업무제휴를 맺고 자사의 동영상 강의 서비스인 '고구려 플러스'를 제공하고, 대양이엔씨(www.dycnc.com)는 SK텔레콤 가입자들에게 자사의 교육용 PDA '엠씨스퀘이 에듀모띠'를 통해 대일 · 한샘 · 대성 · 정일 학원 등 유명학원 강사의 동영상 강의를 서비스하고 있으며, 코리아에듀(www.Koreaedu.com)는 레인콤과의 제휴를 통해 PDA가 아닌 PMP(휴대용 동영상 단말기)로 자사의 동영상 수능강의를 제공하고 있다(가격은 강좌당 42,000~77,000원). 또한 e러닝 전문기업인 크레듀는 외국어와 전자책, 영어게임 등의 e러닝 교육 콘텐츠를 유무선 통합 교육 사이트인 모비스타(www.mobistar.co.kr)를 통해 PDA로 이용할 수 있게 하였다.

경제교육 e러닝업체인 유비온은 자사 공무원 수험사이트인 와우캠퍼스(www.wowcampus.com)의 동영상 강의와 각종 수험정보를 PDA로 제공하고 있다. 이외에도 글로벌어학원, 에듀네시아, 박문각 등이 PDA를 이용한 콘텐츠를 제공하고 있다(한국경제, 2004.10.18.).

WCDMA(Wideband Code Division Multiple Access, 광대역 부호분할 다중접속), 휴대인터넷(Wireless Broadband Internet : Wibro, 무선 광대역 인터넷), DMB(Digital Multimedia Broadcasting, 이동멀티미디어방송) 등 각종 차세대 이동통신 서비스가 상용화되면서 모바일이 중요하게 되었고, 우리나라 모바일 기술은 통신강국인 미국과 일본이 벤치마킹까지 할 정도로 위상이 높아 한국산 휴대폰은 세계 최고의 브랜드로 자리 잡고 있으며, 유비쿼터스는 이제 모바일로 이어지는 시대가 되었다(한국경제, 2004.11.23.).

북토피아에서는 대학생들이 휴대폰 PDA 등 무선단말기로 전자책(정부지원사업으로 2002년부터 디지털화하고 있음)을 대출하고 수강신청을 비롯한 학교행정 서비스를 이용하는 모바일 캠퍼스 시대를 열었으며, 2004년 12월 8일 한국과학기술원(KAIST), 한국통신프리텔(KTF) 등과 공동으로 추진해 온 무선디지털도서관(Wireless Digital Library : WDL) 사업이 이루어져 전국 50개 대학에서 무선단말기를 이용한 전자책 서비스를 시작하게 되었다고 발표하였다. 이에 따라 WDL 컨소시엄에 참여한 서강대, 성균관대, 연세대, 중앙대, 한양대 등 50개 대학 학생들은 휴대폰 PDA 등으로 모바일 도서관에 접속해 북토피아가 제공하는 모바일 전자책 대출은 물론 열람과 반납까지 할 수 있게 된다. 또한 참여대학의 수강신청과 성적 · 학사일정 확인 등 대학행정 서비스도 이용할 수 있다.

2005년의 전자출판시장 규모는 약 550억 원이다. 2000년 30억 원에 불과하던 국내 전자출판시장의 규모는 크게 성장하여 5년 만에 18배 이상 커졌다. 이는 2004년의 시장규모인 약 250억 원보다 두 배 이상 성장한 것이다. 한국전자책 컨소시엄에 따르면 2006년에는 전자출판의 시장규모를 1,400억 원대로 예상하고 있다.

2005년 우리나라 전체의 전자출판 시장규모는 약 2,600억 원으로 조사되고 있다. 이는 B2C 전자출판시장이 다양한 비즈니스 모델의 개발과 모바일 전자출판시장 및 U-book 서비스 등 규모와 성장률에서 크게 성장하였기 때문이다. 따라서 2004년 70억 원에 불과했던 B2C 전자출판시장은 2005년 200억 원대의 시장으로 성장하였다.

이는 공공도서관과 기업체 자료실 등의 전자책 구매 증가로 가능한 성장이었다. 종이책시장은 2000년 2조 3000억 원에서 2005년 2조 6000억 원으로 10% 정도의 성장에 그쳤다. 종이책시장의 성장에 비해 전자출판시장은 크게 성장하였고 앞으로도 큰 폭으로 발전할 것으로 보인다.

한편, 전자책 콘텐츠의 보유량도 2003년 4만 5000여 종이던 것이 2004년에 10만여 종으로 2배 이상 증가했고, 2005년에는 22만여 종으로 늘어났다. 이렇게 전자책 콘텐츠가 꾸준히 늘어나는 이유는 전자책시장의 성장 가능성 때문이다.

전자책 콘텐츠는 초기에는 문학 및 장르문학이 중심이었으나, 차츰 실용서와 모든 분야가 성장하고 있다. 따라서 2005년의 전자책 판매현황을 보면 가정생활, 취미 · 여행 분야가 크게 늘어났다. 또한 전자책의 인기 장르인 컴퓨터 · 인터넷, 경제 · 비즈니스 등도 많은 성장을 했고, 대학교재와 학술 · 전문도서 분야도 차츰 이용자가 늘어나고 있는 것으로 알려졌다.

2006년 우리나라 전체의 전자출판시장[04] 규모는 약 3,640억 원으로 전년의 약 2,620억 원에 비하여 40% 가까이 성장하였다. 이 중 전자출판의 시장규모는 약 1,000억 원으로 2005년의 550억 원의 2배에 가까운 성장을 한 것이다.

국내 전자출판시장의 특색을 살펴보면, CD-ROM은 큰 폭으로 감소하고 다기능 서비스와 함께 전자사전이 급속한 성장을 보이고 있다. 기대를 했던 B2C 시장은 둔한 성장세를 보였고, B2B 시장만이 계속 꾸준한 성장세를 보이고 있다. 그러나 B2C에서 휴대인터넷(와이

04 전자출판에는 전자책, 전자사전, CD-ROM 콘텐츠, 기타 디지털 출판 콘텐츠 등이 포함된다.

브로)이 활성화될 경우 여러 가지 단말기에 많은 전자책을 이용할 수 있는 U-book(유비쿼터스 도서)의 서비스가 증가할 것으로 보인다(부록 2 참조).

또한 2006년 전자책 콘텐츠 보유량은 약 30만 종으로 전년의 22만 종에 비해 37% 가까이 성장한 것으로 나타났다. 전자책 콘텐츠는 대중문학과 장르문학이 주를 이뤘던 초창기와 달리 차츰 교양도서나 실용서 분야가 두드러지게 성장하고 있다. 그러나 2006년 출협을 중심으로 한 관련업계의 협약으로 이루어진 도서 본문검색 서비스로 인하여 학술도서와 전문도서 분야(대학교재 포함)도 전자출판시장에 참여하는 계기가 마련되었다. 즉 박영사, 법문사, 나남, 성안당, 다산출판사 등 50여 개의 학술 · 전문도서 출판사들이 모여서 (주)디지털전문도서(대표 강희일)를 설립하였는데, 앞으로 출판사, IT회사, 포털, 서비스회사 등이 전자출판시장에 많이 참여할 것으로 예상된다.

이처럼 지속적인 전자출판시장의 성장으로 인해 동참하는 기업이 100여 개로 계속 늘어나고 있다. 2005년에는 20여 개 회사가 참여했으나 2006년에는 다음 · 파란 · 싸이월드 등이 서비스를 시작하였고, 교보문고 · 인터파크 · 예스24 · 리브로 · 영풍문고 · 반디앤루니스 등의 인터넷서점들도 IT업체와 제휴하거나 자체적으로 전자출판사업을 하는 업체로 발돋움했다(대한출판문화협회, 이용준, 2007, pp.81~83 참조).

2010년 우리나라의 전자출판시장은 도서유통사 · 단말기업체 · 이동통신사 등을 중심으로 시장을 관망하면서 활발하게 투자에 참여하고 있는데, 국내외를 막론하고 전자출판산업을 둘러싸고 시장지배력의 경쟁이 치열하게 이루어지고 있다. 교보문고 · KT · SK텔레콤 · 삼성전자 · 신세계 등 대기업들이 참여하고 있으며, 이종업체 간의 협업도 이루어지고 있다.

전자출판물 인증 : 한국전자출판협회가 1998년부터 인증사업을 시작하였고, 2004년 문화체육관광부와 기획재정부의 협력으로 부가가치세법을 제정하여 전자출판물도 부가가치세법 면세를 받게 되었으며, 2009년부터 그 혜택이 급증하여 2010년에는 누적 270만여 건으로 대폭 늘어났다. 2008년부터는 멀티미디어북과 오디오북도 면세를 받게 되었고, 2010년부터는 태블릿 PC 등의 앱북(App-book)이 새로운 전자출판물로 인정을 받았다.

전자출판 제작지원과 콘텐츠 발굴사업 : 한국콘텐츠진흥원에서 '표준 e-book 제작 및 뉴미디어 연계 콘텐츠서비스 사업'을 통해 고품질 전자책 40여 종, 전자책 소멸도서 1천여 종, 신간 전자책 1만여 종을 발굴하는 사업을 지원하였고, 한국전자출판협회는 '대한민국 디지털 작가상'을 통해 신간 전자책 발간을 지원하였다. 이에 의해 5년간 신인작가가 수십 명을 발굴하였고, 이 콘텐츠들은 전자책으로 발행되어 시중 유통을 통해서 판매되고 있다.

전자출판 창업자 1인시대 증가와 전자출판교육의 활성화 : 한국전자출판협회가 2006년부터 실시한 '유비쿼터스 출판아카데미' 교육이 활발하게 진행되어 매년 200여 명 이상이 배출되었다. 2010년에는 1,100여 명이 폭발적인 신청을 하여 전자출판교육센터의 중요성이 인정되었고, 2011년에도 계속 늘어나고 있는 추세이다. 이에 따라 전자출판 공동제작센터도 2008년에 개관하여 출판사나 디지털 콘텐츠 업체의 직원, 저자 · 작가 등의 디지털 출판사업 진출지원을 원스톱으로 하여 전자출판 창업과 전자출판사업이 활성화되는 데 최선을 다하고 있다.

3. 전자출판의 육성과 활성화사업(대한출판문화협회, 2006, 이용준 참조).

(1) 콘텐츠 제작분야의 활성화

전자출판은 콘텐츠의 제작 활성화를 위해서 ① 우수저작물의 전자책 제작 지원, ② 한국의 전자책 50선 제작 지원, ③ 멀티미디어 전자책 제작 지원, ④ 모바일 전자책 콘텐츠 제작 지원이 이루어졌다. 이 중 한국의 전자책 50선 지원사업은 프랑크푸르트도서전 한국주빈국 전시회를 위해 한국을 대표할 수 있는 명저 50선을 전자책으로 제작하여 시연한 프로그램으로, 우리 전자책의 우수성을 해외에 널리 알렸다. 모바일 전자책 콘텐츠 지원사업은 2005년에 처음 시행한 사업으로, 새로이 각광받고 있는 모바일 전자책의 생산 · 보급 · 확산을 위해 모두 234편의 모바일용 전자책 콘텐츠가 제작 지원되었다.

(2) 콘텐츠 유통분야의 활성화

전자출판 콘텐츠의 유통 활성화를 위해서는 ① 전자책 콘텐츠의 발굴 · 육성, ② 전자출판물 납본시스템 운영 · 관리, ③ 전자출판산업 활성화 기반 연구 등의 사업이 이루어졌다. 이 중 전자책 콘텐츠 발굴 · 육성 사업은 역시 2005년에 처음 시행한 사업이다. 즉, 전자책으로 제작하기 적합한 콘텐츠를 발굴 · 육성하여 전자출판산업의 활성화 및 정착화를 모색한 사업으로, 총 135종의 전자책용 콘텐츠가 선정되어 지원받았다.

(3) 전자출판의 대중화

전자출판 콘텐츠의 대중화를 위해서 ① 우수전자책 선정, ② 2005 한국전자책산업전, ③ 전자책 대중화 캠페인 등의 사업이 이루어졌다.

이 중 '2005 한국전자책산업전' 과 '전자책 대중화 캠페인' 은 2005년 9월 8일부터 10일까지 COEX 대서양 홀에서 함께 열렸으며, 전자책산업전은 4개 관 82부스에 24개 업체가 참여하고 약 2만 명의 관람객이 관람하였으며, 전자책 대중화 캠페인은 약 140여 명이 참가하여 전자책 독서경진대회를 열었다. 전반적으로 예년에 비해 많은 참가자와 풍성한 행사로 전자출판의 대중화에 진전이 있었다.

(4) 해외수출의 진흥

전자출판 콘텐츠의 수출 진흥을 위해서 ① 전자책 해외진출 지원, ② '한국국제전자책포럼(Korea International e-Book Forum)' 의 사업이 이루어졌다.

이 중 '2005 한국국제전자책포럼' 에서는 해외 전자출판 업계의 성공사례 및 전자출판산업의 현황, 전자출판 관련 S/W(software) 및 H/W(hardware) 기술 현황, 전자출판산업에 관한 국내외 전문기자들의 정보교류가 이루어졌다. 이 행사는 '2005 한국전자책산업전' 기간인 9월 9일 COEX 그랜드 컨퍼런스센터에서 개최되었으며, 이 포럼에서는 한국전자출판협회(Korea Electronic Publishing Association : KEPA)와 일본전자출판협회(Japan Electronic Publishing Association : JEPA)가 동아시아를 중심으로 하는 국제 전자출판 협의체인 '아시아전자출판협회' (가칭)를 창설하기로 합의하기도 했다.

우리나라 전자출판시장이 성장할 수 있는 배경으로는 ① 유비쿼터스 전자책(U-book) 서비스, ② 대형 온·오프라인 서점의 전자책시장 진출, ③ 세계적 기업들의 전자책 참여 등을 꼽고 있다.

특히 위성 DMB, 지상파 DMB, PMP(Portable Multimedia Player, 휴대용 멀티미디어 재생장치) 등의 확산과 휴대인터넷(Wibro)의 상용화에 힘입어 U-book 서비스가 크게 증가할 것으로 전망하고 있다. 또한 YES24, 영풍문고, 반디앤루니스, 교보문고 등의 대형 온·오프라인 서점이 전자책사업을 강화하는 것도 전자책시장의 성장에 많은 영향을 줄 것이다.

(5) 전자출판시장과 제도화

전자출판시장의 활성화는 정부의 정책적 · 제도적인 뒷받침이 있어야 한다. 디지털 도서관들은 각 도서관들이 개별로 전자책을 구입하지 않고 한 도서관이 구입하면 도서관끼리 공동으로 서비스하기 위해 개별 구입을 꺼리고 있는 실정이다. 즉, 어떤 도서이건 1권의 전자책을 구입하여 도서관끼리 콘텐츠를 나누어 갖고, 최소한의 보상을 한 후 전국 각 가정의 안방까지 서비스를 하게 되는 것이다. 이는 종국에는 기존 개별 도서관의 필요성을 부정하는 것이다. 독자들은 불법 복사 · 전송에 만족하게 되므로, 디지털 도서관은 국내에 단 1곳만 전문화 · 활성화되면 될 것으로 보인다. 이로 인하여 저작자는 구매자가 극소수이기 때문에 집필이 어렵게 되고, 출판사는 상업적 출판을 할 수 없게 될 것이며, 서점의 필요성도 줄어들어 모든 출판관련 산업이 위기에 처하고 있다.

우리나라 전자출판(디지털)시장 현황을 살펴보면, 2011년 현재 정부는 전자책 몇 권씩을 구입하여 작은 도서관 등에서 전 국민 누구나 무료로 볼 수 있게 하였다. 그리고 우리나라 개별 디지털 도서관의 전자책 구입예산조차 제대로 책정되지 않고 있다. 이러한 악조건적인 도서관에서의 전자책 이용환경과, 개인들의 무단복제와 불법적인 다운로드로, 저작자와 출판사도 큰 피해를 입고 있으며, 출판산업마저 위기에 처해 있다.

이 와중에 그동안 우리나라 전자출판시장의 70~80%를 차지하여 운영하던 ㈜북토피아가 2010년에 재정난(부채 185억 원 추정)으로 법원의 판결을 받아 폐업을 함으로써 업계와 저작자들의 많은 피해를 초래하여 전자출판업계도 위기에 빠졌다.

이는 정부가 디지털산업 활성화 측면의 제도나 정책은 세우지 않고, 도서관 이용 독자들

표 16-17 | 전자출판의 현황

① 태블릿 PC 시장의 현황(PC시장의 89%)

연도	구분	전체 출하량	아이패드(애플)	갤럭시탭(삼성전자)	기타
2010년	세계	1,800만 대	1,490만 대 판매 (시장점유율 83%)	200만 대 출시(시장점유율 약 17%)	
	국내	80만 대	40~50만 대 판매	50만 대 출하 (실질적으로 20~25만 대 판매)	아이덴티티 (엔스퍼트) 출시
2011년	세계	5,000만 대	약 4,000만 대 (아이패드 2 출시로 전년도 대비 점유율 높아질 것으로 전망	약 200~300만 대	HP, 에이서, 도시바, 소니 등 태블릿 PC 신제품 출시 러시
	국내	120만 대	약 60~70만 대	약 30~40만 대(8.9인치, 10.1인치 모델 출시)	LG전자, 삼보컴퓨터 등에서 신제품 출시
2012년	세계	1억 2,600만 대	뉴아이패드(시장점유율 59%)	아마존 킨들파이어, 킨들파이어HD 마이크로소프트 윈도우 서피스 출시(시장점유율 41%)	
	국내	200만 대	뉴아이패드 약 50만 대	갤럭시노트 10.1, 구글 넥서스 7 출시 및 출시예정	

② e잉크 전자책 단말기 현황(매년 325% 성장)

연도	구분	전체 출하량	내용
2010년	세계	1,280만 대	1위–아마존 '킨들'(40~48% 점유율) 2위–팬 디지털 '노벨' 3위–반스앤노블 '누크'
	국내	5만 대	아이리버, 북큐브, 인터파크, 넥스트파피루스, 네오럭스 등에서 출시하고 있지만 지난해 총누적대수는 5만 대 수준임

③ 한국전자출판물 인증센터 연도별 인증건수

연도	2004년	2005년	2006년	2007년	2008년	2009년	2010년	2011년	합계
건수	31,194	3,281	45,029	6,987	274,381	1,991,956	341,602	45,322	2,739,752

④ 전자출판물 인증 KDC별 분류

구분	총류	철학	종교	사회과학	순수과학	기술과학	예술	언어	문학	역사	합계
인증건수	218,158	50,808	132,316	560,536	254,839	1,001,584	143,785	86,434	176,211	104,503	2,739,752

⑤ 전자출판 교육센터(유비쿼터스 출판아카데미) 교육 현황

연도	참가자(명)	수료자(명)	수료율(%)
2006년	192	170	88.20%
2007년	237	205	87.00%
2008년	228	198	86.88%
2009년	237	214	89.90%
2010년	1,144	834	72.90%
합계	2,038	1,621	79.53%

자료 : 앞의 책, 2012.

의 편리함 추구에만 초점을 맞추기 때문이며, 이러한 현실을 바로잡을 수 있는 도서관법과 지적권법이 제 역할을 못하고 있기 때문이다.

정부와 업계는 이러한 전자출판시장의 현황과 그 문제점을 파악하여 해결책을 도모함으로써 출판문화산업의 신진화 및 빌전을 이룩하여 국가경쟁력을 키워나가야 할 것이다.

제6절 출판산업의 국제교류 확대

1. 서울국제도서전(Seoul International Book Fair 2017)

(1) 일자

기간 : 2017.6.14.(수)~18.(일)(5일간)

(2) 장소 : 서울 코엑스 A, B1홀

(3) 주빈국 : 터키공화국(Republic of Turkey)

(4) 규모 : 10,368m²

(5) 관람시간 : 14~16일 10:00~19:00

17일(토) 10:00~20:00

18일(일) 10:00~17:00

(6) 수최 : 대한출판문화협회

(7) 주관 : 대한출판문화협회 · COEX

(8) 후원 : 문화체육관광부 · 한국출판문화진흥재단 · 한국출판문화산업진흥원

〈도서전 주요내용〉

[1] 국내관 : 국내 출판사 및 관련 단체, 서점, 도서관 참여

국내 출판사들이 자사 출판도서를 전시하여 자사브랜드와 도서에 대한 인지도를 높일 수 있는 섹션

[2] 국제관 : 해외 출판사 및 외국 대사관 참여

해외 출판사, 문화원, 대사관 등이 참여하여 자국의 우수도서 및 문화를 홍보하는 섹션

※ 2017 서울국제도서전 주빈국 – 터키

※ 저작권 센터 : 국내·외 저작권 담당자 및 저작권 전문 에이전시들이 수출입 상담업무를 진행할 수 있는 국제 비즈니스 교류의 장

[3] 아동관 : 국내·외 아동(유아 · 청소년) 관련 출판사 및 관련 단체

국내·외 출판사 중 아동(유아 · 청소년)을 대상으로 한 출판물을 전시하여 자사 브랜드와 도서를 홍보하는 섹션

[4] SIBF 2017 네트워킹 라운지 : 정보공유 및 네트워크 구축

국내·외 출판업계 관계자들이 정보를 공유하고 네트워크를 구축하여 파트너십을 강화하는 섹션

[5] 출판콜로키움 : 출판인들을 위한 정보교류

출판전문가들의 지식전달 및 공유를 통해 출판인들만을 위한 정보교류가 이루어지는 섹션

[6] 복합문화 예술공간 : 북아트, 북 인테리어, 북 테라피

책을 통해 특별함을 경험하고 다양함을 체험하며 독자와 직접 소통하는 섹션

2. 프랑크푸르트 국제도서전 주빈국

프랑크푸르트 국제도서전은 세계 10여 개국에서 30여 만 명의 관람객과 1만 2000여 명의 기자들이 모이는 세계 최대의 국제도서전이다. 우리나라는 2005 프랑크푸르트 국제도서전에서 주빈국으로 선정되었다.

아시아 국가로는 인도 · 일본에 이어 우리나라가 세 번째 주빈국이다. 이는 자국의 출판문화를 총체적으로 보여주는 문화올림픽이라고 할 수 있으며, 문화강국으로서의 역량을 발휘하고 자국의 선진출판의 위치와 민족출판의 특성을 알리고 자리매김하는 좋은 기회가 될 것이다.

2005 프랑크푸르트 국제도서전시회는 2005년 10월 17일부터 10월 21일까지(5일간) 열렸다. 102개국에서 7,225개 출판사들이 참가 · 전시하였으며, 한국은 주빈국으로 참가하여 국제적으로 한국출판의 발전 및 문화선진국으로서의 위상을 높이고 새로운 출판의 비전과 미래상을 알려주는 계기가 되었다.

또한 우리나라는 다채로운 도서의 전시와 함께 2년 동안 준비해 온 30여 종류의 도서전시 · 문화 프로젝트를 펼쳐놓음으로써 한국의 출판문화와 민족고유문화 및 전통문화를 보여주었다.

한국관에는 한국의 74개 출판사가 참가하여 6,000여 종류의 도서 1만여 부가 전시되었고, '문학의 집'에서는 40여 명의 한국작가들이 강연과 대담을 계속하여 인기를 끌기도 하였다. 특히 한국 문학과 그림책에 대한 관심이 많았고 저작권 수출계약은 368만 8800유로로 역대 최고액수를 기록하였다.

3. 국내출판물의 해외보급

문화체육관광부는 1990년부터 매년 문화교류 활성화와 출판물교류 확대 방안의 일환으로 대한출판문화협회 및 문화방송과 공동으로 해외에 거주하고 있는 교포들을 대상으로 '해외동포에게 사랑의 책보내기 사업'을 추진해 오고 있다. 이 사업은 중국 · 러시아 등 해외교

표 16-18 | 2014년 출협 참가 국제도서전 현황

도서전명	개최시기	개최국가/도시	특징
타이베이 국제도서전 (제22회)	2.5.~2.10.	대만 타이베이	• 2000년부터 일기 시작한 한류와 함께 문화방면에서 교류가 서서히 활발해지기 시작하여 지난 몇 년 동안 한국출판사들의 저작권 수출 실적이 상당함. • 중국어 시장으로 들어가는 게이트웨이로서 테스트마켓의 성격이 강함.
볼로냐 국제 아동도서전 (제51회)	3.24.~3.27.	이탈리아 볼로냐	• 세계 최대의 아동도서전으로 한국 출판사들의 활발한 저작권 거래가 이루어지고 있음. • 2009년도 주빈국으로 한국 참가.
도쿄 국제도서전 (제21회)	7.2.~7.5.	일본 도쿄	• 일본은 세계 제2의 출판시장임. • 지난 몇 년 동안 도서전이 침체되는 분위기였으나, 2007년부터 다시 활발해지고 있음.
베이징 국제도서전 (제21회)	8.27.~8.30.	중국 베이징	• 중국 출판시장의 규모와 시장 잠재성으로 인해, 해외 출판사들의 참가가 꾸준히 늘고 있음. • 아시아를 대표할 저작권 전문도서전으로 급성장하고 있음.
프랑크푸르트 도서전 (제66회)	10.8.~10.12.	독일 프랑크푸르트	• 세계 최대의 저작권 거래 전문도서전으로서 전 세계 출판인 및 관련단체 등의 국제회의 장소로도 활용됨에 따라, 국제출판시장 참여 및 출판정보 수집을 위하여 참가효과가 큼.
런던 국제도서전 (제43회)	4.8.~4.10.	영국 런던	• 런던 도서전은 독일의 프랑크푸르트와 유럽 도서전의 양대 산맥으로 저작권 중심의 '미팅'으로 저작권거래전문 도서전이며 2014년 한국은 '마켓포커스국(주빈국)'으로 초청되어 참가함
뉴델리 월드북페어 (제22회)	2.15.~2.23.	인도 뉴델리	• 2013년 서울국제도서전 인도 주빈국 참가를 계기로 양국의 도서전 교환 참여에 대한 양해각서(MOU)를 체결함. • 12억 인구를 바탕으로 한 폭넓은 시장성과 경제발전 가능성을 통해 국내 출판사에 새로운 수출활로를 개척하기 위함.
이스탄불 국제도서전 (제33회)	11.15.~11.23.	터키 이스탄불	• 터키의 유수 출판사와 해외 출판전문가가 만나는 저작권 거래의 장이며 해외작가들과 함께하는 다양한 전시, 공연 등의 문화 프로그램을 진행으로 있음.
과달라하라 국제도서전 (제28회)	11.29.~12.7.	멕시코 과달라하라	• 아시아를 벗어나 시장 확대 차원에서 멕시코 및 중남미 시장을 겨냥한 한국도서 저작권 수출을 확대하고자 함

자료 : 앞의 책, 2013.

포들이 많이 모여 살고 있는 지역을 중심으로 우리의 문화 · 역사 · 언어 · 예술 등을 쉽게 이해할 수 있는 도서를 전달하고자 하는 것이다. 또한 현지 한인회 등 교포사회뿐만 아니라 도서지원 대상국가의 대표적인 도서관, 한국학 관련학과 설치대학, 연구기관 등에도 도서를 전달하여 활용하게 함으로써 우리나라의 발전상황을 널리 알리고 대상국가와의 교류확대의 여건 마련에 기여하고 있다. 하지만 시급한 문제는 국제경쟁력이 있는 한국적 내용의 콘텐츠가 부족하다는 점이다. 따라서 이를 개발하기 위한 출판계의 노력과 정부의 적극적인 지원책이 요구되고 있다.

제7절 우수도서 출판지원 및 양서보급 확대

1. 문화체육관광부 우수도서 선정 · 지원 : 학술부문

우수학술도서기금은 '책의 해'에 학술도서의 활성화를 위하여 정부의 기금 1억 원으로

표 16-19 | 문화체육관광부 우수도서 선정 · 지원 : 학술부문

명칭	문화체육관광부 우수 학술도서 선정 · 지원
사업주체	문화체육관광부, 한국출판문화산업진흥원
개시년도	1996년
취지	우수 학술출판 활동 고취 및 지식문화산업의 핵심 기반산업으로 출판산업 육성 지원
선정분야	10개 분야(총류, 철학, 종교, 사회과학, 순수과학, 기술과학, 예술, 언어, 문학, 역사) 총 400종 내외
지원내용	선정도서의 일정 부수를 예산의 범위 내에서 구입하여 지원함
신청대상	• 전년도 5월~금년도 3월까지 국내에서 초판 발행된 학술도서(유형의 전자출판물 포함) -단, 다른 기관에서 이미 우수도서로 선정 · 지원된 도서는 제외 -신청한 도서는 '문화체육관광부 우수교양도서'(8월)에 신청할 수 없음 ※ 학술도서는 교양도서와 구분하기 위해 ISBN 부가기호표 독자대상기호(ISBN 위 5자리 표기의 첫 번째 숫자)에 '9'로 표기된 것을 기준으로 함.
선정방법	관련학회, 출판관련단체, 사서, 평론가, 기타 전문가 등의 추천을 받아 심사위원회를 구성, 전체예비심사→분야별심사→전체본심사→최종심사 등 4단계 심사 후 선정
선정방침	• 국내출판 창작 활성화를 위하여 창작도서 우선선정(번역도서 선정비율 5% 이내), 기초학술부문 선정비율 확대 • 특정 출판사의 과다선정 방지 및 다양한 도서의 선정기회 확대를 위하여 출판사별 선정종수 제한(5종) • 한국서점조합연합회 집계 베스트셀러(50위)는 선정대상에서 제외 • 동일저자의 도서가 선정대상 후보가 되었을 경우 최종심사위원회에서 1종에 한하여 선정
제출서류	• 신청서(소정양식, 홈페이지 '우수도서 지원사업'에 접속 · 신청 후 출력), 신청도서 2부, 대한출판문화협회 또는 국립중앙도서관 제출(납본)필증사본
일정	• 응모기간 : 3월 • 발표 : 6월
문의처	• 한국출판문화산업진흥원, 전화 : (02)2669-0742 • 홈페이지 : http://www.kpipa.or.kr

자료 : 앞의 책, 2013.

출발하여 2005년에는 30억 원이던 것이 2006년부터는 80억 원(학술부문 55억 원, 교양부문 25억 원)으로 증액되어 국고로 운영되고 있으며, 1종당 1,000만 원(정가의 80%)어치를 구입해 공공도서관에 비치하고 있다. 그러나 분야별 선정위원의 부족과 선정된 도서의 수준미달 등의 문제점을 개선하는 방안을 연구해야 한다.

학술출판에 대한 지원은 다음과 같은 이유에서 그 필요성이 제기된다.

(1) 학술출판은 한 국가의 지식축적의 성과로 문화와 과학기술 발전의 핵심적 역할을 담당하고 있고, 학술출판이 위축될 경우 학문의 공동화 현상이 초래될 우려가 있으므로 시장논리 차원에서 벗어나 국가적 육성사업 차원에서 지원하여야 한다.

(2) 학술출판은 일반도서에 비해 두 배 이상 제작단가가 높은 반면에 수요층이 제한되어 매출기반이 취약하므로 이에 대한 국가적 보전이 필요하다.

(3) 출판시장이 완전 개방됨에 따라 국내 학술출판의 대외경쟁력 제고를 위해서도 적절한 지원이 필요하다. 그러나 우수학술도서 지원의 근본적인 해결책은 제도의 개선이다. 즉, 선진국과 같이 공공도서관에서의 도서구입비를 적정한 수준으로 예산에 책정하여 우수학술도서의 구입이 제도적으로 이루어져야 한다. 이는 도서관들이 우수학술도서의 적절한 확보를 위해 노력하게 함으로써 우수학술도서의 활성화에 일조를 하게 될 것이다.

2. 문화체육관광부 우수도서 선정 · 지원 : 교양부문

문화관광부와 한국간행물윤리위원회가 사업주체로서 국민교양지수의 함양과 출판산업의 진흥을 위해 1968년부터 매년 우수교양도서를 선정 · 구입하여 공공도서관, 문화의 집,

표 16-20 | 문화체육관광부 우수도서 선정 · 지원 : 교양부문

명칭	문화체육관광부 우수 교양도서 선정 · 지원
사업수체	문화체육관광부, 한국출판문화산업진흥원
개시년도	1968년
취지	국민 독서문화 향상 및 지식문화산업의 핵심 기반사업으로 출판산업 육성 지원
선정분야	12개 분야(총류, 철학, 종교, 사회과학, 순수과학, 기술과학, 예술, 언어, 문학, 역사, 문화일반, 아동 · 청소년) 400종 내외 선정
지원내용	선정도서의 일정 부수를 예산의 범위 내에서 구입하여 지원함
신청대상	• 전년도 9월~금년도 7월까지 국내에서 초판 발행된 교양도서 –단, 다른 기관에서 이미 우수도서로 선정 · 지원된 도서는 제외 (학술원, 학술진흥재단, 문화예술위원회, 기타 국가기관 등) – '문화체육관광부 우수 학술도서'에 신청한 도서는 신청할 수 없음 ※ 교양도서는 학술도서와 구분하기 위해 ISBN 부가기호표 독자대상기호(ISBN 위 5자리 표기의 첫 번째 숫자)에 '0, 1, 2, 4, 7'로 표기된 것을 기준으로 함. 학술서, 학습참고서, 교재 등 제외
선정방법	관련학회, 출판관련단체, 사서, 평론가, 기타 전문가 등의 추천을 받아 심사위원회를 구성, 전체예비심사→ 분야별심사→ 전체본심사→ 최종심사 등 4단계 심사 후 선정

선정방침	• 국내출판 창작 활성화를 위하여 창작도서 우선선정(번역도서 선정비율 5% 이내) • 특정 출판사의 과다선정 방지 및 다양한 도서의 선정기회 확대를 위하여 출판사별 선정종수 제한(5종) • 한국서점조합연합회 집계 베스트셀러(50위)는 선정대상에서 제외 • 동일저자의 도서가 선정대상 후보가 되었을 경우 최종심사위원회에서 1종에 한하여 선정
제출서류	신청서(소정양식, 홈페이지 '우수도서 지원사업'에 접속 · 신청 후 출력), 신청도서 2부, 대한출판문화협회 또는 국립중앙도서관 제출(납본)필증사본
일정	• 응모기간 : 8월 • 발표 : 11월
문의처	• 한국출판문화산업진흥원, 전화 : (02)2669-0724 • 홈페이지 : www.kpipa.or.kr

자료 : 앞의 책, 2013.

해외문화원 등에 보급하고 있다. 1995년부터는 번역분야를 신설하였다. 2003년까지는 한국출판문화진흥재단의 기금으로 운영하였으나 2004년부터는 국고로 전환하였다.

3. 기초학문 우수학술도서 선정

'기초학문 우수학술도서' 선정은 대한민국학술원의 주최로 2002년부터 시작되었다. 사업목적은 기초학문 분야의 연구 및 저술활동의 활성화를 위한 것이며, 선정된 도서를 구매하여(1종당 1,500만 원 내외) 대학, 공공도서관 등에 보급한다.

표 16-21 | 기초학문 우수학술도서 선정

명칭	기초학문육성 우수학술도서 선정
주최	대한민국학술원
개시년도	2002년
사업목적	기초학문 분야의 연구 및 저술 활동의 활성화
지원대상	• 2012.1.1.~12.31.까지 한해 동안 국내에서 초판 간행된 기초학술 도서 및 동서양 고전 중 우수 국역서 • 지원대상 예외 -문화체육관광부에서 우수도서로 선정된 도서 -도서의 내용이 학술도서로 보기 부적합한 도서 ※ 교양도서, 실용도서, 문학작품자료집, 사전류, 응용과학 도서 등 연속발간 도서 중 한 번 선정된 도서는 제외함
지원내용	선정된 도서를 구매하여 대학, 공공도서관 등에 보급(수요량에 따라 1,500만 원 내외)
신청분야	• 인문학 : 철학, 역사학, 문학, 어학, 민속학, 문화인류학 등 • 사회과학 : 법학, 행정학, 경제학, 교육학, 사회학, 심리학, 한국사, 국어학, 고전문학, 현문학, 국악 등 • 한국학 : 한국의 역사, 정치, 경제, 사회, 문화 및 고전 연구 등 한국사, 국어학, 고전문학, 현문학, 국악 등 • 자연과학 : 수학, 물리학, 화학, 생물학, 지구과학, 기초의학 등
선정종수	총 500종 내외
선정방법	관계전문가들로 구성된 심사위원회에서 심사 · 선정
신청방법	직접신청 또는 우편(접수 마감일 소인까지 인정)

신청자격	신청도서의 저자(국역자) 또는 출판사의 대표자(발행인)
제출서류	신청도서 2권, 신청서(소정양식) 1부, 도서내용 개요서 3부(소정양식), ※ 소정양식은 홈페이지 자료실에 비치
일정	• 접수기간 : 2~3월 • 심사기간 : 4월~5월 • 발표 : 6월
문의처	• 대한민국학술원 사무국 학술진흥과, 전화: (02)3400-5254~5 • 홈페이지 : http://www.nas.go.kr

자료 : 앞의 책, 2013.

4. 올해의 청소년도서 선정

'올해의 청소년도서'는 (사)대한출판문화협회와 (재)한국출판문화진흥재단이 청소년들이 읽기에 알맞은 도서를 선정 · 보급함으로써 청소년들의 독서 생활화에 이바지하고 청소년용의 양서출판 의욕을 고취하기 위하여 1984년부터 시행하는 청소년도서의 활성화 사업으로, 그 내용은 다음과 같다.

표 16-22 | 올해의 청소년도서

명칭	올해의 청소년도서
사업주체	(사)대한출판문화협회
개시년도	1984년
취지	청소년도서 출판 장려와 저술의욕을 고취시켜 바람직한 청소년문화 정착과 건전한 출판문화 발전에 기여
선정분야	5개 분야(종교 · 철학, 사회 · 문화, 과학 · 기술, 문학 · 예술, 역사) 분기별 30종
지원내용	• 선정도서는 종당 100~300부씩 구입(다만, 고가의 도서는 예산범위 내에서 부수를 조정할 수 있으며, 정부 · 공공기관 등의 지원으로 발행된 도서는 구입대상에서 제외)하여 청소년 관련단체, 선도기관 등에 배포 • '올해의 청소년도서'로 선정된 사실을 각종 광고 및 홍보에 공시할 수 있음 • '올해의 청소년도서' 선정 스티커를 사용할 수 있음 • 1년간 추천도서를 모아 포스터를 제작하여 도서관 및 서점 등에 배포 • 선정도서를 언론 및 관련기관에 홍보
신청대상	• 최근 6개월 이내에 발행된 국내 도서 • 청소년도서 선정기준에 적합한 도서 • 납본을 필한 도서
선정방법	신청도서 가운데 심사위원 및 운영위원들의 심사를 거쳐 선정
제출서류	신청서(소정양식, 도서 개요서), 해당 도서 2부
일정	분기별 선정(3월, 6월, 9월, 11월)
문의처	• (사)대한출판문화협회 기획홍보부, 전화 : (070)7126-4731 • 홈페이지 : http://www.kpa21.or.kr

자료 : 앞의 책, 2013.

표 16-23 | 우수저작 및 출판지원

명칭	우수저작 및 출판지원
사업주체	한국출판문화산업진흥원
개시년도	2008년
취지	역량 있는 신인 등 저작 발굴을 통해 국내 창작 활성화 및 출판기회 제공. 출판사에게 우수 콘텐츠 확보의 기회 제공
지원내용	• 총액 : 3억 5천만 원 • 1편당 1,000만 원, 총 35편(저작상금 500만 원, 출판지원금 500만 원) 지원 –원고 공모 당선자에게 저작상금 500만 원 지급 –원고 당선작 발표 후, 저자와 계약을 체결하여 당선작을 발행할 출판사에 출판지원금 500만 원 지원
선정분야	• 교양부문(12편) : 지구환경(저탄소 녹색성장), 역사, 과학, 인문, 사회, 문화 일반 등 전 분야 관련 일반교양 도서 원고(문학 제외) • 학술부문(12편) : 해당 분야의 전문적 지식과 기술을 습득 · 배양시킬 수 있는 학술적 · 학문적 가치가 있는 도서원고 ※ 부문별 선정편수는 신청결과에 따라 조정 가능
지원자격	• 일반교양서 또는 학술서 발간을 준비하고 있는 대한민국 국적인 사람 누구나 가능 • 신인 저자 우대 • 지원 제외 : 아동대상 원고, 대학 교재 또는 부교재, 개론서, 학습참고서, 학회지, 학위논문 등 사업 목적에 적합하지 않은 원고 –타 공모전에 당선되거나 지원금을 받은 원고 –저작권 등 지적재산권과 관련하여 분쟁의 소지가 있는 원고 –이미 발간된 원고 또는 발간된 도서의 수정 또는 수정증보, 개정 원고
제출서류	• 응모신청서 3부, 원고 2부(반드시 가제본하여 제출), 확인서 1부 • 우편 혹은 방문 접수(인터넷이나 이메일을 통한 접수 불가)
일정	• 접수 : 3~5월 • 발표 : 7월(협약 체결 및 지원금 지급) ※ 일정은 진흥원 사정에 따라 변경될 수 있음
문의처	• 한국출판문화산업진흥원 콘텐츠진흥팀, 전화 : (02)2669-0945 • 홈페이지 : http://www.kpipa.or.kr

5. 진중문고 선정

'진중문고'는 국방부가 장병들의 정서함양과 교양증진 및 건전한 국가관의 확립을 위해 매년 10~20종의 우수한 양서를 선정하여, 각 군의 중대급에 배부함으로써 내무반 · 휴게실에서 자유롭게 열람하도록 하고 있다. 그 내용은 다음과 같다.

표 16-24 | 진중문고

명칭	진중(陣中)문고
사업주체	진중(陣中)문고
개시년도	1978년
취지	장병들의 정서함양과 교양증진 및 건전한 국가관 확립을 위해 매년 10~20여 종의 양질의 우량도서를 선정하여, 각 군 중대급에 배부, 내무반 · 휴게실에서 자유롭게 열람

선정분야	문학, 경제 · 경영, 인문 · 사회(철학 포함)
지원내용	도서 선정 및 구입
선정방법	• 1단계 : 분야별 1차도서(5~6배수) 선정(분야 : 문학, 경제 · 경영, 인문 · 사회) –오프라인 : 한국서점조합연합회(12개 서점) 베스트셀러 반영 –온라인 : 인터넷 상위 2개 서점자료 반영 • 2단계 : 1차도서 중 병영 내 반입 적합여부 고려, 4배수 선정 • 3단계 : 각 군 추천순위 반영하여 2~3배수 선정 • 4단계 : 각 군 및 국방정책자문위원 추천순위, 도서가격, 출판연도를 고려하여 분야별 종합순위 결정 • 5단계 : 외부위원 3명(분야별 전문가 각 1명) 위촉 • 6단계 : 국방부 정훈 · 문화자료 심의위원회 개최(최종 선정)
일정	• 국방부 진중문고 대상도서 선정(4배수) : 9월 • 각군 및 국방정책자문위원(국방교육정책 분야) 추천도서 종합 : 10월 • 국방부 정훈 · 문화자료 심의위원회 개최 및 진중문고 선정 : 11월 • 구매계약 및 배포 : 12월
문의처	• 국방부 정신전력기획관실 문화정책과, 전화 : (02)748-6706 • 홈페이지 : http://www.mnd.go.kr

자료 : 앞의 책, 2013.

6. 한국문학 번역지원사업

한국문학 번역지원은 (재)한국문학번역원이 한국문학의 해외소개와 인류문학의 상호 포용을 위해 벌인 사업이다. 그 내용은 다음과 같다.

표 16-25 | **한국문학 번역지원사업**

명칭	번역지원사업
사업주체	한국문학번역원
개시년도	2001년
취지	한국문학의 해외선양
지원부문	• 지정공모 –지원작품 : 한국문학, 인문, 아동도서(번역지원 지원대상 도서 169종) –지원언어 : 기번역 언어를 제외한 모든 외국어 –지원대상 : 번역능력을 갖춘 한국인 또는 해당 언어 원어민 • 지원대상 : 상동(上同) –문학, 일반도서 : 1,600만 원 내외 –아동도서 : 번역원고 분량에 따라 차등 적용
지원기간	1년 원칙(최대 1년 연장 가능)
선정기준	원작의 문학성, 번역원고의 완성도, 해당 언어권에서의 수용 기대치 등을 고려하여 선정
제출서류	• 번역지원 신청서, 공동번역자 이력서(공동번역자가 있을 경우) • 출판 섭외용 작품소개서(해당 외국어로 작성), 번역계획서(소정양식) • 번역원고 3부 및 원문 복사본 3부(지정 분량)
일정	• 지정공모제 : 분기별 접수

문의처	• 한국문학번역원 번역지원팀, 전화 : (02)6919-7731 • 홈페이지 : http://www.klti.or.kr
기타	번역작품을 출판한 현지 출판사를 대상으로 한 '해외출판 지원' 및 '해외 출판마케팅 지원' 제도도 있음

자료 : 앞의 책, 2013.

표 16-26 | 출판제안서 번역 및 제작 지원

명칭	출판제안서 번역 및 제작 지원사업
사업주체	한국문학번역원
개시년도	2007년
취지	한국 도서의 해외진출을 지원하여 출판산업의 세계진출 기반을 마련
지원내용	저작권 수출을 고려하고 있는 국내 도서의 해외출판 섭외용 출판제안서(초록 및 샘플) 번역지원 및 PDF 제작을 지원
지원대상	• 장르 : 전 장르(한국어 어학교재는 제외) • 지원언어 : 수출희망지역 언어
신청내용	• 초록번역 : 서지정보, 작가와 작품, 출판사 소개, 마케팅정보 번역 • 샘플번역 : 수출 희망도서 발췌 번역 • 초록 PDF 제작 : 번역할 초록을 디자인업체가 PDF 제작하여 파일로 제공, 출판사 및 에이전시의 PDF 자체제작 지원 ※ 복수지원 가능
신청대상	저작권 수출을 희망하는 국내 출판사 및 에이전시
제출서류	• 국내출판사용 지원신청서(소정양식) • 수출희망 도서 3권
신청방법	• KBPP(Korean Books Publishing Project, 한국도서소개) 웹사이트 http://koreanbooks.or.kr 회원 가입(필수사항) 후 온라인 신청 -초록번역 신청 시 국문초록 첨부 • 신청도서 1권은 우편으로 제출
선정방법	매월 신청도서의 성격, 번역언어, 수출 예상지역을 고려하여 결정
일정	• 신청기간 : 상시 접수(도서 접수기간 매월 30일까지) • 발표 : 개별 이메일 통지
문의처	• 한국문학번역원 번역지원팀, 전화 : (02)6919-7744 • 홈페이지 : http://www.klti.or.kr

자료 : 앞의 책, 2013.

7. 한국문학 번역 · 연구 · 출판지원

표 16-27 | 한국문학 번역 · 연구 · 출판지원

명칭	한국문학 번역 · 연구 · 출판지원
사업주체	대산문화재단
개시년도	2010년도(기존 한국문학 번역지원과 해외 한국문학 연구지원 사업을 통합)
취지	세계화할 가치가 높은 우리 문학작품을 선정, 번역(연구)하여 해당 언어권의 유수한 출판사에서 출판, 보급시켜 한국문학의 세계화를 촉진

지원내용	• 번역지원금 – 각 500만 원~1,500만 원 • 연구지원금 – 각 500만 원~1,000만 원 • 출판지원금 – 각 2,000 USD~6,000 USD (어권, 작품 및 현지 실정에 따라 책정)
신청자격	• 한국문학 작품을 외국어로 번역할 수 있는 번역가로서 한국인과 외국인의 공동 번역이 가능한 사람 • 한국인과 외국인 가운데 한쪽이 주번역, 다른 한쪽이 보조번역(교열, 윤문)이 가능한 사람 • 외국인과의 공동번역으로 한국문학 작품의 번역을 완료하고 출판을 준비 중인 사람
연구지원	• 해외에서 한국문학을 연구하고 있는 교수 · 연구인 · 학생 · 번역가 • 해외에서 한국문학을 연구하고 있는 기관
선정방법	신청서 가운데 심사위원들의 심사를 거쳐 선정
제출서류	지원 신청서, 공동번역자 이력서, 번역원고, 번역대상 원작, 사업계획서, 저작권자 번역 · 출판 동의서, 참고 및 증빙자료 목록
일정	• 응모기간 : 매년 2월~5월, 6월~8월 • 발표 : 7월 말
문의처	• 대산문화재단 한국문학 번역 · 연구 · 출판지원 담당자, 전화 : (02)721-3203 • 홈페이지 : http://www.daesan.or.kr
기타	본 재단에는 해외 문학작품을 대상으로 한 '외국문학 번역지원' 사업도 있음

자료 : 앞의 책, 2013.

8. 우수문학도서 선정

우수문학도서 선정은 한국문화예술위원회가 사업주체로서 1995년부터 시작되었다. 사업취지는 문학출판의 활성화와 책 읽는 사회분위기 조성이며, 선정도서는 1,000부~2,000부씩 구입하여 문화 소외계층이나 지역의 관련시설에 보급한다.

표 16-28 | 우수문학도서 선정보급

명칭	우수문학도서 선정보급
사업주체	한국문화예술위원회, 한국도서관협회
개시년도	1995년, 2005년
취지	문학출판의 활성화와 책 읽는 사회분위기 조성
지원분야	시, 소설, 수필 · 희곡 · 평론, 아동 · 청소년 문학(4개 분과)
지원내용	• 분기당 30종 내외의 우수도서 선정 • 선정도서별로 1,000~2,000부씩 구입하여 문화 소외계층이나 지역의 관련시설에 보급
선정방법	• 전국의 문학관련 출판사로부터 해당 기간에 발간된 문학도서의 개요서 접수 • 인터넷 홈페이지에 목록 및 도서 개요서 수록 및 확인 작업 • 장르별 전문가들을 망라한 12인(시 4, 소설 4, 수필 · 희곡 · 평론 2, 아동문학 2)으로 선정위원회 구성 · 선정 • 1차로 1.5배의 도서 선정 • 2차 선정위원회에서 최종 합의 선정

선정방법	• 선정도서 및 출판사에 대한 확인작업 후 발표 (제외사유 : ① 순수 창작물이 아닌 경우, ② 해당 기간에 발행되지 않은 도서, ③ 재출간 도서나 개정판 도서, ④ 교재류 · 선집류 · 전집류 · 공동 창작집 · 번역도서, ⑤ 작고 문인의 작품인 경우, ⑥ 저작권법 등 지적재산권과 관련하여 분쟁의 소지가 있는 도서, ⑦ 기타 본 사업의 취지에 크게 어긋나는 도서)
일정	분기별 선정
문의처	• 한국도서관협회 회원협력팀 문학나눔사업추진반, 전화 : (070)8633-9052 • 홈페이지 : http://www.for-munhak.or.kr

자료 : 앞의 책, 2013.

학습 자료

1 한국출판문화산업진흥원의 탄생

그동안 출판업계는 여러 차례에 걸쳐 타 문화단체와 같은 출판진흥기구(가칭)의 설립을 정부에 요구하여 왔었다. 이에 문화체육관광부는 2009년 2월 19일에 '출판진흥기구 설립에 관한 공청회' 를 열어 관계자 간에 열띤 토론을 벌이게 되었다. 이 과정에서 '한국간행물윤리위원회' 의 예산과 현재의 국고보조사업비를 조정하여 충당하자는 정부 측 안이 제시되었다.

그러나 정부의 계획과는 다르게 출판업계에서 출판인이 주체가 되는 출판문화산업을 위한 새롭고 전문적인 출판진흥기구의 설립을 주장하게 되자 이의 추진이 몇 년간 답보상태로 이어져 왔었다.

그러던 중 (사)대한출판문화협회에 제46대 백석기 회장이 새로 취임하게 되었고, 다시금 출판진흥기구 설립을 위한 출발을 시도하였다. 즉, 출판관련 단체인 (사)학습자료협회(회장 유정묵), (사)한국과학기술출판협회(회장 신재석), (사)한국기독교출판협회(회장 박경진), (사)한국출판경영자협회(회장 백좌현), (사)한국출판인회의(회장 한철희), (사)한국학술출판협회(회장 강희일) 등 7개 단체로 구성된 출판진흥기구 설립을 위한 추진위원회를 구성하였다. 추진위원회는 위원장 백석기, 부위원장 한철희, 실무간사 강희일을 선출하고, 위원으로는 그 외의 단체장들이 맡기로 결의하였다.

추진위원들은 당시 문화체육관광부 김갑수 국장을 면담하고 출판진흥기구 설립에 대한 의견을 개진하였다. 당시 김갑수 국장은 추진위원들의 의견을 흔쾌히 받아 주었고, 매월 정기모임을 제안하였다. 이 정기모임이 충실하게 계속되어 문화분야에서 30% 이상의 높은 비중을 차지하고 있는 출판분야를 위한 한국출판문화산업진흥원의 설립법안이 성공적인 결실을 보게 되었다. 그 후 이 설립법안(출판문화산업법 일부개정안)이 2011년 12월에 국회를 통과하여 2012년 7월 27일에 한국출판문화산업진흥원의 출범식을 갖게 되었다.

한국출판문화산업진흥원은 국내외 출판환경에 능동적으로 대처하고 신성장 동력으로서의 출판산업을 발전시키기 위해 출판문화산업진흥법에 의해 설립된 법정기구이다.

진흥원사업으로는 ① 정책연구 및 통계조사(정책 및 제도의 연구조사 · 기획, 출판산업 실태조사 및 통계작성), ② 출판 전문인력 양성, ③ 디지털 출판 육성 · 지원, ④ 출판콘텐츠 수출 지원, ⑤ 우수 출판콘텐츠 창작 지원, ⑥ 출판기반 조성, ⑦ 문화부 우수도서, ⑧ 독서진흥사업 등이 있다.

그러나 아직도 진흥원의 출범에 앞서 해결해야 할 많은 문제들이 산적해 있는데, 100억 원에 불과한 사업비의 증액 문제(타 문화단체는 몇 천 억 원임), 한국간행물윤리위원회 직원 및 업무 적용 문제, 출판 분야별(단체별) 이사 배분과 업무 적용 문제, 정부와의 업무협의 문제, 출판업계의 요구조건 등이다.

2 (사)한국복제전송저작권협회의 탄생

(사)한국복제전송저작권협회는 저작권관리단체(著作權管理團體)로서 저작재산권자(저자와 출판자)를 대신하여 저작재산권자를 위하여 저작물의 이용과 허락, 불법 복사의 계몽과 단속, 저작물 사용료의 징수, 보상금의 분배 등을 행하는 저작재산권의 관리기구이다. 저작물은 저작재산권자로부터 개별로 허락을 받아 이용하는 것이 원칙이지만, 음악저작물과 같이 이용빈도가 몹시 높거나, 연주나 방송 등의 무형적인 이용의 경우 등은 개별적인 저작재산권자인 당사자가 사용을 허락하는 것이 어려울 때가 많다. 또 저작물의 이용자도, 개인 권리자의 허락을 구하지 않아도 일괄하여 허락을 얻을 수 있는 기구가 있는 것이 편리하다. 저작권관리단체는 타인의 권리를 관리하기 때문에 단체로서의 충분한 적격성과 업무가 공정하게 운영되도록 조직과 구성이 철저해야 할 필요가 있다. 이에 따라 저작권법 제7장이 '저작권 위탁관리업'의 규정에 의한 업무의 실시, 사용료규정의 제정과 변경 등에 일정한 규정이 정해진다. 물론 이 법에 의한 규정은 업무에 관한 것이고, 단체에 관한 규정은 민법 등에 설립근거가 된 법령에 의한다.

(사)한국복제전송저작권협회의 탄생은 많은 우여곡절 속에서 이루어졌다. 1999년 당시 '한국학술출판협의회'(회장 강희일)는 전국 대학가를 중심으로 대학교재와 학술 · 전문도서들의 불법 복사가 습관적이며 무차별적으로 이루어지고 있어, 협의회 회원사(200여 개)들의 적자출혈과 함께 출판사 생존권의 위협을 느끼게 되었다. 이에 협의회는 기자회견을 하여 '학술 · 전문도서 출판의 중단 선언'과 함께 출판등록증을 반납함으로써 모든 일간신문에 대서특필되었다(출판저널 · 조선일보 · 동아일보 · 중앙일보 · 문화일보 · 한국경제 · 매일경제 · 세계일보 · 대한매일 · 경향신문 · 국민일보 · 한국일보 · 한겨레 · 내외경제 · 스포츠투데이 등, 1999.2.5.~6일자, 강희일 · 최경수, 「도서 불법 복사 · 복제 실태와 근절대책」, 문화관광부 · 출협 · 한국출판연구소, 1999 참조).

이러한 언론기사를 접한 당시 김대중 대통령은 국무회의에서 문화관광부 장관에게 이에 대한 해결을 지시하게 되었다. 이에 문화관광부는 산업연구원에 연구프로젝트로 맡겨서 선진국의 사례를 연구하게 되었다. 이 연구결과로 저작재산권자(저자와 출판자)를 위하여 저작물을 신탁하고 저작물의 이용 · 허락이나 보상과 이용료의 징수 등을 행할 수 있는 저작권의 관리기구인 (사)한국복사전송권관리센터가 2000년 7월 1일에 저작자단체와 출판사단체의 동등한 권리하에 탄생되었다. 그 후 2007년에 (사)한국복사전송권협회로 개명되었고, 2012년 12월 6일에 '(사)한국복제전송저작권협회'로 명칭이 변경되었다. 필자는 그동안 이 단체에서 출판계 대표로 감사와 부이사장 직(1~4대)을 맡아 2000~11년까지 황적인 교수(부이사장), 이기수 교수(1, 2대 이사장), 조동성 교수(3, 4대 이사장) 등과 함께 직무수행을 하였다. 그 대표적인 업무는 저작물의 이용과 허락, 불법 복사의 계몽과 단속, 사용료의 징수, 보상금의 분배 등이다. 그리고 본 협회의 이사들은 각 단체의 임원 중에 전문가(전문도서 불법 복사의 업무에 관련되는 출판자와 전문적인 지식을 갖춘 서사)를 각 단체장이 추천하여 본 협회 총회에서 승인하게 된다. 그러나 만일 단체장이 이사 추천에 있어 전문도서의 불법 복사와 관련이 없는 분야의 임원을 추천하게 된다면, 업무수행에 많은 부작용이 발생할 것이라는 점을 간과해서는 안 될 것이다.

| 중요용어 |

출판산업정책	한국출판문화산업진흥원	출판유통 현대화
한국출판문화진흥재단	한국출판협동조합	학술전자출판협동조합
파주출판문화정보산업단지	한국출판연구소	SBI
한국복제전송저작권협회	불법 복사 · 복제 실태	한국전자출판협회
전자출판시장	서울국제도서전시회	우수도서 출판지원

출판계와 도서관계의 구조적 특성

Chapter 17

제1절 출판계와 도서관계의 관계

그동안 출판계(出版界)와 도서관계(圖書館界)의 관계에 관한 연구들은 도서관학적 측면에서의 연구가 주를 이루고, 출판학적 측면에서의 연구는 주로 유통문제에 한정되어져 왔다. 이러한 연구들은 대부분 규범적 논의들만 다루었을 뿐 구체적인 근거와 방안은 제시하지 못하고 있다. 따라서 이 장에서는 한국 출판계의 어려움을 극복할 수 있도록 출판계와 도서관계의 관계개선에서 필요한 정책방안을 제시하고, 출판계와 도서관계의 유기적인 협력방안을 구체적으로 살펴보고자 한다.

출판물과 도서관의 친밀성에 대해서는 익히 잘 알고 있는 사실이지만, 이러한 출판사와 도서관 및 출판계와 도서관계의 실제적인 관계는 다시 한 번 생각해 볼 필요가 있는 문제점이 많은 것 같다. 즉, 도서관도 출판계에 대해 잘 알지 못하지만, 출판계의 경우 도서관에 대해 무관심하고, 관심이 있다고 해도 일부를 제외하고는 도서관을 시장적 측면에서만 본다는 것이다. 예컨대 현재의 도서관은 도서구입비가 빈약하여 그 기대치가 낮기 때문에 매력이 없다거나, 또한 일부는 한정제작인 학술 · 전문도서를 소량구입하여 많은 사람들에게 무료로 읽게 하므로 오히려 출판계와 대립적 존재로 생각하기도 한다(홍윤경, 1998, pp.64~74).

선진국에서는 정부나 공공도서관에서 양서(良書)를 선정한 후 일정량의 기본부수를 구입하여 공공도서관에 비치하면, 저작자나 출판사는 출판비의 손익분기점을 넘어서게 되므로 여유 있는 재투자로 계속 출판활동을 할 수 있다. 또한 독자는 지역적으로 많은 공공도서관에 다양한 책들이 비치되어 있으므로 불법 복사를 하거나 힘들게 구입할 필요가 없다.

그러나 일부 도서관에서 소량의 학술 · 전문도서를 구입 · 비치했을 경우(예를 들어 대학교재), 시험 때는 많은 학생들이 동시에 그 책을 대출받고자 하기 때문에 수요초과와 공급부족으로 대출받지 못한 나머지 학생들은 책의 구입을 외면하고 값이 싼(책값의 40~50%선) 불법 복사를 선호하는 것이 문제이다. 이처럼 독자들의 이용 행태나 성향에 대한 정확한 파악도 없이 도서관의 부정적인 측면만 보는 것은 자가당착적인 결과를 가져온다. 따라서 도서관을 자주 이용하는 독자가 더 많은 책을 구입한다는 통계결과의 예를 들지 않더라도, 책에 관심이 없는 대중들을 독서하게끔 하는 것은 도서관계나 출판계 모두에게 이익이 된다는 사실을 알 수 있다.

출판계는 전국의 보다 작은 마을에 산재한 잠재적 독자들이 출판물을 접할 수 있는 최적의 장소가 도서관이라는 사실을 하루빨리 깨달아 도서관에 대한 그동안의 부정적 편견이나 무관심에서 벗어나 도서관계와의 협력과 관계개선에 힘써야 한다.

최근 사서들은 도서의 분류나 목록작성 외에 저자 · 출판사 · 서점 · 독자들이 이루고 있는 연계성에 대해서도 관심을 갖는다. 이처럼 출판사나 도서관은 보는 시각에 따라 공통되는 부분과 상반되는 요소가 있으므로 양자가 각각 지니는 기능을 충실히 하기 위해 협력관계를 찾아서 더욱 긴밀히 유지하고, 상대방의 역할과 기능의 확대를 인정하여 발전방안을 찾아야 한다. 출판사와 도서관은 언제나 독자를 위해 존재한다는 점에서 불가분의 관계에 있고, 글로 쓴 정보를 매개로 하고 공개성을 갖는다는 점에서 본질적 의의는 같지만, 도서관은 비영리적이고 출판은 영리적인 점이 상반되고 있다.

출판물과 독자의 관계에서 도서관의 역할은 매우 중요하다. 무엇보다 도서관 중심적인 환경이 우선적이므로 도서관이 보다 강력한 중개자가 되어야 한다. 이는 모든 출판물의 1차 소비자는 공공도서관이어야 하며, 대부분의 국민들은 도서관에서 자유롭게 책을 충분히 대출받을 수 있어야 하며, 국민이 직접 구매하는 책은 소장용이거나 개인적으로 계속 필요한 영역의 책이어야 함을 의미한다. 따라서 선정된 도서나 권장할 만한 책을 수서하여 이것을 원하는 독자에게 전달하는 것이 공공도서관의 책임과 의무이다. 공공도서관의 활성화는 곧 출판물의 질적 향상 문제와 직결된다.

또한 도서관은 디지털환경 속에서도 매우 중요한 역할을 담당하고 있는데, 온라인 독자에게 도서관의 자료를 이용할 수 있게 소개 · 안내하며 전통적인 종이책뿐만 아니라 새로운 전자책이나 도서관 이용행태를 설명 · 안내하는 역할까지 겸하고 있다.

그러나 저작 · 출판권자의 입장에서 보면 저작권은 어떠한 경우라도 보호되어야 하고, 사용 시 그에 대한 보상을 받아야 한다는 것이다. 오늘날 디지털 신기술의 발달은 불법 복사 · 복제를 더욱 쉽게 허용하고 있는데, 만일 이로 인해 책이 팔리지 않는다면 양질의 창작활동은 중단되고, 학술 · 전문도서의 출판마저 기피하게 되며, 이는 학문적 콘텐츠 부재현상으로 이어져 국가경쟁력마저 떨어뜨리게 될 것이다.

선진국 도서관들은 도서관에서의 도서비치를 도서판매의 장애로 인정하여 보상을 하고 있다. 영국은 저작자들에게 사회보장제도를 위한 재원을 보조하고 있고, 덴마크는 도서관이 구입하는 도서에 대해 각 저작자들에게 직접 일정한 비용을 지불하고 있다. 그 외 많은 선진국들은 공공도서관에 비치할 기본부수를 대량 구입함으로써 저작자들의 창작의욕을 고취시키고 있다.

따라서 디지털환경하의 출판계와 도서관계는 새로운 시각으로 상대방을 고찰함으로써 양자 간 관계의 협력방안을 연구하고, 상호 인식 및 협력의 필요성에 대한 이해와 노력에 학계와 업계 모두 최선을 다해야 한다.

제2절 협력과 관계개선

현재 출판산업의 불황과 도서관 기능의 낙후성에 대한 상호협력과 개선방안이 여러 방면에서 논의되고 있다. 특히 비상업성 출판의 활로 모색과 도서관 본연의 역할이라는 시각에서 도출할 수 있는 출판계와 도서관계의 협력 활성화 측면에서의 관계개선방안을 알아본다.

1. '도서관 및 출판계 발전협의회' 구성(「출판문화」 2007.3.)

'도서관 및 출판계 발전협의회' 구성의 필요성은 2005년 3월 28일 국립중앙도서관이 주최한 '열린정책세미나' 에서 출판계가 제기하였다.

이에 국립중앙도서관은 2006년 3월 도서관 및 출판계와 협의체계 구축안을 작성하여 보고하였고, 2006년 6월 13일에 출판 · 유통업계, 학계가 모여 실무 간담회를 가졌다. 그 후 2006년 10월 18일 우리나라 도서관계와 출판계의 최초 협력기구인 협의회가 발족하게 되었다. 협의회 위원은 출판계 5명, 도서관계 및 정부부서 5명, 관련학계 4명으로 구성하였고, 임기는 2년이다. 초대 위원장에는 출판계의 강희일(당시 대한출판문화협회 부회장)이 선출되었고, 부위원장에는 이란주(동덕여대 교수)가 선출되었다.

(1) 목 적

'도서관 및 출판계 발전협의회' 의 목적은 ① 납본 강화, ② 유통발전(서지정보 등), ③ 출판산업육성방안(정보공유 등) 등이다. 이를 위하여 국립중앙도서관, 도서관계, 출판계, 도서유통업계 및 관련학계(전문가)를 중심으로 도서관과 출판계의 상호협력을 위한 협의회를 구성하여 운영하고자 한다.

(2) 역 할

① 출판계와 도서관계의 현안 문제점의 해결방안을 찾아 상호발전을 강구한다.
② 공동운명체 의식을 갖고 윈-윈 파트너십으로 협력체계를 강화한다.
③ 양서출판의 기반을 구축하여 독서인프라를 확충함으로써 출판산업의 근간을 마련한다.
④ 도서관계와 출판계의 원활한 소통을 위하여 출판유통 네트워크를 구축한다.

(3) 세부 추진내용

① 출판유통정보 시스템 및 ISBN, eCIP(Cataloging In Publication, 출판 시 도서목록)을 연동하는 공유시스템을 통해 서지사항의 표준화 및 통합적 관리방안을 모색한다. eCIP를 이용하면 해당 도서의 서문, 요약, 목차, 표지의 정보 등을 검색해 볼 수 있다.

② 출판계는 도서관의 납본자료 대상에 대한 원스톱 통합서비스를 제공할 수 있는 MARC(Machine Readable Cataloging, 기계가독목록)를 제공받아 판매목록 등에 사용할 수 있는 방안을 모색한다.

③ eCIP 활성화로 신간정보를 충실히 구축하여 분야별 신간 메일링 리스트 등의 작업을 통해 독자노출 기회를 확대하고, 각 도서관의 자료구입 가이드 역할로서의 방안을 모색한다.

④ 국립중앙도서관은 출판계의 신간정보를 신속히 입수하여 납본율을 높이며, 각 도서관은 신착도서 구입목록과 정리업무의 신속성을 제공받을 수 있는 방안을 모색한다.

⑤ 공공도서관의 도서구입비를 선진국 수준으로 끌어올리도록 최선을 다한다.

⑥ 협의회의 활동에 대한 백서를 만들어 정부에 보고하여 정부정책에 반영되도록 최선의 노력을 한다.

⑦ 분과위원회(납본, 서지정보, 출판산업 발전)를 사업에 최대한 활용한다.

2. 납본제도의 협력

도서의 납본제도(納本制度, legal deposit system)는 국가가 자국에서 출판된 모든 형태의 출판물을 수집하여 보존하기 위해 납본을 받는 제도적 장치이다. 이는 각 나라마다 조금씩 차이가 있다. 납본법에 의한 나라는 영국 · 프랑스 · 캐나다 · 스웨덴 등이고, 미국 · 아일랜드 · 멕시코 · 호주 등은 저작권법, 독일 · 캐나다(복수법령) · 오스트리아 · 일본 · 중국 · 싱가포르 · 뉴질랜드 등은 국가도서관법, 한국 · 타스마니아 등은 일반 도서관법, 칠레 · 쿠바 · 필리핀 등은 행정명령(포고), 네덜란드는 세계 유일의 자발적 납본제도이다.

도서관은 출판계의 제도시장이며, 출판계는 도서관의 존립과 구매계획에 의해서 그 존립 기반이 좌우될 수 있다. 따라서 양자는 유기적인 협력방안을 연구하여 견고한 파트너십을 맺어야 출판계와 도서관의 발전이 앞당겨질 것이다. 현재 우리나라는 국립중앙도서관, 국회도서관, 문화체육관광부, 대한출판문화협회로 나뉘어서 동시에 납본을 받고 있다. 이는 업무의 비효율화를 가져오므로, 이를 단일창구로 통일함으로써 업무의 효율화와 집중화의 효과를 가져오도록 해야 한다.

3. 도서관의 활성화

도서관은 출판문화를 정리하고 안내해 주는 역할을 함은 물론, 책뿐만 아니라 비디오 · 카세트 테이프, DVD, VOD, CD-ROM, 인터넷출판 및 영상매체도 포함한 정보센터가 되어야 한다.

또한 지방자치시대하의 지역문화의 중심지로서 도서관의 확대와 서비스의 고급화, 문화중심지화의 과제가 중요한 관건으로 제시될 수 있다. 그리고 해결해야 할 과제로는 ① 공공도서관의 수를 늘려야 한다, ② 공공도서관의 도서구입비 예산을 늘려야 한다, ③ 다양한 양질의 도서관서비스를 제공해야 한다, ④ 도서관의 공간을 지역사회 공간으로 제공해야 한다, ⑤ 모든 출판물의 수집과 보존을 완벽하게 해야 한다, ⑥ 도서관은 연구기능의 역할을 해야 한다 등이 있다(위의 책, pp.97~100).

4. 공통 유통서지 DB 구축

유통서지(流通書誌)의 데이터베이스(DB)는 공동체인 협회가 주체가 되고 대형도매상들에 의한 표준화가 이루어져 공통으로 활용되는 것이 가장 합리적이다. 그러나 각 구성원들마다 적용성의 차이와 이해관계가 엇갈려 표준화가 쉽지 않다. 이에 정부의 역할도 기대해 본다.

정부와 업계는 출판유통정보시스템의 데이터표준으로 각 시스템 간에 호환성 및 확장성을 담보할 수 있는 ONIX(ONline Information eXchange, 온라인 정보교환)를 적용하고 있다.

ONIX는 출판물정보(出版物情報)를 교환할 수 있는 일반적인 국제적 표준형식을 의미한

표 17-1 | 전국 도서관 수 현황

① 연도별 도서관 수

관송 / 연도	공공	대학	학교	특수 · 전문	합계
2003	471	435	9,649	548	11,103
2004	487	438	10,297	570	11,792
2005	514	438	10,297	589	11,838
2006	564	516	10,010	663	11,753
2007	600	520	10,262	610	12,009
2008	644	523	10,493	589	12,249
2009	703	426	10,937	584	12,650
2010	759	426	10,937	587	12,709
2011	786	430	11,506	595	13,317

② 지역별 · 관종별 도서관 현황 및 인구대비 공공도서관 수(2010년)

구분	공공도서관		대학도서관	학교도서관	전문도서관	합계
지역별	인구수	수				
서울	10,312	101	84	1,223	276	1,684
부산	3,568	30	23	606	24	683
대구	2,512	26	15	410	20	471
인천	2,758	26	9	474	15	524
광주	1,455	16	16	291	8	331
대전	1,504	22	18	284	46	370
울산	1,126	11	4	229	6	250
경기	11,787	163	81	2,077	102	2,423
강원	1,530	47	22	602	11	682
충북	1,550	32	18	461	13	524
충남	2,076	51	29	719	6	805
전북	1,869	45	21	699	9	774
전남	1,918	57	21	827	7	912
경북	2,689	58	39	957	15	1,069
경남	3,290	53	21	899	23	996
제주	571	21	5	179	6	211
합계	50,515	759	426	10,937	587	12,709

③ 관종별 예산, 이용자, 이용책, 장서 및 직원 현황(2010년)

구분	관수	예산			장서(인쇄수)			이용자수(명)		이용책수(권)		직원(정규직)	
		전체예산 (천 원)	자료구입비		총장서수(권)	1관당 장서수 (권)	전년대비 증가책수	자료실	방문자수	대출권수	열람권수	전체 직원 (명)	사서 직원 (명)
			예산(천 원)	비율 (%)									
공공도서관	759	610,044,326	67,103,770	11	67,487,592	88,916	7,010,927	178,051,075	258,315,524	119,074,484	248,769,644	7,018	3,175
대학도서관	426	-	225,246,774	-	123,877,839	290,793	5,087,604	81,076,314	169,238,957	27,988,816	-	2,648	2,121
학교도서관	10,937	-	84,308,542	-	114,894,246	10,505	-		125,219,591	162,529,944	-	4,556	682

자료 : 국가도서관통계시스템(www.libsta.go.kr) 문화체육관광부(제공일 : 2011.10.6.)
–대학도서관의 경우, 분관을 제외한 숫자임.
–대학도서관 · 학교도서관(교육과학기술부) 제공

다. 이는 1999년 미국출판협회가 도매상, 온라인 서점, 도서정보 서비스업체와 모든 출판사가 도서정보를 교환할 수 있게 개발한 국제형식이다.

ONIX의 장점은 기존의 MARC, 더블린 코어(Dublin Core)의 상품정보 및 메타데이터 교환의 부적합성을 극복하고, XML을 교환메시지로 사용하며, 도서 데이터베이스의 호환성과 확장성이 용이하다는 점이다. 또한 200개 이상의 풍부한 서지정보 및 유통정보(판촉정보 · 저자사항 · 목차 · 초록 · 본문예시 · 표지이미지 · 멀티미디어 자료 등을 교환 가능. 여러 경로로 다양한 가격정보, 재고정보, 판촉정보 삽입 가능)의 연계가 가능하다.

출판유통도서정보시스템의 운영을 위해 MARC 데이터도 변환프로그램을 이용하여 ONIX dml(data manipulation language, 데이터 조작처리언어) 데이터로 수용할 수 있도록 설계하고 있다(조왕근, 2005, p.101).

표 17-2 | 출판계와 도서관계 협력의 저해요인과 개선방안

	저해요인	현 황	개선방안
	도서구입비 예산 부족	도서관 전체예산의 9.1%, 일본 31% 출판시장 내 0.5% 비중 (미국 3.8%, 영국 3.0%)	도서구입비 예산 20% 이상으로 증액
	도서관 및 독서진흥법	운영주체의 다원화, 정부의 실천의지 부족	운영주체를 문화체육관광부로 일원화, '도서관 및 독서진흥기금'의 정부출연으로 기금마련과 활동기반 조성
출판계 ↓ 도서관계	안정적 도서시장으로서의 역할 부족	도서구입비의 예산 부족으로 장서구입량 미미	도서구입비 증액
	양서출판의 촉진활동 부진	양적 수서정책에만 치중	양적 수서정책을 질적 수서정책으로 전환
	독자개발을 위한 노력 부족	도서관 자체개발 서지정보 및 독서지도 프로그램의 부족으로 효과적인 독자개발의 부진	체계적이고 정확한 서지체계의 수립과 다양한 독서프로그램 개발로 잠재적 독자를 독서행위로 연결
도서관계 ↓ 출판계	조악한 제본 및 지질	파손의 우려, 일정치 않은 크기로 서가배열 곤란	화려한 외양을 지양하고 견고한 제책으로 내구성 증진
	부정확한 서지사항	부정확한 서지사항으로 수서 및 분류 작업 어려움	정확한 서지사항의 기재로 수서 및 분류 작업 용이
	부정확한 신간 정보	왜곡된 광고문구로 분류상의 어려움	해제 및 초록을 부가함으로써 분류 용이
	도서정가제의 혼란	도매상별 할인율 차등, 도서가격의 고가화	유통체계의 확립으로 문란한 유통질서 정리

자료 : 홍윤경, 1998, p.83.

5. '도서관법'의 탄생

그동안 '도서관 및 독서진흥법'을 각각 분리시켜 '도서관법'과 '독서문화진흥법'으로의 개정작업이 진행되어 왔는데, 2006년 9월 8일 제26회 정기국회 2차 본회의에서 새 '도서관법'이 통과되어 10월 4일에 공표되었다. 그 후 2009년 3월 25일에 법률 제9528호로 일부

개정이 되었다.

주요 내용을 살펴보면 정보센터, 자료실, 소규모의 비영리 독서시설인 문고, 병원도서관, 병영도서관, 교도소도서관 등도 공공도서관에 포함시켜 도서관의 범주가 넓게 적용되고, 공공도서관의 사서직 관장 임명, 도서관의 사용명칭 의무, 문화기관 및 도서관 간의 협력, 도서관 서비스 등이 의무사항으로 되었다. 그리고 도서관 운영에 필요한 전산직원 등을 둘 수 있게 했다.

제4조와 제6조에서는 국가 및 지방자치단체는 국민이 자유롭고 평등하게 지식정보에 접근하고 이를 이용할 수 있도록 도서관 발전을 지원해야 하며 이에 필요한 시책을 강구하게 하였고, 도서관 직원의 전문적 업무수행능력 향상을 위하여 노력하고 이에 따른 교육기회를 제공해야 함을 명시하고, 제8조에서는 도서관은 도서관 이용자의 개인정보 보호를 위하여 시책을 강구하게 하였다.

그리고 제12조에서는 도서관정책에 관한 주요 사항을 수립 · 심의 · 조정하기 위하여 대통령 소속하에 도서관정보정책위원회(이하 "도서관위원회"라 한다)를 두게 하였다. 도서관위원회는 위원장 1인과 부위원장 1인을 포함한 30인 이내의 위원으로 구성하였다. 위원장은 대통령이 위원 중에서 위촉하고, 부위원장은 문화체육관광부 장관으로 하였다. 위원장은 도서관의 발전을 위하여 5년마다 도서관발전종합계획을 수립해야 하는데, 이 종합계획에는 도서관정책의 기본방향, 도서관의 역할 강화, 도서관의 환경 개선, 도서관의 협력체계 활성화 등을 포함하게 하였다.

제24조에서는 시·도는 관할지역 내에 있는 도서관의 균형 있는 발전과 지식정보격차의 해소에 관한 주요 사항을 심의하기 위해 지방도서관정보서비스위원회(이하 "지방도서관위원회"라 한다)를 두게 하였다.

제8장의 '지식정보격차의 해소' 에서는 도서관의 책무(제43조), 지식정보격차 해소의 지원(제44조), 국립장애인도서관지원센터의 설립 · 운영(제45조)에 관하여 언급하였으며, 제9장 '보칙' 의 제46조에서는 이 법에 따른 문화체육관광부 장관의 권한은 그 일부를 시·도지사에게 위임하거나 협회 및 관련단체에 위탁할 수 있게 하였다.

납본에 관하여 살펴보면, 제20조에서 자료의 납본은 발행 또는 제작일로부터 30일 이내에 그 자료를 국립중앙도서관에 납본해야 하고, 납본대상자료의 종류 · 부수와 그 절차 및 보상에 관하여 필요한 사항은 대통령령으로 정하였다. 제47조에서는 제20조 제2항의 규정을 위반한 자는 해당 자료 정가(비매자료인 경우에는 원가)의 10배에 해당하는 금액 이하의 과태료에 처하게 하였다.

6. 학술출판의 진흥과 대책

오늘날과 같은 국제화 · 개방화시대에 학술출판은 학문의 발전뿐만이 아니라 국가의 경쟁력과 국가산업 발전의 기본토대로서 그 나라의 지적 수준을 측정할 수 있는 척도가 되기 때문에 국가나 사회에 미치는 영향력이 매우 크다. 한 나라의 학술출판물의 양이 많고 질이 우수하면 그 나라 학문 및 과학의 발전력과 경제성장력이 증가하며, 교육 및 삶의 질을 높여준다.

학술도서는 학술적 · 전문적인 내용 탓으로 필수구매 해당자에 의한 수요량이 적음에도 불구하고 학술적 · 사회적으로 없어서는 안 될 지적 산물이므로 그 필요성은 더욱 증폭되고 있다. 그러나 이렇게 학술출판의 중요성이 강조되고 그 의의가 큰 데 비해 학술출판과 대학교재출판의 환경은 매우 열악하여 존폐의 위기에 처해 있는 실정이다.

이러한 상황은 ① 학자나 교수들의 연구열과 학생들의 학구열 부족, ② 학술연구를 위한 연구비 지원 부족, ③ 학계나 대학에서의 학술출판 저평가, ④ 수업목적보상금제도의 시행으로 대학교재의 불법 복사 확산, ⑤ 도서정가제 불이행과 서점의 대형화로 중·소형서점의 도산, ⑥ 도서관 수의 부족과 도서관에서의 학술도서 구입 기피, ⑦ 교육적 환경의 폐해(전공과목 부재시대), ⑧ 소량제작으로 인한 필자와 출판사의 외면, ⑨ 숙련된 기획자 · 편집자 구인난, ⑩ 독서환경의 황폐화, ⑪ 다매체 경쟁사회 ⑫ 긴 유통기간으로 인한 자금난 가중, 2016 저작권법의 이용자 편의로 개정 등으로 더욱 악화되고 있다.

따라서 질 좋은 학술도서콘텐츠의 생산을 위해서는 학술연구를 하는 저자에 대한 국가의 지원이 필요하고, 우수학술도서에 대한 기존의 지원을 대폭 늘려야 한다.

학술출판을 하기 위해서는 철저한 사명의식이나 희생정신 없이는 불가능하기 때문에 이를 외면하는 현상이 두드러지고 있다. 이러한 어려움이 가중되는 원인은 기본부수도 채 팔리지 않는 대학교재는 물론이고 학술도서를 무차별적으로 불법 복사 · 복제를 하는 데 있다. 우리나라의 책값은 선진국의 30% 수준인데도 합리적인 경제 · 소비 생활을 구실로 대학생들은 아무런 양심의 가책이나 죄의식 없이 교재를 단체로 복사하는 범죄를 저지르고 있는 것이다. 또한 서점과 도서관에서 디지털카메라로 책을 도촬하여 혼자 보는 것도 모자라 인터넷에 올리기까지 한다. 이것은 엄연히 사적 복제가 아니라 범법행위이다.

그리고 정부와 복사업자들은 북스캔법의 이용허락을 국회의원의 의원입법으로 계속 시도하고 있고, 2016 저작권법 개정에서도 출판계를 위한 출판산업정책은 외면하고 있다. 디지털 전자책시대라는 이유로 오직 이용자 편의만을 위한 정책은 어느 선진국에도 없을 것이며, 결과는 출판산업을 위기로 몰아넣을 것이다.

선진국 공공도서관의 경우 학술 · 전문도서의 기본부수 구입은 필수이며, 유럽 여러 나라에서는 판면권제도와 사적복제보상금제도를 실시함으로써 복사요금까지도 저작 · 출판권자에게 보상금으로서 지불되고 있다. 공공도서관과 독자들이 기본부수를 구입해 주므로 저작 · 출판권자들의 출판의욕을 고취시켜 적극적인 창작활동에 의한 학술도서 생산이 원활해진다. 그리고 독자들은 많은 도서관에 언제든지 이용 가능한 다양한 학술도서가 배치되어 있기 때문에 불법 복사 · 복제에 대해서는 관심조차 없다.

일본은 학술연구성과 간행비를 조성하여 중요한 학술연구 및 저술의 출판을 지원하고 있다. 미국의 경우 대학출판부에서 출판한 학술도서 판매로 얻은 이익금은 면세이고 저작자도 연구에 따라 면세이다. 스웨덴 · 스위스의 경우 출판으로 인한 재정적 적자는 출판자에게 적자액을 보조 또는 지급보증을 하고 있다. 캐나다는 학술출판으로 인한 결손액을 보충해 주기 위해 보조금을 지급하거나 판매시장을 지원해 주고 있다. 우리나라는 학술진흥재단에서 각 대학별로 '출판연구비'를 지원하거나 우수학술도서를 선정하여 구매하고 있으며, 문화체육관광부에서는 '우수학술도서 선정'을 하고 일정액만큼 구매를 하여 공공도서관에 비치하고

표 17-3 | (사)한국학술출판협회(Korean Academy Publishing Association)

설립연도	1993년 10월 1일
설립목적	학술전문도서 출판의 정보교환 및 활성화와 회원 간의 친목도모
주요 사업	• 신간도서목록 발행사업 추진 • 우수학술도서 선정사업 추진 • 학술전문도서 출판의 진흥을 위한 연구 • 출판 · 저작권법의 개정을 통한 학술 · 전문도서 저작의 활성화 • 학술전자출판협동조합 창립 • 불법복사 단속을 통한 학술전문도서 출판의 보호 • 학술전문도서 출판의 미래를 대비한 정보교환 • 회원 상호 간의 친목과 협력 추구(워크숍, 야유회 등) • 협회소식지 발행사업 추진
2013년도 주요 활동 내용	• 학술전문도서 불법복사 단속 주도 한국복제전송저작권협회, 저작권보호센터와 협력 • 학술전자출판협동조합 창립총회 • 학술전자출판 활성화 방안 연구 • 학술출판연구소 창설을 위한 준비 • 도서정가제의 성립으로 도서유통질서 확립 • 저작권법 개정 의견 반영 • 디지털 자료 납본 및 이용에 관한 법률 의견 반영 • 도서관법 개정 의견 반영 • 서울국제도서전에 (사)한국학술출판협회 공동부스 참가 • 작은 도서관 전자책 이용에 관한 합리적인 대안 제시
규모(회원수, 직원현황 등)	72개 회원사, 직원 1명
소재지	서울시 마포구 신수동 448-6, 한국출판협동조합 내 A-204호
연락처	• 전화 : (02)2026-0541, 팩스 : (02)2026-0547 • email : hak7891@hanmail.net

있는데, 2005년에 30억 원이던 기금을 2006년부터는 대폭 증액하여 80억 원으로 늘렸으나 2016년에는 학술부문을 32억 원으로 줄였고, 교양부문에 45억 원을 따로 두었다.

학술출판진흥에 대한 정책방향으로는 ① 우수학술도서의 지원과 저자의 창작활동 지원을 늘려야 한다, ② 학술도서의 수요창출을 위하여 공공도서관은 학술도서 구입을 제도화하기 위한 정책을 세워야 한다, ③ 장기적으로는 학술출판진흥기금을 설치해야 한다, ④ 교수와 학생들은 교육현장에서 무차별적인 불법 복사 · 복제의 근절에 앞장서야 한다, ⑤ 현재 전공과목 부재현상이 발생하고 있는 교육제도의 개선이 필요하다, ⑥ 학술도서의 보다 적극적인 수요창출을 위해 학술출판의 중요성과 불법 복사 · 복제에 대한 대국민 홍보나 계몽활동이 지속적으로 추진되어야 한다는 것을 들 수 있다(문화체육부, 1997, pp.101~107).

제3절 정부의 도서관정책

1. 도서관정책의 변화

노무현 정부는 지방분권과 자율을 내세우며 정부 및 사회 전반의 혁신을 추진하는 일환으로 문화정책 방식과 조직의 개편도 재검토하여 문화체육관광부(당시에는 문화관광부)는 도서관 · 박물관과를 폐지하고 일부 정책기능을 국립중앙도서관으로 이관하였다. 즉, 2004년 들어 정부의 도서관정책부서인 문화체육관광부 도서관 · 박물관과가 폐지되자, 그동안 국고보조로 지원하던 도서관운영 지원예산을 지방으로 이양하는 방안을 추진하여 도서관정책 및 행정과 관련한 전체적인 개편이 추진되었다. 이러한 방침은 참여정부가 추진하고 있는 지방분권과 자율이라는 측면에서 보면 앞으로 도서관계가 자신의 주체적 책임과 권리를 확대할 수 있는 계기는 되겠으나 열악한 지방정부의 재정으로 도서관들의 도서구입비 예산이 비참했던 기존 수준보다도 더욱 감소되고 있다.

도서관계는 지방자치단체의 도서관정책 능력이 제고되지 않은 상황에서 중앙정부가 일방적으로 정책의 틀을 바꾸는 것은 도서관 발전에 있어 시기상조임을 지적하며 재고를 요청하였다. 이에 문화체육관광부는 정책의 기조는 그대로이며 기획과 입안 등의 업무는 문화체육관광부가 계속 맡고, 집행기능만 국립중앙도서관으로 이관하여 보다 효율적으로 추진하고자 한다고 밝혔다.

기획예산처는 2003년 9월 지방자치단체가 추진하고 있는 공공도서관 · 박물관 · 문예회관 등 '지방문화 기반시설의 건립지원방식'을 2004년에 개편하여 지자체가 지방비와 부지를 확보한 경우에 한하여 국고를 지원하고, 생활권역 중심으로 그 건립을 추진해 나가고 있다. 이에 따라 문화체육관광부도 2004년부터 이를 기준으로 예산지원을 시행하였다.

정부의 도서관정책과 저작권 관련 문제는 앞으로 출판산업의 환경변화와 진흥에 있어서 중심과제가 될 것인데, 2004년 7월 1일부터는 5년 전 발행도서의 원문 DB 이용에 따른 도서관에서의 저작 · 출판권자 보상금 지급이 시행되고 있다.[01]

2006년, 정부에서는 도서관법(10월 4일)과 독서문화진흥법(12월 28일)을 새로 탄생시키고, 저작권법도 전부 개정하여 12월 28일에 공포하였다. 디지털시대하의 급속한 환경변화로 인하여 저작권법문제는 앞으로도 계속 논란의 중심에 자리할 것이다. 결국 출판산업의 발전은 앞으로 도서관계의 주체적 노력과 관련업계의 협력으로 함께 풀어가야 할 과제이다.

2. 디지털 도서관 정책

출판콘텐츠는 모든 타 문화분야에서 다목적 사용의 근원이 되는 지식콘텐츠이므로 더욱 더 활성화시켜야 지식 · 정보시대의 국가경쟁력을 기를 수 있다. 그리고 출판산업의 진흥은 일반독자와 도서관의 도서구입에 달려 있다. 그동안 우리나라 도서관들의 도서구입량은 선진국에 비하여 많이 뒤떨어져 있다.

그리고 디지털시대를 맞이하여 전자출판의 활성화로 출판산업의 진흥방안을 찾아야 한다고들 말을 하지만 우리나라 디지털 도서관들의 운영실태를 살펴보면 마음이 무거울 수밖에 없다. 기존의 많은 도서관들이 디지털 도서관을 운영하고는 있지만, 디지털자료나 전자책을 구입하는 예산책정에는 인색하다. 이들은 예산절감을 위해 어느 한 도서관이 디지털도서를 구매하거나 납본받아 도서관끼리 전송받음으로써 함께 사용할 수 있는 방안을 연구한다. 이처럼 한 도서관에서 구입한 디지털 콘텐츠를 이용하여 전국의 모든 가정까지 전송하게 된다면, 다수의 디지털 도서관은 필요 없고 오직 한 곳만 운영하면 될 것이다. 이의 결과는 우리나라 디지털 도서관의 정착 실패와 전자출판산업의 후퇴로 나타날 것이다.

따라서 정부는 전자출판산업의 장기적인 발전을 위하여 모든 디지털 도서관마다 디지털 콘텐츠를 개별 구입하되 서비스는 공동으로 운영할 수 있게 법적 · 제도적 뒷받침을 강화함으로써 디지털 도서관과 전자출판시장을 함께 발전시켜 나가도록 해야 한다.

---

01 이는 5년 전에 발행된 도서를 도서관끼리만 이용이 가능하고 화면을 열람(현시)하거나 도서의 1/3을 출력할 수 있다. 원문 DB 도서의 한 파일을 열면 20원이고 출력은 페이지당 5원이다. 무가지(無價紙)는 파일을 여는 것은 무료이고 출력은 페이지당 3원이다. 이들 업무는 한국복사전송권협회가 관리하며, 앞으로 매년 저작 · 출판권자에게 분배될 예정이지만 보상금이 너무나 소액이기 때문에 그 효과는 불투명하다.

학습 자료

1 디지털시대, 도서관 역할은 '공공성 강화'

도서관은 이제 정보를 얻는 곳이 아니다. 도서관이 보유한 책에 있는 정보보다 더 많은 정보가 포털사이트에서 검색되고 있다. 도서관은 수험생들이 무료로 시험 공부하는 장소에 불과한 모습이다. 이러한 변화는 국립중앙도서관이라고 피할 수 없었던 모양이다.

국립중앙도서관은 '디지털시대의 전자책과 저작권' 이라는 주제로 포럼을 2011년 8월 29일 열었다. 이 행사는 과거 음악은 음반에, 정보는 책과 신문 · 잡지에, 영화는 필름에 저장되고 즐기던 모습이 디지털화하고, 온라인에서 소비되는 변화 속에서 저작권에 대해 생각해 보자는 취지로 열렸다. 세부 주제는 저작권이었지만, 국립중앙도서관을 비롯한 공공도서관이 디지털시대에 맞게 변화해야 한다는 내용이 주를 이뤘다.

도서관의 존립을 위협하는 존재는 무엇일까? 도서관의 역할을 먼저 생각해 보자. 도서관은 단순히 책을 빌려주는 곳이 아니다. 사서가 있고 국가에서 공공도서관을 별도로 만들어 예산을 지원하는 데에는 나름의 이유가 있다. 도서관은 사람들이 정보를 저렴하고 쉬운 방법으로 이용하도록 돕는다.

모든 사람이 사기에게 필요한 신문과 잡지를 구독하고 책을 살 형편을 갖추진 않았다. 개인이 신문 · 잡지 · 책 등을 저장할 공간을 마련하고 관리하는 것도 쉬운 일은 아니다. 도서관은 정보를 얻는 데 드는 비용과 관리비용을 대신 부담하고, 사람들에게 정보를 무료로 제공한다. 도서관에 있는 사서는 그 정보 중에서 양질의 정보를 갖추는 데 필요한 사람이다.

그런데 최근 도서관의 이러한 역할을 무색하게 하는 존재가 등장했다. 포털사이트다, 박위진 국립중앙도서관 디지털자료운영부장은 "최근 자료를 도서관이 아니라 포털사이트에서 찾는 경향이 늘고 있으며, 포털사이트가 발전할수록 도서관은 위축될 것으로 보인다."라며 포털사이트에 대한 정보의존에 대해 우려를 표시했다.

포털사이트는 여러 모로 도서관보다 편하다. 정보검색이 쉽고 빠르게 얻을 수 있다. 포털사이트가 보여주는 정보의 질도 점차 높아지고 있다. 최근에는 학위논문 검색과 구매도 간편하게 이뤄지는 모습도 나타났다.

이제 포털사이트는 책으로도 눈길을 돌렸다. 네이버가 책 본문 검색을 시도하고 있고, 구글은 세계에서 가장 큰 도서관을 만들기 위해 2004년부터 준비를 시작했다. 이영대 법무법인 수호 변호사는 특히 "구글이 도서관 프로젝트를 추진하는 의미를 도서관은 심각하게 받아들여야 한다."라고 지적했다.

이영대 변호사는 "우리는 책을 공공의 영역이라고 배워오고 경험했는데, 구글이라는 사기업이 이 모두를 한데 모으고 있다."라며 "어떠한 정부도 공공기관도 하지 않는 일을 구글이 세계적으로 진행하는 모습에서 도서관이 나아가야 할 방향을 새롭게 정립해야 한다."라고 말했다. 구글은 2004년부터 세계의 도서관을 표방하고 나서서, 주요 도서관과 계약해 출판물을 디지털로 옮기기 시작했다. 저작권 문제로 재판이 진행 중이지만, 세계의 모든 책을 구글 웹사이트로 옮기려는 시도를 중단하진 않았다. 국내에서도 구글은 꾸준히 출판계의 문을 두드리고 있는 것으로 알려졌다.

이렇게 구글과 같은 특정 사업자가 책을 저장하고 유통하려는 시도를 관망해서는 안 된다는 목소리도 나왔다.

최형순 시공미디어 상무는 "전자책의 유통을 사적 영역에 맡겨둘 게 아니라, 공공도서관이 맡아야 한다."라며 "특히 애플과 구글의 유통체제에 맡겨둬서는 안 된다."라고 주장했다. 구글의 도서관 프로젝트도 위협적이지만, 전자책 유통이 특정 운영체제 사업자의 논리에 종속되는 경향도 위험하다고 판단한 것으로 보인다.

국내에서 전자책은 스마트폰과 태블릿 PC의 보급과 함께 성장하며, 전자책 업체들은 애플 iOS와 구글 안드로이드 운영체제에 최적화해 서비스를 제공하고 있다. 전자책을 유통하는 업체가 교보문고 · 예스24 · 인터파크 · 북큐브 · SKT 등 다양하지만, 결국 판매와 읽기가 이루어지는 곳은 구글과 애플 플랫폼이다. 최형순 상무의 주장은 앞으로 두 회사가 정보를 쥐고 흔들 수 있다는 위기의식에서 나온 것으로 보인다.

구글과 애플이 국내 전자책시장을 쥐락펴락하는 것만 해결하면 되는 것일까? 최형순 상무는 정보와 지식을 시장의 논리에만 맡겨두면 안 된다며 목소리를 높였다.

"기업이 정보와 지식 유통을 담당하면, 자극적인 콘텐츠와 상업적으로 미는 콘텐츠만 유통될 수밖에 없다."라며 "특히 디지털에서는 이를 정제할 주체가 없는데, 도서관과 사서가 오프라인뿐 아니라 디지털 정보의 수집 · 관리 · 유통을 책임져야 한다."라고 최형순 상무는 주장했다. 도서관에서 양서를 제공하듯, 전자책에서도 이 노력을 게을리해서는 안 된다는 주문이다. 정보가 디지털화할수록 공공도서관의 역할이 강화되어야 한다는 이야기다.

이를 위해 우선은 각 도서관마다 별도로 구축하는 전자도서관 시스템을 하나로 통합해야 한다는 게 최형순 상무의 생각이다. 또한 정부에서 전자책 단말기를 지원해 전자책에 대한 접근권을 늘려야 한다고도 주장했다. 터무니없어 보이는 주장이지만, 디지털TV 보급을 위해 정부가 예산까지 지원하는 현실을 보면 논리가 빈약하지는 않다.

과거 신문과 종이책으로 정보를 얻을 때 필요한 건 신문 1부와 책 1권에 해당하는 금액이었다. 지금은 인터넷 접속과 전자책 독서를 위해 고가의 기계와 인터넷 접속비가 필요하다. 값이 내려간다고 해도 저소득층까지 그 접근권이 넓혀지긴 어려운 게 현실이다. 지하철에서도 책을 검색해 읽는 시대에 공공도서관이 필요한 이유다.

—디지털타임스

2 MARC(마크)

MARC(machine readable cataloging)는 도서관자료의 서지정보를 컴퓨터가 처리할 수 있는 형태로 기록한 국내출판물목록을 의미하는 경우가 많다. 원래는 기계가독형목록이라 하며, MARC의 작성은 특정의 포맷에 따른다. 현재 MARC Ⅱ 포맷(US. MARC)이 국제표준화기구의 규격(ISO 2709)으로 정해져 있다. 이 규격은 외형식이라 하며, 서지정보 교환을 위해 자기테이프에 물리적으로 기록하는 방법을 정해 놓은 것이다. 우리나라에서는 한국문헌자동화목록(KORMARC)이라 하며, 단행본용은 한국공업규격(KSC 5867, 1993년)으로 제정되었다. 서지정보의 상세한 식별은 이것을 이용하는 국가에 따라 다르기 때문에 각국의 MARC 교환을 용이하게 하기 위하여 UNIMARC(Universal MARC) 포맷이 1977년 국제도서관협회연맹(IFLA)에서 간행되었다. 각국은 이것을 참조하여 자국의 사정에 맞는 포맷의 목록을 작성하고 있다.

—한국출판연구소, 「출판사전」, 범우사, 2002.

3 꼴찌 공공도서관

앤드루 카네기는 가난한 이민가정에서 태어난 탓에 학교를 다니지 못했다. 그는 어려서부터 이 공장

저 공장 다니며 돈벌이를 하면서도 늘 배움에 목말라했다. 마침 이웃에 사는 퇴역 대령이 동네 사람들에게 서재를 개방했다. 카네기는 매일 밤 거기서 책을 빌려다 읽으며 지식을 쌓았다. 그러면서 "나도 커서 돈을 벌면 이렇게 좋은 일에 쓰겠다."고 다짐했다. 카네기가 억만장자 '철강왕'이 된 뒤 가장 정성을 기울인 자선사업이 도서관을 지어 사회에 기부하는 것이었다. "뉴욕에 이사 가면 뉴욕 공공도서관부터 가 보라."는 말이 있다. 4개 연구센터와 85개 분관을 거느리고 5,200만 권 장서와 다양한 생활 · 문화강좌, 이주민 언어교육으로 '뉴욕시민을 길러내는 곳'이라는 말을 듣는다. 카네기는 1901년 이곳에 520만 달러를 낸 것을 비롯해 5,000만 달러를 들여 미국 전역에 3,000개의 공공도서관을 세웠다. 그는 "대중을 위한 가장 훌륭한 복지투자는 도서관을 짓는 일이다. 도서관은 스스로 돕는 자만을 도우며 사람을 결코 가난하게 만들지 않는다."고 했다. 미국에는 1만 곳 넘는 공공도서관이 있다. 운영주체는 정부와 지자체들이지만 지금도 카네기와 같은 생각을 지닌 사람들이 힘을 보탠다. 시민이 내는 기부금이 뉴욕 공공도서관 예산의 80%를 차지한다. 공공도서관의 알찬 장서와 운영에 미국의 미래가 달려 있다고 믿는 사람들 덕분이다. 빌 게이츠는 "오늘의 나를 있게 한 것은 시골의 작은 도서관"이라고 했다. 서울시가 각 부문 행정서비스에 대한 시민만족도를 조사했더니 지하철이 1등이었고 공공도서관은 꼴찌였다고 한다. 공공도서관은 운영, 직원 응대태도에서부터 시설, 자료량, 접근성까지 모든 항목에서 민원행정, 상수도, 보육시설, 시내버스, 청소 분야보다 못했다. 우리나라 공공도서관은 748개, 인구 7만 명에 하나꼴이다. 미국 · 독일 · 일본에 비하면 절반에도 못 미치는 수준이다. 정부와 지자체는 당장 공공도서관에 대한 예산 · 인원 지원이 충분한지, 관리는 잘하고 있는지 돌아봐야 한다. 시민들도 할 일이 있다. 도서관에 가는 발걸음을 늘려 당국의 도서관정책을 뒤에서 떠미는 것이다, 아울러 개인과 기업이 기부와 자원봉사로 공공도서관 살리기에 발 벗고 나선다면 정부와 지자체도 팔짱을 끼고 있지는 못할 것이다.

—조선일보, 2011.3.23. 김태익의 '만물상' 참조.

4 김희정 의원 대표발의 「도서관법 일부개정 법률안」(2013년 9월 자료)에 대한 반론

'ISBN이 부여된 전자책의 국립중앙도서관 의무납본'(제20조 개정)에 대한 의견

(1) 공청회를 필히 해야 한다.

그동안 출판 · 저작권계와 도서관계의 오해와 갈등을 해소하기 위해서라도 많은 토론이 필요하다.

(2) '시행령과 시행규칙'은 출판 · 저작권계와의 합의가 필요하다.

출판 · 저작권계와 도서관계의 발전을 위해 선진국형 법이 시행되어야 한다.

(3) '작은 도서관'의 과거 콘텐츠 구매 · 운영 사례에 대한 수정이 필요하다.

과거 유통회사와의 계약조건이었다지만 전자책 1부로 전국의 작은 도서관에서 무료로 사용케 한 것은 정부 산하 국립중앙도서관 정책으로서는 잘못된 것이다. 지금이라도 유통회사와 도서관을 상대로 소송을 해야 한다는 여론을 잠재우기 위해서라도 해법을 찾아야 한다. 그동안 출판 · 저작권계와 협의해서 운영하겠다던 약속을 왜 지키지 않고 있는지 그 이유를 묻고 싶다.

현재 작은 도서관의 이용빈도는 콘텐츠의 빈곤으로 이용자가 적지만 의무납본이 시행되면 모든 도서관에 전자책 풍년으로 전 국민이 무료로 많이 이용할 수 있게 되어 같은 내용의 전자책과 종이책까지도 판매할 곳이 없어진다. 이번 개정안을 보면 모든 전자책이 의무납본화 되어 전국의 작은 도서관뿐만 아니라 우리나라 모든 도서관은 납본된 전자책 콘텐츠를 교환 · 이관 · 기증할 수 있으며(제5조 신설), 종이책도 전자책으로 구축 · 공유하여 상호 운용 · 보급할 수도 있고(제7조 신설), 종이책도 디지털 자료로서의 의무납본화를 대통령령으로 정하려고(제20조 개정) 한다. 그렇게 되면 전자책이나 종이책의 구매보다는 전국 도서관에서 이용하는 것이 편리하고 절약되므로 결국 콘텐츠 제작 출판사들은 전자책 유통회사인 북토피아와 같이 모두 도산하고 말 것이다.

그러므로 저작자와 출판사는 생계유지를 위해서라도 인기도서와 신간도서의 전자책 만들기를 기피하고 판매에 영향이 적은 구간 도서만 전자책으로 만들 수밖에 없기 때문에 우리나라 전자책산업 활성화는 어려워질 것이다. 그리고 출판계는 회원사들에게 잘못된 국가의 도서관정책 때문에 종이책의 인기 · 신간도서를 전자책으로 만들면 망한다는 홍보를 해서라도 피해자를 막아야 할 수밖에 없는 실정이 될 것이다.

(4) 선진국가 중 전자책 의무납본을 하는 국가의 제도와 정책의 모델이 필요하다.

미국에서는 전자책을 도서관에 판매하는 것조차 중단하다가 세부운영 지침에 합의한 후 전자책의 도서관 이용을 시범운영한다고 한다. 일부 선진국에서는 독자들이 책을 도서관에서 무료로 보기 때문에 출판산업의 불이익에 대한 보상제도까지 있다. 구호로는 열심히 출판산업 · 전자책산업 육성을 외치면서 뒤로는 모든 국민의 무료이용을 추구하는 우리나라의 이중적인 정책구상에 놀라지 않을 수 없다. 2007~08년 정병국 의원과 최문순 의원이 대표발의한 '도서관법 일부개정 법률안' 도 경악할 사건이었다. 당시에 저자와 황적인 교수가 수차례 만나 토의한 끝에 정의원은 내용을 일부 수정하였고, 최의원은 모두 폐기하였다.

이번 「도서관법 일부개정 법률안」에서는 FTA와 함께할 선진국형 제도와 정책의 보완이 절실히 필요한 때이다. 따라서 개별 도서관들은 각각의 예산으로 전자책을 구입 · 운영하여야 한다. 선진국형 도서관법이 필요하다는 시대적 요구에 맞춰 도서관계와 출판 · 저작권계가 함께 발전할 수 있는 선진국형 법률의 추가 발의가 요구된다.

(5) 출판문화산업 진흥을 위한 미래형 발전모델이 필요하다.

다른 문화산업분야는 '진흥원' 의 연간 예산이 수백억 원에서 수천억 원으로 운영되고 있는데, '출판문화산업진흥원' 은 기존 '간행물윤리위원회' 를 이용하다 보니 인건비를 제외한 순수한 출판진흥의 예산은 너무 빈약하여 출판계는 좌절을 하고 있는 실정이다.

모든 문화산업은 문화콘텐츠의 창의적인 개발에 의해 성패가 갈리고 있으며, 문화콘텐츠 개발의 근원은 대부분 출판콘텐츠에서 출발하고 있다. 즉 출판콘텐츠는 모든 문화산업에 있어서 다목적사용(one source multi use)으로 재가공되는 원천이 되고 있다. 이 출판콘텐츠가 개발되고 성장할 수 있는 토양은 도서관과 독자들의 도서구매이다. 우리나라 도서관은 도서구매 예산이 적어서 근본적으로 선진국 정도의 예산의 증액이 시급한 수준이다. 이러한 환경에서 이번 도서관법 개정을 살펴보면, 출판사가 공들여 개발 · 제작한 전자책들을 국가도서관이 의무납본(제20조 개정)을 받거나 유통회사와 특정 계약조건으로 몇 부씩만 구매하여 모든 도서관에 교환 · 이관 · 기증 · 폐기할 수 있고(제5조 신설), 종이책을 정보시스템으로 구축하여 공유 · 상호 운용 · 보급하여(제7조 신설) 모든 국민이 무료로 보게 하려는 것이다. 어느 선진국에도 없는 이러한 정책이 시행되면, 출판산업이 민영산업으로 존재하는 한 전자책은 물론 종이책까지도 판매할 곳이 없어 많은 출판사들이 도산하고 출판산업의 위기를 초래할 것이다.

물론 디지털시대하에 많은 무료 정보의 출현과 이용으로 각 도서 분야의 판매량이 줄고 국가의 제도나 정책의 보호에도 한계가 있다. 출판업계도 현상유지가 어려워 출판계를 떠나려 하거나 타 사업에의 진출을 시도하다 어려움을 겪는 출판사들도 많아지고 있다. 이대로 가면 출판콘텐츠 개발이 점점 어려워져 출판산업은 머지않아 사양산업이 될 것이며, 이에 따라 어쩔 수 없이 출판콘텐츠 개발을 정부나 도서관이 해야 할 시대가 올 수도 있을 것으로 미루어 추측되기도 한다. 따라서 출판산업을 위한 오늘의 작은 배려와 관심이 미래의 출판산업 발전과 활성화에 지대한 밑거름이 될 것이다.

우리나라의 출판 정책과 제도가 선진국보다 나은 미래형 발전모델로서 바르게 자리 잡아 출판계의 맺힌 한이 풀어지는 날이 오기를 기대한다. —「출판문화」 2013.12. Vol. 577, pp.10~11.

관련 용어 해설

가각고(架閣庫) : ① 고려 때 궁중의 책을 관장하던 관아로 공민왕 5년 1356년에 설치됨. ② 조선 때 책·문서를 맡아보던 관아로 태조 원년 1392년에 설치됨.

대본판(代本板, dummy) : 도서관에서 한 장서가 대출 등으로 서가의 정 위치를 떠나게 될 때 그 자리에 대신 꽂아두는 나무토막 또는 그 외의 물건으로 해당 도서의 청구번호를 기입한 라벨을 붙여둠.

대조(對照, collate) : 도서관용어로 두 책의 내용이 같은지 아닌지를 감정·조사하기 위하여 목록으로 작성한 그 책의 기개목록사항에서 페이지 수·표제화·삽입물·책의 크기 등을 조사하는 것.

도서관판(圖書館版, library edition) : 도서관용으로 책을 특별히 견고하게 제책한 판.

도서관학(圖書館學, library science) : 도서관 자료의 선택과 관리 및 이와 관련된 시설, 서지, 봉사, 운영상의 제반 지식이나 기법 및 도서관 현상 등에 관해 체계적으로 연구하는 학문→문헌정보학.

도서관헌장(圖書館憲章, Library Bill of Right) : 미국도서관협회에서 도서관의 자유를 수호하기 위해 채택한 선언.

도서기호(圖書記號, book number, book mark) : 도서관에서의 도서 청구기호 중 '분류기호' 하단에 있는 기호이며, 분류기호는 책의 내용을 분류한 기호이고, 도서기호는 책의 배열을 위한 기호임.

도서대여권(圖書貸與權) : 책의 대여에 의해 발생하는 판매감소로 인한 저작자와 출판자의 권익침해를 보상하고자 하는 저작권법상의 권리이며, 우리나라는 시행하고 있지 않음.

도서분류법(圖書分類法) : 책을 주제나 형식의 유사성에 따라 계통적으로 분류하는 방법이며, 국제십진분류법을 비롯하여 계층분류법, 분석합성분류법 등이 있음.

도서원부(圖書原簿, accession book) : 책이 수입(受入)되는 순으로 등록번호를 주고, 그 등록번호순으로 저자·서명·연도·수입호·가격·청구번호 등을 기록하는 장부→도서대장, 도서등록대장.

듀이 십진분류법(Dewey Decimal Classification) : 듀이(Melvil Dewey, 1851~1931년)가 1873년에 고안한 도서분류법이며, 1879년에 처음으로 발행되어 지금까지 22판이 출판되었음. 모든 책의 분야를 10개의 유형으로 나누고, 이것을 다시 십진식으로 자세하게 분류함→십진분류법.

라이브러리언십(librarianship) : ① 문헌정보학에 관한 지식의 실제적 운용. ② 문헌정보학, 도서관정신, 도서관 직원의 직분, 사서직, 도서관 활동, 도서관 업무 등 다양한 뜻으로 사용됨.

라이브러리액세스시스템(library access system) : 큰 중앙도서관이나 도서관 간 협력을 위하여 IBM사가 고안해 낸 단행본관리를 위한 도서종합 경영시스템이며, 온라인으로 수서·MARC 목록작업·대출업무 등 기술적인 정리업무를 개선하거나 서지조사를 지원함.

만권당(萬卷堂) : 고려의 충선왕이 원나라 연경에 가 있을 때 세운 독서당으로, 많은 책을 갖추고 원나라의 유명한 성리학자들을 초빙하였음.

맹인용독서기(盲人用讀書機, reading machine for blind) : 종이에 씌어진 문장을 자동적으로 읽어 자연스러운 음성으로 출력하는 기계이며, 입력부·문자인식부·문장해석부·음성합성부·음성정보사전으로 구성됨.

미국도서관협회(美國圖書館協會, American Library Association) : 1876년에 미국의 도서관 관계자들이 모여 도서관의 다각적이고 효율적인 운영을 도모할 목적으로 설립한 단체이며, 본부는 시카고에 있음→A.L.A.

보드레이블(board label) : 도서관 장서에 대한 소유권을 표시하기 위하여 책의 안쪽에 붙인 쪽지를 말함→book plate, book label.

보존도서관(保存圖書館, deposit library) : 각 도서관에서 이용률이 낮은 도서나 인쇄물 중 보존가치가 있는 것을 보존하는 도서관.

사서(司書, librarian) : 대학교에서 '문헌정보학'을 이수하고 각종 도서관이나 자료실에서 이용자의 정보요구를 충족시키기 위하여 문헌을 수집·정리·보관하고 열람 및 대출과 필요정보를 서비스하는 사람을 총괄하여 일컫는 전문직의 명칭.

수서(受書, acquisition) : 도서관에서 책과 문헌을 입수하는 과정.

십진분류법(十進分類法, decimal classification) : 도서분류법이며, 미국의 듀이(Melvil Dewey)가 창안한 것으로, 그 구분원리는 세계적으로 십진분류표의 기본원리가 되고 있음→듀이 십진분류법.

자동문헌검색시스템(automatic document retrieval system) : 컴퓨터로 문헌을 자동으로 검색하는 시스템.

장경각(藏經閣) : 대장경을 보관하는 전각(殿閣)으로, 경남 합천군 해인사에 있는 장경각이 유명함.

장서회전율(藏書回轉率, book turnover) : 장서 한 권당 연간 대출횟수를 표시하는 숫자로서, '연간 대출책수÷연도말 장서수'로 산출함. '연간 대출책수÷봉사인구'에 의해 산출된 것은 대출률이라고 함.

KORMARK(KOrean MAchine Readable Cataloging, '코마크'라고 읽음) : 한국문헌자동화목록이며, MARK는 기계가독목록으로 컴퓨터가 목록으로 작성된 레코드(cataloging record)를 정보로 읽어 해석할 수 있다는 뜻임. 국립중앙도서관이 관리·운영함.

한국도서관협회(韓國圖書館協會, Korean Library Association) : 1955년 4월 16일에 창립된 우리나라 도서관계를 대표하는 기구.

※ 한국출판연구소, 「출판사전」(범우사, 2002)을 인용 및 참조함.

| 중요용어 |

도서관 및 출판계 발전협의회	납본제도	도서관 활성화
공통유통서지 DB 구축	도서관법	학술출판진흥
도서관정책	MARC	

Chapter 18

저작권법과 관계 법규

제1절 저작권과 저작권법의 정의

저작권(著作權, copyright)이란 인간의 사상이나 감정을 창작적(創作的)으로 표현한 저작물의 저작자가 그 저작물의 복제 · 번역 · 방송 · 상연 · 상영 · 전시 · 방송 · 대여 등을 독점적으로 이용하여 이익을 얻을 수 있는 권리를 말하며, 지적재산권(知的財産權)이라고도 한다(김기태, 2001, p.21 참조).

우리나라 저작권법 제1조에서는 "이 법은 저작자의 권리와 이에 인접하는 권리를 보호하고 저작물의 공정한 이용을 도모함으로써 문화 및 관련 산업의 향상발전에 이바지함을 목적으로 한다."라고 규정하고 있다. 즉, 저작권법(著作權法)은 저작자의 권리와 인접권을 보호하고, 저작물의 공정한 이용으로 이익을 도모함으로써 문화와 관련 산업의 향상 및 발전에 이바지함을 목적으로 하는 법률이다.

저작권은 저작자의 창작성이나 기술과 노력, 표현의 형식 또는 방법을 그 보호대상으로 하는 것이다. 그러나 저작자의 사상 · 학설 · 원칙 · 체계화된 방법 등에는 저작권이 인정되지 않는다.

세계지적재산권기구(World Intellectual Property Organization : WIPO)의 설립 조약에서는 "지적재산권이란 문학적 · 미술적 및 학술적 저작물, 실연가의 공연, 레코드 및 방송, 인간활동의 모든 분야에 있어서의 발명, 과학상의 발견, 의장(意匠), 상표, 서비스마크, 상호 및 기타 상업상의 호칭, 부정경쟁에 대한 보호에 관한 권리와 산업적 · 학술적 · 문학적 또는 미술적 분야에 있어서의 지적 활동에 의해 발생하는 기타 모든 권리를 포함한다."라고 규정하고 있다.

저작권법은 사권(私權)으로 저작권의 주체인 저작권자의 저작재산권과 저작자인격권을 보호하고, 그 사용자의 권리도 보호하게 된다. 이는 저작자의 학술연구와 창작의욕을 고취시키고, 학문과 문화의 발전과 출판산업의 성장과 활성화를 가져와 국가의 지적 수준을 높이는 것을 목적으로 하고 있다.

국제저작권조약에 의해 보호받고 있는 저작물을 저작권자의 허락 없이 무단으로 다른 나라에서 리프린트(reprint)하여 복제한 것을 해적판(pirated edition)이라 한다.

제2절 우리나라 저작권법 제도의 역사

[1] 1908년 8월(칙령 제200호)

고종 황제로 하여금 칙령(勅令) 제200호로 '한국저작권령'을 발포(發布)하게 하여 당시 일본 저작권법을 한국에 의용(依用)토록 하였다.

[2] 1910년 8월(칙령 제338호)

한일합병을 전제로 하여 '저작권법을 조선에 시행하는 것에 관한 건'이라는 일본 명치 칙령 제338호로 '한국저작권령'은 폐지되고, 그 이후는 일본 저작권법이 우리나라에서 시행되었다.

[3] 1957년 1월 28일(법률 제432호) : 저작권법의 제정

저작권법으로서는 우리나라 최초로 제정된 것이다. 구성은 전 5장으로 본문 75개 조 및 부칙으로 이루어져 있다. 이는 일본의 1877년 저작권법을 기초로 하였다.

주요 내용은 저작권법의 목적이 "학문적 또는 예술적 저작물의 저작자를 보호하여 문화의 향상발전을 도모"하려는 것임을 명시하였다. 그리고 저작권을 등록하지 않아도 권리가 발생하는 무방식주의를 채택하였고, 저작권의 자문과 조사심의를 위한 저작권심의회를 설치하였다.

저작권 보호기간을 원칙적으로 저작자의 생존기간과 사후 30년으로 하였다. 번역권은 5년 소멸제도를 채택하였고, 외국인의 저작권은 별도의 규정이 없으면 국내에서 처음으로 그 저작물을 발행한 자 이외에는 보호하지 않았으며, 국가 간 및 국제적인 조약에 가입이 없으면 실질적으로 보호를 하지 않았다.

그리고 음반 · 녹음필름 등을 공연 또는 방송에 사용하는 것 등은 저작권 비침해 행위로 규정하여 TV · 라디오 등 방송매체에서의 자유이용도가 넓어지게 되었다. 또한 부정출판물의 부수를 산정하기 어려울 때에는 3천 부로 추정하고, 저작권의 침해 시 1년 이하의 징역 또는 50만 원 이하의 벌금을 병과할 수 있도록 하였다. 이를 구저작권법이라 한다.

[4] 1986년 12월 31일(법률 제3916호) : 저작권법 전부개정

세계저작권협약(Universal Copyright Convention : UCC) 등 국제조약 가입을 위해 국제적으로 인정되고 있는 제도를 도입하여 저작권보호 및 제한규정 등을 정비하기 위한 저작권

법의 첫 번째 전부개정이다. 구성은 전 9장과 본문 103개 조 및 부칙으로 이루어져 있다. 우리나라의 UCC 가입은 1987년 7월 1일이다.

저작권법의 목적이 "저작자의 권리를 보호하고 저작물의 공정한 이용을 도모함으로써 문화의 향상발전에 이바지"하는 것임을 명시하였다. 또한 관련 용어를 정의하였고, 저작물 예시를 현실에 맞게 세분화하여 규정하였다. 그리고 컴퓨터 프로그램을 포함한 저작물 개념의 확대, 저작자의 권리 강화, 저작권과 저작인접권의 구분, 외국인 저작물을 상호주의 원칙에 따라 보호하고 소급보호는 인정하지 않았다. 컴퓨터프로그램보호법을 제정(1986.12.31. 제정, 1987.7.1. 시행)하여 컴퓨터프로그램 저작물을 별도로 보호하였고, 저작권심의회를 저작권심의조정위원회로 확대·개편하여 저작권 관련 분쟁의 조정, 각종 보상금의 기준에 관한 심의 등을 담당케 하였고, 저작권위탁관리업(신탁관리, 대리중개) 제도를 신설·허가제로 하였고, 저작권 보호기간을 외국의 입법례에 맞추어 저작자 생존기간 및 사후 50년으로 하고, 저작인접권을 신설하여 보호기간을 20년으로 하고, 부정복제물의 부수산정이 어려운 때에는 출판물은 5천 부, 음반은 1만 매로 추정하도록 하고, 저작권침해에 대해 3년 이하의 징역 또는 300만 원 이하의 벌금을 부과하였다. 1987년 7월 1일부터 시행하였으며, 이를 신저작권법이라 한다.

[5] 1989년 12월 30일(법률 제4183호) : 저작권법 일부개정

정부조직법의 개정에 따른 관련 행정조직의 명칭을 변경하였다. 즉, '문화공보부 장관'을 '문화부 장관'으로 변경하였다.

[6] 1990년 12월 27일(법률 제4268호) : 저작권법 일부개정

정부조직법의 개정에 따른 관련 행정조직의 명칭을 변경하였다. 즉, '문교부 장관'을 '교육부 장관'으로 변경하였다.

[7] 1991년 3월 8일(법률 제4352호) : 저작권법 일부개정

도서관진흥법의 제정에 따른 관련 법명을 변경하였다. 즉, '도서관법'을 '도서관진흥법'으로 변경하였다.

[8] 1993년 3월 6일(법률 제4541호) : 저작권법 일부개정

정부조직법의 개정에 따른 관련 행정조직의 명칭을 변경하였다. 즉, '문화부 장관'을 '문화체육부 장관'으로 변경하였다.

[9] 1994년 1월 7일(법률 제4717호) : 저작권법 일부개정

한·미 지적재산권 협상, 우루과이라운드 협상 등 국내외의 여건 변화에 따라 저작인접권

의 보호기간을 연장, 저작권 침해 등에 대한 벌칙 상향조정 등 저작권보호를 강화하였다. 시행은 1994년 7월 1일이다.

주요 내용은 데이터베이스를 편집저작물로 보호하게 하고, 교육부 장관이 가진 저작권과 검인정을 받은 교과용 도서를 저작물에 게재할 경우 보상금을 신설하였는데, 경과조치로 5년간 유예기간을 두었다. 음반의 배포권자 · 제작자 · 실연자에게 대여권의 부여, 저작인접권의 보호기간을 20년에서 50년으로 연장, 저작권위탁관리업 중 대리 · 중개업을 허가제에서 신고제로 변경, 불법 저작물을 배포목적으로 소지하는 경우에도 저작권침해행위로 보게 하였고, 저작권침해에 대한 벌칙을 3년 이하의 징역 또는 3천만 원 이하의 벌금 병과 등으로 상향조정하였다.

[10] 1994년 3월 24일(법률 제4746호) : 저작권법 일부개정

'도서관 및 독서진흥법' 의 개정에 따른 관련 법명을 변경하였다. 즉, '도서관진흥법' 을 '도서관 및 독서진흥법' 으로 변경하였다.

[11] 1995년 12월 6일(법률 제5015호) : 저작권법 일부개정

WTO(World Trade Organization, 세계무역기구) TRIPs(Trade-Related aspects of Intellectual Property Rights, 무역관련 지적재산권) 협정의 내용 반영 및 베른협약의 가입 등을 위해 저작권보호를 국제적 수준에 맞게 재정비하였다.

주요 내용은 외국인의 저작권을 국제적 수준에 맞게 보호함에 있어서 조약발효일 이전에 공표된 외국저작물에 대해 소급보호를 인정하고, 개정법 시행 전의 외국저작물에 대한 적법한 이용행위에 대해서는 면책을 인정하였다. 또한 공표된 저작물의 번역 · 발행에 관한 강제허락제도의 폐지, 실연자의 녹음 · 녹화 · 촬영권을 복제권으로 확대하여 권리강화, 단체명의 저작물의 창작 후 공표유예기간을 10년에서 50년으로 연장, 번역권에 대한 문화체육부 장관의 강제허락제도를 폐지, 무명 또는 이명 저작물의 보호기간 정비, 대리 또는 중개만을 행하는 저작권위탁관리업의 수수료율 승인제 폐지 등이다. 시행은 1996년 7월 1일이다.

[12] 1997년 12월 13일(법률 제5453호) : 저작권법 일부개정

행정절차법의 시행에 따른 공인회계사법 등의 정비에 관한 법률의 개정에 따라 저작권위탁관리업의 허가 취소 등의 경우에 청문제도를 도입하였다.

[13] 2000년 1월 12일(법률 제6134호) : 저작권법 일부개정

디지털기술의 발달과 새로운 복사기기의 확대보급으로 인한 저작권침해로부터 저작권을 보호하고, 저작물의 이용관계를 개선함으로써 국내외 저작권의 환경변화에 효율적으로 대처하기 위한 일부개정이다.

주요 내용은 저작자에게 전송권의 부여, 공중용 복사기에 의한 복제는 사적복제 면책범위에서 제외하여 저작자의 이용허락을 받도록 하였고, 전자도서관의 구축을 위한 데이터베이스의 이용 등 도서관의 면책범위는 확대하였다.

도서관 내 또는 도서관 간 전송의 경우 저작자의 이용허락을 받지 않을 수 있도록 하고(보상금 지급), 복제의 정의에서 "기계적 또는 전자적 방법 등에 의하여 유형물에 고정 또는 유형물로 다시 제작하는 것"을 추가하였다.

저작권 등록사항을 확대하였고, 저작권침해에 대한 벌칙을 3년 이하의 징역 또는 3천만 원 이하의 벌금에서 5년 이하의 징역 또는 5천만 원 이하의 벌금으로 상향조정하였다. 시행은 2000년 7월 1일이다.

[14] 2003년 5월 27일(법률 제6881호) : 저작권법 일부개정

디지털 · IT 신기술의 환경에서 저작권보호를 강화하려는 저작권법의 개정이다. 데이터베이스의 제작 등에 드는 투자노력을 보호하고, 기술적 보호조치 및 권리관리정보 등을 통해 디지털 네트워크환경에서의 저작권보호를 강화하고, 온라인 서비스 제공자의 책임범위를 명확히 함으로써 디지털시대 콘텐츠산업의 발전을 위한 제도적 기반을 마련하였다.

주요 내용은 편집물에 데이터베이스와 편집저작물을 포함시키고, 창작성 없는 데이터베이스라도 상당한 투자를 한 경우 보호하고, 데이터베이스 제작자의 권리보호기간을 5년으로 하였다. 도서관보상금제를 도입하고 도서관의 복제 · 전송의 범위를 도서관에 보관된 도서 등의 부수 범위 내로 한정했다.

시각장애인 등의 이용에 제공하기 위하여 어문저작물을 시각장애인 등 전용기록 방식으로 복제 · 배포 · 전송할 수 있도록 하였다. 온라인 서비스 제공자가 저작권침해 사실을 알고 즉시 복제 · 전송을 중단시킨 경우에는 책임을 감경 또는 면제하도록 하는 등 온라인 서비스 제공자의 면책요건 등을 정하였다.

기술적 보호조치의 무력화를 주된 목적으로 하는 기술 · 서비스 · 장치 등을 제공 · 제조 · 수입 · 양도 · 대여 · 전송하는 행위와 전자적 형태의 권리관리정보를 제거 · 변경하는 행위 등을 권리침해행위로 보고 처벌할 수 있도록 하였다(3년 이하의 징역 또는 3천만 원 이하의 벌금), 부정복제물(출판 · 음반)의 부수추정 규정을 삭제하고, 변론취지 및 증거조사의 결과를 참작하여 법원이 재량으로 상당한 손해액을 인정할 수 있도록 하였다. 시행은 2003년 7월 1일이다.

[15] 2004년 10월 16일(법률 제7233호) : 저작권법 일부개정

실연자 및 음반제작자에게 전송권을 부여하였다. 시행은 2005년 1월 17일이다.

[16] 2006년 12월 28일(법률 제8101호) : 저작권법 전부개정

1986년에 이어 저작권법의 두 번째 전부개정이다. 전 11장, 본문 142개 조 및 부칙으로 구성되었다. 1957년 저작권법 제정 이래 잦은 개정으로 흐트러진 법체계를 바로 잡고, WIPO 실연음반조약 등 국제조약 가입을 위해 저작인접권에 대한 보호를 강화하고, 인터넷상 저작권침해를 방지하고 저작물의 원활한 이용을 도모함으로써 문화산업의 발전을 촉진하기 위한 전부개정이다.

주요 내용은 각종 정의규정의 변경 및 신설, 학교 수업목적을 위한 전송 허용, 각종 미분배보상금의 공익목적 사용 허용, 저작권 인증제도 도입, 보호받는 음반의 범위 확대, 권리자의 요청 시 저작물의 불법적인 전송을 차단하는 기술적 조치 의무화, 저작권심의조정위원회를 저작권위원회로 변경하여 역할 강화, 문화관광부 장관의 불법 복제물의 수거 · 폐기 및 삭제 명령 도입, 저작재산권 등의 기증제도 도입, 건전한 저작물이용 환경조성을 위한 정책수립의 규정 신설, 영리를 위하여 상습적으로 저작권을 침해하는 경우 비친고죄를 적용하게 하였다(시행은 2007년 6월 29일).

[17] 2008년 2월 29일(법률 제8852호) : 저작권법(정부조직법) 일부개정

이 개정안에서는 대학의 '수업목적 저작물의 이용보상금 제도'를 시행하기로 하였다. 수업목적 저작물 이용 등에 적용되는 '저작권법 제25조'의 내용은 다음과 같다.

제25조 **'학교교육 목적 등에의 이용'** : ① 고등학교 및 이에 준하는 학교 이하의 학교의 교육 목적상 필요한 교과용도서에는 공표된 저작물을 게재할 수 있다. ② 특별법에 따라 설립되었거나 「유아교육법」, 「초·중등교육법」 또는 「고등교육법」에 따른 학교, 국가나 지방자치단체가 운영하는 교육기관 및 이들 교육기관의 수업을 지원하기 위하여 국가나 지방자치단체에 소속된 교육지원기관은 그 수업 또는 지원 목적상 필요하다고 인정되는 경우에는 공표된 저작물의 일부분을 복제 · 배포 · 공연 · 방송 또는 공중송신할 수 있다. 다만, 저작물의 성질이나 그 이용의 목적 및 형태 등에 비추어 저작물의 전부를 이용하는 것이 부득이한 경우에는 전부를 이용할 수 있다.(개정 2009.4.22.) ③ 제2항의 규정에 따른 교육기관에서 교육을 받는 자는 수업목적상 필요하다고 인정되는 경우에는 제2항의 범위 내에서 공표된 저작물을 복제하거나 전송할 수 있다. ④ 제1항 및 제2항에 따라 저작물을 이용하려는 자는 문화체육관광부 장관이 정하여 고시하는 기준에 따른 보상금을 해당 저작재산권자에게 지급하여야 한다. 다만, 고등학교 및 이에 준하는 학교 이하의 학교에서 제2항에 따른 복제 · 배포 · 공연 · 방송 또는 전송을 하는 경우에는 보상금을 지급하지 아니한다.(개정 2008.2.29., 2009.4.22.) ⑤ 제4항의 규정에 따른 보상을 받을 권리는 다음 각 호의 요건을 갖춘 단체로서 문화체육관광부 장관이 지정하는 단체를 통하여 행사되어야 한다. 문화체육관광부 장관이

그 단체를 지정할 때에는 미리 그 단체의 동의를 얻어야 한다.(개정 2008.2.29.)

1. 대한민국 내에서 보상을 받을 권리를 가진 자(이하 "보상권리자"라 한다)로 구성된 단체
2. 영리를 목적으로 하지 아니할 것
3. 보상금의 징수 및 분배 등의 업무를 수행하기에 충분한 능력이 있을 것

⑥ 제5항의 규정에 따른 단체는 그 구성원이 아니라도 보상권리자로부터 신청이 있을 때에는 그 자를 위하여 그 권리행사를 거부할 수 없다. 이 경우 그 단체는 자기의 명의로 그 권리에 관한 재판상 또는 재판 외의 행위를 할 권한을 가진다. ⑦ 문화체육관광부 장관은 제5항의 규정에 따른 단체가 다음 각 호의 어느 하나에 해당하는 경우에는 그 지정을 취소할 수 있다.(개정 2008.2.29.)

1. 제5항의 규정에 따른 요건을 갖추지 못한 때
2. 보상관계 업무규정을 위배한 때
3. 보상관계 업무를 상당한 기간 휴지하여 보상권리자의 이익을 해할 우려가 있을 때

⑧ 제5항의 규정에 따른 단체는 보상금 분배 공고를 한 날부터 3년이 경과한 미분배 보상금에 대하여 문화체육관광부 장관의 승인을 얻어 공익목적을 위하여 사용할 수 있다.(개정 2008.2.29.) ⑨ 제5항 · 제7항 및 제8항의 규정에 따른 단체의 지정과 취소 및 업무규정, 보상금 분배 공고, 미분배 보상금의 공익목적 사용 승인 등에 관하여 필요한 사항은 대통령령으로 정한다. ⑩ 제2항의 규정에 따라 교육기관이 전송을 하는 경우에는 저작권 그 밖에 이 법에 의하여 보호되는 권리의 침해를 방지하기 위하여 복제방지조치 등 대통령령이 정하는 필요한 조치를 하여야 한다.

[18] 2011년 12월 2일(법률 제11110호) : 저작권법 일부개정

'저작권법 일부개정 법률안'이 2011년 11월 22일 국회를 통과하였다. 이에 정부는 2011년 12월 2일 한 · 미 FTA 관련 저작권법(법률 제11110호), 저작권법 시행령(대통령령 제23338호), 저작권법 시행규칙(문화체육관광부령 제96호) 일부개정을 하였다. 개정 저작권법은 일시적 복제 개념의 도입 및 이에 대한 예외조항 신설, 포괄적 공정이용 조항의 신설, 저작인접권(방송 제외) 보호기간은 실연일부터 50년에서 70년으로 연장(방송은 50년), 저작재산권 보호기간도 50년에서 70년으로 연장, 위조라벨 제작과 배포 금지, 영화 도촬행위 금지 등이다. 다만, 저작인접권의 보호기간 연장 등은 사회적 영향 등을 감안하여 시행의 유예기간을 설정하여, 한·페루 FTA가 발효 2년이 되는 일자에 맞춰서, 2013년 8월 1일부터 시행되고, 저작재산권의 보호기간은 저작자 사후 70년으로 하고, 한 · EU FTA 이행과 맞추어 2013년 7월 2일에 시행된다.

2013년 11월 28일에 수업목적 저작물 이용보상금 비상대책위원회(위원장 이형규, 이하 비

대위)와 한국복제전송저작권협회(이사장 정홍택)는 '저작권법' 제25조 및 '수업목적 저작물 이용보상금 기준'에 따라 수업목적 저작물 이용에 대한 보상금 제도의 조기 정착을 위해 보상금 기준 인하, 약정체결 추진 등에 대한 합의서에 서명했다.

이에 따라 가장 큰 쟁점이었던 포괄방식에 따른 학생 1인당 연간 부담액은 현 기준인 일반대학은 학생 1인당 연 1,300원(3,132원), 전문대학은 1,200원(2,840원), 원격대학은 1,100원(2,684원)으로 대폭 인하된 금액으로 시행된다.

또 2011년도와 2012년도분에 대한 징수도 면제하기로 했다. 2014년 이후부터 적용할 보상금 기준은 협회와 대학협의체가 공동으로 실시하는 실태조사에 근거해 인상률을 결정할 예정이다.

이 보상제도는 대학수업에 필요한 저작물을 일단 저작권자의 허락을 받지 않고 이용한 뒤 기준에 따라 사후 보상금을 지급하는 제도이다.

대학들은 온라인을 포함한 강의에서 저작권 침해에 대한 걱정 없이 일부분의 저작물을 다양한 방법(복제 · 배포 · 공연 · 방송 · 전송 등)으로 사용할 수 있으며, 납부한 보상금은 한국복제전송저작권협회를 통해 개별 저작권자와 출판권자들에게 분배된다.

대학의 수업목적 저작물 이용보상금 제도는 2007년에 저작권법 개정을 통해 시행됐다. 저작권법 제25조 '수업목적 저작물 이용보상금 제도'는 학교 등 교육기관이 수업목적상 필요한 경우 저작권자의 허락 없이 저작물의 일부분을 이용한 뒤 보상금을 지급하도록 하고 있다. 초·중·고를 제외한 대학 등 교육기관은 저작물 이용보상금을 지급해야 한다.

표 18-1 | **수업목적 저작물 이용보상금 제도 추진 경과**

- 저작권법 개정(2006.12.28., 법률 제8101호, 2007.7.1. 시행) : 수업목적 저작물 이용보상금 수령단체 지정
- 보상금 수령단체 지정 및 기준, 연구, 공청회 개최 : 2008~11년
- 수업목적 저작물 이용 보상금 기준 고시(문화체육관광부 고시 제2011-17호, 2011.4.28.) : 개별 이용방식 기준에 기초하여 수령단체와 납부자 간 협의
- 수업목적 저작물 이용보상금 기준 고시(문화체육관광부 고시 제2012-18호, 2012.4.27.) : 일반대 1,879원('11년)~3,132원('15년), 전문대 1,704원('11년)~2,840원('15년), 원격대 1,610원('11년)~2,684원('15년)
- 수업목적 저작물 이용보상금 제도 도입합의서 서명(2013.11.28., 문체부, 교육부, 수업목적 보상금 비상대책위원회, 복전협)
- 수업목적 저작물 이용보상금 기준 고시(문화체육관광부 고시 제2014-8호, 2014.2.26.) : 학생 1인당 1,300원, 전문대 1,200원, 원격대 1,100원
- 약정체결 현황 : 2014년 06월 기준, 약 350처와 약정체결 완료

자료 : 한국복제전송저작권협회, 2014.

제3절 출판관련 저작권법의 일부개정 주요 내용

'저작권법 일부개정 법률안' 이 한·미 FTA 비준동의안 및 이행법안과 함께 2011년 11월 22일 국회 본회의에서 일괄 통과되었다. 이 법안들은 2011년 12월 2일에 모두 공포되었다. 저작권법 일부개정 법률(법률 제11110호)은 부칙 1조에 따라 FTA가 발효되는 날인 2012년 3월 15일부터 시행된다. 다만, 저작인접권의 보호기간(제86조 2항)은 실연일부터 50년에서 70년으로 하고(방송은 50년), 한·페루 FTA가 발효 2년이 되는 2013년 8월 1일부터 시행된다. 그리고 저작재산권의 보호기간(제39조)은 사망한 후 50년에서 70년간 존속하고, 한·EU FTA 이행에 맞춰 2013년 7월 2일에 시행된다.

일부개정 저작권법(2011.12.2.)의 주요 내용은 '일시적 복제 개념 도입과 이에 대한 예외조항 신설', '포괄적 공정이용 조항의 신설', '배타적 발행권의 신설', '저작인접권 보호기간은 실연일부터 50년에서 70년으로 연장(방송 50년)', '저작권 보호기간은 저작자 사후 50년에서 70년으로 연장', '위조라벨 제작 · 배포 금지', '영화 도촬행위 금지', '온라인 서비스 제공자 면책요건 추가', '법정손해배상제도 도입', '소송당사자에 대한 비밀유지 명령', '비친고죄 대상 확대' 등 대폭으로 개정되었다.

이 법률에서 출판관련 개정의 주요 내용은 저작권 및 저작인접권 보호기간 연장과 배타적 발행권이다. 이 중 '배타적 발행권' 은 본서 '제3장 출판, 제6절 출판권' 에서 다루었고, 그 외 출판관련 저작권법의 주요 부분(기존 포함)은 다음과 같다.

[1] 〈저작물〉 저작권법 제4조 **'저작물의 예시 등'** : ① 이 법에서 말하는 저작물을 예시하면 다음과 같다.

1. 소설 · 시 · 논문 · 강연 · 연설 · 각본, 그 밖의 어문저작물
2. 음악저작물
3. 연극 및 무용 · 무언극, 그 밖의 연극저작물
4. 회화 · 서예 · 조각 · 판화 · 공예 · 응용미술저작물, 그 밖의 미술저작물
5. 건축물 · 건축을 위한 모형 및 설계도서, 그 밖의 건축저작물
6. 사진저작물(이와 유사한 방법으로 제작된 것을 포함한다)
7. 영상저작물
8. 지도 · 도표 · 설계도 · 약도 · 모형, 그 밖의 도형저작물
9. 컴퓨터프로그램저작물

② 삭제(2009.4.22.)

[2] 제5조 **'2차적 저작물'** : ① 원저작물을 번역 · 편곡 · 변형 · 각색 · 영상제작, 그 밖의

방법으로 작성한 창작물(이하 "2차적 저작물"이라 한다)은 독자적인 저작물로서 보호된다. ② 2차적 저작물의 보호는 그 원저작물의 저작자의 권리에 영향을 미치지 아니한다.

[3] 제6조 **'편집저작물'** : ① 편집저작물은 독자적인 저작물로서 보호된다. ② 편집저작물의 보호는 그 편집저작물의 구성부분이 되는 소재의 저작권, 그 밖에 이 법에 따라 보호되는 권리에 영향을 미치지 아니한다.

[4] 제7조 **'보호받지 못하는 저작물'** : 다음 각 호의 어느 하나에 해당하는 것은, 이 법에 의한 보호를 받지 못한다.

1. 헌법 · 법률 · 조약 · 명령 · 조례 및 규칙
2. 국가 또는 지방자치단체의 고시 · 공고 · 훈령, 그 밖에 이와 유사한 것
3. 법원의 판결 · 결정 · 명령 및 심판이나 행정심판절차, 그 밖에 이와 유사한 절차에 의한 의결 · 결정 등
4. 국가 또는 지방자치단체가 작성한 것으로서 제1호 내지 제3호에 규정된 것의 편집물 또는 번역물
5. 사실의 전달에 불과한 시사보도

[5] 〈저작인격권〉 제11조 **'공표권'** : ① 저작자는 그의 저작물을 공표하거나 공표하지 아니할 것을 결정할 권리를 가진다. ② 저작자가 공표되지 아니한 저작물의 저작재산권을 제45조에 따른 양도, 제46조에 따른 이용허락, 제57조에 따른 배타적 발행권의 설정 또는 제63조에 따른 출판권의 설정을 한 경우에는 그 상대방에게 저작물의 공표를 동의한 것으로 추정한다.(개정 2009.4.22., 2011.12.2.) ③ 저작자가 공표되지 아니한 미술저작물 · 건축저작물 또는 사진저작물(이하 "미술저작물 등"이라 한다)의 원본을 양도한 경우에는 그 상대방에게 저작물의 원본의 전시방식에 의한 공표를 동의한 것으로 추정한다. ④ 원저작자의 동의를 얻어 작성된 2차적 저작물 또는 편집저작물이 공표된 경우에는 그 원저작물도 공표된 것으로 본다. ⑤ 공표하지 아니한 저작물을 저작자가 제31조의 도서관 등에 기증한 경우 별도의 의사를 표시하지 않는 한 기증한 때에 공표에 동의한 것으로 추정한다.(신설 2011.12.2.)

[6] 제13조 **'동일성유지권'** : ① 저작자는 그의 저작물의 내용 · 형식 및 제호의 동일성을 유지할 권리를 가진다. ② 저작자는 다음 각 호의 어느 하나에 해당하는 변경에 대하여는 이의(異議)할 수 없다. 다만, 본질적인 내용의 변경은 그러하지 아니하다.(개정 2009.4.22.)

1. 제25조의 규정에 따라 저작물을 이용하는 경우에 학교교육 목적상 부득이하다고 인정되는 범위 안에서의 표현의 변경
2. 건축물의 증축 · 개축, 그 밖의 변형
3. 특정한 컴퓨터 외에는 이용할 수 없는 프로그램을 다른 컴퓨터에 이용할 수 있도록 하기 위하여 필요한 범위에서의 변경

4. 프로그램을 특정한 컴퓨터에 보다 효과적으로 이용할 수 있도록 하기 위하여 필요한 범위에서의 변경
5. 그 밖에 저작물의 성질이나 그 이용의 목적 및 형태 등에 비추어 부득이하다고 인정되는 범위 안에서의 변경

[7] 〈저작재산권의 제한〉 제30조 **'사적 이용을 위한 복제'** : 공표된 저작물을 영리를 목적으로 하지 아니하고 개인적으로 이용하거나 가정 및 이에 준하는 한정된 범위 안에서 이용하는 경우에는 그 이용자는 이를 복제할 수 있다. 다만, 공중의 사용에 제공하기 위하여 설치된 복사기기에 의한 복제는 그러하지 아니하다.

[8] 제31조 **'도서관 등에서의 복제 등'** : ①「도서관법」에 따른 도서관과 도서·문서·기록, 그 밖의 자료(이하 "도서 등"이라 한다)를 공중의 이용에 제공하는 시설 중 대통령령이 정하는 시설(당해 시설의 장을 포함하며, 이하 "도서관 등"이라 한다)은 다음 각 호의 어느 하나에 해당하는 경우에는 그 도서관 등에 보관된 도서 등(제1호의 경우에는 제3항의 규정에 따라 당해 도서관 등이 복제·전송받은 도서 등을 포함한다)을 사용하여 저작물을 복제할 수 있다. 다만, 제1호 및 제3호의 경우에는 디지털 형태로 복제할 수 없다.

1. 조사·연구를 목적으로 하는 이용자의 요구에 따라 공표된 도서 등의 일부분의 복제물을 1인 1부에 한하여 제공하는 경우
2. 도서 등의 자체보존을 위하여 필요한 경우
3. 다른 도서관 등의 요구에 따라 절판, 그 밖에 이에 준하는 사유로 구하기 어려운 도서 등의 복제물을 보존용으로 제공하는 경우

② 도서관 등은 컴퓨터를 이용하여 이용자가 그 도서관 등의 안에서 열람할 수 있도록 보관된 도서 등을 복제하거나 전송할 수 있다. 이 경우 동시에 열람할 수 있는 이용자의 수는 그 도서관 등에서 보관하고 있거나 저작권, 그 밖에 이 법에 따라 보호되는 권리를 가진 자로부터 이용허락을 받은 그 도서 등의 부수를 초과할 수 없다.(개정 2009.4.22.) ③ 도서관 등은 컴퓨터를 이용하여 이용자가 다른 도서관 등의 안에서 열람할 수 있도록 보관된 도서 등을 복제하거나 전송할 수 있다. 다만, 그 전부 또는 일부가 판매용으로 발행된 도서 등은 그 발행일로부터 5년이 경과하지 아니한 경우에는 그러하지 아니하다.(개정 2009.4.22.) ④ 도서관 등은 제1항 제2호의 규정에 따른 도서 등의 복제 및 제2항과 제3항의 규정에 따른 도서 등의 복제의 경우에 그 도서 등이 디지털 형태로 판매되고 있는 때에는 그 도서 등을 디지털 형태로 복제할 수 없다. ⑤ 도서관 등은 제1항 제1호의 규정에 따라 디지털 형태의 도서 등을 복제하는 경우 및 제3항의 규정에 따라 도서 등을 다른 도서관 등의 안에서 열람할 수 있도록 복제하거나 전송하는 경우에는 문화체육관광부 장관이 정하여 고시하는 기준에 의한 보상금을 당해 저작재산권자에게 지급하여야 한다. 다만, 국가, 지방자치단체 또는「고등교

육법」 제2조의 규정에 따른 학교를 저작재산권자로 하는 도서 등(그 전부 또는 일부가 판매용으로 발행된 도서 등을 제외한다)의 경우에는 그러하지 아니하다.(개정 2008.2.29.) ⑥ 제25조 제5항 내지 제9항의 규정은 제5항의 보상금의 지급 등에 관하여 준용한다. ⑦ 제1항 내지 제3항의 규정에 따라 도서 등을 디지털 형태로 복제하거나 전송하는 경우에 도서관 등은 저작권, 그 밖에 이 법에 따라 보호되는 권리의 침해를 방지하기 위하여 복제방지조치 등 대통령령이 정하는 필요한 조치를 하여야 한다. ⑧「도서관법」 제20조의 2에 따라 국립중앙도서관이 온라인 자료의 보존을 위하여 수집하는 경우에는 해당 자료를 복제할 수 있다.(개정 2009.3.25.)

[9] 제35조의 2 **'저작물 이용과정에서의 일시적 복제'** : 컴퓨터에서 저작물을 이용하는 경우에는 원활하고 효율적인 정보처리를 위하여 필요하다고 인정되는 범위 안에서 그 저작물을 그 컴퓨터에 일시적으로 복제할 수 있다. 다만, 그 저작물의 이용이 저작권을 침해하는 경우에는 그러하지 아니하다.(본조신설 2011.12.2.)

[10] 제35조의 3 **'저작물의 공정한 이용'** : ① 제23조부터 제35조의 2까지, 제101조의 3부터 제101조의 5까지의 경우 외에 저작물의 통상적인 이용 방법과 충돌하지 아니하고 저작자의 정당한 이익을 부당하게 해치지 아니하는 경우에는 보도 · 비평 · 교육 · 연구 등을 위하여 저작물을 이용할 수 있다. ② 저작물 이용 행위가 제1항에 해당하는지를 판단할 때에는 다음 각 호의 사항 등을 고려하여야 한다.

1. 영리성 또는 비영리성 등 이용의 목적 및 성격
2. 저작물의 종류 및 용도
3. 이용된 부분이 저작물 전체에서 차지하는 비중과 그 중요성
4. 저작물의 이용이 그 저작물의 현재 시장 또는 가치나 잠재적인 시장 또는 가치에 미치는 영향(본조신설 2011.12.2.)

[11] 〈저작재산권의 양도 · 행사 · 소멸〉 제46조 **'저작물의 이용허락'** : ① 저작재산권자는 다른 사람에게 그 저작물의 이용을 허락할 수 있다. ② 제1항의 규정에 따라 허락을 받은 자는 허락받은 이용 방법 및 조건의 범위 안에서 그 저작물을 이용할 수 있다. ③ 제1항의 규정에 따른 허락에 의하여 저작물을 이용할 수 있는 권리는 저작재산권자의 동의 없이 제3자에게 이를 양도할 수 없다.

[12] 제49조 **'저작재산권의 소멸'** : 저작재산권이 다음 각 호의 어느 하나에 해당하는 경우에는 소멸한다.

1. 저작재산권자가 상속인 없이 사망한 경우에 그 권리가「민법」, 그 밖의 법률의 규정에 따라 국가에 귀속되는 경우
2. 저작재산권자인 법인 또는 단체가 해산되어 그 권리가「민법」, 그 밖의 법률의 규정에

따라 국가에 귀속되는 경우

[13] 〈저작물 이용의 법정허락〉 제50조 **'저작재산권자 불명인 저작물의 이용'** : ① 누구든지 대통령령이 정하는 기준에 해당하는 상당한 노력을 기울였어도 공표된 저작물(외국인의 저작물을 제외한다)의 저작재산권자나 그의 거소를 알 수 없어 그 저작물의 이용허락을 받을 수 없는 경우에는 대통령령이 정하는 바에 따라 문화체육관광부 장관의 승인을 얻은 후 문화체육관광부 장관이 정하는 기준에 의한 보상금을 공탁하고 이를 이용할 수 있다.(개정 2008.2.29.) ② 제1항의 규정에 따라 저작물을 이용하는 자는 그 뜻과 승인연월일을 표시하여야 한다. ③ 제1항의 규정에 따라 법정허락된 저작물이 다시 법정허락의 대상이 되는 때에는 제1항의 규정에 따른 대통령령이 정하는 기준에 해당하는 상당한 노력의 절차를 생략할 수 있다. 다만, 그 저작물에 대한 법정허락의 승인 이전에 저작재산권자가 대통령령이 정하는 절차에 따라 이의를 제기하는 때에는 그러하지 아니하다. ④ 문화체육관광부 장관은 대통령령이 정하는 바에 따라 법정허락 내용을 정보통신망에 게시하여야 한다.(개정 2008.2.29.)

[14] 〈출판권〉 제57~63조는 본서 제3장 제6절 **'출판권'**을 참조할 것.

[15] 〈온라인서비스제공자의 책임 제한〉 제103조의 2 **'온라인서비스제공자에 대한 법원 명령의 범위'** : ① 법원은 제102조 제1항 제1호에 따른 요건을 충족한 온라인서비스제공자에게 제123조 제3항에 따라 필요한 조치를 명하는 경우에는 다음 각 호의 조치만을 명할 수 있다.

1. 특정 계정의 해지
2. 특정 해외 인터넷 사이트에 대한 접근을 막기 위한 합리적 조치

② 법원은 제102조 제1항 제2호부터 제4호까지의 요건을 충족한 온라인서비스제공자에게 제123조 제3항에 따라 필요한 조치를 명하는 경우에는 다음 각 호의 조치만을 명할 수 있다.

1. 불법복제물의 삭제
2. 불법복제물에 대한 접근을 막기 위한 조치
3. 특정 계정의 해지
4. 그 밖에 온라인서비스제공자에게 최소한의 부담이 되는 범위에서 법원이 필요하다고 판단하는 조치

(본조신설 2011.12.2.)

[16] 제103조의 3 **'복제 · 전송자에 관한 정보 제공의 청구'** : ① 권리주장자가 민사상의 소제기 및 형사상의 고소를 위하여 해당 온라인서비스제공자에게 그 온라인서비스제공자가 가지고 있는 해당 복제 · 전송자의 성명과 주소 등 필요한 최소한의 정보 제공을 요청하였으나 온라인서비스제공자가 이를 거절한 경우 권리주장자는 문화체육관광부 장관에게 해당

온라인서비스제공자에 대하여 그 정보의 제공을 명령하여 줄 것을 청구할 수 있다. ② 문화체육관광부 장관은 제1항에 따른 청구가 있으면 제112조에 따른 한국저작권위원회의 심의를 거쳐 온라인서비스제공자에게 해당 복제 · 전송자의 정보를 제출하도록 명할 수 있다. ③ 온라인서비스제공자는 제2항의 명령을 받은 날부터 7일 이내에 그 정보를 문화체육관광부 장관에게 제출하여야 하며, 문화체육관광부 장관은 그 정보를 제1항에 따른 청구를 한 자에게 지체 없이 제공하여야 한다. ④ 제3항에 따라 해당 복제 · 전송자의 정보를 제공받은 자는 해당 정보를 제1항의 청구 목적 외의 용도로 사용하여서는 아니 된다. ⑤ 그 밖에 복제 · 전송자에 관한 정보의 제공에 필요한 사항은 대통령령으로 정한다.

(본조신설 2011.12.2.)

[17] 〈기술적 보호조치의 무력화 금지 등〉(신설 2011.6.30.) **'기술적 보호조치'** 란 ① 저작권, 그 밖에 이 법에 따라 보호되는 저작물 등에 대한 접근을 효과적으로 방지하거나 억제하기 위하여 그 권리자나 권리자의 동의를 받은 자가 적용하는 기술적 조치, ② 저작권, 그 밖에 이 법에 따라 보호되는 권리에 대한 침해행위를 효과적으로 방지하거나 억제하기 위하여 그 권리자나 권리자의 동의를 받은 자가 적용하는 기술적 조치를 말한다.

[18] 제104조의 2 **'기술적 보호조치의 무력화 금지'** : ① 누구든지 정당한 권한 없이 고의 또는 과실로 제2조 제28호 가목의 기술적 보호조치를 제거 · 변경하거나 우회하는 등의 방법으로 무력화하여서는 아니 된다. 다만, 다음 각 호의 어느 하나에 해당하는 경우에는 그러하지 아니하다.

1. 암호 분야의 연구에 종사하는 자가 저작물 등의 복제물을 정당하게 취득하여 저작물 등에 적용된 암호 기술의 결함이나 취약점을 연구하기 위하여 필요한 범위에서 행하는 경우. 다만, 권리자로부터 연구에 필요한 이용을 허락받기 위하여 상당한 노력을 하였으나 허락을 받지 못한 경우에 한한다.
2. 미성년자에게 유해한 온라인상의 저작물 등에 미성년자가 접근하는 것을 방지하기 위하여 기술 · 제품 · 서비스 또는 장치에 기술적 보호조치를 무력화하는 구성요소나 부품을 포함하는 경우. 다만, 제2항에 따라 금지되지 아니하는 경우에 한한다.
3. 개인의 온라인상의 행위를 파악할 수 있는 개인 식별 정보를 비공개적으로 수집 · 유포하는 기능을 확인하고, 이를 무력화하기 위하여 필요한 경우. 다만, 다른 사람들이 저작물 등에 접근하는 것에 영향을 미치는 경우는 제외한다.
4. 국가의 법집행, 합법적인 정보수집 또는 안전보장 등을 위하여 필요한 경우
5. 제25조 제2항에 따른 교육기관 · 교육지원기관, 제31조 제1항에 따른 도서관(비영리인 경우로 한정한다) 또는 「공공기록물 관리에 관한 법률」에 따른 기록물관리기관이 저작물 등의 구입 여부를 결정하기 위하여 필요한 경우. 다만, 기술적 보호조치를 무력화하지

아니하고는 접근할 수 없는 경우에 한한다.

6. 정당한 권한을 가지고 프로그램을 사용하는 자가 다른 프로그램과의 호환을 위하여 필요한 범위에서 프로그램코드 역분석을 하는 경우
7. 정당한 권한을 가진 자가 오로지 컴퓨터 또는 정보통신망의 보안성을 검사 · 조사 또는 보정하기 위하여 필요한 경우
8. 기술적 보호조치의 무력화 금지에 의하여 특정 종류의 저작물 등을 정당하게 이용하는 것이 불합리하게 영향을 받거나 받을 가능성이 있다고 인정되어 대통령령으로 정하는 절차에 따라 문화체육관광부 장관이 정하여 고시하는 경우. 이 경우 그 예외의 효력은 3년으로 한다.

② 누구든지 정당한 권한 없이 다음과 같은 장치, 제품 또는 부품을 제조, 수입, 배포, 전송, 판매, 대여, 공중에 대한 청약, 판매나 대여를 위한 광고, 또는 유통을 목적으로 보관 또는 소지하거나 시비스를 제공하여서는 아니 된다.

1. 기술적 보호조치의 무력화를 목적으로 홍보, 광고 또는 판촉되는 것
2. 기술적 보호조치를 무력화하는 것 외에는 제한적으로 상업적인 목적 또는 용도만 있는 것
3. 기술적 보호조치를 무력화하는 것을 가능하게 하거나 용이하게 하는 것을 주된 목적으로 고안, 제작, 개조되거나 기능하는 것

③ 제2항에도 불구하고 다음 각 호의 어느 하나에 해당하는 경우에는 그러하지 아니하다.

1. 제2조 제28호 가목의 기술적 보호조치와 관련하여 제1항 제1호 · 제2호 · 제4호 · 제6호 및 제7호에 해당하는 경우
2. 제2조 제28호 나목의 기술적 보호조치와 관련하여 제1항 제4호 및 제6호에 해당하는 경우

(본조신설 2011.6.30.)

[19] 제104조의 5 '**라벨 위조 등의 금지**' : 누구든지 정당한 권한 없이 다음 각 호의 어느 하나에 해당하는 행위를 하여서는 아니 된다.

1. 저작물 등의 라벨을 불법복제물이나 그 문서 또는 포장에 부착 · 동봉 또는 첨부하기 위하여 위조하거나 그러한 사실을 알면서 배포 또는 배포할 목적으로 소지하는 행위
2. 저작물 등의 권리자나 권리자의 동의를 받은 자로부터 허락을 받아 제작한 라벨을 그 허락 범위를 넘어 배포하거나 그러한 사실을 알면서 다시 배포 또는 다시 배포할 목적으로 소지하는 행위
3. 저작물 등의 적법한 복제물과 함께 배포되는 문서 또는 포장을 불법복제물에 사용하기 위하여 위조하거나 그러한 사실을 알면서 위조된 문서 또는 포장을 배포하거나 배포할

목적으로 소지하는 행위

(본조신설 2011.12.2)

[20] 제104조의 6 **'영상저작물 녹화 등의 금지'** : 누구든지 저작권으로 보호되는 영상저작물을 상영 중인 영화상영관 등에서 저작재산권자의 허락 없이 녹화기기를 이용하여 녹화하거나 공중송신하여서는 아니 된다.(본조신설 2011.12.2.)

[21] 제104조의 7 **'방송전 신호의 송신 금지'** : 누구든지 정당한 권한 없이 방송사업자에게로 송신되는 신호(공중이 직접 수신하도록 할 목적의 경우에는 제외한다)를 제3자에게 송신하여서는 아니 된다.(본조신설 2011.12.2.)

[22] 제104조의 8 **'침해의 정지 · 예방 청구 등'** : 저작권, 그 밖에 이 법에 따라 보호되는 권리를 가진 자는 제104조의 2부터 제104조의 4까지의 규정을 위반한 자에 대하여 침해의 정지 · 예방, 손해배상의 담보 또는 손해배상이나 이를 갈음하는 법정손해배상의 청구를 할 수 있으며, 고의 또는 과실 없이 제104조의 2 제1항의 행위를 한 자에 대하여는 침해의 정지 · 예방을 청구할 수 있다. 이 경우 제123조, 제125조, 제125조의 2, 제126조 및 제129조를 준용한다.(개정 2011.12.2.) (본조신설 2011.6.30.) (제104조의 4에서 이동 2011.12.2.)

[23] 〈권리의 침해에 대한 구제〉 제123조 **'침해의 정지 등 청구'** : ① 저작권, 그 밖에 이 법에 따라 보호되는 권리(제25조 · 제31조 · 제75조 · 제76조 · 제76조의 2 · 제82조 · 제83조 및 제83조의 2의 규정에 따른 보상을 받을 권리를 제외한다. 이하 이 조에서 같다)를 가진 자는 그 권리를 침해하는 자에 대하여 침해의 정지를 청구할 수 있으며, 그 권리를 침해할 우려가 있는 자에 대하여 침해의 예방 또는 손해배상의 담보를 청구할 수 있다.(개정 2009.3.25.) ② 저작권, 그 밖에 이 법에 따라 보호되는 권리를 가진 자는 제1항의 규정에 따른 청구를 하는 경우에 침해행위에 의하여 만들어진 물건의 폐기나 그 밖의 필요한 조치를 청구할 수 있다. ③ 제1항 및 제2항의 경우 또는 이 법에 따른 형사의 기소가 있는 때에는 법원은 원고 또는 고소인의 신청에 따라 담보를 제공하거나 제공하지 아니하게 하고, 임시로 침해행위의 정지 또는 침해행위로 말미암아 만들어진 물건의 압류 그 밖의 필요한 조치를 명할 수 있다. ④ 제3항의 경우에 저작권 그 밖에 이 법에 따라 보호되는 권리의 침해가 없다는 뜻의 판결이 확정된 때에는 신청자는 그 신청으로 인하여 발생한 손해를 배상하여야 한다.

[24] 제124조 **'침해로 보는 행위'** : ① 다음 각 호의 어느 하나에 해당하는 행위는 저작권, 그 밖에 이 법에 따라 보호되는 권리의 침해로 본다.(개정 2009.4.22.)

1. 수입 시에 대한민국 내에서 만들어졌더라면 저작권 그 밖에 이 법에 따라 보호되는 권리의 침해로 될 물건을 대한민국 내에서 배포할 목적으로 수입하는 행위
2. 저작권, 그 밖에 이 법에 따라 보호되는 권리를 침해하는 행위에 의하여 만들어진 물건(제1호의 수입물건을 포함한다)을 그 사실을 알고 배포할 목적으로 소지하는 행위

3. 프로그램의 저작권을 침해하여 만들어진 프로그램의 복제물(제1호에 따른 수입물건을 포함한다)을 그 사실을 알면서 취득한 자가 이를 업무상 이용하는 행위

② 저작자의 명예를 훼손하는 방법으로 저작물을 이용하는 행위는 저작인격권의 침해로 본다.(개정 2011.6.30.) ③ 삭제(2011.6.30.)

[25] 제125조 **'손해배상의 청구'** : ① 저작재산권, 그 밖에 이 법에 따라 보호되는 권리(저작인격권 및 실연자의 인격권을 제외한다)를 가진 자(이하 "저작재산권자 등"이라 한다)가 고의 또는 과실로 권리를 침해한 자에 대하여 그 침해행위에 의하여 자기가 받은 손해의 배상을 청구하는 경우에 그 권리를 침해한 자가 그 침해행위에 의하여 이익을 받은 때에는 그 이익의 액을 저작재산권자 등이 받은 손해의 액으로 추정한다. ② 저작재산권자 등이 고의 또는 과실로 그 권리를 침해한 자에 대하여 그 침해행위에 의하여 자기가 받은 손해의 배상을 청구하는 경우에 그 권리의 행사로 통상 받을 수 있는 금액에 상당하는 액을 저작재산권자 등이 받은 손해의 액으로 하여 그 손해배상을 청구할 수 있다. ③ 제2항의 규정에 불구하고 저작재산권자 등이 받은 손해의 액이 제2항의 규정에 따른 금액을 초과하는 경우에는 그 초과액에 대하여도 손해배상을 청구할 수 있다. ④ 등록되어 있는 저작권, 배타적 발행권(제88조 및 제96조에 따라 준용되는 경우를 포함한다), 출판권, 저작인접권 또는 데이터베이스 제작자의 권리를 침해한 자는 그 침해행위에 과실이 있는 것으로 추정한다.(개정 2009.4.22., 2011.12.2.)

[26] 제129조의 2 **'정보의 제공'** : ① 법원은 저작권, 그 밖에 이 법에 따라 보호되는 권리의 침해에 관한 소송에서 당사자의 신청에 따라 증거를 수집하기 위하여 필요하다고 인정되는 경우에는 다른 당사자에 대하여 그가 보유하고 있거나 알고 있는 다음 각 호의 정보를 제공하도록 명할 수 있다.

1. 침해 행위나 불법복제물의 생산 및 유통에 관련된 자를 특정할 수 있는 정보
2. 불법복제물의 생산 및 유통 경로에 관한 정보

② 제1항에도 불구하고 다른 당사자는 다음 각 호의 어느 하나에 해당하는 경우에는 정보의 제공을 거부할 수 있다.

1. 다음 각 목의 어느 하나에 해당하는 자가 공소 제기되거나 유죄판결을 받을 우려가 있는 경우
   가. 다른 당사자
   나. 다른 당사자의 친족이거나 친족 관계가 있었던 자
   다. 다른 당사자의 후견인
2. 영업비밀(「부정경쟁방지 및 영업비밀 보호에 관한 법률」 제2조 제2호의 영업비밀을 말한다. 이하 같다) 또는 사생활을 보호하기 위한 경우이거나 그 밖에 정보의 제공을 거부할 수 있는 정당한 사유가 있는 경우

③ 다른 당사자가 정당한 이유 없이 정보제공 명령에 따르지 아니한 경우에는 법원은 정보에 관한 당사자의 주장을 진실한 것으로 인정할 수 있다. ④ 법원은 제2항 제2호에 규정된 정당한 사유가 있는지를 판단하기 위하여 필요하다고 인정되는 경우에는 다른 당사자에게 정보를 제공하도록 요구할 수 있다. 이 경우 정당한 사유가 있는지를 판단하기 위하여 정보제공을 신청한 당사자 또는 그의 대리인의 의견을 특별히 들을 필요가 있는 경우 외에는 누구에게도 그 제공된 정보를 공개하여서는 아니 된다.

(본조신설 2011.12.2.)

[27] 〈보칙〉 제130조 **'권한의 위임 및 위탁'** : 문화체육관광부 장관은 대통령령으로 정하는 바에 따라 이 법에 따른 권한의 일부를 특별시장 · 광역시장 · 도지사 · 특별자치도지사에게 위임하거나 저작권위원회 또는 저작권 관련 단체에 위탁할 수 있다.(개정 2008.2.29., 2009.4.22.)

[28] 제131조 **'벌칙 적용에서의 공무원 의제'** : 위원회의 위원 및 직원은 「형법」 제129조 내지 제132조의 규정을 적용하는 경우에는 이를 공무원으로 본다.

[29] 제133조 **'불법 복제물의 수거 · 폐기 및 삭제'** : ① 문화체육관광부 장관, 특별시장 · 광역시장 · 도지사 · 특별자치도지사 또는 시장 · 군수 · 구청장(자치구의 구청장을 말한다)은 저작권 그 밖에 이 법에 따라 보호되는 권리를 침해하는 복제물(정보통신망을 통하여 전송되는 복제물은 제외한다) 또는 저작물 등의 기술적 보호조치를 무력하게 하기 위하여 제작된 기기 · 장치 · 정보 및 프로그램을 발견한 때에는 대통령령으로 정한 절차 및 방법에 따라 관계 공무원으로 하여금 이를 수거 · 폐기 또는 삭제하게 할 수 있다.(개정 2008.2.29., 2009.4.22.) ② 문화체육관광부 장관은 제1항의 규정에 따른 업무를 대통령령이 정한 단체에 위탁할 수 있다. 이 경우 이에 종사하는 자는 공무원으로 본다.(개정 2008.2.29.) ③ 문화체육관광부 장관은 제1항 및 제2항에 따라 관계 공무원 등이 수거 · 폐기 또는 삭제를 하는 경우 필요한 때에는 관련단체에 협조를 요청할 수 있다.(개정 2008.2.29., 2009.4.22.) ④ 삭제(2009.4.22.) ⑤ 문화체육관광부 장관은 제1항에 따른 업무를 위하여 필요한 기구를 설치 · 운영할 수 있다.(개정 2008.2.29., 2009.4.22.) ⑥ 제1항부터 제3항까지의 규정이 다른 법률의 규정과 경합하는 경우에는 이 법을 우선하여 적용한다.(개정 2009.4.22.)

[30] 〈벌칙〉 제136조 **'벌칙**(개정 2011.12.2.)**'** : ① 다음 각 호의 어느 하나에 해당하는 자는 5년 이하의 징역 또는 5천만원 이하의 벌금에 처하거나 이를 병과할 수 있다.(개정 2011.12.2.)

1. 저작재산권, 그 밖에 이 법에 따라 보호되는 재산적 권리(제93조에 따른 권리는 제외한다)를 복제, 공연, 공중송신, 전시, 배포, 대여, 2차적 저작물 작성의 방법으로 침해한 자
2. 제129조의 3 제1항에 따른 법원의 명령을 정당한 이유 없이 위반한 자

②항은 생략.

[31] 제139조 **'몰수'** : 저작권, 그 밖에 이 법에 따라 보호되는 권리를 침해하여 만들어진 복제물과 그 복제물의 제작에 주로 사용된 도구나 재료 중 그 침해자 · 인쇄자 · 배포자 또는 공연자의 소유에 속하는 것은 몰수한다.(개정 2011.12.2.) (전문개정 2011.6.30.)

[32] 제140조 **'고소'** : 이 장의 죄에 대한 공소는 고소가 있어야 한다. 다만, 다음 각 호의 어느 하나에 해당하는 경우에는 그러하지 아니하다.(개정 2009.4.22., 2011.12.2.)

1. 영리를 목적으로 또는 상습적으로 제136조 제1항 제1호, 제136조 제2항 제3호 및 제4호(제124조 제1항 제3호의 경우에는 피해자의 명시적 의사에 반하여 처벌하지 못한다)에 해당하는 행위를 한 경우
2. 제136조 제2항 제2호 및 제3호의 2부터 제3호의 7까지, 제137조 제1항 제1호부터 제4호까지, 제6호 및 제7호와 제138조 제5호의 경우
3. 삭제(2011.12.2.)

[33] 〈**부칙**〉(제11110호, 2011.12.2.)

제1조(시행일) 이 법은 「대한민국과 미합중국 간의 자유무역협정 및 대한민국과 미합중국 간의 자유무역협정에 관한 서한교환」이 발효되는 날부터 시행된다. 다만, 제64조 제2항 및 제86조의 개정규정은 2013년 8월 1일부터 시행한다.

제2조(적용례) 제103조의 3, 제125조의 2 및 제129조의 2부터 제129조의 5까지의 개정규정은 이 법 시행 후 최초로 권리침해가 발생하거나 의무위반이 발생한 것부터 적용한다.

제3조(적용범위에 관한 경과조치) 이 법 시행 전에 종전의 규정에 따라 저작권, 그 밖에 이 법에 따라 보호되는 권리의 전부 또는 일부가 소멸하였거나 보호를 받지 못한 저작물 등에 대하여는 그 부분에 대하여 이 법을 적용하지 아니한다.

제4절 저작권법의 개선

1. 사적복제보상금제도의 시행

사적복제보상금제도는 저작권자가 복사권 · 녹음권 · 녹화권을 가지게 되므로 그것이 침해되었을 때 그에 대한 보상금을 지급받는 것을 말한다. 복제보상금은 이용자가 타인의 저작물을 이용하면 그 대가인 사용료를 지급하는데, 복제기기를 생산한 기업체가 그 기기를 생산 · 판매하여 이익을 얻게 되므로 복제기기업체가 판매를 할 때 이용자가 지불하는 저작물사용료를 저작권자에게 기기부과금으로 지급하고 있다(한국저작권단체협의회, 1997).

사적복제보상금제도는 현재 20~30개국에서 시행되고 있는데, 나라마다 그 방식이 조금씩 다르다. 보통의 경우 영미법계의 나라에서 시행하는 계약제의 방법이 있으며(영국, 미국, 호주, 일본 등), 유럽대륙법계의 나라에서 시행하는 부과금제도가 있다(독일, 오스트리아, 그리스 등). 유럽대륙법계는 기기(복사기, 녹음기, 녹화기)와 기재(녹음 · 녹화 테이프)의 생산자가 기기 · 기재의 출하 시에 그 출하가격에 보상금을 더하여 소매로 판매하는 제도이며, 영미법계는 복사보상금을 징수하는 단체(복사권단체)와 복사기를 사용하는 기업체 · 학교 · 도서관 · 복사업체 등이 '저작물 복사이용 허락계약서'를 작성하여 정기적으로 보상금을 복사권단체에 지급하면 그 단체가 수수료를 공제하고 난 뒤의 보상금을 저작자와 출판사에게 분배하는 제도이다(황적인, 1999).

우리나라는 1993년 10월 20일 사적복제보상금제도의 법안을 그 당시 문화관광부 안으로 추진하였으나 복사기생산업계와 타 부처의 반대에 부딪쳐 중도하차하고 말았다. 그러나 출판 · 저작권 단체는 또다시 저작권자의 보호를 위해 입법을 적극적으로 추진하고 있다. 따라서 하루속히 사적복제보상금제도가 법제화되어 저작권자들에게 충분한 보상이 이루어지고 불법 복사 및 전송을 근절시킴으로써 창작의욕을 북돋아 학술출판이 활성화되기를 바란다.

2. 판면권의 인정 시행

판면권(版面權)은 발행된 인쇄판의 글씨나 그림이 드러나 있는 겉면인 판면배열의 보호로서 불법 복사 · 복제를 금지할 수 있는 법적인 권리를 말한다. 이는 출판자의 편집기술 등 창의적 노력과 저작물의 전달행위에 대한 보상이며, 복제기기에 의해 출판물이 대량으로 복사 · 복제되는 것을 방지하기 위한 안전장치의 법적 근거를 마련하는 것이다(강희일 · 최성규, 2003, pp.66~78).

출판에는 출판기획에서부터 교정 · 장정 · 레이아웃 · 활자선택 · 편집 등 출판 · 편집자 나름대로의 창의성과 전문적 노하우가 집적되어 있다. 그러나 이러한 출판물을 복제기기의 발달과 보급에 의하여 쉽게 대량으로 복사 · 복제함으로써 저작자나 출판자는 많은 피해를 보게 된다.

1987년 세계지적소유권기구와 유네스코에서 개최한 정부 간 전문가회의에서는 판면권에 대한 집중적인 연구 · 검토로 다음과 같은 권고의견을 채택하였다.

복제기술의 발달과 복제기기의 만연으로 출판권자의 권리확보가 필요하다. 영국저작권법상의 판면배열 보호라는 입법체계를 검토하고, 판면권보호에는 저작인접권 형태와 같은 것이 적절하다고 의견을 모았다. 이를 위해 출판권자의 보호방안을 강구하고 판면배열의 원형대로 복사 등에 출판권자의 허락금지권이 있게 한다. 보호기간은 발행 후 25년으로 하고, 그 제한은 저작권과 같이 하며 저작권과는 상호 영향이 없도록 하였다.

그동안 영국을 비롯하여 독일 · 스페인 · 스칸디나비아 · 대만 · 말레이시아 · 오스트레일리아 · 인도 · 아일랜드 등이 판면권이나 이와 유사한 권리를 인정하고 있으며, 최근에는 일본도 일본문화청의 저작권심의회에서 법적 보호를 위해 적극 검토하고 있다.

출판자가 가질 수 있는 출판물에 대한 권리는 출판권설정과 편집저작권이다. 그러나 이러한 것은 불법 복사 · 복제 행위를 방지하는 데는 별 도움이 되지 않는다. 출판권설정은 출판물의 불법 복제 · 배포에만 권리가 미칠 뿐이고, 출판형태가 아니며 침해되지 않는 일부분의 복제에 대해서는 아무 제재권이 없다. 편집저작권은 소재 또는 배열에 독창성이 있는 경우 그 편집저작물의 불법 복제 · 배포 등에 권리가 미치나, 일부분의 복제에는 대개 권리가 미치지 못한다.

그러나 판면권은 판면배열을 보호대상으로 하기 때문에 출판물의 일부분에도 권리가 미치게 된다. 따라서 일부분의 복제행위를 막을 수 있다. 또한 정부간행물 등 저작권법에서 정하는 비보호저작물을 출판하는 경우와, 정부간행물 등 통상 출판권설정이 이루어지지 않는 경우에는 그 출판자에 대한 보호방법이 없는데, 이 경우 판면권이 유력한 보호장치로서 기능하게 된다.

판면권인정의 취지는, 판면배열의 구성에는 정신적인 창의성과 노력 · 비용이 투입되므로 이에 대해 일정한 법적인 권리를 부여하여 이를 보호하고 이의 개발을 촉진하려는 것이다.

불법 복사 · 복제는 저작자와 출판자의 권익에 미치는 피해도 크며 출판문화산업과 국가의 지식경쟁력에도 부정적 영향을 미친다. 따라서 판면배열에 대하여 출판자에게 일정한 법적인 권리를 부여하게 되면, 불법 복사 · 복제 행위를 효과적으로 방지할 수 있게 된다. 현재 판면권을 인정하고 있는 국가는 극소수이나, 출판자를 보호하기 위한 차원에서 이와 유사한 권리를 저작인접권적으로 인정하는 국가는 늘고 있는 추세이다. 세계지적소유권기구와 유네스코도 판면권인정에 대한 긍정적인 검토 후 저작인접권적인 보호형태로 이를 채택할 것을 권고하고 있다. 또한 1987년 유럽연합에서도 판면권을 하나의 지침으로 채택하였고, 앞으로 전 유럽에서 이 제도를 인정할 것으로 예상된다.

그러나 우리나라의 현실은 불법 복사 · 복제에 의한 저작자와 출판자의 피해가 이루 말할 수 없이 크며, 출판을 통한 저작물의 안정적인 공급과 이를 통한 학문의 교육도 위협받고 있는 실정이다. 이러한 현상은 저작자와 출판자의 물질적 · 정신적 손상을 가져와 전문적인 고급콘텐츠의 확대재생산도 어렵게 만든다. 따라서 이를 방지하기 위해서는 출판자에게 저작권과는 상호 영향이 없는 범위 내에서 법적인 판면권을 부여함으로써 불법 복사 · 복제의 피해를 다소나마 줄여야 한다.

3. 저작물의 거래제공 및 음반의 대여 허락

현행 저작권법(2011.12.2. 일부개정)에 규정된 저작재산권 중 배포권과 대여권, 저작인접권 중 실연자의 권리와 음반제작자의 권리에서 대여권에 대해 살펴보면 다음과 같다.

저작권법 제20조 '배포권'에서 "저작자는 저작물의 원본이나 그 복제물을 배포할 권리를 가진다. 다만, 저작물의 원본이나 그 복제물이 해당 저작재산권자의 허락을 받아 판매 등의 방법으로 거래에 제공된 경우에는 그러하지 아니하다."(개정 2009.4.22.)

저작권법 제21조 '대여권'에서 "제20조 단서에도 불구하고 저작자는 판매용 음반이나 판매용 프로그램을 영리를 목적으로 대여할 권리를 가진다."(개정 2009.4.22.)

저작권법 제71조 '대여권'에서 "실연자는 제70조 단서의 규정에 불구하고 그의 실연이 녹음된 판매용 음반을 영리를 목적으로 대여할 권리를 가진다."

저작권법 제80조 '대여권'에서 "음반제작자는 제79조의 단서의 규정에 불구하고 판매용 음반을 영리를 목적으로 대여할 권리를 가진다."

이와 같이 음반에만 대여허락을 인정하고 출판물인 도서는 인정하지 않고 있다. 따라서 저작권법에 판매용 출판물에 대해서도 영리를 목적으로 하는 대여를 허락해야 도서의 무단대여로부터 저작권을 보호할 수 있다.

이는 도서의 무단대여에 관한 저작자의 권리를 보호하고 저작자 각 개인에게 창작에 대한 권리보상을 보장함으로써 저작자의 창작의욕을 고취시키고 저작물의 공정한 보상으로 출판시장의 활성화를 가져오게 될 것으로 예상되기 때문이다.

현행 저작권법상 음반에만 인정하는 대여권을 도서의 경우까지로 확대하게 되면 저작자 및 출판사는 현재 성업중인 도서대여점으로 인한 매출감소 피해를 보상받을 수 있을 것이다.

4. 출판권 존속기간의 현실화

출판권자가 도서를 발행할 때 각종 제작비와 광고비 등 많은 비용이 발생함에 따라 출판권 존속기간이 짧으면 출판산업의 활성화가 지속되기 어렵다. 특히 학술 · 전문도서 등 시장성이 적은 분야의 도서들은 재정적 위험부담이 많기 때문에 출판을 기피하는 현상이 초래되어 학술 · 전문출판의 위축을 가져오게 된다. 특히 전자출판물의 경우 새로운 소프트웨어 개발 등에 많은 비용과 시간의 투자가 요구되고 있다.

현행 저작권법 제59조 '배타적 발행권의 존속기간 등'에서 "① 배타적 발행권은 그 설정행위에 특약이 없는 때에는 맨 처음 발행 등을 한 날로부터 3년간 존속한다. 다만, 저작물의 영상화를 위하여 배타적 발행권을 설정하는 경우에는 5년으로 한다."라고 되어 있는(이 경우 "배타적 발행권"은 "출판권"으로 본다.) 것을 "① 배타적 발행권은 그 설정행위에 특약이 없는 때에는 맨 처음 발행 등을 한 날로부터 5년간 존속한다."로 개정하여 출판산업의 지속적인 활성화를 도모해야 한다.

5. 공표된 저작물의 인용규정 범위

현행 공표된 저작물의 인용규정이 지나치게 포괄적 규정으로 되어 있기 때문에 타인의 저작물 인용에 혼란이 많으므로 명확한 범위를 정해야 한다.

저작권법 제28조 '공표된 저작물의 인용'에서 "공표된 저작물은 보도 · 비평 · 교육 · 연구 등을 위하여는 정당한 범위 안에서 공정한 관행에 합치되게 이를 이용할 수 있다."라고 되어 있는 것을 "공표된 저작물은 보도 · 비평 · 교육 · 연구 등을 위하여는 대통령령으로 정하는 범위 안에서 공정한 관행에 합치되게 이를 인용할 수 있다(대통령령으로 정하는 범위라 함은 지나치게 많이 인용하여 원저작물의 시장수요를 잠식하지 아니하는 것을 말한다)."로 개정할 필요성이 있다.

6. 출판권 권한의 위탁

현재 출판권등록이 활성화되지 못하여 출판권보호에서 출판사의 권익보호에 많은 지장을 초래하고 있다. 따라서 출판권등록기관을 출판관련단체에 위탁하여 출판사등록을 활성화시키고 출판사의 권익보호와 편리함을 도모해야 한다.

저작권법 제130조 '권한의 위임 및 위탁'에서 "문화체육관광부 장관은 대통령령으로 정하는 바에 따라 이 법에 따른 권한의 일부를 특별시장 · 광역시장 · 도지사 · 특별자치도지사에게 위임하거나 저작권위원회 또는 저작권 관련 단체에 위탁할 수 있다."라고 되어 있는 것을 "문화체육관광부 장관은 대통령령으로 정하는 바에 따라 출판권의 등록에 관한 권한을 저작권 관련 단체와 출판 관련 단체에 위탁할 수 있다."로 개정할 필요성이 있다.

제5절 출판문화산업진흥법의 탄생

1. 출판문화산업진흥법의 시행

'출판 및 인쇄진흥법'은 2002년 8월 26일에 제정되어 2003년 2월 27일에 발효되었다. "이 법은 출판 · 인쇄에 관한 사항 및 출판 · 인쇄 문화산업의 지원 · 육성과 간행물의 심의 및 건전한 유통질서의 확립에 관하여 필요한 사항을 규정함을 목적으로" 하였다.

국회에서는 2005년 김재윤 의원의 대표발의로 '인쇄문화산업진흥법' 이 별도로 이루어졌고, 2005년 3월 31일에는 우상호 의원에 의해 '출판 및 인쇄진흥법' 의 일부개정 법률안인 '출판문화산업진흥법' 이 대표발의되었다. 이어서 2005년 4월 18일에 제253회 임시국회의 제1차 문화관광위원회에서 제안설명과 전문위원의 검토보고 및 대체토론을 거쳐 '법안심사소위원회' 에 회부하여 심사 및 보고가 있었다. 2007년 4월 30일 제3차 법안심사소위원회는 '인쇄문화산업진흥법안' 의 부칙에 있는 '출판 및 인쇄진흥법' 개정사항을 우상호 의원 대표발의안과 통합하여 위원회 대안을 제안하였고, 제7차 법안심사소위원회가 심사 보고한 위원회 대안을 의결하였다. 이어서 2007년 6월 14일 제268회 임시국회 법제사법위원회 제1차 전체회의에서 대안을 수정 가결하였고, 2007년 6월 20일 제268회 임시국회 제8차 본회의에서 '출판 및 인쇄진흥법 일부개정 법률' 안이 재적의원 201명에 찬성 195명, 반대 3명, 기권 3명으로 원안대로 가결되어 '출판문화산업진흥법' 이 탄생하게 되었다.

2. '출판문화산업진흥법'(법률 제12603호)의 주요 내용(일부개정, 2014.5.20., 시행일 2014.11.21.)

제1장 '총칙' 에서는 목적(제1조), 정의(제2조), 적용 범위(제3조)를 규정하였고, 제2장 '출판문화산업의 진흥' 에서는 출판문화산업 진흥계획의 수립 · 시행(제4조), 전문인력 양성의 지원(제5조), 국제교류의 지원 등(제6조), 시설 · 유통의 현대화 지원 등(제7조), 출판문화산업의 기반시설 등 확충(제8조)을 규정하고 있다(개정 2009.3.25.).

제3장 '출판사의 신고 등' (개정 2007.7.19.), 제4장 '삭제' (개정 2012.1.26.), 제5장 '한국출판문화산업진흥원 등' (개정 2012.1.26.)이 있고, 제6장 '간행물의 유통 등' 과 제7장 '벌칙' 에 대한 신설 및 개정법규는 다음과 같다.

[1] 〈제6장 간행물의 유통 등〉 제22조 **'간행물 정가 표시 및 판매'** : ① 출판사가 판매를 목적으로 간행물을 발행할 때에는 소비자에게 판매하는 가격(이하 "정가"라 한다)을 정하여 대통령령으로 정하는 바에 따라 해당 간행물에 표시하여야 한다.(개정 2012.1.26., 2014.5.20.) ② 발행일부터 18개월이 지난 간행물은 대통령령으로 정하는 바에 따라 정가(定價)를 변경할 수 있다. 이 경우 정가표시는 제1항을 준용한다.(신설 2014.5.20.) ③ 제1항 및 제2항에도 불구하고 전자출판물의 경우에는 출판사가 정가를 서지정보에 명기하고 전자출판물을 판매하는 자는 출판사가 서지정보에 명기한 정가를 구매자가 식별할 수 있도록 판매사이트에 표시하여야 한다.(신설 2012.1.26., 2014.5.20.) ④ 간행물을 판매하는 자는 이를 정가대로 판매하여야 한다.(개정 2014.5.20.) ⑤ 제4항에도 불구하고 간행물을 판매하는 자는 독서 진흥과 소비자 보호를 위하여 정가의 15퍼센트 이내에서 가격할인과 경제상의 이익을 자유롭

게 조합하여 판매할 수 있다. 이 경우 가격할인은 10퍼센트 이내로 하여야 한다.(신설 2014.5.20.) ⑥ 다음 각 호의 어느 하나에 해당하는 간행물에 대하여는 제4항 및 제5항을 적용하지 아니한다.(개정 2012.1.26., 2014.5.20.)

1. 삭제(2014.5.20.)
2. 사회복지시설에 판매하는 간행물
3. 저작권자에게 판매하는 간행물
4. 삭제(2014.5.20.)
5. 그 밖에 대통령령으로 정하는 간행물

⑦ 제5항에서 "경제상의 이익"이란 간행물의 거래에 부수하여 소비자에게 제공되는 다음 각 호의 어느 하나에 해당하는 것을 말한다.(신설 2014.5.20.)

1. 물품
2. 마일리지(판매가의 일정 비율에 해당하는 점수 등을 말한다)
3. 할인권
4. 상품권
5. 제1호부터 제4호까지에서 규정한 것 외에 소비자가 통상 대가를 지급하지 아니하고는 취득할 수 없는 것이라고 인정되는 것

(전문개정 2009.3.25.)

[2] 제23조 **'간행물의 유통질서'** : ① 간행물의 유통질서를 유지하기 위하여 간행물의 저자, 출판 및 유통에 관련된 자로서 다음 각 호에 해당하는 자는 다음 각 호의 행위를 하여서는 아니 된다.(개정 2014.1.28.)

1. 간행물의 저자 또는 출판사의 대표자나 대리인, 사용인, 그 밖의 종업원이 간행물의 판매량을 올릴 목적으로 그 간행물을 부당하게 구입하거나 그 간행물의 저자 또는 그 출판사와 관련된 자에게 그 간행물을 부당하게 구입하게 하는 행위
2. 서점 등 소매상이 간행물의 저자 또는 출판사의 대표자 등이 제1호의 행위를 하는 사실을 알면서도 그 간행물의 판매량을 공개적으로 발표하는 행위
3. 그 밖에 간행물의 유통질서를 유지하기 위하여 문화체육관광부령으로 정하는 사항을 위반하는 행위

② 문화체육관광부 장관 또는 시 · 도지사는 출판된 간행물의 건전한 유통질서를 확립하기 위하여 필요하다고 인정하면 출판사, 인쇄사, 출판된 간행물의 유통에 관련된 사업자, 그 밖에 대통령령으로 정하는 자에 대하여 다음 각 호의 조치를 할 수 있다.(개정 2014.1.28.)

1. 업무에 관한 보고명령
2. 관계 자료의 제출명령

3. 간행물의 도서판매집계 제외명령
4. 소속 공무원의 현장출입 또는 서류검사
5. 그 밖에 간행물의 건전한 유통질서를 확립하기 위하여 필요한 조치로서 대통령령으로 정하는 조치

③ 문화체육관광부 장관은 제2항에 따른 업무를 대통령령으로 정하는 법인 또는 단체에 위탁할 수 있다. 이 경우 위탁받은 업무를 수행하는 사람은 공무원으로 본다.(신설 2014.1.28.) ④ 제2항 제4호에 따라 현장출입 또는 서류검사를 하는 사람은 그 권한을 표시하는 증표를 지니고 이를 관계인에게 내보여야 한다.(신설 2014.1.28.)

[3] 제25조 **'불법복제 간행물 등의 수거 · 폐기 등'** ①~⑤(전문개정 2009.3.25.)

[4] 제25조의 2 **'포상금'** : ① 문화체육관광부 장관은 제23조 제1항 제1호의 행위를 한 자를 관계 행정기관 또는 수사기관에 신고하거나 고발한 자에 대하여 예산의 범위에서 포상금을 지급할 수 있다. ② 제1항에 따른 포상금 지급의 기준 · 방법 및 절차 등에 필요한 사항은 대통령령으로 정한다.

(본조신설 2014.1.28.)

[5] 〈제7장 벌칙 등〉 제27조의 2 **'규제의 재검토'** : 문화체육관광부 장관은 제22조에 따른 간행물의 정가표시 및 판매(할인율을 포함한다) 제도에 관하여는 3년마다 그 타당성을 검토하여 폐지, 완화 또는 유지 등의 조치를 하여야 한다.(본조신설 2014.5.20.)

[6] 제27조의 3 **'벌칙'** : 제23조 제1항 제1호의 금지행위를 한 자는 2년 이하의 징역 또는 2천만원 이하의 벌금에 처한다.(본조신설 2014.1.28.)

[7] 제27조의 4 **'양벌규정'** : 법인의 대표자나 법인 또는 개인의 대리인, 사용인, 그 밖의 종업원이 그 법인 또는 개인의 업무에 관하여 제27조의 3의 위반행위를 하면 그 행위자를 벌하는 외에 그 법인 또는 개인에게도 해당 조문의 벌금형을 과(科)한다. 다만, 법인 또는 개인이 그 위반행위를 방지하기 위하여 해당 업무에 관하여 상당한 주의와 감독을 게을리하지 아니한 경우에는 그러하지 아니하다.(개정 2014.5.20., 본조신설 2014.1.28.)

[8] 제28조 **'과태료'** : ① 다음 각 호의 어느 하나에 해당하는 자에게는 300만원 이하의 과태료를 부과한다.(개정 2012.1.26., 2014.1.28., 2014.5.20.)

1. 제9조 제1항을 위반하여 신고를 하지 아니하고 출판사의 영업행위를 한 자
2. 삭제(2012.1.26.)
3. 삭제(2012.1.26.)
4. 삭제(2012.1.26.)
5. 제22조 제1항 또는 제2항을 위반하여 정가를 간행물에 표시하지 아니한 자 또는 같은 조 제3항을 위반하여 정가를 서지정보에 명기하지 아니하거나 판매사이트에 표시하지

아니한 자

5의 2. 제22조 제4항 또는 제5항을 위반하여 간행물을 판매한 자

6. 제23조 제1항 제2호 또는 제3호를 위반하여 금지행위를 한 자 또는 같은 조 제2항에 따른 유통과 관련한 명령을 이행하지 아니한 자

7. 제25조 제1항 전단에 따른 불법복제간행물 등의 수거 또는 폐기 명령을 이행하지 아니한 자

② 제1항에 따른 과태료는 대통령령으로 정하는 바에 따라 문화체육관광부 장관이 부과 · 징수한다. 다만, 제1항 제1호 · 제5호 및 제5의 2호에 따른 과태료는 관할 특별자치시장 · 특별자치도지사 · 시장 · 군수 · 구청장이 부과 · 징수하고, 제1항 제7호에 따른 과태료는 문화체육관광부 장관, 시 · 도지사 또는 시장 · 군수 · 구청장이 부과 · 징수한다.(개정 2012.1.26., 2014.1.28.)

(전문개정 2009.3.25.)

[9] 〈부칙〉(제12603호, 2014.5.20.)

제1조(시행일) 이 법은 공포 후 6개월이 경과한 날부터 시행한다.

제2조(적용례) 제27조의 2의 개정규정은 이 법 시행일을 기준으로 적용한다.

국회는 출판문화산업진흥원의 설치 및 운용에 관한 규정을 2011년 12월 30일 '출판문화산업진흥법'의 일부개정으로 통과시켰으며, 그 주요 내용은 다음과 같다.

(1) 출판문화산업을 효율적으로 지원하기 위하여 한국간행물윤리위원회를 폐지하고, 한국 출판문화산업진흥원을 설치 · 운용한다.

① 출판문화산업 진흥을 위한 정책 및 제도의 연구 · 조사 · 기획, 실태조사 및 통계작성, 전문인력의 양성 및 재교육 지원, 제작 활성화 및 유통 선진화, 전자출판의 육성 · 지원 및 간행물의 유해성 여부 심의 등의 직무를 수행한다.

② 진흥원장(상근, 임기 3년) 1명을 포함한 9명의 이사와 감사 1명으로 진흥원 임원을 구성한다.

③ 문화체육관광부 장관이 위촉하는 5명의 설립 추진단이 정관, 조직, 운영 등 진흥원 설립에 관한 사무를 처리, 재단법인 설립등기 완료 시까지 운영한다.

(2) 국내 간행물 심의제도와의 형평성 확보, 국민불편 해소 등을 위해 외국간행물 수입추천제를 폐지한다.

(3) 전자출판물의 경우 출판사가 정가를 서지정보에 명기하고 전자출판물을 판매하는 자는 구매자가 식별할 수 있도록 판매사이트에 표시하여야 한다.

① 전자출판물의 경우 종이간행물과 달리 물리적 실체가 없고, 판매사이트를 통해서 판매

되므로, 정가를 서지정보와 판매사이트에 명기하여야 하며, 이를 위반할 시 과태료(100만원)를 부과한다.

② 종이간행물과 같이 발행일로부터 18개월 이내의 전자출판물도 도서정가제 적용대상이다.

(4) 출판사 또는 저자가 간행물의 판매량을 올릴 목적으로 해당 간행물을 부당하게 구입하는 행위에 대한 과태료 상한액을 3백만 원에서 1천만 원으로 인상한다.

표 18-2 | 출판문화산업진흥법의 개정과정

(1) 2005년 3월 31일	우상호 의원이 '출판 및 인쇄진흥법 일부개정 법률안'을 대표 발의함
(2) 2005년 4월 18일	제253회 임시국회 제1차 문화관광위원회에서 법의 제안설명과 전문위원의 검토보고 및 대체토론을 하고 법안심사소위원회에 회부하여 심사와 보고를 함
(3) 2007년 4월 26일	제267회 임시국회 제1차 문화관광위원회 법안심사소위원회에서 현재 5년 한시법인 도서정가제의 시한을 없애고 도서정가의 100분의 10 범위 안에서 할인판매를 허용하고, 정가제의 적용기간을 간행물의 발행일로부터 1년에서 18개월로 늘리는 안으로 수정하여 의결함
(4) 2007년 4월 30일	제267회 임시국회 제3차 문화관광위원회 법안심사소위원회에서 '인쇄문화산업진흥법안'의 부칙에 있는 '출판 및 인쇄진흥법'의 개정사항을 우상호 의원의 대표발의안과 통합하여 위원회 대안으로 제안함. 제7차 법안심사소위원회에서 심사보고한 위원회의 대안을 의결함
(5) 2007년 6월 14일	제268회 임시국회 법제사법위원회 제1차 전체회의에서 수정하여 가결함
(6) 2007년 6월 20일	제268회 임시국회 제8차 본회의에서 '출판 및 인쇄진흥법 일부개정 법률'인 '출판문화산업진흥법'이 재적의원 201명에서 찬성 195명, 반대 3명, 기권 3명으로 원안대로 가결함

제6절 저작권과 국제조약

1. 국제조약의 가입과 저작권

현재는 세계가 하나의 공동체가 되는 글로벌시대로서 국가 간에 문화교류가 많아지고 정보교환의 필요성이 인정되어 지적 · 정신적 창작물인 저작물에 대한 저작권자의 권리보호에 대한 관리가 국제적으로 필요하게 되었다.

우리나라는 1986년 국제조약에 가입하기 전까지는 외국저작물들을 허락 없이 무차별적으로 번역하여 출판을 해 왔으며, 외국책의 불법 복사판(리프린트판)이 여러 출판사들로부터 만들어져서 시장이 활성화되었던 시절도 있었다.

그러나 1987년 10월 1일에 세계저작권조약(UCC)에 가입 · 발효하게 되자, 국제적으로는 선진국들에게 국제저작권에 대한 자존심을 회복하게 되었고, 그동안 외국저작물의 불법 복사에 의한 우리 출판계의 무질서가 하루 아침에 정리되는 계기가 되었다.

우리나라는 세계저작권조약(The Universal Copyright Convention : UCC)의 불소급 원칙하에 가입이나 체결을 한 국제조약에 따라 외국저작물을 보호하되 세계저작권조약의 발효일(1987년 10월 1일) 이전에 발행된 것은 보호하지 않게 되었고, 국내에 상시 거주하는 외국인 저작물과 처음 국내에서 발행된 외국인 저작물은 우리나라 저작권법의 보호를 받게 되었다.

그러나 우리나라는 1996년 7월 1일에 새로운 효력이 발효한 WTO(World Trade Organization, 세계무역기구)와 1996년 8월 21일 베른협약에 의해 우리나라 개정 저작권법에서 "당해 조약 발효일 이전에 발행된 외국인 저작물은 보호하지 아니한다."는 조항이 삭제되어 발효됨에 따라 외국인 저작물은 50년을 소급하여 보호하게 되었고, 2007년 한·미 FTA협정에서는 ① 저작권 보호기간이 저작자 사후 70년으로 연장, ② 일시적 저장의 복제권 인정, ③ 접근통제의 기술적 보호 조치, ④ 온라인 서비스 제공자의 책임 강화, ⑤ 비친고죄의 도입, ⑥ 법정손해배상제도의 도입 등이 포함되었다.

2. 대표적인 국제조약

(1) 베른협약

베른협약(Berne Convention)은 1886년 저작권에 대한 국제적인 문제를 해결하기 위해 유럽의 여러 국가가 중심이 되어 스위스의 베른에 모여 협의를 한, 저작권에 대한 세계 최초의 다국간(多國間) 협약을 성공시킨 조약이다. 정식명칭은 '문학 · 예술 저작물의 보호를 위한 베른협약(The Berne Convention for the Protection of Literary and Artistic Works)'으로, WIPO에 사무국이 있다. 그동안 20년마다 7번의 내용이 개정되었는데, 우리나라는 1996년 5월 21에 가입을 하고 8월 21일에 발효되었다.

이 협약의 특징은 다음과 같다. ① '내국민대우의 원칙(Principle of the national treatment)'으로, 가맹국 저작자의 저작물은 다른 동맹국에서 발행 · 미발행에 관계없이 자국에서 부여하는 권리를 가진다. ② '무방식주의(無方式主義, non-formality)'로, 저작자의 권리는 등록 · 납본 등 기타 방식과 절차도 필요치 않다. ③ '보호받는 저작물'로, 보호받는 대상이 되는 저작물이다. ④ '보호기간'은 생존 및 사후 50년간이다.

그리고 베른협약은 모든 저작물과 번역권의 보호기간이 50년으로 되어 있으나 번역권은 10년간 유보를 선언할 수 있다. 이는 "10년 안에 번역으로 발행되지 않으면 번역권이 소멸한다."는 특례 조항을 이용할 수 있으며, 보호받는 저작물은 문학 · 학술 · 예술 · 과학도면 · 건축 · 사진 · 소묘 · 회화 · 악곡 · 영상 · 조각 · 판화 · 지도 · 지리학 · 모형 등의 모든 저작물이다.

배포권(配布權, right of distribution)은 영상저작물에만 보호를 인정하기로 하였다. '문학 · 예술 저작물의 보호를 위한 베른협약' 에 나타난 '협약의 소급효' 에 대해 살펴보면, 제18조 제1항의 일반적 원칙에서 "이 협약은 그 효력 발생 시에 본국에서 보호기간의 만료에 의해 이미 공공의 것으로 된 저작물 이외의 모든 저작물에 적용된다."고 하였고, 제2항의 추가 조건에서는 "그리고 종래 인정되어 있던 보호기간의 만료에 의하여 보호가 요구되는 동맹국에서 공공의 것으로 된 저작물은 그 국가에서 새로이 보호되는 것은 아니다."라고 하였다.

(2) 세계저작권조약

세계저작권조약(The Universal Copyright Convention : UCC)은 국제연합의 UNESCO (United Nations Educational Scientific and Cultural Organization, 국제연합 교육과학문화기구) 소속이며, 저작권을 국제적으로 보호하기 위하여 미국을 중심으로 1952년 8월 18일부터 9월 6일까지 제네바에서 체결된 조약이다. 우리나라는 1987년 7월 1일에 가입하여 10월 1일부터 시행되었고, 세계에서 80번째 가입국이다.

이 조약의 중요한 특징은, 베른협약 동맹국들이 무방식주의를 취하고 있기 때문에 범미저작권연합(汎美著作權聯合, Pan-American Copyright Union)이 취하고 있는 방식주의(方式主義)[01]와는 조약의 내용과 성격이 달라서 저작권의 국제적 분쟁이 일어나게 되었는데 이 분쟁에 대한 해결을 위하여 UNESCO의 주도로 조직한 것이 이 조약이며, 이 조약을 유네스코조약이라고도 한다는 것이다.

이 조약의 주된 내용은 ① 복제물에 ⓒ표시[02]를 하여 방식주의국에서 보호를 받을 수 있게 한다, ② 보호할 저작물로는 문학 · 학술 · 미술(예술)에 관한 것으로 한다, ③ 내국민을 우대하는 보호를 한다, ④ 번역은 부분적으로 법정허락주의로 한다, ⑤ 베른협약과 이 조약 양쪽에 가맹한 나라의 상호 간에는 베른협약을 우선한다 등이다. 이는 방식주의국과 무방식주의국 간에 기존 방식을 유지하면서 양자의 차이를 극복하고 저작물의 국제적 교류의 활성화에 큰 역할을 한다.

이 조약에는 '번역권 7년 강제허락' 의 규정이 있다. 이는 저작물의 최초 발행일이 7년이 지나도 그 번역이 공표가 안 되었을 때 그 나라의 권한기관이 비배타적 허가를 받을 수 있다는 것이다. 그러나 그동안 허락을 위한 노력의 입증 절차가 필요하고 권한기관의 재정으로 보상금을 내야 한다.

---

01 등록 · 납본 · 저작권의 ⓒ표시 등의 방식을 취하게 하여 저작권의 성립과 발효의 요건으로 하는 제도.

02 copyright의 첫글자에서 유래하였고 정식으로는 the letter enclosed with a circle이다. 보통 ⓒ, 저작권자의 이름, 최초의 발행연도 순으로 기재한다. ⓒ표시는 눈에 잘 보이는 곳이면 어디든 표시해도 된다.

또한 개발도상국을 위한 외국저작물 사용의 특례사항이 베른협약과 UCC에 규정되었다. 즉, ① 영어 · 프랑스어 · 스페인어로 된 저작물은 발행 후 3년이 지난 것으로 되어 있으나 그 저작물의 번역물이 그 국가의 언어로 발행되지 않았으면 3년의 기간이 1년으로 대신하여 이용면허를 얻을 수 있다, ② 인쇄 또는 유사한 형태의 복제물로 발행된 저작물의 리프린트 이용면허를 얻는 데는 과학도서는 3년이 지나야 하고, 문학 · 음악 · 미술 도서는 7년이 지나야 하며, 기타 도서는 5년이 지나야 한다 등이다.

(3) 트립스협정

WIPO(World Intellectual Property Organization, 세계지적재산권기구)는 1967년에 설립되고 1970년에 발효되어 국제적인 저작권법제도에 관한 논의를 해 오던 중 1986년에는 '무역과 관세에 관한 일반협정(GATT)' 의 우루과이라운드(Uruguay Round : UR, 신다자간 무역협상) 회의를 하면서 '무역관련 지적재산권(Trade-Related Aspects of Intellectual Property Rights : TRIPs)' 에 관한 협정도 시작하였다. 7년간의 지루한 UR 협상 끝에 1994년에 WTO가 탄생되어 강력한 집행력과 구속력을 갖게 되었는데, 그 부속서의 하나인 트립스(TRIPs)협정도 함께 발효되었다. 이 협정은 통상협상에 중점을 두었는데, 저작권 · 의장(意匠) · 특허 · 상품 · 지리적 표시 · 직접회로의 배치 등의 국제적 보호기준이 정해져 있다.

트립스협정 중에서 저작권에 대한 것은 베른협약의 수준을 요구하면서, 컴퓨터 프로그램은 어문저작물로서 보호, 창작성 있는 데이터베이스의 보호, 영상저작물의 대여권 부여, 저작인접권자인 실연자나 음반제작자 등은 각각 50년간 저작권이 존속하고, 방송사업자는 20년간 보호하도록 규정하고 있다. 이 협정에는 저작인격권의 보호에 대한 규정이 없다.

이 협정 제9조는 베른협약과 관련해서 "① 체약국은 베른협약의 제1조에서 제21조와 부속서(Appendix)의 규정을 준수한다. 그러나 동 협약의 제6조의 2(인격권)에 의하여 부여된 또는 동 규정으로부터 발생된 권리에 관해서는, 본 협정하의 체약국은 어떠한 권리나 의무도 갖지 않는다, ② 저작권 보호는 표현에 미치나 사상, 절차, 운용방법이나 수서 개념 등에까지는 확대되지 않는다."고 하였고, 제10조에서 "컴퓨터 프로그램은 그것이 원시코드 또는 목적코드의 형태로서 존재하건 간에 베른협약하에서 어문저작물로 보호된다."고 하였고, 제12조에서 보호기간은 "사진저작물, 응용저작물이 아닌 저작물의 보호기간은 사망 시 기산주의를 채택하고 있지 않을 때에는 언제나 그 기간은 발행연도의 다음 해부터 50년간, 또는 완성 후 50년 내에 발행되지 않았을 경우 완성연도의 다음 해부터 50년간이다."라고 하였다.

(4) WIPO 저작권조약

WIPO는 세계지적재산권기구이며, 국제연합의 전문기구로서 지적재산권인 발명 · 상표 · 의장에 관한 공업재산권과 문학 · 음악 · 미술 · 사진 · 영화 등에 대한 저작권을 관장하는 국제기구이다.

WIPO가 1996년에 주도한 국제회의에서 WIPO 저작권조약(WIPO Copyright Treaty : WCT)과 WIPO 실연과 음반조약이 채택되었다. 이 WIPO 저작권조약의 내용은 25개 조의 규정으로 이루어져 있으며, 디지털시대에 신기술의 새로운 과제에 대비하기 위해서 '공중전달권(communication to the public)(제8조)'과 '권리관리정보에 관한 의무(제12조)'에 관한 조항들이 포함되어 있다. 우리나라 저작권법에는 공중의 전송과 관련하여 전송권이 신설되었다.

WIPO의 새로운 조약은 베른협약 규정의 수준을 요구하고, 내용이 다를 경우에는 창작성이 있는 데이터베이스를 보호하기로 하였다. 배포권(配布權)도 베른협약과는 달리(베른협약은 영상물만 보호됨) 일반적으로 모두 보호하기로 하였다.

WIPO의 목적은 디지털기술과 인터넷으로 야기된 저작물의 창작 및 이용환경의 변화에 대한 법적 · 제도적 대응방안을 모색하고(김기태, 2001, p.39), 국제저작권조약의 가입 권장과 각국의 국내법과의 균형과 조화를 장려하며, 개발도상국에는 다양한 원조를 하여 국제적 지적재산권의 활발한 교류를 도모하고, 각국의 저작권 분쟁을 예방 및 해결하는 데 있다.

(5) 한·미 자유무역협정

한·미 자유무역협정(Free Trade Agreement : FTA)은 2006년 2월 3일부터 시작하여 2007년 4월 2일에 역사적인 타결이 이루어졌다. 그러나 미국측의 요구로 추가협정이 이루어져 2007년 6월 29일에 완전 타결되었다. 저작권분야는 선진제도의 도입으로 디지털환경에서 저작권 보호수준을 강화, 정보 및 지식의 생산을 촉진하고 후생의 증대를 도모하고자 하였다. 그러나 미국측의 일방적인 주도로 이루어져 아쉬운 점이 많았으며, 그 주요 내용은 다음과 같다.

저작권 보호기간의 연장 : 저작자의 사후 기준 또는 저작물 발행(또는 창작) 기준에 관계없이 자연인, 비자연인(법인 등)은 일률적으로 70년으로 연장하되 2년의 유예기간을 둔다.

일시적 저장의 복제권 인정 : 보통 컴퓨터의 RAM(전원을 끄면 기억되어 있던 데이터가 지워지는 메모리)에서 실행되는 일시적 복제에 대해 저작권자에게 복제권을 인정하되 '공정이용(fair use)'의 경우에는 예외를 둔다.

접근통제의 기술적 보호조치 : 저작물에 접근하는 것을 막는 기술적 보호조치를 우회하는 것을 금지한다. 단, 고의 · 과실이 없을 경우 저작권침해가 되지 않으며, 향후 새로운 기술의 출현 등 필요 시 추가적인 예외의 도입을 가능하게 함으로써 이용자의 보호를 위한 근거를 두었다.

온라인 서비스 제공자의 책임 강화 : 권리자의 요청이 있을 경우 온라인 서비스 제공자(인터넷 서비스 업체)는 온라인상 저작권을 침해한 자(네티즌)의 개인정보를 저작자에게 제공하도록 하여 그 책임을 강화한다. 이는 향후 기술발전에 대비한 것이다.

비친고죄의 도입 : 상업적으로 저작권을 침해하였을 경우 비친고죄를 적용한다.

법정손해배상제도의 도입 : 실제적 손해배상의 원칙하에 법정손해배상제도(배상의 하한을 법으로 미리 정하는 제도)를 도입한다.

추가협상 : 미국이 제안한 것은 2007년 5월 11일로 진보적인 미국 민주당이 의회를 장악하면서 노동과 환경 분야를 강화한 '신통상정책'을 협정문에 반영하자는 것이었다. 양국은 추가협상에서, 노동과 환경 분야에서 국제노동기구(ILO) 선언에 나타난 5개 권리와 7개 다자간 환경협약의 의무이행을 국내 법령(또는 관행)으로 채택하기로 하였다. 노동과 환경 분야의 의무를 위반할 경우 일반 분쟁해결절차에 회부하여 관세특례의 폐지 등 무역보복 또는 금전적 보상을 요구하기로 하였고, 한국의 대미투자는 미국 국내투자와 동등한 수준의 보호를 받고, 정부조달 입찰기업에 최저임금 · 안전 등 규정준수를 요구할 수 있고, '필수적 안보'를 이유로 하는 FTA 예외소치는 인성하기로 하였으며, 전염병 등 비상 시에는 지직재산권의 보호규정을 면제키로 하였다. 한국은 의약품분야의 피해가 클 것을 대비해 국내제약사가 특허를 위반해 복제약을 판매해도 협정의 발효 이후 1년 6개월 동안은 문제를 제기하지 않기로 하였다. 그리고 한국의 비자면제의 문제를 긴밀하게 협의하기로 하였다.

한편, 출판계는 한·미 FTA를 통한 저작권 보호수준의 강화가 일방적인 보호의무의 강화로 전락하지 않고, 우리 문화산업의 발전을 위한 긍정적 계기로 삼으며, 무엇보다도 상대적으로 피해가 예상되는 분야에 대한 실제적이고 근본적인 대책이 수립되어야 한다는 의견이다. 정부는 "한·미 FTA를 통해 문화산업이 우리 경제의 핵심산업으로 성장해 나가도록 적극 지원해 나갈 계획"임을 밝혔다. 이에 정부와 업계는 국제화시대를 맞이하여 타 문화분야에서 다목적 사용의 근원이 되는 지식콘텐츠로서 출판문화콘텐츠의 자리매김을 위한 구체적인 장기발전대책을 세워야 한다.

2011년 10월 12일 한·미 FTA 이행법안이 미국 상·하원을 통과하였고, 우리나라에서는 2011년 11월 22일 한·미 FTA 비준동의안 및 이행법안이 국회를 통과하여 11월 29일에 국무회의 이행법안 공포안을 의결하고, 이명박 대통령이 서명을 하였다. 이에 따라 2012년 3월 15일 0시에 발효되었다. ISD협상(Investor-State Dispute : ISD, 투자자국가소송제도 등)은 발효 후 90일 이내에 '투자위원회'를 열어 협상할 수 있다. 협상개시일인 2006년 6월 이후 5년 8개월 만이다. 경제적 효과로는 실질국내총생산이 5.66% 증가하고, 일자리가 35만 명 증가하며, 소비자 후생은 321.9억 달러가 확대되며, 무역수지는 향후 15년간 연평균 27.7억 달러가 확대될 것으로 추정하고 있다.

이에 정부는 2011년 12월 2일에 한·미 FTA 관련 저작권법(법률 제11110호), 저작권법 시행령(대통령령 제23338호), 저작권법 시행규칙(문체부령 제96호) 일부개정을 공표했다. 그러나 '보호기간이 50년에서 70년으로 연장' 등에 의한 사회적 영향 등을 감안하여 유예기간을 설정하여 저작인접권은 한·페루 FTA 발효 2년이 되는 2013년 8월 1일부터 시행하기로 하였고, 저작재산권의 시행일자는 한·EU FTA 이행일에 맞춰 2013년 7월 2일로 하였다.

2017년 미국의 요구로 한·미 FTA 협정을 폐기 및 개정을 협상하고 있다. 8월 22일 1차 협상에서 서로의 입장차이만 확인하였고 10월 4일 개정협상에 합의하였다. 현 집권정당이 당시 야당일 때 격렬히 반대하였기 때문에 귀추가 주목되고 있다.

학습 자료

1 출판계약(出版契約, publication contract)

저작물을 인쇄, 그 밖의 유사한 방법으로 문서 또는 도서로 출판(복제 배포)하고자 하는 자가 그 저작자에 대하여 그것을 출판할 수 있는 권리를 설정하거나 위임받는 행위. 이러한 출판계약에는 두 가지 유형, 즉 출판허락계약(licence)과 출판권설정계약(agreement)이 있다. 전자는 현대문학선집 등의 편집 저작물의 출판을 위해 각 작품의 작가로부터 그 이용을 허락받는 따위의 것으로서, 이러한 계약에 의해 저작물의 출판을 허락받은 자는 저작권법상의 출판권자가 될 수 없으며, 따라서 그 권리를 제3자에 대하여 주장할 수 없다. 한편, 출판권설정계약은 한 저작물 전체의 출판권을 저작권법상의 규정에 의해 그 저작자에 대하여 설정하는 것으로, 이 경우는 저작자와 계약을 하면, 그 저작물에 대한 배타적 · 독립적 출판권을 출판권자가 가지게 된다. 일반적으로 출판계약이라고 하면 이러한 출판설정권계약을 말하는데, 이는 그 약관에 따라 출판권의 한계가 결정된다. 예를 들어 저작자가 가지는 저작재산권 중 복제권 및 배포권에 의한 복제 · 배포의 권한만 설정하면, 그 나머지의 저작재산권, 즉 공연권 · 방송권 · 전시권 및 번역 등의 2차적 저작물의 작성권은 여전히 저작자가 가지게 된다. 그러나 계약 시에 2차적 저작물의 작성권도 위임받으면, 그 저작물을 번역 · 편곡 · 각색할 수도 있고 또한 영화로 제작할 수도 있다. 또한 출판계약 시에 특약이 없으면 출판권은 그 저작물을 맨 처음 출판한 날로부터 3년간만 존속한다. 따라서 출판계약 시에는 2차적 저작물의 작성권이나 계약기간 등에 대한 특약에 유의해야 한다.

—한국언론진흥재단

2 지적소유권

지적소유권(知的所有權)은 사람의 지적 활동에 의해 창작된 객관적 존재인 무체물을 독점적으로 지배할 수 있는 권리를 말하며, 저작권 · 공업소유권 등의 권리의 포괄 개념이다. 1967년에 스톡홀름에서 채택된 '세계지적소유권기구 설립을 위한 협약' 제2조(vii)에서는 지적소유권을 정의하여 ① 문예, 미술 및 학술의 저작물, ② 실연자의 실연, 음반 및 방송, ③ 인간 활동의 모든 분야에서의 발명, ④ 과학적 발견, ⑤ 의장, ⑥ 상표, 서비스 마크와 상호 기타 상업상의 표시, ⑦ 부정경쟁에 대한 보호에 관한 산업, 학술, 문예 또는 미술 분야에서의 지적 활동에서 생기는 다른 모든 권리를 말하는 것으로 하고 있다. 이것을 우리나라의 법제로 바꿔 말하면 ①은 저작인격권과 저작재산권으로 구성되는 저작자의 권리, ②는 저작인접권, ③은 특허권 및 실용신안권, ⑤는 의장권, ⑥은 상표권에 상당하는데, ④의 과학적 발견에 관한 권리는 아직은 인정되고 있지 않고, ⑦의 부정경쟁에 대한 보호로서는 부정경쟁방지법에 근거한 중지청구권 · 손해배상청구권 등이 이에 상당한다. 지적 활동에서 발생하는 다른 권리로서는 문자(character)에 관한 권리, 노하우에 관한 권리, 컴퓨터 프로그램(보호법 제정)에 관한 권리 등을 생각할 수 있다. 모두가 인간의 지적 활동의 산물에 대해 배타적 지배권이며 지적소유권의 개념은 정신문화의 존중도에 비례하여 확장되는 성격을 갖는다.

—한국출판연구소, 앞의 책, 2002.

3 도서의 불법 복사는 저작자의 창작의욕을 막는 범법행위

출판은 인류가 이룩한 지식과 업적의 총체로서, 한 나라 출판의 질과 양은 그 나라의 문화수준과 경쟁력을 가늠하는 척도가 되고 있다. 특히 지식 · 정보의 창출과 수용량이 바로 국력의 기준이 되는 정보화 사회에서는 정치 · 경제 · 문화 전반에 걸친 출판의 역할과 기능이 더욱 크다. 즉, 학술도서의 양이 많고 질이 우수하며, 학문과 예술의 발전은 물론 국가경쟁력을 키우며 교육의 질을 높이고 삶의 질을 높이는 결과가 될 것이다. 오늘날은 그 어느 때보다 지적소유권이 중요시되고 있는 지식정보화시대로서, 국제통상협상에서도 지적소유권을 요구하는 목소리가 주요 쟁점이 되고 있는 실정이다.

우리나라 대학 주변의 복사집은 실제로 약 2,000개 업소 이상이 영업 중인 것으로 추정되고 있다. 이들 복사점 중에는 주로 최신형 고속복사기를 이용한 고속복사시설은 물론이고 제본시설까지 갖추어 전권 불법 복사를 다량으로 하는 체인화 · 기업화된 곳도 많다.

최근에는 체인형 복사점이 급격히 증가하여 이들이 학생들을 상대로 노골적인 영업행위를 행하고 있다. 즉, 학과대표들을 통하여 교재를 선불로 단체 · 대량 주문을 받아 야간 및 휴일에 외곽 등지에서 비밀리에 복사하여 특수차량에 싣고 와서 강의실까지 직접 배달하는 불법 복사 · 복제 행위가 자행되고 있는 것이다.

이는 장차 저작권자들의 의욕적 · 창의적인 저술활동에 지장을 초래하고, 궁극적으로는 교육의 질을 떨어뜨려 국가경쟁력까지 잃게 할 것이다. 이제라도 우리의 학생들은 진정한 합리적 소비생활이란 무엇인지를 깨닫아 우리의 지적소유권을 세계에 주장하는 목소리를 낼 수 있는 21세기의 역군이 되어야 한다.

우리가 만일 남이 물건을 훔치다 발각되면 현행범으로 구속 · 기소된다. 그런데 타인의 지적재산가치인 지적소유권을 훔치는 불법 복사 · 복제라는 범죄행위는 경제적 · 교육적으로도 도저히 있을 수 없는 범법행위이다.

'불법 복사 및 복제행위'는 저작권법 제136조 1항에 의거 "5년 이하의 징역 또는 5천만 원 이하의 벌금에 처하거나 이를 병과할 수 있다."는 것을 알아야 한다. 전권 복사는 어떠한 경우라도 불법이며, 보상할 수 있는 범위로는 도서의 10% 범위의 복사로서 단체나 영업행위가 아닌 사적인 경우에만 가능한 것이다.

최근에는 인터넷상에서 인기 있는 도서의 전권 내용을 올려놓고 누구나 무차별적으로 다운로드 받아 불법으로 사용할 수 있게 하는 경우가 많아져 사회적 문제로 등장하고 있다.

선진국에서 학술 · 전문 도서는 정부나 공공도서관에서 기본부수(2천 부~3천 부)를 구입하여 공공도서관에 비치함으로써 저작자는 창작의욕이 넘쳐 양질의 학술콘텐츠가 제공되고, 출판사는 학술도서의 기본부수 판매보장으로 양서 위주로 학술출판이 활성화되어 독자들에 대한 서비스로 가격인하판(페이퍼

백판)을 발행하기도 한다. 즉, 독자들은 각 도서관에 비치된 도서를 언제 어디서든지 쉽게 열람 및 대출이 가능하고, 일부 독자들은 가격인하판을 구입하기도 한다. 그러므로 독자들은 독서하는 데 어떠한 불편도 느낄 수 없으며 또한 불법 복사를 할 어떠한 이유도 없는 것이다.

이제는 우리 정부도 후진국형 대응정책에서 벗어나 불법 복사에 대한 범법행위를 적극적 대응으로 전환하여 정책화함으로써, 우리의 지적소유권을 세계에 당당히 주장하는 선진국가의 대열에 서야 할 것이다.

—「출판문화」 2005.8. Vol. 477, pp.2~3.

4 김장실 의원 대표발의 「출판문화산업진흥법 일부개정 법률안」(2013.11.25.)에 대한 반론

(1) 출판업자가 투자와 노력을 기울여 개발한 저작권이 있는 종이책을 스캔업자들이 쉽게 전권 스캔함으로써 북스캔 파일(대학교재, 베스트셀러 등)을 업자들과 대학생들이 공유 · 저장하면서 '소정의 수수료'만 받고 값싼 전자책으로 만들어 불법 대량 단체복사로 전자책을 판매할 경우, 우리나라 출판산업과 전자책산업은 가격경쟁조차 불가능해져 붕괴될 것이다.

북스캔 합법화는 출판사가 투자 및 노력하여 개발한 저작권이 있는 책을 스캔업자들이 쉽게 북스캔하여 '소정의 수수료'만 받고 파는 값싼 전자책 때문에 출판사들은 전자책사업을 할 수 없고, 종이책도 팔리지 않아 줄도산함으로써 출판산업 자체가 붕괴될 것이다.

북스캔은 소비자가 가져온 종이책을 저작권자와 출판권자의 허락 없이 무단으로 스캔하여 수많은 책을 디지털로 저장, 데이터베이스화해 놓고 전자책으로 만들어 주는 사업형태이다. 이 과정에서 북스캔업자들과 소비자들은 저작권이 있는 북스캔 파일(대학교재, 베스트셀러 등)을 상호 공유 · 저장하여 이용할 수 있기 때문에 북스캔 전자책을 불법으로 대량 단체복사도 가능하다. 저작권자나 책 소유자가 아닌 제3자가 북스캔하여 전자책을 만드는 것은 불법이다. 북스캔은 소비 주체인 이용자 본인이 직접 북스캔하여 전자책을 만들어 개별로 보유 또는 사적 사용되어야 한다. 그러나 이용자 본인에 의한 복제행위라도 공중사용을 위해 설치된 복사기기에 의한 복제는 사적 이용이 아니기 때문에 「저작권법 30조」 위반이다. 이는 세계 어느 국가에서도 불법이며, 「저작권법」을 위반하는 범법행위이므로 강력한 단속을 통해 법적 집행의지를 보여야 한다.

불법인 북스캔 수요가 증가한다는 이유로, 법으로 합법화 · 양성화한다면 저작권자들의 저작권을 보호한다는 「저작권법」과 상반되는 일이 버젓이 발생할 것이다. 북스캔이 양성화될 경우, 전국에 수많은 북스캔업이 관리 · 감독은 커녕 숫자 파악도 불가능할 정도로 양산되고, 불법으로 이루어지는 북스캔으로 인해 저작권료는 판매량의 부실신고와 포괄계산방법으로 계산되어 결국 소액으로 전락함으로써 저작자들은 저작을 기피할 것이다. 따라서 출판사들은 콘텐츠 부재현상이 일어나고, 값싼 북스캔 전자책으로 인하여 정식 출판된 종이책이나 전자책들은 판매할 곳이 없게 되어 재투자도 못하고 결국에는 도산하게 될 것이다.

(2) 북스캔 합법화법은 세계 어느 나라에도 없는 법이다.

북스캔 합법화법은 저작권 침해를 제도적으로 허용 · 보장하는 법이며, 불법의 북스캔업을 양성화하는 법이다. 2011년 문화체육관광부는 북스캔업이 「저작권법」에 위배된다고 결정한 바 있고, 북스캔의 원조 국가 중 한 나라인 일본에서는 저작권자들이 법적 소송을 하여 저작권자의 허락 없이 무단으로 책을 스캔하여 사업행위를 하는 북스캔업의 위법성과 부당성을 명확히 확인하여 저작권 침해로 손해배상하라는 법원판결이 있었다. 북스캔은 「일본 저작권법」상의 불법 복제에 해당되며, 사적 이용을 목적으로 하더라도 복제행위의 주체가 북스캔 대행업자일 경우 사적 이용의 요건이 안 되어 불법이라는 일본법원의 판결이다(도쿄지방법원 민사 제40부 2012년 제33533호, 판결일 2013.9.30. 및 10.30.).

(3) 북스캔 입법화는 「제안이유」에서 제시한 '저작권보호'와 '이용자의 올바른 인식'을 위한 것이 아니다.

북스캔이 합법화될 경우 스캔파일의 불법 유출 · 유통의 가능성이 크다. 저작권이 있는 북스캔 파일(대학교재, 베스트셀러 등)을 북스캔업자들과 소비자들이 불법으로 상호 공유 · 저장하며 이용할 수 있기 때문에 이용자의 올바른 인식이 아닌 불법을 합리화하는 그릇된 인식이 될 것이다. 또한 '소정의 수수료'만 받는 값싼 북스캔 전자책의 판매는 기존 출판산업과 전자책산업에 부정적인 영향을 초래하여 콘텐츠 부재현상은 물론 저작권자들의 직·간접적 피해 또한 증가시키게 되어 저작권보호의 역행이다.

(4) 북스캔 합법화는 「출판문화산업진흥법」이 아니라 불법의 「북스캔산업진흥법」이며, 저작자와 출판업자를 죽이는 법이다.

(5) 북스캔 합법화는 「FTA 협정」에 의해 외국원서나 번역서에는 적용될 수 없다. 다만 스캔업자들의 범법행위를 합법화하는 법이 될 것이고, 결국 우리나라는 국제적 전자책산업이 불가능하게 된다.

(6) 제안된 법이 디지털시대에 모든 IT산업 콘텐츠의 불법 스캔 · 복제에 적용해도 되는 것인지, 아니면 출판서적에만 적용이 가능하다고 생각하는지 의심스럽다.

디지털시대에 모든 IT산업에서 제작자가 투자 · 노력하여 개발한 저작권이 있는 상품을 불법 스캔 · 복제업자들이 스캔 · 복제하여 값싸게 사업하도록 허용하는 합법화 법도 가능하다고 생각하는가!

북스캔 양성화법은 「국제저작권법」과 정면으로 상반되는 법이다. 그러므로 「국제저작권법」을 먼저 개정해야 하는 정당성을 가지고 북스캔 양성화법을 논해야 할 것이다.

(7) 전권이 스캔된 값싼 전자책의 유통으로 인하여 출판사의 재투자와 노력에 의한 출판콘텐츠 개발이 어렵다.

북스캔 합법화가 이루어진다면, 부분 복사가 아닌 전권 복사된 값싼 전자책이 유통되기 때문에 소비자들은 정상적인 종이책이나 전자책의 구입은 외면하고 북스캔에 의한 값싼 전자책만을 찾게 되어 출판콘텐츠 개발이 어려워져 우리나라 출판산업과 전자책산업은 존재조차 불가능할 것이다. 현재 우리나라 전문도서의 값은 선진국에 비교하면 50% 이하인데 이보다도 더욱 값싼 북스캔 전자책의 유통이 무차별적으로 활성화될 경우 우리나라 출판산업과 전자책산업은 더욱더 설자리가 없어질 것이다.

(8) 세계적으로도 개인의 사적 사용을 위한 종이책의 일부분 복사는 합법화로 허용하고 있으나 전권복사는 범법행위이다.

(9) 북스캔 합법화는 모든 출판사들의 도산을 초래하고 많은 저작권자들의 창작활동을 불가능하게 만들 것이다.

(10) 북스캔이 입법화될 경우, 모든 출판업자는 「출판등록증」을 반납하고 전업을 해야 할 것이다.

아무리 북스캔업체가 저작자의 북스캔 이용허락을 받은 도서명과 증명할 수 있는 서류 등을 비치 또는 게시하는 등록요건을 갖추더라도 전국의 수많은 북스캔업체의 관리 · 감독은 불가능하다. 이로써 저작권 · 출판권의 침해가 심각해지고, 국제적으로도 「지적소유권」의 통상마찰이 예상되어 동 개정법안의 입법이 불가능하다는 것이다. 만약 이 북스캔 합법화를 위한 개정법안이 입법화될 경우, 우리 출판계는 출판 콘텐츠의 개발 및 제작을 중단하고 「출판등록증」을 국가에 반납하고 전업을 해야 할 것이다.

―「출판문화」 2014.2. Vol.579, pp.12~15.

관련 용어 해설

공중송신(公衆送信) : 저작물, 실연 · 음반 · 방송 또는 데이터베이스를 공중이 수신하거나 접근하게 할 목적으로 무선 또는 유선 통신의 방법에 의하여 송신하거나 이용에 제공하는 것.

공포(公布) : 저작물을 공연, 공중송신 또는 전시 그 밖의 방법으로 공중에게 공개하는 경우와 저작물을 발행하는 경우를 말함.

권리관리정보(權利管理情報) : 저작물 등을 식별하기 위한 정보, 저작권 그 밖에 저작권법에 따라 보호되는 권리를 가진 자를 식별하기 위한 정보, 저작물 등의 이용 방법 및 조건에 관한 정보 중 어느 하나에 해당하는 정보나 그 정보를 나타내는 숫자 또는 부호로서 각 정보가 저작권, 그 밖에 저작권법에 따라 보호되는 권리에 의하여 보호되는 저작물 등의 원본이나 그 복제물에 부착되거나 그 공연 · 실행 또는 공중송신에 수반되는 것을 말함.

국제저작권(國際著作權) : 베른협약(1886년)과 세계저작권조약(1952년) 및 WIPO(세계지적재산권기구) 저작권조약(1996년) 등에 의거, 국제저작권연합 가맹국 간에 상호 보호를 받게 되는 저작권.

권리침해(權利侵害, infringement of copyright) : 타인의 저작물을 불법 복제 · 출판, 제호의 불법 변경, 실연의 불법 녹음, 음반의 불법 복제 등으로 저작재산권 · 저작인격권 · 저작인접권을 침해하는 행위.

도작(盜作) : 타인의 저작물 전체나 일부를 자신의 저작물인 것 같이 만들어 발표하는 것.

동일성유지권(同一性維持權, right to integrity) : 저작자는 그의 저작물의 내용 · 형식 및 제호의 동일성을 유지할 권리를 가지지만, 학교교육 목적상 부득이하게 인정되는 범위 안에서의 표현의 변경, 건축물의 증축 · 개축 그 밖의 변형, 컴퓨터 간 프로그램의 호환성을 위해 필요한 범위에서의 변경, 특정 컴퓨터에서 프로그램의 효과적 이용을 위해 필요한 범위에서의 변경, 그 밖에 부득이하다고 인정되는 범위 안에서의 변경 등에 해당되는 변경에 대하여는 이의(異議) 할 수 없음. 다만, 본질적인 내용의 변경은 그러지 아니함.

등록(登錄, registration) : 저작권 분야에서 저작물의 명세와 저작자의 권리계약을 국가의 기재부에 기재하는 것. 저작물에 대한 저작권의 권리와 제3자와의 관계에서 각 계약의 효력요건으로, 일부 미주국가에서 아직도 등록을 요구하는 방식임.

디지털음성송신 : 공중송신 중 공중으로 하여금 동시에 수신하게 할 목적으로 공중의 구성원의 요청에 의하여 개시되는 디지털 방식의 음의 송신(전송 제외).

라벨(label) : 복제물이 정당한 권한에 따라 제작된 것임을 나타내기 위하여 저작물 등의 유형적 복제물 · 포장 또는 문서에 부착 · 동봉 또는 첨부되거나 그러한 목적으로 고안된 표지.

로열티(royalty) : 저작권 사용료.

무방식주의(無方式主義) : 저작권의 취득과 보호에 어떠한 형식조건이나 절차를 부과하지 않는 저작권제도. 저작권의 자동적 보호(automatic protection)라고도 하며, '문학적 및 예술적 저작물 보호를 위한 베른협약'의 기본원칙임. 우리나라 저작권법도 이 베른협약의 원칙에 따라 제10조 2항에 "저작권은 창작한 때부터 발생하며 어떠한 절차나 형식의 이행을 필요로 하지 아니한다."고 명시함.

무상이용(無償利用, free use) : 저작권법에서 권리자의 허락을 받지 않고 무상으로 저작물 등을 이용하는 것. 저작물 등의 공정하고 원활한 이용을 위해 저작재산권이나 저작인접권의 제한규정이 있음.

무체재산권(無體財産權, intangible property) : 저작물 · 발명 · 고안 · 의장 등과 같은 인간의 정신적 재산을 대상으로 하는 권리이며, 특허권 · 저작권 · 실용신안권, 또는 상표의 표지나 상호의 명칭도 포함됨↔유체재산권(有體財産權).

무형복제(無形複製, intangible reproduction) : 복제에서 형체 없이 복제하는 것. 저작물의 복제에서 책이나 음반과 같이 복제물의 형체가 있는 것을 유형복제라 하고, 공연 · 방송 · 전시 등과 같이 복제물의 형체가 없는 것을 무형복제라 함.

무형재산(無形財産) : 실제적인 형태가 없는 재산이며, 저작권 · 방송권 · 공연권 · 상표권 · 전송권 등이 있음.

미국저작권사용허가센터(CCC : Copyright Clearance Center, Inc.) : 1977년에 설립된 비영리기관. 이 기관에 등록된 저작물의 일부나 전부를 복사나 전송으로 이용하려는 사용자로부터 소정의 사용료를 받고 사용허가를 해 주는 곳. 우리나라는 (사)한국복제전송저작권협회가 있음.

반의사불벌죄(反意思不罰罪) : 피해자가 처벌을 원하지 않는다는 의사를 표시하면 처벌할 수 없는 범죄[단순폭행죄, 단순(존속)협박죄, 과실상해죄, 명예훼손죄 등]→반의사불론죄, 해체조건부범죄.

방식주의(方式主義, formality) : 저작권의 효력발생 요건으로 일정한 방식을 요구하는 저작권 보호제도. 자국의 국내법에서 저작권 보호와 취득 또는 납본, 등록, 표시, 공증인에 의한 증명, 수수료의 지급, 자국 내에서의 제조 · 발행 등에서 일정한 방식을 요구하는 저작권제도임→등록주의.

배타적 권리(排他的 權利) : 타인이 같은 저작물에 대하여 유사한 권리를 취득할 수 없게 한 권리이며, 저작권이나 저작권을 구성하는 저작자의 개별적 권리는 배타적임.

배타적 허락(排他的 許諾, exclusive license) : 저작권자가 저작재산권의 이용계약 또는 저작물의 이용허락을 한 사람에게만 이용을 허락하고 이외의 다른 사람에게는 이용을 허락하지 않는 것을 말함. 복수의 여러 사람에게 저작물의 이용을 허락하는 것은 비배타적 허락이라 함.

번역권(飜譯權, right of translation) : 저작재산권에 포함된 권리로서 저작물을 번역할 수 있는 권리.

법정허락(法定許諾, statutory license, legal license) : 저작권 사용료의 지급을 약속하고, 법으로 방법과 조건을 정하여 사용할 수 있게 허락하는 것.

보상금(補償金, compensation) : 저작재산권자의 권리인 저작물을 이용할 수 있도록 한 특정한 경우와 문화체육관광부 장관의 승인으로 법정허락을 얻어 저작물을 사용한 경우에, 저작권자에게 사용자가 지급하는 보상형식의 돈.

복제(複製) : 인쇄 · 사진촬영 · 복사 · 녹음 · 녹화 그 밖의 방법으로 일시적 또는 영구적으로 유형물에 고정하거나 다시 제작하는 것을 말하며, 건축물의 경우에는 그 건축을 위한 모형 또는 설계도서에 따라 이를 시공하는 것을 포함.

복제권(複製權, right of reproduction) : 저작재산권의 종류로서 저작자가 자신의 저작물을 복제할 권리.

부차권(副次權, subsidiary rights) : 원작품 형태 이외의 간행 · 공포물에 대한 법규상의 권리이며, 게재권 · 전집게재권 · 다이제스트권 · 영화화권 · 방송권 · 전자출판권 · 잡지게재권 · 공연권 등이 있음.

분쟁조정(紛爭調停, conciliation of disputes) : 저작권법에 의해 보호되는 권리에 관한 분쟁을 조정하기 위하여 저작권법상 분쟁조정제도를 두고 있다. 분쟁조정은 저작권법에 의하여 설치된 저작권위원회에서 담당하는데, 분쟁조정업무를 효율적으로 수행하기 위하여 3인의 위원으로 구성된 조정부를 두고 있으며, 그중 1인은 변호사 자격이 있어야 함. 조정기간은 조정신청일로부터 3개월 이내이며, 그 기간 내에 안 되면 조정이 성립되지 아니한 것으로 보며, 성립된 조정은 재판상의 화해와 같은 효력이 있음.

불법복제물(不法複製物, infringing copies) : 저작권자의 허락 없이 저작권을 갖는 출판물 등의 저작물을 불법으로 복제한 것을 말함. 제작 과정과 방법을 불문하고 제작된 저작권의 권리를 침해한 복제물로서, 심의회의에서 용어를 '불법 복제물' 또는 '권리침해 복제물' 로 하고 필요에 따라 선택적으로 사용할 수 있을 것으로 봄.

사망시기산주의(死亡時起算主義) : 저자가 사망한 때를 기준으로 저작물의 보호기간을 계산하는 방식.

사적권리(私的權利, personal rights) : 개인의 인격과 관련되는 이익을 보호하기 위하여 많은 국가에서 국내법으로 부여하는 권리임.

사진저작권(寫眞著作權) : 예술적 · 창의적인 사진에 대해서 저작권의 권리가 인정되는 것.

상호주의(相互主義, reciprocity) : 외국인의 권리를 우리나라에서 보호할 때, 그 외국인의 본국에서 우리 국민의 권리를 보호하고 있는 것과 똑같은 보호를 해 주는 것.

성명표시권(姓名表示權) : 저작자는 저작물의 원본이나 그 복제물에 또는 저작물의 공표 매체에 그의 실명 또는 이명을 표시할 권리가 있음. 저작물을 이용하는 자(출판자)는 그 저작자의 특별한 의사표시가 없을 때에는 저작자가 그의 실명 또는 이명을 표시한 바에 따라 이를 표시해야 하지만, 저작물의 성질이나 그 이용의 목적 및 형태 등에 비추어 부득이하다고 인정되는 경우에는 그러하지 아니함(제12조).

소유권(所有權, ownership) : 법률의 범위 내에서 소유물을 전면적으로 지배할 수 있는 '물권' 으로, 법의 제한 내에서 자유로이 사용 · 수익 · 처분할 수 있고 유체재산권을 지배할 수 있는 권리.

속지주의(屬地主義) : 한 국가 안에 있는 자는 본인의 국적과는 관계없이 누구나 그 국가의 법을 따라야 하는 것→출생지주의.

실명저작권(實名著作權) : 저작물에 그 저작자의 실명을 저작자명으로서 표시하고 있는 저작물. 실명이란 저작자의 성명 또는 이명을 말하며, 호적상 성명을 말함→기명저작물.

ⓒ표시(ⓒnotice) : ⓒ는 저작권의 소유를 나타내는

국제기호로 copyright의 머리글자임. 출판물에 ⓒ마크와 저작권자명, 초판 발행년을 표시하면 세계저작권협약 가맹국에 대해 등록을 하지 않아도 저작권이 보호됨.

양벌규정(兩罰規定) : 고용인 등의 범죄가 고용주 등에 관계될 때 그 고용주 등도 함께 처벌하는 규정. 저작권에 법인의 대표자나 법인 또는 개인의 대리인 · 사용인 그 밖의 종업원이 그 법인 또는 개인의 업무에 관하여 저작권을 침해하는 죄를 범한 때에는 행위자를 벌하는 외에 그 법인 또는 개인에 대하여도 각 해당 법률의 처벌을 과함(제141조).

업무상 저작물(業務上 著作物) : 법인 · 단체 그 밖의 사용자의 기획하에 법인 등의 업무에 종사하는 자가 업무상 작성하는 저작물.

UNESCO(United Nations Educational Scientific and Cultural Organization) : '국제 간의 평화와 안전을 유지하는 것'을 목적으로 1946년에 설립된 UN전문기구이며, 우리나라는 1950년 6월 14일에 55번째로 가입하였음. 1952년 세계저작권협약(UCC)의 창설을 주관함.

인격권(人格權, moral rights) : 저작권에서의 저작인격권. 저작물의 공표의 결정권, 저자의 성명과 제호 표시의 권리, 무명표기의 권리, 이명표기의 권리, 내용변경의 이의제기권리, 공개사용을 철회할 수 있는 권리 등이며, 대부분은 저작권의 일부로 인정하고 있음.

인증(認證) : 저작물 등의 이용허락 등을 위하여 정당한 권리자임을 증명하는 것.

자유사용(自由使用, free use) : 법에 의하여 저작권자의 허락 없이 사용할 수 있는 저작권이며, 이 경우 사용의 방법이나 그 범위 및 저작자의 인격권 보장에 있어서 법에서 정해진 허락조건을 지켜야 함.

재산권(財産權, economic right) : 경제적 수익을 목적으로 하는 권리의 총칭이며, 재산권에는 물권(유제물을 직접 및 배타적으로 지배하는 권리) · 채권(채권자가 채무자에게 일정한 지불을 청구할 수 있는 권리) · 무체재산권(인간의 정신적 · 창조적 재산의 배타적 지배의 권리) 등이 있음.

저작권관리단체(著作權管理團體) : 저작재산권자를 대신하여 저작물의 전송과 복사의 이용 · 허락이나 저작물 사용료의 징수 등을 행하는 저작재산권의 집중적 관리기구→(사)한국복사전송권협회.

저작권등록부(著作權登錄簿, copyright register) : 저작자의 실명, 저작물의 처음 공표발행일, 저작재산권의 이전 · 변경 · 소멸 등 권리관계에 관한 사항과 등록번호, 등록권리자의 주소 · 성명, 등록내용, 등록원인발생일, 동록일자 등이 문화체육관광부 장관에 의해 기재되는 공적인 기재부.

저작권법의 적용범위 : 저작권법에 적용되는 저작물, 실연 · 음반 · 방송의 범위를 말하며 대한민국 국민의 저작물, 대한민국 내에 상시 거주하는 외국인의 저작물과 맨 처음 대한민국 내에서 발행된 외국인의 저작물, 우리나라가 가입했거나 체결한 조약에 따라 보호의무를 갖는 저작물 등임. 그러나 외국에서 맨 처음 발행된 날로부터 30일 이내에 대한민국에서 발생된 저작물도 포함되며, 대한민국 내에 주된 사무소가 있는 외국법인의 저작물도 적용됨. 이는 베른협약에 의한 적용임.

저작권사용료(著作權使用料) : 보호 저작물을 사용함에 따라 저작자에게 지급하는 보수나 보상금.

저작권위원회(著作權委員會) : 저작권법 제112조에 "저작물 등의 건전한 이용질서를 확립하고 저작권 그 밖에 이 법에 의하여 보호되는 권리(저작권)에 관한 사항을 심의하고, 분쟁을 조정하기 위하여 저작권위원회를 둔다."고 하였음. 위원장 1인, 부위원장 2인을 포함한 위원은 문화체육관광부 장관의 위촉으로 15인 이상 20인 이하로 정하며, 임기는 3년이고 연임이 가능함. 위원회는 분쟁조정업무를 효율적으로 수행하기 위하여 조정부를 두어 위원 1~3인 이상으로 구성하되 1인은 변호사 자격이 있는 자여야 함.

저작권에 관한 민사책임 : 저작권 등을 침해한 경우의 민사상 책임으로, 침해의 정지 등 청구, 손해배상 청구, 명예회복 등의 조치 청구 등을 할 수 있음.

저작권 에이전시(copyright agency) : 저작권의 중개와 관리를 사업으로 경영하는 곳. 우리나라에서는 출판을 목적으로 한 저작권 수출·입정보 제공과 계약 수속 · 관리를 대행하는 것이 주업이며, 외국에서는 자국 내에서의 저작권 관리를 위한 목적으로도 영업함.

저작권 표시(著作權 表示, copyright notice) : 저작물에 대한 저작권을 주장하기 위한 조건으로 요구되는 방법. 미국저작권법의 경우 저작물로서 보호받기 위해서는 'copyright'나 'copr' 또는 ⓒ표시를 해야 하고 저작권자의 성명표시도 적절한 곳에 넣어야 하는데, 세계저작권협약에서는 첫째 요건으로 ⓒ표시만을 인정함.

저작물사용료(著作物使用料, royalty) : 저작물의 이용허락을 받은 자가 허락받은 이용에 대하여 저작재산권자에게 지불하는 저작물 사용에 대한 사용료.

저작물이용의 법정허락 : 저작물을 사용함에 있어 저작재산권자로부터 허락을 얻을 수 없는 경우 법률이 정하는 조건일 때 한하여 문화체육관광부 장관의 승인을 얻으면 소정의 보상금을 지급 또는 공탁한 후 그 저작물을 이용할 수 있는 제도.

저작인격권(著作人格權) : 저작물에 대한 저자로서 생활적 · 사회적 활동의 단위로서, 인적 이익에 관해 법률상 보호를 받을 권리(생명 · 신체 · 자유 · 명예 · 정조권 등)

저작자 사후의 인격적 이익 보호 : 저작인격권의 보호이며, 저작재산권은 재산권으로서의 성질상 저작자의 사망 후는 그 상속인에게 승계되어 보호기간까지 존속함. 저작인격권의 존속기간은 저작자의 사망과 동시에 소멸, 저작자의 사망 후에 상속인에게 승계(독일 · 프랑스), 저작자의 사망과 함께 인격권은 소멸되나 저작자의 인격적 이익 보호를 위해 저작인격권과 같은 내용의 권리를 유족이나 유언집행인에 발생 등 세 가지 경우가 있음. 우리나라 저작권법은 셋째 주장과 비슷하다고 보며, 다만 저작인격권의 권리자는 상속자가 아니고 유족으로 한정했음.

저작재산권(著作財産權) : 저작물의 경제적 이익을 목적으로 하는 법적인 권리임. 원저작물을 번역 · 편곡 · 변형 · 각색 · 영상제작 그 밖의 방법으로 작성한 창작물 등 2차적 저작물의 권리도 있음.

저작재산권신탁(著作財産權信託) : 저작재산권자(위탁자)가 저작재산권의 전송과 복사 허락업무를 저작권위탁관리업자(수탁자)에게 그 저작재산권을 맡겨 집중관리하게 하는 것. 수탁자는 저작권자와 출판권자로부터 저작물의 복사권과 전송권을 수탁(위임)받아 저작물의 온라인 전송과 복사 허락업무를 집중관리함으로써 저작물의 이용을 식별 · 신속 · 간편 · 서명 · 편리하게 함.

저작재산권신탁 계약약관(著作財産權信託 契約約款) : 지적재산권의 신탁업무를 업으로 하는 저작권위탁관리업자(수탁자)가 저작재산권자(위탁자)와 저작재산권신탁을 체결하고자 그 내용 및 조건을 정한 것.

저작재산권 침해(著作財産權 侵害) : 침해가 성립되기 위해서는 기존 저작물의 창작적 표현의 복제, 기존의 저작물에 의해 작성, 또는 작성된 복제물이 기존 저작물의 내용과 유사, 기존 저작물의 불법적인 복제 등이 이루어져야 함.

전송(傳送) : 공중송신 중 공중의 구성원이 개별적으로 선택한 시간과 장소에서 접근할 수 있도록 저작물 등을 이용에 제공하는 것(송신 포함).

전송권(傳送權) : 인터넷 환경이 발달함에 따라 2000년 7월 1일자 개정 저작권법에 의해 신설된 저작권자의 권리로, "일반 공중이 개별적으로 선택한 시간과 장소에서 접근하거나 이용할 수 있도록 저작물 등을 무선 또는 유선 통신의 방법에 의하여 송신할 수 있게 제공하는 것." 현 저작권법에서 전송권은 출판권과는 별도이며, 온라인 전자책 등을 발행 · 판매하려면 별도로 저작권자의 허락을 얻거나 계약을 해야 함.

정지청구권(停止請求權) : 저작권법상 권리 침해자에 대한 부작위청구권이며, 저작권 · 출판권 등 그 밖의 저작권법에 의하여 보호되는 권리를 가진 자는 그 권리를 침해하는 자에 대하여 침해의 정지를 청구할 수 있으며, 권리를 침해할 우려가 있는 자에게도 침해의 예방 또는 손해배상의 담보를 청구할 수 있음(제123조).

지적소유권(知的所有權) : 사람의 지적 활동으로 창작된 무형재산에 대한 권리를 독점적으로 지배할 수 있는 권리를 말하며, 저작권 · 산업저작권 등의 지적재산권 권리의 개념임. 1967년에 스톡홀름에서 채택된 '세계지적소유권기구 설립을 위한 협약'에서 정의됨.

초상권(肖像權) : 자신의 초상의 사용에 대한 독점권. 자신의 초상이 사전 승낙 없이 전시 · 게재되었을 경우에는 초상권의 권리를 주장할 수 있으며, 손해배상을 청구할 수 있음.

추급권(追及權) : ① 저작권이 있는 저작물의 이용자(출판자)가 여러 번 바뀌더라도 저작권자나 상속인이 추급하여 행사할 수 있는 권리. ② 저작권법에서 미술저작물이 보호기간 내에 있을 때 그 원본이 공개적으로 전매될 때마다 생기는 수입의 일정 부분에 대하여 저작자와 그 상속인 및 저작자 사망 후의 법에서 정한 내로 권리를 주는 양도 불능의 권리.

출판권(出版權) : 저작물을 복제 · 배포할 권리를 가진 자가 그 저작물을 인쇄 그 밖에 이와 유사한 방법으로 문서 또는 도화로 이를 출판할 권리. 출판권을 설정받은 출판권자는 그 설정행위에서 정하는 바에 따라 그 출판권의 목적인 저작물을 원작 그대로 출판할 권리를 가짐(저작권법 제57조 참조).

친고죄(親告罪) : 범죄의 피해자나 그 밖에 법률에 정해진 자의 고소가 있어야만 공소(公訴)를 제기할 수 있는 범죄(강간죄, 명예훼손죄, 모욕죄 등).

컴퓨터 프로그램 저작물 : 특정한 결과를 얻기 위하여 컴퓨터 등 정보처리능력을 가진 장치 내에서 직접 또는 간접으로 사용되는 일련의 지시 · 명령으로 표현된 창작물.

판면권(版面權) : 출판물에서 판면의 구성과 작성 및 제작에 투입된 출판자의 노력에 해당되는 저작권법상의 권리.

편집물(編輯物) : 저작물이나 부호 · 문자 · 음 · 영상 그 밖의 형태의 자료의 집합물(데이터베이스 포함).

편집저작물(編輯著作物) : 편집물로서 그 소재의 선택 · 배열 또는 구성에 창작성이 있는 것.

표절(剽竊, plagiarism) : 남의 창작물(글쓰기, 음악, 미술, 논문 등)에서 그 내용을 취하여 자기 창작물에 마치 자기 것 마냥 이용하는 것.

프로그램코드 역분석 : 독립적으로 창작된 컴퓨터 프로그램 저작물과 다른 컴퓨터 프로그램과의 호환에 필요한 정보를 얻기 위해 컴퓨터 프로그램 저작물코드를 복제 또는 변환하는 것.

필화(筆禍) : 발표한 글이 법률적 · 사회적으로 문제를 일으켜 제재를 받는 일.

※ 한국출판연구소, 「출판사전」(범우사, 2002)을 인용 및 참조함.

| 중요용어 |

저작권법	저작권법 개선	판면권	출판권
출판문화산업진흥법	베른협약	세계저작권조약	트립스협정
WIPO 저작권조약	한미 FTA	출판계약	지적소유권

[부록 1] 영문 출판용어 해설
[부록 2] 취업의 이해

APPENDIX
부록

[부록 1] 영문 출판용어 해설

AD(Anno Domini) : 서력기원(西曆紀元)

adaptation : 번안(飜案). 원저작물을 본질적인 내용과 줄거리는 그대로 하고 다른 부분은 고쳐서 별개의 저작물로 만드는 것

advertising : 광고. 상업적 목적으로 상품의 판매를 촉진하기 위해 메시지를 널게 전달하는 수단

afterword(postscript) : 후기, 후서, 발문

Aldus Inc. : 그래픽 분야를 전문으로 하는 미국의 소프트웨어 회사. PC에 사용되는 전자출판 프로그램인 페이지메이커(PageMaker)를 개발한 회사

Amoled : 능동형 유기발광다이오드(OLED : Organic Light Emitting Diode)이며, 전류가 흐르면 스스로 빛을 내는 자체발광형 유기화합물 반도체

Android : 구글의 모바일용 운영체제로 윈도우 모바일과는 달리 핵심설계도가 개방된 open source 운영체제임

AOD(Audio On Demand) : 실시간으로 선택하여 음악을 들을 수 있는 서비스

APP Book : 스마트폰이나 태블릿 PC에서 별도 응용프로그램(애플리케이션 · 앱)으로 실행하는 방식

App Store : 개발자들이 응용프로그램(애플리케이션)을 올리고 소비자들이 이를 사들이는 상거래가 이루어지는 온라인상의 장터

appendix : 부록

Apple Computer Inc. : 1977년 미국의 스티브 잡스(S. Jobs)와 스티브 워즈니악(S. Wozniak)이 창립한 개인용 컴퓨터 회사. '애플 매킨토시' 컴퓨터 개발 회사

Application : 스마트폰에서 사용되는 응용프로그램

backbone(spine, shelfback) : 표지의 책등

backmatter(endmatter, subsidiaries) : 뒷붙이, 뒷지면

BC(Before Christ) : 크리스트 기원전(紀元前)

bibliography : 참고문헌

bit : 컴퓨터가 처리하는 데이터의 최소단위

Bluetooth : 와이파이(wifi)보다 더 가까운 거리에 있는 휴대전화 · 컴퓨터 · 가전제품 등을 무선으로 연결하는 통신기술

bookmark : 가름끈. 책의 읽던 곳이나 필요한 곳을 다시 찾기 위해 책갈피에 끼워 둘 수 있 게 한 끈

BRIH(Burda Rizzoli International Holding) : 이탈리아의 잡지 · 출판미디어 그룹인 RCS(Rizzoli Corriere della Sera, 약칭 '리졸리')와 독일의 '부르다(Burda)' 그룹이 해외투자를 위해 공동설립한 회사. 한국 '디자인하우스'에 투자한 회사

B2B(Business to Business) : 기업 간 거래

B2C(Business to Consumer) : 기업과 소비자 간 거래

byte : 컴퓨터가 처리하는 정보의 기본단위인 비트(bit) 8개가 묶인 것

c.(circa) : 대략, 약

CAP(Computer Aided Publishing System) : 전자입력 편집인쇄 시스템

caption : 책 또는 문서의 본문에 삽입되는 사진 · 도판 · 그림 · 표 등을 설명하는 짧은 글

CCC(Copyright Clearance Center) : 저작권결제센터. 1978년 미국 의회에 의해 설립된 저작권 이용료 결제 대행의 비영리 단체로서 IFRRO의 미

국 내 기구로 활동

CEO(C.E.O., chief executive officer) : 최고 경영자

CES(Consumer Electronics Show) : 매년 초에 미국 라스베이거스에서 개최하는 세계 최대 전자박람회

CD-I(Compact Disc Interactive) : 콤팩트 디스크를 사용하는 읽기 전용의 광학 저장 기법이며, 보통 CD-ROM 1매에는 300권 분량의 책 정보가 들어감

CD-ROM(Compact Disc Read Only Memory) : 텔레비전에 연결하여 자료를 대화형으로 시청할 수 있게 한 콤팩트 디스크이며, CD 음반처럼 생긴 CD-I 디스크는 5인치 크기에 총 650MB의 정보를 처리할 수 있고, CD와 같은 소리뿐만 아니라 비디오 같은 고화질 영상을 담을 수 있으며, PC에서처럼 상호대화식으로 작동하게 필립스사가 발명했음

cf.(Confer) : 비교하다, 참조하다(compare)

Cloud Computing : 자신의 단말기에 프로그램과 데이터를 저장하지 않고 여러 개의 대형 서브에 저장해 놓고 필요할 때마다 인터넷을 통해 빌려 쓰고 사용료를 내는 혁신적인 IT 서비스

CMYK(Cyan · Magenta · Yellow · Black) : 파랑, 빨강, 노랑, 까망을 가리키며, 컬러인쇄에 필요한 4색

collate : 대조(對照). 편집용어로는 원고나 전 교정지와 맞추어서 보는 교정

Connected : 커넥티드, 모든 기기연결

contents : 내용 또는 차례. 기억장치의 특정 번지에 들어 있는 데이터. 문헌 · 레코드파일의 내용을 나타내는 리스트

contrast : 사진의 네거티브 또는 인화지의 밝은 부분과 어두운 부분의 농도 차이

copyright : 저작권. 국제적으로 저작권을 나타내는 ⓒ는 copyright의 약자

copyright agency : 저작권 에이전시. 저작권의 중개 또는 관리를 사업으로 하는 곳

copyright page(imprint page) : 간기면(刊記面), 판권면(版權面)

cover(book cover) : 표지, 겉장

CTP(Computer To Plate) : DTP(컴퓨터)의 데이터를 인쇄용 필름을 뽑지 않고, 데이터를 PDF 파일로 바꿔 PS판(인쇄판)에 직접 출력하여 인쇄하는 것

CTS(Computerized Typesetting System) : 컴퓨터 조판 시스템

DAD(Digital Audio Disk) : 디지털 오디오 디스크

DB(database) : 자료의 틀이며, 각종 데이터를 자기테이프나 자기디스크 등의 형태로 기억하게 하여 필요한 정보자료를 통합하여 컴퓨터가 읽고 검색할 수 있게 체계적으로 조직된 형태의 정보집합체

DDoS(Distributed Denial of Service, 디도스) : 분산서비스거부이며, 특정 서브에 다량의 트래픽을 보내 서브를 다운시키거나 네트워크를 지연시켜 서비스를 불가능하게 만드는 공격

dedication : 헌사, 드리는 말

device : 소자 또는 장치(단말기). 특정 목적에 사용되는 전기적 · 기계적 기기의 총칭. 컴퓨터에서 모니터나 자기디스크 · 자기테이프 장치, 프린트 등의 주변장치

Digital Divide : 인터넷, Tablet PC 등 새로운 IT 기기나 서비스를 이용할 수 있는 환경의 사람과 그렇지 못한 사람들 간에 세상의 정보를 얻거나 이용의 차이가 발생하는 것

divisional title page(headings) : 속 표제면, 중간 표제면. 본문을 몇 단계로 구분하여(부 · 편 · 장 · 절 등) 표기한 표제

DLS(Digital Library System) : 디지털 도서관 시스템

DMB(Digital Multimedia Broadcasting) : 멀티미디어 신호를 디지털 방식으로 고정하여 휴대 차량용 수신기에 제공하는 방송 서비스

DOI(Digital Object Identifier) : 디지털 문서(저작물) 식별자

domain name : 인터넷에서 각 호스트를 표시하는 이름

DOS(Disk Operating System) : 시스템의 내부 기억장치와 외부 디스크 사이에 데이터의 흐름을 제어하는 마이크로컴퓨터 프로그램

download : 대형시스템에서 소형시스템으로 정보가 이동하는 현상을 기술하는 용어로 파일의 이동이나 파일을 받는 작업

dramatization : 각색. 소설 등 비연극적 작품을 극화하는 것

DRM(Digital Rights Management) : 보안 솔루션(solution)

DTP(Desk Top Publishing) : 탁상출판. 컴퓨터의 데이터를 직접 인쇄판에 출력하는 방식의 출판. 또한 Desk Top Prepress(매킨토시 출력)와 Direct To Plate(일반 컴퓨터의 데이터를 인쇄판에 출력하는 것)의 약자로도 쓰임

Dual Core : 컴퓨터의 중앙처리장치 내에 2개의 연산장치를 탑재한 장치

DVD(Digital Video Disk) : 디지털 비디오 디스크, 또는 Digital Versatile Disk

DVI(Digital Video Interface) : 일반적인 화상처리가 발전되어 TV카메라가 잡은 화면을 컴퓨터가 마음대로 변형처리할 수 있게 접속하는 것

EBK(Electronic-Book Korea) : 한국전자책 컨소시엄

EBKS(Electronic-Book Korea Standard) : 한국전자책 표준안

e-book(electronic book) : 전자책, 즉 전자적 형태의 텍스트를 기반으로 제작된 책. 이는 CD-ROM과 같은 패키지 전자출판물과 온라인 전자책을 통틀어서 말하지만, 경우에 따라서는 온라인 전자책만을 말함

ed.(edition) : 판(版), 편집

ed.cit.(editio cito) : 인용문헌

edition statement : 출판물에 대한 판(版)의 표시

editorial supervision : 감수. 책의 내용 및 편집을 감독하고 총괄하는 것

e.g.(exempli gratia) : 이를테면(for example)

end leaves(end papers) : 면지. 표지와 표제지 사이에 있는 책장으로, 속장과 표지를 잇고 책의 내구성을 갖게 함

endpapers(endleaves) : 면지

EP(Electronic Publishing) : 전자출판. 책의 편집 · 조판 등의 제작을 컴퓨터에 의하여 하는 출판. 인쇄매체가 아닌 전자적 형태로 만드는 출판

e-paper(electronic paper) : 컴퓨터상 화면표시 또는 전자신문

EPS(Electronic Publishing System) : 전자식 출판시스템

explanatory notes : 범례, 일러두기

flash : 매크로 미디어사의 플래시(flash)는 웹 애니메이션 저작 툴로서, 홈페이지상에서 빠른 애니메이션을 가능하게 하며 최소한의 파일크기와 뛰어난 애니메이션 기능, 스트리밍 기술 등을 두루 갖추고 있는 프로그램임

footnote : 각주. 책에서 판면 하단에 두는 주로 난외주의 하나

format : 형식. 데이터를 기록매체에 저장하거나 화면 또는 프린터에 출력할 때 데이터의 배열

front material : 앞붙이, 머리지면

frontispiece : 머리그림, 권두그림. 표제면이나 그 앞뒤에 들어가는 그림 · 사진 등

FTA(Free Trade Agreement) : 자유무역협정. 국가 간 상품의 자유로운 이동을 위해 모든 무역장벽을 없게 하는 협정

full title page : 표제면, 속표지. 표제(책명) · 저작자(역자 · 감수자 포함) · 발행처 · 시진 · 삽회 · 출판사마크 등을 표시함

fusion : 용해, 융해, 연합, 합병

GATT(General Agreement on Tariffs and Trade) : 관세무역일반협정

Google Street View : 구글이 2007년부터 제공하는 인터넷 사진 서비스이며, 9개의 카메라가 찍은 실제 거리모습을 360도 각도에서 볼 수 있음

graphic design : 그래픽 디자인. 시각(visual) 디자인 중에서 시각전달을 목적으로 하여 인쇄술로 대량 복제하는 평면적 표현의 디자인

guide book : 여행자를 위한 안내책자나 상품

및 소개서

half title page : 앞 표제면. 표제면 앞에 책명만 작은 글씨로 인쇄하는 것

headband : 머리띠. 책등의 위아래에 붙이는 천

headlines(running heads) : 헤드라인, 하시라, 난외제

HSLN(High Speed Local Network) : 고속근거리 통신망

HTML(Hyper Text Markup Language) : 문서 제작 시 쓰이는 기본 프로그램밍 언어이며, 하이퍼텍스트 시스템을 사용하기 위하여 텍스트 파일을 코드화하는 데 사용하는 언어. 멀티미디어 하이퍼 화면을 기술하기 위한 언어이며, 인터넷의 홈페이지 작성에도 사용됨

Hybrid : fusion과 같은 뜻으로 이질적인 요소가 섞인 혼합 · 혼성 · 혼혈

hypertext : 하이퍼텍스트. 컴퓨터 사용자에게 비순차적인 검색을 할 수 있게 제공되는 텍스트(문자). 문서 속의 자료가 다른 자료나 DB와 연결되어서 서로가 원하는 정보를 얻음

ibid.(ibidem) : 상게서(上揭書). 각주에서 인용한 출처가 바로 앞에서 밝힌 문헌제목과 같은 책임을 나타내는 말로 '위의 책' 이라고도 함(in the same place 또는 the same reference)

IBM(International Business Machines Corporation) : 미국의 컴퓨터 제조회사. 개인용부터 대형 컴퓨터까지 모든 분야의 컴퓨터제품을 생산함. 자사의 컴퓨터 명칭이기도 함

id.(idem=same) : 같은 출전(出典)에서

ID(Identification Date) : 데이터의 항목을 식별하고 사용하는 문자와 문자의 집합을 의미

IFRRO(International Federation of Reprographic Rights Organizations) : 세계복제권기구연맹. 저작권의 개별적 출판 및 창작물의 복제와 사용을 쉽게 해 주고, 저작권의 권리를 보호함. 1980년에 연구위원회로 시작되었고, 1988년부터 IFRRO로 출발함. 본부는 벨기에 브뤼셀

illustration : 일러스트레이션. 책 · 신문 등의 삽화이며 일러스트라고도 함

impression(reprint) : 쇄(刷). 출판물을 잘못된 부분만 고쳐서 같은 내용으로 인쇄하는 것

index : 색인, 찾아보기

internet : 인터넷. 전 세계에 걸쳐 연결된 컴퓨터 네트워크 시스템

IPA(International Publishers Association) : 국제출판협회. 1896년에 창립된 국제출판업자 들의 국제협약단체로 세계 출판업자들의 권익을 도모하고 저작권법의 정보 및 출판 관련 정보 제공. 한국은 1957년에 가입. 본부는 스위스 제네바

IPO(Initial Public Offering) : 주식공개, 주식상장

IPS(Immediately Printing System) : 온라인 즉시출력 시스템

ISBN(International Standard Book Number) : 국제표준도서번호

ISD(Investor-State Dispute) : 투자자 · 국가소송제도이며, 외국에 투자한 기업이 현지에서 불이익을 당할 때 국제기구의 중재로 분쟁을 해결토록 한 제도. 전 세계 2,500여 개 국제협정이 ISD를 채택하고 있음

ISO(International Standards Organization) : 국제표준화기구. 공업상품이나 서비스의 표준화를 도모함. 본부는 스위스 제네바

ISSN(International Standard Serial Number) : 국제표준 계속적 간행물번호

IT(Information Technology) : 정보기술. 컴퓨터 관련의 기초기술에서 응용기술까지로 범위가 넓음

ITQ(Information Technology Qualification) : 생산성본부가 시행하는 정보기술 관리능력과 활용능력을 공식적으로 인증하는 시험제도

ISDN(Integrated Services Digital Network) : 종합정보통신망. 디지털 교환기와 디지털 전 송로에 의하여 구성된 하나의 통신망

jacket(book jacket) : 더스트 커버(dust cover), 재킷

jacket band : 종이띠, 책띠

KDC(Korea Decimal Classification) : 한국십진분류법. 도서관에서 같은 주제의 도서를 모아서

일정한 순서로 서가에 배열하기 위한 분류법

KOMARK(Korean Machine Readable Cataloging) : 한국문헌자동화목록. MARK는 기계 가독목록으로 컴퓨터가 목록으로 작성된 레코드를 정보로 읽어 해석한다는 의미임. 1977년 국제도서관협회연맹(IFLA)에서 UNIMARK 포맷이 발행되어 자국에 맞는 포맷을 만들어 쓰고 있음

KOREAN : 한글. 컴퓨터는 영어권에서 개발되어 영어 · 숫자 데이터를 중심으로 이루어져 1바이트(byte)로 표시되어 있음. 이에 대해 우리나라는 한글과 한자 중심이기 때문에 종류가 많아 '한글'은 2바이트로 표시되어 있음

LAN(Local Area Network) : 한정된 지역의 울안 통신망

layout : 문자 · 원고 · 도판원고 · 사진원고 · 괘선 등의 정보전달을 위해 지면에 배치 · 구성하는 공간적 편집기술인 창조적 표현

l.c.(loco citato) : 전술(前述)한 곳에(in the place cited)

legibility, readability : 가독성. 책의 내용이 얼마나 쉽게 읽혀질 수 있는지를 이르는 말

LTE(long term evolution, 장기 진화) : 3G(Generation) 이동통신보다 무선데이터 전송속도가 5배 이상 빠른 4세대 이동통신 기술

Macintosh : 미국 애플사에 의해 1982년 개발된 마이크로컴퓨터의 상품명

MARC(Machine Readable Cataloging) : 도서관 자료의 서시정보를 컴퓨터가 처리할 수 있는 형태로 기록하는 문헌자동화 출판물 목록이며, 우리나라에서의 정식명칭은 KORMARK

MCP(Microsoft Certified Professional) : 마이크로소프트 공인기술 전문가 제도

MCT(Microsoft Certified Trainer) : 마이크로소프트 공인교육 강사

Microsoft Corp. : 윌리엄 게이츠(William Gates)와 폴 앨런(Paul Allen)이 1975년에 설립한 개인용 컴퓨터를 위한 소프트웨어를 개발 · 판매하는 미국의 대형 소프트웨어 업체

MIS(Management Information System) : 경영정보 시스템. 의사결정지원 시스템의 하나

M-layout : 한국의 소프트매직사가 개발한 컴퓨터 소프트웨어. 확장성 표기언어인 XML과 PDF 포맷을 바탕으로 자료의 재활용과 자동조판이 쉬움. 기능과 사용자 인터페이스가 익스프레스와 비슷하며, 맥 OSX 10을 기반으로 제작되었고 맥 OSX로 업그레이드가 되며 값이 저렴함

mobile : 이동성, 이동

mosaic : 토털스캐너의 화상처리기능의 하나로서 화상의 임의부분을 블록화하여 이를 패턴화한 것이며, 특수효과를 얻는 데 사용됨

mp3(mpeg audio layer-3) : 엠펙(Mpeg)1에서 규정한 고음질 오디오 압축기술의 하나. 이는 음반 CD에 가까운 음질로 일반 CD의 50배로 압축이 가능하며, 뛰어난 음질과 압축률로 인해 TCP 바탕으로 한 인터넷상에서 AOD와 인터넷 FM 라디오 방송 등에 이용됨

multimedia : 다중매체. Multi(여럿)와 media(정보)를 뜻하는 미디어의 합성어

MWC(Mobile World Congres) : 매년 2월에 스페인 바르셀로나에서 개최하는 세계 최대 이동통신 전시회

Near Field Comunication : 근거리무선통신이며, 전자태그(RFID)를 응용한 것으로 10cm 내의 짧은 거리에서 무선으로 2대의 전자기기들이 데이터를 주고받을 수 있는 기술

negative : 원고 또는 피사체의 좌우와 흑백부분의 관계가 반대로 되어 있는 사진화상

netizen : 네트워크(network)와 시티즌(citizen)을 합한 용어로 인터넷으로 연결된 사람들을 말함

notes : 주(註, 注), 각주(footnote) · 후주(end-note) · 할주(cutting note) · 두주(head-note) · 방주(sidenote) 등이 있음

N screen : 휴대폰 · TV · PC 등 여러 개의 기기를 인터넷으로 연결해 사용자가 같은 콘텐츠를 언제, 어디서나 이용할 수 있게 하는 서비스

on demand publishing : 주문형 출판. 문헌 등의 데이터베이스에서 독자의 요구항목을 추출

정리해서 제공하는 출판

one volume edition : 단행본(單行本). 단독으로 간행되는 모든 책

ONIX(ONline Information eXchange) : 온라인 정보교환

op. cit.(opere citato) : 전게서(前揭書). 각주에서 인용한 출처가 바로 앞은 아니고, 앞쪽에서 밝힌 책과 같은 책임을 나타내는 말로 '앞의 책' 이라고도 함(in the work cited)

opening page : 책의 판면 구성 시 행을 새 페이지에서 시작하는 것. 별면(別面)

Operating System(OS) : 운영체제이며, 컴퓨터에서 가장 기본이 되는 소프트웨어로서 이용자가 입력한 각종 명령을 기계어로 바꿔 중앙처리장치(CPU) 메모리 디스크 등 컴퓨터 부품들을 구동시키며, 특정 응용 소프트웨어에서 처리되는 각종 데이터를 다시 받아서 기기들을 작동시킴

option : 우선 선택권

package : 여러 개의 프로그램을 하나로 종합한 업무용 소프트웨어. 워드프로세스, 스프레드시트, 데이터베이스, 통신프로그램 등을 하나로 묶은 것이 그 예임

packet : 데이터 통신에서 전송 데이터를 일정한 길이로 묶어서 블록 단위로 한 것

packet communication : 패킷통신. 데이터를 PC통신처럼 연속으로 통신하는 것이 아니라 일정량을 모아서 묶어 전송하는 것으로, 모뎀을 통한 전화선 연결이 아니고 컴퓨터를 TNC라고 하는 장치에 무전기와 연결하여 사용함

PageMaker : 페이지물 조판용 전산프로그램. 미국의 앨더스(Aldus)사의 개인용 컴퓨터를 위한 전산조판용 소프트웨어이며, 처음에는 애플 매킨토시 컴퓨터용으로 개발되었고, 그 후 IBM-PC에도 이식됨

page makeup : 페이지 조판. 문자조판에서 본문 · 제목 · 번호매김 · 컷 · 표 등을 레이아웃하여 한 페이지의 체제로 만드는 것. 사진제판에서 문자 필름이나 그림판 · 컬러사진의 필름을 모아 한 페이지의 체제로 만드는 것을 말하기도 함

page number : 쪽번호, 페이지 넘버. 각 면의 순서를 표기한 숫자

P&P(Plug and Play) : "즉시 시작"이란 뜻으로, 시스템이 시작하면 자동적으로 가동되는 속성을 말함

PC(Personal Computer) : 한 명의 사용자를 위해 개발된 저가의 컴퓨터 시스템을 지칭하는 용어

PDA(Personal Digital Assistants) : 개인휴대용 정보 단말기. 미국 애플컴퓨터사가 제창하고 있는 차세대 개인용 기기로, 가전+컴퓨터를 융합한 개인비서 역할을 함

PDF(Portable Document Format) : 미국 어도비시스템즈사가 개발한 휴대용 문서파일 유형(포맷). 매킨토시상의 워드프로세서로 작성한 문서를 다른 윈도우 머신에서 판독할 때 거기서 작성원과 같은 워드프로세서나 폰트가 설치되어 있지 않아도 문서를 표시 · 인쇄할 수 있음. 아크로뱃(Acrobat)을 사용해 실제로 교환하는 데이터는 PDF 형식의 파일이어야 함

PEDeM(Planning, Editing, Design, Electronic, Marketing) : 기획 · 편집 · 디자인 · 전자적 · 마케팅

PMP(Portable Multimedia Player) : 휴대용 멀티미디어 재생장치

POD(Print On Demand) : 주문형 출판. 팸플릿이나 책을 독자의 요구항목대로 출력 · 제책하는 것(컴퓨터 프린팅)

POP(Point Of Purchase Advertising) : 구매시점 광고, 팝광고, PS 광고

POS(Point Of Sales System) : 서점의 판매시점 정보관리 시스템

preface(foreword) : 머리말, 서문, 책머리에, 서(序)

proof reading, proof correction : 교정(校正). 조판의 잘못을 바르게 고치거나 체제상의 정리를 하는 것

P2C(Peer to Computer) : 사람과 컴퓨터의 파일 기술 및 행위

P2P(Peer to Peer) : 인터넷에서 하는 개인 대 개인의 파일공유 기술 및 행위

P2V(Peer to Video) : 사람과 비디오의 파일 기술 및 행위

publication : 간(刊), 간행, 발행, 출판

Quark-Xpress : 미국 쿼(Quark)사에서 개발한 전산조판 프로그램

quotation : 인용. 본인의 저작물 속에, 공표된 타인의 저작물 내용의 일부를 넣어 사용하는 것

RAM(Random Access Memory) : 수시로 기록된 읽기가 가능한 메모리

read : 읽기, 판독기. 기억장치나 정보매체로부터 데이터를 꺼내는 것

recension : 교정(校訂). 책의 내용을 다시 조사하여 잘못된 곳을 바로 고치는 일로 교열에 해당됨

revision : 개정. 저작자가 발행된 저작물의 내용을 고치는 것

RFID(Radio Frequency Identification) : 무선주파수 인식 칩

ROM(Read Only Memory) : 데이터의 기록은 되지 않고 읽기만 가능한 메모리

royalty : 인세(印稅). 저작권 사용료

running title : 난외표제. 책의 각 면의 본문난 외에 기재된 서명이나 장 · 절명 또는 그 면의 중요한 안내문 등

screen printing : 공판인쇄

slipcace : 슬립케이스. 책을 끼워넣는 바깥 케이스

Smartphone : 일반 휴대폰과 다르게 컴퓨터처럼 휴대폰에 모바일 운영체제(OS)가 설치되어 자신에 알맞은 인터페이스를 구현하고, 스마트폰 간에 애플리케이션을 공유할 수 있는 똑똑한 휴대폰

Smart Working : 정해진 시간과 장소로 출퇴근하는 기존 근로방식 대신 IT(정보기술)를 이용해 시간과 장소에 구애받지 않고 가정이나 집과 가까운 업무공간인 스마트워킹센터 등에서 일하는 형태의 근로방식

SNS(Social Networking Service) : 웹을 기반으로 이해와 관심사가 비슷한 개인들 간에 사회적 네트워크를 구축하도록 도와주고 서로 소통하고 정보를 교환하며 관계를 맺는 서비스

Social Commerce : SNS 등을 이용해 다수의 구매자를 모으면 특정 품목을 하루 동안 대폭 할인받아 살 수 있는 온라인 쇼핑 서비스

software : 컴퓨터 시스템을 효율적으로 운영하기 위해 개발된 프로그램의 총칭

solution : 문제에 대한 해답 · 해법. solution service와 같은 뜻으로 쓰임

spin : 가름끈. 책의 읽는 자리를 표시하기 위해 붙여 놓는 끈

Super WiFi : 기존 와이파이에 비해 신호 도달거리는 3배, 건물 투과율은 9배, 통신 가능 면적은 16배 뛰어나고 속도는 초당 100메가비트에 달하는 새로운 무선통신기술

SWF(Short Wave Fadeout) : 단파소실. 플래시(flash) 동영상파일의 이름

Tablet PC : 7~10인치 화면으로 마우스나 키보드 없이 손가락 터치방식으로 조작하며, 스마트폰보다 화면이 크고 휴대가 간편한 휴대용 개인컴퓨터 디지털기기

TCP/IP(Transmission Control Protocol) : 인터넷의 기본적인 통신 프로토콜(표준화된 통신규약)로서 메시지나 파일을 패킷으로 분할하는 역할을 함. IP(Internet Protocol)는 패킷을 적절한 목적지로 보낼 수 있도록 도와주는 역할을 함

TF(Task Force) : 특별전문위원회

TRIPs(Trade-Related Aspects of Intellectual Property Rights) : 무역관련 지적재산권

ubiquitous : "어디에나 있다"라는 뜻으로 하나의 방에 통신으로 연결된 수백 개의 컴퓨터가 있는 것과 같은 상태를 말함

UCC(Universal Copyright Convention) : ① 세계저작권협약, 유네스코협약, 제네바협약. 1952년 9월 6일에 스위스 제네바에서 서명된 저작권보호에 관한 국제협약. ② 인터넷 용어의 UCC(User-Created Contents)로서 네티즌들이 인터넷에서 노는 것을 말함. 동영상을 만들고, 사진합성과 패러디를 하고, 글 쓰고 댓글 달고 그림 그리기 등을 직접 만드는 콘텐츠를 통칭하는 말

unbound : 가제본. 본제본에 대응하는 것으로

서 본격적인 장정을 하지 않은 견본제본

UNESCO(United Nations Educational, Scientific and Cultural Organization) : 국제연합 교육과학문화기구. 국제 간의 평화와 안전을 유지하는 것을 목적으로 1946년에 설립된 유엔전문기구

UR(Uruguay Round) : 1986년 우루과이의 GATT 각료회의에서 선언된 신다자간무역협상

VAN(Value Added Network) : 부가가치통신망, 고도 정보통신망

vector : 벡터. 힘이나 속도

version : 버전, 판. 어떤 소프트웨어가 개발된 이후의 개량(바뀜) 횟수

VDT(Video Display Terminal) : 영상단말기. 별도의 주 컴퓨터를 필요로 하지 않는 화면과 입력용 키보드로 구성된 입출력 장치

video : 비디오, 영상. 라틴어의 "본다"는 뜻에서 유래된 말

video card : 비디오 카드. 컴퓨터가 텍스트와 그래픽을 표시할 수 있게 해 주는 보드

video mail : 비디오 우편. 네트워크를 사용해서 영상을 보내는 우편

view : 뷰. 컴퓨터 화면에 문자나 그래픽 정보를 표시하는 것

viewer : 뷰어. 온라인 전자책 등 특정 파일의 문서를 읽기 위하여 별도로 제작된 전용 프로그램. 또는 투명한 포지티브(양화) 필름 상태를 보기 위해 사용하는 용구

VOD(Video On Demand) : 주문형 동영상 비디오. 소비자와 공급자 간의 쌍방향 커뮤니케이션이 가능하며, 개인 소유의 VOD 단말기를 가입자 선로를 통해 각 전화국으로 연결하고, 다시 인공위성으로 연결되어 수신이 가능함

Voice Phishing : 음성(voice)과 개인정보(private data), 낚시(fishing)를 합성한 말로 전화를 통해 개인정보를 빼내 범죄에 사용하는 신조어

VRS(Video Response System) : 영상응답서비스

WAVE(Wireless Access in Vehicular Environments) : 차세대 지능형 교통시스템을 가능하게 하는 통신방식이며, 시속 200km 고속주행 시에도 끊김없이 연속통신 가능

WCT(WIPO Copyright Treaty) : WIPO 저작권조약

WDL(Wireless Digital Library) : 무선 디지털 도서관

web : 프린터에서 연속된 지면에 인쇄를 하는 기법

Webhard : 인터넷상의 저장공간을 이용해 불특정 다수가 음악 · 문서 · 동영상 파일 등을 올리고(업로드) 내려받을(다운로드) 수 있는 사이트

webpad : 휴대용 무선단말기의 하나로 소형 액정화면에 펜 인식 터치스크린 방식으로 글자를 써서 전자우편을 송수신하거나 워드프로세스상 전자북 등 다양한 작업을 할 수 있도록 만든 것

web server : 웹 서비스를 제공할 수 있는 환경을 구축하기 위해 사용되는 소프트웨어 →web site

web site : 웹 서버를 사용해 웹 또는 이들 호스트에서 웹 서비스를 제공하기 위해 구축해 놓은 정보들의 집합을 가리킴 →web server

WEF(World Economic Forum) : 세계경제포럼(창립자 : 클라우스 슈밥)이며, 스위스 제네바에 본부를 두고 다보스에서 1971년부터 세계의 2,600여 명의 글로벌리더들이 모여 한 해의 경제 이슈와 발전방안 등을 토론함. 2012년의 화두는 '자본주의의 위기와 그의 해법'으로, 포럼은 '대전환 : 새로운 모델의 형성'이라는 대주제 아래 '성장과 고용모델', '리더십과 혁신모델', '지속가능성과 자원모델', '사회 · 기술적 모델' 등 네 가지 소주제임

WiBro(Wireless Broadband Internet) : 이동하면서도 고속 인터넷을 이용할 수 있는 무선휴대 인터넷. 무선광대역 인터넷, 무선초고속 인터넷, 휴대 인터넷 등

WiDi(Wireless Display, 와이다이) : 인텔의 무선 디스플레이로 노트북에 저장된 콘텐츠를 TV프로젝터 모니터 등 대화면 디스플레이로 전송하는 기술

WiFi(Wireless Fidelity) : 무선랜 또는 무선데이터 전송시스템이며, 유선인 초고속 인터넷 망에 무선접속장치(AP : Access Point)를 달아 반경 수

십미터 이내의 가까운 거리에서 무선으로 신호를 전달, 인터넷이 가능하도록 하는 기술

WiFi Zone : 유선인 초고속 인터넷망에 무선접속장치를 달아 무선으로 노트북 PC, 스마트 폰 등 IT기기에 신호를 전달하는 방식으로 무선인터넷을 사용할 수 있는 지역

Window : 컴퓨터에서 처리결과를 눈으로 직접 볼 수 있는, 화면상의 한 부분에 지정된 영역

Windows : MS-DOS 머신에서 실행시키기 위해 마이크로소프트사가 개발한 윈도우용 소프트웨어

WIPO(World Intellectual Property Organization) : 세계지적소유권기구. 1970년 4월에 설립되고 1974년 12월에 UN의 14번째 전문기관으로서 국가 간 협력으로 지적재산권의 보호를 권장하고, 이에 대한 법률적 · 관리적 측면에 대한 국가 간 조약을 관리함. 본부는 스위스 제네바

WIZWIG : 위즈위그 방식의 편집창을 보면서 HTML을 작성할 수 있는 드림위버, 나모 등을 말하며, 홈페이지를 만드는 소프트웨어

word processor : IBM사가 1964년에 개발한 문서처리기

Workout : 도산 등을 피하기 위해 기업(채무자)과 채권단이 추진하는 기업재무구조 개선작업이며, 기업은 채무를 성실히 상환하는 의무를 지고, 채권단은 부채상환유예와 출자전환, 이자감면 등을 지원

work station : 문서작성 컴퓨터 단말기. 고성능의 컴퓨터로 범용성이 높은 사무용 또는 기술용 단말기가 될 수 있는 컴퓨터의 일반적 총칭이며, 공동 데이터를 가지고 있는 네트워크에 연결한 작업 단말기

WTO(World Trade Organization) : 세계무역기구. 1993년 12월 15일 스위스 제네바에서 타결된 UR협정 이행의 감시 역할을 하고 국제무역 분쟁의 중재권을 갖는 무역협상기구

WWW(World Wide Web) : web이란 거미집 모양을 의미하고 WWW는 세계를 뒤덮는 거미줄이라는 의미로 W3 또는 웹이라 함. CERN(통신유럽 전자핵연구소)이 개발한 소프트 웨어이며, 정보를 하이퍼텍스트 형식으로 나타내는 분산 데이터베이스 시스템으로 인터넷상의 정보를 통일적으로 얻음

WYSIWYG(What You See Is What You Get) : 프로그램의 모니터에서 처리하는 문서의 모양이 영상표시장치에서 보이는 대로 출력되는 시스템

X : 엑스. TCP/IP를 기반으로 한 네트워크에서 사용되는 윈도우 시스템. 또는 제1의 미지수를 나타내는 기호

xbase : 엑스베이스. dBASE 언어와 호환성이 있는 데이터베이스 언어의 총칭

XML(eXtensible Markup Language) : 확장가능형 인터넷 표식(mark-up) 언어이며, HTML을 획기적으로 개선한 차세대 인터넷 언어. 'eXtensible' 은 시스템의 기능과 성능을 쉽게 확장 가능하다는 것이며, 'Markup Language' 는 표식(mark up) 기능을 제공하는 언어를 뜻함. HTML은 웹 페이지에서 DB처럼 구조화된 데이터를 지원할 수 없지만 XML은 사용자가 뜻대로 조작이 가능함

XSEL : 엑셀. 미국 컴퓨터제조회사인 DEC (Digital Equipment Corporation)가 개발한 세일즈용의 전문가 시스템

Y : 와이. 제2의 미지수를 나타내는 기호

year 2000 problem : 2000년 문제

Yahoo : 야후. 1994년 스탠퍼드 대학원생인 데이비드 필로와 제리 영이 만든 검색엔진

Z : 지. 제3의 미지수를 나타내는 기호

zero : 제로, 영. 0의 값, 또는 컴퓨터가 0으로 인식하는 코드 비트(bit)의 조합

Zombie PC : 악성코드에 감염돼 악성코드 공격자의 의도에 따라 명령을 수행하는 PC

zone : 특정 목적을 위해 할당된 내부 기억장치의 일부분

zooming : 컴퓨터 그래픽에서 윈도우의 크기를 변화시켜 영상의 크기를 확대 또는 축소하는 기법

[부록 2] 취업의 이해

1. 2016년도 고용 동향

통계청의 '2016년 연간고용동향' 에 따르면 실업자는 역대 최고인 101만 명 이상이다. 실업률은 3.7%로 최고 수준이며, 청년실업률은 사상 최고인 9.8%(43만 5천 명)로 우리나라 전체실업자의 43%로 심각하다. 국제노동기구(ILO) 기준으로는 '체감실업률' 은 22%로 높으며 청년 10명 중 2명 이상이 실업상태이다. 현대경제연구원은 니트족과 비자발적인 비정규직까지 포함해 34.2%가 청년실업으로 청년 3명 중 1명이 실업자로 분석됐다(2017.1.12. 조선일보). 청년들은 고졸자에 치이고 경력자에 눌리는 샌드위치 신세이기 때문이며, 매년 50만 명이 대학을 졸업하는데 이들이 원하는 대기업 취업자는 4~5만 명(10%)에 불과하기 때문이다. 현재 실업자를 포함한 백수(白手)는 600만 명으로 추정하고 있다. 구직단념자, 취업준비자, 무작정 쉬는 자, 망한 자영업자, 비경제활동인구, 불안전취업자 등은 국제기준에 의해 실업자에 포함되지 않으며, 주당 18시간 미만 취업자(임시직, 아르바이트 등)도 취업자로 분류되고 있다.

▶ 취업의 문은 준비한 만큼 열린다

수년째 경기침체로 신용어들이 탄생하고 있다. 이태백(20대 태반이 백수), 삼태백(30대 태반이 백수), 장미족(장기간 미취업 졸업생), NEET족(Not in Education, Employment or Training), 공휴족(쉬는 게 두려운 취업준비생), 이구백(20대 90%가 백수), 십장생(10대도 장차 백수 생각해야), 올드보이족 · 대학캥거루족(졸업 미룬 채 취업준비생), 헬리콥터족(부모가 자녀의 곁을 빙빙돌면서 구직을 도움), 공시족(공무원시험 준비하는 사람), NATO족(No Action Talking Only) 등이다.

2. 대학교육(大學敎育)이 변해야 취업문이 열린다

취업난의 근본적인 해결책을 위한 대학교육이 필요하다.

① 취업의 이해를 위한 교육
② 취업의 목표설정과 실행의 교육
③ 개개인의 적성과 실무능력 · 전문성 교육
④ 발상의 전환이 필요한 교육
⑤ 인간관계와 인성교육
⑥ 스스로를 분석 · 평가하는 교육
⑦ 산학협력교육(맞춤형 · 실무형 · 현장형)
⑧ 체계적인 독서, 신문읽기, 글쓰기 교육
⑨ 겸손하고 꾸준히 노력하는 교육
⑩ 자기혁명을 일으킬 수 있는 열정의 교육

3. 4학년들이여, 월별로 '연간취업시간표' 를 짜라

① 진로결정(목표설정)
② 연간계획 세우기(적성 · 실력배양)
③ 정보수집과 전략(시험준비 등)
④ 동아리활동과 봉사활동
⑤ 취업이벤트 활용(박람회 등)
⑥ 학점관리 · 인맥관리(동호회 · 카페 · 멘토 등)
⑦ 실무경험 · 전문성(현장실습, 아르바이트 등)
⑧ 원하는 업무의 정보파악 및 자격증 취득
⑨ 독서와 글쓰기의 정보수집
⑩ 뜨는 직업고르기, 각종 취업사이트 활용
⑪ Global Job 연구
⑫ 자신의 마인드 콘트롤
⑬ 전문지식과 다양한 지식 습득
⑭ 열정과 도전정신
⑮ 궁금한 것은 물어라
⑯ 자기소개서, 이력서, 면접 중시
⑰ 적성, 실력, 경력을 최대한 활용
⑱ 규칙적인 생활로 심신의 건강노력

4. 취업준비 사항

① 이력서 쓰기 전에 목표설정을 분명히 하라.
② 학벌 · 모범생 시대를 지나 진검승부를 하라.

③ 나의 장점인 보석상자를 찾아라.
④ 아르바이트, 봉사활동, 인턴십, 현장실습도 경력사항이다.
⑤ 이력서, 자기소개서, 면접은 개성 있게 두괄식으로 구체적 사례를 넣어라.
⑥ 지원 기업과 업무를 파악하여 활용하라.
⑦ 10년 뒤, 오늘 현재 무엇을 하면 행복할지 생각해 보라.
⑧ 이름, 학교, 전공, 연락처, 장점, 희망사항, 성격 등을 적은 명함을 준비하라.
⑨ 영업직을 기피하지 마라(기회가 제일 많다).
⑩ 천재보다 발로 뛰며 최선을 다하는 실무능력의 현장형 인재를 원한다.
⑪ 융합시대 종합적 인재를 원한다.
⑫ 인성(人性, 인간의 특성), 전문성(전공지식), 사회성(의사소통 능력과 융화력)을 기른다.
⑬ 독서, 글쓰기, 한글 · 외국어의 이해, 창의적 사고(創意的 思考)가 필요하다.
⑭ 대학생 60%가 취업과외(사교육)를 받고 있다(외국어 공부 · 자격증 취득 등).
⑮ 기업 인사담당자 79%가 '신입사원 잘못 뽑았다' 고 말하는 것을 명심하라.
⑯ 준비된 맞춤형 · 실무형 · 전문성을 갖춘 입사지원을 우선한다.
⑰ 본인의 SNS(Social Networking Service)에 반기업정서의 자료가 없는지 점검하고 정리하여 기업체의 확인에 대비한다.

▶ 앞으로 대우받을 직업

① 노인건강 · 심리관리사(silver sitter)
② 다이어트 프로그래머(diet programmer)
③ 정보시스템감리사(안전운용 관리, 자격증)
④ 운동치료사(sports curer)
⑤ 여행상품기획가(travel planner)
⑥ 경영 · 부동산 컨설턴트(consultant)

만족도 높은 직업순위(매경 2017. 3.28.)

순위	2011년	2016년
1위	초등학교 교장	판사
2위	성우	도선사
3위	상담전문가	목사
4위	신부	대학교 총장(학장)
5위	작곡가	전기감리 기술자
6위	학예사(큐레이터)	초등학교 교장(교감)
7위	대학교수	한의사
8위	국악인	교수
9위	아나운서	원자력공학 기술자
10위	놀이치료사	세무사

※2016년은 '급여만족도' 포함. 자료=한국고용정보원

5. 백수탈출 사관학교

① 노동부의 한국산업인력공단[청년취업아카데미 : '실전형 인재' 양성 프로그램으로 2016년 59개 운영기관에서 7,778명 지원에 4,263명 취업됨(63.3%)] '지식기반 과정' (IT 사관학교, 6개월) : IT 취업률 75%(외국 석사도 지원), 3D게임 프로그래밍, 모바일 콘텐츠 디자인, 컴퓨터 프로그래밍 언어 등 7개 분야의 IT 관련 전문분야, 교육비 총 500만 원 중 380만 원을 국가가 지원함.

② 노동부의 종합고용안정센터 '클릭 취업속으로' : 구직자 적성 · 흥미를 분석하여 취업에 도움. 직장체험 · 집단상담 프로그램, 직업심리검사, 자기소개서 클리닉, 동영상 모의면접, 구직구인상담, 직업훈련상담, 실업급여지급 등

③ 상공회의소의 인력개발원 '인력개발원 프로그램'(실무교육중심 : 1,2년 과정) : 자격증 취득 교육, 맞춤형 직업교육 등 92%의 취업률

④ 청년창업사관학교 : 중소기업청과 중소기업진흥공단이 청년층 창업과 사업 지원을 한다. 자격은 39세 이하의 청년창업자를 선발하여 사업계획 수립부터 사업화까지 사관학교와 같은 체계적인 프로그램을 지원한다. 2017년에 신청지원자 2,106명에서 450명을 선발하였다. 2016년 졸업생 450여 명은 전원이 창업에 성공했다. 이는 기계 · 전기 · 전자 · 생명공학 · 정보통신 · 공예 등 7개 분야에서 창의적 아이템에 관한 교육을 받고 창업에 도전하고 있다.

⑤ 서울특별시 창업스쿨 : 만 20세 이상의 성인으로 서울지역 창업예정자(600명 모집, 교육비 15만원), 9주간(75~80시간). 입문과정, 카페형, 외식업, 도·소매, 점포서비스, 온라인 쇼핑몰 입점, 쇼핑몰, 제품기술벤처, 지식서비스벤처, 경영컨설팅 창업과정이 있다.

6. 취업, 성공으로 가는 길

① 막연한 문어발식 지원을 피하라.
② 자신의 적성에 맞는 블루오션의 맞춤형 지원을 골라라.
③ 지원기업과 업무의 미래성을 생각하라.
④ 채용정보를 최대한 활용하라(인터넷사이트, 신문 등).
⑤ 기본적 스펙(학점, 토익 · 토플, 자격증, 독서 등)으로 미리 무장하라.
⑥ 인맥을 찾아 만들고, 최근 합격한 선배를 찾아 조언을 받아라.
⑦ 적성에 맞는 인턴제도를 최대한 활용하라.
⑧ 자신만의 성공적 장점을 마련하라(특이경력, 특별활동 등).
⑨ 무슨 일이든 잘할 수 있는 의지의 인재임을 어필하라.
⑩ 소통(疏通)에 의한 새로운 가치를 창출해 내는 인재를 원한다.
⑪ 기본준비에 전략적으로 충실하고, 구체적 사례도 넣어라(면접 · 자기소개서 · 이력서, 시사상식, 취업상식 등).
⑫ 취업준비기간 중 심신의 건강관리는 필수이다. 정신건강 중 소심증과 우울증 및 스트레스의 관리는 최우선이다.
⑬ '나'란 브랜드(brand)를 창조하고, 자신만의 목표와 개성을 가져라.
⑭ 나를 단순하게 설명하되 차별화하고, 자신의 장점을 직접 체험할 수 있는 진정성을 보여라.
⑮ 나의 장점은 발전 가능성임을 보이고, 인생에 대한 노력과 열정을 보여라.

▶ 대구 영진전문대학의 졸업생 취업률 90% 이상의 비결은? : 국내외 203개 사와 인력양성(산학협동)협약으로 맞춤형 · 실무형 교육으로 전문인력을 양성하기 때문이다.

7. 입사지원서 성공의 5가지 포인트

① 지원자가 '이윤창출에 기여할 수 있는 인재'인가?
② 지원자가 '비전이 있는 인물'인가?
③ 지원자가 '조직 내의 인간관계, 조직융합의 인물'인가?

④ 지원자가 '책임감과 주인의식이 있는 인물' 인가?
⑤ 지원자가 '준비된 인물' 인가?

8. 인턴사원, 성공으로 가는 길(인턴사원 1천 명 채용시대)

① 할 수 있는 양보다 항상 더 많이 일하라.
② 불가능 과제라도 절대 거절하지 마라.
③ 멘토를 찾아라. 역할모델로 따를 선배를 찾고 물어라.
④ 조직의 질서를 따르라.
⑤ 옷차림도 전략이다. 깔끔한 정장을 입어라.
⑥ 청소 · 복사 등의 심부름도 즐겁게 하라.
⑦ 타인보다 30분 일찍 출근하라.
⑧ 인턴동기와의 신경전은 자신에게만 손해다.
⑨ 근무시간에 개인적 이메일 · 웹서핑은 최소화하라.
⑩ 회사에서 큰소리로 개인전화는 금물이다.
⑪ 기초적인 것도 질문하고, 작은 것도 선배와 상의해서 결정하라.
⑫ 인턴도 정식직원 못지않게 준비하고 연구하라.
⑬ 인턴사원으로 일할 때 조급증을 버리고 마음의 여유를 가져라.

- ▶ 인턴이란? ① 효과적인 정보수집의 첫걸음, ② 남들과 차별화되는 지점을 공략, ③ 경험으로 남보다 한발 먼저 적응
- ▶ 대학졸업 후 취업까지는 평균 1년 이상이 걸린다. 일상생활의 불만으로 가족과 거리감이 생길 때 정신적인 극복이 매우 중요하다.

9. 한자(漢字) 모르면 취업이 어렵다(삼성 · 현대 · 두산 · SK · 금호 · 한전 · 현대중공업 · 대한상공회의소 · 대덕전자 · 한국항공공사 · 현대미포조선 · 전국경제인연합회 등)

▶ 혈액형에 따른 취업스타일 분석(조선일보)

- A형 : 재무 · 회계 · 인사(22.7%)
- B형 : 전문특수직 · IT · 정보통신직(17.6%)
- O형 : 마케팅 · 홍보직 · 생산 · 기능직(15.4%)
- AB형 : 전문특수직 · 재무 · 회계 · 인사 (16.4%)

10. 각종 경력 만들기

어학연수, 토익 · 토플, 인턴사원, 각종 수상실적, 각종 자격증, 해외등산 · 무전여행(노숙체험 등), 아르바이트(사무직, 생산계약직 등), 동아리활동, 봉사활동 등 색다른 도전정신, 맞춤형 경력의 능력은 매우 중요하게 인정된다.

11. 각종 취업박람회

① 전기산업 취업박람회(삼성동 코엑스)
② 경기도 권역 채용박람회(이천 · 광주권, 용인권, 수원권, 군포권, 성남권, 안산권, 김포권)
③ 강원 청년층 취업박람회(원주 국민체육관)

④ 외국인 투자기업 채용박람회(삼성동 코엑스)
⑤ 온라인 장애인 채용박람회(jab Korea)
⑥ 각 지역 채용박람회

12. 면접(박윤우 외, 「발표토론과 글쓰기」, 역락, 2008, pp.193~200 참조)

면접(面接)이란 입사 · 입학 등의 시험절차에서, 평가하는 사람이 응시하는 사람과 대면하여 그의 인품이나 언행 등을 알아보고 평가하는 일이다.

따라서 평소 바른 생활습관으로 진실성과 미래비전에 관한 돌발 질문에 대비해야 한다.

(1) 면접의 종류
① 개별면접 : 지원자 1명과 다수의 면접관이 면접
② 단독면접 : 지원자 1명과 1명의 면접관이 면접
③ 집단면접 : 다수의 지원자와 다수의 면접관이 면접
④ 집단토론면접 : 주어진 주제로 집단토론의 과정에서 말 · 행동 · 태도 등을 평가
⑤ 집중구조화면접 : 질문 내용과 방법을 미리 정해 놓고 진행하는 면접으로 최근 유행
⑥ 프리젠테이션면접 : 문제를 주고 30여 분 준비하여 발표하면서 질문과 대답을 통한 평가
⑦ 압박면접 : 면접관들이 의도적으로 응시자의 약점을 질문해 심리적으로 압박을 가하는 면접

(2) 면접을 위한 준비
① 예상질문을 미리 준비하기 : 자기분석, 대상기업정보, 예상질문 파악 답변연습 등
② 지원동기 분명히 하기 : 취업이유, 본사선택이유, 회사에서 하고자 하는 일 등
③ 면접관의 예상질문 파악 : 핵심 질문 · 요점 파악, 결론을 먼저 말한 후 세부적인 설명을 할 것
④ 표정과 행동관리 연습하기 : 첫인상이 중요, 외형모습, 침착함, 의젓한 자세 등

(3) 면접 시 단점극복 요령
① 안 좋은 인상 바꾸기 : 복장과 바른 자세, 밝은 표정, 화장술, 스타일 수정, 핸디캡 극복 노력 등
② 긴장되어 얼어버림 : 면접직전 기지개, 심호흡, 친구와 가족 간 즐거운 대화를 생각, 연습을 통한 자신감
③ 말하기의 어려움 : 자신감 있는 목소리, 미리 예상 연습, 자신감, 일관성, 진실성, 묻는 질문만 명료하게 대답
④ 늦은 취업 : 미래를 위한 노력의 시간과 사회의 적응훈련 시간으로 활용
⑤ 종이신문 읽기 : 정치 · 경제 · 사회 · 문화 · 연예 등 각 분야별 이슈에 대한 질문과 답변 준비

(4) 중점 질문사항
① 개인정보 및 가족사항 : 가정, 가족, 본인, 부모직업, 가정교육 예, 생활신조, 가훈, 거주지와 교통편, 취미, 업무선택, 별명, 가족여행 · 놀이, 대인관계, 명상시간, 독서 취향, 특기, 인생목표 등
② 성격 및 가치관(국가관 · 기업관) : 성격, 장단점, 남들의 평가, 문제해결, 나의 PR, 기쁜 일과 슬픈 일, 존경인, PC능력, 어학실력, 좌절의 예 등
③ 입사지원 동기 및 미래 포부 : 입사지원 동기, 직장선택 기준, 일의 목적, 채용정보, 본사의 장단점, 업계의 전망, 예상급여, 10년 후 자화상 등
④ 친구 및 이성 관계 : 친구관계, 친구 · 이성의 어떤 면을 중시, 친구들의 평가, 결혼관 등
⑤ 교내 및 교외 활동 : 부모님과의 분가 경험, 대학생 때 중요시한 일, 전공관, 성적, 동아리, 봉사활

동, 아르바이트, 정치관, 기업노조활동관 등
⑥ 취미 및 특기 : 좋아하는 것, 잘하는 것, 취미생활, 휴일에 하는 일, 독서, 특기 등
⑦ 시사 및 일반상식 : 신문, 뉴스, 감명독서, 성장비지니스, 마케팅, G세대 · X세대란?
⑧ 개인 및 인생면접 : 신상, 인간관계, 친구관계, 이직질문, 결혼관, 직업관, 인생관 등
⑨ 여성면접 : 기업관 · 결혼관 · 가족관 · 남성관, 목표, 사회관, 잡일근무태도, 야근 · 휴일 · 출장 근무 여부, 성희롱관, 여성흡연, 술, 화장, 여직원의 역할 등
⑩ 최근 독서 사항 : 인문학적 소양(素養)은 인간의 겸손함을 주고, 수학적 소양은 창의성을 기른다.

(5) 면접태도 10계명
① 긴장해소법을 연습하라.
② 기본예의를 갖추어라(말, 행동, 복장).
③ 유행어, 은어를 사용하지 마라.
④ 자신 있고 확신 있게 말하라.
⑤ 모르면서 아는 척하지 마라.
⑥ 단답형 답변을 피하라.
⑦ 지식 있고 교양 있는 답변을 하라.
⑧ 진지한 답변 태도를 취하라.
⑨ 답변의 핵심을 분명하게 말하라.
⑩ 말과 표정을 명랑하고 밝게 하라.

(6) 성공 면접을 위한 10계명
① 긴장하지 말고 질문을 메모하면서 면접관을 바로 보고 말하라.
② 답변 순서를 중요한 것부터 먼저 하라.
③ 지원회사 CEO의 철학, 운영방침과 회사의 개요 등을 인터넷 등을 통해 사전파악하라.
④ 면접은 자신의 세일즈이니 자신감 갖고 PR하라.
⑤ 당당하고 분명하게 말하되 당돌해 보이지는 마라.
⑥ 화려한 의상과 짙은 화장 및 튀는 꾸밈(장식품)을 삼가고 정장을 하라.
⑦ 학연 · 지연의 과시와 경쟁업체나 타인을 비난하지 마라.
⑧ 면접관이 좋아하는 단어인 창의적, 팀워크, 자기계발, 도전정신을 활용하라.
⑨ 면접관이 싫어하는 단어는 성실성, 정직, 패기, 프로의식, 열정이니 피해야 한다.
⑩ 지원동기, 예상질문, 표정 · 행동 등을 미리 준비하고 연습하라.

(7) 면접의 위험(탈락) 순위(스카우트 : www.scout.co.kr의 인사담당 설문조사)
① 횡설수설형(25.3%) ② 사오정형(20.0%) ③ 임기응변형(18.5%)
④ 독불장군형(16%) ⑤ 허풍쟁이형(14%) ⑥ 소심형(9%)

(8) 면접 성공의 5가지 포인트(조선일보 2012.11.15.)
① 회사가 듣고 싶은 얘기를 하라(강점 부각) : 지원기업에 대해 충분히 숙지하라.
② 자기 인생의 차별성을 해석하라(자기 해석) : 나 자신을 정확히 분석하라.
③ 자기의 SNS를 모범적으로 활용하라(SNS 활용): 남의 말을 경청하라.
④ 스토리텔링이 당락을 결정한다 : [Situation(상황), Task(역할), Action(수행 → 어떤 방식), Result(결과 → 무엇 성취)] : 정직이 최선이다. 변명하지 말고 인정하라.
⑤ 악짐에 주눅들지 말고 당당하라(자신감) : 밝은 인상과 적극적 태도를 보여라.

(9) 피해야 할 면접태도 5가지
① 면접 때 무리수를 두지 마라(자멸방지).
② 마마보이와 파파걸은 NO(독립적 성인의 역할)!
③ 인턴경험이 도리어 감점요인이 될 수 있다(겸손함).

④ 첫째, 둘째, 셋째로 답하지 마라(자연스러움).

⑤ 감정을 다스려야 합격한다(공격성이나 격한 감정성은 피하라).

13. 자기소개서 쓰는 법(박윤우 외, 「발표토론과 글쓰기」, 역락, 2008, pp.216~218 참조)

(1) 자기소개서란?

자기소개서(自己紹介書)는 이력서(履歷書)와 함께 채용을 결정하는 데 있어 매우 중요한 문서이며, 인사담당자나 채용담당자에게 한 개인에 대한 정보를 상세히 알리는 자료이다. 이를 통하여 지원자의 대인관계, 조직적응력, 성격, 인생관, 장래성, 능력 등을 살펴볼 뿐 아니라 문장구성력, 글쓰기 논리성, 표현력, 어휘력 등까지 점검한다.

※스펙보다 자기소개서가 당락 결정 : 자신의 경험, 회사에 어떻게 활용될 수 있는지 서술한다(독창적 아이디어). 직무적합평가, 창의성 · 독창적 아이디어, 한자 · 한국사 · 영어회화 · 인성, 업무역량, 열정, 가치관과 행동규범 검증, 발표력 · 표현력, 동아리 · 자격증 안 본다(한경 2015.9.7.).

(2) 작성 시 유의사항

① 문장을 간결하게 쓴다.

② 과장 없이 진솔하게 쓴다.

③ 시간을 가지고 수정을 반복해서 쓴다.

④ 한국대학교 교육협의회는 2013년부터 내용이 5%만 다른 문장과 같아도 표절로 적용하기로 함.

(3) 작성방법

① 개인의 성장과정과 경력 : 성장과정과 경력이 성격 · 적성 · 인생관에 맞게 인상적인 기억, 잊지 못할 에피소드 등을 통해 배우고 느낀 것을 정리하여 구체적으로 쓴다.

② 봉사활동 · 아르바이트 · 장학금 · 연수 · 동아리활동 · 배낭여행 · 자격증 · 수상 · 경력 · 리더십 등을 자신의 관점이 아닌 지원회사가 좋아할 에피소드를 구체적으로 쓴다.

③ 자신의 성격(장단점)과 생활신조 : 마인드 콘트롤 · 인생관 · 외국어능력 · 업무능력 · 체험 등을 구체적으로 쓴다.

④ 입사동기 : 업무와 연관되는 내용, 입사 후 의욕적 업무수행이 예감되게 쓴다.

⑤ 장래 목표 및 포부 : 인생관 · 가치관으로 회사의 특성과 입사동기가 일관성 있게 쓴다.

⑥ 구체적 사례 : 사례를 들어 호소하고, 확실한 패기를 보여준다.

⑦ 극복사례 : 어려움이 있었지만 어떤 방법으로 극복했는지 그 사례를 구체적으로 쓴다.

⑧ 경험사례 : 어떤 경험을 통하여 얻은 플러스적인 사례를 구체적으로 쓴다.

⑨ 마음의 자세 : 책임감과 긍정적 사고방식을 구체적으로 전달한다.

⑩ 지원회사에 도움 줄 것을 구체적으로 강조하고, 회사에 대한 적극적인 관심을 보인다.

⑪ 기업은 '어떤 일을 했나'가 아니라 '그 일을 하면서 느끼고 얻은 것이 무엇인가'를 요구한다.

(4) 자기소개서의 10가지 체크포인트

① 적합한 인재(맞춤형 · 실무형)

② 대인관계 · 성격 · 인생관 · 성장배경

③ 문장구성력(글쓰기) · 논리력 · 표현능력

④ 인성 · 솔선수범 · 성실한 인재

⑤ 전공(專攻)의 실력

⑥ 인간관계의 이해력과 협동심

⑦ 지원분야의 이해력

⑧ 입사동기와 포부

⑨ 긍정적인 인간성

⑩ 비전(vision)과 꿈의 여부

(5) 자기소개서에서 피해야 할 단어들

정직한, 건강한, 리더십이 있는, 평범한, 끈기 있는, 매우, 잠재력 있는, 굉장히, 대인관계가 좋은, 아이디어가 많은, 열심히 하는, 창조적인, 효율적인, 적극적인, 야망 있는, 혁신적인, 논리적인, 의욕적인, 유능한, 융통성 있는, 독립적인, 믿을 만한, 잘할 수 있는, 신중한, 전문적인, 수완이 좋은, 성공적인, 계획적인, 꼼꼼한 등

(6) 중요한 질문내용

① 기업업무에 대한 관심(기업관), 현장론(인턴경험 · 금융지식 등)

② 인생 · 가치관 · 역량 · 인생관(행복 · 삶의 완성이란?)

③ 취향 · 기호 · 독서관 · 친구관 · 생활관(인생 · 직장이란?)

④ 기본지식 · 경험 · 글로벌 · 핀테크(금융 · 첨단기술 결합)

⑤ 대면상담, 제안 · 협상, IT · 정보활용(봉사활동 · 아르바이트 등)

14. 취업정보

(1) 국가직무능력표준(NCS : National Competency Standard)

정부는 2015년부터 100여 곳의 공기업과 공공기관의 취업조건을 학력과 스펙보다 직무능력과 실기위주로 선발하기로 했다. 이는 산업현장에서 업무수행에 요구되는 지식 · 기술 · 태도의 소양 등의 직무능력을 국가가 체계적으로 표준화하여 도출해 체계화한 것이다. 2015년에 민간경력경쟁채용과정에 NCS 전형을 시범 도입하고, 앞으로 공무원 채용도 NCS 활용이 늘어나게 되며, 공기관은 2017년 NCS 의무화로 일정비율의 '기업할당제'를 도입하며, 앞으로 모든 기업체들에게 적용을 목표로 하고 있다.

(2) 한국직무능력인증검사(KOAP : Korean Aptitude test for talent identification)

KOAP은 정부기관인 중앙심리교육연구소가 취업 · 채용시장의 편리하고 표준화를 위해 개발한 한국 최초의 표준형 직무능력인증검사(직무적성검사)이다. 인증기간은 2년이며, 시험과목은 언어 · 수리 · 추리 · 지각 · 실용 등 5개 영역의 200문항, 2시간, 등급은 S, A, A−, B, B−, C, C−, D이다. 코앱(KOAP)은 기업들의 인재선발이 쉬워지고, 학생들은 취업비용이 절감된다(www.koap.or.kr 참조).

15. 창업(創業)에 도전한다

정부의 중소기업진흥공단이 2011년 3월 설립한 '청년창업사관학교'는 예비창업자들이 필요한 맞춤형 · 실무형 · 전문성 중심의 창업교육을 한다. 교육은 전문가 멘토링, 창업공간 · 시제품제작, 개발자금, 세무, 회계, 마케팅, 경영실무 등 창업계획의 수립부터 사업화까지 창업의 모든 과정이며, 사후관리와 연계지원까지 하고 있다. 예산은 2012년 700억 원을 시작으로 2017년에는 1,400억 원으로, 융자한도는 기업당 1억 원 이내이며 금리는 2%다. 2016년에는 1,478개 기업이 지원받았다. 실제로 지난 몇 년간 사관학교를 통해 창업기업이 수천여 곳이 탄생했다. 2017년 '청년창업사관학교 7기 신규모집'은 만 39세 이하 예비창업자, 창업 3년 이하의 기업대표이며 기술경력보유자는 49세까지 가능하고 500여 명으로 확대 운영하고 있다(http://start.sbc.or.kr 참조).

참고문헌

(1) 국내문헌(단행본)

강희일 · 최성균, 「도서 불법 복사 · 복제 실태와 근절대책」, 문화관광부 · 한국복사전송권관리센터, 2003.

고정일, 「한국출판 100년을 찾아서」, 서울 : 정음사, 2012.

공병호, 「10년 후 한국」, 서울 : 해냄, 2004.

곽재구 외, 「문화를 살리는 힘 : 도서정가제」, 서울 : 한국출판마케팅연구소, 2009.

교학사, 「출판 이론과 실무」, 사내교육용, 교학사, 2004.

김경원 · 김철호, 「국어실력이 밥먹여준다 1, 2」, 서울 : 유토피아, 2007.

김광경, 「이런 사람들이 문제사원들이다」, 서울 : 한경원, 1995.

김교헌 외, 「정신건강」, 서울 : 학지사, 2010.

김기태, 「신저작권법의 해석과 적용」, 서울 : 세계사, 2007.

______, 「저작권 쟁점사례 연구」, 서울 : 이채, 2010.

김기태 · 권세헌 · 김재윤, 「전국 도서 무단복사 실태조사」, 서울 : 한국출판연구소, 1995.

김난도, 「아프니까 청춘이다」, 서울 : 쌤앤파커스, 2010.

김도연 외 20인(대학총장), 「새로운 대학을 말하다」, 서울 : 매경신문사, 2011.

김두식, 「전자출판론」, 서울 : 타래, 1993.

김병준 · 김병도, 「출판경영론」, 서울 : 지경사, 1999.

김성재, 「출판의 이론과 실제」 ,제8판, 서울 : 일지사, 2004.

김승용, 「이런 사원이 회사를 살린다」, 서울 : 다산미디어, 1996.

김언호, 「출판운동의 상황과 논리」, 서울 : 한길사, 1987.

김진섭, 「책 잘 만드는 책」, 삼진기획, 2000.

나은영, 「인간 커뮤니케이션과 미디어」, 서울 : 한나래, 2002.

남상오, 「회계원리」, 제7판, 서울 : 다산출판사, 2006.

대한출판문화협회, 「한국출판연감」, 2003~2013.

______________, 60주년 기념 '10년사' (1997~2006), 2007.

______________, 「세계출판컬렉션」(1~5), 2011.

______________, 「출판문화」 2013.12., 2014.2.

동서문화, 「세계백과대사전」, 서울 : 동서문화, 1993.

동아출판사, 「세계대백과사전」, 서울 : 동아출판사, 1998.

문화관광부, 「2001년도 독서진흥에 관한 연차보고서」, 2001.

_________, 「문화산업백서」, 2003, 2004.

_________, 「문화산업통계」, 2006.

문화체육부, 「21세기 한국출판산업의 전망과 진흥방안」, 1996.

_________, 「출판정책자료집」, 1995~1997.

문화체육관광부, 「지식강국의 성장동력 출판지식산업 육성방안」, 2007~2011.

____________, 「2009 문화콘텐츠 산업백서」, 2009.

___________, 「전자출판산업 육성방안」, 2010.

문화체육관광부 · 한국출판학회, 「소비자 경품규제 폐지에 따른 도서정가제 정책방안 연구」, 2010.

민중서림, 「엣센스 국어사전」, 제6판, 서울 : 민중서림, 2006.

박경철, 「자기혁명」, 서울 : 리더스북, 2011.

박유봉 · 채백, 「현대출판학원론」, 서울 : 보성사, 1993.

박윤우 외, 「발표토론과 글쓰기」, 서울 : 역락, 2008.

박정식 외, 「재무관리」, 제3판, 서울 : 다산출판사, 2010.

백정군, 「열정의 중심에 서라」, 서울 : 오늘의 책, 2005.

부길만, 「한국출판의 흐름과 과제」, 서울 : 한국학술정보(주), 2007.

서보명, 「대학의 몰락」, 서울 : 동연, 2011.

신유근, 「경영학원론」, 제3판, 서울 : 다산출판사, 2011.

_____, 「인사관리」, 서울 : 경문사, 1982.

안경모, 「21세기 사보제작 가이드」, 서울 : 도서출판 자산, 1990.

안도섭, 「책과 어떻게 친구가 될까」, 서울 : 소나무, 1993.

안중호 · 박철우, 「유비쿼터스 컴퓨팅」, 서울대 경영대학 전자상거래 지원센터, 2004.

안춘근, 「출판의 진실」, 서울 : 청림출판, 1992.

오경호, 「출판기획원론」, 서울 : 일진사, 1995, 2001.

_____, 「출판편집레이아웃강의」, 서울 : 정동출판사, 1993.

이기성 · 고경대, 「출판개론」, 서울 : 서울출판미디어, 2004.

이기웅, 「출판도시를 향한 책의 여정」, 출판도시문화재단, 2012.

이두영, 「출판상황론」, 서울 : 청한문화사, 1991.

_____, 「출판유통론」, 서울 : 청한문화사, 1993.

이민규, 「1%만 바꿔도 인생이 달라진다」, 서울 : 더난출판, 2003.

_____, 「실행이 답이다」, 서울 : 더난출판, 2011.

이상철 외, 「스피치와 토론」, 서울 : 성균관대학교출판부, 2011.

이어령, 「디지로그」, 서울 : 생각의 나무, 2006.

이용준, 「디지털혁명과 인쇄매체」, 서울 : 커뮤니케이션북스, 1999.

이용준 · 김원제 · 정세일, 「구텐베르크의 귀환」, 서울 : 이담Books, 2012.

이정춘, 「출판사회학」, 서울 : 나래, 1992.

_____, 「뉴미디어 환경과 독서교육」, 서울 : 이진출판사, 2000a.

_____, 「출판산업과 출판정책」, 서울 : 이진출판사, 2000b.

_____, 「미디어와 사회」, 서울 : 세계사, 2003.

_____, 「미디어 교육론」, 서울 : 집문당, 2004.

이종국, 「출판연구와 출판평설」, 서울 : 일진사, 2006.

이종운, 「도서편집총람 : 판면편집과 교정」, 서울 : 범우사, 1991.

이지성 · 정회일, 「독서천재가 된 홍대리」, 서울 : 다산라이프, 2011.

이홍, 「만만한 출판기획」, 서울 : 한국출판마케팅연구소, 2008.

임동욱 외, 「현대출판의 이해」, 서울 : 나남, 1997.

장하준 저, 김희정 · 안세민 역, 「그들이 말하지 않는 23가지」, 서울 : 부 · 키, 2010.

전석호, 「정보화와 뉴미디어」, 서울 : 태영출판사, 2003.

전옥표, 「이기는 습관」, 서울 : 쌤앤파커스, 2007.

정보통신부, 「유무선 동시서비스 가입자 현황」, 2005.
정희모 · 이재성, 「글쓰기의 전략」, 서울 : 들녘, 2005.
조동성, 「21세기를 위한 경영학」, 서울 : 서울경제경영, 2005.
조상호, 「한국언론과 출판저널리즘」, 서울 : 나남출판, 1999.
조성헌, 「편집이론과 기술」, 서울 : 녹원출판사, 1987.
중앙일보 어문연구소, 「한국어가 있다」, 서울 : 커뮤니케이션북스, 2008.
중앙출판문화원, 「현대출판론」, 서울 : 세계사, 1997.
차배근, 「커뮤니케이션학 개론 (하)」, 서울 : 세영사, 1987.
청주고인쇄박물관, 「백운화상초록불조직지심체요절」, 2006.
최병광, 「말발글발」, 서울 : 황금부엉이, 2008.
최현, 「공자의 생애」, 서울 : 범우사, 2010.
하연섭, 「제도분석」, 제2판, 서울 : 다산출판사, 2011.
한국도서관협회, 「2006 한국도서관연감」, 2006.
한국사보연구소 편, 「사보편집의 노하우」, 한국사보연구소, 1988.
한국언론학회 미래위원회, 「언론학 교육의 길을 묻다」, 서울 : 커뮤니케이션북스, 2009.
한국저작권단체협의회 편, 「사적복제보상금제도」, 저단협총서 Ⅰ, Ⅱ, 서울 : 삼지원, 1997.
한국전자책컨소시엄, 「2004 전자책 산업실태 및 2005년 시장 전망」, 2005.
한국출판마케팅연구소, 「계간 북페뎀」, No.1~5, 2002~2004.
한국출판연구소, 「국민독서실태조사」, 2006.
__________, 「출판연구」, 제6호(1994), 제17호(2009).
__________, 「출판사전」, 서울 : 범우사, 2002.
__________, 「한국 출판산업 실태조사」, 2000.
__________, 「세계의 도서정가제 현황 연구」, 2000.
한국출판학회, 「21세기 출판발전을 위한 전문인 육성책」, 1993.
__________, 「한국출판학연구」, 2005~2012(통권 48호~62호)
한기호, 「희망의 출판」, 서울 : 창해, 1999.
_____, 「디지털과 종이책의 행복한 만남」, 서울 : 창해, 2000.
_____, 「디지털시대의 책 만들기」, 서울 : 한국출판마케팅연구소, 2001.
_____, 「출판마케팅입문」, 제2판, 서울 : 한국출판마케팅연구소, 2003.
한희영, 「마아케팅관리론」, 제2판, 서울 : 다산출판사, 1995.
허희성, 「신저작권법축조개설 (상), (하)」, 서울 : 저작권아카데미, 2000.
홍우동, 「편집에서 제책까지」, 지문사, 1996.
황적인, 「복사권의 저작권법상 보호」, (사)한국문예학술저작권협회, 1999.

(2) 국내논문

강선영, "한국출판산업의 정보화에 관한 연구," 중앙대학교 신문방송대학원 석사학위논문, 1999.
강해작, "정보화 사회의 출판경영인 의식구조에 관한 연구," 중앙대학교 신문방송대학원 석사학위논문, 1996.
강희일, "도서의 불법 복사 · 복제 실태와 향후 발전방안," 한국복사전송권관리센터, 「한국복사전송권관리센터의 발전방향 및 제안」, 2003.
_____, "학술출판의 활성화 방안에 관한 연구," 중앙대학교 신문방송대학원 석사학위논문, 2005.

강희일 · 오재혁, "학술 · 과학 도서 e-Book의 상업적 활용방안," 한국복사전송권관리센터, 「복사 · 전송 문화의 선진화 방안」 세미나 자료집, 2003.

김두식, "한국출판특성에 관한 연구," 중앙대학교 신문방송대학원 석사학위논문, 1989.

______, "대학 출판 교육의 위기상황과 대책," (사)한국출판학회, 제15회 정기학술대회, 「다매체 시대의 출판교육」 자료집, 2004.

김성재, "학술출판의 환경과 그 대처방안," 「출판연구」, 한국출판연구소, 1994.

김승수, "잡지 매체에 대한 이해," 임동욱 외, 「현대출판의 이해」, 서울 : 나남출판, 1997.

김재윤, "출판문화정책과 출협의 역할에 관한 연구," 중앙대학교 신문방송대학원 석사학위논문, 1994.

남석순, "출판학 교육의 현황과 과제," 「한국출판학연구」, 통권 제43호, 2001.

노병성, "출판경영," 임동욱 외, 「현대출판의 이해」, 서울 : 나남출판, 1997.

민병덕, "출판학연구방법론," 범우사 기획실 편, 「출판학원론」, 서울 : 범우사, 1995.

박정아, "문헌제공서비스에서의 정보기술 도입에 관한 연구," 「국회도서관보」, 1998.

백원근, "국내 번역출판 지원 현황," 「기획회의」, 224호, 2008.

성동규, "한국출판산업의 구조적 특성에 관한 연구," 중앙대학교 대학원 석사학위논문, 1989.

송재학, "도서관에서 저작물 이용과 저작권에 관한 연구," 경희대학교 국제법무대학원 석사학위논문, 2007.

원향숙, "대학도서관의 문제점 및 개선방안," 2002.

윤세민, "출판경영," 「현대출판론」, 서울 : 세계사, 1997.

______, "인터넷신문의 웹 미디어적 특성 연구," 성균관대학교 대학원 박사학위논문, 2001.

이덕희, "한국출판의 기획실태와 활성화방안 연구," 중앙대학교 신문방송대학원 석사학위논문, 1997.

이상봉, "한국출판산업의 변화 추세에 관한 연구," 중앙대학교 신문방송대학원 석사학위논문, 1997.

이용준, "전자출판론," 임동욱 외, 「현대출판의 이해」, 서울 : 나남출판, 1997.

______, "컴퓨터 테크놀로지의 도입으로 인한 인쇄매체의 구조적 변화에 대한 연구," 중앙대학교 대학원 박사학위논문, 1995.

______, "참여정부의 출판문화정책에 대한 고찰과 제언," 중앙출판문화원 2005년 봄 세미나, 「현단계 한국출판문화정책의 진단과 발전방안」, 2005.

이창경, "출판 산학협동 발전방안," 한국출판연구소, 제39회 출판포럼, 「출판 산학협동, 어떻게 할 것인가」, 2005.

이철지, "독자관리실무," 「출판전문경영인과정」, 중앙대학교 신문방송대학원, 1993.

정기성, "21세기 산학협동의 현황과 좌표," 한국출판연구소, 제39회 출판포럼, 「출판 산학협동, 어떻게 할 것인가」, 2005.

정성호, "사보의 이해," 임동욱 외, 「현대출판의 이해」, 서울 : 나남출판, 1997.

정연우, "한국출판산업의 구조와 특성," 임동욱 외, 「현대출판의 이해」, 서울 : 나남출판, 1997.

정은숙, "출판기획자는 어떻게 경력을 쌓아갈 것인가," 한국출판마케팅연구소, 「출판기획 : 북페뎀」, 2002.

조왕근, "국립중앙도서관 e-CIP와 연계한 도서관 업무개선 방안," 「열린정책세미나 자료집」, 2005.

한기호, "문고에 대한 발상전환이 필요하다," 한국출판마케팅연구소, 「기획회의」 6, 2004.

______, "왜 다시 기획인가," 한국출판마케팅연구소, 「북페뎀 : 출판기획」, 2002.

한미화, "그림책 편집자란 어떤 일을 하는 사람인가," 한국출판마케팅연구소, 「북페뎀 : 그림책」, 2004.

허창성, "저자관리실무," 「출판전문경영인과정」, 중앙대학교 신문방송대학원, 1993.

홍윤경, "출판계와 도서관계의 협력방안에 관한 연구," 중앙대학교 신문방송대학원 석사학위논문, 1998.

홍현정, "출판콘텐츠의 다목적 활용 방안에 관한 연구," 중앙대학교 신문방송대학원 석사학위논문, 2006.

(3) 외국문헌

Collins, J. C. & Lazier, W. C., Beyond Entrepreneurship, Englewood Cliffs, N. J. : Prentice-Hall, Inc.

Hawes, Gene R., To Advance Knowledge, American University Press Services, Inc., 1968.

McLuhan, M., Understanding Media : The Extensions of Man, New York : McGraw-Hill, 1965.

Robbins, S. P., Business Today, New York : South-Western, 2004.

孔子 저, 김찬형 역, 「論語」, 서울 : 홍익출판사, 2005.

_____, 김원중 역, 「논어」, 서울 : 글항아리, 2012.

김위찬 · 르네 마보안 공저, 강혜구 역, 「블루오션 전략」, 서울 : 교보문고, 2005.

나카지마 다카시 저, 양영철 역, 「놀라운 메모의 기술」, 서울 : 다산미디어, 2006.

동방로또우 저, 남종진 역, 「도덕경에서 배우는 인생경영」, 서울 : 다산미디어, 2006.

동방원루이 저, 남종진 역, 「채근담이 일러주는 삶의 가르침」, 서울 : 다산미디어, 2006.

__________, 이성호 역, 「역경의 지혜로 미리 보는 세상살이」, 서울 : 다산미디어, 2006.

로버트 치알디니 저, 이현우 역, 「설득의 심리학」, 서울 : 21세기북스, 2002.

로제 샤르티에 · 굴리엘모 카발로 엮음, 이종삼 역, 「읽는다는 것의 역사」, 서울 : 한국출판마케팅연구소, 2006.

론다 번 저, 김우열 역, 「시크릿」, 서울 : 살림 Biz, 2007.

마이클 샌델 저, 이창신 역, 「정의란 무엇인가」, 서울 : 김영사, 2010.

말콤 글래드웰 저, 노정태 역, 「아웃라이어」, 서울 : 김영사, 2009.

보티머 J. 애들러 · 찰스 반 도렌 공저, 오연희 역, 「논리적 독서법」, 서울 : 예림기획, 1997.

사사키 도시나오 저, 한석주 역, 「전자책의 충격」, 서울 : 커뮤니케이션북스, 2010.

사이토 마코토 저, 양영철 역, 「기획서 · 제안서 작성법」, 서울 : 삼양미디어, 2005.

스티븐 코비 저, 김경섭 역, 「성공하는 사람들의 8가지 습관」, 서울 : 김영사, 2005.

아나톨 칼레츠키 저, 위선주 역, 「자본주의 4.0」, 서울 : 컬처앤스토리, 2011.

顔之推 저, 유동환 역, 「顔氏家訓」, 서울 : 홍익출판사, 2005.

오시마 준이치 저, 김길연 역, 「머피의 성공방법 100가지」, 서울 : 청림출판, 2004.

王佃利 · 時麗 저, 남종진 역, 「논어」, 서울 : 다산미디어, 2008.

움베르토 에코 저, 이필렬 역, 「논문 어떻게 쓸 것인가」, 서울 : 이론과 실천, 1999.

제니퍼 워시번 저, 김주연 역, 「대학주식회사」, 서울 : 후마니타스, 2011.-

朱熹 · 劉淸之 엮음, 윤호창 역, 「小學」, 서울 : 홍익출판사, 2005.

출판마케팅연구회(일본), 백원근 역, 「출판광고」, 대한출판문화협회, 1997.

호우즈 저, 김장섭 · 남석순 공역, 「학술출판의 실제」, 서울 : 범우사, 1986.

(4) 기타자료

교수신문, 2004년 7월 19일자, '산학협력 중심대학 육성사업'.

동아일보, 2001년 7월 16일 · 7월 23일자, '도서관을 살리자'.

_______, 2014년 5월 23일자, '북스캔업체 대규모 압수수색 예정'.

매일경제, 2004년 6월 19일자, 1, 2면 '출판가 학술서적이 없다'.

박익순, '한국출판의 좌표와 출판계의 과제', 출판연구소 출판포럼, 2011.

조선일보, 2012년 1월 21일자, '대학에 판치는 북스캔'.

_______, 2012년 3월 13일자, '문화콘텐츠 불법 복제 피해현황'.

_______, 2014년 5월 2일자, '불법 다운 부추기는 저작권법 개정 논란'.
중앙일보, 2004년 5월 4일자, '불법 복제 고소 · 고발 없어도 처벌'.
_______, 2004년 7월 20일자, '산학협력 중심대학 선정'.
출판인회의, 서울북인스티튜트(Sbi) 「교육프로그램 안내」, 2011~2012.
_______, 서울출판예비학교(SbIC) 「교육프로그램 안내」, 2011~2012.
_______, 「출판사를 위한 전자책 가이드 북」, 2010.
한국간행물윤리위원회, '2009 출판진흥세미나 : 한국 출판산업, 살리는 길은 무엇인가?'.
한국경제, 2001년 8월 8일자 '천자칼럼 : 도서관 살리기'.
_______, 2011년 10월 8일 · 2012년 12월 3일자, '인문학산책'.
_______, 2013년 10월 29일자, '문화콘텐츠 불법 복제 피해현황'.
한국복사전송권관리센터, 자료집, 2004~2006.
한국복제전송저작권협회, 자료집, 2013.
(사)한국서점조합연합회, 자료집, 2006~2010.
__________________, 「OECD 회원국의 도서정가제 현황」, 2005.
__________________, 「한국서점편람」, 2012.

http://dn1.kr/inc/paper_prt.html?num=97&tbname=graphic_bbs.
http://blog.naver.com/ohjs3/
http://blog.naver.com/skg0909/
http://blog.naver.com/canon_biz/120813701
http://aninet.pe.kr/60095897296

찾아보기

| ㄴ |

| ㄷ |

| ㅇ |

| ㅈ |

| ㅊ |

❖ 저자 약력

강희일(姜熙一)
경북 김천 출생
덕수상업고등학교 졸업
법문사 근무(1970~79년)
다산출판사 설립(1979년)
서경대학교(전 국제대학교) 졸업(학사)
중앙대학교 신문방송대학원 졸업(언론학 석사) (2005)
한국학술출판협의회 회장 역임(1995~1999년)
(사)한국학술출판협회 회장 역임(2008~2010년)
(사)대한출판문화협회 부회장 역임(2005~2007년)
(사)한국복사전송권협회 부이사장 역임(2002~2011년)
(주)디지털 전문도서 대표 역임(2007~2009년)
도서관 및 출판계 발전협의회 위원장 역임(2006~2008년)
(사) 출협 저작권위원장(2008~2010년)
서경대학교 강사(출판) 역임(2003~2015년)
다산출판사 대표(1979~현재)

❖ 주요 논문

도서 불법 복사 · 복제 실태와 근절 대책(공저, 문화관광부 외, 2002)
학술 · 과학 도서 e-Book의 상업적 활용방안(공저, 한국복사전송권관리센터, 2003)
학술출판의 활성화 방안에 관한 연구(중앙대학교 신방대학원 석사학위논문, 2005)

제4판 수정판
한국출판의 이해

2007년 2월 14일 제1판 1쇄 발행
2007년 8월 25일 제2판 1쇄 발행
2012년 8월 25일 제3판 1쇄 발행
2014년 7월 5일 제4판 1쇄 인쇄
2017년 10월 20일 제4판 2쇄 발행(수정판)

저 자 강 희 일
발행인 강 희 일 · 박 은 자
발행처 다 산 출 판 사
서울특별시 마포구 용강동 494-85
등 록 1979. 6. 5. 제3-86호(윤)
전 화 (717) 3661~2, (718) 1751~2
F A X (716) 9945
조 판 민 하 디 지 탈 아 트

정가 26,000원 파본은 바꾸어 드립니다.

http://www.dasanbooks.co.kr
ISBN 978-89-7110-453-8 03010